李长春、刘云山、单霁翔在都江堰考察地震灾情

中共中央政治局委员、国务委员刘延东视察汶川地震中受损文物并亲切慰问在地震中痛失亲人的文物系统职工

汶川地震中损毁的全国重点文物保护单位之一：四川彭州领报修院

河北省文物工作者在四川江油云岩寺十王殿开展修复测绘工作

国家文物局抗震救灾献爱心捐款仪式

都江堰古建筑群抢救保护工程开工仪式

羌族碉楼与村寨抢救保护工程开工仪式

山西南部早期建筑保护工程开工仪式

国子监街修缮整治竣工开街暨孔庙国子监博物馆开馆仪式

北大红楼保护维修工程开工仪式

苏州秦峰塔等一批重点文物保护单位得到维修保护

山海关古城墙保护工程动员会

山海关长城维修保护工程施工现场

山海关长城保护工程竣工仪式

上海元代水闸遗址保护专家会

河北省政府公布第五批省级文物保护单位

浙江德清亭子桥战国时期越国官窑

上海松江广富林遗址

世界遗产保护杭州论坛暨2008国际古迹遗址理事会亚太地区会议

宁波国际博物馆高峰论坛

河北省博物馆免费开放启动仪式

浙江省博物馆纪念馆免费开放工作电视电话会议

2008 年初，南京博物院对社会免费开放，观者如潮

国家一级博物馆授牌仪式

全国首批一级博物馆侵华日军南京大屠杀遇难同胞纪念馆

“中国记忆——5000 年文明瑰宝展”于北京奥运会期间在首都博物馆举办

良渚博物院正式对外开放

从丹麦追索回归文物新闻发布会

专家鉴定永乐大典

国家文物局、北京大学联合办学发展指导委员会会议

何鲁丽、孙家正为中国文化遗产研究院揭牌

文化遗产日活动：中国文化遗产保护年度杰出人物颁奖暨事迹报告会

上海市文管委举行国际博物馆日启动仪式

文化遗产日活动

美国驻华使馆文化保护大使基金资助古籍佛经保护项目成果展

江苏省 2008 年文物法制建设评估会暨 2009 年文物法制工作设想论证会

中国古迹遗址保护协会第二届会员代表大会

国家文物局春季职工运动会

中国文物年鉴

CHINA CULTURAL HERITAGE YEARBOOK

2009

国家文物局 编

華夏出版社
HUAXIA PUBLISHING HOUSE

编辑说明

《中国文物年鉴》由国家文物局主管，中国文物信息咨询中心（国家文物局数据中心）组织编写，旨在全面、系统地反映我国文物、博物馆事业一个年度的基本状况。

《中国文物年鉴2009》反映我国文物、博物馆事业2008年的发展情况，分为图片、专题、专辑、综述篇、分述篇、纪事篇和附录等部分，其中“专题”为新增栏目，分述篇的结构较往年有所调整。

《中国文物年鉴2009》的稿件、资料来自国家文物局各部门、直属单位和各省、自治区、直辖市文物行政部门以及相关文博机构等。《中国文物年鉴2009》不包含香港、澳门特别行政区和台湾省的资料。

由于水平所限，《中国文物年鉴2009》编辑工作难免存在不足之处，希望广大读者提出宝贵意见和建议。

编　者

2011年3月21日

特 约 撰 稿 人

（按姓氏笔画顺序）

马永飞	马永红	马晓丽
王　江	王协锋	付兴胜
史　勇	叶大治	司治晓
乔静安	刘　洁	刘大明
刘华彬	朱鸿文	许　言
闫亚林	闫秀芳	何春平
何晓雷	佘忠明	吴　兵
吴　旻	吴晓丛	张　青
张云鹏	张安琪	张复生
张辉亮	李　让	李　兵
李　涛	李　巍	杜玉辉
杨　非	杨启山	汪海涛
肖谋用	辛泸江	邵　军
陈　冬	陈培军	周　宇
庞　博	林小燕	郑子良
姚文中	胡　钰	赵恬君
钟向群	涂小元	秦素银
袁　涛	高梦甜	高智伟
黄　元	彭冰冰	覃　劲
谢宾顺	蔡　宇	樊慧君
潘之钰	潘海涛	颜　毅

目　录

【专题】

【特辑】

（一）重要讲话

（二）重要文献

（三）重要通知、函件及决定

【综述篇】

【分述篇】

（一）国家文物局直属单位

（二）各省、市、自治区

（三）其他

【纪事篇】

【附录】

专题

2008年度免费开放博物馆观众量统计分析报告

国家文物局博物馆司调研组

为了解和掌握2008年度免费开放博物馆的观众变化情况，科学评估免费开放前后博物馆的社会效益，进一步做好免费开放工作，国家文物局对2008年免费开放博物馆观众量进行了统计汇总，下面以2007年为参照系，将有关情况做简要分析和说明。

一、免费开放博物馆的基本情况：超乎预期的惊喜

截至2008年底，试点博物馆基本实现免费开放。除西藏外，全国30个省、自治区、直辖市列入2008年向社会免费开放试点名单的505座博物馆、纪念馆中，已有500个实现了免费开放。免费开放政策得到了全国广大博物馆积极而热烈的支持，另有507座博物馆、纪念馆自行向社会免费开放。2008年实际向社会免费开放的博物馆数量已达1007座。

（一）2008年实行免费开放政策后，全国免费开放博物馆、纪念馆接待观众的绝对数量出现了大幅增长

2008年面向全社会免费开放的博物馆、纪念馆接待观众总量为154302476人次，2007年接待观众总量为96436658人次，增长60%；其中500座试点博物馆接待观众总量为1.18亿人次，增长74%。

受益于免费开放政策，2008年全国博物馆、纪念馆参观人数出现了可喜的大幅攀升。通过对比，我们更能清楚地看到这一巨大变化。2007年，年参观人数达到和超过500万人次大关的仅有江苏、浙江、江西、湖北、湖南、广东等6个省份；而到了2008年，情况发生了很大的变化，不仅上500万人次的省份出现了大幅度增加，接近1000万人次的也并非独一无二。河北、江苏、浙江、安徽、福建、江西、山东、湖北、湖南、广东、重庆、四川、甘肃等13个省、直辖市，年参观人次超500万，其中江苏、浙江、湖南、江西、湖北还达到或接近1000万人次，尤其是江苏已接近2000万人次（见第2页图一）。

（二）全国各省接待观众数在各自原有基数的基础上，普遍呈现较大幅度的递增。天津、山西、内蒙古、青海、甘肃、宁夏等6个省（自治区、直辖市）原有基数并不高，在免费开放政策作用下，再加上各个馆的努力，参观人数翻了一番多甚至两

2007、2008年全国免费开放的博物馆、纪念馆接待观众统计表（单位：万人次）

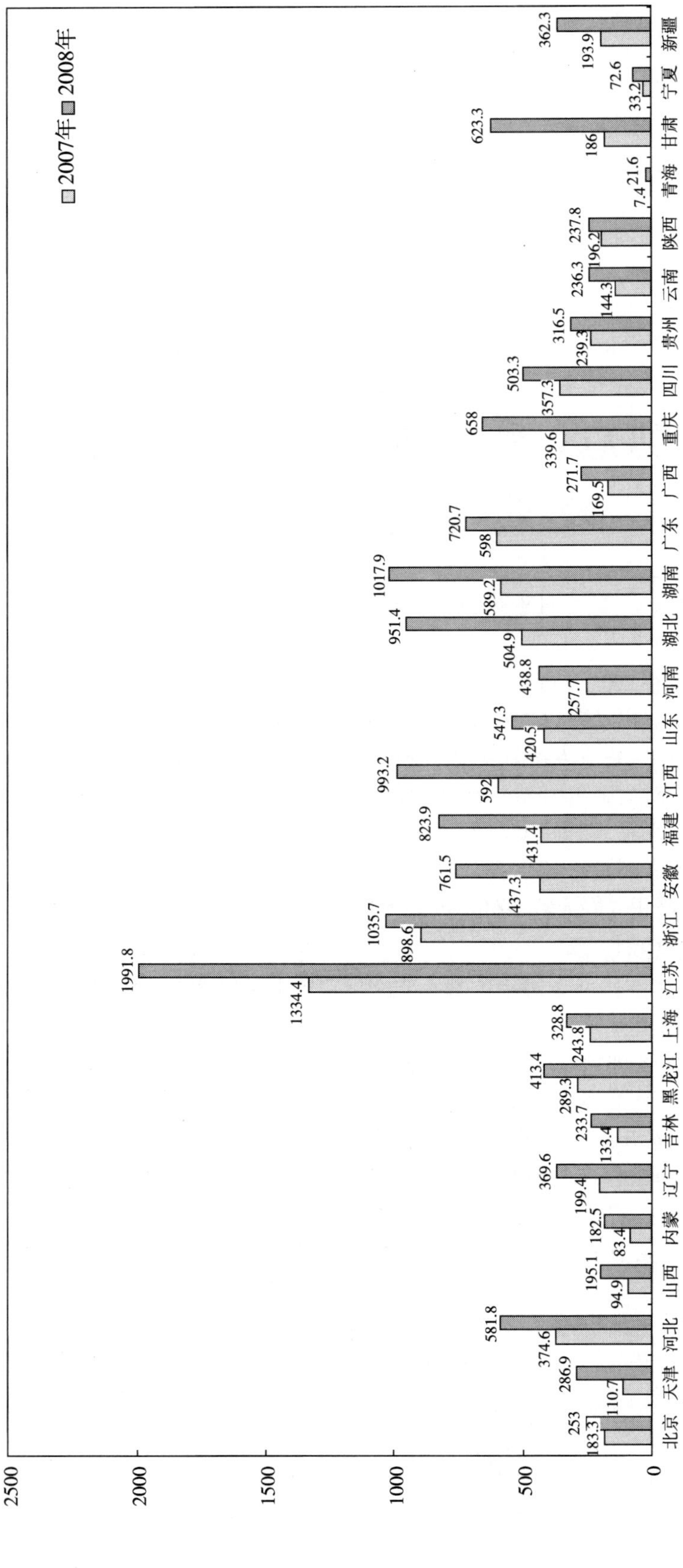

图一

番，甘肃省甚至达到235.11%的高增长率，人民群众的参观热情得到巨大的释放。

二、免费开放政策下，观众数据变化的几点分析

（一）从政策效应来看，免费开放试点省呈现出观众量增长显著、试点工作辐射力强的特点

2008年初，国家文物局确定了浙江、安徽、福建、江西、湖北、甘肃、新疆7个免费试点省区，免费开放博物馆424座，当年接待观众达5551万人次，与2007年相比，平均增长94.08%。其中363座为试点馆，接待观众达4971万人次。

免费开放政策辐射作用较为明显，并出现了全国联动的可喜局面。在作为对比研究的其他22个省区中（海南省博物馆由于2008年11月中旬建成开放，未列入对比研究名单），与2007年度相比，平均增长率为63.05%。两组数据的显著差异表明，免费开放政策在部分省区的试点取得了丰硕的成果。同时也表明，在非试点省区中，中央的这一惠民政策也得到了广大博物馆的积极响应（2008年507家博物馆自行免费开放），观众参观热情高，在全国都取得了相当好的效果，达到了预期的社会效益。其中，江苏省全省110座博物馆、纪念馆自行实现了免费开放，并成为2008年接待观众最多的省份，达1991.8万人次，是2007年的1.5倍。

（二）从地区情况来看，中西部地区观众增幅显著

2008年，东部地区接待观众总量为6358万人次，中部为5587万人次，西部为3486万人次，分别是2007年的1.44倍、1.71倍、1.79倍，西部增幅最高（见图二）。

全国免费开放的博物馆、纪念馆接待观众东中西部对比图（单位：万人次）

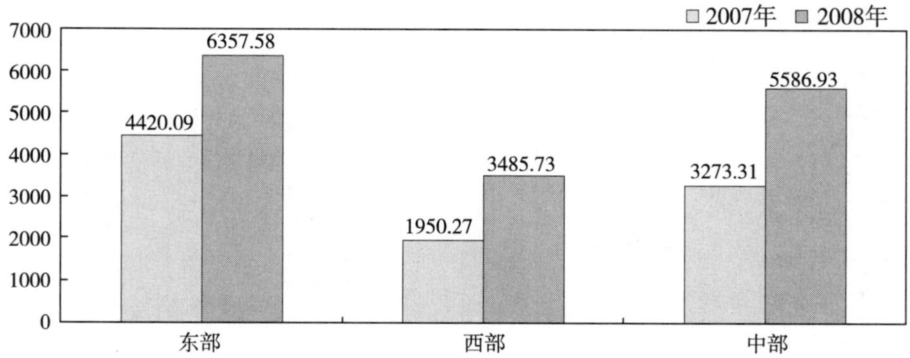

图二

有的西部省、自治区如山西、青海、内蒙古、甘肃、宁夏等，增幅均在1至2倍及以上。这组数据更加清楚地表明，在经济文化并不发达的中西部，尤其是西部省区，门票是困扰广大群众走进博物馆的一个主要门槛。这与近些年诸多博物馆专家的理论分析是一致的。免费开放政策的实施，正是破除了这一门槛。就单个馆而言，甘肃省博物馆接待观众量为2007年的1.8倍以上，宁夏回族自治区博物馆达3.7倍，新疆阿克苏地区博物馆达30倍；个别位于老少边穷地区的县级博物馆、纪念馆（15座）观众人数不多，年接待观众量不足3000人。这主要受制于当地经济社会的发展状况，基层人民群众在完全解决基本温饱问题后才能释放在精神方面更高的追求。

（三）从行政隶属级别来看，增幅最大的是省级博物馆

在2008年接待观众总数上，66座省级馆为3710万人次，241座地市级馆为5611

万人次，697 座县级馆为 6110 万人次，同比 2007 年分别增长 1.91 倍、1.58 倍、1.47 倍。这主要得益于省馆地理位置好、旅游人口多、馆藏资源丰富、展馆软硬件设施配套、陈列展览水平较高、展出环境良好等因素。广大基层博物馆，尤其是县级馆在全国分布最广，与广大人民群众的接触最为密切，应该进一步采取更加有力的措施，如保证资金到位、改善展馆条件和周边环境、更新陈列、开办讲座和活动等，让更多的群众走进展馆。

（四）从博物馆的类型来看，革命题材类博物馆和纪念馆参观人数增幅显著

2008 年，革命题材类博物馆和纪念馆接待观众 5835.6 万人次，是 2007 年的 1.68 倍，其中 150 座国家级爱国主义教育基地接待观众总数是 2007 年的 1.76 倍。这主要得益于政府部门加大了对革命旧址类纪念馆、名人故居的经费投入，使其软硬件设施得以改善，交通、周边环境等综合配套进一步提高，以及红色旅游战略的实施和“533 工程”的拉动效应。

（五）就单个馆而言，平均增长幅度均在 60% 左右

从 2008 年全国省馆接待观众按月统计图来看（见图三），参与免费开放的博物馆大多经历了从“爆棚期”向平稳期的过渡。

4 月全国博物馆免费开放之初，观众即达年内最高 263.17 万人次，随后逐渐平稳回落，平均 200 万人次/月，与 2007 年相比，平均增长幅度在 60% 左右。在假日效应下，10 月份出现了另一个高峰，达到 245.31 万人次，预示人们逐步开始将参观博物馆作为节日生活中一项不可或缺的选择。

2008年全国省馆接待观众按月统计图（单位：万人次）

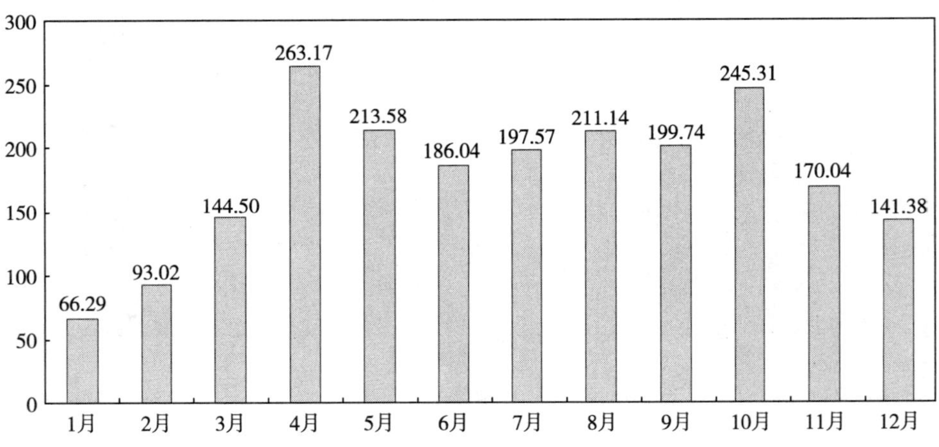

图三

（六）免费开放政策对于调剂淡旺季人流有一定作用

随机抽取山西和江苏两省为例：2008 年 11 月，山西免费开放的 7 家博物馆、纪念馆接待观众 180645 人次，2007 年 11 月为 56729 人次，同比增长 218.44%；其 2008 年 7 月份接待观众 252403 人次，2007 年 7 月为 148819 人次，同比增长 69.60%。江苏也是这样的情况：2008 年 11 月免费开放的 110 家博物馆、纪念馆接待观众 1546233 人次，2007 年 11 月为 983683 人次，同比增长 65.13%；其 2008 年 7 月接待观众 1697884 人次，2007 年 7 月为 1322762 人次，同比增长 28.36%。从以上两组数据我们不难看到，虽然从绝对人数上，传统淡季与旺季相比出现人数下滑，

但从增长率看，形势是喜人的，说明博物馆免费开放政策在淡季对参观人数有巨大的拉动作用；同时我们也看到，很多人在气候相对不好的季节，更愿意选择以室内为主的活动，这提示我们可以根据具体情况，摆脱传统的淡季观念的束缚，在免费开放的有利政策下，推出一些不错的展览、讲座、活动等，做到淡季不淡。

免费开放政策已实施整整一年了。从这一年的实践看，很多从来没有去过博物馆的群众头一次走进博物馆，了解自己脚下这块土生土长的土地，他们的兴奋之情是不言而喻的。越来越多的群众走进博物馆、感受博物馆和开始喜欢上了博物馆。这是中国社会经济飞速发展后在文化上实行惠民政策的重要体现，就博物馆而言，全国博物馆经历了对新政策的学习、领会、实践、磨合、创新，无论是理念上还是行动上都是一次升华，一次历练。在这一年中，免费开放政策的实施促使博物馆更充分地发挥自身职能，使大众更深切地体验博物馆的教育、休闲、启迪、鉴赏等功能。

特大地震危害文物　全力抢救恢复减少损失

四川省文物局

【汶川地震造成巨大损害】

2008年5月12日，汶川特大地震发生后，四川省1处世界文化遗产受到严重损毁；83处全国重点文物保护单位受到不同程度的损毁，占总数的64.8%；174处省级文物保护单位受到不同程度的损毁，占总数的30.1%；814余处市、县级文物保护单位受到不同程度的损毁，占总数的26.8%。北川县文物管理所、汉源县文物管理所的馆藏文物全部被毁；65处博物馆（纪念馆）和文物管理所受到不同程度的损坏。3167件（套）馆藏文物受损，其中珍贵文物220件（套）。

（一）世界文化遗产损毁情况

都江堰，位于都江堰市灌口镇西北1.9公里处。是我国著名的大型优良水利工程。兴建于战国晚期秦昭王时，建筑年代为秦至清，为全国重点文物保护单位。

青城山古建筑群，位于青城山景区北部，海拔约1180米。建筑年代为唐至清，为省级文物保护单位。

震损情况：

都江堰二王庙：大山门（戏楼）、“水利图”照壁、疏江亭、大照壁、东西客堂、字库等全部垮塌；大殿、二殿基础下沉，地面塌陷拉裂，瓦作、挡土墙结构受损，木构架倾斜，梁架歪闪，屋顶变形，屋面下滑；东山门、下西山门、乐楼、灌澜亭及石刻、土地庙、灵官楼、上西山门、堰功堂、丁公祠、铁龙殿、祖堂、圣母殿、老君殿、茶楼等挡土墙严重垮塌，瓦作受损，屋面下滑，部分梁架歪闪、墙体倒塌。

都江堰伏龙观：老王殿（一殿）梁架歪闪，屋面受损，正脊断裂、柱头移位；铁佛殿（二殿）屋面、脊饰、挡土墙结构受损；玉皇殿（三殿）及观澜亭屋面受损、砖柱断裂；重廊、船房等建筑屋面、脊饰受损。

青城山古建筑群：五洞天与接仙桥局

部倒塌80.10平方米。真武宫，山门屋面受损、梁架歪闪、柱足位移，殿堂、厢房屋面受损，瓦作有不同程度的损毁。玉清宫，纯阳殿屋面垮塌；下殿、上客房、下客房屋面受损，瓦作有不同程度的损失。圆明宫，内山门全部垮塌；牌楼式照壁、灵祖殿、斗姆殿前厢房、斗姆殿、别一洞天门、三官殿前厢房、三官殿、西客堂屋面受损，瓦作有不同程度损失；东客厅屋面受损、瓦作损失25%，基础保坎垮塌50%，梁架歪闪。朝阳洞局部受损。

（二）全国重点文物保护单位损毁情况

1. 成都市

（1）彭州领报修院，位于彭州市白鹿镇回水村，建于1908年，是近现代中西结合的典型建筑，坐西朝东，砖木结构，两楼一底，四合院布局，占地面积24422平方米，建筑面积9700平方米。

震损情况：二至三层砖木结构房屋全部垮塌，底层砖结构整体开裂、变形，仅残存礼拜堂东立面；地面出现多条裂缝，院后山体滑坡（1928年曾发生过山体滑坡，将经堂部分损毁）。

（2）武侯祠，位于成都市武侯大街。始建于5世纪，明末毁于战火，清康熙十一年（1672年）重建。

震损情况：屋脊部分断裂；屋面小青瓦滑落；檐口脱落；墙体、惠陵墓碑、卷拱开裂；香炉、展品已移位；木构架脱榫、拉裂；脊饰脱落；墙面剥落。

（3）杜甫草堂，位于成都市浣花溪畔。现存建筑为清嘉庆十六年（1811年）重建。

震损情况：屋脊断裂，脊饰脱落，屋面小青瓦滑落；围墙、山墙开裂；东方丈、东院落建筑垮塌10间；展品移位、受损；椽、檩变形、起翘、脱榫、断裂。

（4）王建墓，位于成都市永陵路。是五代时前蜀皇帝王建的陵墓。

震损情况：墓顶开裂，墓室馆床、油缸移位，彩绘脱落，石灰层剥离；藏品受损。

（5）石塔寺石塔，位于邛崃市高何乡，建于南宋乾道八年（1172年）。

震损情况：塔顶开裂。

（6）洛带会馆，震损情况：广东会馆烽火墙、山墙倾斜、开裂，卷拱部分垮塌，屋脊、正檩开裂，屋面小青瓦大面积滑落，垂脊断裂脱落；江西会馆屋顶灰筒瓦大面积滑落，烽火墙垮塌；川北会馆屋顶灰筒瓦滑落，山墙裂缝；湖广会馆部分构件松动脱落。

（7）杨升庵祠及桂湖，位于新都县城内。

震损情况：湖心楼、平远楼等房顶屋脊与小青瓦分离，滑落。

（8）宝光寺，位于新都县城北。始建于东汉，明末毁于战火，清康熙九年（1670年）重建，咸丰元年（1851年）竣工。

震损情况：七佛殿、大雄宝殿、藏经楼等屋面青瓦滑落；五观堂、戒堂等建筑屋面脊饰垮塌严重；舍利宝塔塔身多处裂纹，塔身正面中间从基座到塔顶有裂纹贯穿，第七层至塔顶与之下的塔身有明显歪闪错位现象；西花园后侧围墙整体垮塌，罗汉堂内部分佛像断裂并脱落。

（9）罨画池（含文庙、陆游祠），位于崇州市崇阳镇中心，是集园林、庙宇、祠堂为一体的古文化遗存。罨画池始建于唐代早期，为州廨后园。占地面积34541平方米，其中水面14600平方米，现保存清代建筑5945平方米。文庙位于罨画池南面，占地面积6680平方米，是目前四川省内保存较为完好的四座文庙之一；全庙南北长225米，古建筑面积3278平方米。陆游祠占地面积2661平方米，是现今除浙江沈园外全国唯一一座纪念伟大诗人陆游的专祠。

震损情况：四相堂屋面溜瓦约60平方米；东亭梁柱整体移位达5厘米以上；陆游祠放翁堂屋面大面积溜瓦，陆游祠过厅前云墙、荟萃园木柱均出现裂缝3米；文庙尊经阁西侧屋面溜瓦约10平方米，屋脊有2处裂缝，启圣殿东侧墙体出现裂缝约0.3米，东庑处墙体出现1处裂缝，大成殿翘角断裂，两侧论语廊屋脊垮塌、溜瓦，棂星门右侧墙角出现裂缝0.2米，泮池两侧厢房屋脊垮塌、屋面溜瓦70平方米，宫墙万仞龙脊断裂9米。

(10) 瑞光塔，震损情况：2至5层塔体裂缝2~3厘米，塔檐砖松脱掉落，塔身整体倾斜3~5厘米。

(11) 蒲江石窟（含飞仙阁摩崖造像和龙拖湾摩崖造像），震损情况：亭子柱基有裂缝，梁有裂缝，挡板有破损；看护房瓦有脱落；屋面青瓦脱落。

(12) 新津观音寺，位于新津县永商乡。历经二次焚毁，后经清康熙、乾隆、道光年间多次修葺，现建筑面积1532平方米。

震损情况：山门房顶正脊中宝瓶损毁；房檐瓦当打烂；观音殿进门右后方转角处有一悬塑小罗汉垮塌；观音殿两旁清代建筑瓦顶滑落。

(13) 彭州佛塔（云居院塔、正觉寺塔、镇国寺塔）

云居院塔：位于彭州市葛仙山镇大曲村的曲尺山上，建于宋代，塔身为条砖叠砌，呈正方形，高28.95米，密檐式13级。

正觉寺塔：位于彭州市红岩镇红塔村，建于北宋天圣元年（1023年），系密檐式13级方形砖塔，通高27.54米。

镇国寺塔：位于彭州市丹景山镇白塔村，建于北宋仁宗至和元年至嘉祐五年，塔身系密檐式13级方形砖塔，呈正方形，高28.34米。

震损情况：云居院塔，塔基部分砖块脱落，塔身和塔基局部出现裂缝；塔体第一层南北两面出现粉碎性交叉斜裂。正觉寺塔，塔体四面正中央均出现裂缝贯穿整个塔体，塔体南面严重垮塌，塔身内五层塔室已垮塌四层，各层塔檐均出现垮塌。镇国寺塔，塔基受损，塔身整体向西北角倾斜，塔体第一层南面及藻井出现裂缝，塔体10~13层南面垮塌，11~13层西北角塔檐垮塌。

(14) 大邑刘氏庄园，位于大邑县安仁镇，是一处规模宏大的近现代建筑群，建筑时代为清至民国，是由民国时期四川大官僚地主刘文彩及其弟兄陆续修建的五座公馆和一处祖居组成的中西合璧建筑群，占地面积7万余平方米。建筑面积2.1万余平方米，共有房屋545间（不含楼层）。

震损情况：雕刻馆、游客接待中心、老公馆内部部分房屋、老公馆后面过道大门等建筑屋面青瓦脱落、房檩脱榫，局部建筑出现地基下沉造成水平裂纹，多处砖构建筑出现竖向裂口，部分墙体倾斜，门墙顶部有多处坍塌。

2. 绵阳市

(1) 平武报恩寺

报恩寺，位于平武县城东北角。始建于明正统五年（1440年），完工于明英宗天顺四年（1460年），东西长2780米，南北宽100米，占地278平方米，建筑面积35平方米，是国内保存比较完整的明代早期官式寺庙建筑实例。

震损情况：山门，正脊三处断裂，屋面大部分瓦件、脊饰、吻兽松动、移位、脱落；墙体垮塌，墙面彩绘全部损毁；哼将、哈将、三头六臂、四头八臂神像部分损坏。钟楼，下檐整体下塌5~20厘米，西北方翼角裂缝宽约3~5厘米，钟楼东面下檐屋面垮塌3.15平方米，北面下檐屋面垮塌0.2平方米。天王殿，屋顶脊梁北面正吻剑柄、后南（北）面垂脊垮塌，脊兽脱落损毁，正脊、前后檐口严重变形；南方增长天王、东方持国天王、西方广目天王、北方多闻天王后墙体垮塌，壁画损毁。华严藏，东山墙檐柱与中柱内墙体等处垮塌，多处墙体倾斜裂缝。大悲殿，西南面下檐翼角走兽及仙人脱落损毁，墙体多处开裂，千手观音手持法器物脱落6件，石香炉部分损毁脱落。大雄宝殿，墙体多处开裂、倾斜，墙体壁画多处脱落。万佛阁，台基下沉，墙体多处开裂，壁画脱落；屋面部分瓦件损毁，脊饰、吻兽松动、移位，檐口、正脊、戗脊变形；如来神像右手食指断裂下坠，十大弟子手掌裂缝四个。

（2）江油云岩寺，位于江油市北25公里的窦圌山上。

震损情况：窦真殿、东岳殿全部垮塌，山门屋面、飞檐部分垮塌，天王殿屋檐、墙体部分垮塌，飞天藏四面墙体垮塌严重，观音殿屋顶脊饰部分受损。

（3）梓潼七曲山大庙，位于梓潼县城北七曲山脊上。

震损情况：窦真殿、关圣殿、天真殿建筑倾斜变形，殿内塑像倒塌；灵官殿隔墙倒塌。

（4）三台郪江崖墓，位于三台县郪江镇。

震损情况：柏林坡墓群多处发生崩塌，崖墓内的仿木结构建筑雕刻垮塌；坟台嘴墓群多座崖墓被震塌，圆雕斗栱立柱震裂。

（5）平阳府君阙，震损情况：南、北两阙的主阙和子阙发生位移，阙身扭曲、错位缝隙达5厘米以上；部分构件脱落损毁。

3. 德阳市

（1）罗江庞统祠墓，位于罗江县白马关镇凤雏村鹿头山。现存建筑为清代陆续重修。

震损情况：二师殿殿脊、中堆及“仰止”石坊园门垮塌；西碑室石墙、古驿道挂镜台牌坊裂缝，墓园石门裂口，马亭倾斜，憩园石墙门移位；西石围墙垮塌220余米，祠内古驿道西侧石墙垮塌20余米；栖凤殿椽檩断裂，所有殿宇屋瓦大面积震落，椽子部分断裂，屋顶通透。

（2）中江塔梁子崖墓群，位于中江县民主乡桂花村7社。开凿于东汉，墓内有壁画、彩绘、墨书榜题、石刻画像、仿木结构建筑雕刻等。

震损情况：各墓墓室均有不同程度垮塌，壁画脱落。其中，3号墓墓门及墓道上方垮塌面积30平方米，墓室、券拱、藻井严重受损。

（3）剑南春“天益老号”酒坊遗址，震损情况：古建筑局部垮塌。

（4）德阳文庙，位于德阳市中心南街。现存建筑为清道光年间的基本格局，占地面积208平方米，有古建筑20余处。

震损情况：道冠古今，屋面严重损毁，小青瓦大面积脱落，屋脊毁坏，右上角鸱吻断落，墙体有明显裂痕；更冠亭，屋面大面积青瓦脱落，椽皮裸露，正脊毁坏严重；万仞宫墙，屋面黄色琉璃瓦大面积脱落，琉璃正脊已毁，宝顶有明显裂痕和缺损，两侧脊兽已完全毁坏；德配天地，门正脊破损严重，宝顶与右上角鸱吻已全部毁坏；棂星门，石牌坊中间牌坊右上角石柱震裂超过30厘米；乡贤祠，北朝向的屋面宝顶已完全毁坏，屋面两边翘角毁坏严重；西侧四角礼乐亭攒尖顶损坏严重，宝顶已完全毁坏；东侧六角礼乐亭攒尖顶损坏严重，宝顶已完全毁坏；大成殿，部分翘角毁坏；西侧御碑亭下檐小青瓦大面积脱落；东侧厢房小青瓦大面积脱落，椽皮大面积裸露；西侧厢房正脊损坏，小青瓦大面积脱落；戟门，正脊部分脊饰毁坏严重。

（5）三星堆遗址，位于广汉市西北的鸭子河南岸，是一座由众多古文化遗存分布点所组成的一个庞大的遗址群，上起新石器时代晚期（前2800年），下至商末周初（前800年），总面积约120000平方米。

震损情况：三星堆遗址整体情况良好，只有月亮湾城墙剖面受震多处裂缝、垮塌。

4. 阿坝州

（1）汶川布瓦黄土碉，位于汶川县威州镇布瓦村。原有碉49座，依山势和村落布局，分布在东西长4000米，南北宽3000米的范围内。现保存完整的有5座，其中黄土碉3座，石碉2座，其余为残碉或遗址。

震损情况：整个布瓦村民房垮塌三分之一，其余的民房多数墙体开裂、外鼓或局部垮塌，多数梁柱歪斜或断裂或移位。黄土1号碉顶部三面垮塌，另一面已崩裂外突，碉体有多道纵向贯通性裂缝；黄土2号碉顶部垮塌，碉身全部酥松成豆腐块状；黄土3号碉腰部以上垮塌，碉体崩裂成块状；石碉4号垮塌过半，残存碉体有多道贯通性纵向裂缝，东面墙体已垮塌成"V"字形；石碉5号顶部垮塌，东面墙体中部垮塌成一洞，碉体有多道贯通性纵向裂缝。

（2）营盘山和姜维城遗址，营盘山（又名红旗山）遗址，位于茂县凤仪镇南2.5公里的岷江东岸三级台地上，总面积达10万平方米。该遗址大致包括石棺葬时代和新石器时代两个时段的文化堆积，时间跨度长达3500余年；姜维城遗址，位于茂县威州镇西北部半山腰、岷江与杂谷脑河交汇处岷江东岸二级台地缓坡台地上，面积为60000余平方米。

震损情况：营盘山遗址台地东、北部边缘出现山体滑坡，部分垮塌。姜维城遗址，遗址东面山坡上的点将台及遗址中部的汉代汶川郡夯土城址全部垮塌；沿姜维城台地北面边坡及玉垒山修建的城墙，明代威州城片石城墙全部垮塌；台地周边多处发生严重断裂，最宽处达20厘米，最长处达百余米。

（3）马尔康直波碉楼，位于马尔康县松岗乡直波村内，建于清乾隆年间。

震损情况：土司官寨东碉、西碉顶部垮塌，碉体开裂。

（4）卓克基土司官寨，位于马尔康县卓克基乡西索村，明国初建造，1936年被焚毁，1937～1941年原址复建。

震损情况：墙体开裂、脱落、裂缝；东楼四楼沉降；木结构松动、移位。

（5）壤塘棒托寺，位于壤塘县茸木达乡，始建于明代，现占地面积10000余平方米。

震损情况：塔群中的一座佛塔垮塌；基础下沉，塔体倾斜，墙体开裂。

（6）壤塘措尔机寺，位于壤塘县壤塘乡中壤塘村。

震损情况：两座拥有明清时期壁画的建筑墙体大面积开裂。

（7）阿坝红军长征遗址。

三元桥，位于茂县县城东40公里土门乡的土门河上，建于清代中期，系石质拱桥。1935年4月，红四方面军西渡嘉陵江向西挺进时，在土门一带进行了土门战役，一举粉碎了国民党"封锁土门，全面守备北川河谷"的计划，胜利向茂县进军，迎接北上的中央红军。当时，红军在三元桥附近与敌展开过激烈战斗，其后各过路部队又在桥身、桥栏、桥柱等处錾刻"蒋介石杀害了全国千百万的穷苦人!"，"蒋介石是屠杀抗日的工人士兵的凶手!"等标语达29条422余字。三元桥是阿坝州境内现存最大、造型艺术最好的石拱桥，同时也是数量最多的红军石刻标语群。

震损情况：南面桥墩基础条石部分断裂；部分桥栏、望柱脱榫，下滑错位，个别脱榫开裂达25厘米左右；南面桥面阶梯下滑移位达9阶，北面桥面与路面结合部有开裂现象，裂缝宽约1～3厘米；整座桥身有轻微歪斜。

芦花会议会址，位于黑水县芦花镇泽盖村中芦花组，为石木结构的三层藏式民居建筑。

震损情况：墙体多处裂缝，屋脊变形，房屋整体倾斜。

红一、四方面军会师遗址，由天主教堂和达维会师桥两个点组成。天主教堂位于美兴镇政府街东部，法国传教士余廉霭1919年主持兴建，为砖、石木结构，西欧哥特式建筑。1935年6月红一、四方面军会师懋功（小金）后，中共中央在此召开了团以上干部会议和联欢会（亦称同乐会）；达维会师桥位于达维乡老街，是一座典型的藏式石、木结构伸臂桥，始建于民国初年。1935 年 6 月 13 日红一、四方面军两大主力在此胜利会师。

震损情况：天主教堂正殿墙体多处裂缝，部分瓦件、天花脱落，屋脊变形，厢房整体倾斜歪斜；会师桥桥面受损，桥梁移位，桥栏、桥板部分脱落，桥墩多处变形。

两河口会议会址，位于小金县两河乡政府西北 200 米处，当年是供奉关羽的关帝庙。1935 年 6 月 26 日，红军长征时，中共中央在此召开政治局会议。会址占地面积 2431 平方米。

震损情况：正殿、后殿墙体大面积开裂，梁架歪斜移位，屋面瓦件整体下滑。

红军长征纪念碑碑园，位于松潘县川主寺镇。碑园于 1985 年开始筹备，1990 年 8 月 12 日竣工，占地面积 1246 平方米。

震损情况：游人中心二楼东面墙体通体裂缝，北面墙体裂缝由底部延伸至顶部；纪念馆东面墙体上部裂缝长达 5 米，南面墙体裂缝自东向西贯通。

沙窝会议会址，位于松潘县毛尔盖区下八寨乡格亚村血洛。

震损情况：整个房体倾斜，梁柱歪斜，墙体多处裂缝，缝隙宽 1 ~ 4 厘米；房顶沙板、石板部分滑落。

毛儿盖会议会址，位于松潘县上八寨乡索花村吉祥乐寺院（原为索花寺）。

震损情况：东、北两面墙体通体裂缝；一、二层房梁自西向东移位 4 ~ 6 厘米；受损面积 1050 平方米。

（8）松潘城墙，位于松潘县进安镇。始建于明洪武十三年，明嘉靖五年又增修外城。城墙总长 6.2 公里，用本地烧制的青砖砌成墙身，内夯土石（其中外城城墙长 1.37 公里，用条石砌成墙身，内填土石）而成，高 12.5 米，厚 12 余米，以糯米、石灰、桐油熬制的灰浆粘连勾缝，坚固异常。

震损情况：古城墙东门城楼南侧城墙顶面塌陷 100 平方米，塌陷深度 1 ~ 25 厘米不等；北门城楼西侧临爬山城墙段城墙开裂塌陷，塌陷面积 1200 平方米，塌陷深度 1 ~ 30 厘米不等；西门城楼东、西面墙体裂缝严重，裂缝由底部到顶部通体，城墙顶面塌陷 500 平方米，多处开裂；南门翁城南面西侧墙体开裂，受损面积达 200 平方米。

5. 广元市

（1）广元皇泽寺，位于广元市城西嘉陵江西岸马龙山脚下。造像雕造于北朝晚期，兴盛于唐代。

震损情况：南段、北段山体大面积滑坡，总长度为 253 米，高约 8 米。文物保护性建筑墙体及榫卯断裂，大面积油漆脱落，脊瓦断裂滑落，寺内道路栏杆受损。游人接待中心地面大面积塌陷，墙体及挑梁断裂，室内外装饰遭到严重损坏。

（2）觉苑寺，位于剑阁县武连镇，始建于唐代元和以前，现为明代建筑。

震损情况：观音殿严重倾斜，天王殿部分墙体裂缝，屋面瓦部分脱落；西厢房墙体裂缝，东厢房整体移位。

（3）剑门蜀道明月峡古栈道遗址，位于广元市朝天区朝天镇，现存为先秦栈道。

震损情况：栈道休闲亭及部分栈道损毁，公路两端山体滑坡。

（4）千佛崖摩崖造像（含观音岩摩崖造像），千佛崖摩崖造像位于广元市城北嘉陵江东岸，始凿于北魏，经西魏、北周、隋、唐、五代、宋、元、明、清不断开凿而完善；观音岩摩崖造像位于广元市城南嘉陵江东岸大南山脚，为唐代所凿。

震损情况：千佛崖摩崖造像，山体滑坡，崖体开裂；北大佛下壁一尊 30 厘米左右的小菩萨雕像脱落摔碎；观音岩摩崖造像，部分山体滑坡，顶部排水沟受损。

6. 雅安市

（1）平襄楼，震损情况：墙体开裂。

（2）高颐墓阙及石刻，位于雅安市姚桥镇，墓阙及石刻为东汉建造。

震损情况：碑亭和围墙受损；基础震裂。

（3）青龙寺大殿，位于芦山县龙门乡青龙场，元代建筑。

震损情况：屋面瓦震垮滑落约 50 平方米，墙体开裂，斗拱移位；平襄楼倾斜，二楼楼板震裂多处，东面墙体出现 2 米长的纵向裂缝，多处瓦片滑落震掉落地；斗拱移位严重。

（4）樊敏阙及石刻，位于芦山县沫东镇黎明村，东汉建安十年（205 年）建造。

震损情况：阙身出现裂缝。

（5）开善寺，位于荥经县严道镇，明成化十七年（1481 年）建成。

震损情况：屋面青瓦滑落，梁架松动。

（6）严道古城遗址，位于荥经县六合乡古城村。

震损情况：博物馆展厅和库房墙体开裂。

7. 其他市、州

（1）简阳圣德寺塔，位于简阳市城南。建于北宋宁宗庆元丁已（1197 年）夏，嘉泰二年（1202 年）秋竣工。

震损情况：塔顶脱落，吊落的砖块打破塔体并损坏四周的附属物；塔东面第十二、十三级和北面第十三级塔檐坍塌；塔角的十六只风铃掉落五只；垂带式梯踏崩裂；塔内第三层壁面被震裂。

（2）阆中张桓侯祠，位于阆中市城西，建筑面积 2500 余平方米。

震损情况：整个建筑倾斜；墙体严重开裂、垮塌；屋脊断裂、塌陷；屋面瓦大面积脱落、漏雨；木构架脱榫、断裂。

（3）西秦会馆，位于自贡市解放路大街。清乾隆时期修建，历时十六载竣工。

震损情况：金墉阁、贲鼓阁和武圣宫 8 处飞檐断裂、坍塌；屋顶垮塌，梁柱移位，梁架开裂，木构架脱榫、断榫。

（4）三苏祠，位于眉山市沙彀行。元代改宅为祠，祭祀三苏（苏洵、苏轼、苏辙父子三人）。明洪武年间扩建，明末毁于战火，清康熙四年（1665 年）原址重建。

震损情况：墙体开裂，屋面小青瓦滑落、透亮；屋脊、廊柱断裂。

（5）眉山报恩寺，位于眉山市罗平乡高丰村。始建于唐，历经圮废，现存建筑为元泰定四年（1327 年）重建。

震损情况：墙体开裂，屋面小青瓦滑落、透亮。

（6）鹫峰寺塔，震损情况：塔身倾斜、开裂，外墙粉水脱落。

（7）荣县大佛，位于荣县城东旭水河畔。

震损情况：建筑翘角断裂，瓦面滑落；围墙垮塌。

（8）富顺文庙，位于富顺县城中心。北宋庆历四年（1044 年）始建，历代经过 21 次修葺，最后一次为清道光十六年至二十年（1836—1840 年），仿山东曲阜孔庙建造。

震损情况：崇圣祠脊梁倾斜，大成门房屋开裂，围墙倾斜，开裂。

（9）醴峰观，震损情况：瓦面滑落、透亮，侧墙局部垮塌。

（10）安丙家族墓地，位于华蓥市双河镇昭勋村晶然山麓。是南宋四川宣抚使、少帅安丙（1148～1221 年）及其祖属之墓，建成于 1223 年。

震损情况：保坎开裂、滑坡，横梁断裂，参观步行道断裂垮塌。

（11）陈毅故居，震损情况：故居屋面损坏，陈列馆围墙开裂；值班室房屋檩子、屋瓦损坏三分之一。

（12）安岳石窟，震损情况：毗卢洞千佛窟保护房柱、椽、檀严重错位和断裂；紫竹观音窟泥塑造像被震裂；孔雀洞的经目塔尖被震掉甩碎，第三、四层的攒尖也被倒塌的塔尖砸坏，并砸毁了侧旁的房屋屋面；茗山寺的所有木结构穿逗保护房椽、檩断裂、错位；文殊师利窟 1 尊摩岩造像头部被震落在地摔成粉碎；木门寺无际禅师亭顶部的石刻吉祥物1尊被震落、摔碎，亭子多处出现裂隙和错位。

(13) 泸定桥，震损情况：铁链下滑；瓦面脱落，柱子多处松动，檐口脱落；纪念馆墙体多处开裂。

(14) 朱德故居，震损情况：墙体开裂、垮塌，房屋瓦面脱落，檩、梁脱榫、断榫。

(15) 峨眉山古建筑群，震损情况：砖殿内小佛像掉落、损毁，窗子开裂；万年寺屋面瓦片滑落，水管破裂；圣积寺铜塔塔刹掉落；报国寺佛像脖子断裂。

(16) 郭沫若故居，位于乐山市沙湾区沫水街中段。

震损情况：屋面琉璃瓦变形、脱落。

(17) 犍为文庙，位于犍为县玉津镇南街。

震损情况：柱子错位；墙体开裂；屋面青瓦滑落。

(18) 大庙飞来殿，位于峨眉山市大庙乡大庙村。

震损情况：屋面青瓦滑落；风火墙倒塌。

(19) 南龛摩崖造像，震损情况：山体垮塌；墙体开裂2～5厘米；墙面、门柱倾斜；保坎裂隙达10余厘米；地基塌陷；屋面瓦大面积脱落、漏雨；栏杆断裂；木构架脱榫、断裂。

(20) 永安寺，位于阆中市水观镇永安村。

震损情况：山门、观音殿屋面损毁；屋脊断裂、塌陷。

(21) 五龙庙文昌阁，位于阆中市河楼乡白虎村，始建于唐，元至正三年重建。

震损情况：墙体开裂。

(22) 通江千佛岩摩崖造像，震损情况：保护建筑严重倾斜，整个崖体滑坡。

(23) 红四方面军总指挥部旧址，位于通江县文庙街。

震损情况：墙体开裂、倾斜，地面裂缝。

(24) 通江石刻标语群，位于通江县沙溪乡景家塬。

震损情况："赤化全川"红军标语出现裂缝，崖体裂隙加大。

(25) 陈子昂读书台，位于射洪县城北金华山上。

震损情况：泥墙起鼓、开裂、剥落；屋脊开裂；柱子移位、倾斜、开裂；屋瓦松动、滑落。

(26) 宝梵寺，位于蓬溪县宝梵乡狮子山。

震损情况：壁画护墙出现较大裂缝；壁画墙壁断裂；大雄殿内墙壁受损严重，出现很大裂缝；天王殿垂脊断裂，屋面青瓦与房脊分离严重，掉落；地面下沉。

(27) 广德寺，位于遂宁市城西卧龙山麓。

震损情况：屋面毁损严重；垂脊多处断裂；大雄殿屋顶的天王像和屋脊上的龙头像掉落；屋顶正中的净瓶明显歪斜；法堂外墙出现裂缝；善济塔上三层偏移，塔表面粉水有部分脱落；各殿堂瓦顶掉瓦。

(28) 乐山大佛，位于乐山市凌云山。

震损情况：凌云寺藏经楼墙体开裂，大雄宝殿报身佛背光左下部脱落；乌尤寺景云亭基座有三面垂直线裂缝，最宽裂缝达5厘米；钟亭博脊裂缝，地面下沉；青衣别岛处翘角脱落。

(29) 渠县汉阙，震损情况：冯焕阙楼部、枋子层松动、移位；赵家村东无铭阙阙体倾斜，阙体构件之间松动、移位，雕饰脱落、掉块；赵家村西无铭阙阙体倾斜较大，阙体与楼部连接处缝隙加大，雕饰被震动脱落。

(30) 城坝遗址，位于渠县土溪乡城坝村，总面积1.2平方公里。

震损情况：城墙多处出现开裂、起缝，部分砌石被震落于地。部分文化层被冲击扰乱，断面已显露于外，部分遗迹、遗物遭到破坏。

(31) 资中文庙·武庙，震损情况：文庙的建筑脊饰、华表、大成门整体建筑严重倾斜；古建筑抬梁、檩子不同程度受损；武庙的风火墙裂缝倾斜。

(32) 瑞峰崖墓，震损情况：墓室岩层开裂、脱落。

(33) 真武山古建筑群，位于宜宾市西北真武山（又名狮来山）。始建于明万历二年（1574 年），至清中叶建成以道教宫观为主的大型宗教建筑群。建筑面积 4000 平方米。

震损情况：无量殿 4 间厢房裂缝，地基堡坎下沉。

(34) 夕佳山民居，位于江安县江安镇南 20 公里处。

震损情况：房屋出现裂缝，围墙及石护栏部分受损垮塌。

(35) 玉台山石塔，震损情况：塔刹震落摔碎。

(36) 红军强渡大渡河遗址，位于石棉县安顺乡安顺村。

震损情况：指挥楼屋顶漏雨严重，墙体石与石之间的黏合物几乎被冲刷干净，墙体严重倾斜，大面积裂缝，墙体松散；部分木质构件和楼层隔板出现断裂。

(37) 吴玉章故居，位于荣县金台乡蔡家堰村。

震损情况：陈列馆墙体开裂、倾斜；屋面严重受损；回廊墙体倾斜，梁架结构严重变形。

8. 藏羌碉楼与村寨

(1) 黑虎鹰嘴河寨碉群，位于茂县黑虎乡鹰嘴河寨，海拔 2727 米。山脊上有碉 4 座，山脊东面缓坡地上有碉 2 座。

震损情况：碉群大多墙体开裂，原有裂缝增宽拉长，内部木结构垮塌；6 座顶部坍塌，其中最上一座立于岩石之上的碉楼整体垮塌。

(2) 理县桃坪羌寨，位于理县桃坪乡东北约 1 公里处。始建于西汉元鼎六年（前 111 年），南北长 270 米，东西宽 260 米，占地面积 70200 平方米。

震损情况：整个村寨约 10% 的民居倒塌，20% 的民居墙体局部倒塌，其余部分多数墙体开裂、外鼓，梁柱歪斜移位，多数已成危房；1 号碉顶部垮塌，碉身多处纵向开裂，与碉连为一体的民居墙体及屋面开裂；2 号碉保存较为完好，与碉相连的民居有轻微倾斜，房面及墙体开裂；3 号碉顶部垮塌，碉体有多道裂缝；村寨台地靠山脚下有多道裂缝，部分地面下陷。

(3) 丹巴古碉群，震损情况：45 座碉楼受损严重，碉身开裂，碉顶垮塌。

(三) 博物馆（纪念馆）、文物管理所馆藏文物受损情况

部分博物馆（纪念馆）、文物管理所馆藏文物受损情况统计表

单位：面积（m^2）文物（件/套）

序号	单位名称	级别	总建筑面积	馆藏及重要出土文物总数	珍贵文物数量	馆舍受损分级	受损建筑面积	损毁文物总数	损毁珍贵文物数量
	合计		125800	144550	19014		83092	2731	129
	成都市								
1	彭州市博物馆	县	2000	2652	938	C	600	60	9
2	都江堰市文物管理所	县	1260	9763	1049	B	1260	27	6
3	崇州市文物管理所	县	1399	1436	342	C	350	37	13

续表

序号	单位名称	级别	总建筑面积	馆藏及重要出土文物总数	珍贵文物数量	馆舍受损分级	受损建筑面积	损毁文物总数	损毁珍贵文物数量
4	大邑县刘氏庄园博物馆	县	21312	6268	1184	C	19300		
	德阳市								
5	旌阳区文物管理所	县	880	179	48	C	200		
6	绵竹市文物管理所（含文物陈列室）	县	1017	6100	592	B	1017	9	5
7	绵竹年画博物馆	县	3663	1201	86	B	3663		
8	什邡市博物馆	县	2025	2012	971	B	2025	20	5
9	广汉三星堆博物馆	县	11546	1055	788	C	2620	4	4
10	广汉市文物管理所	县	320	2191	733	C	320	10	10
11	四川省考古研究院三星堆工作站	县	3600	4500		C	1581	12	
12	中江县文物管理所	县	80	1392	432	C	80		
13	中江黄继光纪念馆	县	2600	241	24	C	1700		
14	罗江县文物管理所	县	100	3453	14	C	100		
	绵阳市								
15	绵阳市博物馆	市	19975	7309	1687	B	19975	2	2
16	涪城区文物管理所	县	50			B	50		
17	游仙区文物管理所	县	2500			B	2190		
18	北川县文物管理所	县	130	915	108	A	130	807	
19	平武县报恩寺博物馆	县	580	1711	740	B	580		
20	安县文物管理所	县	320	906	323	B	320	40	
21	江油市博物馆（文物管理所）	县	2253	4256	1114	B	2253	61	3
22	江油市云岩寺文物管理所	县	1484	115	14	B	640		
23	江油市李白纪念馆	县	9927	246	246	C	1200		
24	梓潼县文物管理所	县	1700	446	124	C	200		
25	三台县文物管理所	县	2932	1539	799	C	54	106	1
26	盐亭县文物管理所（含文物陈列室）	县	650	413	101	B	650	67	
	广元市								
27	广元市皇泽寺博物馆	市	4894	900	708	C	1450		
28	利州区文物管理所	县	320	300		B	320		
29	朝天区文物管理所	县	500	300		C	200		

续表

序号	单位名称	级别	总建筑面积	馆藏及重要出土文物总数	珍贵文物数量	馆舍受损分级	受损建筑面积	损毁文物总数	损毁珍贵文物数量
30	元坝区文物管理所	县	430	300		C	200		
31	剑阁县文物管理所	县	500	2542	765	B	500		
32	苍溪县文物管理所	县	325	2203	1491	B	325	5	5
33	青川县文物管理所	县	300	223	103	B	300		
34	旺苍县文物管理所	县	466	8271	422	B	466	9	1
	雅安市								
35	宝兴县文物管理所	县	1560	2082	366	C	660	11	1
36	宝兴县红军翻越夹金山纪念馆	县	5000			C	80		
37	汉源县文物管理所	县	189	655	129	A	189	213	9
38	芦山县博物馆	县	974	9096	410	C	700		
39	石棉红军强渡大渡河纪念馆	县	1580	386	40	C	800		
	阿坝州								
40	茂县羌族博物馆	县	10500	7519	313	B	10500	1013	40
41	汶川县文物管理所	县	144	12273	256	B	144	218	15
42	理县文物管理所	县	100			B	100		
43	小金县文物管理所	县	100			B	100		
44	松潘县文物管理所	县	100	51	50	B	100		
45	黑水县文物管理所	县	100	58	57	B	100		
	南充市								
46	阆中市文物管理所	县	2400	2714	896	C	2000		
	巴中市								
47	南江县博物馆	县	1015	34378	551	C	800		

注：馆舍受损分级 A 为倒塌需要重建；B 为损毁严重需要重建；C 为一般性受损。

【地震抢险救灾篇】

（一）保护重点文物

2008 年 5 月 13 日下午，四川省文物管理局召开全体人员紧急会议，部署汶川特大地震抢险救灾、文物保护和文物受灾情况统计的紧急任务。会后，省文物管理局全体人员立即行动起来，在余震频发、极重灾区通讯联络中断的情况下，利用一切可以利用的通讯方式，向受灾地区的全体文物系统干部、职工表示慰问。统计震后文物受损的情况，号召全省各市、州文化（文物）局尽一切努力，利用一切可以利用的条件对文物进行保护。省文物管理局局长徐荣旋和副局长王琼在会后分别带队视察成都地区受灾较重的部分文博单位，慰问文博工作者和部分家属。

5月17日（星期六）上午7时10分，震后10个极重灾县（市）最后一个恢复通讯联络的阿坝州茂县蔡清（茂县羌族博物馆）馆长来电，向四川省文物管理局副局长赵川荣报告该馆震后文物的受损情况。至此，全省地震灾区抢险救灾、保护重点文物的统计工作进入全面汇总阶段。

四川国有可移动文物一般按行政隶属关系集中在当地博物馆（纪念馆）、文物管理所统一保管。2007年3月，绵阳博物馆文物中心库房建成，4月按照国家文物局的要求，集中代管了全市7个县、市共计479件珍贵文物。其中一级文物11件、二级文物93件。北川县文物管理所的二、三级文物123件也按要求存放在绵阳博物馆文物中心库房。

在汶川特大地震中，以北川县文物管理所、汉源县文物管理所损失最为严重；不可移动文物以世界文化遗产都江堰二王庙古建筑群，全国重点文物保护单位彭州领报修院、江油云岩寺，省级文物保护单位安县文星塔、盐亭笔塔、中江北塔、苍溪崇霞宝塔等，损失最为严重。

这次地震中的文物抢险工作，也是我国第一次大规模的地震文物抢险工作，没有经验和制度可以借鉴、遵守。地震灾害发生后，人们的第一主观反应就是救人，在救人的基础上，考虑对被掩埋的可移动文物进行保护，对濒危倒塌的不可移动文物采取一些应急保护措施。四川省文物工作者在这次地震中普遍采取的抢险应急措施（通常情况下，文物的抢险保护工作首先需要对现场和文物本体进行技术检查，然后制定抢险、加固方案，并进行报批，以免措施不当对文物产生二次破坏）是：对被掩埋的可移动文物派人日夜进行守护，然后使用一些临时能找到的物品、器材对倒塌的库房废墟进行遮盖，并依据地形、倒塌的残壁和器材，将废墟与周围的环境隔离，保护文物不丢失；对濒危倒塌的不可移动文物利用器材进行支顶、牵拉、堵挡、加固等，防止余震对文物的进一步破坏。

平武报恩寺、江油云岩寺、绵阳平阳府君阙、杜甫草堂、武侯祠、德阳文庙、梓潼七曲山大庙、都江堰青城山古建筑群、都江堰奎光塔、江油李白故里、什邡慧剑寺、阆中巴巴寺、宝兴邓池沟天主教堂、旺苍木门会议会址等30余处文物保护单位和汉源、青川、绵竹、什邡、都江堰等地文管所、博物馆运用中央下拨的3000万元应急资金或自筹资金采取了清理、遮盖、消毒、支顶等临时性抢险保护措施。

（二）馆藏文物的抢险情况

初期对馆藏文物的抢险救灾，是人力使用简单的工具抢救被掩埋在废墟中的上层文物；掩埋在倒塌的大型建筑构件下的文物，只能使用大型抢险工具，人力强行撬动会对被掩埋的文物造成二次破坏。文物被抢救出来后，人们看到的是一件件被损毁的瓷器、陶器，断裂变形的青铜器，有严重水渍的字画，几乎没有一件完整的文物。

1. 北川县文物管理所、北川羌族民俗博物馆重点文物抢险情况

5月12日，位于北川县老城区的北川县文物管理所、北川羌族民俗博物馆（两个单位一个编制；全体职工于2007年10月搬入县城新区办公），960平方米的建筑在地震中瞬间倒塌，508件历史文物、208件红军文物、805件民俗实物（其中二、三级文物123件存放在绵阳博物馆文物中心库房），被倒塌的库房掩埋，在博物馆同一栋楼房内办公的北川县文化馆馆长、副馆长及工作人员4人遇难。受地震影响，距离博物馆约500米的王家岩山体大面积滑坡，博物馆废墟因山体滑坡向东推移近200米，掩埋深度近30米。遇难者的遗体和文物至今仍深埋地下。

地震发生后，北川县文物管理所、北川羌族民俗博物馆的文物工作人员忍受着

失去家园和亲人的巨大悲痛，迅速投入到文物的抢险救灾中去，他们穿越废墟，翻山越岭，统计文物受灾情况，对受灾严重的文物保护单位及时采取了打围、遮盖、加固等有效的保护措施，防止余震和雨水对文物的再次损害。

2. 汉源县文物管理所重点文物抢险情况

5月12日，汉源县文物管理所办公楼在地震中剧烈摇动，正在办公室工作的2名文物工作者感知地震发生后，迅速撤离办公楼。地震导致办公楼地基下沉，失去平衡支撑的办公楼瞬间倒塌，199件馆藏文物（二级文物3件，三级文物117件，于2008年6月寄放到雅安市文物管理所文物库房）、14件移交的涉案文物（二级文物3件，三级文物6件，未上级文物5件）等被掩埋于废墟之下。

汉源县文物管理所文物工作者临危不乱，当晚在文物管理所办公楼后面的空地上搭起简易帐篷，安排2名文物工作者冒雨守护废墟下的文物，其余2人迅速投入到抢险救灾中去。

5月15日，汉源县委、县人民政府组织汉源县公安局、汉源县安全生产监督管理局、汉源县人武部等单位协助汉源县文化体育局、汉源县文物管理所对被掩埋的文物进行抢救。经过10天艰苦工作，文物抢救人员克服不断发生的余震带来的危险，烈日和阴雨天气带来的不便，共抢救出馆藏文物150余件。

3. 江油市窦圌山云岩寺抢险救灾情况

5月18日晨，江油市再次发生6.0级余震，给已在主震中受到严重损毁的窦圌山云岩寺造成严重威胁，保管在寺内的珍贵文物存在严重安全隐患。

当日上午，江油市文物管理所干部职工，冒着余震的危险，紧急赶赴窦圌山云岩寺，将飞天藏殿转轮经藏72件宋、元、清代道教木雕人物造像抢救下山，转移到江油市文物管理所文物库房妥善保管。

（三）转运重要文物

看到文物保护单位的断壁残垣，面对余震和将要溃坝的堰塞湖对幸存文物的威胁，如何保护好这些文物，使其不再受到进一步乃至毁灭性的损害，文物工作者在思考。把可以转移的文物运送到远离这些威胁的安全地方，是唯一可行的方案。经过四川省文物管理局、四川省人民政府和国家文物局批准，四川灾区文物的第二次抢险工作开始了。

1. 绵阳博物馆文物中心库房的馆藏文物紧急转移到广汉三星堆遗址博物馆文物库房

2008年5月26日下午1时，绵阳市召开唐家山堰塞湖下游人员紧急疏散广播电视动员大会，要求堰塞湖下游人员紧急疏散。地处堰塞湖下游的绵阳博物馆文物中心库房收藏有全市文博单位的25000余件文物（其中三级以上珍贵文物5000余件），如果唐家山堰塞湖溃坝的险情不排除，这批珍贵文物将受到洪水的严重威胁，为了确保文物的绝对安全，绵阳市文物局启动了绵阳博物馆文物中心库房文物转移紧急处置预案。

绵阳市文物局向四川省文物管理局请示，把绵阳博物馆文物中心库房的文物紧急转移到广汉三星堆遗址博物馆文物库房保管；绵阳市人民政府同时向四川省人民政府请示转移绵阳博物馆文物中心库房的文物。四川省文物管理局收到绵阳市文物局的请示后，当即对其可行性进行研讨，并立即向国家文物局报告；国家文物局紧急研究后答复：一是保存在绵阳博物馆文物中心库房的这批文物，数量众多且具有极为重要的历史、艺术、科学价值。尤其是在此次地震灾害造成绵阳市文化遗产重大损失的情况下，这批文物就更加弥足珍贵，必须得到安全保障，不容再冒风险、再受损失。二是应该把对绵阳博物馆文物中心库房保存文物的安全转移列为唐家山堰塞湖处置预案的重要内容，制定稳妥可靠的紧急转移文物工作方案并认真实施。

三是建议在对绵阳博物馆文物中心库房实施转移时，按照先珍贵文物、后一般文物的顺序进行。要确保文物转移过程中的安全，尽一切可能避免文物发生损失。对无法实施紧急转移的全国重点文物保护单位平阳府君阙等不可移动文物和大型石刻等可移动文物，也应采取可靠的保护措施。

经过国家文物局和四川省人民政府的批准，绵阳博物馆文物中心库房文物转移工作即刻启动。

26 日下午，绵阳市文物局制定了文物安全转移工作预案，组织人员对需转移的 4228 件珍贵文物和 1863 件有机质文物进行包装、装箱，经过 48 小时的昼夜工作，6091 件文物被装进 212 个文物包装箱中。

29 日 9 时，文物搬迁工作正式开始。212 箱文物被分装在 3 辆 8 吨集装箱汽车上，在武警战士的武装押运下，安全运抵广汉市三星堆博物馆文物库房。

2. 茂县羌族博物馆馆藏文物转移到成都金沙遗址博物馆文物库房

茂县是我国最大的羌族聚居区和羌民族文化核心区，历史悠久，文化灿烂，保存有从新石器时代到现代的大量珍贵遗迹、遗物和独特的羌民族民俗文物。现有馆藏文物 7519 件，其中珍贵文物 313 件，是阿坝州迄今唯一的一座博物馆。

“5 · 12” 汶川大地震给茂县羌族博物馆的展厅、库房、办公楼等设施造成了严重破坏，博物馆建筑全部成为危房。地震发生后，茂县羌族博物馆工作人员在余震不断发生的情况下，冒着生命危险，克服重重困难，从危房中转移出所有的馆藏文物。这次地震致使茂县羌族博物馆馆藏文物损毁 1013 件，其中，陶器一级文物 1 件，青铜器二级文物 1 件，陶器三级文物 38 件，一般文物 973 件。

简陋的文物存放场所对茂县羌族博物馆馆藏文物构成了极大的安全隐患，需尽快转移。茂县县委、县政府高度重视文物转移工作，茂县羌族博物馆积极协调，安排文物转移事宜。经省文物管理局批准，同意茂县羌族博物馆文物临时转移到成都金沙遗址博物馆文物库房存放。

茂县羌族博物馆文物转移工作，在茂县抗震救灾指挥部的领导下，成立了茂县羌族博物馆文物转移指挥部，由茂县县政府欧阳梅副县长任指挥长，茂县公安局政委陈福勋和济南军区装甲师四十三团殷参谋长任副指挥长。文物转移指挥部制定了详细的文物转移方案和应急预案，并加强了相关的保密工作。

2008 年 6 月 24 日，国家文物局博物馆司副司长李耀申带领有关专家亲临茂县，对被转移文物的装箱工作进行指导。

7 月 4 日凌晨 3 时，转移文物的车辆进入茂县羌族博物馆，开始紧急装车。凌晨 6 时，在济南军区装甲师四十三团官兵、茂县公安局干警、茂县羌族博物馆工作人员的护送下，由 8 辆运输车组成的文物转移车队从茂县出发，经松潘、平武、江油、绵阳，于 4 日晚安全抵达成都金沙遗址博物馆文物库房。

7 月 7 日下午 2 点，在成都市武装特警的协助下，茂县羌族博物馆将 6 箱丝织文物（民俗），由金沙遗址博物馆文物库房安全转移至成都博物院文物保护研究中心文物库房。

【恢复重建篇】

“5. 12” 汶川大地震发生后，四川省部分文化遗产受到了严重损毁。在国家文物局和四川省委、省政府的领导下，四川省文物管理局及时启动了世界文化遗产“都江堰古建筑群”、全国重点文物保护单位“理县桃坪羌寨”和“马尔康直波碉楼”的文物抢救保护工程。

世界文化遗产都江堰古建筑群抢救保护工程，于 2008 年 6 月 30 日正式启动，计划 2009 年底都江堰伏龙观古建筑群的抢救保护工程竣工。国务院总理温家宝在视察都江堰市灾后重建工作时，对该项工程的工作进度和质量表示满意。

羌族碉楼与村寨抢救保护工程中，全国重点文物保护单位理县桃坪羌寨抢救保护工程于2008年7月15日启动。

全国重点文物保护单位马尔康直波碉楼抢救保护工程，于2008年10月13日启动。

截至2008年底，阆中白塔、青城山黄帝祠抢救保护工程已经完工；广元皇泽寺摩崖造像抢险加固工程即将竣工；江油云岩寺抢救保护工程已全面开工。

成都武侯祠博物馆、杜甫草堂博物馆、金沙遗址博物馆、三星堆等博物馆通过及时抢修，在“5·18博物馆日”及时对社会开放。

峨眉山古建筑群、广元千佛崖等文物保护单位也经过积极抢险加固，提前向社会开放。

2008年下半年启动了馆藏文物修复保护、馆舍建筑加固以及重建等灾后恢复重建工作，同时，开展了地震遗址遗迹保护建设规划、地震文物征集等工作，确定了在北川、映秀、汉旺、深溪沟四地开展地震遗址遗迹保护及纪念馆、纪念地建设，总体方案经四川省人民政府同意后，报国家有关部门审议通过。

迎接奥运　促进发展

北京市文物局

2008年1月22日，首都窗口行业奥运培训工作协调小组办公室由张长江副巡视员率队的奥运工作考评组，对北京地区博物馆窗口行业奥运培训工作协调小组2007年的工作进行了验收，同时抽查验收了北京古代建筑博物馆。

3月11日，北京鲁迅博物馆社教部全体一线职工参加了“迎奥运北京鲁迅博物馆一线职工手语学习活动”。该活动由北京鲁迅博物馆与北京第四聋哑学校联合举办，博物馆社教部针对博物馆行业对手语教育的特殊需求及自身实际情况，编制了本次学习的手语教材。

3月29日~30日，国际残奥委会主席菲利普·克雷文、首席执行官哈维·冈萨雷斯等考察了长城、故宫的无障碍改造情况。在实地考察并听取方案汇报后，菲利普·克雷文主席对中国在无障碍设施改造方面做出的大量尝试和努力表示满意。

4月17日上午，由北京奥组委文化活动部主办的“北京奥运会倒计时100天主打歌《北京欢迎你》首发仪式”在首都博物馆礼仪大厅举行。与会嘉宾与歌曲的制作团队开启启动开关，并共同完成了《北京欢迎你》音乐的上传仪式。

4月24日，北京艺术博物馆组织全馆职工参加了残奥知识培训。培训以《北京奥运会（残奥会）残疾人服务通用知识读本》为教材，学习了残奥会基础知识、助残扶残礼仪、助残扶残技能等内容，并针对不同残疾客户群的生理和心理特点，重点学习了残疾客户群的专用服务规范。

4月30日，老舍纪念馆推出“奥运百日——老舍写北京知识竞赛”活动，以纪念北京奥运会倒计时100天。纪念馆结合北京奥运会选取了与老舍相关的15道题，内容涵盖了老舍生平、老舍作品、北京人文、奥运常识等。

5月7日，孔庙和国子监博物馆党支部

组织全体职工召开“平安奥运行动”安全动员大会。大会强调要认真落实“平安奥运行动”的指示精神，全力做好“平安奥运行动”的各项工作，确保奥运会的顺利举办，确保首都的安全和稳定。

6月12日，北京艺术博物馆组织全馆职工进行手语培训。此次培训特聘请第三聋哑学校杨光远主任授课，内容包括手语基本知识、残疾人客户基本特点，并现场教授了30句手语。

6月16日，北京地区博物馆奥运工作协调小组在首都博物馆举办了残奥会知识培训大讲堂，邀请北京奥组委培训顾问赵济华先生担任主讲。

7月3日，北京市文物局召开了全市文物系统2008年上半年工作总结暨奥运服务动员大会。会议对全市上半年文博工作进行了总结，并就文博系统迎奥运工作进行了部署和动员。北京市文物局孔繁峙局长强调：各文博单位要以奥运会和残奥会的举办为中心，提高思想认识，树立大局意识、风险意识、责任意识和服务意识，全体动员，全员参与，全力以赴做好奥运会、残奥会的接待任务。

7月4日，由北京市委统战部、北京奥组委两家单位组成的检查小组来到大葆台西汉墓博物馆，对博物馆“宾客接待项目”的准备情况进行了检查，对讲解内容、展厅设施、卫生间设施、馆内环境卫生等博物馆软、硬件设施都提出了详尽的改进意见。

7月7日，北京市文物局在首都博物馆召开了北京市文物局迎奥运党员动员大会，市委宣传部常务副部长陈启刚到会做重要讲话。会议下发了《中共北京市文物局党组关于进一步发挥局基层党组织和共产党员在举办2008年北京奥运会中的战斗堡垒与先锋模范作用的意见》，要求全体党员要树立大局观念，自觉站在服务奥运工作的最前列，站在文博单位筹备奥运工作的最前沿。

7月8日，北京市文物局在和敬府宾馆组织召开“北京市重点文物开放单位做好奥运期间境外记者服务工作会”，对奥运期间接待境外记者和为记者提供服务等工作进行部署。办公室主任王丹江传达了市委外事工作领导小组、市外办、市港澳办《关于做好奥运期间境外记者管理与服务工作的指导意见》的文件精神，文物处处长王玉伟介绍了奥运期间文物影视拍摄快捷审批程序。于平副局长以北京市文物局新闻发言人的身份，向与会的同志简要介绍了当前宣传工作面临的形势，就接待外国记者的一些技巧和方法对大家进行了培训，并就进一步做好记者服务工作提出了具体要求。

7月9日～10日，由首都博物馆、中国人民抗日战争纪念馆、中国电影博物馆、孔庙和国子监博物馆等多家单位工作人员组成的北京地区博物馆“弘扬古都文明　喜迎奥运盛典”宣讲团走进北京市161中学和北师大实验中学，为在校生及即将参与奥运服务的近千名志愿者进行了宣讲。

7月14日，首都博物馆在礼仪大厅隆重召开“平安首博·服务奥运”誓师大会。郭小凌馆长在大会上做了服务奥运临战总动员，北京市文物局副局长兼首都博物馆党委书记崔国民同志和市文物局孔繁峙局长分别做了重要讲话。

7月16日～17日，由北京市文物局举办的“平安奥运行动”文物知识竞赛在北京古代建筑博物馆具服殿举行，来自局属各文博单位的近30支代表队参加了此次竞赛。

7月24日，北京市文物公司“迎奥运、保安全”应对突发事件演练拉开了序幕，按照预定情况（纵火破坏）的设想，指挥员、报警人员、救护人员、疏散人员、警戒人员等都按照职责分工有条不紊地进行演练。

7月26日，作为迎奥运五项展览之一

的“北京文物精品展”在首都博物馆开幕。此项展览汇聚了285件（套）代表性文物展品，分为瓷器、佛教造像、玉器、金银器、竹木牙雕、书画艺术和古典家具七大主题。

7月29日，由国家文物局、北京市人民政府和北京奥组委以及全国25个省市共同主办的“中国记忆——5000年文明瑰宝展”在首都博物馆正式拉开帷幕，来自全国55家博物馆或文物收藏单位的169件（套）国宝级珍贵文物汇聚首都博物馆并正式向社会展出。

8月5日，出席北京奥运会的国际奥委会宾客参观团到北京孔庙和国子监博物馆参观，北京市文物局于平副局长全程陪同。贵宾对孔庙国子监精美的中国传统建筑艺术、保存完好的建筑格局、丰富生动的陈列展览、优雅动听的祭孔乐曲演奏赞不绝口，兴趣浓厚。

8月7日，萨摩亚独立国元首一行6人来到首都博物馆，参观了“中国记忆——5000年文明瑰宝展”和“北京文物精品展”两个展览，并欣然题词：“真是一个引人入胜的展览——图伊·阿图阿。”

8月7日，汤加王储一行10余人来到首都博物馆参观了“京城旧事——老北京民俗展”和“北京文物精品展”。在文房四宝区，王储留言：“这座介绍了北京历史的博物馆非常漂亮，精彩的展览让世界人民都大饱眼福。”

8月7日，在文化部有关领导的陪同下，台湾高雄市政府副秘书长许剑涓一行2人来到首都博物馆参观了“京城旧事——老北京民俗展”和“北京文物精品展”。宾客称赞首都博物馆展览很丰富、很精彩，一上午感到意犹未尽。

8月7日，库克群岛女王代表一行3人到首都博物馆参观了“京城旧事——老北京民俗展”和“北京文物精品展”。在文房四宝区客人挥笔留言：“对邀请我们参加2008年北京奥运会表达我最诚挚的感谢！贵馆的展览非常精美，我们将把中国悠久的历史带回库克群岛。”

8月7日，香港著名实业家李嘉诚先生率领中外宾客60余人到首都博物馆访问。郭小凌馆长简单介绍了首都博物馆礼仪大厅，然后陪同李先生和其他客人参观了“中国记忆——5000年文明瑰宝展”。

8月8日，北京古代建筑博物馆进行了服务接待实战演练。演练模拟了突发观众生病、残疾人参观、发现可疑物、突遇国外记者采访等可能发生的各种情况。

8月8日，泰国公主诗琳通一行20余人到首都博物馆参观。在姚安副馆长的陪同下，诗琳通公主一行饶有兴趣地参观了“中国记忆——5000年文明瑰宝展”。诗琳通公主逐件观赏了展览文物，详细询问了文物的特点，并将所看到的文物逐一记录。

8月8日，联合国教科文组织总干事松蒲晃一郎一行10人来到首都博物馆参观。松蒲晃一郎先生一行饶有兴趣地参观了“中国记忆——5000年文明瑰宝展”、“北京文物精品展”和“京城旧事——老北京民俗展”，并在文房四宝区欣然题字。

8月8日，美国前国务卿基辛格先生的亲属一行3人到首都博物馆参观。他们饶有兴趣地参观了“中国记忆——5000年文明瑰宝展”和“北京文物精品展”，表示对展览很感兴趣，以后还会再来参观。

8月8日，瑞士联邦主席库什潘及夫人一行到孔庙和国子监博物馆参观，吴志友馆长陪同。库什潘主席一行认真聆听讲解，对这座有700多年历史的古代建筑赞不绝口，库什潘主席在留言簿上写道：“在这里我们了解了中国行政管理的思想体系，祝中国成功！”

8月9日，北京市政府在首都博物馆礼仪大厅召开北京市人民政府招待会，北京市友好城市市长、北京市荣誉市民、市长国际企业家顾问及配偶260余人出席了招待会。北京市市长、北京奥运会组委会执行主席郭金龙致辞，他代表北京市政府和全市人民对国际贵宾的到来表示欢迎，对大家给予北京奥运筹办和现代化建设的关心与支持表示感谢。

8月10日，佛得角总统夫人一行5人到首都博物馆参观。在姚安副馆长的陪同下，总统夫人一行饶有兴趣地参观了“中国记忆——5000年文明瑰宝展”及“北京文物精品展”，并观看了英文版多媒体数字影片《辉煌的北京》。

8月10日，北京国际新闻中心组织中国、美国、韩国、波兰等奥运非注册记者30多人到孔庙和国子监博物馆参加古代建筑专题讲座活动。北京古代建筑研究所所长韩扬做了题为《故都遗构漫谈》的专题讲座，向记者们介绍了五朝古都北京的城市变迁史；孔庙和国子监博物馆顾问马法柱介绍了孔庙和国子监的历史功能概况。

8月11日，中央电视台著名节目主持人陈铎先生、著名歌唱家李光羲先生等几位艺术家到首都博物馆参观了“中国记忆——5000年文明瑰宝展”、“北京文物精品展”、“长江文明展”、“古希腊竞技精神展”，他们被首都博物馆的宏伟建筑以及展出的展品深深地吸引，不时发出感叹，频频与周围的人交流感受。同时还向首都博物馆提出了一些建设性的意见。

8月11日，匈牙利国防部长塞格莱什·依姆雷偕夫人一行4人到周口店遗址参观。讲解员详细介绍了周口店遗址的发现、发掘历史，在国际史前遗址中的重要地位和展出的化石标本情况。部长先生一行饶有兴趣地参与了魔法卡片活动，观看了以北京猿人和山顶洞人生活为题材的科教片，并参观了山顶洞、第15地点、猿人洞等化石地点，并和“北京猿人”及同时期伴生动物雕塑合影。

8月11日，萨摩亚元首图伊·阿图阿·图普阿·塔马塞塞·埃菲和夫人参观了孔庙和国子监博物馆。参观结束后，元首在留言簿上题词：“这里的展览和图片都很精彩。”

8月12日，哥伦比亚文化部部长一行5人到首都博物馆参观了“北京文物精品展”、“京城旧事——老北京民俗展”、“古代瓷器艺术精品展”、“古代佛像艺术精品展”等展览，并欣然题词：“首都博物馆为世界人民展现了中国辉煌灿烂的千年历史文化。”

8月12日，尼泊尔奥运代表团一行5人来到白塔寺管理处参观。管理处给予热情接待，为他们详细介绍了白塔寺的历史及白塔的建造者——尼泊尔民族英雄阿尼哥的生平。

8月12日，参加北京第29届奥运会的冰岛代表团领队、教练等一行4人参观了正阳门。正阳门管理处工作人员全程陪同并对“正阳门历史文化展”做了细致讲解。

8月12日，台湾亲民党主席宋楚瑜一行13人到首都博物馆参观。在姚安副馆长的陪同下，宋楚瑜先生一行先后参观了“北京文物精品展”、“京城旧事——老北京民俗展”以及“中国记忆——5000年文明瑰宝展”，并两次为展览题词：“物华天宝，地灵人杰”，“珍惜国宝，更护河山”。

8月13日，拉脱维亚总统扎特列尔斯和夫人一行参观了孔庙和国子监博物馆。总统先生认真听取了讲解员的解说，并对中国的传统文化积淀表示赞赏。参观后，总统和夫人在留言簿留言。

8月13日，新加坡总统纳丹一行14人来到首都博物馆，饶有兴趣地参观了“北京文物精品展”。在这些文物精品中，总统先生十分喜爱青白釉水月观音菩萨像以及白玉仿痕都斯坦菊瓣碗。在书画区域，总统先生仔细欣赏了乾隆御笔《楷书记胜诗册页》以及吴道子《八十七神仙图卷》。

8月13日，毛里求斯总统贾格纳特一

行8人来到首都博物馆，在王武钰副馆长的陪同下饶有兴趣地参观了“北京文物精品展”和“京城旧事——老北京民俗展”。在文房四宝区域，总统先生欣然为首都博物馆题字：“这是一次非常有意义的访问，非常感谢贵馆的热情接待和对展览的细致讲解。”

8月14日，在北京市外办港澳处有关同志的陪同下，北京奥运会中外志愿者一行50余人来到首都博物馆，在讲解员的引导下参观了“北京文物精品展”、“中国记忆——5000年文明瑰宝展”、“京城旧事——老北京民俗展”等展览。

8月13日，前来中国观看北京奥运赛事的美国青年学生参观团一行40人到北京宣南文化博物馆、老舍茶馆、马连道国际茶城参观。博大精深的宣南文化深深地折服了这些美国青年学生，博物馆工作人员热情、高质量的服务也给外国朋友们留下了深刻的印象，参观团留言赞扬北京悠久的历史文化，感谢博物馆的真挚服务。

8月16日，全国人大常委会副秘书长乔晓阳、原空军后勤部副部长乔泰阳一行8人在市政府办公厅黎皓月的陪同下来到首都博物馆参观了“中国记忆——5000年文明瑰宝展”、“北京文物精品展”、“长江文明展”、“紫禁城内外的竞技游戏”和“公平的竞争——古代希腊竞技精神展”，并观看了多媒体影片《辉煌的北京》。出展厅后，乔副秘书长还参观了展览外经营区，对首都博物馆自主开发的纪念品表示赞许。

8月15日~16日，应北京市教委邀请，由香港、澳门特区教育局组织来京参加奥运开幕式的380名师生代表来到首都博物馆参观了“北京文物精品展”、“古都北京——历史文化篇”、“京城旧事——老北京民俗展”及“公平的竞争——古希腊竞技精神展”等多个展览。

8月20日，塞浦路斯前总统夫人一行4人到首都博物馆参观。夫人一行饶有兴趣地参观了“北京文物精品展”和“中国记忆——5000年文明瑰宝展”，夫人在留言簿上写道：“非常高兴有机会参观这个精美的展览。祝贺北京奥运成功!”

8月21日，在崇文区外事办领导的陪同下，与崇文区结为友好城市的罗马尼亚布加勒斯特市的贵宾到百工坊参观。百工坊的接待工作人员向来宾们详细介绍了百工坊的情况。通过参观各具特色的工艺坊，贵宾们对中国传统的工艺美术技艺有了一定的了解。

8月21日，百工坊接待了前来参观的澳门学生观光团的100名学生，澳门学生被琳琅满目的工艺品所吸引，并在工艺大师的指导下，兴致盎然地学习了捏面人、编织中国结和手链等简单的手工艺技艺，观看了剪纸、烫画、料器制作等工艺表演。

8月22日，大钟寺古钟博物馆接待了两名来自捷克的运动员教练。博物馆派专职英文讲解员陪同宾客参观，并免费为他们演奏了编钟，受到了外宾的欢迎。参观结束后，外宾对大钟寺的接待服务表示非常满意。

8月22日，瑞士洛桑奥林匹克博物馆馆长弗朗西斯·加贝特在北京奥组委文化活动部杨松部长的陪同下到首都博物馆参观了“北京文物精品展”和“中国记忆——5000年文明瑰宝展”。在文房四宝区域，加贝特馆长饶有兴趣地拿起毛笔尝试书写了：“感谢首都博物馆，祝贺北京奥运成功!”

8月24日，比利时副首相兼财政与体改大臣迪迪埃·雷德尔斯先生及家人一行4人到首都博物馆参观了“北京文物精品展”及“京城旧事——老北京民俗展”。在古典家具展示区域，副首相欣然坐下感受中国古典家具的舒适，并在留言簿上写下：“非常感谢首都博物馆的热情接待”。

8月22日，一名德国《星报》记者、

两名赞比亚儿童电视五台记者以及两名翻译在奥运新闻中心贾凌同志的陪同下来到大钟寺参观、采访。馆领导就记者关心的大钟寺博物馆整体情况、大钟寺的历史、永乐大钟的铸造以及博物馆在奥运会期间所做的工作等问题进行了解答。工作人员还用英文为来宾全面介绍了“觉生寺历史沿革展”、“中国古代钟铃文化展”。

8月25日，尼泊尔国家总理普拉昌达偕夫人一行20人来到白塔寺管理处参观。北京市文物局于平副局长、白塔寺管理处何沛主任、赵秀珍书记、杨曙光副主任热情接待并陪同参观。杨曙光副主任为他们讲解了白塔寺的历史及管理处计划2009年赴尼泊尔共同举办“阿尼哥画传”图片展的情况，总理对此事非常重视，要求尼方政府由专人落实活动地点等相关事宜，加强两国文化交流。

8月25日，拉脱维亚总理戈德马尼斯参观了孔庙和国子监博物馆，馆长吴志友陪同。戈德马尼斯总理详细听取了解说员的讲解，对中国文化表现出浓厚的兴趣。他在留言簿上写道：“对中国政府将这座古老建筑保护得如此完好表示赞赏”。

8月26日，大钟寺古钟博物馆接待了西班牙奥林匹克委员会秘书长及陪同人员一行2人。博物馆派出专职讲解员进行了全程讲解，并在战国编钟展厅为客人演奏了编钟。

9月2日，由市文物局张若妮副局长任组长、纪检监察处佟玉霞处长和博物馆处哈骏副处长任副组长，并两处领导同志共7人组成的联合检查组，对北京古代建筑博物馆、孔庙和国子监、白塔寺贯彻落实“平安奥运”各项规章制度、重要宾客接待、掌握残奥知识及接待技能、环境、展览和各类相关工作准备情况进行了全面检查。

9月6日，西班牙教育民政及体育部长一行3人到首都博物馆参观。部长一行先后参观了“中国记忆——5000年文明瑰宝展”、“京城旧事——老北京民俗展”及“北京文物精品展”，并在文房四宝区域为首都博物馆题词。

9月7日，克罗地亚副总理亚德兰卡·科索尔一行8人来到首都博物馆参观。在安理副馆长的陪同下，副总理一行饶有兴趣地参观了“京城旧事——老北京民俗展”和“北京文物精品展”。在文房四宝区域，科索尔欣然题下：“首博所展示的展品真是令人赞叹和钦佩。看完这一切，我想说：文化就是财富、影响和激励。今后如能有机会我希望再来首博访问。”

9月7日，厄瓜多尔副总统莱宁·莫雷诺一行20余人来到首都博物馆参观。在高凯军副馆长的陪同下，莫雷诺副总统一行饶有兴趣地参观了“京城旧事——老北京民俗展”和“北京文物精品展”，并兴致勃勃地题词：“致亲爱的中国人民：希望将来中国能取得更瞩目的成就，在此我向你们致以最热情的拥抱。”

9月9日，西班牙埃莱娜大公主殿下一行6人来到孔庙参观。来宾参观了孔庙及古乐坊的古乐表演，公主称赞中国古代建筑的恢弘，并说在她女儿八岁生日之际来博物馆参观非常高兴。参观结束后，公主殿下对博物馆的热情接待表示感谢，并游览了成贤街。

9月11日，美国克里弗兰博物馆馆长一行27人到首都博物馆参观。郭小凌馆长向客人重点介绍并陪同参观了为迎接2008年奥运会而特别举办的“中国记忆——5000年文明瑰宝展”及“北京文物精品展”，宾客对具有几千年历史的文物精品赞叹不已。

9月12日，约旦亲王一行4人到首都博物馆参观。在姚安副馆长的陪同下，亲王一行饶有兴趣地参观了“北京文物精品展”和“京城旧事——老北京民俗展”。

中国文物事业改革开放30年

国家文物局

30年前，党的十一届三中全会吹响了当代中国前进的号角，从此中国拉开改革开放的大幕。一个有着五千年历史、十几亿人口的文明古国，开始建设和发展中国特色社会主义的伟大实践。中国文物事业在这条改革、开放、发展的大道上阔步走过了30年的光辉历程。与全国其他战线凯歌高奏、捷报频传一样，在党中央、国务院的高度重视和正确领导下，全国文物工作者高举中国特色社会主义伟大旗帜，以邓小平理论和“三个代表”重要思想为指导，深入贯彻落实科学发展观，不断解放思想，坚持改革开放，推动科学发展，中国文物事业呈现出蓬勃发展的喜人局面。

一、中国文物事业30年的发展历程

中国文物事业的发展与国家改革开放和现代化的发展进程风雨同舟、命运与共。30年来，中国社会沧桑巨变，中国文物事业也走过了不平凡的发展历程。大体经历了四个阶段。

（一）1978年~1982年，文物事业的恢复发展阶段。

1978年，我们党召开具有历史意义的十一届三中全会，重新确立解放思想、实事求是的思想路线，作出把党和国家的工作重点转移到社会主义现代化建设上来和实行改革开放的战略决策。随着党和国家工作重心的转移，文物战线在实际工作中拨乱反正，在文物保护、法规制度、对外交流、管理体制和队伍建设等方面开展了大量卓有成效的工作，文物事业逐步走向正确的发展轨道。

——文物事业得到党和国家的高度重视。十年内乱期间，我国文物事业也经历了一场浩劫。彻底扭转十年内乱对文物事业造成的干扰破坏，使文物工作走上正轨，成为最迫切的任务。1979年7月，全国人大将违反文物法规、破坏国家保护的珍贵文物等行为列入《中华人民共和国刑法》，加大了对文物犯罪的惩处力度。1980年5月，国务院发出《关于加强历史文物保护工作的通知》，针对文物频遭破坏和文物工作面临的严峻形势，提出了加强文物保护管理工作的具体措施。这是改革开放以后，国务院发出的第一个关于文物工作的重要文件。同年5月，中共中央书记处第23次会议研究讨论了文物工作，要求文物部门“以责任在身、当仁不让的精神做好工作”，充分体现了我们党对文物工作的支持与鼓励。1982年12月，为适应改革开放的新需要，国家发展博物馆事业，“国家保护名胜古迹、珍贵文物和其他重要历史文化遗产”被列入《中华人民共和国宪法》。

——文物事业的各项工作逐步铺开。改革开放后，有关文物工作的重要措施相继出台。1980年6月召开的全国文物工作会议，是党的工作重心转移以后召开的第一次全国文物工作大会。会议研究讨论了法制建设、考古发掘、博物馆建设、文物出口、对外交流、组织建设等，同时规划了发展文物事业的宏伟蓝图，极大地鼓舞了全国文物工作者的信心。1981年1月，国务院批转国家文物局《关于加强文物工作的请示报告》，就文物保护、市场管理、经费投入、人才培养、管理体制和发展博物馆事业等提出了具体意见和措施。从1981年开始，国家在全国范围内开展文物普查、复查工作。1982年，国务院相继公布了第一批国家历史文化名城24座和第二批全国重点文物保护单位62处，国家历史文化名城和全国重点文物保护单位公布制度逐步完善。文物科学技术的支撑和引领作用初现端倪，科技管理制度建设逐步展开；开展了规模较大的人才培训活动，这一时期文物系统累计轮训干部14939人次，占职工总数的56.9%。

——文物法制建设取得重要进展。1982年11月，在总结新中国成立以来的文物工作经验，以及发布一系列有关文物保护的法令、指示和办法，特别是在《文物保护管理暂行条例》的基础上，第五届全国人大常委会第25次会议通过了《中华人民共和国文物保护法》。《文物保护法》是在党的十二大制定的全面开创社会主义现代化建设新局面的新形势下颁布的，是我国文化领域第一部由国家最高立法机构颁布的法律，也是我国历史上第一次以法律的形式对文物保护工作进行了界定。随着《文物保护法》的颁布，有关部门、各地方也结合各地文物工作实际，陆续出台了一批加强文物保护和管理的法规和规范性文件，强化文物保护和管理。这标志着中国文物事业逐步走向法制化轨道，是新时期文物事业发展的一个里程碑。

（二）1983年~1991年，文物事业的探索发展阶段。

《文物保护法》颁布之时，正值我国改革开放和现代化事业全面铺开阶段。在城市化、工业化进程中，规模空前的基本建设与文物保护之间的矛盾日益突出，文物工作受到城市建设、旅游开发等活动的严重冲击；盗掘、盗窃、走私文物的犯罪行为猖獗一时，文物安全面临着严峻的形势。同时，文物工作在指导思想上也出现了分歧：文物工作是保护为主，还是利用为主；是保护利用并举，还是保护为主、利用为辅等等。如何处理好这些关系，成为这一时期文物事业迫切需要探索、解决的问题。

——对新时期文物工作规律认识的深化。1984年4月和10月，中央宣传部与文化部在北京先后召开全国文物工作会议和文物工作座谈会，研究贯彻《文物保护法》，探讨文物保护和发挥作用，开创文物博物馆事业新局面等问题；1984年7月和1985年11月，中共中央又先后召开书记处会议，研究文物保护和博物馆建设问题，讨论加强文物保护和利用、促进社会主义精神文明建设问题。在多次深入探讨和总结实践经验的基础上，1987年11月，国务院发出《关于进一步加强文物工作的通知》。《通知》全面总结了新中国成立以来文物事业的成就，指出了文物事业存在的主要问题，提出了当前文物工作的任务和方针是“加强保护，改善管理，搞好改革，充分发挥文物的作用，继承和发扬民族优秀的文化传统，为社会主义服务，为人民服务，为建设具有中国特色的社会主义作出贡献”。《通知》对发挥文物作用、加强文物保护和博物馆建设，以及把文物保护纳入城乡建设总体规划和加强文物工作的领导等提出了明确要求。《通知》颁发后，尽管在文物工作方针上，是保护为主、还是保护和利用并重等问题上有各种不同的认识，但仍不失为在改革开放新形势下我们对文物工作规律的有益探索。

——对外交流与合作取得突破。随着国家对外开放的领域和规模不断扩大，以对外文物展览为起点的文物对外交流与合作迈出步伐。涉外考古、文物保护、馆际交流、人员培训等合作项目，数量从无到有，规模从小到大，交流合作体系初步形成。1983年7月，中国博物馆学会加入联合国教科文组织属下的国际博物馆协会，标志着中国文物事业在国际舞台崭露头角。1985年11月中国加入《保护世界文化和自然遗产公约》，1987年12月中国的第一批6项遗产进入《世界遗产名录》，标志着我国文物事业进一步与世界接轨，迈出对外开放的新步伐。

——文物安全工作取得成效。这个时期，文物遭受破坏的情况也相当严重，特别是文物走私活动十分猖獗，文物犯罪活动时有发生，盗窃文物、私掘古墓古遗址等在新中国成立后已经杜绝的丑恶现象又沉渣泛起，而且来势迅猛。为保护国家文物、严惩犯罪分子，1987年5月，国务院颁发了《关于打击盗掘和走私文物活动的通告》，提出了打击文物犯罪活动的具体措施。同时，公安、司法、工商、海关和文化行政管理等有关部门相互配合，密切协作，出台了一系列政策措施，有效地遏制了盗掘和走私文物的违法活动。

——文物保护和博物馆事业得到发展。文物基础工作取得进展，1989年，全国文物工作会议把“四有”（即有保护范围、有标识说明、有纪录档案、有专门保护机构或者人员）列为重要基础工作之一。在这期间，开展了布达拉宫、曲阜三孔、承德避暑山庄、临潼华清池等重要文物保护工程，修缮了大量的文物古迹；开展了江西万年仙人洞和吊桶环遗址、辽宁朝阳牛河梁遗址、浙江余杭良渚遗址、山西襄汾陶寺遗址、四川广汉三星堆祭祀坑、河南偃师商城遗址、山西侯马晋侯墓地、陕西咸阳汉阳陵丛葬坑等大量的考古发掘工作；文博人才培训形成规模，集中培训、院校合作培训、部门协作培训和人才对外交流取得进展；公布第二批国家历史文化名城38处；公布第三批全国重点文物保护单位258处。文物系统博物馆1983年为467座，1991年迅速增加到1075座，平均每年增加近80座；1991年举办展览4292个，观众达1亿人次。

（三）1992年~2001年，文物事业的稳步发展阶段。

1992年初，邓小平同志视察南方发表重要谈话，从理论上回答了长期困扰和束缚人们思想的许多重大问题。同年召开的党的十四大，确定建立社会主义市场经济体制的目标，对改革开放和社会主义现代化建设作出战略部署。伴随社会主义市场经济的逐步建立和改革开放的不断深入，文物事业进入了一个新的发展时期。

——确立新时期文物工作方针和原则。在发展社会主义市场经济条件下，如何处理好文物保护与经济建设，社会效益与经济效益，特别是保护与利用的关系，是文物事业发展中必须首先要解决的重大课题。1992年5月，国务院在西安召开全国文物工作会议。这是新中国成立以来规格最高、规模最大的一次文物工作会议。在全面总结新中国成立以来文物工作实践的基础上，针对保护和利用的关系，党中央明确提出“保护为主、抢救第一”的新时期文物工作方针。1995年9月，在西安召开全国文物工作会议，针对市场经济条件下经济发展与文物保护的关系，进一步提出了“有效保护、合理利用、加强管理”的原则，这就形成了文物工作完整的方针和原则。这是党和国家对新时期文物工作规律认识的重大突破，对发展社会主义市场经济新形势下的文物事业，具有很大的推动作用。

——提出文物工作的“五纳入”。1997年3月，国务院颁发了《关于加强和改善文物工作的通知》，在科学分析当前文物工作的形势和任务的基础上，明确提出要努力建立适应社会主义市场经济体制要求、遵循文物工作自身规律、国家保护为主并动员全社会参与的文物保护体制。《通知》的核心是要求各地方、各有关部门把文物保护纳入当地经济和社会发展计划，纳入城乡建设规划，纳入财政预算，纳入体制改革，纳入各级领导责任制。此后，“五纳入”的具体要求分别写进了新修订的文物保护法的条文，上升为法律规定，这对于提升文物工作在经济社会发展中的地位和文化遗产事业的整体水平具有重要意义。

——启动文物保护法的修订工作。1982年颁布的《文物保护法》是根据改革开放之初的历史背景、认识水平和文物工作的实际情况制定的，它所规定的一些原则和制度符合当时我国国情和实际需要。随着改革开放不断深入，国家经济发展突飞猛进，社会生活日新月异，经济体制、政治体制以及社会文化体制都发生了深刻变化。同时，文物工作的理论和实践也推动了法制建设。1996年，国家文物局开始进行修订稿起草工作，国务院法制部门进行了深入调研和修改，2001年至2002年，第九届全国人大常委会多次对草案进行审议，相关部门经过反复调研、讨论，在坚持原法确定的基本原则和方法的基础上，对原法内容进行了补充和完善。

——推动各项事业的发展。在新时期文物工作方针的推动下，1994年，国务院核定公布第三批国家历史文化名城；1996年和2001年，国务院先后公布第四、第五批全国重点文物保护单位，各地也分别公布了新的省、市、县级文物保护单位。到21世纪初，我国已公布省级文物保护单位七千多处；文物保护单位“四有”等基础性工作扎实推进；国家历史文化名城、全国重点文物保护单位和大遗址保护规划工作明显加强，博物馆事业、革命文物和少数民族文物工作深入开展；落实“科教兴国”战略，文物保护科技工作实现快速发展；文博干部岗位培训、资质资格和持证上岗工作迈开步伐。从1992年起，开展新中国成立以来规模最大的文物抢救保护工程。包括西藏布达拉宫、天津独乐寺、河北清东陵和西陵、浙江天一阁、河北隆兴寺大悲阁在内的一批重要文物保护工程陆续完成。开展小浪底水库、三峡水利工程等国家大型基本建设项目中的考古和文物保护工程。

（四）2002年至今，文物事业的持续发展阶段。

进入新世纪，我们党对发展社会主义先进文化重要性的认识达到了新高度，对社会主义市场经济条件下文化建设规律的认识有了新提高。党的十六大提出了发展先进文化的重大任务，党的十七大提出了推动社会主义文化大发展大繁荣，兴起社会主义文化建设新高潮的战略部署。文物事业作为文化建设的重要组成部分，受到党和国家的高度重视，进入了持续发展时期。

——文物法制建设取得新进展。2002年10月修订的《文物保护法》颁布，它的一个重要成果是把“保护为主、抢救第一、合理利用、加强管理”的文物工作方针上升为法律规定，对不可移动文物、历史文化名城和街区村镇的保护、考古发掘管理、馆藏文物保护、民间文物收藏管理、文物进出境管理、法律责任等方面都进行了明确的规定。修订后的《文物保护法》及其后颁布的实施条例，更好地适应文物工作与社会发展的实际，符合社会主义市场经济和改革开放的时代要求。这是我国文物事业发展史上的又一个里程碑，标志着我国文物保护的法制进程又大大前进了一步。

——文物保护理念实现新突破。随着工业化、信息化、城镇化、市场化、国际化深入发展，文物事业的发展环境发生了重大变化。准确把握文物保护的发展趋势，创新保护理念，拓展发展思路，是关系到文物事业发展全局的重大课题。2002年12月，国务院召开全国文物工作会议，面向新世纪部署了文物保护工作，提出发展文物事业的工作方针和基本思路。2005年12月，国务院发出《关于加强文化遗产保护的通知》，明确了文化遗产保护的指导思想、总体目标和具体措施，并决定设立我国“文化遗产日”，以“文化遗产”的概念拓宽了“文物”概念的内涵和外延，这标志着我国文物事业进入一个新的发展阶段。

——文物事业各项工作展现新气象。中央逐年加大文物经费投入力度。2001年开始，中央财政共安排文物保护专项转移支付资金2亿元，以后呈现逐年加速增长的态势，2005年达到近5.87亿元，2007年超过15亿元，2008年达到了25亿元。文物法制体系建设、摸清文物家底、人才培养、文物安全保障机制等基础工作迈出坚实步伐。文物保护科技原始创新、集成创新和引进消化吸收再创新蔚然成风，文物保护科技工作进入跨越式发展阶段。2006年5月，国务院核定公布了第六批全国重点文物保护单位1080处，数量上相当于前五批之和。2007年4月，第三次全国文物普查全面展开。文物对外交流工作形势喜人。2008年1月，全国博物馆免费开放工作全面启动。此外，长城保护、大遗址保护、世界文化遗产保护、工业遗产保护等全面铺开，为文物事业的健康、持续、稳定发展奠定牢固的基础。

二、中国文物事业30年的发展成就

十一届三中全会以来的30年，是我国改革开放和经济建设取得重大成就，综合国力大幅提升的30年。30年来，文物事业得到党和国家的高度重视，得到全社会的大力支持，得到人民群众的热情参与，文物事业实现了重大发展。

（一）基础工作进一步夯实，文物事业能力建设得到加强。

——文物法制建设明显加快。30年来，我国涉及文物事业的相关法律法规、部门规章和规范性文件等已有近400项。特别是自新修订的《文物保护法》颁布以来，国务院颁布《文物保护法实施条例》、《长城保护条例》和《历史文化名城名镇名村保护条例》，国家文化、文物部门颁布40余个部门规章和规范性文件，一大批地方性法规陆续出台，以《文物保护法》为核心的法律法规体系框架已经初步形成，文物事业正在步入法制化、规范化的轨道。全面贯彻依法治国基本方略，坚持科学立法、民主立法，法规的针对性和操作性进一步增强，质量和水平进一步提高。认真贯彻《行政许可法》，规范审批程序，简化审批环节，加强监督制约，推动文物行政部门职能转变。切实落实《全面推进依法治国行政实施纲要》，围绕建设法治政府的目标，推进行政执法体制改革，提高行政管理效能，创新管理方式，增强管理透明度。

——文物资源调查建档工作成效显著。在1981年第二次全国文物普查的基础上，2007年又启动第三次全国文物普查。这一次文物普查无论从重视程度、涵盖范围、资金力量、技术水平等各个方面都大大超过前两次普查。作为国情国力调查的重要组成部分，第三次全国文物普查是推动我国文物事业持续发展的一项战略性举措，对于提升全民文化遗产保护意识、确保我国文化遗产安全具有重要意义。文物保护单位“四有”建设等基础性工作扎实推进。第一至五批全国重点文物保护单位记录档案备案基本完成，全国博物馆一级文物藏品建档、全国重点文物保护单位保护状况调研和全国馆藏文物腐蚀损失调查等工作取得了阶段性成果。文物调查及数据库管理系统建设项目已推广到11省区，提升了我国馆藏文物的现代化管理水平。长城资源调查、大运河资源调查等已经启动。

——文物安全保障机制初步建立。30年来，文物保护机构逐步健全。1978年全国文物系统有各类文物保护机构721个，2007年有4277个，增加了近6倍。至2007年底，全国有24个省、自治区、直辖市成立了副厅（局）级以上的文物局，有省级文物行政执法专兼职机构31个。执法力度逐步加大。特别是2005年以来，连续4年在全国范围内部署开展文物行政执法专项督察，文物执法专项督察工作初见成效，执法程序进一步规范，依法行政能力不断提高。文物安全防范工作得到加强，大量珍贵文物的保管条件得到改善，文物系统博物馆风险等级和安全防护级别达标工作继续推进。田野文物技术防范设备研制工作初见成效。一批古建筑消防安全设施得到完善。防范和打击文物领域犯罪活动的力度加大，进一步遏制文物走私、犯罪活动。

——文物队伍建设势头良好。30 年来，全国文物从业人员从改革开放之初的 2.6 万人发展到 8.7 万人，知识结构、学历结构、职称结构都有了很大改善，形成了一支具有较高政治和业务素质、结构比较合理的文博工作队伍。文物保护专业技术人员的管理体制日臻完善。加强行业准入管理，对从业人员资格进行规范，提高了行业管理水平。建立了有效的人才培训模式，大教育、大培训观念进一步强化，多渠道联合办学的教育培训模式日渐成熟，涉外培训工作不断深入开展，文物教育培训工作已经能够为事业发展培养和输送大批合格人才。长期制约文物事业发展的人才“瓶颈”问题正在得到有效解决。

——科技的引领和支撑作用日益凸现。落实科教兴国战略，编制文化遗产保护科技发展规划，开展中长期科技发展规划战略研究，组织重大科技攻关项目。设立 12 个国家文物局重点科研基地。一批重点课题被列入首批启动的国家科技支撑计划重点项目。“指南针计划”被纳入《国家“十一五”时期文化发展规划纲要》。积极推进文化遗产保护标准化建设，截至 2007 年底，10 个项目被列入国家标准制修订计划，28 项标准制修订项目被列入行业标准制修订计划，9 项行业标准正式颁布。中编办批准成立中国文化遗产研究院。30 年来，有 19 项成果获得国家科技奖励，129 项获得文化部、国家文物局科技进步奖及文物保护科学和技术创新奖。

——行业信息化建设进展顺利。国家文物局数据中心建设持续推进，文物信息资源总量大幅度增长。信息化标准建设卓有成效，初步形成了涵盖数据采集、存储、传输、交换、应用等领域的行业信息化标准体系。行业软件应用日益普及，研发了具有自主知识产权的第三次全国文物普查数据采集专用软件、博物馆藏品综合信息管理系统等一系列软件，并相继投入使用，有效地促进了相关业务的开展。自 2001 年启动“文物调查及数据库管理系统建设项目”以来，目前已初步建立起国家、省、文博单位三级存储的馆藏文物数据库。积极推进流失海外文物调查工作，建立流失海外文物信息资料数据库，现已录入流失海外文物数据 2 万余条，400 余万字。国家文物局和部分地方文物行政部门机关办公自动化系统投入运行，提高了工作效率。政务公开、在线办事和互动交流等初见成效，信息服务水平不断提升。

（二）不可移动文物保护卓有成效，社会效益和经济效益显著增强。

——文物保护力度明显加大。30 年来，我国先后公布了 5 批全国重点文物保护单位。截至目前，已公布全国重点文物保护单位 2351 处、省级文物保护单位 8831 处、市县级文物保护单位 58371 处；先后公布了国家历史文化名城 109 座，中国历史文化名镇名村 157 座。建立了比较完整的文物保护单位公布制度、历史文化名城名镇名村保护制度。文物保护维修规范化制度化建设成效明显，制定实施了一系列管理办法、技术规范、指导性文件，建立了文物保护工程资质资格管理体系。一大批重点文物保护单位得到保护修缮，周边环境明显改善。山西南部地区早期建筑保护工程、明清皇陵保护工程、重点石窟保护工程、西藏重点文物保护工程、故宫维修工程等取得成果。特别是近几年来，文物保护领域得到拓展。保护工业遗产的行动开始启动。在新农村建设中，乡土建筑进入文物保护视野。有代表性的近现代建筑、“老字号”等文化遗产保护工作积极推进，文化景观、文化线路、二十世纪遗产等新类型文化遗产保护工作稳步实施。大遗址保护全面启动。“长城保护工程”总体工作方案业经国务院批准并进入全面实施阶段。丝绸之路（新疆段）、西安大遗址片区、洛阳大遗址片区、大运河等重点示范项目稳步实施。安阳殷墟遗址、洛阳隋唐洛阳城遗址和西安大明宫遗址保护工程等产生了良好的社会效益和经济效益，使文物事业真正惠及地方，惠及民众。

——考古工作扎实开展。30 年来，配合国家大型基本建设的考古工作不断取得重大突破。三峡水库、西气东输、青藏铁路、南水北调等涉及国计民生国家重点工程的考古工作扎实开展，彰显文化遗产保护是经济建设中的一个重要组成部分。特别是三峡工程考古和文物保护工作是我国规模最大的文物抢救保护工程，项目多达 1087 项，考古发掘面积 187 万平方米。全国 110 家专业单位参与这场文物抢救保护的大会战，抢救了一大批重要文物，实现了经济建设与文化遗产保护的双赢。江西万年仙人洞和吊桶环遗址、辽宁朝阳牛河梁遗址、浙江余杭良渚遗址、山西襄汾陶寺遗址、四川广汉三星堆祭祀坑、河南偃师商城遗址、山西侯马晋侯墓地、陕西咸阳汉阳陵丛葬坑等一系列重要考古发现，不断深化人们对历史文明进程的认识。人类起源、农业起源、文明探源、城市考古、边疆考古、航空遥感考古等课题研究顺利开展。考古资料整理和出版工作成效显著。水下文物保护工作取得长足进展，“南海Ⅰ号”、“碗礁Ⅰ号”、“华光礁Ⅰ号”等沉船遗址的抢救性发掘工作引起社会广泛关注。

——世界文化遗产事业取得突破。1985 年，中国加入《保护世界文化和自然遗产公约》，推动了中国文化遗产事业走向世界。自 1987 年中国的第一批 6 项遗产进入《世界遗产名录》以来，我国已拥有世界遗产 37 处，其中文化遗产 26 处，自然遗产 7 处，文化与自然混合遗产 4 处，数量仅次于意大利、西班牙，稳居世界第三位。《世界文化遗产保护管理办法》、《中国世界文化遗产监测巡视管理办法》等一批法规颁布实施，世界文化遗产保护体系日趋完善。一批体现世界文化遗产类型平衡性和多样性的文化遗产被列入《中国世界文化遗产预备名单》。世界文物遗产事业带动了遗产所在地社会经济和文化的发展，极大地提高了当地广大人民群众的生活水平，改善了他们的生活环境，真正给他们带来了实惠。

（三）博物馆事业蓬勃发展，公共服务能力不断提高。

——博物馆体系日臻完善。博物馆数量大幅增加，1978 年底全国文物系统博物馆只有 349 个，截至 2007 年末，全国文物系统有博物馆 1722 个，增长了近 5 倍；特别是各部门、各系统、各行业和民间兴办的博物馆有了很大的发展，目前全国博物馆总数已超过 2400 个。博物馆的门类日益丰富，多种类型博物馆交相辉映。办馆主体呈现多元化，行业、部门，以及企业、团体、个人等社会力量兴办的博物馆日渐增多，地域分布更加广泛。随着一大批国家重点博物馆的相继落成，初步形成了门类丰富、特色鲜明的博物馆发展新格局。

——藏品保管逐步规范。目前全国博物馆藏品总量已达 2000 万件（套），其中，文物系统博物馆藏品达 1300 多万件（套），为传承中华文明做出了积极贡献。绝大部分省级以上博物馆及部分新建的地市、县级博物馆设施齐全，藏品保存、展示环境有了明显改观。全国 100 个一级风险单位的博物馆已全部达到安全技术防范标准。重大馆藏文物保护修复工程的实施，国家文物保护科研基地的成立，一批文物中心库房的建设，以及百余项文物保护技术的研发、推广和应用，大大提高了我国馆藏文物的科技保护水平。

——社会效益显著提升。30 年来，全国博物馆积极融入社会，更新服务理念，强化服务意识，充实服务内容，探索展示艺术和表现手法，注重馆藏珍品的完美组合，注重高新技术和材料的合理利用，使基本陈列和专题展览的主题内容、科技含量和艺术感染力都有较大提高。积极推进

“三贴近”试点工作。编制完成《县级博物馆展示服务提升工程“十一五”规划》及工作规程。开展博物馆评估定级。探索建立博物馆纳入国民教育体系的长效机制。目前，全国博物馆每年举办展览近万个，接待观众1.8亿人次。全国有1000多个博物馆、纪念馆被确定为爱国主义、科学普及等方面的教育基地，每年接待未成年观众3200多万人次。博物馆正在成为传播先进文化、普及科学知识、树立社会正气、塑造美好心灵的生动课堂。

——免费开放取得突破。改革开放以来，我国逐步完善博物馆对未成年人、老年人、军人、残疾人等社会特殊群体的门票减免费制度。继2004年以来，杭州、北京、广州、苏州、武汉等地的部分博物馆，以及湖北省博物馆、井冈山革命纪念馆、天津博物馆等先后向全社会免费开放后，2008年，全国博物馆向社会免费开放工作正式启动。中央级文化文物部门归口管理的博物馆全部向社会免费开放；各省级综合博物馆全部向社会免费开放；各级宣传和文化文物部门归口管理的列入全国爱国主义教育示范基地的博物馆、纪念馆全部向社会免费开放；浙江、安徽等7省（区）文化文物系统归口管理的省、市、县级博物馆全部向社会免费开放。鼓励有条件的省（区、市）探索全面实行博物馆免费开放。免费开放使更多的公众走进博物馆，加快了博物馆融入社区、融入校园、融入社会的步伐。公众踊跃参观博物馆，并给予积极评价。目前，全国已有995个博物馆实现了完全免费开放，观众量比以往同期增长了2倍。

（四）对外交流与合作成绩斐然，文物外事工作开创新局面。

——政府间的交流与合作深入发展。30年来，对外合作与交流逐步呈现出多层次、多渠道、全方位的发展势头。政府间签订文化遗产领域交流与合作协定的数量不断增加。中意文化遗产保护中心合作项目取得阶段性成果。与印度、韩国、阿富汗、柬埔寨、意大利和越南等国的文化遗产部门签署关于文化遗产保护合作谅解备忘录。与意大利、秘鲁、印度、菲律宾等国签署政府间《关于防止盗窃、盗掘和非法进出境文物的协定》，合作打击国际间的文物走私犯罪活动初见成效。对外援助项目取得成果。中柬、中蒙、中肯合作考古和文物保护等项目，获得相关国家政府和国际组织的高度评价。面向亚非国家举办的文化遗产保护培训项目持续开展，涉外合作研究和培训项目不断增多，质量不断提高。

——与国际组织的交流与合作日益紧密。改革开放以来，中国先后加入了国际博物馆协会（ICOM）、国际古迹遗址理事会（ICOMOS）和国际文化财产保护与修复研究中心（ICCROM）等3个与文化遗产有关的国际组织，以及《保护世界文化和自然遗产公约》、《关于禁止和防止非法进出口文化财产和非法转让其所有权的方法的公约》、《关于被盗或非法出口文物公约》和《武装冲突情况下保护文化财产公约》等4个国际公约。加入这些国际组织和国际公约，不仅丰富了国际文化遗产法律法规体系，也促进了我国文物保护法律法规的完善和与国际接轨。成功获得2010年国际博物馆协会第22届会员代表大会主办权。国际古迹遗址理事会国际保护中心在西安成立。我国代表通过竞选担任国际古迹遗址理事会副主席，国际博物馆协会亚太地区主席、副主席，国际文化财产保护与修复研究中心理事等职务。中国在国际文化遗产保护领域中地位不断提高，对外合作与交流不断扩大，拥有了更多的话语权。

——文物出、入境展成为亮点。改革开放之初，中国赴境外的文物展览数平均每年不到3项，目前已增加到每年70多项。30年来，中国共有1000余项文物展览走向世界，成为中华民族优秀传统文化的承载者、传播者，观众逾亿。特别是在中法文化年、中意文化年、中俄国家年等重大外事活动中，文物展览作为“外交使者”、“国家名片”，密切配合国家外交大局，面向世界传播中华文化，帮助各国人民深切了解中华民族的悠久历史和文明进程，了解中华文化对全人类做出的巨大贡献，真切感受当代中国改革开放带来的繁荣昌盛、和平崛起的形象，以及对未来充满信心的态度。同时，我国接待了来自各个国家和地区的文物展览，拓宽了广大民众了解世界历史文化的渠道。

——中外文化遗产保护理念更加融合。改革开放推动中国文物事业走向世界。这些年来，我们着眼于中国文物事业的长远发展，吸纳百家之长、兼集八方精义，以更加自信的心态、更加开阔的视野，积极参与国际文化遗产保护领域的对话与交流。通过与国际文化遗产保护理念的交流、碰撞，中国文物事业获得了新鲜血液，始终保持蓬勃生机与旺盛活力，实现了一次又一次的飞跃。特别是近年来，我国成功承办国际博协亚太大会、第28届世界遗产大会、第15届国际古迹遗址理事会大会、第2届文化遗产保护与可持续发展国际会议、东亚地区文物建筑保护理念与实践国际研讨会、城市文化国际研讨会等重要国际会议；陆续形成《上海宪章》、《苏州宣言》、《西安宣言》、《绍兴共识》、《北京文件》、《城市文化北京宣言》等国际文件。这些国际文件的出台，进一步丰富了国际文化遗产保护理论，推动了中国文化遗产保护理念走向世界。

（五）民间文物收藏日趋活跃，文物市场逐步走上健康发展轨道。

——文物市场管理逐步规范。改革开放初期，按照“归口经营、统一收购、统一价格、加强管理”的原则，确立了国有文物商店负责统一收购流散文物的管理体制。随着社会主义市场经济的发展，以及文物监管品市场和文物拍卖的出现，国有文物商店对文物独家经营的格局被打破，逐渐形成相互竞争的局面。国家开展了文物拍卖试点工作，建立文物拍卖标的鉴定许可制度。特别是1997年颁布施行的《拍卖法》，以法律的形式规定了经营文物拍卖的资质条件和文物拍卖标的鉴定、许可程序，有力地促进了文物拍卖的发展。新修订的《文物保护法》颁布后，国家文物局先后出台了《文物拍卖管理暂行规定》等一系列规范性文件，我国文物市场的发展进入了依法管理的新阶段。30年来，文物市场的经营主体、流通范围趋向多样化，实现由国家统管专营向依法管理的转变。目前，民间文物收藏呈现快速发展态势，收藏的规模、范围、品质和社会影响都达到了前所未有的高度。2006年，全国已有文物商店100多家，库存文物200多万件，当年为博物馆提供文物藏品36641件。2007年，全国有具备文物拍卖资质的文物拍卖企业240多家，当年文物拍卖总额达237亿元。文物拍卖成为社会公众关注的热点之一。

——文物进出境审核得到加强。改革开放以来，我国文物进出境法规制度建设取得重要进展。文物进出境审核机构由4个增加到17个，基本覆盖了我国对外交往的主要口岸。审核机构的文物行政执法性质得以明确，文物流失得到有效遏制。30年来，我国在文物进出境审核工作中抢救了数以万计的珍贵文物，基本扭转了文物大量流失出境的局面。文物出境审核数量大幅下降，2007年文物出境审核数仅为1978年文物出境审核数的21.44%。同时，文物进境数量逐年攀升，2007年文物临时进境审核数19364件，比2006年增长57.97%，其中大部分进境文物留在了境内。

——抢救流失文物工作取得进展。改革开放为我国开展文物追索、征集工作，推动文物返还国际合作，抢救流失海外的中国文物创造了条件。1989年9月，国务院批复接受联合国教科文组织1970年《关于禁止和防止非法进出口文化财产和非法转让其所有权的方法的公约》。1997 年 3 月，国务院又批复加入了国际统一私法协会 1995 年《关于被盗或非法出口文物公约》。这两个公约成为推动我国文物追索工作重要的法律基础。在国际公约的框架下，我国积极参与有关国际组织和国家促进文物返还的国际合作，连续当选为联合国教科文组织促进文化财产归还原属国或返还非法占有文物政府间委员会的成员国，在推动返还第二次世界大战期间流失出境的文物、起草促进流失文物返还宣言等重大活动中，发挥了关键作用。依据我国法律和国际公约，近年来，我国大力开展被盗窃、盗掘并走私出境文物的追索工作。1998 年，成功追索走私到英国的中国文物 3000 多件。2001 年，从美国追回五代王处直墓彩绘浮雕武士石刻。2008 年 1 月，流失海外 14 年的北朝石刻菩萨造像从日本美秀博物馆运回中国。2008 年 4 月，丹麦政府将流失到丹麦的 156 件中国文物返还中国。此外，发挥国家重点珍贵文物征集专项经费的带动作用，多种渠道争取流失海外文物征集工作取得进展。特别是自 2002 年以来，先后从海外成功征集了包括龙门石窟流失佛造像、北宋米芾《研山铭》、陈国琅藏书、商代重器子龙鼎、南宋夏圭《秋郊归牧图》、《柳荫牧笛图》等 6 万余件（套）珍贵文物。一些国有博物馆通过购买、捐赠等多种征集形式，积极抢救了许多流失文物。

（六）全社会参与势头方兴未艾，文物保护的理念逐步深入人心。

——文博社会组织得到发展。改革开放以来，文博社会组织焕发了勃勃生机。目前，仅国家文物局主管和业务指导的社会组织就有 19 个。各社会组织规范内部管理，加强自身建设，调整管理机构，提高整体素质，工作人员知识和年龄结构不断优化，团体会员、个人会员不断增加，显现出组织壮大、事业和谐发展的良好局面。文博社会组织自觉围绕党和国家工作大局，围绕文化遗产事业的改革与发展，积极承担社会责任，逐步成为推动文物事业发展的一支重要生力军。各文博社会组织积极开展政策宣传、技术咨询、业务指导、建言献策等活动，多方筹集资金，拓宽了文化遗产保护领域，扩大了社会组织影响，为文化遗产事业提供了技术、经济上的支撑。各社会组织努力发挥桥梁和纽带作用，联系社会各个方面、联系专家学者、联系广大人民群众，开展符合自身章程、发挥自身特点的丰富多彩的活动，为动员全社会和广大人民群众共同参与文物工作作出了积极贡献。一些社会组织不断开阔视野、拓展业务，促进对外及与港澳台地区的交流，推动中华文化走向世界。

——文物资源开发工作富有成效。各级文物部门大力开发丰厚的文物资源，深入挖掘、充分展示文物所凝聚的深刻内涵，将其融入建设社会主义核心价值体系之中，为弘扬时代精神，巩固和发展积极健康的主流意识形态做出努力。积极开展各种形式的文物保护单位、博物馆进校园、进社区活动，通过文物的展示宣传，使广大民众受到教育启迪，陶冶思想情操，充实精神世界，提高生活质量，形成良好的文化生态和人文环境。充分发挥文物事业在弘扬中华文化中的作用。围绕抢救、保护、宣传、展示中国优秀文化遗产这个任务，积极推进文物图书、报刊和音像制品的出版发行，丰富文物工作的表现形式和传播形式。运用现代信息网络技术宣传中国文物，探索实施“数字博物馆计划”，扩大博物馆的覆盖面，实现文物信息资源共享，增强文化遗产的感召力和吸引力。注重把文物展览、图书、音像制品推向世界，扩大中国文化遗产的传播范围，提升中国文化软实力和国际竞争力。

——文物宣传工作不断深化。30 年来，全国文物部门以文物为依托，大张旗鼓开展丰富多彩的宣传活动，宣传《中华人民共和国文物保护法》，普及文化遗产保护知识。将文物保护法纳入全民普法规划，纳入国家全面推进依法行政实施纲要，努力形成全社会珍爱文化遗产的良好风尚，促进全社会依法保护文化遗产意识的提高。设立重大新闻发布制度，启用中国文化遗产标志，推广文化遗产保护公益歌曲。国家设立“文化遗产日”以来，各级文物部门以“文化遗产日”为契机，不断拓宽宣传思路，各种宣传活动卓有成效。国家文物局对不断涌现的保护文化遗产先进典型给予积极的表彰和奖励。特别是近五年来，已有165个县区被授予“全国文物工作先进县”称号，近400个先进单位和个人受到各种形式的表彰。一批批文物专家学者、基层文物工作者和朴实的农民光荣地走上领奖台，获得荣誉和奖励。先进典型的示范作用得到有效发挥，全社会关心、爱护并参与文化遗产保护的热潮已初步形成。

三、中国文物事业30年的经验和启示

30年来，我们初步建成一个符合我国文物保护特点的法律法规体系，一个适应我国文物资源分布、类型特点的保护管理体制，一个保障广大人民群众基本文化权益的社会服务机制，一支保证文物事业得以持续发展的专业人才队伍。

30年来，中国文物事业能够取得如此成就，归功于党和国家对文物事业的高度重视和坚强领导，归功于各级党委和政府的具体指导和全力支持，归功于广大人民群众及社会各方面的倾心关注和热情参与。

30年来，中国文物事业成就，是在新中国成立后老一辈文物工作者开拓的基业上展开的，凝结着中国文物系统的历届老领导、老同志的挚爱深情和无私奉献，浸透着中国一代又一代文物工作者的心血和汗水。这是中国文物事业赖以繁荣发展的精神动力和宝贵财富。

30年来，我们努力开辟中国特色文化遗产事业发展道路，建立并不断完善中国特色文化遗产事业理论体系。

中国特色文化遗产事业发展道路，就是在中国特色社会主义伟大旗帜指引下，沿着中国特色社会主义道路，立足我国基本国情，立足我国丰富的文化遗产资源，牢牢把握中国文化遗产事业所处的历史发展阶段，科学设计、合理谋划事业发展规划；牢牢把握党和国家的中心工作，不断探索文化遗产工作的自身规律；牢牢把握党和国家的文物工作方针，处理好有效保护、合理利用、加强管理、弘扬传承的关系；牢牢把握最广大人民群众的根本利益，努力建设中华民族共有精神家园；牢牢把握国际文化遗产保护的发展趋势，不断丰富和构建中国特色文化遗产事业的理论体系。中国特色文化遗产保护道路，是事业之本，发展之基，力量之源。能否坚持中国特色文化遗产保护道路，关系到文化遗产事业发展的兴衰成败。

中国特色文化遗产事业理论体系，就是在中国特色社会主义理论体系指导下，在贯彻《中华人民共和国文物保护法》、党和国家的文物工作方针的过程中，在长期文化遗产保护实践中，不断探索、不断丰富的一系列理论成果。包括对文化遗产丰富内涵的认识，对文化遗产有效保护、合理利用和传承发展规律的认识，对文化遗产不可再生、不可分割规律的认识，对文化遗产事业在社会主义经济建设、政治建设、文化建设、社会建设中地位和作用的认识，对文化遗产保护体制和事业发展目标的认识，对文化遗产事业深化改革、扩大开放的认识等等。这个理论体系是不断发展、不断完善的开放体系。

（一）30年来文物事业发展的实践证明，解放思想是发展中国文物事业的一大法宝。必须继续解放思想、实事求是、与时俱进，不断开创文物事业的新局面。

解放思想是发展中国特色社会主义的一大法宝，也是发展中国文物事业的法宝。30年来，文物事业理论和实践上的每一个

重大进步，都是解放思想的结果。1978 年关于真理标准大讨论，开启了中国全方位改革开放的历史转折，推进了文物事业指导思想、保护理念的形成和法制建设的进程。1987 年国务院《关于进一步加强文物工作的通知》提出了当前文物工作的任务和方针，深化了对新时期文物工作规律的认识。1992 年召开的全国文物工作会议针对国家发展社会主义市场经济的新形势，提出了“保护为主、抢救第一”的文物工作方针。1995 年召开的全国文物工作会议进一步提出了“有效保护、合理利用、加强管理”的文物工作原则。2002 年修订的《文物保护法》提出“保护为主、抢救第一、合理利用、加强管理”文物方针，使党和国家的文物工作方针更加完整，更加确切，更加切合实际。这样一个循序渐进的完善过程，是我们解放思想、实事求是地研究新情况、解决新问题的过程，也是我们与时俱进、不断推动事业发展的过程。

当前，文物事业正处于新的历史起点上。十七大明确了文化建设的总体思路和目标任务，提出了推动文化大发展大繁荣、兴起社会主义文化建设新高潮的战略部署，指出了发展国家文化软实力的极端重要性。国家正处在改革发展的关键阶段，人民群众精神文化需求日趋旺盛，公众对文化遗产和传统文化的兴趣日益增长，中国正处在由文化遗产大国向文化遗产强国跨越的关键阶段。特别是随着经济全球化的深入发展，工业化、信息化、城镇化、市场化、国际化进程加快，文物事业面临着前所未有的机遇和挑战，存在着诸多的问题。文物事业要继续解放思想，决不能骄傲自满，决不能停滞不前。要继续解放思想，首要的是始终做到高举中国特色社会主义伟大旗帜不动摇，坚持中国特色社会主义道路不动摇，坚持中国特色社会主义理论体系不动摇，坚持不懈地用中国特色社会主义理论体系统一思想，指导文物工作实践。要继续解放思想，就要立足于我国仍处于并将长期处于社会主义初级阶段的基本国情，深入学习实践科学发展观，认真分析新世纪新阶段文化遗产事业发展面临的阶段性特征，科学谋划事业的发展。要继续解放思想，就要正视前进道路上的坎坷与困难，冲破陈旧思想观念的束缚，以创新精神开拓新思路、新举措，推进文物事业不断迈上新的台阶。

（二）30 年来文物事业发展的实践证明，文物工作方针是指导中国文物事业科学发展的基本准则。必须正确处理好有效保护和合理利用的关系，促进文物事业全面协调可持续发展。

改革开放以来，我们紧密围绕经济建设这个中心，开展文物工作。在关系到国计民生的重大经济建设项目中，全国文物系统一盘棋，集中力量开展文物保护和考古工作，保证国家重大基本建设项目的顺利进行。在城乡基本建设中，坚决依照《文物保护法》，将文化遗产保护纳入建设规划；建设工程选址尽可能避开不可移动文物，并有效保护文物的原生环境。在保护和抢救文物时，主动发挥文化遗产工作的多方面综合效益，使文化遗产保护进一步融入城市发展、融入社区生活、融入经济建设，展示城市、乡村的历史文化内涵，充分发挥它们的综合价值，为人民生活创造美好的文化氛围。

30 年来，我们认真贯彻党和国家的文物工作方针，正确处理有效保护与合理利用的关系，进一步深化了对保护与利用关系的认识和理解。应该看到，保护是前提，利用是过程，管理是手段，目的是传承。把我们祖先留下的珍贵文化遗产世世代代传承下去，把中华文明世世代代传承下去。加强保护，才能保持文化遗产本体及其原生环境的真实性完整性，为合理利用提供基础；合理利用，才能使文化遗产保护的成果惠及人民群众，满足人民群众不断增长的文化需求，为保护创造更好的条件。在文化遗产保护过程中，要注重发掘文化遗产的多重价值，将其转化为服务于民众现实和未来生活的文化资源；注重充分发挥文化遗产的社会效益，为旅游业和文化产业的发展提供良好环境，为区域经济的发展提供新的增长点。通过保护促进经济发展，在经济发展中加强保护，使二者相辅相成，相得益彰。

（三）30年来文物事业发展的实践证明，人民群众是中国文物事业的可靠基础和力量源泉。必须紧紧依靠人民群众，坚持把实现好、发展好、维护好最广大人民的根本利益作为文物事业的出发点和落脚点。

中国文物事业是全国人民的共同事业，文物事业的发展与广大人民群众的根本利益息息相关。人民群众是文化遗产的创造者、使用者和守护者，是文化遗产事业发展的源头活水和真正动力。要坚持以人为本，充分发挥人民的主体作用，尊重社会公众对文化遗产工作的知情权、参与权、监督权和受益权，及时公布工作程序和信息，认真听取相关的意见和建议，自觉接受公众监督。我国文化遗产资源十分丰富，保护工作不可能由国家全部包揽下来。要大力宣传动员人民群众参与文化遗产保护的全社会行动，研究制定发挥人民主体地位和作用的政策措施，拓展社会参与文化遗产保护的渠道，充分发挥社会组织的积极作用。

改革开放以来，我们推动中国文物事业科学发展的根本目的是做到发展为了人民、发展依靠人民、发展成果由人民共享，使文物保护成果更多地惠及人民群众。在城市建设中，通过加强文化遗产保护，挖掘城市所蕴藏的独特历史文化背景，丰富城市的文化内涵；在新农村建设中，要着力保护古村落的格局风貌、乡土建筑、环境景观和风俗习惯，保持村落的民族和地域文化特色；在大遗址保护和规划中，把文化遗产保护同发展区域经济建设、提高居民的生活质量结合起来。通过文化遗产保护，改善城乡的生态环境，保持浓厚的文化环境，创造美好的宜居环境，使人民共享文化遗产保护成果。博物馆是公益性事业单位，是保障和发展人民群众基本文化权益的重要途径。要继续推进博物馆免费开放，加强管理，改善服务，创造条件，逐步扩大免费开放的博物馆范围，让更多公众走进博物馆。要积极推动将博物馆纳入国民教育体系，特别是纳入义务教育体系，满足义务教育的需要。要按照“三贴近”的要求，不断推出文物保护维修、考古发掘、陈列展览、科学研究、书籍报刊的新成果，丰富人民群众文化生活。

（四）30年来文物事业发展的实践证明，改革开放是推动中国文物事业发展的必然选择。必须进一步深化改革、扩大开放，为发展中国特色文物事业提供强大动力。

我国文物事业的发展始终是与国家改革开放的过程相伴随的。30年来，随着社会主义市场经济的深入发展，文化遗产保护工作赖以生存和发展的经济基础、体制环境和社会条件发生了深刻的变化。要深化改革，努力适应社会主义市场经济发展的要求，不断创新体制机制，逐步形成科学有效的文化遗产管理体制，完善文化遗产保护法律法规体系。要深化改革，强化政府管理文化遗产职能，调动全社会和广大民众支持、参与文化遗产事业的积极性。要深化改革，进一步转变政府职能、推进事业单位改革、加大政府投入、调整资源配置，大胆探索，推进文化遗产的科学发展。

中国文物事业的发展离不开世界。国际间文化遗产保护理念的学习和借鉴是文化遗产事业发展的必要条件。在对外开放条件下，文物事业要在更大范围、更深层次上相互交流和借鉴。要积极配合国家外交大局，扩大和深化政府间交流与合作。推动与更多国家有关政府间文化遗产保护双边协定的签署，开展更有深度和实质性内容的合作。要善于借鉴其他国家和民族文化的长处，充分汲取世界文化遗产保护理论的精华，辩证取舍、择善而从、推陈出新，更好地推动中国文物事业的繁荣发展。要扩大对外文物展览的影响，在增加展览数量的同时，更加重视展览质量。要巩固我国与相关国际组织和民间机构的关系，积极参与国际文化遗产保护行动和相关国际公约的制定，增强我国在国际文化遗产保护领域的话语权。要履行我国加入的相关国际公约的责任与义务，树立负责任政府的国际形象。要通过“走出去”、“引进来”，拓宽人员交流和科技合作渠道，不断把中华文明推向世界，提高我国在国际文化遗产保护领域的地位和作用。

（五）30 年来文物事业发展的实践证明，开拓创新是推动中国文物事业发展的不竭动力。必须按照建设创新型国家的要求，努力提高文物事业的自主创新能力。

这些年来文物事业的实践使我们认识到，文化遗产的概念不是在时间和空间上凝固不变的对象，文化遗产保护体系是一个不断发展和开放的体系。30 年来，文物概念的内涵和外延都发生了重要变化，文化遗产工作的领域得到拓展，文化遗产保护的要素、类型、空间尺度、时间尺度、性质和形态等呈现新的发展趋势。这些理论上的创新带来文化遗产保护对象、保护措施的创新，而实践创新的成果又为理论创新提供了基础。这些年来，我们相继制定了“长城保护工程”总体方案，开展大遗址保护，探索工业遗产、乡土建筑、文化景观、文化线路等新类型文化遗产保护利用的新思路。同时，我们还积极借鉴国际先进保护理念和做法，完善中国特色的文化遗产理论体系，取得了一些重要成果。

实践证明，提高文物事业的自主创新能力，是繁荣发展中国文化遗产事业的必要之路。当前，文物事业要按照建设创新型国家的要求，进一步增强创新意识，焕发创新激情，开拓创新思路。要推进制度创新，不断丰富和完善文物法规体系建设，特别要加大保护规划和行业标准的制定工作。加快《博物馆条例》、《文物保护单位管理条例》、《世界文化遗产保护条例》等法规的研究制定工作。加快制定文物商店和社会文物管理办法、文物鉴定标准和办法等。要推进科技创新，加大科技创新投入，加强创新人才培养，推进科研基地等研究平台建设，有效整合科研优势资源，吸收借鉴国际上文化遗产保护科技发展的最新成果，着力突破文物保护维修的基础研究、关键技术和前沿技术。要加强对传统工艺技术的保护、研究、传承和发展，实现传统工艺与科技创新成果的有机结合。要推进体制创新，努力建立适应社会主义市场经济体制要求、遵循文物工作自身规律、国家保护为主并动员全社会参与的文物保护体制。

（六）30 年来文物事业发展的实践证明，经费保障是中国文物事业发展的基本依托。必须进一步落实各级政府文物保护经费投入责任，拓展文物保护资金渠道。

文物事业的发展，是综合国力特别是国家经济实力增长的重要体现。30 年改革开放带来的国民经济和社会财富的迅速增长为文物事业的发展进步奠定了重要物质基础。这 30 年间，中国 GDP 年均增长率达到 9.6%，国家财政收入由 1978 年的 1132 亿元增长至 2008 年的 51321 亿元。中央政府对文物保护经费的专项资金投入也逐年增长，中央文物保护专项转移支付资金已从 1978 年的 0.07 亿元增加到 2008 年的 25.2 亿元，30 年间增长了 363 倍，较 1973 年设立之初翻了 10 番。特别是新修订的文物保护法颁布实施以后，我国文物保护经费投入进入到快速增长时期。“十五”期间，全国文物业总收入累计为 279.74 亿元比“九五”增加 143 亿元，增幅为 104%年均递增 16.7%。正是得益于改革开放以来国民经济高速发展，财政收入大幅增长，日益充足的经费支持，我国文化遗产事业才得以取得了重要进展。

当代中国正在发生广泛而深刻的变革，国家经济保持平稳快速发展，经济实力大幅提升，这为文物事业的发展开辟了更为广阔的前景。要进一步加大中央级文物保护专项经费投入力度，完善文物经费增长机制，提高财政资金保障水平。要按照“五纳入”的要求，推动各级政府加大文物保护经费投入力度。我们要以文物事业发展的新成果，争取文物保护经费增长途径，完善经费投入体制机制，努力构建文物保护经费持续稳定增长的保障制度。要全方位拓展社会资金渠道。研究制定社会资金进入文物保护领域的政策措施，规范社会资金进入文化遗产保护领域的管理，保障社会资金的合法权益。要制定社会资金进入文物保护领域的优惠政策，鼓励引导更多社会资金投入文化遗产保护。要探索制定文物保护专项税收政策，形成稳定的文物保护资金增长机制。要大力推进国家文物保护专项经费“阳光工程”建设，强化经费管理，提高专项经费使用公开度、透明度，提高社会和公众的信任度。要加强财务管理制度建设，着力提高资金使用效益。

改革开放30年来，中国文物事业取得的一切成绩和进步的根本原因，归结起来就是：我们始终高举中国特色社会主义伟大旗帜，坚持中国特色社会主义道路，坚持中国特色社会主义理论体系。当前，全党正在开展深入学习实践科学发展观活动。这是党的十七大作出的战略决策，是用中国特色社会主义理论体系武装全党的重大举措，是深入推进改革开放、推动经济社会又好又快发展、促进社会和谐稳定的迫切需要，是提高党的执政能力、保持和发展党的先进性的必然要求。全国文物战线上的广大干部和职工，要以更加昂扬的精神状态，更加务实的工作作风，扎扎实实开展好深入学习实践科学发展观活动，把党的政治优势和组织优势转化为推动文物事业又好又快发展的强大力量。

30年耕耘，30年收获。我们已经拥有一个值得自豪的过去，我们必将创造一个更加辉煌的未来。保护文化遗产、守护精神家园，是时代的召唤和文物工作者的神圣使命。我们要紧紧围绕中央的战略部署，准确把握文物事业发展面临的形势，解放思想、实事求是、与时俱进，勇于变革、开拓创新、奋发有为，信心百倍地开拓中国文物事业的美好未来。

特辑

重要讲话

刘延东同志致2008年全国文物局长会议的信

（2008年12月21日）

值此2008年全国文物局长会议召开之际，谨向同志们并通过你们向全国的文物工作者致以诚挚的问候！

文化遗产事业是社会主义文化建设的重要组成部分。保护和传承文化遗产，对于弘扬先进文化、凝聚民族精神、培育国民素质、促进社会进步、推动社会主义文化大发展大繁荣，具有重要的现实意义和深远的历史意义。改革开放以来，各级政府深入贯彻《中华人民共和国文物保护法》，坚决执行"保护为主，抢救第一，合理利用，加强管理"的文物工作方针，文物保护各项基础工作扎实推进，保护领域不断拓展，保护体系不断完善，博物馆事业迅速发展，社会参与热情日益高涨，社会效益和经济效益不断提高，文化遗产事业呈现出蓬勃发展的良好局面。广大文物工作者忠于职守，无私奉献，为保护和传承文化遗产作出了突出贡献。借此机会，向同志们并通过你们向全国文物工作者表示亲切的慰问和衷心的感谢！

保护和传承文化遗产是我们肩负的历史责任。各地区、各有关部门要充分发挥文化遗产保护在经济社会发展中的作用，切实将丰富的文化遗产资源优势转化为强大的发展优势和发展动力。要按照科学发展观的要求，正确处理文化遗产保护与经济社会发展的关系，努力营造有利于文化遗产事业发展的和谐环境，促进文化遗产事业全面协调可持续发展。

保护和传承文化遗产是全社会的共同事业。各地区、各有关部门要高度重视，切实加强领导，认真履行职责，不断加大投入力度，着力推进机制创新，努力为文化遗产事业的发展创造条件。要进一步解放思想、深化改革，加快建立完善国家保护为主、全社会共同参与的文化遗产保护体制，不断增强文化遗产事业发展的生机和活力。

广大人民群众是文化遗产的创造者和守护者，也是文化遗产的使用者和受益者。各地区、各有关部门要充分尊重社会公众对文化遗产保护工作的知情权、参与权、监督权和受益权。要注重发挥文化遗产在满足人民群众文化生活需求、保障人民群众文化权益中的作用，主动适应时代和人民群众的要求，不断提供丰富多彩的精神文化产品，真正使文化遗产保护成果惠及广大人民群众。

党中央、国务院对进一步发展文化遗产事业寄予厚望，新时期文化遗产事业任重道远。希望同志们把思想认识进一步统一到党中央、国务院的重大决策部署上来，全面贯彻党的十七大精神，以邓小平理论和"三个代表"重要思想为指导，深入贯彻落实科学发展观，振奋精神、扎实工作，努力开创文化遗产事业新局面，为推动社会主义文化大发展大繁荣，提高国家文化软实力，全面建设小康社会作出新的更大贡献！

在2008年全国文物局长会议上的讲话

（2008年12月22日）

文化部部长　蔡武

12月18日，在纪念改革开放30周年大会上，胡锦涛总书记发表了重要讲话，深刻总结了改革开放的历史经验，阐述了只有改革开放才能发展中国，才能发展社会主义，才能发展马克思主义。前不久，党中央召开经济工作会议，全面分析当前国际国内形势，明确提出2009年经济工作的总体要求和重点任务，阐述了做好明年经济工作需要把握的原则。这对于统一全党认识、凝聚全国力量、协调各方行动，继续坚定不移地推进改革开放和社会主义现代化建设，确保经济社会平稳较快发展，具有十分重要的意义。全国文物系统要把思想统一到中央的决策部署上来，正确认识国家扩大内需政策给文化遗产事业带来的发展机遇，正确处理好文化遗产保护与国家经济社会发展的关系，积极主动，乘势而上，促进文化遗产事业科学发展。

2008年是我们党和国家的发展进程中极不平凡的一年。在党中央的坚强领导下，全党全国各族人民众志成城、共克时艰，积极应对国际国内多方面严峻挑战，沉着应对世界经济金融形势急剧变化造成的冲击，克服重重困难，夺取抗击历史罕见特大自然灾害的重大胜利，成功举办北京奥运会、残奥会，圆满完成神舟七号载人航天飞行任务，经济总体保持平稳较快增长势头，社会大局保持稳定。全国文物系统坚决按照党中央、国务院的战略部署，万众一心、忠于职守、勇挑重担，不仅在抗击四川汶川特大地震灾难和迎接奥运这两大考验中交出了满意的答卷，而且出色地完成了各项重点工作，保持了文化遗产事业持续发展的良好势头。在此代表文化部，向全国文物工作者表示崇高的敬意和衷心的感谢！

这次全国文物局长会议，是在全党全国深入开展学习实践科学发展观、隆重纪念改革开放30周年的背景下召开的一次重要会议，对于统一思想、振奋精神、开拓文化遗产事业新局面具有重要的推动作用。中央政治局委员、国务委员刘延东同志致信大会，对新时期文化遗产事业的重要使命和广大文物工作者的历史责任提出了明确的要求。我们一定要认真学习领会，坚决贯彻落实。下面，我讲几点意见。

一、准确把握当前文化遗产事业面临的形势

改革开放30年来，文化遗产事业取得了巨大的历史性成就。各级政府深入贯彻《中华人民共和国文物保护法》，坚决执行“保护为主，抢救第一，合理利用，加强管理”的文物工作方针，基础工作进一步夯实，能力建设得到加强；不可移动文物保护卓有成效，社会效益和经济效益显著增强；博物馆事业蓬勃发展，公共服务水平不断提高；对外交流与合作成绩斐然，文物外事工作开创新局面；民间文物收藏日趋活跃，文物市场逐步走上健康发展轨道；全社会参与势头方兴未艾，文物保护的理念逐步深入人心。特别是党的十六大以来，在科学发展观的指导下，文化遗产事业持续发展，保护领域不断扩大，保护体系不断完善，呈现出喜人局面。但是，与贯彻落实科学发展观的要求相比，与中国特色社会主义事业全局的发展相比，与急剧变化的国际形势提出的要求相比，与人民群众对文化建设的期待相比，文化遗产事业建设的任务还十分艰巨。文化遗产事业的法规体系还不健全，文物安全形势依然严峻；生产建设与文化遗产保护的矛盾突出，文物保护任务十分艰巨；人才队伍整体素质不高，科技成果推广转化不够；经费投入与实际需求尚有较大差距，全社会对文化遗产事业重要地位和作用的认识有待提高等等。我们一定要保持清醒头脑，增强忧患意识，增加紧迫感和责任感。

党的十七大着眼于中国特色社会主义经济建设、政治建设、文化建设、社会建设“四位一体”的总体布局，对我国的文化建设进行了全面部署，指明了文化发展和文化工作的方向，明确了文化建设的总体思路和目标任务；突出强调了加强文化建设、提高国家文化软实力的极端重要性，提出了推动文化大发展大繁荣、兴起文化建设新高潮“两大一新”的要求，进一步明确了现阶段我国文化工作的主题，就是繁荣社会主义先进文化，建设社会主义核心价值体系，建设和谐文化，弘扬中华文化，推进文化创新，提高中华文化软实力和国际竞争力。

我们曾在多次会议上强调，要充分认识十七大提出的这一战略部署的重要性。过去往往把文化事业放在社会事业之中，现在我们认识到，文化事业不是一般的事业，而是一个民族的血脉，是攸关一个国家和民族竞争力的重要因素。十一届三中全会以后我们强调一手抓物质文明一手抓精神文明，精神文明建设就是文化建设。十七大又提出了社会主义初级阶段的三大纲领——政治纲领、经济纲领、文化纲领。由此可看出，对文化建设在社会主义初级阶段的作用、地位和影响的认识是不断深化、不断继承的，党中央已经做出这样的战略部署，我们有责任把这一部署落实到工作中。

文化遗产事业是社会主义文化事业的重要组成部分。社会主义文化大发展大繁荣，必然带动文化遗产事业的发展；文化遗产事业的发展，必然促进社会主义文化大发展大繁荣。要围绕党和国家文化建设的战略部署，正确认识文化遗产事业在推动文化大发展大繁荣中的重要地位和积极作用。要通过文化遗产保护，推动社会主义核心价值体系建设，深入挖掘、充分展示文化遗产所凝聚的深刻内涵，将其融入建设社会主义核心

价值体系之中，为弘扬中华文化、巩固和发展积极健康的主流意识形态做出努力。要通过文化遗产保护，促进中华民族共有精神家园建设，深刻认识文化遗产保护的历史意义和现实价值，按照取其精华、去其糟粕的要求，对文化遗产中所蕴含的历史价值、科学价值、艺术价值认真进行梳理，弘扬传承优秀文化传统和民族精神。要推进文化遗产信息化建设，通过文化遗产保护提高中华文化软实力，丰富文化遗产的表现形式和传播形式，扩大中国文化遗产的传播范围，增强中国文化遗产的吸引力和国际竞争力。

前不久，我在一次论坛上谈到国家文化的软实力建设，打了个比方说，一个国家的文化资源再丰富，如果没有转化为文化产品，那么它的软实力就体现不出来。比如，通过我们文物工作者对文物资源的挖掘、研究，对其所蕴含的科学价值、历史价值、艺术价值进行梳理、进行传播，对社会产生了影响，就产生了作用。国家的软实力建设也是同样的道理。因此，增强我们国家的文化软实力和国际竞争力，对推动文化大发展大繁荣极具意义。

二、切实用科学发展观指导文化遗产事业

党的十六大以来，以胡锦涛同志为总书记的党中央，立足社会主义初级阶段基本国情，总结我国发展实践，借鉴国外发展经验，适应新的发展要求，提出了科学发展观。党的十七大报告对科学发展观的时代背景、科学内涵和精神实质进行了深刻阐述，对深入贯彻落实科学发展观提出了明确要求。要把握科学发展观的科学内涵、精神实质和根本要求，努力把科学发展观的要求转化为推动文化遗产事业发展的正确思路、政策措施和体制机制，实现文化遗产事业科学发展。

——要着眼大局，围绕经济建设这个中心开展文化遗产保护。面对遗产所在地人们对发展经济、改善居住条件和社区环境的渴望，必须对城乡发展和人民生活给予更多的关注，把文化遗产保护同发展区域经济建设、提高居民的生活质量结合起来，正确处理文化遗产保护与发展经济的关系。在保护和抢救工作中，要注意发挥文化遗产的多方面综合效益，使文化遗产保护进一步融入城市发展、融入社区生活、融入经济建设，展示城市、乡村的历史文化内涵，充分发挥它们的综合价值，为人民生活创造美好的文化氛围。在文化遗产保护过程中，要注重发掘文化遗产的多重价值，将其转化为服务于民众现实和未来生活的文化资源；注重充分发挥文化遗产的社会效益，为旅游业和文化产业的发展提供良好环境，为区域经济的发展提供新的增长点。通过保护促进经济发展，在经济发展中加强保护，使二者相辅相成，相得益彰。

——要以人为本，把满足人民群众物质和精神文化需求放在首位。文化遗产事业是全国人民的共同事业，文物事业的发展与广大人民群众的根本利益息息相关。人民群众是文化遗产的创造者、使用者和守护者，是文化遗产事业发展的真正动力。要切实把实现好、发展好、维护好最广大人民的根本利益作为遗产事业的出发点和落脚点；要尊重社会公众对文化遗产工作的知情权、参与权、监督权和受益权，拓展社会参与文化遗产保护的渠道，充分发挥社会组织的积极作用；要继续推进以博物馆免费开放为主要内容的公共服务工作，加强管理、改善服务、创造条件，让更多公众走进博物馆；要按照“三贴近”的要求，不断推出文物保护维修、考古发掘、陈列展览、科学研究、书籍报刊的新成果，丰富人民群众文化生活。

——要深化改革，形成有利于事业发展的体制机制。30年来，随着社会主义市

场经济的深入发展，文化遗产保护工作赖以生存和发展的经济基础、体制环境和社会条件发生了深刻的变化。要按照“区别对待、分类指导、循序渐进、逐步推开”的原则，认真分析各类文物机构的情况，深化文化体制改革，形成有利于事业发展的体制机制。着力在重塑文化市场主体、完善市场体系、改善宏观管理、转变政府职能四个关键环节上下工夫，努力适应社会主义市场经济发展的要求，不断创新体制机制，逐步形成科学有效的文化遗产管理体制。在强化政府管理文化遗产职能的同时，更加充分地调动全社会和广大民众支持、参与文化遗产事业的积极性。要进一步转变政府职能、推进事业单位改革、加大政府投入、调整资源配置。要贯彻“增加投入、转换机制、增强活力、改善服务”的方针，积极推进公益性文化单位内部人事、收入分配和社会保障制度改革。

——要开拓创新，增强文化遗产事业发展的生机与活力。提高文物事业的创新能力，是繁荣发展中国文化遗产事业的根本动力。近几年，国家文物局在长城、大运河、丝绸之路、大遗址保护、专项法律法规制订实施以及调动地方政府参与保护的积极性方面，都进行了积极的探索，在文物整体保护、跨行政区域保护以及推动文物保护积极融入区域经济社会发展、推动文物保护工程成为改善民生的民心工程等方面形成了比较清晰的思路，各地文物行政部门配合地方政府开展了有益的实践，值得认真总结，一些好的经验和做法要敢于肯定和推广。实践表明，发展中国文化遗产事业的动力是改革、关键是创新。必须进一步解放思想、深化改革，正视前进道路上的坎坷与困难，冲破陈旧思想观念的束缚，以创新精神开拓新思路、新举措，推进文物事业不断迈上新的台阶。

三、扎实推进文化遗产事业的重点工作

——要进一步推进第三次全国文物普查。第三次全国文物普查是摸清文物家底、实现文化遗产事业可持续发展的重要保证。自去年以来经过广大文物工作者的不懈努力，普查第一阶段工作已经完成，第二阶段的田野实地调查工作已经启动，取得了阶段性成果。各级文物部门要将文物普查作为“一把手”工程，切实把普查工作当作文物系统工作的重中之重，作为衡量各省文物工作质量的重要指标。要进一步加强宣传动员，督促各级政府落实责任制，把文物普查工作列入重要工作日程。

——要进一步深化博物馆免费开放工作。博物馆免费开放是我国新时期文化政策的一次重大调整，是推动社会主义文化大发展大繁荣的重要措施，是文物系统坚持以人为本的生动实践。吸引更多的公众走进博物馆，不仅是博物馆自身社会责任的体现，也是保障和发展人民群众基本文化权益的重要途径。自今年初以来，博物馆免费开放的试点工作有序开展，经费保障逐步落实，观众人数大幅度提升，社会效益明显提高。目前，全国已有近1000家博物馆实行免费开放，免费开放工作取得阶段性成果。免费开放对博物馆既是发展的机遇，也是严峻的挑战，不可避免地会遇到许多新情况新问题。要进一步深化改革，创新管理体制，转变管理理念，加强内部机构调整，提高博物馆的运行效率。要探索展示艺术和表现手法，适当调整基本陈列，不断推出优秀的展览。

——要进一步加大文物安全工作力度。文物安全是事业发展的生命线，事关文化遗产事业成败，责任重于泰山，尤其是在博物馆免费开放的新形势下，更要提高风险意识，坚定不移地把安全放在所有工作的第一位，确保公众的安全和文物安全。

最近，国家文物局对全国31个省份的文物安全现状进行了大检查，收集了全国重点文物保护单位和重点博物馆的数据，进行了系统分析。结果表明，文物安全情况不容乐观。文物保护单位、博物馆安全防范设施设备以及博物馆展厅和库房建设达标的比例很低，存在巨大的安全隐患。检查中也暴露了文物保护单位和博物馆管理以及人员机构不健全等问题。各级文物部门要加强文物安全监管的制度建设与队伍建设，争取进一步落实文物安全经费投入，完善安全防范设施，改善文物收藏和展示条件，扭转文物安全的严峻形势。各地文化部门也要在人员配备、联合执法、经费保障等方面给予积极的支持和配合。

——要进一步推动科技创新和科技成果的推广应用。从长远来看，科学技术对提升文化遗产保护工作具有决定性作用。提高科技创新能力是实现文化遗产事业科学发展的关键。要努力形成开放、流动、竞争、协作的文化遗产保护科技创新体系。要以“整合、共享、完善、提高”为原则，积极加强文物保护科技创新基地与平台建设，重点建设一批高水平的国家重点文物保护科研基地，建立科技资源共享机制。要加强传统工艺技术的保护、研究、传承和发展，将科技创新成果与传统工艺技术有机结合起来。要深化文物科技保护成果的推广应用，加快制定相关的技术标准规范，将文物保护工作与科技保护、科研课题紧密结合，全面加强科技成果的应用转化，带动我国文物保护水平的整体提高。

——要进一步加强人才培养。人才兴则事业兴。要认真贯彻人才强国战略，牢固树立人才资源是第一资源的观念，把人才培养作为紧迫的基础工作、战略任务和提升综合竞争力的核心因素，加大文化遗产领域各类人才的培养力度。要建立科学的文化遗产保护专业教育和培训体系，发挥优势互补作用，构建以行业主管部门为主体，高等院校、科研机构、博物馆相结合的文化遗产保护领域人才培训网络，多渠道开展各类文化遗产教育培训工作，通过岗位培训、学历教育、师承制传授等多种途径，建立完善的人才培养模式，尽快形成文化遗产保护人才队伍的基本格局。要合理利用国外教育资源，拓宽人才培养途径，实现人力资源的共享。要健全人才激励机制，充分调动各方面的积极主动性，结合重大文物保护科技项目大胆起用青年人才，培养高水平的创新人才。

当前，全党正在开展深入学习实践科学发展观活动。这是党的十七大作出的战略决策，是用中国特色社会主义理论体系武装全党的重大举措，是深入推进改革开放、推动经济社会又好又快发展、促进社会和谐稳定的迫切需要，是提高党的执政能力、保持和发展党的先进性的必然要求。让我们高举中国特色社会主义伟大旗帜，坚持以邓小平理论和“三个代表”重要思想为指导，深入贯彻落实科学发展观，解放思想，积极探索，勇于创新，为推动文化遗产事业发展作出新的更大贡献！

全面贯彻落实科学发展观 开创文化遗产事业新局面

——在2008年全国文物局长会议上的讲话（节选）

（2008年12月22日）

国家文物局局长　单霁翔

关于2008年的工作

2008年，全国文物系统深入学习贯彻党的十七大精神，全面落实科学发展观，坚决按照党中央、国务院的战略部署，忠于职守、勇挑重担，万众一心、沉着应对，不仅取得了抗震救灾的阶段性胜利，精心组织了文物系统迎奥运工作，而且出色地完成了各项重点工作，保持了文化遗产事业持续发展的良好势头。

一、周密组织文物系统抗震救灾工作

地震发生后，国家文物局和震区文物行政部门在第一时间迅速启动应急机制，深入灾区一线，争取设立紧急抢险专项经费3000万元，在最短的时间内完成涵盖灾区各省、120余万字的专项规划和评估报告，文化遗产保护被纳入国家《汶川地震灾后恢复重建条例》。组织开展文物系统对口支援工作和抗震救灾先进集体、先进个人评选表彰活动，鼓舞和坚定灾区文物工作者夺取抗震救灾斗争胜利的勇气和信心。2008年6月30日，启动都江堰古建筑群抢救修复工程；7月15日，启动理县桃坪羌族碉楼与村寨抢救修复工程；10月13日，启动马尔康松岗直波碉楼抢救保护工程；彭州领报修院、新都宝光寺、罗江庞统祠墓等10余个文物抢救保护项目正有序推进。此外，组织开展地震遗址博物馆的前期研究，开展羌族文化遗产保护等。

二、精心筹办文物系统迎奥运活动

为迎接奥运，北京、天津、上海、青岛、沈阳、秦皇岛等奥运举办城市的文物部门制定迎奥运文物保护计划，加大了文物保护和修缮力度；扩大了文物保护单位开放的范围；召开迎奥运文物安全工作会议，会同公安部对奥运举办城市进行安全检查。奥运期间，仅北京地区博物馆推出各类迎奥运文物展览140余项。国家文物局先后在2008北京国际新闻中心和人民网直播现场，举办两场新闻发布会、一场网上采访。在奥组委成立媒体“一站式”服务办公室，为国外媒体提供热情、周到、细致的服务。

三、扎实开展第三次全国文物普查

2008年9月22日，中央政治局委员、国务委员、国务院第三次全国文物普查领导小组组长刘延东同志主持召开了国务院第三次全国文物普查领导小组第二次（扩大）会议，充分体现了党中央国务院对文

物普查的高度重视，推动了各方面工作。截至2008年12月初，有26个省区市召开本地区文物普查领导小组会议，有17个省区市逐级签订文物普查政府责任书。第一阶段任务顺利完成，第二阶段工作全面推进，实地调查成果丰硕。2008年11月初，全国有2587个县级行政区域启动了实地调查，启动率达到90.4%；已调查登记不可移动文物21.3万处，其中新发现13万多处，复查约8.3万处，全国实地调查覆盖率达到34.6%；全国有206个县级行政区域已经率先完成田野工作。

四、稳步推进博物馆免费开放

2008年初，中宣部、财政部、文化部和国家文物局联合印发了《关于全国博物馆、纪念馆向社会免费开放工作的通知》，我局召开免费开放工作会议，开展免费开放工作调研。目前，免费开放工作取得阶段性成果。试点工作有序开展，经费保障逐步落实。自2008年3月至11月，已有1015座博物馆向社会免费开放，财政部分三批下达地方免费开放试点博物馆专项补助资金9.7852亿元。观众人数大幅度提升，免费开放的博物馆接待观众已突破1亿人次，当前试点博物馆观众量已从免费开放之初的“爆棚”、“井喷”，回落到常态。内部管理不断完善，展陈服务水平有所提高。

五、认真做好各项重点工作

法规制度建设卓有成效，执法力度逐步加大。国务院颁布《历史文化名城名镇名村保护条例》。《博物馆条例（草案稿）》已上报国务院，并向社会征求意见。《文物认定管理办法》、《文物保护单位保护管理办法》取得进展。开展东北、华北、西北、华东、中南、西南等6片区文物消防安全督察、免费开放安全检查。开展全国文物系统安全大检查。督办文物行政违法案件百余起。重大文物保护工程取得进展，第七批国保单位申报前期工作进展顺利。西藏三大工程、应县木塔、晋东南早期建筑保护工程、涉台文物保护、河北鸡鸣驿城保护工程等重要文物保护项目按计划顺利实施。《文物保护工程审批管理暂行规定》颁布，并在部分省（市）试行。稳步实施南水北调、川气东送、西气东输二线、京沪高铁等大型工程中的考古和文物保护工作。组织沿海相关地区开展水下文物普查工作。推进中肯、中蒙合作考古项目。召开全国大遗址保护工作现场会，推广大遗址保护“无锡经验”；召开西安大遗址保护高峰论坛，形成《大遗址保护西安共识》。继续做好丝绸之路（新疆段）、西安片区和洛阳片区、大运河等重点大遗址保护和展示重点项目。福建土楼申报世界文化遗产成功，丝绸之路沙漠线路联合申遗、大运河保护与申遗、杭州西湖文化景观申遗准备工作等顺利推进；完成明长城资源调查工作和山海关长城工程。

正式启动博物馆评估定级工作，公布首批国家一级博物馆83家；指导中国博物馆学会完成改选换届工作。开展文物进出境责任鉴定员考核工作和文物进出境审核机构核查工作。首次集中审批了申请增加第一类文物拍卖资质的拍卖企业。成功追索非法流失到丹麦的中国文物156件。“中华文明探源工程”等4项文化遗产保护领域国家科技支撑计划重点项目通过中期验收。“指南针计划”取得阶段性成果。配合第三次全国文物普查、汶川地震灾区文物保护工作等举办培训10批次，促进相关工作的开展。

组织中央媒体，围绕文物普查、免费开放、“文化遗产日”和文物系统抗震救灾等开展系列宣传活动。完成贯彻党的十七大精神专题调研、改革开放30周年专题调研。依托专业机构完成2008年文化遗产蓝皮书和公众参与文化遗产保护状况等调研。开展全国文物先进县调研，召开首届全国文物工作先进县（市）长论坛。与智利、斯里兰卡、塞浦路斯、委内瑞拉签署了防止盗窃、盗掘和非法进出境文物的双边协定，与希腊、哥伦比亚签署了部门间意向书。驻华使节、外交官走进中国文化遗产活动富有成效。

在充分肯定成绩的同时，我们也要清醒地看到，文化遗产事业的基础工作依然薄弱，法规体系还不健全，文物安全形势依然严峻；基本建设与文化遗产保护的矛盾突出，文物保护任务十分艰巨；人才队伍整体素质不高，科技成果推广转化不够；经费投入与实际需求尚有较大差距，全社会对文化遗产事业重要地位和作用的认识有待提高等。我们要保持清醒头脑，增强忧患意识，以强烈的责任感和紧迫感，扎扎实实地做好各项工作。

关于2009年的工作思路

正确认识和把握文化遗产事业发展面临的形势，历来是我们制定规划、正确决策的重要前提和依据。经过改革开放30年的发展和进步，文化遗产事业已站在一个新的历史起点上。必须把文化遗产事业放到改革开放和现代化建设的大背景中去谋划。从总体上看，我们要把握好以下几个方面：

——科学发展提出了新要求。科学发展观是发展中国文化遗产事业必须始终坚持和贯彻的重大战略思想。要求文化遗产事业更加重视全面发展，更加重视协调发展，更加重视可持续发展。要结合学习实践科学发展观活动，对发展经济和改善人民生活给予更多的关注，正确处理文化遗产保护与当地民众发展生产、改善生活的关系；要增强发展的协调性，妥善处理各种利益关系，充分调动各方面积极因素，兼顾整体利益和局部利益、长远利益和当前利益、行业利益和地区利益、社会效益和经济效益；要顺应工业化、信息化、城镇化、市场化、国际化深入发展的趋势，把文化遗产事业融入国家改革开放和发展的洪流，努力营造有利于文化遗产事业发展的和谐环境，使文化遗产保护成为全社会的共同行动，促进文化遗产事业全面协调可持续发展。

——人民群众有了新期待。随着国家经济发展、社会进步和物质生活的改善，人民群众求知、求乐、求美、求参与、求健康的愿望更加强烈，文化消费的需求日趋旺盛并呈现多样化态势，文化遗产已走进广大民众的生活。人们迅速增长的多层次、多样化、多方面的文化需求，为繁荣发展文化遗产事业提供了内在需求和强大动力。要坚持以人为本，充分尊重人民群众的主体地位和主动精神，使人民群众在参与文化遗产保护上“各尽其能”，在共享文化遗产保护成果上“各得其利”；要倾听群众呼声、体察人民意愿、顺应群众需求，保障人民群众的基本文化权益；要通过文化遗产保护，改善城乡的生态环境、保持浓厚的文化环境、创造美好的宜居环境，使文化遗产保护成果更好地惠及民众、普及民生；要在有效保护的前提下，更加合理地利用文化遗产资源，发挥文化遗产多方面的功能，为社会发展、经济建设和人民生活服务。

——综合国力提供了新保障。改革开放30年来，我国经济社会进入新的发展阶段，综合国力特别是经济实力的大幅提升，社会繁荣进步，文物保护经费投入逐年加大，社会参与热情日益高涨，为文化遗产保护提供了坚实的物质保障和社会基础，为文化遗产事业发展开辟了更为广阔的前景。这要求我们抓住机遇，以文化遗产事业发展的新成果，争取文物保护经费增长途径；要进一步完善经费投入体制机制努力构建文物保护经费持续稳定增长的保障制度；要按照“五纳入”的要求，推动各级政府加大文物保护经费投入力度；要拓展社会资金渠道，研究制定社会资金有效进入文物保护领域的政策措施。

——扩大开放赋予了新任务。当今时代，文化越来越成为民族凝聚力和创造力的重要源泉，越来越成为国际间综合国力竞争的重要因素。随着综合国力不断增强，国际地位日益提高，我国已经从国际经济、政治秩序被动适应者逐步转变为国际重大事务的主要参与者。我们要以更加宽阔的视野来把握国际文化遗产保护领域发展趋势，加强国际间文化遗产保护的交流与合作；要掌握对外开放的主动权，树立世界眼光，加强战略思维，承担更重要的任务。中国文化遗产事业不仅要顺应世界文化遗产发展潮流，而且要对世界文化的兴盛发展有所作为、有所贡献，增强中华文化的吸引力和感召力。

面对当今世界文化相互激荡的大潮，面对国家发展和人民生活改善对文化遗产发展的要求，面对社会文化生活多样活跃的态势，文化遗产事业必须走既切合国情又符合时代要求的发展道路：

——在发展方向上，要始终坚持先进文化的前进方向，加大文化遗产保护力度，构建科学有效的文化遗产保护体系，繁荣发展我国文化遗产事业，实现由文化遗产大国到文化遗产强国的转变。

——在发展目的上，要始终坚持以人为本，把文化遗产保护与满足人民群众基本文化需求、提高人们生活质量结合起来，丰富人民群众精神文化生活，让人民共享文化遗产保护成果，保障人民群众基本文化权益。

——在发展思路上，要始终坚持把文化遗产事业纳入国家经济社会发展大局，融入世界文化发展进步潮流，置于党和国家工作总体布局中来谋划、来推进，不断提升中国文化遗产事业的可持续发展能力、自主创新能力和国际影响力。

——在发展动力上，要始终坚持改革创新，适应社会主义市场经济发展要求，强化政府主导、动员社会参与、民众共享共建，建设科学有效的文化遗产管理体制、完善的法律法规体系，形成充满生机活力的体制机制、科学的发展模式。

——在发展力量上，要始终坚持政府在文化遗产事业中的主导地位和人民群众的主体作用，研究制定发挥人民主体作用的政策措施，拓展社会参与文化遗产保护的渠道，调动广大民众和社会各方面的主动性、积极性和创造性。

——在发展依托上，要始终坚持把基础工作摆到更加突出的位置，着眼于新形势下基础工作的标准和要求的新变化，着眼于基础工作的长期性和艰巨性，加大文物法制建设、摸清文物家底、文物人才培养和文物安全保障等基础工作的力度。

最近召开的中央经济工作会议，胡锦涛总书记全面深刻分析了当前国际国内经济形势，明确提出了2009年经济工作的总体要求和重点任务。近期，国家又果断实施积极的财政政策和适度宽松的货币政策，采取一系列进一步扩大内需、促进经济增长的政策措施，全力保护经济平稳较快发展。2009年，是新中国成立60周年，是文化遗产事业在新的起点上继往开来、再创辉煌的关键一年。全国文物系统要把思想认识统一到中央对国内外经济形势的分析判断和决策部署上来，正确认识国家扩大内需政策对文化遗产事业的影响，正确处理好文化遗产保护与国家经济社会发展的关系，积极应对文化遗产事业面临的机遇与挑战，积极争取国家政策支持和资金投入，充分发挥文化遗产保护对相关产业的带动作用和对区域经济发展的促进作用，主动筹划，乘势而上，促进文化遗产事业又好又快发展。

一、进一步推进第三次全国文物普查，深化博物馆免费开放工作

认真落实国务院第三次全国文物普查领导小组第二次（扩大）会议精神，加强组织领导、落实责任，关注普查一线、确保普查的进度与质量；要进一步争取普查经费、深化协调合作，加强宣传动员、解决好新发现文物保护问题。各省、自治区、直辖市到2009年底要基本完成实地调查工作。继续推进博物馆免费开放工作。建立多部门合作的长效机制，出台博物馆体制机制创新的指导性文件；与财政部协商制

定2009年全国博物馆免费开放总体工作方案，与地方政府共建国家级博物馆；建立免费开放博物馆的质量评估体系；进一步完善配套制度措施，做好经费保障，加强依法管理和监督。

二、加强文物法规制度建设，加大文物执法督察力度

出台《博物馆条例》、《文物认定管理办法》、《文物保护单位保护管理办法》。开展《水下文物保护管理条例》的修订工作。起草《大运河保护管理办法》、《国家文化遗址公园保护管理办法》。启动制定《国家文物事业“十二五”规划》的相关工作。继续对第三次全国文物普查、博物馆免费开放、世界文化遗产、全国重点文物保护单位和重点博物馆，以及文物违法案件和文物保护专项资金管理使用情况等进行专项督察。

三、加强文物保护和考古工作，推进大遗址保护和世界遗产工作

开展第七批全国重点文物保护单位的申报遴选工作。继续做好地震灾区文物修复和保护。完善工程方案审批程序，稳步有序扩大审批权下放范围，进一步完善工程资质管理制度。推进西藏九大维修工程、涉台文物保护工程，以及故宫、晋东南及陕西韩城地区早期建筑、青海塔尔寺、鸡鸣驿城保护工程等重大维修工程项目。配合相关部门和单位协调做好国家大型基本建设中的文物保护工作。组织协调有关单位做好沿海地区水下文物普查工作。积极推进大遗址保护工作。做好早期长城资源调查和数据库开发建设。继续做好世界文化遗产申报和相关监测工作。

四、继续对博物馆实施全行业的管理和指导，进一步规范社会文物管理

继续推进馆藏文物调查及数据库管理系统建设项目。启动博物馆发展战略规划研究。完善博物馆质量认证体系，建立社会评价制度。颁布《博物馆陈列展览设计施工资质管理办法》，启动第一批博物馆陈列展览设计施工资质认证工作。指导中国博物馆学会做好2010年国际博协大会的筹备工作。完成《民间收藏文物鉴定管理办法》、《文物经营者职业道德》起草工作。推动流失文物数据库建设。推进在全国各省会城市建立文物进出境审核机构。

五、提高科技保护水平，推进教育培训工作

开展行业科技和信息化“十二五”规划的可行性研究，完成第二批行业标准的审核发布和“中华文明探源工程”等4项文化遗产保护领域国家科技支撑计划重点项目的结项验收工作；启动文化遗产保护领域科研联合体建设，开展文物保护科技创新奖的评审工作；推动《灾后文化遗产抢救保护综合信息平台》等的研发工作，继续推进“指南针计划”、“中国数字博物馆”试点工作；召开全国文物教育培训工作会议；完成75%（23个省区市）的地市文博管理干部和全国重点文物保护单位保护管理机构负责人培训任务；配合重点工作开展培训项目，推进各类专业技术培训和涉外培训。

六、推动对外交流与合作，提高宣传和信息化水平

积极配合国家外交大局，开展文化遗产对外交流。做好与相关国家文化遗产保护协议和禁止文物非法进出境协定的签署工作；深化国际间馆际交流。做好文物系统图书、报刊和音像制品的出版发行。推进文物系统信息化建设。做好新中国成立60周年纪念活动和2009年“文化遗产日”活动；表彰从事文博工作60年的老专家、老同志，开展文物工作先进县表彰活动。

在2008年全国文物局长会议上的总结讲话

（2008年12月22日）

国家文物局副局长　张柏

同志们：

2008年全国文物局长会议就要闭幕了。这次会议是在全党认真学习贯彻党的十七大精神、深入开展学习实践科学发展观活动的重要时刻召开的，是全国文物系统认真总结改革开放30年来文化遗产事业发展经验、在新的起点上开拓新局面的一次会议。中央政治局委员、国务委员刘延东同志给大会发来了热情洋溢的贺信，中宣部副部长、文化部部长蔡武同志作了重要讲话，充分肯定了改革开放30年来文化遗产事业的发展成就，为新时期文化遗产事业指明了方向，提出了要求，使我们深受鼓舞、倍感振奋。

单霁翔同志作了大会报告，全面总结了改革开放30年来文化遗产事业取得的成绩和经验，分析了发展形势，明确了发展目标，对明年工作作出了部署。与会代表结合本地区、本单位的工作实际，就30年来文化遗产事业发展成就和经验，以及如何做好明年的工作进行了热烈讨论，大家畅所欲言，集思广益，发表了很多很好的意见和建议。

大家深切感受到，党中央、国务院高度重视文化遗产保护工作。刘延东同志在贺信中充分肯定了30年来文化遗产事业的成就，进一步明确了新时期文化遗产事业的地位和作用，科学分析了文化遗产事业面临的形势和任务，对文化遗产保护和传承提出了新的更高的要求，对广大文物工作者寄予殷切希望。我们一定要认真学习领会、坚决贯彻落实，不辱使命、锐意进取，全力推动文化遗产事业科学发展。

大家深切感受到，蔡武同志的讲话，着重论述了文化建设作为中国特色社会主义“四位一体”总体布局的重要组成部分，地位与作用日益凸显。深刻阐述了文化遗产事业作为文化建设的组成部分，在推动社会主义文化大发展大繁荣、兴起文化建设新高潮中的地位与作用，要求文化遗产保护工作要紧紧围绕新时期文化建设的主题，为繁荣社会主义先进文化、建设社会主义核心价值体系、弘扬中华文化、推进文化创新、提高中华文化软实力和国际影响力、竞争力作出积极贡献；要求我们努力把科学发展观的要求转化为推动文化遗产事业发展的正确思路、政策措施和体制机制，实现文化遗产事业科学发展。蔡武同志对全国文物系统在今年各项工作中坚持以经济建设为中心开展文化遗产保护，坚持以人为本，执政为民，把满足人民群众物质和精神文化需求放在首位等工作思路给予充分肯定；对广大文物工作者忠于职守、勇挑重担的精神给予高度评价，令人鼓舞，催人奋进。我们一定要解放思想，深化改革，开拓创新，努力形成有利于事业发展的体制机制，增强文化遗产事业发展的生机与活力，扎实推进文化遗产事业的各项工作。

大家深切感受到，霁翔同志的工作报告，总结改革开放30年成绩客观实在，分析问题精辟深刻，部署2009年任务重点突出，充分体现了全面协调可持续发展的要求，符合新时期文化遗产保护工作的实际。报告内容丰富、目标明确、任务具体、措施得力，既体现了求真务实、开拓创新的精神，又具有很强的指导性和可操作性。特别是报告把文化遗产事业放在改革开放和国家现代化建设的大背景中去谋划，提出要结合学习实践科学发展观活动，对发展经济和改善人民生活给予更多的关注，正确处理文化遗产保护与当地民众发展生产、改善生活的关系；提出要坚持以人为本，充分尊重人民群众的主体地位和主动精神，动员亿万群众共同参与保护，使文化遗产保护成果惠及人民群众；提出要以更加宽阔的视野来把握时代脉搏和跟踪国际文化遗产保护领域发展趋势，丰富我国的文化遗产保护理念与实践，走既切合国情又符合时代要求的发展道路。霁翔同志对明年推进第三次全国文物普查、深化博物馆免费开放工作、加强文物法规制度建设、加大文物督察执法力度以及加强文物保护和考古工作、博物馆事业、科技和培训工作等重点工作都提出了具体的安排和要求，我们一定要以时不我待的紧迫感，以百倍的信心和不懈的努力，完成好各项工作。

大家深切感受到，这次会议主题鲜明、会风务实、富有成效，在分组讨论和发言中大家谈形势、谈任务、谈思路、谈体会，相互学习和启发，展现了文化遗产事业的丰硕成果和文物工作者积极向上的精神风貌。各位代表在讨论中对工作报告和下一步的工作提出了很好的意见和建议，我们将认真研究，并在今后的工作中不断加以改进。可以说，这次会议时间非常紧凑，内容十分丰富，达到了预期的目的，取得了圆满成功，大家都有一种春风拂面的感觉。

同志们，文化遗产事业发展的方向十分明确，部署十分全面，要求十分具体，现在关键是要聚精会神抓好落实。下面，我再强调几点：

一、统一思想，提高认识

统一思想，提高认识，就是要进一步把思想统一到中央的决策部署上来，切实提高对文化遗产事业重要地位和作用的认识。目前全球性金融危机愈演愈烈，我国经济平稳快速发展受到严峻挑战。最近召开的中央经济工作会议进行了一系列部署，这对于统一全党认识、凝聚全国力量、协调各方行动，继续坚定不移地推进改革开放和社会主义现代化建设，具有十分重要的意义。我们要把思想统一到十七大精神上来，统一到中央经济工作会议的部署上来，统一到胡锦涛总书记纪念改革开放30周年大会讲话的精神上来。正确认识国家扩大内需政策对文化遗产事业的影响，处理好文化遗产保护与国家经济社会发展的关系；正确认识人民群众的新要求和新期待，正确认识新形势下文化遗产事业的新机遇新挑战，正确认识文化遗产事业在实现胡锦涛总书记提出的“两个100年”重要目标中的地位和作用。要立足于社会主义初级阶段这个最大的实际，牢牢把握文化遗产事业发展的阶段性特征，围绕党和国家文化建设的战略部署，使我们制定的政策、采取的举措更加切合实际，更加符合科学发展观的要求。

二、把握主题，领会要义

把握主题，领会要义，就是要把握好文化遗产事业科学发展这个主题，深刻领会发展这个第一要义。延东同志、蔡武同志和霁翔同志的报告，都有一个鲜明的主题，就是积极推进文化遗产事业的科学发展。关键是要深刻理解和坚决贯彻文物工作方针，处理好保护与利用的关系。要在保护的前提下坚持合理利用，充分发掘文化遗产的丰富内涵和多重价值，充分发挥文化遗产在经济社会建设中的作用，努力保护好维护好实现好人民群众的根本利益。面对工业化、信息化、城镇化、市场化、国际化深入发展的新形势，我们要牢固树立科学发展的观念，不断明确发展目标，创新发展方式，在发展中研究新课题，解决新矛盾，使文化遗产保护与经济社会的发展相协调，使文化遗产保护的各项工作相协调，实现文化遗产事业全面协调可持续发展。

最近，在深入学习实践科学发展观活动中，国家文物局党组专门向各地文物行政部门征求意见。从征求到的各种意见来看，既有对我们的肯定和希望，也有批评和建议；既有思想观念问题，也有工作实践问题；既有长期积累的老问题，也有改革发展中遇到的新问题；既有亟待解决的问题，也有需要长远规划、深入研究的战略问题等等。国家文物局党组认为，这些意见建议体现了各级文物部门对国家文物局党组的信任和期盼。我们将精心梳理各地的意见，写好分析检查报告，认真做好整改工作，加大力度，改进作风，促进各项工作迈上新的台阶。

国家文物局党组结合科学发展观的深入学习，认真总结各地的工作实践，进一步明确了文化遗产事业的发展思路和发展目标，明确提出要充分发挥文化遗产在经济社会发展中的作用，使文物保护成果更好地惠及人民群众。各地文物部门要结合学习实践科学发展观活动，在工作中，要积极争取各级政府和有关部门的支持，确保文化遗产保护纳入城乡建设规划，纳入主体功能区规划；进一步将文化遗产保护与城市公园绿地、城市生态环境和文化设施建设有机结合，使文化遗产成为城市的亮点和标志，既提升城市文化形象，又通过文化遗产的保护，为区域经济发展提供新的增长点，使当地百姓受益，使人民共享文化遗产保护成果。

三、突出重点，抓好落实

突出重点，抓好落实，就是要突出牵动文化遗产事业发展全局的重点工作，认真抓好这次会议精神的落实。

一是要切实做好文化遗产保护的基础工作。基础工作是实现文化遗产事业可持续发展的前提，是检验文物行政部门管理能力和水平的重要标志。2002 年以来，国家文物局将文物法制建设、摸清家底、人才培养、安全保障确定为全国文物系统要重点抓好的四项基础工作。近年来，在广大文物工作者的辛勤努力下，基础工作取得了显著的成绩。但也应该看到，法规体系尚需完善，各级文物保护单位“四有”工作、博物馆藏品档案等基础工作尚未完成，文物家底不清的问题仍未彻底解决，人员素质有待提高，队伍建设亟须加强，安全督察制度有待规范，文化遗产保护经费与实际需求相比仍显不足等等。霁翔同志在上午的报告中对 2009 年工作重点进行了部署，其中相当一部分是基础工作。各地要结合本地实际工作，逐项抓好抓实。我这里特别要强调的是，第三次全国文物普查是各项工作的重中之重，是当前最重要的基础工作，这项工作完成得好坏，直接决定了我们今后一段时期事业发展的好坏。经过各省市同志们的积极努力，目前第三次文物普查保持着良好的发展势头。要继续按照今年 9 月召开的国务院文物普查领导小组第二次扩大会议的要求，确保实地调查这个关键阶段工作的顺利完成。

二是要切实关注涉及人民群众切身利益的工作。要继续推进博物馆免费开放工作，将免费开放作为保障人民群众基本文化权益、满足人民群众精神文化需求的头等大事来抓。转变观念，建立适应时代要求的体制机制，推动博物馆主动融入社会，提高博物馆服务社会的能力。要做好社会文物工作。社会文物工作包括民间收藏文物管理、文物市场管理和文物进出境管理，与公众的切身利益息息相关，是文化遗产工作中与公众接触最频繁、联系最紧密、影响最广泛的领域，是公众认识、了解文化遗产工作最直观的窗口，也是文化遗产工作服务公众最醒目的舞台。社会文物工作的成败将在很大程度上决定文化遗产工作的社会认知和行业形象，将对文化遗产事业的发展全局产生重大而深远的影响。我们要高度重视社会文物工作，按照“把好国门，国内繁荣，规范管理，服务到位”的原则，加大社会参与力度，明确服务定位，完善服务机制，推动民间收藏、文物市场规范健康发展。

三是要切实加强文物行政执法工作。要紧紧抓住依法行政的三个重要环节：政府立法、行政执法和行政监督，坚持三者并重，整体推进。要按照《国务院关于加强文化遗产保护的通知》的要求，加快文化遗产保护法制建设，不仅要强调立法的数量，还要注重立法的质量，使文化遗产保护法律法规体系更加完善。要加大执法力度，强化执法督查，完善督察制度，严厉打击违法犯罪行为，做到执法必严，违法必究。要充实行政执法力量，健全机构、建好队伍，保证《文物保护法》落到实处。要加强文化遗产保护法律法规的宣传工作，弘扬法治精神，维护文化遗产保护法律法规的尊严。

四是要切实抓好文物安全工作。文物安全是文物工作的生命线。目前文物安全的总体形势是好的。但是我们也要清醒地认识到，在经济社会快速发展、文物保护范围不断扩大的新形势下，确保文物安全的任务更加艰巨，目前在管理制度、经费投入、安全设施、机构队伍等方面还有薄弱环节，文化遗产安全形势依然严峻：一些地方政府片面追求眼前利益，导致伤害文物建筑、占压大遗址、损毁古墓葬、破坏文物原生环境的现象时有发生，法人违法问题十分突出；盗掘古遗址古墓葬和走私文物的犯罪行为屡有发生。最近，国家文物局对全国重点文物保护单位和重点博物馆进行了文物安全大检查，各地高度重视，上报了大量基础信息。分析结果暴露出一些问题，既有投入不足导致的安全防范设施不足的问题，也有我们管理上的问题，情况不容乐观，切不可掉以轻心。同志们要以对国家和人民负责的态度，对本地区本部门存在的问题进行分析梳理，提出切实可行的整改措施。国家文物局也将积极协调相关部门给予支持和帮助。

对于会议精神的传达，我有三点建议：一是各位回去之后，要把会议精神认真向当地党委和政府作一次专门汇报，争取理解和支持。要认真做好汇报前的准备工作，在全面贯彻会议精神的同时，要结合当地文物工作实际，提出当前迫切需要解决的主要问题及建议方案，供当地党委和政府决策时参考，切实解决一些实际问题。二是要面向基层，深入一线，把会议精神传达到基层文物工作者，使会议提出的各项工作任务落到实处。三是要做好情况的收集和反馈工作，把好的意见和建议及时告诉我们。

最后，让我们以胡锦涛总书记在纪念改革开放30周年大会讲话中指出的“我们的事业崇高而神圣，我们的前景光明而美好，我们的责任重大而光荣”共勉。解放思想、开拓进取，以奋发有为的精神风貌、真抓实干的工作作风，不断创造新业绩，作出新贡献。

新春将至，我受局党组的委托，代表国家文物局，给大家拜个早年，祝大家新春快乐，阖家幸福，万事如意！

重要文献

国家文物局　国务院南水北调办公室关于印发《南水北调东、中线一期工程文物保护管理办法》的通知

文物保发〔2008〕08号

各有关单位：

为了进一步加强南水北调工程文物保护工作的管理，保护我国历史文化遗产，确保工程建设和文物保护工作顺利进行，根据《中华人民共和国文物保护法》等法律、法规，结合南水北调工程的实际情况，国家文物局和国务院南水北调办联合制订了《南水北调东、中线一期工程文物保护管理办法》。

现将该办法印发给你们，请在今后的工作中认真贯彻执行。

二〇〇八年二月四日

南水北调东、中线一期工程文物保护管理办法

第一条　南水北调东、中线一期工程（以下简称“南水北调工程”）文物保护工作是南水北调工程建设的重要组成部分。为了进一步加强南水北调工程文物保护工作的管理，保护我国历史文化遗产，确保工程建设和文物保护工作顺利进行，根据《中华人民共和国文物保护法》等法律、法规，结合南水北调工程的实际情况，制定本办法。

第二条　本办法适用于南水北调工程永久占地范围内的文物保护与管理工作。

第三条　国家文物局负责对南水北调工程文物保护工作进行协调、指导和监督。国务院南水北调工程建设委员会办公室（以下简称“国务院南水北调办”）参与指导、协调、监督南水北调工程文物保护工作。

国家文物局会同国务院南水北调办等有关部门共同组成工作协调小组，就南水北调工程文物保护工作中出现的重大问题进行研究协商。工程相关省市可参照建立相应的协调机制。

第四条　省级文物行政部门是本辖区南水北调工程文物保护工作的责任主体，具体负责文物保护工作的组织实施和管理。

省级征地移民主管部门和项目法人等配合做好南水北调工程的文物保护工作。

第五条　南水北调工程考古发掘工作应严格遵守《考古发掘管理办法》和国家文物局《关于加强基本建设工程中考古发掘工作的指导意见》的相关规定。

承担考古发掘项目的考古发掘资质单位应与省级文物行政部门签订工作协议，并严格按照协议规定开展工作，不得转让所承担的发掘项目，同一考古发掘领队每年负责的考古发掘项目不得超过两项。

第六条　省级文物行政部门在组织实施考古发掘项目的过程中，可根据项目实

际情况，对少数项目的工作量予以调整，调整结果需报省级征地移民主管部门、项目法人和国家文物局备案。

第七条 南水北调工程中的地面文物保护工程应严格遵守《文物保护工程管理办法》等有关规定。对迁移保护的地面文物应依法办理相关手续。

第八条 对列入迁移保护的民居类文物建筑，应按照国家有关法规政策，由地方文物部门同实权人签订有关协议，划清产权归属，做好价值登记及补偿工作。

第九条 为确保文物保护工作质量，南水北调工程文物保护项目实行监理制度，应根据实际情况和需要开展综合监理或单项文物保护项目监理。具体监理办法由各省级文物行政部门组织制定。

监理工作要严格依照《中华人民共和国文物保护法》和《考古发掘管理办法》、《田野考古工作规程》以及其他相关法律、法规进行。

第十条 省级文物行政部门应组织对本辖区内南水北调文物保护项目进行检查和统计，并接受省级人民政府和国家有关部门组织的检查。

检查和统计过程中，要加强对文物保护工作进展情况、经费使用情况以及文物与人员安全情况等的检查和统计，确保文物保护工作符合有关法规和规范的要求。检查和统计情况应定期报送国家文物局，同时抄送省级征地移民主管部门和项目法人。

第十一条 省级文物行政部门应会同省级征地移民主管部门对本辖区内的南水北调工程文物保护项目进行验收。验收工作应包括项目完成情况、经费使用情况等。

第十二条 在工程建设期间，省级文物行政部门应会同省级征地移民主管部门制订文物保护应急预案，确保工程施工中的文物安全。

第十三条 在工程建设过程中发现文物，施工单位应按照《文物保护法》的规定，做好现场保护工作，相关责任人要及时将有关情况分别向省文物行政部门和项目法人报告，协商文物保护措施。发现重要文物时，省级文物行政部门应及时向国家文物局报告。

第十四条 省级文物行政部门应制定办法，采取措施，加强对辖区内南水北调工程涉及的出土文物标本、文物建筑构件及相关文物资料的管理，并按有关规定建立科学档案。

第十五条 考古发掘资料及出土文物标本，在发掘单位按规定编写出版发掘报告后，由省级文物行政部门统一指定文物收藏单位保管。须作鉴定或测试的文物标本，应按相关规定办理。

第十六条 南水北调工程文物保护资金的使用应严格遵守有关规定。

第十七条 南水北调工程文物保护工作过程中，有下列情形之一的单位或个人，国家文物局会同国务院南水北调办给予表彰或奖励：

（一）认真执行文物法律、法规，保护文物成绩显著的；

（二）取得重要发现和重要研究成果的；

（三）在文物安全保卫方面有突出贡献，抢救文物有功的；

（四）在工程建设过程中，发现文物及时报告的；

（五）考古工地和地面文物设计、施工项目质量优秀的；

（六）为保护文物与破坏、盗窃文物的违法犯罪行为作斗争事迹显著的。

第十八条 有下列行为的，将分别视情况给予相应的处罚；构成犯罪的，移交司法机关追究刑事责任：

（一）盗掘古遗址、古墓葬、偷盗文物及故意拆除、破坏地面文物的；

（二）在工程建设施工或移民搬迁中发现文物隐匿不报，或不听劝阻，强行施工造成文物损坏或丢失的；

（三）工作中严重失职，给文物造成较大损失的；

（四）贪污、挪用南水北调工程文物保护专项经费的。

第十九条 南水北调地方配套工程涉及的文物保护工作由省级文物行政部门参照此办法制订相关管理办法。

第二十条 本办法由国家文物局和国务院南水北调办负责解释。

第二十一条 本办法自公布之日起施行。

国家文物局 国务院南水北调办公室关于印发《南水北调工程建设文物保护资金管理办法》的通知

文物保发〔2008〕10号

各有关单位：

为规范南水北调工程建设文物保护资金管理，提高资金使用效率，确保南水北调工程建设中文物得到有效的保护，根据《南水北调工程建设征地补偿和移民安置资金管理办法》和相关法规，国家文物局和国务院南水北调办联合制订了《南水北调工程建设文物保护资金管理办法》。

现将该办法印发给你们，请在今后的工作中认真贯彻执行。

二〇〇八年二月十三日

南水北调工程建设文物保护资金管理办法

第一条 为规范南水北调工程建设文物保护资金管理，提高资金使用效率，确保南水北调工程建设中文物得到有效保护，根据《南水北调工程建设征地补偿和移民安置资金管理办法》和相关法规，制定本办法。

第二条 本办法适用于南水北调主体工程建设征地补偿和移民安置资金中用于文物保护方面资金的使用、管理和监督。

本办法所称文物保护资金是指国家批复的南水北调工程文物保护投资。

第三条 文物保护资金管理遵循责权统一、计划管理、专款专用、包干使用的原则。

第四条 省级文物行政部门是南水北调工程文物保护资金管理的责任主体。

第五条 文物保护资金实行包干使用，由省级征地移民主管部门与省级文物行政部门签订文物保护投资包干协议。

第六条 文物保护投资包干协议包括以下内容：

（一）文物保护任务的具体内容；

（二）文物保护工作的进度要求；

（三）文物保护资金包干额度和费用组成；

（四）文物保护资金拨（支）付方式；

（五）双方的责任、权利和义务。

第七条 文物保护项目实施中，在不突破包干资金的前提下，确因项目变更需调整资金的，由省级文物行政部门会同省级征地移民主管部门审批后实施，并报项目法人、国务院南水北调办公室和国家文物局备案。

第八条 文物保护资金中实施管理费、监理费、技术培训费等间接费，在国家批复概算范围内，由省级文物行政部门根据文物保护投资包干协议确定的工作内容及有关单位参与文物保护工作的职责和工作量合理安排。

第九条 文物保护资金中预备费及不可预见费的50%按照年度投资计划匹配下达，由省级文物行政部门负责使用和管理；其余50%的使用由省级文物行政部门提出申请，报省级征地移民主管部门，省级征地移民主管部门会同项目法人核定后，由项目法人报国务院南水北调办公室审批。

第十条 各省（市）全部完成本辖区内南水北调工程建设文物保护任务后，包干结余资金应用于南水北调工程文物保护后续工作。南水北调工程文物保护后续工作项目，经项目法人报国务院南水北调办公室和国家文物局核备后，由省级文物行政部门会同省级移民主管部门审批。

第十一条 对于工程建设中新发现的文物点，其所需的文物保护资金在项目资金结余或文物保护预备费（含不可预见费）中解决。

第十二条 年度文物保护投资计划纳入年度征地移民投资计划管理。项目法人和省级征地移民主管部门、各级文物行政部门应及时拨付资金。

第十三条 各级文物行政部门、各文物保护项目承担单位应按照财政部《南水北调工程征地移民资金会计核算办法》中的规定，加强文物保护资金的财务管理，设立专门的财务管理机构或配备会计人员，建立完善的财务内控制度，加强会计核算，对文物保护资金实行专用账户管理。

第十四条 各级文物行政部门、各文物项目承担单位应确保文物保护资金专项用于保护南水北调工程文物保护工作，任何部门、单位和个人不得截留、挤占、挪用文物保护资金。不得超标准、超规模使用文物保护资金。

第十五条 省级文物行政部门应当加强内部审计和检查，定期向本级人民政府、省级征地移民主管部门和项目法人报告文物保护资金使用情况。

项目法人、省级征地移民主管部门应对文物保护资金使用和管理等进行监督检查。

第十六条 文物保护资金到位及使用情况应接受审计、监察、财政等部门依法进行的审计、检查、监察和监督，并按要求及时提供有关资料。

第十七条 对审计、检查和监督中发现的问题，责任单位应及时整改。违反本办法规定，截留、挤占、挪用文物保护资金的单位，应依法给予行政处罚；对直接负责的主管领导和责任人，应依据相关法律、法规和规章追究其法律责任，构成犯罪的，移交司法机关追究刑事责任。

第十八条 省级文物行政部门应依据本办法制定文物保护资金管理办法实施细则，并报国家文物局和国务院南水北调办公室备案。

第十九条 本办法由国家文物局、国务院南水北调办公室负责解释。

第二十条 本办法自颁发之日起施行。

中华人民共和国国务院令

第524号

《历史文化名城名镇名村保护条例》已经2008年4月2日国务院第3次常务会议通过，现予公布，自2008年7月1日起施行。

总理 温家宝

二〇〇八年四月二十二日

历史文化名城名镇名村保护条例

第一章　总　则

第一条　为了加强历史文化名城、名镇、名村的保护与管理，继承中华民族优秀历史文化遗产，制定本条例。

第二条　历史文化名城、名镇、名村的申报、批准、规划、保护，适用本条例。

第三条　历史文化名城、名镇、名村的保护应当遵循科学规划、严格保护的原则，保持和延续其传统格局和历史风貌，维护历史文化遗产的真实性和完整性，继承和弘扬中华民族优秀传统文化，正确处理经济社会发展和历史文化遗产保护的关系。

第四条　国家对历史文化名城、名镇、名村的保护给予必要的资金支持。

历史文化名城、名镇、名村所在地的县级以上地方人民政府，根据本地实际情况安排保护资金，列入本级财政预算。

国家鼓励企业、事业单位、社会团体和个人参与历史文化名城、名镇、名村的保护。

第五条　国务院建设主管部门会同国务院文物主管部门负责全国历史文化名城、名镇、名村的保护和监督管理工作。

地方各级人民政府负责本行政区域历史文化名城、名镇、名村的保护和监督管理工作。

第六条　县级以上人民政府及其有关部门对在历史文化名城、名镇、名村保护工作中做出突出贡献的单位和个人，按照国家有关规定给予表彰和奖励。

第二章　申报与批准

第七条　具备下列条件的城市、镇、村庄，可以申报历史文化名城、名镇、名村：

（一）保存文物特别丰富；

（二）历史建筑集中成片；

（三）保留着传统格局和历史风貌；

（四）历史上曾经作为政治、经济、文化、交通中心或者军事要地，或者发生过重要历史事件，或者其传统产业、历史上建设的重大工程对本地区的发展产生过重要影响，或者能够集中反映本地区建筑的文化特色、民族特色。

申报历史文化名城的，在所申报的历史文化名城保护范围内还应当有2个以上的历史文化街区。

第八条　申报历史文化名城、名镇、名村，应当提交所申报的历史文化名城、名镇、名村的下列材料：

（一）历史沿革、地方特色和历史文化价值的说明；

（二）传统格局和历史风貌的现状；

（三）保护范围；

（四）不可移动文物、历史建筑、历史文化街区的清单；

（五）保护工作情况、保护目标和保护要求。

第九条　申报历史文化名城，由省、自治区、直辖市人民政府提出申请，经国务院建设主管部门会同国务院文物主管部门组织有关部门、专家进行论证，提出审查意见，报国务院批准公布。

申报历史文化名镇、名村，由所在地县级人民政府提出申请，经省、自治区、直辖市人民政府确定的保护主管部门会同同级文物主管部门组织有关部门、专家进行论证，提出审查意见，报省、自治区、直辖市人民政府批准公布。

第十条　对符合本条例第七条规定的条件而没有申报历史文化名城的城市，国务院建设主管部门会同国务院文物主管部门可以向该城市所在地的省、自治区人民政府提出申报建议；仍不申报的，可以直接向国务院提出确定该城市为历史文化名城的建议。

对符合本条例第七条规定的条件而没有申报历史文化名镇、名村的镇、村庄，省、自治区、直辖市人民政府确定的保护主管部门会同同级文物主管部门可以向该镇、村庄所在地的县级人民政府提出申报建议；仍不申报的，可以直接向省、自治区、直辖市人民政府提出确定该镇、村庄为历史文化名镇、名村的建议。

第十一条 国务院建设主管部门会同国务院文物主管部门可以在已批准公布的历史文化名镇、名村中，严格按照国家有关评价标准，选择具有重大历史、艺术、科学价值的历史文化名镇、名村，经专家论证，确定为中国历史文化名镇、名村。

第十二条 已批准公布的历史文化名城、名镇、名村，因保护不力使其历史文化价值受到严重影响的，批准机关应当将其列入濒危名单，予以公布，并责成所在地城市、县人民政府限期采取补救措施，防止情况继续恶化，并完善保护制度，加强保护工作。

第三章　保护规划

第十三条 历史文化名城批准公布后，历史文化名城人民政府应当组织编制历史文化名城保护规划。

历史文化名镇、名村批准公布后，所在地县级人民政府应当组织编制历史文化名镇、名村保护规划。

保护规划应当自历史文化名城、名镇、名村批准公布之日起1年内编制完成。

第十四条 保护规划应当包括下列内容：

（一）保护原则、保护内容和保护范围；

（二）保护措施、开发强度和建设控制要求；

（三）传统格局和历史风貌保护要求；

（四）历史文化街区、名镇、名村的核心保护范围和建设控制地带；

（五）保护规划分期实施方案。

第十五条 历史文化名城、名镇保护规划的规划期限应当与城市、镇总体规划的规划期限相一致；历史文化名村保护规划的规划期限应当与村庄规划的规划期限相一致。

第十六条 保护规划报送审批前，保护规划的组织编制机关应当广泛征求有关部门、专家和公众的意见；必要时，可以举行听证。

保护规划报送审批文件中应当附具意见采纳情况及理由；经听证的，还应当附具听证笔录。

第十七条 保护规划由省、自治区、直辖市人民政府审批。

保护规划的组织编制机关应当将经依法批准的历史文化名城保护规划和中国历史文化名镇、名村保护规划，报国务院建设主管部门和国务院文物主管部门备案。

第十八条 保护规划的组织编制机关应当及时公布经依法批准的保护规划。

第十九条 经依法批准的保护规划，不得擅自修改；确需修改的，保护规划的组织编制机关应当向原审批机关提出专题报告，经同意后，方可编制修改方案。修改后的保护规划，应当按照原审批程序报送审批。

第二十条 国务院建设主管部门会同国务院文物主管部门应当加强对保护规划实施情况的监督检查。

县级以上地方人民政府应当加强对本行政区域保护规划实施情况的监督检查，并对历史文化名城、名镇、名村保护状况进行评估；对发现的问题，应当及时纠正、处理。

第四章　保护措施

第二十一条 历史文化名城、名镇、名村应当整体保护，保持传统格局、历史风貌和空间尺度，不得改变与其相互依存的自然景观和环境。

第二十二条 历史文化名城、名镇、名村所在地县级以上地方人民政府应当根据当地经济社会发展水平，按照保护规划，控制历史文化名城、名镇、名村的人口数量，改善历史文化名城、名镇、名村的基础设施、公共服务设施和居住环境。

第二十三条 在历史文化名城、名镇、名村保护范围内从事建设活动，应当符合保护规划的要求，不得损害历史文化遗产的真实性和完整性，不得对其传统格局和历史风貌构成破坏性影响。

第二十四条 在历史文化名城、名镇、名村保护范围内禁止进行下列活动：

（一）开山、采石、开矿等破坏传统格局和历史风貌的活动；

（二）占用保护规划确定保留的园林绿地、河湖水系、道路等；

（三）修建生产、储存爆炸性、易燃性、放射性、毒害性、腐蚀性物品的工厂、仓库等；

（四）在历史建筑上刻划、涂污。

第二十五条 在历史文化名城、名镇、名村保护范围内进行下列活动，应当保护其传统格局、历史风貌和历史建筑；制订保护方案，经城市、县人民政府城乡规划主管部门会同同级文物主管部门批准，并依照有关法律、法规的规定办理相关手续：

（一）改变园林绿地、河湖水系等自然状态的活动；

（二）在核心保护范围内进行影视摄制、举办大型群众性活动；

（三）其他影响传统格局、历史风貌或者历史建筑的活动。

第二十六条 历史文化街区、名镇、名村建设控制地带内的新建建筑物、构筑物，应当符合保护规划确定的建设控制要求。

第二十七条 对历史文化街区、名镇、名村核心保护范围内的建筑物、构筑物，应当区分不同情况，采取相应措施，实行分类保护。

历史文化街区、名镇、名村核心保护范围内的历史建筑，应当保持原有的高度、体量、外观形象及色彩等。

第二十八条 在历史文化街区、名镇、名村核心保护范围内，不得进行新建、扩建活动。但是，新建、扩建必要的基础设施和公共服务设施除外。

在历史文化街区、名镇、名村核心保护范围内，新建、扩建必要的基础设施和公共服务设施的，城市、县人民政府城乡规划主管部门核发建设工程规划许可证、乡村建设规划许可证前，应当征求同级文物主管部门的意见。

在历史文化街区、名镇、名村核心保护范围内，拆除历史建筑以外的建筑物、构筑物或者其他设施的，应当经城市、县人民政府城乡规划主管部门会同同级文物主管部门批准。

第二十九条 审批本条例第二十八条规定的建设活动，审批机关应当组织专家论证，并将审批事项予以公示，征求公众意见，告知利害关系人有要求举行听证的权利。公示时间不得少于20日。

利害关系人要求听证的，应当在公示期间提出，审批机关应当在公示期满后及时举行听证。

第三十条 城市、县人民政府应当在历史文化街区、名镇、名村核心保护范围的主要出入口设置标志牌。

任何单位和个人不得擅自设置、移动、涂改或者损毁标志牌。

第三十一条 历史文化街区、名镇、名村核心保护范围内的消防设施、消防通道，应当按照有关的消防技术标准和规范设置。确因历史文化街区、名镇、名村的保护需要，无法按照标准和规范设置的，由城市、县人民政府公安机关消防机构会同同级城乡规划主管部门制订相应的防火安全保障方案。

第三十二条 城市、县人民政府应当对历史建筑设置保护标志，建立历史建筑档案。

历史建筑档案应当包括下列内容：

（一）建筑艺术特征、历史特征、建设年代及稀有程度；

（二）建筑的有关技术资料；

（三）建筑的使用现状和权属变化情况；

（四）建筑的修缮、装饰装修过程中形成的文字、图纸、图片、影像等资料；

（五）建筑的测绘信息记录和相关资料。

第三十三条 历史建筑的所有权人应当按照保护规划的要求，负责历史建筑的维护和修缮。

县级以上地方人民政府可以从保护资金中对历史建筑的维护和修缮给予补助。

历史建筑有损毁危险，所有权人不具备维护和修缮能力的，当地人民政府应当采取措施进行保护。

任何单位或者个人不得损坏或者擅自迁移、拆除历史建筑。

第三十四条 建设工程选址，应当尽可能避开历史建筑；因特殊情况不能避开的，应当尽可能实施原址保护。

对历史建筑实施原址保护的，建设单位应当事先确定保护措施，报城市、县人民政府城乡规划主管部门会同同级文物主管部门批准。

因公共利益需要进行建设活动，对历史建筑无法实施原址保护、必须迁移异地保护或者拆除的，应当由城市、县人民政府城乡规划主管部门会同同级文物主管部门，报省、自治区、直辖市人民政府确定的保护主管部门会同同级文物主管部门批准。

本条规定的历史建筑原址保护、迁移、拆除所需费用，由建设单位列入建设工程预算。

第三十五条 对历史建筑进行外部修缮装饰、添加设施以及改变历史建筑的结构或者使用性质的，应当经城市、县人民政府城乡规划主管部门会同同级文物主管部门批准，并依照有关法律、法规的规定办理相关手续。

第三十六条 在历史文化名城、名镇、名村保护范围内涉及文物保护的，应当执行文物保护法律、法规的规定。

第五章　法律责任

第三十七条 违反本条例规定，国务院建设主管部门、国务院文物主管部门和县级以上地方人民政府及其有关主管部门的工作人员，不履行监督管理职责，发现违法行为不予查处或者有其他滥用职权、玩忽职守、徇私舞弊行为，构成犯罪的，依法追究刑事责任；尚不构成犯罪的，依法给予处分。

第三十八条 违反本条例规定，地方人民政府有下列行为之一的，由上级人民政府责令改正，对直接负责的主管人员和其他直接责任人员，依法给予处分：

（一）未组织编制保护规划的；

（二）未按照法定程序组织编制保护规划的；

（三）擅自修改保护规划的；

（四）未将批准的保护规划予以公布的。

第三十九条 违反本条例规定，省、自治区、直辖市人民政府确定的保护主管部门或者城市、县人民政府城乡规划主管部门，未按照保护规划的要求或者未按照法定程序履行本条例第二十五条、第二十八条、第三十四条、第三十五条规定的审批职责的，由本级人民政府或者上级人民政府有关部门责令改正，通报批评；对直接负责的主管人员和其他直接责任人员，依法给予处分。

第四十条 违反本条例规定，城市、县人民政府因保护不力，导致已批准公布的历史文化名城、名镇、名村被列入濒危名单的，由上级人民政府通报批评；对直接负责的主管人员和其他直接责任人员，依法给予处分。

第四十一条 违反本条例规定，在历史文化名城、名镇、名村保护范围内有下列行为之一的，由城市、县人民政府城乡规划主管部门责令停止违法行为、限期恢复原状或者采取其他补救措施；有违法所得的，没收违法所得；逾期不恢复原状或者不采取其他补救措施的，城乡规划主管部门可以指定有能力的单位代为恢复原状或者采取其他补救措施，所需费用由违法者承担；造成严重后果的，对单位并处50万元以上100万元以下的罚款，对个人并处5万元以上10万元以下的罚款；造成损失的，依法承担赔偿责任：

（一）开山、采石、开矿等破坏传统格局和历史风貌的；

（二）占用保护规划确定保留的园林绿地、河湖水系、道路等的；

（三）修建生产、储存爆炸性、易燃性、放射性、毒害性、腐蚀性物品的工厂、仓库等的。

第四十二条 违反本条例规定，在历史建筑上刻划、涂污的，由城市、县人民政府城乡规划主管部门责令恢复原状或者采取其他补救措施，处50元的罚款。

第四十三条 违反本条例规定，未经城乡规划主管部门会同同级文物主管部门批准，有下列行为之一的，由城市、县人民政府城乡规划主管部门责令停止违法行为、限期恢复原状或者采取其他补救措施；有违法所得的，没收违法所得；逾期不恢复原状或者不采取其他补救措施的，城乡规划主管部门可以指定有能力的单位代为恢复原状或者采取其他补救措施，所需费用由违法者承担；造成严重后果的，对单位并处5万元以上10万元以下的罚款，对个人并处1万元以上5万元以下的罚款；造成损失的，依法承担赔偿责任：

（一）改变园林绿地、河湖水系等自然状态的；

（二）进行影视摄制、举办大型群众性活动的；

（三）拆除历史建筑以外的建筑物、构筑物或者其他设施的；

（四）对历史建筑进行外部修缮装饰、添加设施以及改变历史建筑的结构或者使用性质的；

（五）其他影响传统格局、历史风貌或者历史建筑的。

有关单位或者个人经批准进行上述活动，但是在活动过程中对传统格局、历史风貌或者历史建筑构成破坏性影响的，依照本条第一款规定予以处罚。

第四十四条 违反本条例规定，损坏或者擅自迁移、拆除历史建筑的，由城市、县人民政府城乡规划主管部门责令停止违法行为、限期恢复原状或者采取其他补救措施；有违法所得的，没收违法所得；逾期不恢复原状或者不采取其他补救措施的，城乡规划主管部门可以指定有能力的单位代为恢复原状或者采取其他补救措施，所需费用由违法者承担；造成严重后果的，对单位并处20万元以上50万元以下的罚款，对个人并处10万元以上20万元以下的罚款；造成损失的，依法承担赔偿责任。

第四十五条 违反本条例规定，擅自设置、移动、涂改或者损毁历史文化街区、名镇、名村标志牌的，由城市、县人民政府城乡规划主管部门责令限期改正；逾期不改正的，对单位处1万元以上5万元以下的罚款，对个人处1000元以上1万元以下的罚款。

第四十六条 违反本条例规定，对历史文化名城、名镇、名村中的文物造成损毁的，依照文物保护法律、法规的规定给予处罚；构成犯罪的，依法追究刑事责任。

第六章　附　则

第四十七条 本条例下列用语的含义：

（一）历史建筑，是指经城市、县人民政府确定公布的具有一定保护价值，能够反映历史风貌和地方特色，未公布为文物保护单位，也未登记为不可移动文物的建筑物、构筑物。

（二）历史文化街区，是指经省、自治区、直辖市人民政府核定公布的保存文物特别丰富、历史建筑集中成片、能够较完整和真实地体现传统格局和历史风貌，并具有一定规模的区域。

历史文化街区保护的具体实施办法，由国务院建设主管部门会同国务院文物主管部门制定。

第四十八条 本条例自2008年7月1日起施行。

关于印发《国家文物局社会组织管理暂行办法》的通知

文物人发〔2008〕49号

各省、自治区、直辖市文物局（文化厅、局）、文管会，各直属单位，各文博社会组织：

为促进以国家文物局为业务主管（指导）单位的文博社会组织的健康发展，根据《社会团体登记管理条例》、《基金会管理条例》等社会组织有关法律法规，我局对《国家文物局社会团体管理暂行办法》进行了修订，现将《国家文物局社会组织管理暂行办法》印发给你们，请认真遵照执行。

专此通知。

国家文物局

二○○八年七月二十一日

国家文物局社会组织管理暂行办法

第一章　总　则

第一条　为了加强对以国家文物局为业务主管（指导）单位的文博社会组织（以下简称文博社会组织）的管理，促进文博社会组织健康发展，根据《社会团体登记管理条例》、《基金会管理条例》等法律和行政法规，制定本办法。

第二条　本办法所称文博社会组织，是指以国家文物局为业务主管（指导）单位的社会团体、基金会和民办非企业单位。

第三条　民政部是社会组织的登记管理机关。本办法只对文博社会组织管理中由国家文物局管辖的事项进行规范，其他事项，依照民政部的有关规定执行。法律、行政法规对社会组织的监督管理另有规定的，按其规定执行。

第四条　国家文物局人事部门负责对文博社会组织的日常监督和指导。

第五条　国家文物局财务、审计部门负责对文博社会组织的财务监督工作。

第六条　文博社会组织党的建设工作由国家文物局直属机关党委或该文博社会组织的挂靠单位党组织指导。

第二章　成立登记

第七条　申请成立文博社会组织，除具备民政部规定的条件外，还应当具备下列条件：

（一）以促进文化遗产事业的发展为宗旨，符合文化遗产保护工作需要，符合社会组织布局结构要求；

（二）由文博企业、事业单位或在文博界有较高知名度的、具有行为能力的个人自愿发起；

（三）属于国家文物局主管的业务范围，有规范的名称、组织机构、固定的办公场所和相应的专职工作人员，有独立承担民事责任的能力。

第八条　申请成立文博社会组织，申请人应当向国家文物局提交下列文件：

（一）申请书；

（二）章程草案；

（三）场所使用权证明；

（四）申请人和拟任负责人的基本情况、身份证明。

第九条　国家文物局应当自收到本办法第八条所列全部有效文件之日起20个工

作日内，做出同意或者不同意的决定。经审查同意的，出具同意文件；不同意的，应当书面说明理由。

第十条 新成立的文博社会组织应当在登记后20个工作日内到国家文物局备案。

第十一条 未经登记的不得以社会组织名义进行活动。

第三章 变更登记、注销登记

第十二条 文博社会组织变更下列事项，应当报国家文物局审查同意后，向登记管理机关申请变更登记：

（一）名称；

（二）业务范围；

（三）业务主管单位；

（四）秘书长以上领导人员；

（五）办公场所；

（六）注册资金；

（七）分支机构、代表机构的名称、业务范围、主要负责人、活动地域、办公场所。

第十三条 文博社会组织有下列情形之一的，应当报国家文物局审查同意后，向登记管理机关申请注销登记：

（一）完成或改变社会组织章程规定的宗旨的；

（二）分立、合并或自行解散的；

（三）由于其他原因终止的。

第十四条 文博社会组织在办理注销登记前，应当在国家文物局及其他有关机关的指导下，成立清算组织，完成清算工作。

第十五条 文博社会组织成立后拟设立分支机构、代表机构的，应当经国家文物局审查同意后，向登记管理机关提交有关分支机构、代表机构的名称、业务范围、办公场所和主要负责人情况等文件，申请登记。

第四章 组织机构

第十六条 文博社会组织法定代表人一般由会长（理事长）担任。如因特殊情况需要副会长（副理事长）或秘书长担任法定代表人的，应当报国家文物局审查，并经社会组织登记管理机关同意。

第十七条 文博社会组织法定代表人、秘书长原则上应由文博系统内的工作人员（包括离退休人员）担任。

第十八条 秘书长以上负责人（不含名誉职务）应身体健康，能坚持正常工作，任期一般不超过两届，年龄一般不超过70周岁。

秘书长以上负责人人选依据文博社会组织章程规定的程序，由理事会选举产生，经国家文物局审查同意后，到登记管理机关办理登记事宜。

第五章 监督管理

第十九条 文博社会组织经费原则上自筹。

第二十条 文博社会组织活动涉及下列重大事项的，应当在活动开展至少20个工作日之前将活动时间、地点、内容、参加人员、范围、组织机构、活动负责人及经费筹集使用等情况报国家文物局备案，经备案后方可开展活动：

（一）召开会员大会或会员代表大会，召开换届改选会议；

（二）涉及常务理事会成员和秘书长以上人员的变更；

（三）举办涉及与外国政府或非政府组织合作、签订协议等事项的重要外事活动，或涉及港澳台地区的重要活动；

（四）开展全国性的或跨地区的论坛、评比、达标、表彰等具有重大社会影响的活动；

（五）其他重要事项。

文博社会组织不得冠以国家文物局的名义开展活动。

第二十一条 国家文物局应当自收到关于本办法第二十条所列事项的有效备案文件之日起20个工作日内，反馈同意或者不同意的意见。超过20个工作日未表明意见的，视为同意。

第二十二条 文博社会组织应当及时提交年度检查有关材料，经国家文物局审查同意后，报社会组织登记管理机关，接受年度检查。

第二十三条 对运行规范并产生良好影响的文博社会组织，国家文物局通过适当形式予以表彰。

第二十四条 文博社会组织违反《社会团体登记管理条例》、《基金会管理条例》等社会组织有关法律、行政法规以及本办法有关规定的，由国家文物局进行通报批评，或提请登记管理机关依法予以处罚。

第六章 附 则

第二十五条 本办法由国家文物局负责解释。

第二十六条 本办法自发布之日起施行。2000 年 10 月 8 日发布的《国家文物局社会团体管理暂行办法》同时废止。

重要通知、函件及决定

国家文物局关于取消和调整部分行政审批项目的通知

文物政发〔2008〕1 号

各省、自治区、直辖市文物局（文化厅、文管会），局机关各部门：

根据《全国人民代表大会常务委员会关于修改〈中华人民共和国文物保护法〉的决定》（中华人民共和国主席令第 84 号）和《国务院关于第四批取消和调整行政审批项目的决定》（国发〔2007〕33 号）的要求，国家文物局自 2008 年 2 月 1 日起取消和调整以下行政审批项目：

一、取消“在古建筑内安装电器设备审批”项目。

二、取消“在古建筑内设置生产用火审批”项目。

三、调整“省级以下文物保护单位和其他不可移动文物的原址重建审批”项目，下放由省、自治区、直辖市文物行政主管部门负责管理和实施。

四、调整“国有省级文物保护单位改变用途审批”项目，下放由省、自治区、直辖市文物行政主管部门负责管理和实施。

五、调整“文物商店设立审批”项目，下放由省、自治区、直辖市文物行政主管部门负责管理和实施。

六、调整“馆藏一级文物拍摄审批”项目，下放由省、自治区、直辖市文物行政主管部门负责管理和实施。该项目不包括境外机构和团体拍摄馆藏一级文物的审批。

七、调整“全国重点文物保护单位拍摄审批”项目，下放由省、自治区、直辖市文物行政主管部门负责管理和实施。该项目不包括境外机构和团体拍摄全国重点文物保护单位的审批。

八、调整“制作考古发掘现场专题类直播类节目审批”项目，下放由省、自治区、直辖市文物行政主管部门负责管理和实施。该项目不包括境外机构和团体制作考古发掘现场专题类直播类节目的审批。

九、调整“国有文物收藏单位之间借用馆藏一级文物审批”项目，下放由省、自治区、直辖市文物行政主管部门负责管理和实施。该项目在批准时应报国家文物局备案。

请各省、自治区、直辖市文物行政主管部门依照《中华人民共和国行政许可法》的规定，管理和实施上述调整的行政审批项目，公示项目的事项名称、依据、审批程序、审批期限、申请人需要提交的材料目录等内容，认真履行好行政审批职能。国家文物局将积极与省级文物行政主管部门协调，做好取消和调整行政审批项目的落实和衔接工作，切实加强后续监管，保证文物的安全。“在古建筑内安装电器设备审批”和“在古建筑内设置生产用火审批”两项行政审批项目取消后，各级文物行政主管部门要依据《古建筑消防管理规则》的要求，切实加强古建筑消防管理工作，确保古建筑安全。国家文物局负责管理和实施的其他行政审批项目不变。

请各省、自治区、直辖市文物行政主管部门依法对行政审批项目实行动态管理，加强对行政审批权的监督制约，努力在规范审批行为、创新审批方式、完善配套制度、建立长效机制等方面取得新的进展。国家文物局也将修订和建议修订有关制度，保障行政审批制度改革工作顺利进行。

特此通知。

二〇〇八年一月十日

中共中央宣传部、财政部、文化部、国家文物局关于全国博物馆、纪念馆免费开放的通知

中宣发〔2008〕2号

各省、自治区、直辖市党委宣传部，财政部(局)，文化厅（局)，文物局（文管会)：

为贯彻落实党的十七大精神，充分发挥博物馆、纪念馆宣传和传播先进文化的重要作用，加强公共文化服务体系建设和公民思想道德建设，现就全国博物馆、纪念馆向社会免费开放有关事宜通知如下：

一、博物馆、纪念馆免费开放的重要意义

博物馆、纪念馆是陈列、展示、宣传人类文化和自然遗存的重要场所，是国民教育体系的重要组成部分。博物馆、纪念馆向全社会免费开放是党的十七大关于社会主义文化大发展大繁荣的具体实践，是加强社会主义核心价值体系建设和公民思想道德建设的有效手段，是进一步提高政府为全社会提供公共文化服务水平的重要举措，是实现和保障人民群众基本文化权益的积极行动。博物馆、纪念馆免费开放符合世界文物展示业的发展趋势，有利于完善我国现代国民教育体系和履行教育功能，有利于发挥博物馆和纪念馆作为公益性文化机构的社会价值，有利于加强国际文化交流和中华民族优秀文化的宣传推广。各地区、各有关部门要统一思想，提高认识积极行动，切实把免费开放工作做实、做细、做好，为公众提供更多、更好的公共文化产品和服务。

二、博物馆、纪念馆免费开放的实施范围和步骤

（一）实施范围

全国各级文化文物部门归口管理的公共博物馆、纪念馆，全国爱国主义教育示范基地全部免费开放。其中，文物建筑及遗址类博物馆暂不实行全部免费开放，继续对未成年人、老年人、现役军人、残疾人和低收入人群等特殊群体实行减免门票等优惠政策。博物馆、纪念馆按照市场化运作举办的特别（临时）展览，可根据实际情况确定门票价格。

（二）实施步骤

2008 年，中央级文化文物部门归口管理的博物馆全部向社会免费开放；各省级综合博物馆全部向社会免费开放；各级宣传和文化文物部门归口管理的列入全国爱国主义教育示范基地的博物馆、纪念馆全部向社会免费开放；浙江、福建、湖北、江西、安徽、甘肃和新疆等七省（区）文化文物系统归口管理的省、市、县级博物馆全部向社会免费开放。鼓励有条件的省（区、市）探索全面实行免费开放。

2009 年，除文物建筑及遗址类博物馆外，全国各级文化文物部门归口管理的公共博物馆、纪念馆，全面爱国主义教育示范基地全部向社会免费开放。鼓励暂不能完全免费开放的博物馆、纪念馆实行低票价政策，继续对未成年人、老年人、现役军人、残疾人等社会群体实行免费或优惠参观，并向社会承诺定期免费日，制定灵活多样的门票制度，如家庭套票、特定时段票等，吸引公众走进博物馆和纪念馆。

三、博物馆、纪念馆免费开放的保障机制

要以博物馆、纪念馆免费开放的契机，实现“三个结合”：一是与文化体制改革中公益类文化事业单位改革要求相结合，进一步加大博物馆经费保障力度；二是与构建公共财政体制相结合，进一步完善财政投入方式，激励博物馆提高报务能力和服务质量；三是与博物馆运行规律相结合，推进我国博物馆机制改革和管理创新。

（一）各级财政部门应将博物馆、纪念馆免费开放相关经费纳入财政预算，切实予以保障。中央财政设立专项资金，重点补助地方博物馆免费开放所需资金，鼓励改善陈列布展和举办临时展览，支持重点博物馆提升服务能力，对实行低票价的博物馆和自行实行免费并取得良好效果的省份给予奖励。其中，博物馆、纪念馆免费开放单位门票收入减少部分全部由中央财政负担；运转经费增量部分由中央财政分别按照东部 20%、中部 60% 和西部 80% 的比例进行补助。

地方财政部门要承担相应职责，保障当地博物馆、纪念馆免费或优惠开放的资金投入。要统筹使用中央和地方财政资金，落实配套设施建设和设备更新经费，落实增强接待能力、增设服务项目、改进服务手段所需资金，落实人员培训经费及增加业务时间和业务强度的必要补助，保证博物馆正常、高效运转。

（二）要研究制定博物馆、纪念馆文化产品经营收入税收优惠政策，促进其依托文物藏品、陈列展示推出各类文化产品，拓展和延伸文化传播功能。鼓励社会力量对博物馆、纪念馆进行捐赠，拓宽博物馆经费来源渠道。

（三）按照文化遗产保护和传播的重要程度科学界定博物馆等级，将部分地方所属的代表中华民族历史文明的重点博物馆确定为国家级博物馆，由中央政府承担更多的投入和管理责任。省级和省级以下博物馆也要参照此原则，进行科学分级，加强资源整合。市级和县级应重点发展特色博物馆，避免重复投资。

四、博物馆、纪念馆免费开放的工作要求

（一）改善管理和服务，努力满足观众需求。各有关博物馆要积极借鉴已经免费开放博物馆的经验，切实做好免费开放的前期准备。充分考虑免费开放后观众量短时间内急剧增加，对博物馆、纪念馆的管

理、运行造成的巨大压力，科学地测算确定博物馆的接待能力，建立每日参观人数总量控制和疏导制度。健全开放服务管理制度，制定突发事件的应急预案，完善应急处理机制。加强媒体宣传，并在博物馆、纪念馆显著位置公示免费开放管理办法、服务项目、开放时间、文明参观须知等制度措施，方便公众了解和监督，引导观众有序、文明参观。同时要努力改善文物安全保护和观众服务设施条件，增加安全、保洁、讲解咨询等服务人员，强化内部管理，加强安全防范，切实保证免费开放的安全、规范、有序。

（二）坚持以人为本，提高展示传播水平。各有关博物馆、纪念馆应把贴近实际、贴近生活、贴近群众作为不懈的追求，准确把握免费开放后观众及其精神文化需求呈现出多层次、多方面、多样式的特点，在展示传播的内容上，形式上更加积极探索和大胆创新，成为文化教育和传播中心，成为公众流连忘返的文化园地。将专业性、学术性和知识性、趣味性、观赏性有机结合，不断创造新的文化样式，实现题材、品种、风格和载体的极大丰富，使陈列展览更具吸引力、感染力，打造公众喜闻乐见的文化品牌。要充分发挥博物馆、纪念馆社会教育功能，积极推进博物馆进校园、进社区和建设数字博物馆，不断拓展服务领域、方式和手段，提供更加人性化的服务设施和服务项目，努力强化文化的感染力和辐射力。

（三）改革创新，增加博物馆、纪念馆活力。各有关博物馆、纪念馆要以免费开放为契机，认真研究和把握博物馆运行规律，按照国家关于文化事业体制改革的要求和部署，加强体制和机制创新。以深化人事制度改革为突破口，优化内部组织结构，整合内部资源，转变运营方式，完善激励机制，提高运行效率。要采取有效措施、创造有利条件，最大限度地动员社会各方面力量支持参与博物馆志愿者队伍的壮大，使之成为支持免费开放工作及博物馆发展的坚定、可信赖的社会力量。

（四）加强管理，切实做好博物馆、纪念馆免费开放的协调、指导工作。要在各级党委、政府的领导下，各级宣传、财政、文化、文物部门要指导、督促各地做好免费开放工作，并对各单位实施情况进行督促检查和考评，对开放中出现的问题和困难及时沟通、协调。各级文物行政部门要发挥行业管理作用，加快完善博物馆、纪念馆管理法律法规和行业标准，建立政府主导、法律规范、社会参与的博物馆管理体系，建立以展示教育、开放服务为核心的评价体系和政府、社会、公众代表相结合的监督体系，开展评估定级和分类指导。

二〇〇八年一月二十三日

国家文物局关于做好雨雪冰冻灾情下文物保护工作的紧急通知

文物办发〔2008〕3号

各省、直辖市、自治区文物局（文化厅、文管会）：

近期我国部分地区出现罕见的低温、雨雪冰冻等极端天气，持续时间长，影响范围大，给受灾地区人民群众的生产生活秩序带来严重影响，也给文物的安全造成严重威胁。

党中央、国务院高度重视抗灾救灾工作并做出明确部署，各有关地区文物部门和广大干部职工要以对国家和人民高度负责的精神，进一步做好思想准备和工作准备，全力投入抗灾救灾，坚决打好这场抗灾救灾的硬仗。现将有关工作通知如下：

一、各有关地区文物部门的领导要加强对抗灾救灾工作的组织领导和必要的现场指挥，启动应急机制，明确工作责任，制订应对灾害天气的应急预案，加强安全检查，特别是要加强重点部位的检查力度，排除隐患。

二、要及时掌握天气预报，重点加强对各级文物保护单位的监测，加强对文保单位和博物馆安防等设备的养护工作，及时清除安防探头的积雪，严密观察积雪、灾害天气对古建筑和博物馆建筑等的影响，制订具有针对性的保护和防范措施。

三、各地博物馆应制订应对低温、雨雪冰冻天气下，保障文物和人员安全的应急预案，完善相关处理机制，及时上报有关情况。组织人员及时清除冰雪，保护博物馆建筑及其周边古树木；设立温馨提示牌，确保室外参观线路的安全和通畅。做好因特殊天气滞留馆内的观众稳定工作，同时要针对老、弱、病、残等社会群体，提供特别服务。

四、应高度重视维修工程和考古发掘工作安全和人身安全，并制定防灾预案。遭受雪灾或冻雨灾害严重地区，应暂停正在进行中的施工或考古工作，同时加强看护，对已经发掘暴露的遗迹应采取妥善的保护措施，已出土文物应移至安全的库房集中保管。对放置在展厅和库房内的易受天气影响的馆藏文物要采取特别的保护措施。

五、加强对文保单位和博物馆职工的安全防范意识教育，完善相关服务设施，加强文物保护单位的安全巡查、值班，及时发现险情，及时排除。对已经发现的险情和采取的措施要及时报告上级主管部门。国家文物局值班电话：010－59881572。

特此通知。

二〇〇八年一月三十日

关于印发《第三次全国文物普查第一阶段工作总结与2008年度工作安排》的通知

文物普查发〔2008〕5号

各省、自治区、直辖市文物局（文化厅、文管会）：

现将《第三次全国文物普查第一阶段工作总结与2008年度工作安排》印发给你们，请按照要求，安排好本地区、本部门2008年度文物普查工作。

特此通知。

国家文物局

二〇〇八年一月三十一日

附件：

1. 第三次全国文物普查第一阶段工作总结与2008年度工作安排

第三次全国文物普查第一阶段工作总结与2008年度工作安排

2007年4月4日,《国务院关于开展第三次全国文物普查的通知》(国发〔2007〕9号)印发,第三次全国文物普查工作正式启动。按照《通知》要求,第三次全国文物普查分三阶段进行,2007年4月至9月为普查第一阶段,主要任务是确定技术标准和规范,开展培训、试点工作;2007年10月至2009年12月为普查第二阶段,主要任务是以县域为单元,实地开展文物调查。《通知》印发以来,各地区、各部门认真落实国务院通知精神,全面推进普查工作,普查第一阶段任务已基本完成。现对第三次全国文物普查第一阶段工作进行总结,并就2008年度工作安排如下:

一、第三次全国文物普查第一阶段工作情况

(一)加强组织领导,广泛开展动员

1. 各级政府建立普查机构

为保证文物普查工作的稳步推进,国务院成立了以陈至立国务委员为组长,各有关部门负责同志为成员的第三次全国文物普查领导小组(以下简称领导小组),办公室设在国家文物局。领导小组和办公室先后召开会议,研究部署和落实第三次全国文物普查的工作方案和技术标准制订、人员培训、经费保障、开展宣传等各项工作。全国31个省(自治区、直辖市)人民政府成立了由政府负责同志担任组长的文物普查领导小组,大部分市、县按要求成立了普查领导小组。其中河北、河南、浙江部分地区将领导小组建到乡镇,形成了省、市、县、乡四级文物普查领导机构,为普查工作的开展创造了便利的条件,保证了普查第二阶段工作的顺利进行。

2. 召开第三次全国文物普查动员会议

2007年9月17日,国务院召开了第三次全国文物普查电视电话会议,对全国文物普查工作进行了动员和部署。各地人民政府积极组织收听收看电视电话会议。全国31个省(自治区、直辖市)都设立了分会场,据统计,全国共设立各级分会场1666个,收听收看的人员达51742人,是全国文物系统历史上动员率最高的一次会议。24个省(自治区、直辖市)随即召开本省的文物普查动员会议,对全省的普查工作进行了安排和部署。多数地区市、县两级相继召开了文物普查动员会。通过层层动员,各级政府和有关部门对开展全国文物普查重要性的认识有了普遍提高,为文物普查工作的顺利开展提供了保障。

3. 领导小组成员单位参与普查工作

民政部、国土资源部、建设部、交通部、水利部、商务部、国家林业局、国家宗教事务局、国家测绘局等领导小组成员单位分别与国家文物局联合,向本系统和地方各级有关部门下发了关于开展文物普查的通知,明确了参与文物普查工作的具体措施和要求。财政部与国家文物局联合发布了《第三次全国文物普查专项经费使用管理办法》,按照统一管理、分级负责、合理安排的原则,明确了中央财政和地方财政各自应承担的经费范围和管理要求。国家测绘局与文物局密切配合,为文物普查工作提供电子地图等测绘成果。商务部组织召开了商务领域文物普查工作座谈会,对商业领域的文物普查工作进行全面部署。浙江省建设厅等七部门分别与省文物局联合下发通知,进一步加强协作,共同部署做好浙江省第三次全国文物普查工作。

(二)夯实基础,狠抓组织实施

1. 制定颁布实施方案及相关标准规范

2007年7月26日,领导小组批准颁布了《第三次全国文物普查实施方案及相关标准规范》。实施方案和标准规范系统地总结了近年来开展的文物基础工作建设以及普查试点、培训工作的经验,广泛征求和吸收了各有关部门和各地文物部门的意见。国家文物局已将文物普查实施方案、标准

规范和涉及的法律法规、文件资料汇编成文物普查手册公开出版。各地区根据《第三次全国文物普查实施方案及相关标准规范》，并结合本地区文物资源实际情况，也相继出台了既符合国家统一要求又体现地域特点的当地文物普查实施方案，进一步增强了普查方案的可操作性。

2. 建立普查管理机制

国家文物局把文物普查作为今后五年全国文物工作的重中之重，通过建立普查督察督导制度、信息报送制度、文物普查专家库等多种方式，建立普查管理机制，督促各地落实普查工作。国家文物局把文物普查作为全国文物行政执法督察的重要内容，由局领导带队对北京、吉林、黑龙江、湖南、湖北、四川、云南、甘肃、青海、西藏等10省（自治区、直辖市）进行了督察。在全国文物法制工作会议期间，国家文物局对天津、吉林、山东、青海、海南五省普查工作进行了专门研究指导。在全国考古工作会议上，国家文物局明确要求全国考古科研机构积极参与普查工作。为了保证普查信息渠道通畅，国家文物局印发了《关于建立第三次全国文物普查工作信息报送制度的通知》，推动建立了国家、省、市、县四级普查工作信息报送体系，及时掌握普查动态。河北、河南、浙江、广东等省认真加强普查机制建设，通过签订责任状、质量控制制度、信息报送制度等多种形式，有效保障了普查工作顺利开展。

3. 组建普查工作队伍

在组织管理层面，各级文物管理部门将普查领导小组办公室落到实处，选调人员，确定场所，明确职责任务。国家文物局组建了“国家文物局第三次全国文物普查办公室”，作为国家文物局文物普查工作的专门办事机构，代表国家文物局组织协调各地文物普查机构开展普查工作。绝大部分省级文物行政管理部门成立了实体化的省级普查办，组织实施本地区普查工作。各地都选调了业务过硬、年富力强的人员，组建文物普查工作队伍。大部分省份按照普查实施方案要求，以县域为单元，依靠业务骨干组织了市级普查队与县级普查组。河北、陕西等省份采取了省直普查队与各市、县普查队分工合作的方式，分层次开展文物调查与复查工作。

4. 全面开展普查培训

2007年5月16日至25日，国家文物局组织对各省级文物部门负责文物普查的专业人员和管理人员100多人进行了培训。各地文物普查机构结合试点工作，开展普查人员培训。对培训合格的学员，颁发国家文物局统一印制的普查员资格证书，实行持证上岗，全国31个省份均开展了省级培训工作，部分区域市、县级培训也已完成。据不完全统计，截至2007年12月底全国参加第三次全国文物普查培训的管理和专业人员达10426名。专家们普遍认为这是一次普及知识、更新观念和提高水平的规模空前的培训，对于管理和业务骨干正在处于新老交替关键阶段的文物行业基层队伍而言，具有承前启后的积极作用。

5. 因地制宜组织普查试点

结合普查培训，各地区因地制宜组织试点工作，在室内教学结束后，选择适合地域，组织学员按照普查实施方案及标准规范要求，实地开展发现、复查文物点的工作。河北省在邯郸市七县区、山西省在万荣县、陕西省在三原与蒲城两县集中普查骨干，开展了以县域为单元的普查试点，邯郸市七县区已新发现文物2364处，万荣县普查文物389处（其中新发现268处），三原县普查文物274处（其中新发现176处），蒲城县普查文物424处（其中新发现258处，记录消失文物38处），取得了非常好的效果。通过普查试点，各地区锻炼了骨干队伍，检验了标准规范，新发现了一批重要文物遗存，同时也在组队形式、普查方法等方面积累了宝贵经验。

（三）严格执行方案，落实各项保障

1. 落实文物普查经费

我国财政施行年度预算制度，2007年各级普查经费普遍属于追加性质，同时中央财政设立的普查专项补助经费2007年不安排东部9省市。在这种情况下，各级政府高度重视，财政文物部门密切配合，按照财政部、国家文物局《第三次全国文物普查专项经费使用管理办法》要求，想方设法落实经费。据不完全统计，2007年度全国文物普查到位经费总数超过1.3亿元，其中中央财政落实6500万元，省级财政落实4080万元，市县级财政落实经费超过2474万元。东部地区的山东、辽宁、浙江和中西部地区的河北、湖南、四川、陕西等省级财政经费到位情况较好，山东、江苏、浙江、河南、云南等省的市、县级经费到位率突出，河南省沁阳县各乡、镇、办事处均拨付了普查经费。福建、安徽等省文物局不等不靠，筹资垫付了培训与设备经费。同时需要指出的是，虽然经过多方努力，仍有部分省份省级普查经费未能按时到位，市县级经费落实情况也不理想，在一定程度上影响了普查进度。

2. 积极应用信息技术

充分运用信息技术，是普查方案的重要要求。国家文物局组织开发了普查系列专用软件，"第三次全国文物普查数据采集专用软件"已通过验收并正式向全国配发，"第三次全国文物普查数据报送专用软件"已完成研发进入试点阶段。国家文物局印发了《第三次全国文物普查数据采集与报送设备配置最低标准》，并在国家测绘局支持下为各地配发了1∶100万比例尺全国范围电子地图。国家文物局开通了"第三次全国文物普查"专网。各地区对普查中信息技术应用给予了充分重视，大部分省区普查设备已到位，采集软件和GPS设备应用成为各地普查培训与试点的重点内容，26个省（自治区、直辖市）建立了普查网站或专栏。信息技术对文物普查的支撑作用日益显现。

3. 掀起普查宣传热潮

经领导小组批准，正式颁布了《第三次全国文物普查宣传工作方案》。各级普查机构按照方案要求，联合广大新闻媒体，结合第三次全国文物普查电视电话会议、文化遗产日等，开展了广泛深入的宣传活动。第三次全国文物普查电视电话会议召开后，新华社、中央电视台等各大媒体均进行了深入报道，人民日报配发了评论员文章，中国政府网进行了现场直播，中央和地方媒体共同掀起了一次宣传高潮。国家文物局策划制作了普查公益广告片，在中国文物报开辟了文物普查专栏，建立了第三次全国文物普查专题网站，启动了"文物普查我参与、文化遗产我珍惜"全民文化遗产认知行动。地方各级普查机构的宣传活动丰富多彩，通过建立普查网站、公布普查热线、普查队员统一着装、悬挂普查宣传横幅、散发普查宣传单、街头图片展览、广播电视访谈等多种方式，全方位宣传文物普查。天津市文物局与天津电视台共同举办"知家乡、爱天津"文化遗产宣传活动，连续播出不可移动文物宣传短片60部；山西省普查办组织媒体赴普查第一线开展"寻踪之旅"采访报道活动，湖南省文物局组织媒体开展了第三次全国文物普查"发现之旅"活动，均引起了较大反响。

4. 吸引各界广泛参与

各级普查机构积极引导社会各界参与文物普查工作。中国华夏文化遗产基金会与国家文物局第三次全国文物普查办公室达成协议，全程赞助普查纸质宣传品印制工作；河南省文物局争取"中原文物保护基金会"资金支持，印制文物普查宣传册页10000份。香港詹益邦先生捐款5万元人民币，专门用于江西省赣州市安远县客家围屋普查工作。西北大学、贵州大学等高等院校与文物部门加强合作，积极参与文物普查。河南省沁阳市吸纳业余文物保护员、退休教师、地方史爱好者、乡土民情爱好者等 300 多名群众成为文物普查志愿者，并邀请志愿者参加了沁阳市第三次全国文物普查培训班，形成了村村有人参与普查的良好氛围。

总的看来，第三次全国文物普查工作进展顺利，河北、河南、浙江、江苏等省已全面转入实地调查阶段，并取得了实效。但是，由于机构、资金、设备以及气候差异等多方面原因，各地区文物普查工作的进展情况很不平衡，部分省份未能按时转段，个别地区机构、人员、经费、设备等未能及时到位，社会关注与参与程度尚显不足，宣传工作有待加强。这些情况，在一定程度上影响了普查工作的整体进度。

二、第三次全国文物普查 2008 年度工作安排

第三次全国文物普查工作已全面转入第二阶段。第二阶段实地文物调查工作是关键，存在普查类别多、地域范围广、环境条件差、工作难度大等诸多困难。各地区、各部门要以高度的责任感和科学严谨的态度，扎扎实实做好这个阶段的工作，严格遵循标准规范，确保数据采集质量，全面摸清我国不可移动文物的基本情况。2008 年重点做好以下工作：

（一）抓紧完成第一阶段扫尾工作

各级普查机构要抓紧时间清理欠账，确保第一季度全部完成辖区内普查第一阶段工作任务扫尾工作，实现机构、人员、资金、设备、培训五到位。县级以上地方各级人民政府尚未建立普查领导小组与工作机构的，应抓紧时间予以落实，确保到 2008 年 3 月县级以上各级政府 100% 建立领导小组与工作机构。届时仍未建立的，将在全国范围公开通报。为保证普查工作的延续性，各级政府应根据换届情况及时调整普查领导小组及其办公室人员，召开领导小组办公会议，研究部署 2008 年度普查工作。

（二）落实联合发文通知内容

国务院十部委分别与国家文物局联合，向本系统和地方各级有关部门下发了关于开展文物普查的通知或管理办法。各级文物部门要主动与相关部门取得联系，加强合作，逐项落实具体要求和措施，特别要尽快落实 2008 年度普查工作经费。地方各有关部门要按照国务院通知和各部委的具体要求，切实履行本部门的相关职责，全力推进文物普查，将各项普查工作落到实处，取得实效。

（三）全面转入第二阶段，严格进行质量控制

各级普查机构各项工作应及时转入第二阶段，严格按照普查实施方案与标准规范要求，以县域为基本单元，制定科学合理的工作计划，及早安排普查队（组）进场工作，全面组织展开实地文物调查和信息数据登录。按照普查实施方案要求，各级普查机构应定期上报普查数据和资料：县级普查数据自 4 月起逐月报送，地（市）和省级普查数据自 7 月起逐季报送。省级以上普查领导小组办公室，应结合工作实际，对相关普查资料和信息数据进行抽查复核。国家文物局将制定和颁布《第三次全国文物普查质量控制标准》，落实普查质量控制省级责任制。

（四）加大监督检查工作力度

国家文物局将于今年上半年组织召开各省普查办主任工作会议或现场会，通报各地进展情况，交流工作经验，研究解决相关问题；组织督察组，赴各地检查督导文物普查工作；完善国家、省、市、县四级普查工作信息报送制度，以掌握县级普查工作信息为核心，明确工作简报、综合信息月报的具体内容要求，建立普查进度图示系统，利用普查专门网站、《中国文物报》及时公布各地普查进度。各级普查机构应进一步明确管理职责，加强责任意识，完善制度与措施，加大辖区内监督检查力度。

（五）提高信息技术应用水平

按照普查工作的统一安排，“第三次全国文物普查数据采集专用软件”已于2007年11月研发完成，各级普查机构应于今年3月底前全面完成软件部署与培训工作。“第三次全国文物普查数据报送专用软件”于2月初完成验收，3月进行部署与培训，4月在全国投入应用。启动“第三次全国文物普查数据管理与信息服务系统”研发工作，完成2008年度中央本级普查数据存储环境建设任务。为扩大普查信息技术应用范围，国家文物局将组织有关单位开展航空遥感考古应用于文物普查的预研究工作。

（六）加强普查宣传，扩大社会参与

各级普查机构应按照普查宣传方案要求，综合运用报纸、广播、电视、网络等传播手段和条幅、海报、宣传册页、街头展览等宣传方式，全方位加大普查宣传力度。国家文物局将与中央各大新闻媒体、中国华夏文化遗产基金会合作，重点组织好文化遗产日宣传、“著名作家文物普查深度写作”、新闻媒体采风、60万份普查海报与宣传折页发放等宣传活动。

积极引导社会各方面力量参与文物普查工作。鼓励基金会等非政府组织和各界人士赞助、支持普查工作。做好高等院校、科研院所参与文物普查的协调工作，组织高等院校师生以实习、社会实践等方式参与普查。总结经验，依靠街道、乡镇、社区、村组等基层组织，建立文物普查志愿者队伍。

国家文物局关于印发《全国博物馆评估办法（试行）》、《博物馆评估暂行标准》和《博物馆评估申请书》的通知

文物博发〔2008〕6号

各省、自治区、直辖市文物局（文化厅、文化局）、文管会：

为贯彻落实党的十七大精神，充分发挥博物馆传播先进文化的重要作用，加强博物馆公共服务体系建设，规范博物馆行业管理，建立以展示教育、开发服务为核心的质量评价体系，促进博物馆事业全面发展，我局研究制定了《全国博物馆评估办法（试行）》、《博物馆评估暂行标准》和《博物馆评估申请书》。现印发各地，请遵照执行。

特此通知。

附件：

1. 全国博物馆评估办法（试行）；

2. 博物馆评估暂行标准（附评分细则表，略）；

3. 一级博物馆评估申请书（略）；

4. 二、三级博物馆评估复核申请书（略）。

二〇〇八年二月五日

附件1

全国博物馆评估办法（试行）

第一条 为加强博物馆行业管理，充分发挥博物馆的社会服务功能，促进博物馆事业发展，依据《中华人民共和国文物保护法》、《博物馆管理办法》（文化部第

35 号令)，制定本办法。

第二条 凡在中华人民共和国境内，正式登记、注册、接受年检的，具有文物和标本的收藏保管、科学研究、陈列展览功能，并对社会开放（正常运行、开放三年以上）的各类博物馆，均可申请参加博物馆评估。

第三条 博物馆评估工作由国家文物局组织开展，遵循自愿申报、行业评估、动态管理、分级指导和公平、公正、公开的原则，按照自评、申报、评定、公布的程序进行。

凡经评估认定的博物馆，国家文物局将在各项业务活动和国内外交流、人员培训等方面给予优先支持。

第四条 国家文物局负责制定博物馆评估标准，并对评估标准的实施进行监督检查。

国家文物局组织设立全国博物馆评估委员会。全国博物馆评估委员会负责全国博物馆评估工作的组织和管理。

省级文物行政部门组织设立本辖区博物馆评估委员会。省（自治区、直辖市）博物馆评估委员会在全国博物馆评估委员会的指导下，开展相应等级博物馆的评估工作。

第五条 博物馆经评估确定相应等级，从高到低依次为一级博物馆、二级博物馆、三级博物馆。

第六条 申请评估的博物馆应依照《博物馆评估暂行标准》开展自评，填写《博物馆评估申请书》，并向属地的省（自治区、直辖市）博物馆评估委员会提出申请。

第七条 省（自治区、直辖市）博物馆评估委员会对申请评估的博物馆进行考察和评估，对一级博物馆提出推荐意见，经本省级文物行政部门审核后，报送全国博物馆评估委员会评议；对二级、三级博物馆提出评议意见，经本省级文物行政部门审核同意后，报送全国博物馆评估委员会复核。

第八条 全国博物馆评估委员会对省（自治区、直辖市）博物馆评估委员会推荐的一级博物馆的材料进行审核，并组织专家小组进行现场评估。

专家小组在核实材料、实地考察、咨询评议的基础上，提出现场评估报告。

全国博物馆评估委员会根据申请单位的《博物馆评估申请书》、省（自治区、直辖市）博物馆评估委员会的推荐意见和现场评估报告，进行综合评议，并以打分方式产生一级博物馆的评定意见。

第九条 全国博物馆评估委员会将一级博物馆的评议意见和二、三级博物馆的复核结果，报国家文物局审定、公布。

第十条 博物馆的等级标牌、证书由国家文物局统一制作、颁发。

第十一条 被评定为相应等级的博物馆，须将等级标牌置于其主入口处的最明显位置，接受社会监督。

第十二条 博物馆评估工作每三年开展一次。具体申报时间由国家文物局确定。

对申请评估和晋升等级的博物馆，按照本办法进行评估。

已定级的博物馆由与其等级相应的评估委员会复审。复审合格的，由评估委员会报审定机构，保留其原有等级；复审不合格的，由评估委员会报审定机构，撤销其等级。

第十三条 全国博物馆评估委员会、省（自治区、直辖市）博物馆评估委员会及其现场评估小组须严格遵循相关评估工作程序、规则和纪律，接受有关管理部门、博物馆行业、社会各界和公证机构的监督。

第十四条 申请评估的博物馆，一经核实有弄虚作假、行贿舞弊等违法违规行为的，由主管的文物行政管理部门取消其评估资格。

参与博物馆评估工作的专家和工作人员不得徇私舞弊。如有违纪、违规行为，一经查实，由主管的文物行政管理部门给予相应处理。

第十五条 本办法自公布之日起实施。

附件2:

博物馆评估暂行标准

1. 前言

为贯彻落实科学发展观，规范博物馆行业管理和分类指导，充分发挥博物馆的收藏研究、宣传展示和社会服务功能，保护和继承优秀文化和自然遗产，繁荣中国特色社会主义文化，彰显博物馆在构建社会主义和谐社会中的独特作用，根据《中华人民共和国文物保护法》、《中华人民共和国教育法》、《中华人民共和国科学技术普及法》、《公共文化体育设施条例》、《博物馆管理办法》以及其他相关法律法规和行业标准，特制定本标准。

本标准旨在评估博物馆提供公共文化产品、发挥公共文化传播功能的能力和实绩，科学考评博物馆的藏品保护、科学研究，特别是展示水平和服务质量，引导博物馆加强自身建设，焕发生机和活力，提高社会贡献率，同时便于社会关注与监督。

本标准由国家文物局提出。

本标准由国家文物局归口并负责解释。

本标准起草单位：国家文物局博物馆司。

2. 范围

2.1 本标准适用于全国范围内所有正式登记、注册并接受年检，具有文物、标本收藏保管、科学研究、陈列展览功能的，对外开放的各类博物馆。

2.2 本标准明确规定了博物馆等级划分的条件及评定的基本要求。

3. 依据的法律法规和文件

《中华人民共和国文物保护法》

《中华人民共和国教育法》

《中华人民共和国科学技术普及法》

《公共文化体育设施条例》

《博物馆管理办法》

《中共中央关于印发〈爱国主义教育实施纲要〉的通知》

《中共中央宣传部 文化部 国家文物局关于进一步加强博物馆宣传展示和社会服务工作的通知》

《文化部 国家文物局关于公共文化设施向未成年人等社会群体免费开放的通知》

《中共中央宣传部 财政部 文化部 国家文物局关于全国博物馆、纪念馆免费开放的通知》

《中国文物博物馆工作人员职业道德准则》

《博物馆馆长专业资格条件（试行）》

《国际博物馆协会章程》

《国际博物馆协会博物馆职业道德准则》

4. 引用的标准和规范

下列文件中的条款，通过本标准的引用而自然成为本标准的条款。凡是注日期的引用文件，其随后所有的修改版（不包括勘误的内容）或修订版均不适用于本标准。凡是不注日期的引用文件，其最新版本适用于本标准。

GA27－2002《文物系统博物馆风险等级和安全防护级别的规定》

GB/T 16571－1996《文物系统博物馆安全防范工程设计规范》

JGJ66－91《博物馆建筑设计规范》

GBJ16－87《建筑设计防火规范》

GB50193－93《高层民用建筑设计防火规范》

GB50222《建筑内部装修设计防火规范》

GB50263－97《气体灭火系统施工及验收规范》

GB50261－96《自动喷水灭火系统施工及验收规范》

GB3095－1996《环境空气质量标准》

GB/T 18883－2002《室内空气质量标准》

GB50325－2001《民用建筑工程室内环境污染物控制规范》

GB 3096－1993《城市区域环境噪声规范》

GH ZBl－1999《地表水环境质量规范》

GB 10001.1－2000《标志用公共信息图

形符号》

GB/T17775－2003《旅游景区质量等级的划分与评定》

GB/T24001－2004《环境管理行为规范》

GB/T28001《职业健康安全管理体系》

GB 9664《文化娱乐场所卫生标准》

GB 16153《饭馆（餐厅）卫生标准》

《博物馆照明设计规范》

5. 术语

本标准采用下列定义：

博物馆：是指征集、收藏、保护、研究、展示人类活动和自然环境的见证物，经过文物行政部门审核、相关行政部门批准，取得法人资格，向公众开放的非营利性社会服务机构。

藏品：是指具有收藏、研究、展示价值的文物、标本、模型等的总称。

藏品库房：是指藏品集中保存的特定建筑物。

藏品保护修复场所：是指博物馆运用传统修复工艺和现代科学技术手段对藏品进行科学分析、检测和保护、修复的特定建筑物。

展厅：是指博物馆用作向公众展示藏品的特定建筑物。

出境展览：是指单独或合作在境外（含港、澳、台地区）举办的展览。

6. 博物馆等级及标志

6.1 博物馆划分为三级，从高到低依次为一级、二级、三级。博物馆等级一经评定，即向社会公布，接受公众监督。

6.2 博物馆的等级证书、标牌由国家文物局统一制作和颁发。

7. 博物馆等级划分条件

7.1 一级

7.1.1 综合管理与基础设施

7.1.1.1 法人治理结构

法人治理结构完善，有理事会（董事会）和监事会或其他形式的决策、监督机构，能按照工作章程积极开展活动，运行机制效率高。

7.1.1.2 博物馆章程与发展规划

有明确的博物馆章程，有符合本馆性质和功能定位的事业发展规划，经过专家论证，并报经上级主管部门批准；有切实可行的年度工作计划。

7.1.1.3 建筑与环境

a）建筑功能区块布局合理，自成系统。

b）环境整洁、美观、舒适，绿化率高；室内空气质量好。

7.1.1.4 人力资源

a）人才结构、梯次合理，具有专业资质的人员应占在编人员的75%以上；高、中级管理人员具备大学以上文化程度。

b）有科学、规范的员工考核、培训等管理制度；专业人员培训经费落实到位，培训工作有效开展；上岗专业人员培训合格率达到100%。

7.1.1.5 财务管理

a）有完善的财务管理制度并能有效实施，有充足的事业经费来源和保证。

b）有多渠道、来源稳定的社会资助。

7.1.1.6 安全保障

a）一、二、三级风险单位按要求落实完善的安全防范系统，一、二、三级风险部位按要求落实完善相应的安全防范措施。

b）有与博物馆规模相适应的管理严格、人员配置齐全的保卫工作机构；保卫工作规章制度健全，措施得当，有处置各类突发事件的应急预案；保卫人员受过专业培训，素质高、业务精，工作程序规范、准确；档案齐全，交接班制度完善、记录齐全；定期组织安全演练。

c）消防组织健全，责任明确，管理制度完善，有处置各类火灾的应急预案；消防设施完善，有与单位规模相适应的消防配套设施、设备及安全、有效的防雷装置，并有专人管理，定期进行检查、维修、更新、补充；消防设备操作规程科学、规范；定期组织消防演练，消防人员设备操作准确、熟练。

d）公共安全制度完善，应急预案科学、规范、可操作性强；安全出口、疏散通道通畅，标志醒目；应急照明、救生等设施、设备完好；节日期间有应急医护人员。

7.1.1.7　办公信息化

有完善的行政、业务工作数据库；有功能完善、运行可靠的局域网。

7.1.2　藏品管理与科学研究

7.1.2.1　藏品管理

a）藏品资源与本馆的性质、任务相符，并形成基本完整的体系。

b）藏品数量很大，或种类很多，或珍贵文物数量很多；具有很高的历史、文化、科学、艺术价值，或其中一类具有世界意义。

c）有适应本馆藏品状况、功能完善的藏品数据库。

d）有与本馆性质、任务相符的藏品征集政策和收藏范围；有规范的藏品征集组织与制度，对征集的藏品进行鉴定；有多种征集渠道，征集经费使用合理、效果好。

e）藏品管理制度完善；藏品入藏手续齐全、资料完整；藏品总登记账清晰，账物相符；分类账准确合理，编目科学详实；藏品档案记录规范，新入藏的藏品及时备案，并及时登记入藏品总账。

f）库房面积满足收藏需要；库房管理制度非常完善；库房设施、设备齐全，藏品存放环境达标；藏品提用手续齐全，进、出库记录完整；藏品存放科学、合理、规范；三级以上藏品均配备有符合要求的装具，一级文物和其他易损易坏的珍贵文物有专柜或专库存放，并由专人负责保管；根据藏品质地控制温湿度，照明符合设计规范要求；库房非常整洁，空气质量好。

g）有规模较大、设备较多的藏品保护修复场所，并能有效运转；有文物藏品修复资质和具备文物藏品修复资质的人员；藏品修复、保养程序科学、规范，效果好。

7.1.2.2　学术研究与科技

a）有相对完善的学术机构，有较多数量的学术带头人；定期举办国际、国内学术活动；定期出版高质量的学术刊物；馆内人员经常发表专业论文、出版学术专著；系统收藏相关中外文学术期刊。

b）有科技部门，有较大规模的实验室及相应科研仪器设备，能独立承担国际合作项目和国家级、省部级科研课题，科技队伍建设成绩突出；取得重大科技成果或引进新技术，并运用到工作中，取得显著效果。

7.1.3　陈列展览与社会服务

7.1.3.1　影响力

a）具有独特的博物馆品牌形象并形成外在品牌标志；对博物馆品牌标志进行注册、运用；有系统的博物馆及陈列、展览宣传计划；新闻报道质量高。

b）在国内外有极高的知名度和极好的声誉；公众影响力极强，吸引国内外观众，或国外观众占较高比例；经常举办出境展览或引进外展。

7.1.3.2　展示和教育

a）展厅环境优美、空气质量好，照明符合设计规范要求，展柜内微环境适宜展品保护。

b）采取多种合作模式，紧扣社会主题和公众需求，经常举办有影响力的临时展览；临时展览有周密的前期策划和具体、可行的营销计划，媒体宣传力度大，展览的社会、经济效益好。

c）有社会教育机构和专门从事社会教育工作的人员，馆内设有专门的教育服务区；有周密的社会教育工作方案和针对不同观众群体的社会教育计划；经常与教育部门以及其他单位联系或建立共建单位，开展有针对性的教育活动，积极举办不同形式的讲座等活动，服务学校、工厂、社区和农村等不同观众群体。

d）有高素质、稳定的讲解员队伍，其中部分可用外语讲解，定期进行义务讲解；

有两种或两种以上语言的、适合不同观众群体的讲解词，讲解科学、准确、生动、有文采；有针对特殊观众群体的讲解服务；有两种或两种以上语言的现代化自助语音讲解设备。

7.1.3.3　社会服务

a）有“博物馆之友”等群众组织，章程明确，人员结构合理，定期开展相应活动。有稳定的、具有一定规模的博物馆志愿者队伍，并结合本馆特点和社会服务需求（要求）对志愿者进行培训，培训合格的志愿者每年应为博物馆或观众服务 4 次以上。

b）国有博物馆每年开放时间应在 300 天以上，非国有博物馆在 240 天以上；基本陈列定期免费开放，且在 60 天以上；日常免费、优惠开放制度和措施向社会公示；每年免费接待的青少年观众群体的人数应占观众总人数的一定比例。

c）交通便捷；可进入性好，外部中、外文引导标识清楚、美观；博物馆出入口处道路通畅，有无障碍通道。

d）售票地点设在室内；参观游览线路合理、顺畅；免费为观众提供博物馆介绍、展览介绍、文物藏品介绍等中、外文有关资料；主要陈列的标牌、展品等有中、外文说明；设有免费物品寄存处、特殊人群服务设施和设备、餐饮服务设施和纪念品、书籍销售服务设施等；展厅内有观众休息设施；卫生设施、设备布局合理，数量满足需要，并与环境相协调；各种设施、设备中、外文标识清楚。

e）有专门网站，网页制作精美，内容丰富，形式生动、活泼，支持两种或两种以上语言，网页更新及时；馆内建立有多种形式的互动式或参与式的文化、科普、教育服务设施，服务有特色、质量高。

f）文化产品开发体现本馆特色，品种较多，制作精美，品位高、有内涵，产品销售情况好。

g）有藏品代为保管、鉴定、养护、修复及咨询等便利公众的服务项目，向社会公示，并积极开展服务。

h）利用互联网、观众留言本、观众调查表等方式，定期进行观众调查工作，征求观众意见或建议，及时反馈，并尽可能采纳或实施。

7.2　二级

7.2.1　综合管理与基础设施

7.2.1.1　法人治理结构

有理事会（董事会）和监事会或其他形式的决策、监督机构，按照工作章程开展活动。

7.2.1.2　博物馆章程与发展规划

有博物馆章程，有符合本馆性质和功能定位的发展思路或规划；有年度工作计划。

7.2.1.3　建筑与环境

a）建筑功能区块布局合理。

b）环境整洁，绿化率高；室内空气质量较好。

7.2.1.4　人力资源

a）人才结构、梯次合理，具有专业资质的人员应占在编人员的 60% 以上；高、中级管理人员具备大专以上文化程度。

b）有切实可行的员工考核、培训等管理制度；有一定的专业人员培训经费，并按计划开展培训工作；上岗专业人员培训率达到 90%。

7.2.1.5　财务管理

a）有完善的财务管理制度并能有效实施，有基本满足需要的事业经费来源和保证。

b）有稳定的社会资助。

7.2.1.6　安全保障

a）一、二、三级风险单位按要求落实相应的安全防范系统，一、二、三级风险部位按要求落实相应的安全防范措施。

b）有专门的保卫工作机构；保卫工作规章制度健全，措施得当，有处置一般突发事件的应急预案；保卫人员受过专业培训，工作程序规范；档案齐全，有交接班制度和记录；有安全演练。

c）消防责任明确，管理制度完善，有针对特定火灾的消防应急预案；消防设施、设备配备合理，有安全、有效的防雷装置，并定期进行检查、维修、更新、补充；消防设备操作规程规范，保卫人员能够准确操作消防设备。

d）公共安全制度健全，应急预案科学、规范；安全出口、疏散通道通畅，标志醒目；应急照明设备完好。

7.2.1.7　办公信息化

有行政、业务工作数据库。

7.2.2　藏品管理与科学研究

7.2.2.1　藏品管理

a）藏品资源与本馆的性质、任务相符，形成一定的体系。

b）藏品数量较大，种类或珍贵文物数量较多，且具有较高的历史、文化、科学、艺术价值。

c）有藏品数据库。

d）有与本馆性质、任务相符的藏品征集政策和收藏范围；对征集的藏品进行鉴定；有多种征集渠道，征集经费使用合理、效果良好。

e）藏品管理制度完善；藏品入藏手续齐全；藏品总登记账清晰，账物相符；藏品档案记录规范，新入藏的藏品及时备案，并及时登记入藏品总账。

f）库房管理制度完善；藏品提用手续齐全，进、出库记录完整；藏品存放合理；二级以上藏品均配备有符合要求的装具，存放于专柜或专库，并由专人负责保管；库房重点部位能控制温湿度，采光照明基本符合规范要求；库房无异味。

g）有藏品修复场所，有基本的修复设备和材料，能简单保养或修复藏品。

7.2.2.2　学术研究与科技

a）定期开展学术活动；编辑出版业务刊物、著作；馆内人员经常发表专业论文。

b）有较强科研力量，具备承担省部级科研课题的能力，能借助或引进专业科技力量开展相关科学技术工作，并将有关成果运用到实际工作中。

7.2.3　陈列展览与社会服务

7.2.3.1　影响力

a）具有博物馆品牌形象或品牌标志；有较为系统的博物馆及陈列、展览宣传计划；开展相关媒体报道等宣传活动，有一定的报道量。

b）在本省内有较高的知名度和较好的声誉；公众影响力较强，国外观众占一定比例；经常引进展览并举办国内巡展。

7.2.3.2　展示和教育

a）展厅环境整洁，照明符合设计规范要求，珍贵文物展品的保存环境良好。

b）基本陈列主题明确，体现本馆特色；策划方案合理，经过专家论证；内容研究深入，展品组织得当，文字说明准确；展览设计准确表达陈列主题；定期或不定期进行展品更新；社会评价较好。

c）根据社区和公众需求，经常举办临时展览，展览社会效益较好。

d）有社会教育机构和专门从事社会教育工作的人员；有较详细的社会教育工作方案；经常开展有针对性的教育活动，服务学校、工厂、社区和农村等不同观众群体。

e）有素质较高的讲解员队伍；定期进行义务讲解；讲解准确、生动，有适合不同群体观众的讲解词；有针对特殊观众群体的讲解服务。

7.2.3.3　社会服务

a）有博物馆志愿者，并按照社会服务要求对志愿者进行培训，培训合格的志愿者每年应为博物馆或观众服务 2 次以上。

b）国有博物馆每年开放时间应在 300 天以上，非国有博物馆在 240 天以上；基本陈列特定时间免费开放，且在 48 天以上；日常免费、优惠开放制度和措施向社会公示。

c）外部中、外文引导标识清楚，博物馆出入口处道路通畅。

d）参观游览线路顺畅；为观众提供博物馆介绍、展览介绍、文物藏品介绍等有关资料；主要陈列标牌有中、外文说明；设有免费物品寄存处和纪念品、书籍销售服务设施等；卫生设施、设备布局合理、干净整洁；各种设施、设备中、外文标识清楚。

e）有专门网站，网站内容有特色；馆内有互动式或参与式的文化、科普、教育服务设施。

f）文化产品开发体现本馆特色，产品销售情况较好。

g）利用观众留言本、观众调查表等方式，定期或不定期进行观众意见调查，征求观众意见或建议，并及时反馈，并尽可能采纳或实施。

7.3　三级

7.3.1　综合管理与基础设施

7.3.1.1　法人治理结构

有理事会和监事会或其他形式的决策、监督机构，能按照工作章程开展活动。

7.3.1.2　博物馆章程与发展规划

有博物馆章程，有适合本馆性质和功能定位的发展思路；有阶段性工作计划。

7.3.1.3　建筑与环境

a）建筑功能区块布局基本合理。

b）环境整洁，室内空气质量较好。

7.3.1.4　人力资源

a）有适于本单位发展要求的人才结构，具有专业资质的人员应占在编人员的50%以上；高、中级管理人员具备大专以上文化程度。

b）有切实可行的员工考核、培训等管理制度；能够对上岗专业人员开展相关培训工作培训率达到75%。

7.3.1.5　财务管理

a）有完善的财务管理制度并能有效实施，有基本的事业经费来源和保证。

b）有社会资助。

7.3.1.6　安全保障

a）一、二、三级风险单位按要求落实一定的安全防范系统，一、二、三级风险部位按要求落实一定的防范措施。

b）有专职保卫人员；保卫工作规章制度健全，措施得当，有处置一般突发事件的应急预案；保卫工作程序规范，有交接班制度。

c）消防责任明确；有针对一般火灾的消防应急预案；配备一定数量消防设施；保卫人员能够准确操作消防设备。

d）公共安全制度健全，公共安全应急预案规范；安全出口、疏散通道通畅，应急照明设备完好。

7.3.1.7　办公信息化

在编专业技术人员会熟练使用计算机，人均电脑占有率不低于50%。

7.3.2　藏品管理与科学研究

7.3.2.1　藏品管理

a）藏品资源与本馆的性质、任务相符。

b）藏品具有一定的历史、文化、科学、艺术价值。

c）有与本馆性质、任务相符的藏品征集政策和收藏范围；对征集的藏品进行初步鉴定。

d）藏品入藏手续齐全；藏品总登记账清晰，账物相符；藏品档案记录规范；新入藏的藏品及时备案。

e）藏品提用手续齐全，进、出库记录完整，一级藏品均配备有符合要求的装具，并专柜存放；库房无异味。

f）有相应的藏品保养制度和措施。

7.3.2.2　学术研究与科技

a）编辑出版业务刊物、著作，馆内人员发表有专业论文。

b）有一定科研能力，能借助或引进专业科技力量开展相关科学技术工作，并运用到实际工作中。

7.3.3　陈列展览与社会服务

7.3.3.1　影响力

a）有博物馆及陈列、展览宣传计划；开展相关媒体报道等宣传活动，有一定的报道量。

b）在本地区内有一定的知名度和公众影响力，不定期引进展览。

7.3.3.2　展示和教育

a）展厅环境整洁，照明符合设计规范要求，重要展品的保存环境较好。

b）基本陈列主题明确，体现本馆特色；基本陈列研究深入，展品组织得当，文字说明准确；展览设计有特色；社会评价较好。

c）能够根据社区和公众需求，举办临时展览，展览社会效益好。

d）有从事社会教育工作的人员；有社会教育工作方案；经常开展有针对性的教育活动，服务学校、工厂、社区和农村等不同观众群体。

e）有具有较高素质的讲解员；展览讲解准确、生动；有适合不同群体观众的讲解词，有针对未成年观众群体的讲解服务。

7.3.3.3　社会服务

a）有经过培训的博物馆志愿者，志愿者每年为观众服务应在2次以上。

b）国有博物馆每年开放时间应在300天以上，非国有博物馆在240天以上；特定时间免费开放博物馆；日常免费、优惠开放制度和措施向社会公示。

c）外部引导标识清楚。

d）参观游览线路顺畅；为观众提供博物馆介绍、展览介绍、文物藏品介绍等有关资料；卫生设施干净整洁。

e）文化产品开发体现本馆特色。

8. 评分细则

8.1　本细则共计1000分，共分为三个大项，各大项分值为：综合管理与基础设施200分；藏品管理与科学研究300分；影响力与社会服务500分。评估时，综合管理与基础设施项最低分值应在60分（含）以上；藏品管理与科学研究项最低分值应在60分（含）以上；陈列展览与社会服务项最低分值应在180分（含）以上。

8.2　一级博物馆需达到800分，二级博物馆需达到600分，三级博物馆需达到400分。

8.3　评分细则计分表（略）。

国家文物局关于加强文物消防工作的紧急通知

文物政发〔2008〕9号

2月10日晚，韩国第一号国宝崇礼门发生大火，导致木门楼被焚毁，部分建筑砖体倒塌。这一事故引起广泛关注，也对我们的文物保护工作敲响了警钟。2007年以来，国家文物局接到各地上报的火灾事故共7起，其中全国重点文物保护单位4起，过火面积1586平方米。入冬以来，我国北方地区干燥少雪，存在火灾隐患，文物消防工作形势不容乐观。

各级文物行政部门及各文博单位要从上述火灾事故中吸取教训，引以为戒，警钟长鸣，常备不懈，严防死守，确保文物安全，现就有关具体事项紧急通知如下：

一、精心组织，集中治理，切实消除火灾隐患，严防火灾事故的发生。各文博单位要健全消防供水设施，配备灭火器具，建立火灾报警设施。对非文物部门使用管理的，或者对外有出租场地的文博单位，要与其签订安全责任书，依法加大监督检查力度，加强监管，定期检查电器、电路等设备的安全性，消除火灾隐患。

二、落实责任，夯实消防工作基础。各文博单位要完善防火安全预案，提高应急反应能力，做到防患于未然。对消防工作要落实责任制，做到职责明确，不能互相推诿。加强日常巡查制度，及时督促整改，避免安全事故的发生。对造成事故的直接责任人和负有领导责任的人员，要严肃处理，并坚决依法追究。

三、加强安全培训，提高全体职工对消防工作的责任感、使命感。深化各文博单位基层群众消防安全教育工作，加强用火、用电、易燃、剧毒物品的使用和管理工作，提高群众防火、灭火、疏散逃生等自防自救能力，定期进行消防安全培训和应急疏散预案的演练。火灾一旦发生后，确保能迅速有效地扑救，使火灾的损失降到最低限度。

四、立即开展一次以防火为主要内容的安全检查工作。各文博单位领导要高度重视，立即组织开展安全检查工作，重点检查防火预案的制订和落实情况，尤其是文物古建筑的防火情况，保证消防水源及消防水带和报警设备处于良好工作状态，确保各部位常备充足有效的灭火器具，工作人员都能做到熟练使用，国家文物局将于近期组成督查组赴各地开展专项检查。

文物消防工作是文物安全工作的重中之重，应列入各级领导工作的重要议程，常抓不懈，防患于未然。各文博单位尤其是各开放单位，要切实加强文物消防工作，从组织上、制度上和管理上采取有效措施，加强监督检查，消除重大安全隐患。对不具备消防安全条件的公众聚集场所，要及时停业整改。请各文博单位立即按通知要求进行安全检查，并将情况于3月14日前汇总上报国家文物局，国家文物局将对工作落实情况进行抽查。

二〇〇八年二月十四日

关于加强突发事件应急预案制定和落实确保文物安全的紧急通知

文物政发〔2008〕11号

各省、自治区、直辖市文物局（文化厅、文管会），局各直属单位：

2008年2月10日，韩国国宝古建筑崇礼门被烧毁，引起社会各界的强烈反映。2月14日，我局针对此事印发《关于加强文物消防工作的紧急通知》（文物政发〔2008〕9号），要求进一步切实加强文物安全防范工作，落实各级文物行政部门和各级文物保护单位、博物馆、纪念馆、考古所等文物收藏单位的突发事件应急预案，加强消防工作，确保文物安全。

韩国崇礼门发生火灾的原因，一是有关突发事件应急预案的制定没有落实，火灾发生后不能正确应对，耽误了灭火最好时机；二是文物安全没有得到应有的重视，看护责任不落实；三是管理工作薄弱，日常管理交由保安公司，火灾发生时无人值班，行政管理部门缺乏监督管理和巡查制度；四是管理体制不顺，基础工作薄弱，崇礼门的古建筑档案不全，给修复工作造成困难。鉴于类似问题在我工作中也不同程度地存在，必须引起高度重视。为进一步加强突发事件应急预案的制定和落实，确保文物安全，现就有关具体要求通知如下：

一、加强各级文物行政部门和文博单位突发事件应急预案的制定和完善工作。根据《国家文物局突发事件应急工作管理办法》，各级文物保护单位、各类博物馆、纪念馆都必须根据本单位实际情况制定和完善突发事件应急预案。特别要会同当地消防部门制定消防应急预案，文物行政部门的应急预案要和各级文博单位的应急预案相衔接，明确责任部门和责任人。

二、加强对应急预案的培训和演练工作。各级文物行政部门必须加强对应急预案的落实、执行的监督检查，加强对应急预案的培训和演练工作，提高本单位职工的应急处理能力。特别是对火灾的预防要进行全员培训。对各类突发事件要做到早发现、早制止、早处理。值班人员要遵守值班规定，坚守岗位，不得脱岗。要加强与公安消防部门的沟通和协作，建立联合培训、演练检查等制度。

三、加强文物安全保卫机构建设。文物安全是文物工作的生命线，单位主要领导是安全工作的第一责任人。各级文物行政部门和文博单位必须高度重视，加强文物安全保卫机构建设，充实保卫队伍，其文物安全经费必须得到优先保障和增加。

四、各级文物行政部门要加强对文物火灾事故、文物被盗、被毁等文物案件和突发事件的上报工作。各单位要按照国家文物局《关于请及时上报文物案件和火灾事故的通知》（文物办函〔2004〕1620号）有关要求，及时上报发生的各类文物案件和突发事件，不得延报、瞒报和谎报。

五、加强消防设施建设。各级文物行政部门在做好消防安全检查的同时，积极消除隐患，要在经费上优先安排消防供水、报警设备和灭火器材的配置，遇有难于解决的问题要立即向当地政府报告，及时采取有效措施。

各级文物行政部门和文博单位要切实抓好应对盗窃、火灾等各种突发事件的预案工作，对可能出现的问题，要做到防患于未然，形成一套有效的工作机制。要认真总结经验，吸取韩国古建筑崇礼门火灾的教训。要规范古建筑内用火、用电的安全管理制度，落实监督检查职责，强化古建筑的消防安全管理，确保文物安全。

特此通知。

二〇〇八年二月二十二日

国家文物局关于发布《古代壁画病害与图示》等9项文化遗产保护行业标准的通知

文物博发〔2008〕13号

各省、自治区、直辖市文物局（文化厅、文化局）、文管会，各有关单位：

现将《古代壁画病害与图示》等9项推荐性文化遗产保护行业标准发布，自2008年3月1日起施行。请你们参照执行，切实做好各标准的宣传、贯彻、推广和实施工作。各标准的名称、编号如下：

一、《古代壁画病害与图示》，编号为WW/T0001—2007；

二、《石质文物病害分类与图示》，编号为WW/T0002—2007；

三、《馆藏出土竹木漆器类文物病害分

类与图示》，编号为 WW/T0003—2007；

四、《馆藏青铜器病害与图示》，编号为 WW/T0004—2007；

五、《馆藏铁质文物病害与图示》，编号为 WW/T0005—2007；

六、《古代壁画现状调查规范》，编号为 WW/T0006—2007；

七、《石质文物保护修复方案编写规范》，编号为 WW/T0007—2007；

八、《馆藏出土竹木漆器类文物保护修复方案编写规范》，编号为 WW/T0008—2007；

九、《馆藏金属文物保护修复方案编写规范》，编号为 WW/T0009—2007；

以上标准由文物出版社负责组织出版发行，各单位订购事宜请与该社联系。

二〇〇八年二月二十九日

国务院关于公布第一批国家珍贵古籍名录和第一批全国古籍重点保护单位名单的通知

国发〔2008〕9 号

各省、自治区、直辖市人民政府，国务院各部委、各直属机构：

国务院批准文化部确定的第一批国家珍贵古籍（2392 部）名录和第一批全国古籍重点保护单位（51 个）名单，现予公布。

我国是历史悠久的文明古国，拥有卷帙浩繁的文献典籍。这些文献典籍是中华民族的宝贵精神财富，是人类文明的瑰宝，保护和利用好珍贵文献典籍，对于继承和发扬民族优秀文化传统，增进民族团结和维护国家统一，增强民族自信心和凝聚力，建设社会主义核心价值体系，提高国家文化软实力，都具有重要意义。

各地区、各部门要进一步贯彻“保护为主、抢救第一、合理利用、加强管理”的指导方针，以第一批国家珍贵古籍名录和第一批全国古籍重点保护单位的公布为契机，加强科学规划，加大工作力度，切实做好珍贵古籍的保护、管理和合理利用工作，使中华民族珍贵的文献典籍永泽后世。

附件：1. 第一批国家珍贵古籍名录（2392 部，略）

2. 第一批全国古籍重点保护单位名单（51 个）

国务院

二〇〇八年三月一日

附件 2：

第一批全国古籍重点保护单位名单（51 个）

国家图书馆
首都图书馆
天津图书馆
山西省图书馆
内蒙古自治区图书馆
辽宁省图书馆
辽宁省大连图书馆
黑龙江省图书馆
上海图书馆
南京图书馆
江苏省苏州图书馆
江苏省常熟图书馆
浙江图书馆

安徽省图书馆
福建省图书馆
山东省图书馆
山东省青岛市图书馆
河南省图书馆
湖北省图书馆
湖北省武汉图书馆
湖南图书馆
广东省立中山图书馆
重庆图书馆
云南省图书馆
贵州省图书馆
陕西省图书馆
甘肃省图书馆
中国艺术研究院图书馆
北京大学图书馆
清华大学图书馆
北京师范大学图书馆
中央民族大学图书馆
东北师范大学图书馆
复旦大学图书馆
南京大学图书馆
南京师范大学图书馆
南京中医药大学图书馆
苏州大学图书馆
中山大学图书馆
河南大学图书馆
故宫博物院
山西博物院
上海博物馆
南京博物院
浙江省宁波市天一阁博物馆
中国科学院国家科学图书馆
中国社会科学院图书馆
中国社会科学院文学所图书馆
中国中医科学院图书馆
中国第一历史档案馆
贵州省荔波县档案馆

国家文物局关于发布《全国文物保护标准化技术委员会秘书处工作细则》的通知

文物博发〔2008〕18号

各省、自治区、直辖市文物局（文化厅、文化局）、文管会，各有关单位：

为规范开展文物保护领域的标准化工作，推进全国文物保护标准化技术委员会秘书处的管理和服务，根据《全国文物保护标准化技术委员会章程》，我局制定了《全国文物保护标准化技术委员会秘书处工作细则》，现予发布实施。

二〇〇八年三月十三日

全国文物保护标准化技术委员会秘书处工作细则

第一章　总　则

第一条　根据《全国文物保护标准化技术委员会章程》，制定本工作细则。

全国文物保护标准化技术委员会（以下简称“文标委”）秘书处是文标委的常设办事机构，在国家文物局标准化主管部门的领导下，负责文标委的日常工作，执行文标委的各项决议和《章程》所规定的秘书处的各项任务。

第二条 秘书处组成：

秘书处设秘书长1名，副秘书长1名，专职秘书若干名。

秘书长由国家文物局标准化主管部门负责人兼任，副秘书长由中国文化遗产研究院推荐、文标委聘任，专职秘书由中国文化遗产研究院根据工作需要聘任。

秘书处的组成方案由国家文物局批准。

第三条 秘书处设在中国文化遗产研究院，接受国家文物局标准化主管部门的行政管理，秘书处的工作应纳入中国文化遗产研究院的工作计划。

第四条 中国文化遗产研究院应为秘书处提供必要的办公场所和办公条件，将所需工作经费列入单位预算，并保证秘书处正常运行。

第二章 工作任务

第五条 根据国家有关方针政策，组织提出全国文物保护标准化工作的政策与措施的建议。

第六条 组织开展文物保护标准化体系的建设，征集、提出标准制修订计划项目建议，组织编制文物保护标准化发展规划和年度工作计划，经文标委审议通过，报国家文物局审核后实施。

第七条 根据工作计划，协调开展文物保护国家标准和行业标准的制修订工作，组织相关研究工作。

第八条 负责组织预审和复核提交秘书处的标准草案（送审稿）和各种文件。经秘书长初审后，提交文标委进行审查。

第九条 根据实际情况，定期或不定期组织对标准的复审，向文标委提出对标准的修订、修改、废止和确认的建议。

第十条 负责文标委年会、标准审查会的筹备和组织工作，办理标准的审查、复核和报批手续。

第十一条 收集标准实施中的反馈意见，负责办理有关标准的解释事宜；组织开展标准的宣传、贯彻、推广及交流、研讨、培训等工作；及时向委员提供国内外文物保护标准化工作的有关信息和资料等。

第十二条 承担文物保护标准化工作的咨询和技术服务工作。

第十三条 负责提出对标准化工作成果和先进集体、个人进行表彰和奖励的建议。

第十四条 根据文标委决议及议定事项，制定具体贯彻措施和办法，并组织实施。

第十五条 负责组织标准实施中的监督、检查工作。

第十六条 负责与其他相关全国专业标准化技术委员会的联络与协调工作。

第十七条 积极跟踪国际标准化发展的动态，负责与相关国际标准化组织的联络和交流活动。

第十八条 负责标准化工作信息资料的收集和国外相关标准的翻译工作。

第十九条 负责国内外文物保护行业标准化文件资料的收发、立档和管理工作。

第三章 工作制度

第二十条 每半年召开一次秘书处工作会议，检查、布置和协调各项工作。

第二十一条 每年向文标委年会提交年度工作总结、下一年度的工作计划和经费预算，经文标委通过后报国家文物局。

第二十二条 文标委的有关文件由秘书处按程序报主任委员签发；文标委的工作介绍信和以秘书处名义发出的有关文件，由秘书长签发；文标委和秘书处印章由秘书处管理。

第四章 经费管理

第二十三条 文标委的经费纳入中国文化遗产研究院的经费预算，并由中国文化遗产研究院财务处单独立账，专项管理。

第二十四条 文标委秘书处经费开支须按照国家有关财务规定办理。

第五章 附 则

第二十五条 本工作细则自发布之日起实施。

国家文物局关于发布《全国文物保护标准化技术委员会章程》的通知

文物博发〔2008〕16号

各省、自治区、直辖市文物局（文化厅、文化局）、文管会，各有关单位：

为规范开展文物保护领域的标准化工作，推进全国文物保护标准化技术委员会的管理和服务，根据《中华人民共和国标准化法》和《中华人民共和国文物保护法》的有关规定，我局制定了《全国文物保护标准化技术委员会章程》，现予发布实施。

二〇〇八年三月十三日

附件：全国文物保护标准化技术委员会章程

全国文物保护标准化技术委员会章程

第一章　总　则

第一条　根据《中华人民共和国标准化法》和《中华人民共和国文物保护法》的有关规定，制定本章程。

第二条　为开展文物保护标准化工作，发挥文物、博物馆行业及相关领域专家在文物保护标准制修订工作中的作用，特设立“全国文物保护标准化技术委员会”（以下简称“文标委”）。

第三条　文标委的宗旨是：贯彻落实科学发展观，促进文物、博物馆行业自主创新，规范文物保护与管理工作，推动文物保护科学技术的进步。

第四条　文标委是由国务院标准化行政主管部门领导的全国性标准化技术组织，从事全国性文物保护标准化工作。

专业范围是：负责不可移动文物、可移动文物、文物调查与考古发掘、博物馆、文物保护，以及文物、博物馆信息化领域的标准制修订工作。

第五条　文标委由国家文物局归口管理并给予业务指导。

第六条　文标委的国家顺序编号为：SAC/TC289

英文名称为：National Technical Committee 289 on Cultural Heritage of Standardization Administration of China

第二章　职能与任务

第七条　文标委的主要职能和任务是：

（一）遵循国家有关方针、政策，向国务院标准化行政主管部门和国家文物局提出文物保护标准化工作的政策和技术措施的建议；

（二）按照国家制修订标准、采用标准的原则和要求，组织制定文物保护标准体系，审议文物保护标准化发展规划和年度工作计划；

（三）提出制修订、复审文物保护国家标准和行业标准的项目建议；

（四）根据国务院标准化行政主管部门和国家文物局批准的计划，组织开展文物保护国家标准和行业标准的制修订及复审工作；

（五）组织开展文物保护国家标准和行业标准草案的审定工作，并与社会各相关单位协调，对标准中的技术内容、采用国际标准的情况等作出审查结论，提出拟发布为强制性或推荐性标准的建议；

（六）根据国务院标准化行政主管部门的有关规定，做好文物保护国家标准和行业标准的通报和咨询工作；

（七）受国家文物局委托，组织开展文物保护领域安全质量认证制度的研究，推荐文物保护领域的安全质量资格认证单位；

（八）组织收集和分析国际标准或国外先进标准的发展动态，以及翻译、出版、研究国外相关的标准和理论著作；

（九）代表文物、博物馆行业参与国际性的标准化活动，积极推荐我国标准成为国际标准；

（十）组织开展文物保护标准的宣传、贯彻、推广、应用及专业人员培训，并负责标准的解释工作；

（十一）向国务院标准化行政主管部门和国家文物局提出行业标准化成果奖励项目的建议；

（十二）承担国务院标准化行政主管部门和国家文物局委托开展的其他工作。

第三章　组织机构

第八条　文标委委员以在职科研人员、管理人员和单位委员为主体组成，广泛吸收社会各方面人员和单位参加。每届文标委委员任期为三年。文标委组成方案由国家文物局提出，与有关行政主管部门协商后，报国务院标准化行政主管部门审批。

第九条　文标委委员不少于三十人，其中设主任委员一人，副主任委员一至三人，秘书长一人，副秘书长一人。需要时可聘请顾问若干名。

主任委员负责文标委的全面工作；主任委员和副主任委员应指导文标委秘书处履行其职责。

秘书长负责秘书处的日常工作，确保文标委工作的正常运行。

第十条　文标委秘书处设在中国文化遗产研究院，负责文标委日常工作。秘书长由国家文物局标准化主管部门负责人兼任，副秘书长由中国文化遗产研究院推荐，文标委聘任。

第十一条　文标委设个人委员和单位委员。

个人委员由在文物保护及相关领域具有较高理论水平和实践经验，熟悉标准化工作，具有中级以上技术职称的人员担任。个人委员由所在单位推荐，国家文物局审核后，报国务院标准化行政主管部门聘任，可以连聘连任。对因工作变动不适宜继续担任委员者，或不履行职责、无故两次以上不参加文标委活动者，文标委可提请有关单位重新推荐人选，由国家文物局核报国务院标准化行政主管部门另行聘任。

在文物保护及相关领域技术力量较强、标准化工作较突出的事业、企业单位可提出申请，以单位委员的身份加入文标委。单位委员由归口部门推荐，国家文物局审核后，报国家标准化行政主管部门聘任。单位委员应选派具有中级以上技术职称的技术人员作为代表，参加文标委的工作。

单位委员与个人委员享有同等的权利和义务。

第十二条　委员的权利：

（一）表决权、选举权、被选举权和监督权；

（二）对文标委工作提出意见和建议的权利；

（三）优先享有文标委提供的各项服务和资料的权利；

（四）委员有退会的权利，退会应书面通知文标委。

第十三条　委员的义务：

（一）遵守文标委章程，执行文标委决议；

（二）参加和支持文标委的活动，承担文标委委托的工作；

（三）及时准确地提供文标委需要的信息和资料；

（四）积极向文标委反映情况，提出建议；

（五）遵守有关保密规定。

第十四条 对严重违反文标委章程，损害文标委名誉的委员，经文标委全体委员会三分之二以上通过，予以除名。

第十五条 根据工作需要，文标委可设通讯委员。

通讯委员由文物保护及相关领域的事业、企业单位或个人提出申请，文标委批准，名额不限。

通讯委员须每年向文标委交纳会费，可以获得文标委的资料和文件，并可被邀请列席文标委会议，发表意见、提出建议，但无表决权。

第十六条 文标委每年召开一次全体会议，研究制定文标委工作计划，检查计划落实情况，组织标准的审查。

第十七条 文标委换届调整和印章制作工作按照《全国专业标准化技术委员会换届调整及印章制作工作程序》执行。

第四章 工作程序

第十八条 文标委根据国务院标准化行政主管部门和国家文物局有关标准化发展的要求，提出国家标准或行业标准制修订项目的建议。行业标准的制修订项目建议报国家文物局批准后，列入行业标准制修订计划。国家标准的制修订项目建议经国家文物局审核后，报国务院标准化行政主管部门批准，列入国家标准制修订计划。

第十九条 文标委根据国务院标准化行政主管部门和国家文物局下达的标准制修订计划，组织协助计划的实施，指导和督促标准起草单位开展标准的制修订工作。

第二十条 标准起草单位在调查研究、试验的基础上，提出标准征求意见稿（包括附件），分送文标委委员、通讯委员以及有代表性的单位和个人征求意见。征求意见时间一般为两个月。标准起草单位对反馈意见进行综合分析后，对标准进行修改完善，提出标准送审稿，报送文标委秘书处。

第二十一条 文标委秘书处将标准送审稿提交文标委进行会议审查或函审。

文标委秘书处应在会议审查前一个月或函审投票前两个月，将标准送审稿（包括附件）提交给审查者。审查时原则上应协商一致。如需表决，必须有全体委员的三分之二以上同意，方为通过。

会议审查时未出席会议、也未说明意见者，以及函审时未按规定时间投票者，均按弃权计票。

对有分歧意见的标准或条款，须有不同观点的论证材料。

审查标准的投票情况应以书面材料记录在案，作为标准审查意见说明的附件。

第二十二条 审查通过的标准送审稿，由标准主要起草单位根据审查意见进行修改，提出标准报批稿（包括附件），送文标委秘书处。标准起草单位应对标准报批稿的技术内容和编写质量负责。

第二十三条 标准报批稿经文标委秘书处复核，秘书长签字后，送主任委员或其委托的副主任委员审核签字，报国家文物局审核后作出发布或报请国家标准化行政主管部门发布的决定。

第二十四条 文标委应在每年召开的全体会议（可与审查标准结合进行）上，总结上年度工作，安排下年度计划，检查经费使用情况等。

文标委每年应向国家文物局和国务院标准化行政主管部门书面报告工作。

第五章 经费管理

第二十五条 文标委的活动经费按照专款专用的原则筹集和开支。

第二十六条 文标委的活动经费由以下几方面提供：

（一）国家文物局标准化工作专项经费；

（二）通讯委员交纳的费用；

（三）开展文物保护行业标准化咨询服务的收入；

（四）对文物保护行业标准化工作的各类资助。

第二十七条 文标委的经费用于以下

几个方面：

（一）文标委举办的会议、开展的活动；

（二）向文标委委员提供资料；

（三）对制修订标准提供的必要补助；

（四）标准编写审查；

（五）秘书处日常办公；

（六）翻译出版有关资料；

（七）有关国际标准化交流活动；

（八）其他合法、合规的必要支出。

第二十八条 通讯委员交纳会费的标准：事业单位的通讯委员每年2000元，企业单位或个人名义的通讯委员每年3000元。

第二十九条 文标委经费的管理：

（一）设立专用账户；

（二）制定相应的财务管理办法；

（三）编制年度财务使用报告和下一年度财务预算，报国家文物局标准化管理部门及预算财务部门审议。国家文物局可视情况，委托会计师事务所对文标委资金账户进行监督和审计。

第三十条 文标委秘书处指派专人对文标委的经费进行管理，秘书处应每年向全体委员作经费收支情况报告。

第六章 附 则

第三十一条 本章程自发布之日起实施。

第三十二条 本章程由文标委秘书处负责解释。

国家文物局、中宣部、发展改革委、教育部、民政部、财政部、住房城乡建设部、文化部、国家旅游局、共青团中央关于加强革命文物工作的若干意见

文物博发〔2008〕22号

各省、自治区、直辖市党委宣传部，发展和改革部门，教育、民政、财政、建设、文化厅（局、委），旅游、文物局，团委：

当前，我国正处在全面建设小康社会的关键时期。深入贯彻党的十七大精神，落实《中共中央、国务院关于进一步加强和改进未成年人思想道德建设的若干意见》（中发〔2004〕8号）、《国务院关于加强文化遗产保护的通知》（国发〔2005〕42号）和《中共中央办公厅、国务院办公厅关于印发〈2004－2010年全国红色旅游发展规划纲要〉的通知》（中办发〔2004〕35号），充分发挥革命文物的教育作用，对于建设社会主义核心价值体系，巩固全党全国各族人民团结奋斗的共同思想基础，加快改革开放和现代化建设步伐，推动中华民族伟大复兴，具有重大意义。现就加强革命文物的保护、利用和管理工作，提出如下意见：

一、充分认识加强革命文物工作的重要性和紧迫性

（一）革命文物是自1840年以来，中华民族为争取民族独立、实现伟大复兴而奋斗，特别是中国共产党领导下的新民主主义革命和社会主义革命与建设光辉历程的重要实物见证。革命文物包括各类与革命运动、重大历史事件或者英烈人物有关的，具有重要纪念意义、教育意义或者史

料价值的近代现代重要史迹、实物、代表性建筑，蕴含着中华民族和中国共产党人的精神价值与优良传统。加强革命文物的保护、利用和管理工作，用以爱国主义为核心的民族精神和以改革创新为核心的时代精神鼓舞斗志、引领风尚，是建设社会主义先进文化，构建社会主义和谐社会的必然要求。

（二）在党中央、国务院的高度重视和统一部署下，爱国主义教育基地建设不断推进，《2004－2010年全国红色旅游发展规划纲要》逐步落实，革命文物工作取得了显著成绩，为弘扬爱国主义和革命传统，加强公民道德建设和公共文化服务体系建设，做出了重要贡献。

（三）当前革命文物工作快速发展，形势喜人，但仍存在着不少新的情况和问题。一些地方和部门对做好革命文物工作的重大意义认识不足、重视不够，片面追求经济开发而使得不少革命文物史迹及其环境风貌遭到破坏；资金投入不足、保护措施有限，部分革命遗迹自然损毁严重，甚至面临彻底塌毁的危险；一些博物馆、纪念馆和革命旧址、烈士陵园的基础设施较差，展示手段落后，吸引力、感染力不强。这些问题，必须引起足够重视，采取有效措施，切实加以解决。

二、加强革命文物工作的指导思想、基本原则和总体目标

（四）指导思想：认真贯彻落实党的十七大精神，以邓小平理论和“三个代表”重要思想为指导，深入贯彻落实科学发展观，紧紧抓住革命文物保护、利用和管理三个关键环节，贴近实际、贴近生活、贴近群众，努力提高工作水平，更好地为爱国主义教育、弘扬和培育民族精神服务，为公民道德建设服务，为实现全面建设小康社会的奋斗目标服务。

（五）基本原则：坚持统筹兼顾、分类管理，形成政府主导，各有关部门分工协作，社会力量积极参与的工作机制。正确处理经济社会发展和革命文物保护的关系，坚持依法保护和科学保护，维护革命文物的真实性和完整性。坚持把社会效益放在首位，进一步加大革命文物保护的投入，强化创新意识和精品意识，提高展示服务水平。

（六）总体目标：通过采取有效措施，革命文物工作得到全面加强。到2015年，基本建立科学完备的革命文物保护管理体系和宣传教育体系，革命文物的安全得到有效保障，展示服务水平得到全面提升，社会教育作用得到充分发挥。

三、加强革命文物工作的基本要求

（七）高度重视，加强革命文物工作的领导。

各地各部门要切实加强对革命文物工作的领导，加大宣传、贯彻《中华人民共和国文物保护法》等相关法律法规的力度，大力提倡、动员和引导全社会参与革命文物工作，依法保护、利用和管理好革命文物。要把革命文物工作作为深入贯彻落实科学发展观，促进社会主义精神文明建设和经济社会可持续发展的重要举措，切实抓紧抓好。

（八）深入调查，依法做好革命文物资源的登记、建档。

各地要按照国务院关于第三次全国文物普查的统一部署，着眼于全面反映近代以来中国社会发展历程，加强对能够体现近现代和当代经济社会发展的各类代表性革命文物的调查、登记、评估和建档。加强对可移动革命文物的征集、鉴定、建档和保管等工作。借助信息化技术，摸清革命文物底数，夯实革命文物工作基础。

（九）加强统筹，切实做好革命文物保护规划的制定实施工作。

各地要结合革命文物资源的实际情况，抓紧研究制订革命文物保护利用总体规划和专项规划，落实保护措施。要把近现代

重要史迹和代表性建筑作为文化遗产保护的重要内容，纳入经济社会发展规划和城乡规划。对具有重大影响和纪念意义的旧址群，要继续做好专项保护规划的制定、发布和实施工作。

要立足长远，区分缓急，突出重点，加大对重要濒危革命文物史迹的保护力度。严格维修保护工程方案设计、实施的科学管理，确保文物的真实性。强化预防性保护理念，遏制因环境不利和管理不善致使馆藏革命文物受损的现象。

要严格遵照党中央、国务院有关文件的规定，加强宏观调控和分类指导，统筹安排革命纪念设施的建设和管理。新建和扩建革命纪念设施，应充分论证，严格报批，着力于功能完善，规模适当，环境协调；改建革命纪念设施，应尊重原有建筑的历史传统，提倡将具有使用价值的纪念建筑物辟为革命纪念馆（地）；对已不存在的革命文物“复建”，要严加限制。

（十）改进创新，提升革命文物的展示服务水平。

要按照“贴近实际、贴近生活、贴近群众”的要求，实施资源整合与共享战略，精心组织好各种革命文物的陈列展览。重视基本陈列（包括革命旧址原状陈列）的研究和创新，坚持有址可寻、有物可看、有史可讲、有事可说的原则，突出陈列展览的个性特点。善于运用现代科技手段，增强陈列展览的表现力、吸引力和感染力。

要强化革命文物的社会教育功能，将革命传统教育和对革命文物的保护教育纳入国民教育体系，纳入公民道德建设和社会主义荣辱观教育体系，纳入未成年人思想道德建设规划和学校教育教学中。加强革命博物馆、纪念馆、革命旧址、烈士陵园等爱国主义教育基地与学校、部队、企事业单位和社会团体的协作联系，构建共建共育的长效机制。各类革命纪念设施要完善开放制度，强化内部管理，增强自身活力，改善服务质量，提高服务水平。充分挖掘革命文物资源的内涵，大力发展红色旅游，为推动经济社会发展服务。

（十一）精心组织，不断加大对革命文物的宣传普及力度。

各类革命文物保护机构要经常举办展示、论坛、讲座等活动，充分运用报刊、广播、电视、互联网等大众传媒，普及革命文物保护成果和法律法规知识，增强全社会的革命文物保护意识。

各地各部门要根据本意见，抓紧制定具体措施和办法。国家文物局将会同有关部门在适当时候对各地各部门贯彻落实的情况进行督查。

二〇〇八年三月二十日

关于开展2008年度文物行政执法专项督察工作的通知

文物政发〔2008〕20号

各省、自治区、直辖市文物局（文化厅、文管会）：

党的十七大报告明确指出：要“全面落实依法治国基本方略，加快建设社会主义法治国家”，“推进依法行政，做到严格、公正、文明执法”。自2005年始，我局连续3年在全国开展了文物行政执法专项督察工作，有力推动了文物系统依法行政进程，更为广泛地宣传贯彻了文物工作的法律法规，进一步夯实了文物基础工作，纠正处理了一批重大文物行政违法案件，为事业发展奠定了基础。

为进一步巩固依法行政成果，推动文物行政执法工作，规范执法行为，提高执法水平，依据《中华人民共和国文物保护法》、《中华人民共和国行政处罚法》等法律、法规及相关文件，我局决定继续在全国开展2008年度文物行政执法专项督察工作，现将有关事项通知如下：

一、督察时间和工作内容

（一）第一阶段：2008年3月，各地文物行政部门应对本行政区内各文物、博物馆单位的保护与管理工作进行全面检查，并将有关情况汇总后于4月10日前报我局；

（二）第二阶段：2008年4月中旬至7月中旬，我局组织多个督察组实地检查部分地区的文物行政执法工作情况；

（三）第三阶段：2008年8月至12月，我局向全国通报2008年度文物行政执法专项督察有关情况；被检查地区依据通报意见开展整改处理工作；我局派员赴被检查地区复查整改处理情况；

（四）第四阶段：2008年底，我局通过有关媒体向社会公告2008年度文物行政执法专项督察有关情况。

二、督察重点

今年8至9月，北京2008年奥运会和残奥会将在我国北京和部分地区举办，为确保奥运会和残奥会期间游客及各文物、博物馆单位安全，2008年度文物行政执法专项督察工作安排如下：

（一）督察重点地区：北京2008年奥运会和残奥会举办地区、在2005、2006、2007年度文物行政执法专项督察中未被督察的地区。

（二）督察重点内容：

1. 世界文化遗产地、全国重点文物保护单位、国有文物收藏单位等的保护与管理工作、安全保卫工作情况；文物行政部门和文博单位突发事件应急预案的制定和执行等情况；

2. 第三次全国文物普查进展情况；

3. 博物馆免费开放情况；

4. 涉及文物、博物馆单位的行政违法案件的处罚处理情况；

5. 文物行政部门依法行政和机构建设情况、执法人员培训和执法行为规范情况、文物安全和文物行政执法信息化建设情况；

6. 文物调查项目工作进展情况；

7. 近年的文物保护专项资金管理与使用情况。

三、加强领导，严密组织，认真开展自查工作

请各地文物行政部门根据本通知要求，认真对待、加强领导、积极组织、深入实际、深入基层、排除隐患，发现违法行为及时实施处罚，消除不良影响，并于规定时限内上报有关情况。

四、请各地文物行政部门将2007年以来本行政区内已办结的文物行政违法案件情况及其行政处罚的相关法律文书副本汇总并组织初评（每省不少于5起案件），我局将在2008年内举办文物行政执法案卷评比工作，并对其中较为优秀的进行表彰（具体事宜另行通知）。

特此通知。

二〇〇八年三月二十一日

国家文物局关于印发《文物保护工程审批管理暂行规定》的通知

文物保发〔2008〕19号

各省、自治区、直辖市文物局（文化厅、局）、文管会：

《文物保护工程审批管理暂行规定》已于2008年2月29日经国家文物局第2次局务会议审议通过，现予印发，自2008年5月1日起在北京、河北、山西、浙江、四川5省、市试行，其他省、自治区、直辖市的施行时间将根据试行情况另行公布。

附件：文物保护工程审批管理暂行规定

二〇〇八年三月二十一日

文物保护工程审批管理暂行规定

一、为适应文化遗产保护事业发展需要，进一步加强文物保护工程管理，根据《中华人民共和国行政许可法》、《中华人民共和国文物保护法》、《中华人民共和国文物保护法实施条例》、《文物保护工程管理办法》等，制定本规定。

二、本规定的适用范围为，《文物保护工程管理办法》规定的属于全国重点文物保护单位的古建筑、石窟寺和石刻、近现代重要史迹及代表性建筑保护工程。

三、除保养维护工程以外，其他文物保护工程必须按以下规定履行立项报批程序：

（一）省级文物行政部门在对工程项目的必要性、紧迫性以及可行性进行科学评估后，向国家文物局申报立项；

（二）国家文物局按照行政许可的有关规定在专家审核的基础上作出同意或者不同意立项的决定，并书面通知相关的省级文物行政部门。

四、工程项目的立项申报资料包括以下内容：

（一）工程业主单位及上级主管部门名称；

（二）拟立项项目名称、地点、时代，保护范围与建设控制地带的划定、公布及执行情况，保护规划的编制、公布及执行情况；

（三）保护工程必要性与实施可行性的说明文件（包括照片、图纸等必要的勘测资料及原则性的保护措施说明）；

（四）经费估算、来源及计划工期安排。

五、工程业主单位根据国家文物局的批准意见委托具有相应资质的勘察设计单位进行方案设计。

六、省级文物行政部门受国家文物局委托负责工程方案的审查与批准工作。

国家文物局认为有必要由其审查批准的重要文物保护工程方案，由国家文物局直接组织审查并出具批复意见。国家文物局审批方案的文物保护工程应当在批准立项的文件中予以注明。

七、审核方案要以《文物保护法》、《文物保护法实施条例》、《文物保护工程管理办法》等法律法规规章及相关准则规范为依据，遵循最少干预和不改变文物原状的原则，保护文物及其历史环境的真实性和完整性。

八、文物保护工程方案实行专家咨询制。国家文物局建立全国重点文物保护工程专家库，负责全国重点文物保护工程咨询工作。各省、自治区、直辖市应成立专家组或建立专家库，负责本行政区域的文物保护工程咨询工作。

审核方案的专家应熟悉文物保护方面的法律法规和政策，具有良好的职业道德和较高的文物保护理论与专业技术素养，并有较丰富的实践经验。

九、审核方案应通过现场论证会、专家函审等方式进行。参与审核的专家应熟悉审核对象的保存现状，其中全国重点文物保护工程专家库相关专业专家不少于两名。论证过程或函审过程要有详细记录，并最终出具专家论证会或函审意见，提交省级文物行政部门作为对方案批复的依据。

十、设计方案的论证或函审应做到客观、公正、透明。会审或函审意见应包括以下内容：

（一）指导思想、原则是否正确；

（二）是否符合依法批准的文物保护规划；

（三）勘察测绘是否全面、真实；

（四）维修设计对象研究评估是否到位；

（五）存在问题定性定量是否准确；

（六）维修措施和技术手段是否得当；

（七）其他需要说明的内容。

对设计方案存在的问题应明确指出，并提出修改意见。会审或函审的结论为可行、原则可行、不可行。

十一、工程项目主要内容及会审或函审的主要意见和结论应通过互联网报国家文物局备案并在国家文物局网站上公示，备案、公示时间不少于五个工作日。

备案和公示结束无异议后，省级文物行政部门出具正式批复意见。

十二、国家文物局负责组织对省级文物行政部门的方案审批和实施情况进行检查。

十三、工程竣工后，由方案审批部门组织工程验收。参加验收的专家原则上以审核原方案的专家为主。

十四、抗震、防洪、消防、避雷工程设计方案由省级文物行政部门根据文物保护的要求审核批准后，按规定程序报有关业务主管部门批准实施。

安防工程设计方案由省级文物行政部门初审同意后，报国家文物局审批。

十五、工程预算由省级文物行政部门按照批准的方案组织审查并报国家文物局备案。

十六、本规定自二〇〇八年五月一日起试行。

国家文物局关于2007年度文物行政执法专项督察有关情况的通报

文物政发〔2008〕24号

各省、自治区、直辖市文物局（文化厅、文管会）：

为切实履行法律赋予文物行政部门的职责，推进文物行政部门依法行政，落实行政执法责任制，巩固历年行政执法专项督察成果，根据《中华人民共和国文物保护法》及其实施条例、《中华人民共和国行政处罚法》、《国务院关于开展第三次全国文物普查的通知》（国发〔2007〕9号）等有关法律、法规、文件要求，我局开展了2007年度文物行政执法专项督察工作，督察重点包括各地贯彻落实第三次全国文物普查工作的有关情况，各世界文化遗产地、全国重点文物保护单位、博物馆等的基础工作、管理与利用和安全保卫情况，涉及文物、博物馆单位的恶性违法事件，“十五”期间中央直拨文物保护专项资金使用与管理情况。

2007年9月19日至10月22日，我局派出有局领导参加的4个督察组赴北京、吉林、黑龙江、湖北、湖南、四川、云南、甘肃、青海等9省（市）共计78个世界文化遗产地、全国重点文物保护单位、博物馆等进行了专项执法督察。

通过督察了解到，上述被督察地区在党中央、国务院的领导和当地党委、政府的高度重视下，文物、博物馆事业近年来取得显著成就，各项基础工作都有明显进步。按照国务院的统一部署，第三次全国文物普查工作有序进行。文物事业为推动地方社会、经济发展，丰富文化生活发挥了应有作用。

同时在督察中也发现了诸多问题，主要表现在：

一、个别地区文物事业发展较为迟缓，文物工作方针没有得到全面落实，文物保护工作相对滞后。主要表现为依法行政能力和行政执法水平有待提高、推进，文物保护与管理水平较低；文物保护法制观念淡薄；资金投入少，专业人才、管理人才相对缺乏；文物、博物馆单位工作人员创新性不够、开拓性不强等等；

二、个别地区未按照国务院的整体部署及时完成第三次全国文物普查第一阶段工作。主要表现为未对行政区内第三次全国文物普查工作进行专门部署，没有开展普查培训工作，领导小组和工作机构人员名单、普查实施方案、普查培训方案等未按要求报国务院第三次全国文物普查领导小组办公室备案，普查工作信息报送制度尚未制订等，出现“等”和“拖”的现象，等待资金到位、等待设备到位、等待人员到位。

三、部分文物、博物馆单位仍然不同程度地存在管理粗放、制度不健全等问题。一些文物保护单位的“四有”工作不完善，个别单位至今尚未竖立保护标志牌，“四有”档案不够规范；个别博物馆藏品管理较为混乱，藏品管理制度存在缺陷，账目不清。

四、文物、博物馆单位安全防范设施建设相对薄弱。一些单位已安装的安全防范设施或者已老化而不能很好发挥作用，或者设施本身不完全符合规范要求、未能科学、合理设置，或者在管理使用中存在误操作、不会操作等现象。更为甚者，目前还有个别博物馆和一些文物保护单位没有安装安全防范设施，《风险等级》达标工作没有落实，仅仅依靠人防和简单的物防，安全意识差，一旦发生文物被盗和失火事件后果不堪设想。

五、个别文物、博物馆单位文物保护专项资金使用与管理存在较大漏洞或问题。个别单位专项资金滞留在省级文物行政部门迟迟不到位，资金到位后，却未按照项目申报时的进度使用，致使项目停滞；个别单位存在不同程度的挪用、占用文物保护专项资金等现象；个别单位的事业性收入未按照法律要求全部用于文物保护。除资金的使用与管理不规范外，对资金使用的科学与公开，监督与审计也极为缺乏，更缺乏绩效考评制度。

六、发现多起涉及文物的行政违法案件，有造成国有馆藏文物灭失的；有在文物保护单位保护范围和建设控制地带内违法建设的；有将文物保护单位交由企业经营管理的。文物安全形势不容乐观，文物违法案件不时发生。我局已将其中2起性质较为恶劣的案件列为2007年度国家文物局重点督办违法案件，分别为：

（一）甘肃省博物馆一级文物遭破坏案件。

2007年6月26日，甘肃省博物馆展厅内多媒体系统发生故障，维修单位在维修展柜过程中致使展柜上装饰用的玻璃板脱落，将展柜内3件彩陶展品砸碎，遭损毁的文物2件为一级文物，1件未定级。事后，甘肃省博物馆隐瞒不报，并擅自对受损文物进行了修复。该案件是一起典型的重大文物安全事故，事发后甘肃省博物馆擅自采取不当措施，谎报瞒报，性质恶劣，影响极坏，后果严重。督察组依据先期我局和甘肃省人民政府提出的处理意见，再次重申要求对该案件继续深入调查，依法严肃处理。

（二）四川省江油市窦圌山云岩寺保护范围内违法建设案件。

云岩寺位于江油市北25公里的窦圌山上，是第三批全国重点文物保护单位。始建于唐，兴盛于宋，明末毁于兵火。现存建筑中，除飞天藏建于宋淳熙八年（1181），其余均为清朝重建。督察中发现和了解到，云岩寺在管理和使用方面存在如下违法违规问题：

1. 江油市政府将云岩寺与窦圌山景区捆绑交由企业经营管理。

2. 在云岩寺保护范围内有数处未经报批的违法建设。

3. 未经批准，擅自将云岩寺开放为宗教活动场所。

督察组在现场指出，当地文物行政部门应立即对云岩寺涉及的违法问题深入调查，确认违法事实；违法事实确认后，制订整改方案，报批后依法处理。

请各省级文物行政部门对照自身情况，督促本行政区内各文物、博物馆单位进一步夯实基础、加强管理，不断提升服务水平，保障人民群众基本文化权益；继续加强文物行政执法机构建设，提高执法水平，加大执法力度，推动文物事业发展繁荣。

特此通报。

二〇〇八年四月二日

国家文物局关于进一步加强大运河文化遗产及其环境景观保护工程的通知

文物保发〔2008〕26号

各有关省、直辖市文物局：

日前，大运河沿线各省、市就下一阶段大运河保护与申遗工作方案达成共识。一致认为，需要有关各方通过艰苦细致的工作，使大运河文化遗产得到有效保护，并早日将大运河列入联合国教科文组织《世界遗产名录》。但不可否认，随着社会经济快速发展，大运河文化遗产本体及环境景观保护也面临着十分严峻的形势。一些房地产开发、不当的生产生活设施建设等新的建设活动，不仅严重影响了大运河历史环境风貌，而且直接威胁大运河文化遗产本体的安全。为确保大运河文化遗产及其环境景观的安全，做好大运河申报世界文化遗产的各项准备工作，请你局统筹协调、指导、帮助行政区内相关市、县人民政府及相关部门做好以下工作：

一、结合第三次全国文物普查，摸清大运河文化遗产家底。紧密结合正在进行的第三次全国文物普查，继续积极推进大运河文化遗产资源调查和研究工作，弄清大运河文化遗产及其环境景观保护的科学内涵和实质，深入认识大运河文化遗产价值，并对其进行认定、评估，确定大运河保护与申遗的具体对象和范围。为大运河文化遗产的有效保护和申遗工作打下坚实基础。

二、立即组织开展大运河保护规划编制工作。大运河沿线各省、市应立即着手制订大运河保护规划编制计划，并尽快聘请有相关专业资质的单位承担本地区大运河保护规划编制工作。各省、市应根据国家统一要求，紧密结合各地的实际情况组织编制大运河保护规划，为今后大运河文化遗产及其环境景观的保护和管理工作提供科学的规范和指导。

三、采取有力措施，坚决遏制新的破坏大运河文化遗产及其环境的行为。大运河文化遗产所在地各级政府及有关部门应紧急行动起来，通过建立有文物行政部门参与的大运河沿线建设项目审批机制等方式，加大对大运河文化遗产及其环境景观的保护力度，着力控制房地产、旅游开发及其他生产、生活活动对大运河文化遗产及其环境景观产生的不良影响，严防新建项目破坏大运河文化遗产的真实性和完整性、污染大运河生态环境，以及由此而对申报世界遗产产生负面影响。更要坚决避免先破坏，后整治的情况出现，以减少不必要的损失。

四、在保护规划的指导下，稳步推进大运河文化遗产保护及环境整治工作。积极协调、配合各有关部门，在地方各级政府的统一领导下，在大运河保护规划的科学指导下，对破坏大运河文化遗产本体和历史环境风貌的问题予以整治，在保护好大运河文化遗产本体的同时，维护周边区域的环境景观。争取通过2至3年的艰苦努力，使大运河文化遗产得到有效保护，周边环境景观得到显著改善。

二○○八年四月七日

国家发展改革委、财政部、国土资源部、住房和城乡建设部、国家林业局、国家旅游局、国家宗教事务局、国家文物局关于整顿和规范游览参观点门票价格的通知

发改价格〔2008〕905号

各省、自治区、直辖市发展改革委、物价局，财政厅（局），国土资源厅（局），建设厅（局），林业厅（局），旅游局，宗教局，文物局：

近几年，各地加强游览参观点门票价格管理，规范旅游市场秩序，总体情况是好的，但部分地方游览参观点门票价格管理不规范，价格偏高，社会各方面反映强烈。为促进旅游业健康发展，维护消费者合法权益，经国务院批准，现就整顿规范门票价格有关问题通知如下：

一、规范门票价格管理。（1）对于依托国家自然资源或文化资源投资兴建的游览参观点门票价格，实行政府定价或政府指导价；对于非依托国家自然资源和文化资源、由商业性投资兴建的人造景观门票价格实行市场调节价。（2）除文物建筑及遗址类博物馆外，全国各级文化、文物部

门归口管理的公共博物馆、纪念馆和全国爱国主义教育示范基地，今明两年内全部向社会免费开放。与人民群众关系密切的城市休闲公园要充分体现公益性，实行免费开放。暂不具备免费开放条件的，应实行低票价，并规定实行免费开放的具体时间。（3）实行政府定价、政府指导价的门票价格调整，要按规定进行听证，广泛听取意见，提高决策透明度。（4）对游览参观点等级和知名度较高，且游览人数较多的重要游览参观点门票价格，由省级价格主管部门管理，不得层层下放管理权限。（5）游览参观点要明确对儿童、学生、未成年人、老年人、现役军人、残疾人、宗教人士等的门票价格减免范围和标准。（6）建立游览参观点免费开放日制度。（7）游览参观点要在醒目位置公示门票价格、门票价格优惠范围和幅度，以及缆车、观光车、游船等交通运输服务价格和投诉举报电话等信息。

二、全面清理整顿门票价格。自本通知发布之日起，用1年时间，对全国范围内实行政府定价或政府指导价的门票价格进行清理整顿。（1）重新核定门票价格。风景名胜区、自然保护区、森林公园以及世界自然和文化遗产的门票价格，按补偿游览参观点资源保护和管理费用以及补偿游览区内财产的所有权人、使用权人损失的原则确定。门票价格过高的，要适当降低。（2）游览参观点原则上实行一票制。游览参观点内必须实行重点保护性开放的特殊参观点，确需单独设置园中园门票的，要严格审批。凡设置园中园门票及联票的，要实行公示，由游客自愿选择，联票价格要低于相应各类门票价格之和。游览参观点内缆车、观光车、游船等交通运输服务价格应单独标示，单独销售，不得与门票捆绑销售。（3）限定门票销售优惠率。除价格主管部门统一规定的门票价格减免优惠政策外，游览参观点对旅行社等团购门票实行的价格优惠率最高不得超过门票价格的20%，优惠办法和优惠率要对外公布。对超过最高优惠率销售的，建设、旅游等部门要降低其游览参观点等级，价格主管部门要重新核定其门票价格。（4）纠正越权定价、违反规定调整价格和游览参观点擅自涨价的行为。（5）清理整顿期间，门票价格及游览参观点内缆车、观光车、游船等交通运输服务价格一律不得提高。

三、加强服务价格监管。游览参观点内缆车、观光车、游船等交通运输服务项目，要依照有关规定采取招标等方式公开、公平地确定经营者。要引入竞争机制，提高服务质量，降低服务价格；对不能引入竞争的交通运输服务项目，要实行政府指导价或政府定价管理，并按照有利于保护资源和环境，方便游客，维护消费者和经营者合法权益的原则核定价格。

四、完善经营管理。自本通知发布之日起，对依托国家资源的世界遗产、风景名胜区、自然保护区、森林公园、文物保护单位和景区内宗教活动场所等游览参观点，不得以门票经营权、景点开发经营权打包上市。游览参观点内缆车、观光车、游船等交通运输服务，逐步实行与游览参观点一体化管理，防止部分企业利用国家资源获得不合理收益，损害游客利益。

五、加强组织领导。发展改革（物价）部门要做好门票价格管理工作，遏制门票价格竞相攀比、过快上涨；财政部门要加大对实行免费开放游览参观点的投入，同时加强对风景名胜区、世界文化遗产门票收入“收支两条线”管理，确保按规定用途使用；国土资源、建设、林业、旅游、宗教和文物等部门要加强对游览参观点等级的认定和监管；旅游部门要加强对旅行社经营行为的监管；宗教事务部门要规范宗教人士的资格管理。

以上各项落实情况，请各地于2009年4月底前书面报告国务院有关部门。

二〇〇八年四月九日

国家文物局关于发布第一批文物保护工程监理甲级资质单位及部分勘察设计甲级、施工一级资质单位的通知

文物保发〔2008〕27号

各省、自治区、直辖市文物局（文化厅、文管会）：

根据《中华人民共和国文物保护法》、《中华人民共和国文物保护法实施条例》和《文物保护工程管理办法》、《文物保护工程勘察设计资质管理办法》、《文物保护工程施工资质管理办法》、《文物保护工程监理资质管理办法》（试行）的有关规定，经过省级文物行政部门初审、汇总后并通过我局组织的评审、公示，我局决定授予北京市工程咨询公司等29家单位文物保护工程监理甲级资质、授予北京房修艺建筑设计有限责任公司等3家单位文物保护工程勘察设计甲级资质、授予北京东洋机械建筑工程有限公司等14家单位文物保护工程施工一级资质。决定对贵州文物保护研究中心等4家勘察设计甲级资质单位和北京市文物古建工程公司等1家施工一级资质单位的业务范围予以扩展。现将上述名单予以发布（见附件）。

特此通知。

二〇〇八年四月十四日

附件：

一、文物保护工程监理甲级资质单位名单

二、文物保护工程勘察设计甲级资质单位名单

三、增加业务范围的勘察设计甲级资质单位名单

四、文物保护工程施工一级资质单位名单

五、增加业务范围的施工一级资质单位名单

附件一：

文物保护工程监理甲级资质单位名单（共29家）

1. 北京市工程咨询公司

监理范围：古建筑维修保护，近现代文物建筑维修保护。

2. 北京华林源工程咨询有限公司

监理范围：古建筑维修保护，近现代文物建筑维修保护。

3. 北京英诺威建设工程监理有限公司

监理范围：古建筑维修保护，近现代文物建筑维修保护。

4. 北京方亭工程监理有限公司

监理范围：古建筑维修保护，近现代文物建筑维修保护。

5. 河北木石古代建筑设计有限公司

监理范围：古建筑维修保护，近现代文物建筑维修保护，石窟寺和石刻保护，古遗址古墓葬保护。

6. 山西省古建筑工程监理有限公司

监理范围：古建筑维修保护，近现代文物建筑维修保护。

7. 太原市文物考古研究所

监理范围：古建筑维修保护，近现代文物建筑维修保护。

8. 辽宁文博古建工程有限公司

监理范围：古建筑维修保护，近现代文物建筑维修保护，古遗址古墓葬保护。

9. 吉林省工程建设监理有限公司

监理范围：古建筑维修保护，近现代文物建筑维修保护，古遗址古墓葬保护。

10. 上海协同工程监理造价咨询有限公司

监理范围：古建筑维修保护，近现代文物建筑维修保护，古遗址古墓葬保护。

11. 苏州建华建设监理有限公司

监理范围：古建筑维修保护，近现代文物建筑维修保护。

12. 浙江省古典建筑工程监理有限公司

监理范围：古建筑维修保护，近现代文物建筑维修保护，古遗址古墓葬保护。

13. 安徽徽州文物工程勘察设计有限公司

监理范围：古建筑维修保护，近现代文物建筑维修保护。

14. 江西省文物保护中心

监理范围：古建筑维修保护，近现代文物建筑维修保护，古遗址古墓葬保护。

15. 河南东方文物建筑监理有限责任公司

监理范围：古建筑维修保护，近现代文物建筑维修保护，石窟寺和石刻保护，古遗址古墓葬保护。

16. 湖南省文物保护工程有限公司

监理范围：古建筑维修保护，近现代文物建筑维修保护。

17. 云南省昆明劲风建设监理有限公司

监理范围：古建筑维修保护，近现代文物建筑维修保护。

18. 云南城成建设监理有限公司

监理范围：古建筑维修保护，近现代文物建筑维修保护。

19. 佛山市立德工程建设监理有限公司

监理范围：古建筑维修保护，近现代文物建筑维修保护。

20. 四川园冶古建园林设计研究有限公司

监理范围：古建筑维修保护，近现代文物建筑维修保护。

21. 四川省文物考古研究院

监理范围：古建筑维修保护，近现代文物建筑维修保护，石窟寺和石刻保护，古遗址古墓葬保护。

22. 四川省成都市文物考古研究所

监理范围：古建筑维修保护，近现代文物建筑维修保护，石窟寺和石刻保护，古遗址古墓葬保护，壁画保护（含彩画）。

23. 陕西古建设计研究所

监理范围：古建筑维修保护，近现代文物建筑维修保护，石窟寺和石刻保护，古遗址古墓葬保护，壁画保护（含彩画）。

24. 陕西延安中安工程监理有限公司

监理范围：古建筑维修保护，近现代文物建筑维修保护。

25. 甘肃省文物保护维修研究所

监理范围：古建筑维修保护，石窟寺和石刻保护。

26. 甘肃经纬建设监理咨询有限责任公司

监理范围：古建筑维修保护，近现代文物建筑维修保护。

27. 新疆城乡建设工程项目管理有限公司

监理范围：古建筑维修保护，近现代文物建筑维修保护，古遗址古墓葬保护。

28. 福州市古代建筑设计研究所

监理范围：古建筑维修保护，近现代文物建筑维修保护。

29. 河北中原工程项目管理有限公司

监理范围：古建筑维修保护，近现代文物建筑维修保护。

附件二：

文物保护工程勘察设计甲级资质单位名单（共3家）

1. 北京房修艺建筑设计有限责任公司

业务范围：古建筑维修保护，近现代

文物建筑维修保护。

2. 成都市文物考古研究所

业务范围：古建筑维修保护，壁画保护（含彩画），石窟寺和石刻保护，古遗址古墓葬保护。

3. 广州市白云文物保护工程有限公司

业务范围：石窟寺和石刻保护，古遗址古墓葬保护。

附件三：

增加业务范围的勘察设计甲级资质单位名单（共4家）

1. 贵州文物保护研究中心

增加的业务范围：近现代文物建筑维修保护。

2. 江西省文物保护中心

增加的业务范围：文物保护规划编制。

3. 湖南省文物保护工程有限公司

增加的业务范围：近现代文物建筑维修保护。

4. 云南省文物考古研究所

增加的业务范围：壁画保护（含彩画），石窟寺和石刻保护。

附件四：

文物保护工程施工一级资质单位名单（共14家）

1. 北京东洋机械建筑工程有限公司

业务范围：古建筑维修保护，近现代文物建筑维修保护，各类文物保护工程岩土加固。

2. 沈阳故宫古建园林工程有限公司

业务范围：古建筑维修保护，近现代文物建筑维修保护。

3. 沈阳故宫古建筑有限公司

业务范围：古建筑维修保护，近现代文物建筑维修保护。

4. 青岛五环房屋装潢工程公司

业务范围：近现代文物建筑维修保护（限青岛市）。

5. 青岛东亚建设工程有限公司

业务范围：近现代文物建筑维修保护（限青岛市）。

6. 江门市南秀古建筑石雕园林工程有限公司

业务范围：近现代文物建筑维修保护（限开平碉楼与村落）。

7. 广州市白云文物保护工程有限公司

业务范围：古建筑维修保护，近现代文物建筑维修保护，石窟寺和石刻保护，古遗址古墓葬保护。

8. 湖北太岳园林古建工程有限公司

业务范围：古建筑维修保护。

9. 云南通海秀山园林古建筑工程有限公司

业务范围：古建筑维修保护。

10. 陕西咸阳古建集团有限公司

业务范围：古建筑维修保护。

11. 青海塔尔寺古建筑工程有限公司

业务范围：古建筑维修保护（限塔尔寺）。

12. 西藏宏发建筑工程有限公司

业务范围：古建筑维修保护。

13. 西藏日喀则地区扎寺古建筑工程有限公司

业务范围：古建筑维修保护。

14. 新疆建工集团第六建筑工程有限责任公司

业务范围：古建筑维修保护。

附件五：

增加业务范围的施工一级资质单位名单（共1家）

1. 北京市文物古建工程公司

增加的业务范围：石窟寺和石刻保护，壁画保护（含彩画）。

国家文物局关于加强20世纪遗产保护工作的通知

文物保发〔2008〕28号

各省、自治区、直辖市文物局（文化厅、文管会）：

20世纪遗产是20世纪文明创造的历史见证，是文化遗产的重要组成部分，对于研究这一时期的政治、经济和社会发展历程具有重要意义。保护20世纪遗产可以使人类发展记录更加完整，社会教育功能更加完善，城市特色更加鲜明，是文化遗产保护理念发展的必然要求，具有重大的现实意义和深远的历史意义。

当前，我国正处在经济高速发展时期，城市化进程不断加快，一些地方的20世纪遗产面临着被遗弃、拆毁和改造的威胁。由于保护观念的滞后、认定标准的空白、法律支撑的缺失、技术手段的匮乏以及一些不合理的利用方式，导致大量具有重要价值的20世纪遗产正在加速消亡，抢救和保护工作日趋紧迫。为了进一步加强20世纪遗产保护，特就相关工作通知如下：

一、提高认识，充分重视20世纪遗产的保护工作

各地文物行政部门应当统一思想，提高认识，充分认识到20世纪遗产保护工作的重要性和紧迫性，及时将20世纪遗产保护作为当前文化遗产保护工作的重要内容，制订切实可行的20世纪遗产保护工作计划。同时积极争取各级地方人民政府的支持，会同并配合有关部门，将20世纪遗产保护纳入当地经济和社会发展规划以及城乡建设总体规划。

二、加强研究，积极探索20世纪遗产保护理论和方法

各地文物行政部门应积极加强与高校、科研机构及其他相关单位的合作，组织多学科研究，吸收和借鉴国外相关研究成果与经验，在整体把握20世纪遗产产生的历史背景和社会条件的基础上，逐步建立和完善20世纪遗产保护的理论和技术体系。应重点加强20世纪遗产认定标准与价值评估体系等基础理论、方法的研究，同时应针对20世纪遗产广泛采用新材料、新工艺和新设计理念的特点，抓紧制订相关的保护标准和技术规范，积极探索有效的保护技术手段。

三、积极开展20世纪遗产的普查和评估工作

各地文物行政部门应抓紧部署，将20世纪遗产普查作为第三次全国文物普查的一项重要工作内容。通过普查，力求全面准确掌握我国20世纪遗产的保存现状，并在科学评估的基础上，对20世纪遗产予以登记，认定为不可移动文物，并将其中具有重要价值的部分公布为相应级别的文物保护单位，并积极做好重要20世纪遗产申报第七批全国重点文物保护单位的准备工作。

各地还应该结合实际情况，制订工作计划，逐步开展20世纪遗产中可移动文物和非物质文化遗产的调查与评估工作。

四、有效开展20世纪遗产的合理利用工作

各地文物行政部门应结合城市文化建设，积极引导对20世纪遗产的合理利用，规范对20世纪遗产的改造和功能转换，避免由于不当的干预或使用，导致遗产价值的损失。应积极探索对已丧失原使用功能的20世纪遗产的保护实践，确保其延续性。应依托20世纪遗产大力推进20世纪历史题材博物馆建设，并争取将其列为爱国主义教育基地或学生素质教育基地。应重视各级文物保护单位中20世纪遗产的保护和管理工作，积极采取必要的保护措施，避免因得不到及时有效的保护而遭受破坏。

五、广泛宣传，引导公众关注和参与20世纪遗产保护工作

各级文物行政部门应积极采取多种形式，向公众介绍和展示20世纪遗产丰富的历史价值和文化内涵，宣传保护20世纪遗产的重要意义，增强公众的保护意识。同时，应采取必要措施，拓宽公众参与保护的渠道，充分调动公众参与20世纪遗产保护工作的积极性和主动性，形成广泛的合力，为20世纪遗产保护营造有利的社会环境，奠定坚实的群众基础，推动我国20世纪遗产保护工作的顺利开展。

特此通知。

二〇〇八年四月二十二日

国家文物局关于推进地市文博单位管理干部和全国重点文物保护单位保护管理机构负责人培训工作的意见

文物人发〔2008〕30号

各省、自治区、直辖市文物行政部门：

党的十七大报告提出“推动社会主义文化大发展大繁荣”、“兴起社会主义文化建设新高潮”的新要求，把“重视文物和非物质文化遗产保护”和“建设中华民族共有精神家园”作为全党全国工作目标之一，为文化遗产事业发展指明了方向。实现上述目标，迫切需要培养造就一支高素质文化遗产工作者队伍。加强文博干部教育培训工作，提高队伍整体素质，为文化遗产事业的科学发展提供智力支持和人才保证，是一项非常重要的基础工作。

党的十六大以来，国家文物局认真贯彻《中共中央、国务院关于进一步加强人才工作的决定》、《国务院关于加强文化遗产保护的通知》，落实中共中央印发的《干部教育培训工作条例（试行）》，着眼于文化遗产事业发展的战略需要，下大气力，采取有效措施加强文博干部教育培训工作。经过5年的努力，已经基本实现省、自治区、直辖市和计划单列市文博单位管理干部轮训一遍的目标。在此基础上，推进地市文博单位管理干部和全国重点文物保护单位保护管理机构负责人培训工作，成为今后3年文博教育培训工作的重点。

地市文博单位管理干部（指地市、地州文化文物行政部门负责人、博物馆馆长、文保所所长）是文物保护工作承上启下的重要环节，全国重点文物保护单位保护管理机构负责人处在文物保护工作第一线。加强这些部门和机构的干部培训，有利于促进《文物保护法》和文物工作方针在基层贯彻落实，有利于增强文博干部队

伍能力和素质，有利于提高文物保护工作整体水平。

为推进地市文博单位管理干部和全国重点文物保护单位保护管理机构负责人培训工作，力争取得实效，提出如下意见：

一、以邓小平理论和“三个代表”重要思想为指导，贯彻落实科学发展观的要求，认真贯彻党的十七大精神，按照中共中央关于大规模培训干部、大幅度提高干部素质的要求，以加强能力建设为重点，以提高队伍素质为核心，力争在“十一五”期间对全国地市文博单位管理干部和全国重点文物保护单位保护管理机构负责人全部培训一次，为文物事业的改革和发展提供人才保证和智力支持。

二、国家文物局负责规划、协调、指导全国地市文博单位管理干部和全国重点文物保护单位保护管理机构负责人培训工作；各省、自治区、直辖市文物行政部门根据本地区的实际情况，积极编制培训规划，按照规划和标准组织实施，形成统一领导、分级负责、通力合作、运转高效的工作机制。

三、注重依托各地高等院校开展培训的模式，充分发挥高等院校教学资源优势。鼓励邻省联合举办培训，以提高效率和质量。

四、课程设置应联系实际，学以致用。紧密结合文物保护工作实际情况，按照《全国地市文博单位管理干部培训教学大纲（试行）》和《全国重点文物保护单位保护管理机构负责人培训核心课程》的要求编制教学方案。培训内容要突出文物保护法律法规、文物保护理念和管理实务。聘请高校教师承担管理学等公共课程教学；聘请专业人员承担文物保护、博物馆专业课程教学；聘请省、自治区、直辖市文物行政部门负责同志承担依法行政课程教学。

五、对参加培训考核合格的学员颁发证书。由国家文物局和省、自治区、直辖市文物行政部门共同颁发《地、市文博管理干部岗位培训证书》，由国家文物局颁发《全国重点文物保护单位保护管理机构负责人岗位培训证书》。

六、培训费用原则上由各省、自治区、直辖市文物行政部门承担，列入本级财政预算。国家文物局区别不同地区对培训经费给予一定比例补助，适当向中西部地区倾斜。要坚持勤俭办事业，严格执行国家有关标准，尽量降低食宿费用在预算中的比重，不得在高档宾馆饭店举办培训。

七、各省、自治区、直辖市文物行政部门要将地市文博单位管理干部和全国重点文物保护单位保护管理机构负责人培训工作列入年度工作计划。举办培训申请应提前半年提交国家文物局，并附详细培训工作方案和经费预算，经国家文物局审核后实施。

八、各省、自治区、直辖市文物行政部门要加强对教育培训工作的领导，指定专人承办此项工作。要统筹规划、落实责任、精心组织、确保实效。要加强制度建设，通过教育培训工作的开展，逐步推行持证上岗制度。

二〇〇八年四月二十二日

关于做好“五一”和奥运会期间文物安全工作，确保文博单位安全的紧急通知

文物政发〔2008〕32号

各省、自治区、直辖市文物局（文管会）、文化厅，局各直属单位：

4月22日晚17时，某开放的世界文化遗产地、全国重点文物保护单位的工作人员在进行例行安全检查时，在一供游客休息的椅子旁发现一个内装5公斤汽油的白色透明塑料桶，保卫人员立即采取措施，启动相应的突发事件应急预案，向公安机关报案，并按要求及时上报。该事件引起文化部和国家文物局领导的高度重视，要求紧急行动起来，高度重视文物安全工作，查堵漏洞，常备不懈，确保“五一”和奥运会期间各文博单位、尤其是各开放单位的安全。

今年以来，各级文物行政部门和各文博单位都在认真贯彻党中央、国务院关于加强安全生产工作的部署，积极推进“隐患治理年”的各项工作。4月17日，国务院办公厅印发了《关于开展安全生产百日督查专项行动的通知》（国办发明电〔2008〕22号），要求进一步加大工作力度，有效遏制重特大事故的发生，保障奥运会的顺利举办。我局也有针对地印发了《关于加强文物消防工作的紧急通知》（文物政发〔2008〕9号）和《关于加强突发事件应急预案制定和落实确保文物安全的紧急通知》（文物政发〔2008〕11号），要求各省级文物行政部门组织开展安全检查工作，并将安全检查情况报我局，大部分省级文物行政部门立即进行贯彻落实，通过安全检查消除了一批安全隐患，加强了安全基础设施建设，文物安全工作取得一定实效，现已有北京、辽宁等20个省、自治区、直辖市的文物行政部门按要求将安全检查情况报我局，但仍然有部分文物行政部门没有高度重视文物安全工作，领导不力、措施不落实、责任不落实，至今没有按要求上报安全检查情况。

文物安全工作是文物工作的生命线，各级文物行政部门的主要领导是文物安全工作的第一责任人，文物安全工作的一票否决制必须得到落实。“五一节”和奥运会即将到来，现将有关事项紧急通知如下：

一、立即将本通知精神传达到行政区内的所有文博单位，包括有文物藏品的图书馆、美术馆和其他行业的文物收藏单位，文物保护单位的相关使用单位。

二、各级文物行政部门和文博单位要立即采取措施，尤其是对外开放的单位要进一步规范安全管理制度，提高认识，加强对职工的宣传教育和应对突发事件处置的培训演练，健全值班和巡查制度，落实安全责任。重要的开放单位可考虑设置安检设施，防止将易燃易爆、化学危险品等带入文博单位，提高警惕，防止敌对势力的破坏行为，确保游客和文物安全。

三、对在安全检查中发现的问题，应及时向当地政府报告，加强监督检查，积极整改，保障经费，落实责任。对安全隐患整改不力，态度消极的单位和人员要依法、依纪，坚决处理。

近期国家文物局将组织对有关奥运比赛的城市（北京、天津、上海、沈阳、青岛、秦皇岛）和游客集中的一些文博单位

进行专项安全检查工作，重点是对消防、安防设施建设和各类突发事件应急预案的制定和演练情况进行检查，请有关文物行政部门做好工作计划，加强自查，周密部署，突出重点，务求实效，确保不留安全死角，确保安全。

特此通知。

二〇〇八年四月二十五日

国家文物局关于发布首批国家一级博物馆名单的决定

文物博发〔2008〕35号

各省、自治区、直辖市文物局（文化厅、文化局）、文管会、各有关博物馆：

为认真贯彻党的十七大精神，推动社会主义文化大发展、大繁荣、加快我国博物馆事业的发展，促进博物馆体制机制改革，完善博物馆社会和行业评价体系，不断提升博物馆管理水平和服务质量，充分发挥博物馆在建设社会主义和谐社会中的积极作用，国家文物局于2008年2月启动了全国首批国家一级博物馆评估定级工作。根据《全国博物馆评估办法（试行）》的规定，经博物馆自评申报，省级文物行政部门评估推荐，专家评议审定，国家文物局研究决定故宫博物院等83家为首批国家一级博物馆。

二〇〇八年五月十六日

国家一级博物馆名单

（按行政区划排列，共83家）

中央部门　故宫博物院
中国科学技术馆
中国地质博物馆
中国人民革命军事博物馆
中国航空博物馆
北京鲁迅博物馆

北京市　首都博物馆
北京自然博物馆
中国人民抗日战争纪念馆
北京天文馆
周口店猿人遗址博物馆

天津市　天津博物馆
天津自然博物馆

河北省　河北省博物馆
西柏坡纪念馆

山西省　山西博物院
中国煤炭博物馆
八路军太行纪念馆

内蒙古自治区　内蒙古博物院

辽宁省　辽宁省博物馆
沈阳“九·一八”历史博物馆
抗美援朝纪念馆
旅顺博物馆

吉林省　吉林省自然博物馆

黑龙江省　东北烈士纪念馆
大庆铁人王进喜纪念馆
爱辉历史陈列馆
上海市上海博物馆
上海鲁迅纪念馆
中共一大会址纪念馆

江苏省　南京博物院
侵华日军南京大屠杀遇难同胞纪念馆
南通博物苑
苏州博物馆
扬州博物馆

浙江省　浙江省博物馆

安徽省　安徽省博物馆
福建省　福建博物院
古田会议纪念馆
泉州海外交通史博物馆
华侨博物院（厦门）
江西省　井冈山革命博物馆
江西省博物馆
瑞金中央革命根据地纪念馆
南昌八一起义纪念馆
山东省　中国海军博物馆
青岛市博物馆
中国甲午战争博物馆
青州市博物馆
河南省　河南博物院
郑州博物馆
洛阳博物馆
南阳汉画馆
湖北省　湖北省博物馆
荆州博物馆
武汉市博物馆
湖南省　湖南省博物馆
韶山毛泽东同志纪念馆
刘少奇同志纪念馆
广东省　广东省博物馆
西汉南越王博物馆
孙中山故居纪念馆
广西壮族自治区　广西壮族自治区博物馆
重庆市　重庆中国三峡博物馆
四川省　自贡恐龙博物馆
广汉三星堆博物馆
贵州省　遵义会议纪念馆
云南省　云南省博物馆
云南民族博物馆
西藏自治区　西藏博物馆
陕西省　陕西历史博物馆
秦始皇兵马俑博物馆
延安革命纪念馆
汉阳陵博物馆
西安碑林博物馆
西安半坡博物馆
甘肃省　甘肃省博物馆
宁夏回族自治区　固原博物馆
新疆维吾尔自治区　新疆维吾尔自治区博物馆

国家文物局关于公布全国重点文物保护工程方案审核专家库和顾问名单的通知

文物保发〔2008〕38号

各省、自治区、直辖市文物局（文化厅、文化局），文管会：

全国重点文物保护工程方案审核专家库和全国重点文物保护工程方案审核顾问名单于2008年5月5日经国家文物局第6次局务会议审议通过，现予公布。请各相关省级文物行政部门在审核全国重点文物保护单位保护工程方案时，依照《文物保护工程审批管理暂行规定》（文物保发〔2008〕19号），聘请全国重点文物保护工程方案审核专家库相关专家参与方案审核，审核方式应以现场论证为主。遇有重大工程或技术难题时，可以向全国重点文物保护工程方案审核顾问咨询。专家库实行动态管理，我局将适时对专家库名单予以增补和调整。

特此通知。

二〇〇八年五月二十三日

全国重点文物保护工程方案审核专家库名单

（以姓氏笔画为序）

文物保护规划（37人）

王力军　王景慧　付清远　田　林
乔云飞　任毅敏　刘克成　刘智敏
华　超　吕　舟　朱光亚　朱宇华
汤羽扬　吴　锐　宋晓龙　应金华
张　杰　张之平　张书恒　张立方
张宪文　李小宁　杜启明　杨　林
沈　阳　陈同滨　陈　薇　罗佳明
郑　军　侯卫东　赵中枢　项瑾斐
郭　旃　黄　滋　董　卫　韩　扬
魏　青

古建筑（54人）

丁　燕　马炳坚　方咸达　王贵祥
王效清　王晶辰　付清远　田　林
乔云飞　任毅敏　刘大可　刘国宾
刘智敏　吕　舟　朱小南　朱光亚
朱宇华　汤羽扬　吴　晓　吴　锐
张之平　张书恒　张立方　张克贵
张宪文　李　卫　李小宁　李永革
李会智　李向东　李炳南　杜启明
杨　新　杨新寿　沈　阳　陈文忠
陈木霖　陈　薇　林其浩　郑力鹏
侯卫东　祝建华　胥蜀辉　贺　林
徐少平　徐会臣　晋宏逵　袁毓杰
高洪莉　黄　滋　龚　良　韩　扬
黎冬青　魏　青

近现代建筑（48人）

孔祥民　方咸达　王树春　王晶辰
兰立志　永昕群　田　林　乔云飞
任毅敏　刘克成　刘国宾　刘昌兵
刘智敏　吕　舟　朱光亚　朱宇华
吴　晓　吴　锐　张之平　张书恒
张立方　张克贵　张宪文　李　卫
李　非　李小宁　李向东　李炳南
杨新平　杨新寿　沈　阳　陈　平
陈　易　林其浩　郑力鹏　侯卫东
祝建华　贺　林　赵　冬　郝亚民
项瑾斐　倪吉昌　徐少平　高洪莉
黄　滋　韩　扬　黎冬青　魏　青

岩土工程（11人）

于绍奉　王　斌　王金华　兰立志
冯水滨　牟会宠　李传珠　李宏松
陈　平　赵　冬　黄继忠

保护技术（18人）

万　俐　马　涛　马清林　王旭东
冯耀川　白崇斌　齐　扬　余剑明
杨军昌　汪万福　陈　青　周　铁
郑　军　姚青芳　袁传勋　黄继忠
詹长发　潘　路

防护设施工程（10人）

王　兮　史彦林　白丽娟　张克贵
杜绍镕　杨志蓬　陈朝武　郝文起
袁绳依　濮容生

全国重点文物保护工程方案审核顾问名单

（以姓氏笔画为序）

马家郁　孔祥祯　王丹华　王世仁
王仲杰　王瑞珠　余鸣谦　张生同
李竹君　李最雄　杜仙洲　杨玉柱
杨鸿勋　陆寿麟　陈肇元　周干峙
孟繁兴　罗哲文　郑孝燮　姜怀英
柯　俊　奚三彩　徐苹芳　徐毓明
柴泽俊　宿　白　崔兆忠　黄克忠
黄景略　傅熹年　谢辰生　樊锦诗

国家文物局关于加强馆藏文物借用管理工作的通知

文物博发〔2008〕42号

各省、自治区、直辖市文物局、文管会（文化厅、局），各直属博物馆：

根据《中华人民共和国文物保护法》有关规定，结合当前博物馆免费开放的实际需要，为进一步规范馆藏文物（含标本等藏品）的借用行为，促进馆际文物资源的整合，提升博物馆的社会教育和文化传播功能，现就加强馆藏文物借用管理的有关事项通知如下：

一、馆藏文物借用的许可权限

按照《中华人民共和国文物保护法》第四十条的规定，自本通知发布之日起，国有文物收藏单位之间因举办展览、科学研究等需借用馆藏文物的，应当报主管的文物行政部门备案；借用馆藏一级文物的，应当经省、自治区、直辖市人民政府文物行政部门批准，并报国家文物局备案。

非国有文物收藏单位和其他单位举办展览需借用国有馆藏文物的，应当报主管的文物行政部门批准；借用国有馆藏一级文物，应当经国家文物局批准。

两家或多家文物收藏单位利用本单位文物联合举办展览，应由办展单位报其行政主管部门批准。

二、馆藏一级文物借用许可程序

（一）申请：根据属地管理原则，文物收藏单位之间需借用馆藏一级文物的，应由文物借出单位向所在地的省级文物行政部门提出申请。

（二）审核：省级文物行政部门接到文物借用申请后，应当对其申请材料进行审核。材料不齐全或不符合要求的，应不予受理。若借用的馆藏文物属于后文第四条所列限制范围的，应由借出单位所在地的省级文物行政部门组织3名以上文物科技保护和博物馆方面的专家，对该文物的现状、可否外借进行评估，并出具书面评估意见。

（三）批复：省级文物行政部门根据对相关材料的审核结果，作出是否许可借用的批复，并以书面形式告知申办单位。非国有文物收藏单位和其他单位需借用国有馆藏一级文物，经省级文物行政部门审核后，报国家文物局批准。

（四）备案：省级文物行政部门应将馆藏一级文物借用的批准文件和所受理的全部申请材料，报国家文物局备案。

三、馆藏一级文物借用申请材料

（一）借用国有馆藏一级文物申请书。包括：借出文物的原因、去向、用途、期限、档案（复印件），借用文物的补偿方式；

（二）专家评估意见；

（三）借用合同（样本见附件）；

（四）借入单位文物保存条件和保障安全措施说明；

（五）文物目录清单，包括文物名称、质地、年代、级别、来源、尺寸、完残情况，并附文物照片；

（六）借入方单位的性质、基本情况简介等；

（七）借出方行政主管部门审核同意的文件。

四、馆藏文物借用的限制范围

下列材质和范围的馆藏珍贵文物的借用，应严格限制。确需外借的，必须组织3名以上文物科技保护、博物馆方面的专家，进行现场评估。

（一）简牍、帛书；

（二）元代以前的书画、缂丝作品；

（三）孤品；

（四）唐写本、宋刻本古籍；

（五）宋代以前的大幅完整丝织品；

（六）唐以前的泥塑造像；

（七）民族、宗教文物中的敏感文物。

五、境外借用馆藏文物的审批

国内文物收藏单位将文物借予境外文博单位办展，或开展科学研究，应严格按照《中华人民共和国文物保护法》及实施条例、《文物出境展览管理规定》等有关法律法规的规定，办理相关手续。

各地文物行政部门要高度重视馆藏文物的借用工作，认真研究本行政区域内馆际文物借用的特点和发展趋势，立足文物安全，切实加强对文物借用活动的管理和引导，促进博物馆的文物资源整合，创造更多更好的博物馆文化产品，满足公众精神文化需求。

二〇〇八年六月十三日

国家文物局关于表彰文物系统抗震救灾先进集体、先进个人的决定

文物人发〔2008〕41号

各省、自治区、直辖市文物行政部门：

5月12日，四川省汶川地区发生里氏8.0级特大地震。面对这场突如其来的地震灾害，在党中央、国务院和中央军委的正确领导下，全党全军全国各族人民全力投入抗震救灾工作。灾区广大文物工作者临危不惧、不怕牺牲、忠于职守、坚守岗位，积极抢救人民群众生命财产，积极抢救保护文化遗产，彰显了文物工作者对国家和事业的忠诚，涌现出一批可歌可泣的先进集体和先进个人。

为表彰先进，激励文物系统广大干部职工全力投入抗震救灾工作，国家文物局决定，授予四川省绵阳市文物管理局等11个单位“文物系统抗震救灾先进集体”荣誉称号，授予四川省都江堰市灵岩山文物管理所张秀等19人“文物系统抗震救灾先进个人”荣誉称号。希望受表彰的先进集体和个人，珍惜荣誉，在今后的工作中取得更大的成绩。

当前，抗震救灾形势依然严峻，灾后重建任务十分艰巨，全国各文博单位、广大文物工作者要积极行动起来，以受表彰的先进集体和个人为榜样，紧密团结在以胡锦涛同志为总书记的党中央周围，万众一心、百折不挠，积极投身抗震救灾斗争，积极支援灾区建设，保护好国家珍贵文化遗产，夺取抗震救灾斗争的全面胜利，为文化遗产保护事业做出更大贡献。

附件：

1. 文物系统抗震救灾先进集体名单
2. 文物系统抗震救灾先进个人名单

国家文物局

二〇〇八年六月十三日

附件 1

文物系统抗震救灾先进集体名单

四川省成都市都江堰市文物管理局
四川省德阳市什邡县文物管理所
四川省绵阳市文物管理局
四川省广元市青川县文物管理所
四川省雅安市汉源县文物管理所
四川省阿坝州茂县羌族博物馆
四川省阿坝州汶川县文物管理所
四川省绵阳市平武县报恩寺博物馆
重庆市红岩联线文化发展管理中心
陕西省宝鸡市文物事业管理局
甘肃省陇南市成县博物馆

附件 2

文物系统抗震救灾先进个人名单

张　秀　四川省成都市都江堰市灵岩山文物管理所所长、支部书记

卞再斌　四川省成都市都江堰市文物局党总支书记、常务副局长

刘学勤　四川省成都市都江堰市文物管理局保管员

杨　东　四川省成都市杜甫草堂博物馆宣教部副科长、彭州市磁峰镇滴水村党支部副书记（挂职）

丁武明　四川省成都市彭州市文物保护管理所所长

谢之战　四川省德阳市绵竹县文物管理所副所长

王锡鉴　四川省绵阳市文物管理局局长

高泽友　四川省绵阳市北川羌族自治县民俗博物馆馆长

张　敏　四川省绵阳市江油市文物管理所所长

李　蓉　四川省广元市青川县文物管理所所长

卫洪强　四川省雅安市汉源县文物管理所所长

邓　勇　四川省阿坝州文物管理所办公室主任

蔡　清　四川省阿坝州茂县羌族博物馆馆长

银福忠　四川省阿坝州理县文物管理所员工

董旭梅　四川省阿坝州汶川县文物管理所管理员

窦友华　陕西省汉中市宁强县博物馆管理员

廖北远　甘肃省文物局副局长

苟长途　甘肃省陇南市康县文化体育局局长

何晓虹　甘肃省陇南市宕昌县哈达铺红军长征纪念馆馆长

国家文物局关于做好汶川地震灾后文物抢救保护工作的意见

文物办发〔2008〕43 号

各省、自治区、直辖市文物局（文化厅、文化局、文管会）：

在党中央、国务院的坚强领导下，全国文物系统前一阶段抗震救灾工作有序有力有效推进，取得了重要阶段性成果。当前，抗震救灾形势依然严峻，任务十分艰

巨。为进一步做好汶川地震灾后恢复重建中的文物抢救、保护工作，现提出如下意见：

一、进一步提高认识，高度重视灾后恢复重建中的文物抢救、保护工作。

各级文物行政部门要认真学习、贯彻中共中央、国务院近期在京召开的省区市和中央部门主要负责同志会议上胡锦涛总书记作出的重要部署和温家宝总理的重要讲话精神，认真贯彻中央政治局常委会议和国务院抗震救灾总指挥部会议关于抗震救灾工作的一系列重要部署。认清形势，统一思想，提高认识，明确任务。要充分认识灾后恢复重建中做好文物抢救、保护工作的重要性、紧迫性、长期性和艰巨性，进一步增强做好抢救、保护工作的责任感、紧迫感和使命感，将其作为当前全国文物系统的一项重要工作抓紧抓好。

二、受灾省文物行政部门要在全面评估、科学论证的基础上，认真组织做好灾后恢复重建文物抢救保护规划的编制工作，并切实提出文物抢救、保护项目需求。

要认真落实国务院《汶川地震灾后恢复重建条例》中关于文化遗产抢救保护的有关规定和《国家汶川地震灾后重建规划工作方案》的要求，将灾后恢复重建文物抢救保护规划纳入《公共服务设施建设规划》。受灾省文物行政部门作为《公共服务设施建设规划》的编制部门之一，要积极动员和组织有关专业机构全面开展地震灾害文物受损调查评估工作，确保数据资料的真实性、准确性、及时性和评估结论的可靠性，并在此基础上加强与有关部门的协作，保质、按时完成《灾后恢复重建文物抢救保护规划》的编制和论证。

要在摸清和评估当地文物、博物馆实际受损情况的基础上，区分轻重缓急，对需要开展抢救保护的项目进行分类、分县汇总并列明技术和资金等具体需求，以利于尽可能争取各级政府和社会（包括国内外）的支持。

三、承担对口支援任务省市的文物行政部门要坚决贯彻落实党中央、国务院关于对口支援灾区的指示精神，积极争取将对应受援县市的文物抢救、保护项目纳入本省市对口支援的范围之内。

要主动联系受援县市和省级文物行政部门，详尽了解受援县市文物受灾情况和抢救、保护工作的各项需求，制定可行的援助工作计划。

要明确对口支援省市和受援县市的责任，并依此建立对口支援的领导和工作机制，力争将受援县市文物抢救、保护项目纳入对口支援省市的对口支援范围之内，落实任务和完成任务所需的资金、队伍等，尽快开展工作。工作进展要及时报送国家文物局和当地省政府对口支援工作主管部门。

四、全国文物系统（包括有对口支援任务省市）的广大干部职工，要进一步积极响应党中央、国务院的号召，发扬文物系统的光荣传统，掀起支援灾区文物抢救、保护工作的新高潮。

有条件的省市区文物行政部门要紧急调动人力、物力、财力、智力等多种力量，合理配置，精心组织、协调当地支援灾区文物抢救保护的工作。各级博物馆、具有文物保护工程甲级勘察设计、一级施工资质、可移动文物设计、修复资质的单位和国家文物局各重点科研基地等单位，要根据自身条件，积极认定支援项目，从落实项目、承担队伍、项目负责人和技术等方面入手，与受援地区文物行政部门形成良好对接协作机制。支援省份省级文物行政部门要向国家文物局定期报送支援工作实施进展情况。

五、国家文物局作为国家汶川地震灾后重建规划组的成员单位，将按照灾后重建规划工作方案的要求，积极主动协调中央有关部门和单位以及受灾省份和各支援省市区，做好灾后文物重建规划编制、论证工作。国家文物局也将在调查研究的基础上，向国家有关部门如实反映文物受灾和灾后抢救保护工作的紧迫需求，争取最大的支持。同时，本着依法合规和特事特办的原则，国家文物局也将为灾后恢复重建工作中文物抢救、保护项目建立快速工作机制，减少审批环节，简化报批材料，调整审批程序，保证及时高效处理相关事宜。

全国文物系统支援地震灾区任务艰巨，责任重大，使命光荣，时间紧迫。我们坚信，有党中央、国务院的坚强领导，有全国文物系统的精心组织、密切配合，我们一定能够圆满完成地震灾区文物抢救、保护工作的各项任务，为地震灾区的全面恢复重建，为夺取抗震救灾斗争的最终胜利，做出重大贡献。

二〇〇八年六月十九日

国家文物局关于注意收集第三次全国文物普查过程中各类纪念物证的通知

办普查函〔2008〕699 号

各省、自治区、直辖市文物局（文化厅、文管会）、普查办：

2007 年 4 月 4 日，第三次全国文物普查启动以来，在各方面共同努力下，文物普查第一阶段各项任务基本完成，现已全面进入第二阶段即实地文物调查阶段。

为真实记录在田野一线工作普查队员不辞辛苦、勤劳敬业的工作精神和真实的工作过程，展示普查过程中新技术的应用，介绍普查工作重大成果，宣传普查工作中涌现出来的先进人物、事迹，反映社会公众对普查工作的积极参与，增加整个社会对文物普查工作的关注和了解，我办拟在适当时机举办“第三次全国文物普查工作阶段成果展”，多角度向社会宣传第三次全国文物普查工作。

各级普查机构应注意对普查过程特别是实地文物调查中普查队员使用的各种物品或器材的收集和整理工作，认真做好各类真实反映田野调查工作和生活中有纪念意义或代表性物品的保管和收藏工作。重点做好以下几类物品的收集保存工作：

一、反应普查队员在实地调查中的真实生活写照，普查队员在调查过程中使用的各种生活用品，如服装、鞋帽、旗帜等；

二、普查队员记录的各种文字材料，如工作日记、心得体会、文学作品、填写的普查登记表等；

三、普查队员在调查过程中使用的各种工具，特别是能体现新技术、新方法在普查工作中应用的各类设备器材，如电脑、相机、GPS、测距仪等；

四、各地区制作的文物普查宣传用品，如宣传海报、宣传横幅、图片、徽章等；

五、运用照片、文字描述等多种形式记录实地文物调查中重大的普查成果。

特此通知。

二〇〇八年八月六日

国家文物局关于加强文物拍卖标的审核备案工作的通知

文物博发〔2008〕52号

各省、自治区、直辖市文物局（文化厅、文管会）：

近年来，各级文物行政部门按照《文物保护法》有关规定要求，努力做好文物拍卖标的审核备案工作，制止拍卖出土、出水文物或以出土文物名义进行宣传等违法行为，取得了明显成效。

同时，文物拍卖活动中仍然存在一些违规现象，如文物拍卖标的申报不及时，申报材料不全，利用联合拍卖、异地拍卖规避监管，超范围经营等，影响了文物拍卖市场的正常秩序。

为进一步规范文物拍卖标的管理，明确文物拍卖标的审核备案程序，现就加强文物拍卖标的审核备案工作的有关要求通知如下：

一、具有文物拍卖资质的企业（以下简称拍卖企业）应报请住所地的省级文物行政部门审核文物拍卖标的，并提供相关资料（包括每一件文物拍卖标的的名称、年代、质地、作者、规格和图片）。

二、联合拍卖文物的拍卖企业，如其住所地均在同一省、自治区、直辖市（以下简称省），应共同报请该省级文物行政部门审核文物拍卖标的。

如其住所地不在同一省，其中一家或多家拍卖企业住所地与拍卖地在同一省的，应共同报请该省级文物行政部门审核文物拍卖标的；拍卖企业住所地与拍卖地均不在同一省的，应分别报请住所地省级文物行政部门审核文物拍卖标的。

联合拍卖文物的拍卖企业，均应具备文物拍卖资质。其文物拍卖资质范围不同的，按照资质最低的一方确定文物拍卖资质。

三、拍卖企业在住所地以外的省拍卖文物，其住所地省级文物行政部门审核文物拍卖标的，应将审核意见抄送拍卖地省级文物行政部门；也可在收到拍卖申请后5个工作日内，经商拍卖地省级文物行政部门同意，委托后者审核文物拍卖标的。

拍卖地省级文物行政部门应在接受委托之日起15个工作日内，将文物拍卖标的审核意见书面告知申请企业，并抄送拍卖企业住所地省级文物行政部门。

四、省级文物行政部门应组织有关文物专业机构或专家，对文物拍卖标的进行实物审核，并将审核意见书面告知申请企业。

文物拍卖标的审核意见应明确每件拍卖标的是否允许拍卖。不允许拍卖的，应说明理由。

五、省级文物行政部门最迟应在拍卖公告发布前10个工作日，将文物拍卖标的审核意见和资料（含纸件一式二份，电子件一份）报送至国家文物局备案。

如认为文物标的不应拍卖，国家文物局将在收到备案文件后10个工作日内，将意见书面告知省级文物行政部门。未书面告知备案意见的，视为同意。

六、拍卖企业在住所地以外的省拍卖文物的，应在报请住所地省级文物行政部门审核文物拍卖标的的同时，将文物拍卖标的资料报拍卖地省级文物行政部门备案。

拍卖地省级文物行政部门认为文物标的不应拍卖的，应在收到备案文件后15个工作日内，将备案意见书面告知拍卖企业及其住所地省级文物行政部门，并抄报国家文物局。未书面告知备案意见的，视为同意。

七、国家文物局认为文物标的不应拍卖并出具书面意见的，相关省级文物行政部门应及时告知拍卖企业，并监督拍卖企业予以撤拍。

八、拍卖企业违反上述规定，未将文物拍卖标的报请有关文物行政部门审核、备案的，有关文物行政部门应当责令改正，或提请工商行政管理部门予以行政处罚；情节严重的，由国家文物局吊销文物拍卖许可证。

有关文物行政部门违反上述规定，未依法履行文物拍卖标的审核、备案工作的，对负有责任的主管人员和其他直接责任人员，依法给予行政处分。

请各单位高度重视文物拍卖标的审核备案工作，加强管理，促进文物拍卖市场健康有序发展。

二〇〇八年九月十一日

国家发展改革委、中宣部、财政部、国家旅游局、教育部、民政部、住房城乡建设部、交通运输部、铁道部、文化部、民航局、国家文物局、中央文献研究室、中央党史研究室印发《关于进一步促进红色旅游健康持续发展的意见》的通知

发改社会〔2008〕2464号

各省、自治区、直辖市及新疆生产建设兵团、大连市、青岛市、宁波市发展改革委、党委宣传部、财政厅（局）、旅游局、教育厅（局）、民政厅（局）、建设厅（委、局）、交通厅（委、局）、文化厅（局）、文物局、党史研究室、各铁路局、民航各地区管理局及有关机构：

为进一步做好红色旅游工作，经党中央和国务院领导同志同意，现将《关于进一步促进红色旅游健康持续发展的意见》印发你们。请认真贯彻实施《意见》要求，进一步开展有关工作。

附：关于进一步促进红色旅游健康持续发展的意见

二〇〇八年九月十二日

关于进一步促进红色旅游健康持续发展的意见

在党中央、国务院的正确领导下，各地区、各部门认真贯彻执行《2004－2010年全国红色旅游发展规划纲要》（以下简称

《纲要》)，全国红色旅游已初具规模、渐成体系，工作框架基本形成，政治、文化和经济“三大工程”效益显著，《纲要》阶段性目标基本实现。红色旅游作为革命传统教育大众化常态化的新方式，革命历史文化遗产有效保护和持续利用的新途径，革命老区经济社会协调发展的新引擎，发挥了积极作用。红色旅游健康持续发展已具备更加坚实的基础，但也存在一些值得注意的问题，需要进一步深化认识、提升质量、强化宣传、加大投入、健全机制。为更加有效实施《纲要》，进一步促进红色旅游健康持续发展，经党中央和国务院领导同志同意，特提出以下意见。

一、充分认识新形势下发展红色旅游的重要意义

几年来的发展实践充分证明，党中央、国务院做出的发展红色旅游的重要战略决策，已经取得了突出的社会效益和经济效益。红色旅游日益成为新形势下广大人民群众了解我们党领导人民的创业史、革命史、奋斗史，坚持党的领导、巩固党的执政地位的政治工程；日益成为弘扬伟大民族精神、加强全民爱国主义教育特别是青少年思想道德教育、建设社会主义核心价值体系、促进文化大发展大繁荣的文化工程；日益成为推动革命老区经济社会发展，提高老区人民生活水平的经济工程。

在深入贯彻落实科学发展观、建设社会主义核心价值体系的新形势下，要从确保党和国家事业长治久安的战略高度，充分认识发展红色旅游的重大意义。实践表明，强化党的执政意识，巩固党的执政基础，是红色旅游健康持续发展的根本动力；把社会效益放在首位，坚持爱国主义、革命传统教育的正确方向，综合发挥“三大工程”功能，是红色旅游健康持续发展的基本要求；党委领导、政府负责、社会协同、公众参与是红色旅游健康持续发展的重要保证；坚持遵循旅游发展规律，统筹规划、量力而行、因地制宜、融合发展、不断创新，是红色旅游健康持续发展的根本方法。

当前和今后一个时期，促进红色旅游健康持续发展的总体要求是：认真学习贯彻党的十七大精神，高举中国特色社会主义伟大旗帜，以邓小平理论和“三个代表”重要思想为指导，深入贯彻落实科学发展观，紧紧围绕社会主义核心价值体系建设和社会主义文化大发展大繁荣，进一步落实《纲要》提出的目标和任务，加强领导，统筹规划，整合资源，突出特色，提升质量，拓展市场，努力实现红色旅游又好又快地发展。

二、加快提升红色旅游发展质量

促进红色旅游健康持续发展的关键是全面提升红色旅游发展质量，推进产业转型升级，重点做好红色旅游资源保护、精品景区和线路建设、运行机制和发展理念创新、人才队伍建设等工作。

着力加快完善红色旅游资源保护体系。依据《纲要》的精神和原则，加快提升红色旅游资源保护能力，进一步加强对重点革命历史文化遗产的保护、挖掘和整理，进一步科学规范保护设施建设和环境整治工作。切实推进革命历史文物征集工作，结合第三次全国文物普查，积极部署和开展红色旅游资源普查，编制保护名录和保护规划。逐步把反映社会主义时期党的重要活动及建设创业史、体现时代精神的红色资源保护起来，不断丰富完善红色旅游内容和保护体系。

着力加快红色旅游精品体系与配套服务建设。按照爱国主义教育基地、全国重点文物保护单位、国家级风景名胜区、A级旅游景区质量标准化要求，深挖内涵，创新展陈技术，规范导游解说服务，完善标识系统建设，强化景区管理，正确反映中国共产党领导人民进行革命斗争的历史，打造一批富有感染力、震撼力的红色旅游经典景区。按照《纲要》精品线路建设的

总体要求，结合地方实际，适应市场需求，打造一批受广大游客普遍欢迎的红色旅游精品线路。按照建设重点红色旅游片区的总体部署，以核心景区为龙头，加快配套服务体系建设，形成一批主题鲜明、交通顺达的红色旅游目的地。加快完善红色旅游综合交通运输体系，结合交通建设规划，重点推进经典景区之间、经典景区与主要交通干线的连接公路建设以及民航机场建设，积极推动红色旅游列车、红色旅游大巴以及民航支线航班的发展。

着力加强人才队伍与创新能力建设。按照政治合格、业务精湛、作风优良、服务规范的要求，整合党史、革命史、旅游教育培训资源，加快编写培训教材与资料，分级分类做好红色旅游教育培训工作。规范导游员、讲解员的讲解内容，杜绝迷信色彩，保持红色旅游讲解的真实性、客观性、权威性。有条件的旅游院校，要开设红色旅游课程或在相关课程中增加红色旅游内容，扩大在革命老区的招生规模及其对口支援革命老区旅游院校的力度。针对发展红色旅游的具体特点，研究实施人才奖励措施，鼓励发达地区与革命老区干部交流，完善人才管理体制机制，营造合理流动、人尽其才的良好发展环境。推动党史、革命史研究机构，旅游规划设计机构，旅游高校，研究院所，博物馆，纪念馆以及旅游企业，成为红色旅游创新主体，鼓励在理论、技术、产品、服务、保护、宣传营销、发展模式、体制机制等方面积极创新探索，增强红色旅游发展活力与后劲。

三、统筹推进红色旅游融合发展

统筹推进红色旅游与自然生态、历史文化、民族风情、乡村休闲、都市生活等各类旅游资源的融合发展，培育形成红色主题鲜明、内涵丰富、形式多样的复合型旅游产品和线路，满足多样性的旅游市场需求。充分利用和整合提升现有旅游产业服务体系和社会公共服务体系，进一步打破地区壁垒和行政分割，不断创新红色旅游区域合作模式，统筹推进红色旅游与其他旅游融合发展。

要以规划促进红色旅游融合发展。立足经济社会全面、协调、可持续发展的全局，按照形象共塑、产品共用、市场共促、基础共建、信息共享的要求，继续完善和落实重点红色旅游片区规划。要与国民经济社会发展“十二五”规划相衔接，着手启动《纲要》后续规划和建设方案的研究与编制。红色旅游规划的编制与实施，必须做好与常规旅游、土地利用、城乡建设、交通运输、文物与环境保护、经济与社会发展等相关规划的统筹衔接。坚持以规划定项目，强化规划对项目建设的约束力，把融合发展的思路切实落实到项目中去。

四、加大红色旅游投入支持力度

进一步增加资金投入。各地、各部门应按照《纲要》要求，落实红色旅游发展的专项资金和引导资金，鼓励有条件的地方加大资金投入。在年度中央预算内基本建设投资计划中，要提高红色旅游景区基础设施建设投资安排的比例。各地要按照《全国红色旅游重点景区总体建设方案》，认真落实好项目配套资金。继续落实好交通建设资金投入，按规定安排好用于红色旅游经典景区中革命文物保护项目的资金投入，加大对展陈与技术更新的投资力度，把红色旅游宣传推广的投入纳入整体旅游促进与推广年度预算经费中。

拓宽红色旅游融资渠道。有条件的地方政府，可通过专款贴息引导信贷资金投入红色旅游。鼓励有条件的企业和经营性项目通过上市、发行企业债券等现代融资渠道筹措资金。积极引导社会资金投资红色旅游。

稳步推进博物馆、纪念馆免费开放工作。按照中共中央宣传部、财政部、文化部、国家文物局《关于全国博物馆、纪念馆免费开放的通知》的要求，加快研究制定免费开放后展陈服务、宣传推广和奖励激励等有效运行的保障措施。各地要按规定配套专项资金，确保免费开放博物馆、纪念馆工作的顺利运行。

加大政策支持力度。凡纳入全国红色旅游经典景区名录的爱国主义教育基地、博物馆和纪念馆，对其符合条件的收入，可根据现行税制有关规定给予适当减免税优惠。对企事业单位、个人等社会力量通过公益性社会团体或国家机关，向公益性的爱国主义教育基地、博物馆和纪念馆等的捐赠款，可按企业所得税法规定的公益性捐赠的税收优惠政策执行。

五、加强红色旅游宣传推广

各地和各有关部门要加大红色旅游宣传力度，新闻媒体要深入宣传发展红色旅游的重要意义和政策措施，积极介绍红色旅游经典景区、精品线路和重点红色旅游地区，及时推广各地开展红色旅游的好经验好做法。鼓励和支持各类网站开设专版专栏宣传推广红色旅游，开展网上交流互动，建设网上红色旅游宣传推广平台。

文化和广播影视、新闻出版等部门要结合重大纪念活动，及时组织创作群众喜爱的“红色经典”文艺作品，有条件的红色旅游景区，要积极编排红色剧目，创建“红色舞台”。

各地要充分利用多种宣传手段，做好红色旅游的社会宣传。有条件的地方可结合重大纪念日组织红色旅游主题活动。

六、完善发展红色旅游的体制机制

进一步加强发展红色旅游工作的领导和组织协调。各成员单位要分工协作，主动开展工作，切实履行职能，形成工作合力。各地要在党委政府的领导下，因地制宜地建立健全红色旅游工作协调领导机构，要有专人负责和具体工作方案，切实发挥作用。

进一步加强红色旅游配套政策协调。各地区、各部门要进一步完善促进红色旅游健康持续发展的政策，把支持红色旅游的政策统筹纳入本地政治、经济、社会、文化、环境保护的总体政策体系，形成政策合力。

进一步加强各级红色旅游工作协调小组办公室建设。要完善红色旅游信息交流制度，加强红色旅游调研和统计工作，全面掌握红色旅游发展情况，更好发挥办公室的职能和作用。

国家文物局关于审定文物进出境审核机构资质的通知

文物博发〔2008〕59号

各省、自治区、直辖市文物局（文化厅、文管会）：

为加强文物进出境审核机构建设，推动文物进出境审核工作全面发展，我局于近期开展了文物进出境审核机构核查工作。根据核查情况，我局重新审定了文物进出境审核机构资质。现通知如下：

北京、天津、河北、上海、江苏、浙江、安徽、福建、山东、河南、湖北、广东、云南、陕西等14个国家文物出境鉴定站基本符合文物进出境审核机构的各项规定条件，我局决定授予上述机构文物进出境审核资质。

根据《文物进出境审核管理办法》的规定，上述机构在履行文物进出境审核职能时，不再使用国家文物出境鉴定站的名称，由国家文物局授权使用“国家文物进出境审核管理处”的名称进行工作。具体名称如下：

（一）国家文物进出境审核北京管理处

（二）国家文物进出境审核天津管理处

（三）国家文物进出境审核河北管理处

（四）国家文物进出境审核上海管理处

（五）国家文物进出境审核江苏管理处

（六）国家文物进出境审核浙江管理处

（七）国家文物进出境审核安徽管理处

（八）国家文物进出境审核福建管理处

（九）国家文物进出境审核山东管理处

（十）国家文物进出境审核河南管理处

（十一）国家文物进出境审核湖北管理处

（十二）国家文物进出境审核广东管理处

（十三）国家文物进出境审核云南管理处

（十四）国家文物进出境审核陕西管理处

各国家文物进出境审核管理处负责从所在省（自治区、直辖市）各口岸申报进出境文物的审核事项。

山西、辽宁、四川等3个国家文物出境鉴定站因不符合规定条件，由所在省级文物行政部门按照《文物进出境审核管理办法》的要求，督促整改，暂停其国家文物出境鉴定站的工作职能。

特此通知。

二〇〇八年十一月三日

国家文物局关于加强文物进出境审核工作的通知

文物博发〔2008〕60号

各省、自治区、直辖市文物局（文化厅、文管会）：

为贯彻落实《文物进出境审核管理办法》，加强文物进出境审核管理，我局于近期开展了文物进出境审核机构核查工作。经核查发现，近年来，虽然我国文物进出境审核工作取得了新的进展，抢救保护了大量珍贵文物，为防止文物流失做出了重要贡献，但仍然存在着机构建设薄弱、专业人才匮乏、工作经费紧张、技术手段落后等突出问题，与《文物进出境审核管理办法》的要求和当前审核工作的现实需要还有较大差距。现就进一步加强文物进出境审核工作的相关事宜，通知如下：

一、推进机构建设

根据核查情况，我局已授予北京等4个国家文物出境鉴定站文物进出境审核资质，并授权其在履行文物进出境审核职能时，使用“国家文物进出境审核管理处”的名称进行工作。我局将继续积极支持相关省、自治区、直辖市设立文物进出境审核机构，对已符合规定条件的机构依法授予文物进出境审核资质。我局将定期组织对文物进出境审核机构进行评估、考核，对工作实绩突出的机构予以表彰和奖励，对工作滞后的机构责令整改，对长期未能达标的机构暂停或撤销其文物进出境审核资质，逐步建立文物进出境审核机构动态管理机制。

二、加强人才培养

各相关省级文物行政部门要选派品行好、具有一定文物鉴定基础的中青年专业人员到文物进出境审核机构工作，确保文物进出境审核机构足额配置专职文物鉴定人员。充分发挥文物进出境责任鉴定员的重要作用，专职文物进出境责任鉴定员的任用、调动应当由所在省级文物行政部门报我局备案。我局将进一步加大文物进出境责任鉴定员的培训、考核工作力度，加强培训的针对性和绩效考核，提高鉴定人员的专业素质和政策水平。

三、加大经费投入

各相关省级文物行政部门要会同有关部门采取有力措施，设立文物进出境审核工作的专项经费，加大对文物进出境审核机构的资金投入，切实保障文物进出境审核工作的正常开展。我局将按照《文物进出境审核管理办法》的规定，对文物进出境审核机构的业务经费予以补助。

四、增强科技检测能力

各文物进出境审核机构应努力发挥优势，与相关科研机构加强合作，在充分利用传统文物鉴定方法的同时，更多地利用现代科技手段，增强文物进出境审核工作中的科技检测能力。为此，我局将积极支持有条件的文物进出境审核机构逐步建立区域性的文物科技检测中心。

二〇〇八年十一月四日

国家文物局关于被盗或非法出口文物有关问题的通知

文物博发〔2008〕64号

各省、自治区、直辖市文物局（文化厅、文管会）：

近日，我局已通过不同渠道，明确表示反对购买佳士得公司拟于2009年2月在法国巴黎拍卖的圆明园海晏堂鼠首和兔首铜像，得到了社会公众的广泛理解和支持。现就有关事宜通知如下：

一、我国是联合国教科文组织《关于禁止和防止非法进出口文化财产和非法转让其所有权的方法的公约》和国际统一私法协会《关于被盗或者非法出口文物的公约》的缔约国，中国政府也明确向国际社会声明保留收回历史上被盗和非法出口的文物的权利。被盗和非法出口的文物，是我国文化遗产的重要组成部分，应当依照相关国际公约和我国相关法律规定，通过外交、法律和国际合作途径追索，也鼓励通过捐赠等方式促成流失海外文物回归。购买被盗或非法出口的文物，将纵容破坏文物的违法犯罪行为，进一步伤害我民族感情，动摇国际公约、我国法律及中国政府声明的权威性。

二、各级文物行政部门要采取切实措施，劝阻我境内机构和个人参与竞拍、购买任何被盗或非法出口的中国文物，包括在战争期间被劫掠出境的中国文物。政府设立的文物收藏机构以及登记注册的各类博物馆，不得购买被盗或非法出口的文物。

三、对社会各界关心的海外流失文物的爱国热情，各级文物行政部门要积极鼓励引导，加强对有关国际公约和我国法律、文物工作方针政策的宣传普及，使公众对我国文化遗产事业的成就和工作目标有进一步了解，并积极参与到各项工作中来。

专此。

二〇〇八年十一月二十日

国家文物局2008年宣传工作要点

2008年是全面贯彻落实党的十七大作出的战略部署的第一年，是改革开放三十周年，是实现《国务院关于加强文化遗产保护的通知》提出的“到2010年，初步建立比较完备的文化遗产保护制度，文化遗产保护状况得到明显改善”总体目标的关键一年。国家文物局2008年宣传工作的指导思想是：认真学习贯彻党的十七大精神，高举中国特色社会主义伟大旗帜，以邓小平理论和“三个代表”重要思想为指导，深入贯彻落实科学发展观，坚持贴近实际、贴近生活、贴近群众，推动文化大发展大繁荣，提高国家文化软实力，紧紧抓住涉及文化遗产事业发展全局的重点工作，大力开展宣传工作，为保障人民群众的基本文化权益、推动文化遗产事业的科学发展营造良好氛围。

一、党的十七大精神学习宣传贯彻工作

以党的十七大精神为指导，大兴调查研究之风，着力研究新时期新形势文化遗产事业遇到的新情况新问题，探索解决问题的新思路新措施，把学习宣传贯彻党的十七大精神进一步引向深入。在全国范围内调查研究的基础上，出版调研成果汇编和反映重要研究成果的文化遗产事业发展蓝皮书，召开全国文物系统学习党的十七大精神理论研讨会。为加大宣传工作力度，将于下半年召开有相关宣传单位和地方文物部门参加的文化遗产宣传工作研讨会。定期组织召开新闻发布会、通气会。

二、第三个文化遗产日活动

制订第三个文化遗产日活动方案；认真总结历年来文化遗产日活动的成功经验；开展遗产日活动评选和成果编辑出版工作；组织相关表彰活动；开展文化遗产认知活动；组织各地文物行政部门开展文化遗产日活动，形成全年宣传工作高潮。

三、第三次全国文物普查工作

第三次全国文物普查工作已经有了一个良好的起步。2008年开展的第二阶段田野调查是决定普查工作能否获得成功的关键。计划从3月份开始组织媒体分点、分片、分组开展第三次全国文物普查实地采访宣传活动。做好长城资源调查的宣传工作，于2008年底公布明长城测量数据。

四、文物法制工作

围绕《博物馆条例》、《文物保护单位管理条例》、《文物认定标准和办法》的立法工作开展宣传工作。继续开展文物行政执法专项督察工作，以进一步推动文物行政部门依法行政，提高各级文物行政部门管理水平、业务能力和依法行政意识，纠正一批文物行政违法案件，震慑文物犯罪行为。组织媒体参与专项督察工作，向社会通报典型事件。

五、重大文物保护工程

做好北京故宫、晋东南和陕西韩城地区早期建筑、青海塔尔寺等重点保护工程

及即将启动的西藏九大维修工程宣传工作。做好南水北调工程、三峡工程、川气东送等大型基本建设工程中的文物保护宣传工作。加大边疆考古、中外合作考古、航空考古及南海一号沉船保护、东南沿海水下考古调查和重点沉船勘探的宣传力度。

六、世界文化遗产保护

围绕丝绸之路联合申报世界文化遗产及福建土楼、大运河申遗等重点项目开展宣传工作。宣传我国与相关国家和国际组织在丝绸之路申报世界文化遗产等项目的合作进展情况，宣传我国世界文化遗产保护管理的监测情况。

七、博物馆向社会免费开放

贯彻落实中央领导同志关于博物馆向社会免费开放的指示精神，大力宣传博物馆、纪念馆向社会免费开放的积极意义；大力宣传将博物馆纳入国民教育体系，特别是纳入义务教育体系的积极意义；大力宣传文物保护成果惠及广大人民群众的积极意义；大力宣传博物馆、纪念馆免费开放工作的先进典型和成功经验。

八、“指南针计划”研究

“指南针计划——中国古代发明创造的价值挖掘与展示”是以实证中国古代重大发明创造的文化遗产为工作对象，组织科研力量，对古代发明创造进行系统整理与研究，以展示中国古代重大发明创造的辉煌成果和对人类文明的重要贡献。要通过反映中国古代发明创造的陈列展览、实物复原模型、虚拟现实复原模型、科普著作和数字影视作品，建立“中国古代发明创造国家级名录”、中国古代发明创造门户网站、古代发明创造科学教育基地，设立若干文化遗产传统工艺原生态保护区，以提升公众对祖国珍贵文化遗产科学价值的认识。

九、对外合作交流工作

以政府间对外交流合作项目为重点开展宣传工作。及时报道政府间文物交流协定和《防止盗窃、盗掘和非法进出境文物的协定》的签署，以及计划与柬埔寨、蒙古、肯尼亚、越南、菲律宾、印度尼西亚等国家开展的有关文化遗产保护合作项目的进展情况。做好国际博物馆协会第22届大会的有关筹备组织工作宣传报道工作。

十、迎奥运宣传活动

做好奥运会期间外国媒体采访和拍摄文物保护单位的“一站式”服务工作。制订文物系统迎奥运对外文化宣传活动计划。配合“人文奥运”、“科技奥运”的主题，做好迎奥运系列文物展览及宣传工作。以国家文物局和中国科学技术协会联合举办的“奇迹天工——中国古代发明创造文物展”大型文物展，在首都博物馆举办的“希腊奥林匹克服饰展”、“希腊古代奥林匹克文物展”、“中华文明文物珍品展”、“紫禁城内外的竞技游戏”、“长江文明展”、“北京文物精品”等系列展览，中国人民革命军事博物馆举办的“中国古代兵器”展览，中国农业博物馆举办的“中国农民艺术展”，国际友谊博物馆举办的“世界瑰宝——中华人民共和国外交礼品特展”等文物展览为重点，展现中华文明深厚的历史文化内涵，更好地推进博物馆“三贴近”及展示服务功能的提升。

十一、国家保护为主，全社会共同参与的文物保护新体制

要大力宣传动员人民群众参与文化遗产保护的全社会行动，大张旗鼓宣传表彰人民群众中涌现的保护文化遗产的先进事迹，突出人民群众在文化遗产事业中的主体作用，拓展社会参与文化遗产保护的渠道，依靠人民共同保护好这份珍贵而丰厚的资源。

国家文物局2008年重点工作计划

2008年是贯彻落实十七大部署的开局之年，是改革开放三十周年，是实现《国务院关于加强文化遗产保护的通知》提出的“到2010年，初步建立比较完备的文化遗产保护制度，文化遗产保护状况得到明显改善”总体目标的关键一年。我们要认真学习贯彻党的十七大精神，全面落实科学发展观，紧紧抓住牵动全局的重点工作，多做打基础、利长远的实事，不断提高推进文化遗产事业科学发展的能力。

一、深入开展调查研究工作

1. 开展中国特色文化遗产法律体系、公众参与文化遗产保护、博物馆免费开放、文物保护单位开放、文物保护管理体制、文物调查及数据库管理系统建设等项目的专题调研；编辑出版调研报告集。

2. 做好上半年《文化遗产事业与中国经济社会发展蓝皮书》的研究和出版工作；策划2009年蓝皮书工作。（政策法规司）

二、大力推进第三次全国文物普查和相关文物调查工作（文物保护司）

3. 组织开展第三次全国文物普查第二阶段工作，指导督促各地做好野外调查及数据采集记录工作。

4. 继续开展长城资源调查工作，年底公布明长城相关数据；启动第七批全国重点文物保护单位的申报遴选工作。

三、加强依法行政建设

5. 认真贯彻实施《中华人民共和国政府信息公开条例》。（办公室）

6. 重点推动《博物馆条例》、《文物保护单位管理条例》、《文物认定标准和办法》的立法工作；修订《文物保护工程管理办法》、《文物拍摄管理暂行办法》。（政策法规司、文物保护司、博物馆司）

7. 开展国家文物局2008年度行政执法专项督察工作；总结和分析三年以来的执法专项督察工作，组织文物安全与执法信息化系统验收、培训、使用工作；组织编制《文物行政执法案例汇编与分析》；开展文物行政执法文书评比活动。（政策法规司）

四、加强文物保护工程管理（文物保护司）

8. 组织做好重点文物保护工程竣工验收；加大工程报告编写出版工作力度。制订《文物保护工程方案审批管理暂行规定》，并在部分省市进行试点，组织召开文物保护工程工作会。

9. 对故宫、山海关维修工程、建立应县木塔养护工程及监测系统、山西晋东南及陕西韩城地区早期建筑维修保护工程、西藏“十一五”九大工程、青海塔乐寺维修工程等重大项目进行监督指导；积极推进东南文物保护工程立项及福州“三坊七巷”等重点项目实施工作。

五、抓好考古工作和大遗址保护（文物保护司）

10. 制订并颁布《考古工作管理办法》、《田野考古工作规程》（试行）；加大积压考古报告整理出版工作力度。

11. 继续做好南水北调、三峡、川气东送等大型建设工程中的文物保护和考古工作；继续做好东南沿海、海南水下考古调查和“南海一号”考古工作，对西沙华光礁一号、广东南澳岛等重要沉船遗址进行考古发掘。

12. 继续做好丝绸之路（新疆段）、西安片区和洛阳片区、大运河等重点大遗址保护和展示重点项目；做好大遗址中期检查评估工作。

六、加强世界文化遗产管理（文物保护司）

13. 力争福建土楼申遗成功；做好迎接嵩山历史建筑群、五台山国际考察的各项准备工作；继续做好丝绸之路申报世界遗产的准备工作；与世界遗产中心共同主办丝绸之路申遗第四轮国际协商会议。

14. 开展世界文化遗产调研；加强中国世界文化遗产预备名单动态管理；做好丽江等世界遗产的国际反应性监测工作。

15. 组织召开工业遗产论坛；组织召开近现代文化遗产保护管理论坛；组织召开东亚彩画保护研究国际研讨会。

七、加强对博物馆全行业的管理和指导（博物馆司）

16. 印发《关于加强革命文物工作的意见》，召开全国革命文物工作座谈会。

17. 研究制订《博物馆评估定级工作手册》；部署开展首批博物馆评估定级工作。

18. 组织编制中小博物馆发展战略规划；开展工业遗产博物馆规划编制和试点工作；协调启动《博物馆建设标准》的编制工作；组织开展首批博物馆陈列展览设计施工资质认证工作。

19. 组织5·18国际博物馆日宣传活动，举办博物馆免费开放工作研讨会；组织第三届博物馆及相关技术与产品博览会。

20. 协调举办“奇迹天工——中国古代发明创造文物展”和国际友谊博物馆等单位的迎奥运展览。

21. 指导中国博物馆学会做好2010年国际博协大会筹备工作。

八、积极推进博物馆向全社会免费开放（博物馆司）

22. 适时召开博物馆免费开放试点省工作会议，部署全国博物馆免费开放试点工作；研究制订免费开放相关制度和《博物馆开放指南》；开展不同形式的“博物馆进校园、进社区”活动，实施“数字博物馆计划”，推动博物馆远程教育。

九、进一步规范社会文物管理（博物馆司）

23. 完成现有文物进出境审核机构资质评定，推动新的文物进出境审核机构建设；建立进出境审核机构信息化平台，实现数字化管理。加强流失境外文物的追索工作；建立多部门协作机制，建立追索工作预案，与公安部建立联网报案制度。

24. 制订文物拍卖标的审核备案规程，以文物拍卖标的审核备案工作为重点，加强文物市场监管。

25. 继续调研论证《民间收藏文物鉴定管理办法》，推进对民间文物鉴定行为的规范管理。

十、加强文化遗产保护科技工作

26. 加强国家科技支撑计划项目管理工作；推动“中华文化遗产保护技术研究与开发”等国家科技计划项目的立项工作；启动“博物馆标准化建设战略研究”“可移动文物保护标准化战略研究”工作。（博物馆司）

27. 制定颁布国家文物局政府信息公开项目；修订《国家文物局行政许可项目说明》；编制《文物行政执法检查操作手册》；制订并颁布《文物保护工程竣工报告编写标准》；出台《古建筑消防管理规则》、《文物建筑防雷技术规范》；完成首批可移动文物保护设计、修复资质的认定和备案工作；颁布首批行业标准并做好宣传推广和实施培训工作；完成第二批行业标准的送审和发布工作，启动2008年度行业标准制修订

及标准的审核发布工作。（办公室、政策法规司、文物保护司、博物馆司）

28. 完成“指南针计划”分项目可行性研究工作，启动相关试点工作；开展“指南针计划”门户网站建设和内容建设。（博物馆司）

29. 加强科研基地运行管理，完成首批科研基地的运行评估；组织第三批局重点科研基地建设计划编制、主任招聘和挂牌等工作。（博物馆司）

十一、加强文物保护宣传工作（政策法规司）

30. 做好文化遗产日的宣传活动，召开文化遗产宣传工作研讨会；开展遗产日活动评选和成果的编辑出版工作，开展相关表彰活动；开展文化遗产认知活动；组织开展第三次全国文物普查实地采访及相关宣传活动；组织开展重大文化遗产保护工程宣传活动；组织开展博物馆免费开放宣传活动。

31. 积极做好奥运会期间外国媒体采访和拍摄文物单位的“一站式”服务工作。

十二、加强教育培训工作（人事教育司）

32. 继续举办省级博物馆管理干部培训班；推进地市级文博管理干部和全国重点文物保护单位管理机构负责人培训；组织编撰文博管理干部培训基础教材；举办全国文物行政法培训班；对筹备举办2010年国际博协大会相关工作，进行培训。

十三、加强对外合作交流工作（办公室）

33. 制订、修订和颁布外事有关工作管理规定，进一步完善有关管理体系；启动《第二批禁止出境展览文物清单》的拟订工作。

34. 加强政府间和与国际组织间的联系；做好对外宣传工作；推进防止盗窃、盗掘和非法进出境文物协定的签署工作。

十四、加强机关和事业单位建设

35. 抓好十七大精神的学习贯彻，召开全国文物系统贯彻落实十七大精神理论研讨会；深入开展反腐倡廉教育；推进事业单位人事制度改革。（人事教育司、机关党委、政策法规司）

36. 进一步推进阳光工程的实施，加强预算工作和对国有资产、政府采购工作的管理；继续加强内部绩效审计。（办公室）

综述篇

党建工作

【认真学习深入贯彻党的十七大精神】

2008年上半年，国家文物局直属机关党委组织局机关和直属单位39名司局级干部参加中宣部举办的学习贯彻党的十七大精神培训班。同时由直属机关党委举办了两期处级干部党的十七大精神学习班，局机关和直属单位的116名处级干部参加了学习。

【围绕抗冰雪灾害和抗震救灾斗争积极开展工作】

2008年2月，我国南方部分地区发生严重冰雪灾害，国家文物局直属机关党委组织机关和各直属单位广大干部职工向冰雪灾区捐款，捐款数额超过40万元。2008年5月12日，四川汶川发生特大地震灾害。国家文物局党组带领机关干部冒着余震，不顾生命危险，奋战在抗灾斗争第一线，慰问灾区文物系统干部职工，指导抗震救灾文物保护抢险工作。直属机关党委组织机关和直属单位干部职工踊跃捐款50万元。而后，按照中央组织部有关交纳“特殊党费”支援抗震救灾工作的通知精神，发动组织党员干部交纳“特殊党费”。局系统党员干部积极响应，501名党员累计交纳“特殊党费”365556元，其中自愿交纳“特殊党费”1000元以上的党员有167名。6月6日下午，国家文物局举办抗震救灾报告会，局机关和直属单位160多名团员、青年及机关干部职工参加了报告会，局党组书记、局长单霁翔同志做抗震救灾报告，用抗震救灾精神教育干部职工，激励大家为抗震救灾斗争做贡献。

【开展深入学习实践科学发展观活动】

按照党中央的部署，国家文物局在中央第11指导检查组的指导和文化部党组的领导下，自2008年9月起，开展深入学习实践科学发展观活动。

9月21日，国家文物局党组书记、局长单霁翔同志主持局党组会议，认真学习胡锦涛总书记在全党深入学习实践科学发展观活动动员大会暨省部级主要领导同志专题研讨班上的重要讲话精神。

9月25日，国家文物局直属机关党委召开全委（扩大）会议，要求基层党组织认真做好开展深入学习实践科学发展观活动的各项准备工作。

10月8日上午，国家文物局召开深入学习实践科学发展观活动动员大会。中央学习实践活动第11指导检查组组长、江西省政协主席傅克诚同志，副组长、全国政协常委、原国家安监总局副局长、党组副书记王显政同志以及指导检查组全体成员出席大会。局党组书记、局长单霁翔，局党组副书记、副局长张柏，局党组成员、副局长董保华、童明康出席大会。局机关和各直属单位全体党员参加大会。单霁翔同志代表局党组作学习实践活动动员讲话。他说，开展深入学习实践科学发展观活动，是坚持用马克思主义中国化最新成果武装全党的重大举措，是推进文化遗产事业科学发展的迫切需要，是提高党的执政能力、保持和发展党的先进性的必然要求，是顺应人民新期待、进一步密切党同人民群众血肉联系的重要步骤。他说，各级党组织要正确把握学习实践活动的指导思想、主要原则和目标要求，着力解决影响和制约科学发展的突出问题。国家文物局将“加强文化遗产保护能力建设，推进文化遗产事业科学发展”作为学习实践活动的实践载体，突出解决加强文化遗产保护能力建设的问题。他要求各级党组织抓住关键环节，确保学习实践活动扎实开展；加强领导，务求学习实践活动取得实效。中央学习实践活动指导检查组组长傅克诚同志在大会上讲话。他说，国家文物局承担着拟定文物、博物馆事业的发展方针、政策、法规和规划，指导、协调文物的管理、保护、抢救、发掘、研究、出境、宣传等重要职责，同志们一定要自觉把思想和行动统一到中央要求上来，进一步增强责任感和使命感，以认真负责的态度、改革创新的精神、求真务实的作风，紧密结合实际，创造性地开展工作，确保学习实践活动取得实实在在的效果，在深化理论武装上下工夫，在解决突出问题上下工夫，在完善体制机制上下工夫。

10月13日下午，国家文物局党组中心组召开会议，集体学习中共十七届三中全会精神，认真研讨深入学习实践科学发展观活动。

10月14日，国家文物局举行深入学习实践科学发展观活动报告会。单霁翔作题为“学习实践科学发展观与文化遗产事业科学发展”的报告。

10月14日~17日，国家文物局举办学习实践科学发展观主题研讨班，局机关处以上干部和各直属单位领导班子成员85人参加学习研讨。

10月19日~20日，全国文物系统深入学习实践科学发展观活动座谈会在浙江省余姚市召开。单霁翔同志在座谈会上作报告。

10月29日~30日，局直属机关党委举办基层党支部书记学习实践活动培训班。

10月31日~11月21日，国家文物局党组成员深入局机关各司室和各直属单位召开14次现场办公会，调研指导学习实践活动。

11月13日，国家文物局召开深入学习实践科学发展观研讨会。单霁翔、张柏同志在大会上交流学习体会。鲁迅博物馆馆长、副书记孙毅，中国文化遗产研究院党委书记、副院长孟宪民、文物出版社党委书记、副社长张全国，局办公室副主任叶春，人事教育司司长侯菊坤等分别在大会上发言。

11月24日，国家文物局召开会议总结学习调研阶段成果，部署分析检查阶段工作。

12月11日，局党组召开学习实践科学发展观专题民主生活会。单霁翔、张柏、董保华、童明康同志在生活会上发言。中央学习实践活动第11指导检查组组长傅克诚、副组长王显政以及检查指导组其他同志出席了会议。局机关各司室、各直属单位负责同志，机关党员代表列席了会议。

12月中下旬，局机关各党支部、各直属单位党委、总支、支部相继召开学习实践科学发展观专题组织生活会，紧密围绕学习实践科学发展观，紧密联系十六大以来科学发展的实践，结合本单位本部门工作实际，认真查找影响和制约文化遗产事业科学发展的突出问题和党性党风党纪方面的突出问题，深挖思想根源，提出整改措施。36个基层党支部也召开了党支部专题组织生活会。全体党员干部在生活会上围绕学习实践科学发展观，诚心诚意地查找问题，严肃认真地分析原因，实事求是地明确整改方向。通过专题组织生活会，进一步加深了对科学发展观的理解，深化了对解放思想的认识，增强了推进文化遗产事业科学发展的紧迫感和责任感。

【加强机关和直属单位思想政治建设】

机关和各基层党支部七一期间积极开展主题党日活动。通过重温入党誓词、参观党史展览、交流先进事迹、走访慰问老党员和困难党员等多种方式，引导党员干部坚定理想信念，保持先进性。直属机关党委开展“我为文化遗产事业发展献计献策”征文活动，得到基层党组织和党员干部的积极响应，共收到论文27篇，体现出广大党员干部对文化遗产事业的执著热爱，对事业发展的高度关注和积极投入。征文活动评出一等奖2名，二等奖3名，三等奖5名，组织奖1名。

【开展“创建文明机关、争做人民满意的公务员”活动】

中国文化遗产研究院被评为中央国家机关“创建文明机关、争做人民满意的公务员”活动先进单位。文物出版社党委书记张全国、局机关文物保护司文物处处长许言被评为先进个人。

【加强党的组织建设】

各基层党组织选举出席中国文化部第八次代表大会代表14人。积极慎重做好党员发展工作，全年发展党员30名。做好党员信息的建库工作，为及时了解掌握各单位党员的基本情况提供了支持。

【举办部长历史文化讲座】

2008年8月30日，国家文物局与中央国家机关工委联合举办《奇迹天工》部长历史文化讲座。中央国家机关百余名部长在新建成的中国科技馆聆听讲座，并参观了“奇迹天工——中国古代发明创造文物展”。

【加强党风廉政建设】

2008年2月15日，国家文物局召开系统党风廉政建设大会，认真学习传达胡锦涛总书记在十七届中央纪委二次全会上的重要讲话，教育党员干部树立胡锦涛总书记倡导的八个方面良好作风，提出贯彻落实的实施意见。制定《国家文物局2008年度党风廉政建设和反腐败工作任务分工》，明确责任，抓好落实。

加强党员干部廉洁自律工作。按照中央有关规定，组织党员领导干部认真开展报告个人有关事项工作和收入申报工作。局机关副处级以上党员领导干部、直属单位副局级以上党员领导干部共98人全部进行了个人申报工作。

认真开展政府采购领域治理商业贿赂专项工作。按照有关要求，对2001年以来政府采购活动进行自查自纠。

做好信访工作。局直属机关纪委共收到群众来信来访48件（次），均按规定程序进行了核实处理。

【加强精神文明建设】

深入开展创建文明单位活动。局机关、北京鲁迅博物馆、国际友谊博物馆、中国文物信息咨询中心、文物出版社、中国文化遗产研究院、中国文物报社被评为“中央国家机关文明单位”。

【营造和谐氛围】

2008年4月8日，国家文物局组织局机关党员干部职工到北京市门头沟区爨底下村开展春季植树活动。

4月19日，国家文物局组织开展局系统运动会，局机关和直属单位的11支代表队600多名干部职工参加了运动会26个田径比赛项目。文物印刷厂、中国文物信息咨询中心、中国文化遗产研究院分获团体总分前三名。组队参加中央国家机关工委举办的

“公仆杯”乒乓球比赛，取得较好成绩。

国家文物局举办“重走长征路”等活动。局直属机关团委举办第三期重走长征路活动并召开的专题汇报会。与文化部团委联合举办讲座，请单霁翔同志向青年作了题为“城市文化建设与文化遗产保护”的报告。组织机关和直属单位团员青年赴武山体验生活，培养青年干部艰苦奋斗、吃苦耐劳的精神。

12 月 19 日，直属机关团委在八宝山烈士陵园举办郑振铎诞辰 110 周年、王冶秋诞辰 100 周年纪念活动，郑振铎、王冶秋亲属及机关和各直属单位 150 余位同志参加纪念活动，缅怀老一辈文博工作者艰苦创业的光辉历程，激励文博工作者弘扬光荣传统，坚定理想信念。

法规建设

按照国家文物局 2008 年工作部署，结合重点落实的工作，在局、司领导的关心和各司室的大力支持下，政策法规司法规处较好地完成了各项工作任务，现将有关情况总结如下：

【积极推进文化遗产法制建设】

法制建设是文化遗产事业的一项基础性工作，是文化遗产工作的法律依据和制度保障，做好文化遗产法制工作一直是文化遗产事业发展中主要任务之一。《国务院关于加强文化遗产保护的通知》提出“到 2010 年，初步建立比较完备的文化遗产保护制度，到 2015 年，基本形成较为完善的文化遗产保护体系”的总目标，对文化遗产法制建设提出了明确的任务和新的更高要求。虽然目前文物保护法律法规体系框架已经初步建立，但是丰富和完善这一法律法规体系仍是文化遗产法制建设的长期任务。为此，法规处在各部门支持下，积极开展立法工作，推进文化遗产法制进程，主要做了以下四方面工作：

1. 修改完善《博物馆条例（送审稿)》。《博物馆条例》是 2008 年 1 月报国务院法制办研究的。此后，国家文物局配合法制办通过网络等多种形式公开征求社会各界意见和建议，并根据反馈的意见和建议，对送审稿进行了较大幅度的修改完善。2008 年 8 月 29 日，政法司、博物馆司和文化部法规处有关领导和国务院法制办教科文卫司领导，就《博物馆条例（送审稿)》中的一些问题进行了沟通协商。10 月 10 日，法制办召开了十个部门参加的研讨会，对条例中涉及的几个主要问题进行会商。2009 年 1 月 8 日 ~9 日，法制办教科文卫司与国家文物局政策法规司、博物馆司以及文化部法规处共同对《博物馆条例》进行了研究修改，在许多问题上达成了一致，在进一步完善后再征求有关部门意见。

2. 起草《文物认定管理办法》。《中华人民共和国文物保护法》第二条第二款规定：“文物认定的标准和办法由国务院文物行政部门制定，并报国务院批准。”为落实《文物保护法》的规定，起草了《中华人民共和国文物认定条例（草案稿)》，并书面征求了各地方文物行政主管部门和有关专家的意见，采纳了合理的意见与建议，对该草案稿进行了再修改。根据局领导先以部门规章发布试行的指示，拟定了《文物认定管理办法》，征求文物保护司、博物馆司等部门的意见后，报送文化部审议。

3. 起草《文物保护单位保护管理办法》。我国文物保护单位管理制度实施已经有五十余年时间，现行《文物保护法》和《文物保护法实施条例》对文物保护单位也都作出了比较详细的规定，是比较成熟的文物保护法律制度。但是，法律法规实施当中也出现了不少尚需进一步明确和细化的问题，有些制度还需要进一步完善，有必要制定文物保护单位保护管理的具体办法。在对一些文物保护单位进行专门调研，听取部分文物保护单位管理机构、地方文物行政部门、有关业务司以及部分专家意见和已有成果的基础上，研究起草了《文物保护单位保护管理办法（草案稿）》，并专门与文物保护司进行座谈讨论。2008 年 12 月 17 日在成都召开的全国文物保护工程经验交流会上，征求了部分省、市、区文物行政部门代表的意见。拟再征求专家意见后，进行进一步修改，争取 2009 年报文化部以部门规章形式发布。

4. 修订《行政许可项目说明》。国家文物局于 2004 年 5 月发布《行政许可项目说明》，四年来，由于法律法规和国务院有关决定发生变化，国家文物局负责的行政许可项目也在进行调整，有的被取消，有的被下放，有的被转移给其他部门。为了更方便申请人查询办理，有必要对《行政许可项目说明》进行重新修订。目前已经根据法律法规和国务院的决定，起草了修订稿，并正在征求有关部门的意见。

【加强立法调研工作，编制立法工作规划】

为确保文化遗产法规制度更能体现文化遗产工作的实际，科学性、可操作性更强，切实解决实际工作中产生的问题，国家文物局政策法规司法规处专门就《博物馆条例》、《文物认定条例》、《文物保护单位保护管理条例》等立法项目内容，进行立法调研。考察了部分文博单位，听取了地方文物行政部门和部分专家的情况介绍，对于相关立法项目的意见和建议。此外，在起草法规草案过程中，还有针对性地赴文物保护单位进行实地考察，并利用参加各种研讨会的机会听取各界意见。

为更好地推动国务院提出的文化遗产保护的总体目标实现，统筹考虑文物立法项目安排，进一步促进文化遗产事业全面协调可持续发展，按照国家文物局领导和司领导指示，拟订《国家文物局 2009 ~ 2015 年立法工作规划》。

【加强文化遗产法制研究与法制宣传工作】

为进一步加强法制研究和宣传，总结全国文物保护立法工作的经验，编辑出版了《文化遗产保护地方法律文件选编》。研究编写《文物法制工作改革开放 30 年》纪念文章。组织召开了《历史文化名城名镇名村保护条例》座谈会。为加强文物法制教育与宣传，委托文物出版社联合北京电视台录制播放了两部文物法制专题片，专题片播出后收视效果比较好，收视率排名在北京电视台同类节目中居第三位。

【其他工作】

圆满完成人大与政协共 110 件建议、提案答复工作。完成文物系统行政许可项目统计报表，并报送给行政审批制度改革工作部际联席会议办公室。向国务院法制办报送 2009 年立法项目。完成全国人大法工委、最高人民检察院、人民解放军总后勤部、文化部、国家统计局、国务院法制办等单位有关法规征求意见的研究回复。参加执法督察处、世界遗产处、故宫博物院、长城学会等举办的研讨会。

文物安全与执法督察

【全国文物系统安全大检查】

在连续四年对全国 26 个省市的 287 个文物保护单位和博物馆开展以文物安全检查为重点的行政执法专项督察的基础上，2008 年下半年，国家文物局结合学习实践科学发展观活动，部署全国文物系统，集中力量，进行了为期50天的文物安全大检查。这是新中国成立以来规模最大、范围最广的一次文物安全专项检查行动，完成了85%的全国重点文物保护单位和58%的重点博物馆的安全检查，内容包括安全防范设施、队伍及管理情况，采集了近50万项数据。

通过实地检查及对各地自查上报数据进行系统分析，发现当前文物安全存在巨大隐患，文物安全形势严峻：一是法人违法现象严重，损毁破坏文化遗产及其原生环境的事件频频发生；二是盗窃、盗掘、走私文物等犯罪活动猖獗；三是各地各级文物安全监管与执法机构不健全，队伍严重缺编，文物、博物馆单位安全防范设施严重短缺。国家文物局将有关情况及时向国务院进行报告，并积极与相关部门进行沟通，初步形成了加强文物安全工作的若干意见。

【奥运举办城市文物安全检查】

为保障游客和文物安全，提高各文物、博物馆单位应急处置能力，全力确保北京奥运会顺利举办，国家文物局副局长董保华带队于5月20日～30日对北京、天津、上海、青岛、沈阳、秦皇岛等地的40余处世界文化遗产地、全国重点文物保护单位和国家一级博物馆进行了安全检查，检查内容包括技防和消防设施建设、规章制度建设与执行、各类应急预案制定与演练、干部职工安全知识与技能掌握情况等等。检查组采取专家考核、实地查看、问卷调查、模拟演练和座谈等多种方式对各单位的安全工作进行了较为彻底的检查。

为迎接奥运，在当地政府的统一部署下，各文博单位的准备工作井然有序。各单位均按要求安装、完善了技防、消防设施，并制定相应的规章制度和多种突发事件应急预案，积极开展人员安全培训和应急演练。不可避免的是，各单位的安全工作仍存在一些普遍性问题和隐患。针对每个单位安全工作中的薄弱环节，检查组从技术和管理等多个方面进行会诊并提出了行之有效的办法和意见。

这次安全检查精心组织、分工明确，紧密结合新时期文物安全工作的特点，采取了多方位、多角度的检查手段和措施，将普遍检查与专业性、针对性结合起来，将现场检查与问卷考核结合起来，将现场检查与模拟演练结合起来，工作富有成效。

【文物执法督察机构建设调研】

2002年，新修订的《文物保护法》颁布施行后，明确赋予文物行政部门多项法律责任，为文物行政部门依法行政、开展行政执法工作奠定了良好的基础。5年来，在各级文物行政部门的积极推动和努力下，文物行政执法工作逐步加强，执法水平显著提高，执法行为不断规范，大批涉及文物的行政违法案件得到查处，文物事业发展的外部环境不断优化。同时，文物行政执法机构建设渐次推进，文物执法队伍得到扩充和壮大。但个别地区的文物行政执法机构建设尚不健全，《文物保护法》并未得到很好的贯彻执行。

为进一步加强文物行政执法督察机构建设工作，国家文物局组织开展了相关调研工作。调研发现，文物行政执法机构建设与社会文化、经济发展和落实法律法规的要求尚有差距，各地体制与形式、机构和队伍各不相同，对全面推进文物行政执法工作，加快机构建设造成诸多障碍。因此，巩固已有成果，解放思想，创新机制，充分认识行政执法工作和机构建设的重要性，尽快建立责权明确、行为规范、监督有效、保障有力的行政执法体制，是重中之重。因此，调研组初步提出了文物行政执法机构建设的发展方向和发展模式。

【第二届文物行政处罚案卷评比】

2008年，为进一步落实国务院《全面

推进依法行政实施纲要》的要求，规范文物行政执法行为，提高执法水平，确保执法工作科学、民主、公正，推动行政执法工作的标准化建设，国家文物局开展了第二届文物行政处罚案卷评比工作。在各地精心组织下，此次案卷评比工作共收到参评案卷70份。经过专家们认真细致的初评、终评，北京、上海、河南、浙江、江苏、湖南、湖北、陕西、山东、山西、甘肃等地文物部门选送的19份案卷分别荣获优秀、良好和鼓励奖，北京市文物局等6家单位荣获组织奖。

【编辑出版】

2008年，国家文物局编辑出版了《文物行政执法案例选编与分析》，该书不仅能为一线的文物执法人员提供参考，成为他们办理案件的助手，而且对促进全社会了解、支持文物行政执法工作，推动文物行政执法工作的顺利进行有一定的帮助。该书内容包括：全国文物行政执法现状概括性的分析与阐述，国家文物局2005～2007年度行政执法专项督察工作简要介绍，对第一届文物行政执法案卷评比工作中各地选送的文物行政执法案卷的甄选、分析、评价及示范，对执法过程中易出现的一些问题的解答和解释。

文物保护

【文物保护工程管理基础工作】

1. 推进文物保护工程方案审批方式改革

为适应文化遗产保护事业发展需要，进一步加强文物保护工程管理，提高文物保护工程质量和工作效率，2008年2月29日，《文物保护工程审批管理暂行规定》经国家文物局第二次局务会议审议通过，自2008年5月1日起在北京、河北、山西、浙江、四川5省（市）试行。同时为配合《暂行规定》的实行，又组织开展了全国重点文物保护工程方案审核专家库和全国重点文物保护工程方案审核顾问的评选工作。专家库和顾问名单经2008年5月5日国家文物局第六次局务会议审议通过后公布。

2. 进一步完善文物保护工程资质体系建设

国家文物局按照有关资质管理规定，制定评审标准和规范，开展了首批文物保护工程监理单位资质及第三批甲级勘察设计单位资质和一级施工单位资质评审工作。共29家单位获得文物保护工程甲级监理资质，3家单位获得文物保护工程甲级勘察设计资质，14家单位获得文物保护工程一级施工资质。另外4家单位新增了甲级勘察设计资质业务范围，1家单位新增了一级施工资质业务范围。

3. 加强相关法规及标准化建设

国家文物局多次组织召开专家论证会，继续开展《文物保护工程北方地区定额》、《文物建筑防雷技术规范》、《文物建筑消防技术规范》编制工作，重点推进《文物建筑保护工程竣工报告编写要求》和《文物建筑保护工程竣工报告出版要求》的编制，为下一步加强和规范竣工报告的编写和出版工作奠定了基础。

【文物抢险救灾工作】

1. 南方冰冻灾害

2008年2月，国家文物局党组统一派员分赴南方受冰冻灾害的省份，就文物系统抗冰救灾、文物安全等工作进行专题调研，拟定抗冰救灾的指导性原则和意见。

2. 5·12汶川地震

2008年5月12日发生的四川汶川特大地震，造成巨大人员伤亡和财产损失，同时也对众多珍贵文化遗产造成了前所未有的破坏。灾难发生后，国家文物局组织多个专家组，分赴地震灾区实地调查。根据实地调研情况，提出了文化遗产抢救维修原则意见，制定了受损情况评估标准，及时分发各受灾严重省份，对文物保护单位受灾情况进行了详细统计，为及时决策提供了可靠的数据支撑。在进行大量实地调研的基础上，国家文物局组织有关方面完成涵盖灾区各省的各种专项规划和评估报告100多万字，为科学规划、快速启动灾后文化遗产抢救保护工作奠定了坚实的基础。同时，根据文物抢救保护工程特点，组织召开对口技术支援现场会，针对灾区实际情况协助四川省文物局组织了全国16家优秀的甲级资质勘察设计单位开展了技术援助工作，建立了灾后文物抢救保护工程项目储备库。

6月30日，都江堰古建筑群抢救修复工程开工。这也是灾后实施的全国第一个文物抢救保护工程；7月15日，理县桃坪羌族碉楼与村寨抢救修复工程开工；10月13日，马尔康松岗直波雕楼抢救保护工程开工。

国家文物局结合藏羌地区的实际工程情况，连续举办了桃坪羌寨维修工程工匠培训班、藏族传统建筑维修技术工匠培训班，近百名具有一定建筑经验的当地工匠参加了培训。此项工作为日后培养出一支以当地工匠为主的文物维修专业技术队伍奠定了人才基础，有利于更好、更有效地保护和传承藏羌民族文化遗产。

【第三次全国文物普查】

文物普查第二阶段工作进展顺利，取得了阶段性的成果。截至2008年10月31日，全国参与文物普查工作人员共计41249人；全国共到位2008年度文物普查经费4.85亿元；全国共调查登记不可移动文物213240处，其中新发现130465处，复查82775处；全国县域普查启动率为90.4%；普查覆盖率为34.6%；普查完成率为7.2%。部分省（市）的工业遗产、乡土建筑、20世纪遗产等新类型文化遗产调查取得进展。

【文物保护重点工程】

1. 应县木塔

应县木塔养护维修和监测工程全面实施，总体进展顺利。在先期试验的基础上，完成了部分瓦面维修工作；监测系统已建立并开始运行。

2. 西藏文物保护工程

2008年，西藏布达拉宫、罗布林卡、萨迦寺三大重点文物保护维修工程总体进展顺利，主体工程已基本完工。2008年8月，国家文物局组织专家对“三大工程”进行了竣工验收前的最后一次工地检查，工程总体质量较好。对检查中发现的一些技术层面的问题，及时向西藏自治区人民政府领导和相关管理部门做出通报，并提出整改意见。有关工程最新进展情况已向国务院汇报。

检查组同时还对九大工程中的扎什伦布寺、夏鲁寺等进行了实地考察，对部分正在进行的工程项目提出指导性意见。对于西藏“十一五”重点文物保护工程的前期准备工作，国家文物局给予高度重视，在方案编制、论证、批复等方面给予重点关注。已经及时批复了拉加里王宫文物保护规划和科迦寺、扎什伦布寺、夏鲁寺等多家文物保护单位保护维修工程设计方案，为工程的实施做了充分的技术准备。

3. 山西南部早期建筑保护工程

为充分发挥省级文物部门的积极主动性，加强山西南部早期建筑保护工程的规范管理，国家文物局协助、指导山西省文物局制订了《山西南部早期建筑保护工程管理办法》等一系列规章制度，组建专家组，负责工程技术指导和把关，及时论证、批复了相关保护规划和工程方案，为工程顺利进行奠定基础。在大量前期筹备工作的基础上，7 月 23 日，山西南部早期建筑保护工程开工仪式在山西长治举行，标志着经过两年多的准备，山西南部早期建筑保护工程进入正式施工阶段。工程实施期间，国家文物局多次组织专家组按工程进度定期进行工地检查，及时发现问题，有效保证了工程质量。

4. 涉台文物保护工程

为贯彻落实中央领导关于进一步加强涉台文物保护工作指示精神，国家文物局结合第三次文物普查工作，对涉台文物进行了摸底调查，初步确定了涉台文物的数量、分布范围等基本情况。同时，积极指导福建等涉台文物集中省份抓紧编制涉台文物保护规划和维修方案，做好项目储备工作。对先期开展的三坊七巷维修保护工程在技术、资金等方面给予重点关注和支持。

2008 年 12 月 26 日，国家文物局与国务院台湾事务办公室、福建省人民政府在福建泉州天后宫共同举行了涉台文物保护工程启动仪式，涉台文物保护工程正式全面实施。经过前期实地考察研究，确定了首批启动的 15 个涉台文物保护工程项目，包括昙石山遗址、三坊七巷——朱紫坊建筑群、泉州天后宫等全国重点文物保护单位和省级文物保护单位。

5. 鸡鸣驿城抢救保护工程

为落实中央领导同志关于鸡鸣驿域文物保护工作的重要指示，2008 年 10 月，国家文物局相关领导和专家对鸡鸣驿城的保护工作进行了实地调研。11 月，召开鸡鸣驿城文物保护规划论证会，及时论证、批复了鸡鸣驿城文物保护规划，为开展鸡鸣驿城全面抢修保护工程奠定了坚实基础。12 月 12 日，由国家文物局与河北省人民政府主办的鸡鸣驿城抢修保护工程全面启动仪式在鸡鸣驿城举行。

【全国文物保护工程经验交流会】

2008 年 12 月 17 日 ~ 18 日，国家文物局在四川成都市召开了全国文物保护工程经验交流会。单霁翔局长、童明康副局长出席会议并讲话。来自全国 31 个省级文物行政部门的相关领导，特邀专家以及各文物保护工程甲级勘察设计、监理、一级施工单位的负责人约 240 人参加了会议。单霁翔局长在会上作了题为《用科学发展观指导文物保护工程》的主题报告。与会代表围绕单局长讲话，结合本地区、本单位的实际，就进一步加强、完善文物保护工程管理等问题进行了热烈的讨论。

【第七批全国重点文物保护单位申报准备工作】

为确保第七批全国重点文物保护单位申报工作如期顺利开展，国家文物局委托相关技术机构和专家制订了第七批全国重点文物保护单位申报标准和信息采集标准，并进行了反复论证、修订。该标准吸收了近几年来文化遗产保护理论的研究成果，体现了文化遗产保护内涵与外延的深化和扩大，将乡土建筑、工业遗产、20 世纪遗产、文化景观、文化线路等新品类文化遗产涵盖其中。同时吸取第六批全国重点文物保护单位遴选的经验和教训，尽量将标准细化、量化，便于实际操作，做好、做细第七批全国重点文物保护单位遴选的基础工作。

【第四批中国历史文化名镇名村评审工作】

2008 年上半年，共收到各地上报的 150 多处第四批中国历史文化名镇名村评审材料。在委托中国文化遗产研究院进行初审的基础上，与住房和城乡建设部联合开展了第四批中国历史文化名镇名村评审工作，共有 94 处村镇被评选为中国历史文化名镇名村。2008 年 12 月 23 日，国家文物局与住房和城乡建设部在北京举行了第四批中国历史文化名镇名村授牌仪式。

大遗址保护

2008 年是《“十一五”期间大遗址保护总体规划》实施的第三年。国家文物局继续扎实推进大遗址保护基础工作和规划编制，指导实施了一批具有示范意义的大遗址保护展示工程，初步建成了一批大遗址保护展示示范园区，初步建立了大遗址保护管理体系，确立了由长城、丝绸之路、大运河、西安片区、洛阳片区组成的“三线两片”为核心的大遗址保护格局，基本实现了《“十一五”期间大遗址保护总体规划》部署的中期目标。

2008 年，国家文物局批准了元上都遗址、吴城遗址、河姆渡遗址、长沙铜官窑遗址、景德镇御窑厂窑址、长沙铜官窑遗址、郑州商城遗址、郑韩故城遗址、侯马晋国遗址、姜寨遗址、许三湾城及墓群等重要大遗址保护规划；陆续批准了凤凰山城遗址、广武汉墓群、狮子山楚王陵陪葬坑兵马俑及俑坑、隋唐洛阳城定鼎门遗址、汉长安城未央宫道路遗址、汉长安城长乐宫四号和五号建筑遗址、阿房宫前殿遗址、吴城祭祀遗址、吉州窑本觉寺岭龙窑遗址、成都江南馆街唐宋遗址、克孜尔尕哈烽燧、钧台窑窑址、高家镇遗址、交河故城遗址、龙头山古墓群、六顶山古墓群、西夏陵四号陵和六号陵、龙湾放鹰台遗址等重要大遗址保护方案；协调指导高句丽、殷墟、隋唐洛阳城、西安大明宫、汉长安城、扬州城、丝绸之路新疆段、牛河梁、良渚、鸿山遗址的保护工作，有力地推动大遗址保护工程顺利开展。

2008 年 4 月，国家文物局在无锡召开大遗址保护工作现场会，系统总结“十一五”以来大遗址保护工作取得的成绩，探讨大遗址保护的新思路、新模式，并推广大遗址保护“无锡经验”，即按照国际最新理念对大遗址进行整体规划和保护，通过遗址保护改善社区民生。

2008 年 2 月，大明宫遗址区保护工程正式启动。规划改造面积为 19.16 平方公里，其中国家遗址公园为 3.2 平方公里，周边改造区域为 12.76 平方公里。5 月，大明宫遗址拆迁工程启动，拆迁面积达 350 万平方米，涉及 10 万人口，多渠道筹集资金 80 亿元。2008 年 8 月，《西安大明宫国家大遗址保护展示示范园区暨遗址公园总体规划》通过专家论证。2008 年 10 月，国家文物局联合陕西省人民政府在西安市召开大遗址保护高峰论坛。西安、郑州、杭州、成都、洛阳、无锡、扬州、荆州、安阳、朝阳等城市的代表以及相关专家，围绕“做好大遗址保护，推进城市和谐发展”的主题，就大遗址保护新模式、大遗址保护深入开展、促进区域经济协调发展与确保民众共享保护成果等内容进行了深入研讨，并一致达成了大遗址保护的西安共识。《大遗址保护西安共识》是在全面总结国际国内大遗址保护理论和实践的基础上形成的，是大遗址保护方面的第一个专门性文件，表明中国文化遗产保护理论体系正日趋成熟，并逐渐形成了大遗址保护的自身特色，具有里程碑意义。

考古工作

【概况】

经国务院三峡建设委员会批准通过，共有 1087 项文物列入长江三峡工程淹没及迁建区文物古迹保护规划。截止到 2008 年 12 月 31 日，三峡库区地面文物保护工程保护工作进展顺利。留取资料类项目 169 处全部完成留取资料工作，原地保护类项目60处全部完成留取资料工作，并完成58处原地加固保护工程。搬迁复建类项目131处全部完成留取资料工作和原址构建拆卸工程，其中107处的复建工程基本完工。张桓侯庙完成搬迁复建，石宝寨原地保护主体工程基本完工，白鹤梁、屈原祠2处保护工程已开始施工。三峡工程库区四期移民工程文物保护任务基本完成，能够满足长江三峡工程175米蓄水发电的要求。

南水北调工程文物保护工作进展顺利。2008年1月，国务院第204次常务会议原则上同意了国务院南水北调办会同水利部、国家文物局和发展改革委研究提出的南水北调东、中线一期工程实施阶段文物保护工作方案。3月，国家文物局联合国务院南水北调办印发了《南水北调东、中线一期工程文物保护管理办法》和《南水北调工程建设文物保护资金管理办法》。这两个办法的发布，为进一步加强南水北调工程文物保护工作的管理，确保工程建设和文物保护工作顺利进行提供了制度保障。5月，国家发展改革委已正式批准国家文物局和国务院南水北调办联合上报的《南水北调工程丹江口库区2008年度文物保护方案》。该保护方案共涉及南水北调工程丹江口库区文物保护项目59项，涉及资金0.9亿元。截至2008年底已累计完成考古发掘面积逾70万平方米，占总工作量的1/3。其中，山东寿光双王城盐业遗址群、河南荥阳娘娘寨遗址、河南新郑胡庄墓地荣获“2008年全国十大考古发现”殊荣。

在考古管理工作方面，国家文物局组织了《中华人民共和国水下文物保护管理条例》、《考古调查、勘探、发掘经费预算定额管理办法》、《田野考古工作规程》的修订工作，继续推动“考古发掘项目检查、验收办法及标准”的制订工作。2008年，国家文物局全年共审批考古发掘项目近580项，并组织专家对浙江、安徽、江西、甘肃、广东、河南、陕西等地的考古工地，对考古工作提出指导意见和要求。2008年4月，国家文物局举办了“考古发掘报告编写工作高级研修班”，召集全国各考古资质单位主要业务负责同志参加培训，促使各地对考古报告编辑出版的意义、编写方法等进行重新反思，切实提高考古报告编写质量，推动各地考古资料整理和报告编写工作进一步开展。2008年，全国共出版考古报告约60余部。

【重要考古发掘项目】

在2008年的考古发掘项目中，有41项被列入国家文物局年度重要考古发现。河南许昌灵井旧石器遗址出土人类头盖骨化石及大量细石器，对研究东亚古人类演化和中国现代人类的起源具有重要意义。山西绛县周家庄遗址发现龙山时期大型环壕聚落，是探索本地区早期复杂社会发展进程的重要资料。陕西高陵杨官寨遗址发现完整环壕，为探索庙底沟文化聚落布局与社会结构提供了重要线索。甘肃临潭陈旗磨沟齐家、寺洼文化墓葬出土大量器物，为研究齐家文化及其埋葬习俗提供了新的资料。安阳殷墟刘家庄北地的考古发现，为殷墟都邑布局的研究提供了重要的资料。山西翼城大河口西周墓地是一处新发现的西周封国墓地，从铜器铭文可知该封国与燕、芮等国曾有往来。安徽蚌埠双墩一号春秋墓葬结构特殊，遗迹现象复杂，是先秦考古的重要发现。山东寿光双王城水库盐业遗址首次披露出比较完整的盐业作坊遗迹，为研究中国古代的制盐业提供了重要资料。河南南阳楚彭氏墓地为研究楚国高级贵族墓地的埋葬制度提供了重要的实物资料。云南大理剑川海门口遗址第三次考古发掘，出土大量器物，发现木构干栏式建筑，对建立滇西地区史前文化序列和完善中国西南地区文化谱系具有重要意义。甘肃张家川马家塬墓地2008年发掘工作又有新进展，出土大量高锡青铜、锡制品，为我国古代冶金史研究提供了重要资料。

湖北荆州谢家桥一号汉墓出土的大量丝织品，陕西靖边老坟梁汉代墓地发现的建筑遗迹，都是近年来汉代考古的重要发现。甘肃永昌水泉子汉墓丰富了河西地区汉墓的资料，反映了汉王朝开拓西北地区的历史以及汉文化对当地的影响。太原晋阳古城太山龙泉寺唐塔基遗址提供了佛塔地宫瘗埋舍利的早期实例。山西汾阳东龙观宋金元墓葬选择明堂作为墓地轴心，这在我国考古工作中是首次发现。杭州中山中路南宋御街考古发掘揭示了御街经历了由砖砌到石板铺筑的演变历程。洛阳北宋富弼家族墓出土墓志内容丰富，具有很高的历史价值和艺术价值。成都江南馆街唐宋时期街坊遗址规划科学、布局合理，充分反映了唐宋时期的城市规划管理水平。陕西蓝田五里头北宋家族墓地可能是北宋吕大临家族墓，对北方地区北宋家族墓地研究提供了重要资料。唐德宗崇陵调查新发现蕃酋像残躯17件，是研究唐代晚期周边民族的珍贵资料。江西高安华林造纸作坊遗址可以完整再现明代宋应星《天工开物》所记“造竹纸”中关于原料加工的一整套工序，是此前我国发现的时代最早的一处造竹纸的作坊遗址。

【中外合作考古工作】

2008年国家文物局共审理中外合作考古研究项目15项，包括中美合作大凌河上游流域红山文化遗址考古项目，中美合作成都平原史前聚落遗址考古调查和研究项目，中日合作成都冶铁遗址考古调查、发掘和研究项目，中美合作滇池区域史前聚落形态考古调查、勘探和研究项目，中美合作山东龙口地区归城遗址及其周边地区考古调查项目等，并批复国内出土马骨样品等赴英国进行检测。中肯合作考古项目稳步推进。

2008年6月~9月，中蒙联合考古队对蒙古国后杭爱省浩腾特苏木乌兰朝鲁巴戈浑地壕莱山谷5号和6号四方形遗址进行了发掘，并对鄂尔浑河流域的遗址进行了调查。此次考古工作发现了回鹘砖室墓壁画，是在漠北蒙古高原发现的最为精美的回鹘美术作品，是2008年度蒙古国本土考古发掘项目中最为重要的发现。

【水下考古工作】

积极组织福建、海南等沿海地区配合第三次全国文物普查开展水下文物普查工作。2008年福建沿海水下文物普查基本结束，取得了阶段性成果。继续指导、协调“南海Ⅰ号”沉船的考古和文物保护工作，批复了《“南海Ⅰ号”沉船考古试掘方案》。2008年11月，“华光礁Ⅰ号”沉船第二阶段水下考古工作正式启动。经过为期一个多月的辛勤工作，水下考古队圆满完成任务，将“华光礁Ⅰ号”船体发掘出水。此次出水的船体在国内罕见，船板层数多，体量大，最长的达14.4米，最宽的超过45厘米。通过考古发掘，对“华光礁Ⅰ号”船体的结构和形制有了深入了解，为研究我国造船史和海外交通史提供了第一手资料。

【考古工作会议】

2008年初，国家文物局组织召开了“2007年度考古发掘资质及考古发掘领队资格评议会”，共47人评议通过，获得考古发掘领队资格。同时，举办了新领队上岗前的集中培训，增强文物保护意识，提高领队的综合素质和田野考古工作水平。

2008年9月和10月，分别在西安和洛阳组织召开了“大明宫遗址考古工作计划专家论证会暨大遗址考古工作座谈会”“隋唐洛阳城遗址考古工作座谈会”，指导大明宫遗址、隋唐洛阳城遗址考古工作的开展。

2008年10月31日~11月2日，国家文物局在云南昆明召开了“2008年度边疆地区考古工作座谈会”。云南省文物局、各相关省、市考古单位的主要负责同志，中国社会科学院考古研究所、北京大学、吉林大学、四川大学、西北大学、中山大学等科研机构和高校代表参加了会议。本次会议进一步加强了边疆地区考古科研机构的学术交流与合作，促进了相关省区考古工作的开展。

世界遗产

【简述】

2008年，中国的世界遗产事业进展顺利。在世界遗产申报方面，福建土楼被列入《世界遗产名录》，至此我国世界文化遗产数量达到26处，文化与自然双遗产4处。在推进五台山和嵩山历史建筑群申报工作的同时，丝绸之路、大运河的申报工作也在按计划进行。在遗产保护和管理方面，国家文物局积极推进长城资源调查、山海关长城保护工程、大足石刻千手观音造像抢救性保护工程和高句丽壁画墓文物保护研究工程等保护项目，召开东亚地区木结构彩画保护国际会议等，加强文化遗产保护管理的理论研究工作。在世界遗产监测方面，国家文物局配合世界遗产中心、ICOMOS反应性监测团和专家咨询团对3处世界遗产地进行了反应性监测，并组织专家团对全国世界文化遗产进行了摸底调查。

【世界文化遗产的保护和管理】

1. 世界遗产申报

2008年7月，在加拿大魁北克召开的联合国教科文组织第32届世界遗产委员会上，福建土楼顺利通过审议，被列入《世界遗产名录》，成为我国第36处世界遗产，确保了我国每年都有世界文化遗产项目获得通过的良好发展势头。

2008年9月8日~16日，国际古迹遗址理事会（ICOMOS）派出专家，先后对我国2009年世界遗产申报项目五台山和嵩山历史建筑群进行了现场评估考察，国家文物局协调忻州市和郑州市编制并提交了这两个申报项目的补充文本。

为加强世界文化遗产申报项目储备工作，国家文物局重点推进丝绸之路、大运河等申报项目。其中，1月，在洛阳召开丝绸之路申报工作交流会。6月2日~5日，丝绸之路跨国联合申报世界遗产第四轮国际协商会在西安成功举行。会议通过了丝绸之路申遗时间表，进行了丝绸之路总体价值论证。国家文物局委托中国古迹遗址保护协会会同中国建筑设计研究院、清华大学等单位共同开展丝绸之路中国段总文本的编制工作。

大运河保护与申遗相关工作全面展开，制定了大运河申遗时间表，组织3次会议部署大运河沿线各地开展保护规划编制工作，开展“大运河遗产保护规划编制要求”课题研究和课题应用工作，全力推进大运河保护规划编制工作。大运河保护与申遗引起了国务院领导和社会各界的重视。

2. 文化遗产的保护和管理

在现有世界文化遗产的保护管理方面，国家文物局积极推进长城资源调查工作和重点世界文化遗产的保护工程。

长城资源调查工作进展顺利，基本摸清了明长城家底。各省已基本完成野外调查工作，获得了丰富的调查成果。山西、宁夏、河北、辽宁、陕西、内蒙古均有新长城墙体段落发现；此外，还发现敌台、烽火台、堡等单体建筑以及摩崖石刻等相关遗迹。这些发现在长城研究中具有重要意义。

山海关长城保护工程完工；大足石刻千手观音造像抢救性保护工程前期勘察工作进展顺利，形成了多单位合作、多技术支撑的局面，并初步进行了修复工艺试验，取得阶段性成果；国家文物局派专家对高句丽壁画墓保护进行现场咨询。

2008 年 10 月底，国家文物局联合国教科文组织世界遗产中心、ICOMOS 和 ICCROM 共同主办的东亚地区木结构彩画保护国际会议在北京召开。会议通过了《关于东亚地区木结构彩画保护的北京备忘录》。

3. 世界文化遗产监测巡视

国家文物局组织 10 个专家组对 29 处文化遗产进行调研，对全国世界文化遗产进行摸底调查，针对存在的问题提出建议，及时将相关情况报告中央和国务院领导，形成的调研报告已进入编审出版阶段。

另外，国家文物局分别于 2008 年 1 月和 11 月配合世界遗产中心和 ICOMOS 反应性监测团和专家咨询团，对丽江古城进行监测和专家咨询，敦促当地确定遗产边界以及开展丽江保护规划编制工作。组织中国世界遗产专家委员会专家对澳门历史城区保护状况进行监测指导，并配合澳门文化局做好迎接国际反应性监测工作。对龙门石窟违法建筑事件进行反应性监测，与遗产地管理机构探讨加强监管、确保安全的有效途径。

社会文物管理

2008 年，国家文物局社会文物管理工作以法规建设为重点，以服务社会为宗旨，进一步加强依法管理、宏观管理力度，在文物市场、文物进出境审核、文物追索等工作中取得了新的进展：

1. 加强文物拍卖和流通的管理

出台了《关于加强文物拍卖标的审核备案工作的通知》，对文物拍卖标的审核备案的申报资料、受理部门、资质认定、审核程序，尤其是针对异地拍卖、联合拍卖等近年来文物拍卖监管中问题较多的环节，做了详细的规定，进一步规范了文物拍卖标的审核备案程序。

首次开展了申请增加第一类文物拍卖经营资质企业的审批工作。按照公平、公正、公开的原则，组成了具有广泛代表性的评审委员会，严格按照审核标准对申报企业进行评审，评审结果向社会公示。共有 7 家文物拍卖企业符合各项规定条件，获准增加第一类文物拍卖经营资质。该举措有利于鼓励拍卖企业增强守法经营意识和文物保护理念，不断提升企业管理水平和经营能力，也有利于加强文物拍卖专业人员培养和文物拍卖企业资质审批管理，从而实现文物拍卖行业的健康持续发展。

委托中国博物馆学会开展了文物拍卖专业人员培训，委托中国拍卖行业协会和中国文物信息咨询中心举办了申报第一类文物拍卖经营资质的企业之专业人员考试，69 人考试合格。促进了文物拍卖企业人才培养和规范经营，受到企业的欢迎。

严厉打击无资质、超范围经营和经营出土文物、被盗文物等违法违规活动，查处了一批重点案件，维护了依法经营、公平竞争的文物市场秩序。

2. 加强对文物进出境审核机构资质的管理

国家文物局对原有的 17 个国家文物出境鉴定站进行了实地核查，在摸清各鉴定站实际情况的同时，重点了解和分析了文物进出境审核工作的总体形势、主要问题和困难。针对核查中发现的问题，出台了《关于加强文物进出境审核工作的通知》，重点就加强文物进出境审核的机构建设、人才培养、经费投入、科技检测提出了具体要求。

根据文物进出境核查工作成果，下发了《关于审定文物进出境审核机构资质的通知》，对基本符合《文物进出境审核管理办法》各项规定条件的北京等14个国家文物出境鉴定站，授予文物进出境审核资质，并授权其在履行文物进出境审核职能时，使用“国家文物进出境审核管理处”的名称进行工作。山西、辽宁、四川3个国家文物出境鉴定站因未能达到规定条件，被暂停文物进出境审核资质。

3. 责任鉴定员的培训、考核

委托南京博物院举办书画类责任鉴定员培训班，委托西北大学举办铜器类责任鉴定员培训班，培训范围扩大到申请成立文物进出境审核机构的20多个省区的文博单位，培训相关专业人员近70人次。

颁布试行了责任鉴定员考试大纲和参考书目，首次实现了责任鉴定员考、培分开，举办了陶瓷、玉器、铜器、书画、杂项等全部5项责任鉴定员资格考试，16人通过考试。

4. 文物追索工作

在我驻丹麦使馆和有关部委的积极协助下，争取到丹麦社会力量的支持，丹麦地方法院判决将156件中国文物归还中国政府，之后这批文物顺利运送回国。国内外众多新闻媒体对此做了专题报道，在社会公众中引起了较大反响。

在文化遗产日期间，国家文物局联合文化部、外交部、公安部共同举办了“成功追索流失海外的中国文物”专题展览。此次展览展出了近5年来从海外回归祖国的5批195件文物，集中反映了中国近年来争取文物返还的主要成果。文化部蔡武部长、国家文物局单霁翔局长等主办单位领导以及来自13个国家的20多位驻华使节出席了开幕式。据初步统计，在20天的短暂展期内，共有8000多人次参观展览，对唤起社会对文物追索工作的关注和支持，促进相关的国际合作，发挥了重要作用。

积极支持有关单位，逐步启动甘肃大堡子山遗址被盗流失文物调查研究、山西晋侯墓地被盗流失文物调查研究、流失海外的元以前中国书画调查、清宫散佚文物调查等项目，为全面开展流失海外的中国文物调查，建立和完善流失文物数据库打好基础。

博物馆

【概况】

截至2008年底，全国共有2970个博物馆通过省级文物行政部门年检备案。其中，根据博物馆举办主体，文物行政部门所属的国有博物馆2161个，非文物行政部门所属的行业性国有博物馆490个，民办博物馆319个；根据博物馆专业标准，功能基本完善的博物馆2539个（其中，文物行政部门所属的国有博物馆1843个，非文物行政部门所属的行业性国有博物馆435个，民办博物馆261个），其余431个博物馆与专业标准有较大差距。

2008年全国文物文化系统博物馆从业人数51587人，博物馆公用住房面积为747.9万平方米，其中展览用房318.2万平方米、文物库房71万平方米；馆藏文物1455.4158万件（套），其中一级品5.1241万件（套），二级品91.5185万件（套），三级品221.2306万件（套）。全年共举办陈列、展览8364个，接待观众28328万人次，其中未成年人7166.6万人次。

【大型博物馆建设】

2008年建成开放的重要博物馆有：

1. 2008年1月8日，安徽中国徽州文化博物馆在安徽黄山开馆。

安徽中国徽州文化博物馆是以展示徽州文化为主题的综合性博物馆，占地157亩，建筑面积1.4万平方米，其中展出面积6000平方米，库房面积2000平方米。博物馆内设“走进徽州”、“天下徽商”、“礼仪徽州”、“徽州建筑”、“徽州艺术”、“徽州科技”六大部分。安徽中国徽州文化博物馆收藏陈列有历代陶瓷、砚台、徽墨、书画、三雕、青铜器、玉器、杂项和徽州文书等各类历史文物近10万件（册）。

2. 2008年4月2日，中国审计博物馆在江苏南通开馆。

中国审计博物馆是国内迄今为止唯一以审计为主要内容的专题博物馆。展馆建筑面积约5000平方米，展陈面积约4000平方米，陈列珍贵史料和文物400余件。展馆分为基本陈列区、临时陈列区两个部分。中国审计博物馆以珍贵的历史文物、文献展示了我国不同历史时期的审计制度、审计管理、审计活动及其所体现出的审计文化；展现了我国审计事业三千多年的发展脉络。

3. 2008年4月8日，广东客家博物馆在广东梅州开馆。

广东客家博物馆是收藏、研究、展示客家人文历史的综合性博物馆，总投资1.7亿多元，由五个展厅的主馆及黄遵宪纪念馆、大学校长馆、将军馆等分馆组成。其中主馆建筑面积1.5万平方米，展厅面积8000多平方米，展出文物194件、文献史料近100件。馆内设有固定陈列“客家人”主题展览，以“客从何来”、“客家风情”、“地标围屋”、“人文秀区”、“客家腾飞”五部分展陈客家渊源、风俗、民居、文化、精神等内容，向世人传播、展示客家积淀深厚的历史文化底蕴，多维度诠释了“大客家”精神，生动叙述了历史上客家人几次大迁徙的艰难历程，彰显了客家人不畏艰辛、开拓进取、崇文重教、爱国爱乡的精神品格。

4. 2008年8月28日，宁夏博物馆新馆在宁夏银川开馆。

宁夏博物馆新馆建筑面积30258平方米，地下1层，地上3层，设有“辉煌塞上”、“石刻史书”、“朔色长天”、“红旗漫卷”、“漫步回乡”五大部分六个展厅组成。宁夏博物馆馆藏文物共约4万件，其中一级文物159件，以回族文物、西夏文物、贺兰山岩画和革命文物最具特色。新建开放后的宁夏博物馆将成为银川市的重要标志性文化建筑，是反映宁夏悠久历史和灿烂文化的重要窗口。

5. 2008年11月15日，海南省博物馆在海南海口开馆。

海南省博物馆工程占地面积60余亩，第一期工程占地面积约1.8万平方米，主要包括陈列展厅、文物库房、技术用房、服务设施、办公用房。展厅面积约8000平方米，设有10个展厅，其中6个展厅为博物馆的基本陈列，基本陈列展出的文物有1000多件，主要包括“海南馆藏文物精品陈列”、“海南历史陈列”、“海南少数民族陈列”及“海南非物质文化遗产及保护陈列”4个专题，其余4个展厅为临时陈列展厅，主要用于展示国内外有影响的文博精品，突出海南民族及边疆特色，以富有观赏趣味性的表现形式，让参观者了解海南的历史和现状。

6. 2008年12月5日，宁波博物馆开馆。

宁波博物馆是以展示宁波人文、历史、艺术类为主，具有地域特色的综合性博物馆，由宁波市、鄞州区两级政府共建。博物馆建设占地60亩，总建筑面积达3万余平方米，建筑主体3层。现有藏品6万余件，共设7个展厅，主题基本陈列为“东方神舟——宁波史迹陈列”，两个专题陈列为“明清竹刻艺术陈列”、“阿拉老宁波——民俗陈列”，特别陈列为“时代印痕——当代中国著名版画家邵克萍先生捐赠艺术品特展”和引进的故宫博物院“皇家风范——故宫御用金银器特展”。

7. 2008年12月11日，广西民族博物馆在广西南宁开馆。

广西民族博物馆占地130亩，其中广西传统民居文化生态展示园占地60多亩，主体大楼总建筑面积2.83平方米，是一座以征集、收藏保护、研究、展示、演示广西12个民族繁衍生存、融合发展的社会发展历程和多姿多彩的风情习俗的专题性民族文化博物馆。馆内设有四个主题各异、规模不同的陈列和展览："穿越时空的鼓声——铜鼓文化展"、"五彩八桂——广西民族文化陈列"、"八桂瑰宝——广西十四个城市博物馆收藏精品展"、"东盟文化展"。

【博物馆、纪念馆免费开放】

中宣部、财政部、文化部和国家文物局于1月26日联合印发了《关于全国博物馆、纪念馆免费开放的通知》（中宣发〔2008〕2号），并于2月1日联合召开全国博物馆纪念馆免费开放工作会议，全面部署博物馆纪念馆免费开放工作。

免费开放的实施步骤是：2008年，中央级文化文物部门归口管理的博物馆全部向社会免费开放；各省级综合博物馆全部向社会免费开放；各级宣传和文化文物部门归口管理的列入全国爱国主义教育示范基地的博物馆、纪念馆全部向社会免费开放；浙江、福建、湖北、江西、安徽、甘肃和新疆等7省（区）文化文物系统归口管理的省、市、县级博物馆全部向社会免费开放。2009年，除文物建筑及遗址类博物馆外，全国各级文化文物部门归口管理的公共博物馆、纪念馆，全面爱国主义教育示范基地全部向社会免费开放。

为指导各地做好博物馆免费开放工作，国家文物局、财政部会同中宣部确定了首批505家免费开放试点博物馆的名单，中央财政安排专项补助经费预算12亿元。

国家文物局印发了《关于做好博物馆免费开放工作的实施意见》（文物博发〔2008〕14号），编辑出版了《博物馆免费开放参观指南》；并组织开展专项调研，推进各地有序实施免费开放工作。

截至2008年底，除西藏外，30个省份有1007家博物馆、纪念馆相继向社会免费开放，举办陈列展览3157个，接待观众总量为1.54亿人次，其中500家试点博物馆，接待观众量达1.18亿人次，分别是2007年的1.6倍和1.74倍。免费开放极大地调动了公民参观博物馆的积极性，改变了博物馆冷冷清清的局面，引起了全社会对博物馆文化建设的关心与支持。

【博物馆评估定级制度】

为加强行业监管，建立博物馆质量控制体系，国家文物局于2月13日印发《全国博物馆评估办法（试行）》《博物馆评估暂行标准》，全面推开博物馆评估定级工作。

博物馆评估工作由国家文物局组织开展，遵循自愿申报、行业评估、动态管理、分级指导和公平、公正、公开的原则，按照自评、申报、评定、公布的程序进行。博物馆经评估确定相应等级，从高到低依次为一级博物馆、二级博物馆、三级博物馆。

博物馆评估指标体系包括"综合管理与基础设施"、"藏品管理与科学研究"、"展示教育与社会服务"三个方面，着重评价博物馆的工作效益和水平高低，分别赋予20%、30%和50%的权重，凸显博物馆作为社会教育和公共文化服务机构的属性。

在首批一级博物馆评估定级工作中，经对29个省级文物行政部门推荐的149家单位的现场考察、专家评议，国家文物局5月16日印发《关于发布首批国家一级博物馆名单的决定》（文物博发〔2008〕35号），决定故宫博物院、上海博物馆等83家博物馆成为首批国家一级博物馆，并于5月18日在首都博物馆举行了国家一级博物馆颁证授牌仪式。文化部部长蔡武、国家文物局局长单霁翔出席并讲话。

博物馆评估定级制度的建立，有利于规范博物馆行业管理，促进博物馆体制机制创新，充分发挥博物馆传播先进文化的重要作用，加强博物馆公共服务体系建设，促进博物馆事业全面发展。

【汶川地震灾后重建】

“5·12”汶川地震发生后，国家文物局协调全国博物馆界积极参与四川、甘肃、陕西等地灾后文化遗产抢救保护和博物馆灾后重建工作。

7月4日，国家文物局、四川省文物局指导茂县羌族博物馆将馆藏7519件（套）文物安全顺利搬迁到四川成都博物院妥善保管，实施馆藏文物异地保护。

《国家汶川地震灾后重建规划·文物抢救保护修复专项规划》编制完成，震后可移动文物及其设施的损毁情况在第一时间得以及时汇总和统计。

国家文物局、国家民委组织专家，完成茂县羌族博物馆新馆选址评估和论证；并按照立足重建、突出特色、勤俭节约、陈展先行的原则，编制完成《茂县羌族博物馆重建规划大纲》和《茂县羌族博物馆陈列展览大纲》。博物馆建筑的设计招标工作也相继启动。

【全国革命文物工作座谈会】

为进一步加强革命文物保护、利用和管理，国家文物局联合中宣部、发展改革委、教育部、民政部、财政部、住房城乡建设部、文化部、国家旅游局、共青团中央于3月20日共同印发《关于加强革命文物工作的若干意见》（文物博发〔2008〕22号）。

8月1日，中宣部、国家文物局在江西井冈山联合召开“全国革命文物工作座谈会”。会议回顾了改革开放30年来特别是进入新世纪以来革命文物工作取得的成绩，围绕提高认识、加强革命文物保护、提升革命文物展示服务水平、深化博物馆和纪念馆免费开放、推进革命文物工作的体制机制创新等问题进行了广泛的交流和深入的讨论，部署了今后一段时期的革命文物工作。

【文物调查及数据库管理系统建设项目】

由财政部、国家文物局联合启动的“文物调查及数据库管理系统建设项目”在原有11省（区）文物调查项目工作建设成果基础上，2008年在北京、天津、上海、江苏、福建、山东、广东、海南、吉林、黑龙江、安徽、江西、内蒙古、重庆、贵州、云南、西藏、青海、宁夏、新疆等20个省（区、市）推开。

国家文物局印发《关于全面推进文物调查及数据库管理系统建设项目的通知》（文物博函〔2008〕1347号），并于12月23日召开文物调查及数据库管理系统建设工作会，重点研究和部署项目的全面铺开和推进工作。要求各地全力以赴地推进文物调查项目的建设工作，2010年8月底前完成全国文物系统国有文物收藏单位收藏的馆藏珍贵文物的数据采集工作，其中一级文物报国家文物局数据中心审核入库，二三级文物报国家文物局数据中心备案。

【展示宣传和社会服务】

1. 2008年“5·18国际博物馆日”的主题是“博物馆：促进社会变化发展的力量”，当天，国家首批一级博物馆的颁证授牌仪式在首都博物馆举行，各种展示宣传活动在全国广泛开展。

2. “第三届博物馆及相关产品与技术博览会”（简称“博博会”）于2008年11月29日～12月1日在北京中国农业博物馆举行。博博会每两年举办一次，是中国博物馆界唯一的专业展览会，是以博物馆相关的新成果、新技术、新产品为主要内容，集展示、交流、合作于一体的大型综合性行业盛会。本届博博会更加突出了博物馆相关产品与技术展示，为博物馆与相关和技术服务企业搭建了广阔的交流合作平台。当代博物馆与文化创意产业论坛等活动同期举办。

3. 中国博物馆学会第五届会员代表大会2008年12月9日在北京召开。大会修订并讨论通过了新的《中国博物馆学会章程》。大会顺利完成了改选换届工作，产生了新一届学会理事会，选举张柏为理事长、宋新潮、郭得河、李文儒、董琦、陈燮君、陈建明、王川平、徐延豪为副理事长，安来顺为秘书长，马宝杰等25人组成常务理事会。

4. 2010年国际博协第22届上海大会筹备工作推进顺利。中国博物馆学会编制完成2010年国际博协大会筹备方案，组建北京办公室，召开2010年国际博协大会执委会第二次会议，指导上海方面顺利承办了国际博协第114次执委会，举办2010年大会协调人培训班，召开深化大会主题的国际学术研讨会。宁波博物馆成功举办了“携手2010——国际博物馆高峰论坛”。

【重要的全国性展览】

1. 制胜之道——《孙子兵法》暨中国古代军事文物精品展，2008年7月22日~10月5日在中国人民革命军事博物馆展出。

展览由中国人民革命军事博物馆、北京市文物局共同主办。展览由“兵学泰斗，横空出世”，“兵学圣典，博大精深”，“兵学哲理，魅力永存”三部分组成，汇集了国内21家博物馆和文物考古研究部门的160余件（套）军事文物，除吴越古剑外，还有西汉驻军图、银雀山汉墓竹简、曾侯乙墓出土三戈戟等珍贵文物。展览以古代军事文物精品为主体，辅以相关的历史图片、模型、艺术品等，以军事历史发展阶段为脉络，展示了《孙子兵法》博大精深的军事思想精髓。

2. 长江文明展，2008年7月25日~10月14日在首都博物馆举行。

展览由首都博物馆、重庆中国三峡博物馆承办，长江沿线14家博物馆共同参与，吸纳了学术界最新的考古发现与研究成果，通过新颖现代的表现手段，将丰富多彩、底蕴深厚的文化内涵与大气磅礴、神秘瑰丽的艺术效果结合，是中国博物馆界首次以反映长江文明为主题的展览。展览由“母亲之河”、“青铜之光”、“人文胜景看长江”、“尾声”等部分组成，撷取了治玉、盐业、茶叶、戏曲、织绣、园林、航运、水利等独具长江流域地域特色的199件代表性文物，全方位、立体感地展现长江两岸的文明史，肯定长江文明在中华文明历史进程中的作用和地位，揭示长江文明的源头及其对今天的深远影响，进而揭示中华文明的辉煌与灿烂。

3. 奇迹天工——中国古代发明创造文物展，2008年7月28日~9月20日在中国科技馆举行。

国家文物局与中国科学技术协会于2008年北京奥运会期间共同举办的“奇迹天工——中国古代发明创造文物展”，分为“锦绣华服”、“雄奇宝器”、“典藏文明”和“泱泱瓷国”4个专题，通过270余件珍贵文物，并配以模型、场景、图片、影视等辅助展品及多媒体演示和互动式参与手段，铺就“古代科技文明走廊”，集中真实再现了我国古代发明与创造的卓越成就。展览展示了中国古代科技的丰富内涵，中华文化的博大精深及对人类社会发展的深远影响，展现了中华民族传统的丝绸织造术、青铜铸造术、造纸印刷术和瓷器制作术中蕴藏的中国古代科技文明和中华文化精髓。此展是国家文物局组织实施的重大项目“指南针计划——中国古代发明创造的价值挖掘与展示项目”的阶段性成果。

4. 中国记忆——5000年文明瑰宝展，2008年7月29日~10月7日在首都博物馆举行。

展览由国家文物局、北京第29届奥林匹克运动会组织委员会主办。来自全国55座博物馆，为广大群众耳熟能详、历史教科书中经常提及的169件堪称“镇馆之宝”的珍贵文物在展览中集体亮相，其中不少展品从未借出展览过，如成都金沙太阳神鸟金饰、秦始皇陵将军兵马俑、徐州狮子山楚王墓金缕玉衣、湖南长沙马王堆汉墓 T 形帛画等。展览通过精美的文物瑰宝，全方面集中展示了历经 5000 年而不间断、延续至今的中华文明，展现了中华文明的辉煌灿烂、中华文化的博大精深。

5. 世界瑰宝——中华人民共和国国际礼品特展，2008 年 8 月 7 日 ~9 月 26 日在中国人民革命军事博物馆举办。

展览由国家文物局主办，国际友谊博物馆和中国人民革命军事博物馆共同承办。该展汇集了中华人民共和国成立以来我国党和国家领导人在外交活动中接受的来自世界五大洲 100 余个国家的近 200 件（套）珍贵礼品，包括金银器、铜雕器、陶瓷器、玻璃器、漆器、玉石器、牙骨器、竹木雕、织绣、绘画等十几个门类。展览展出面积近 1300 平方米，展线长 400 多米，以礼品实物展示为主，辅以图片及电视短片，展现了世界各地不同的历史及多元文化的特色与魅力，反映了中国人民与世界各国人民的友好交往，见证了新中国外交事业所取得的丰硕成果，突出“友谊与和谐”的展览主题。

文物保护科技与信息化

【文物保护科技】

1. 充分发挥科技的支撑引领作用，积极参与灾后文化遗产抢救性保护工作

落实党中央、国务院领导批示精神，组织有关单位编制完成《5·12 地震遗址博物馆项目建议书》，地震遗址、遗迹保护及地震博物馆建设纳入《汶川地震灾后恢复重建总体规划》。启动《灾后文化遗产抢救性保护综合信息平台》的研发工作，为灾后文化遗产受损情况的调查、评估，以及抢救性保护方案的编制和论证提供数据和技术支持。针对博物馆藏品的防震减灾，组织开展相关技术研究和标准制订工作。

2. 全面推进“指南针计划”专项管理的各项工作

从完善管理机制入手，从组织、规划、制度、标准和管理系统建设等 5 个方面加强“指南针计划”专项的管理。国家文物局会同中宣部、教育部、科学技术部、财政部、文化部、中国科学院、中国社会科学院、中国工程院、中国科学技术协会和中央电视台等 10 部门和单位组建了领导小组；组织完成了“古代农业技术发明创造”等 7 大主体类项目规划的编制工作，提出了各分专项实施的工作思路、主要任务、保障措施及经费投入测算，确定了项目实施的体系框架，并在此基础上编制完成《“指南针计划”专项实施方案》；研究起草了《“指南针计划——中国古代发明创造的价值挖掘与展示”专项经费管理办法》；组织完成了《中国古代发明创造国家名录认定标准》的研究制订工作；完成了《“指南针计划”ERP 综合管理系统》的研发。

加强了对“指南针计划”阶段性成果的展示与宣传，在北京奥运会期间，组织举办了“奇迹天工——中国古代发明创造文物展”。中共中央政治局常委李长春，中共中央政治局委员刘淇，全国人大常委会副委员长路甬祥、韩启德、陈至立，全国政协副主席孙家正等党和国家领导人参观了展览。参观结束后，李长春同志作了重要指示。他指出：中国古代发明创造集中了中国人民的伟大智慧和创新精神，是中华民族 5000 年悠久文明的历史见证，是民族生命力和创造力的具体体现；要把中国古代发明创造的伟大成果作为中国古代史研究的重要内容，设立专门学科，培育专业人才，组织立项攻关，推动中国古代科

学技术研究的学理化、规范化、系统化；要对中国古代发明创造的重大成果重新进行梳理，发掘史料，科学验证，使其以充分的史料根基和科学依据，得到世界公认；要把中国古代发明创造的伟大成果作为爱国主义教育的重要内容，进教材、进课堂，让广大青少年充分认识和了解中国古代重大创造发明成果，继承和发扬中华民族的伟大智慧，不断增强民族自尊心、自信心、自豪感；要把中国古代发明创造的伟大成果作为开展科普教育活动的重要内容，运用多种手段展示其科技内涵，广泛宣传其对人类社会发展产生的深远影响，培育全社会的科学精神，激发全社会的创造活力；要把中国古代发明创造的展览作为常设性展览办好办活，在古代科技发明的复原、再现上狠下工夫，让参观者在参与、互动中体验古代发明创造的具体过程，体验中国古代科学家和发明家的聪明才智，使展览成为弘扬中华文化、进行爱国主义教育、开展科学普及活动的重要基地。

展览也得到了社会各界的一致好评，为"指南针计划"的全面实施营造了良好的舆论氛围；同时，依托1本图录、4本科普图书和1部电视专题片，将展览的影响力进一步延伸。此外，"指南针计划"专项各项试点工作稳步推进，并取得显著成果，大量最新研究成果应用于奥运科技展。启动了"指南针计划"门户网站建设项目。

3. 加强行业科技管理能力建设，提高管理效率和水平

依托敦煌研究院设立的国家古代壁画保护工程技术研究中心获批准，成为国家在社会公益领域设立的首家国家工程技术研究中心，是文化遗产保护科技进入国家科技创新体系的重要标志。完成首批科研基地的运行评估工作，实现"以评促建、以评促改"；进一步明确了科研基地作为文化遗产保护的技术研发中心、保护修复中心和成果推广中心的发展目标。指导第三批6家局重点科研基地研究制订基地发展规划和运行计划。

完成了国家科技支撑计划重点项目的中期检查工作，项目研发新技术、新产品、新装置36项，申请专利6项，制订技术标准14项，培养博士、硕士研究生40名，发表文章62篇，出版专著6本。

4. 积极开展标准化规划研究、标准制订及修订工作，推进行业标准体系建设

积极参与国家社会服务标准化战略研究和发展规划的制订工作。在《全国服务业标准2009年~2013年发展规划》中，增加了"文物保护、博物馆业"标准类别，将"文化遗产领域走向国际化，建立文化遗产保护国际标准化组织"作为推进服务业标准国际化的重点支持对象，提出的文化遗产保护领域94项标准制订项目也全部列入规划。《文物保护单位标志》等2项国家标准由国家标准委员会正式颁布，组织完成2项国标、11项行业的研究制订工作。启动国家标准《博物馆服务》和《文物保护工程监理规范》等12项行业标准的研究、制订工作。

为加强行业标准的推广实施，国家文物局颁布了《古代壁画病害与图示》等首批9项行业标准，并于10月在西安举办了首期标准培训班，对全国113名学员进行了培训。

5. 从法规、资质、技术监管等方面入手，加强可移动文物保护管理体系建设

开展《可移动文物保护修复管理办法》的研究、制订工作。组织完成了首批可移动文物修复资质的备案复核和可移动文物技术保护设计资质的审核工作，共授予44家单位一级修复资质，51家单位二级修复资质；授予37家单位甲级设计资质，30家单位乙级设计资质。加强可移动文物保护过程管理，逐步建立可移动文物保护电子档案库，启动《可移动文物保护综合管理平台》研发工作。

6. 加大文物保护科技宣传力度，使文物保护成果真正惠及人民群众

在全国14个城市18家单位同时举办了

"文物科技保护图片展"，得到社会公众一致好评。展览宣传介绍我国文物保存、修复的新技术和新成果。利用网民喜闻乐见的手段，推出《文化遗产保护科学与技术》电子杂志创刊号，以共享文物保护科技成果为发展理念，通过信息化网络平台，推介文化遗产保护与展示的成功案例，打造传播、宣传、交流文化遗产保护领域创新成果、创新理论、创新实践的信息平台。

【文物、博物馆信息化】

1. 第三次全国文物普查软件的开发与应用

为推动国家重点项目"第三次全国文物普查"的实施，加强项目管理，完成了普查数据采集专用软件和普查数据报送与接收专用软件的研发，并投入实际应用，实现普查信息的现场采集与汇总；完成了普查进度图示系统软件研发和普查数据管理系统的规划设计，服务普查工作进程监控和成果管理。

2. 文物调查及数据库管理系统建设

按计划开展调查工作，系统梳理调查项目已有标准规范和制度文件，开展项目试点与推广省份工作情况调研，编写了文物调查项目试点工作评估报告。根据项目工作进度，进一步研究明确了数据采集核心指标项和数据资源目录体系框架。2008年12月23日，国家文物局召开了该项目工作会议，要求未开展项目工作的20省（区、市）到2010年完成文物系统内国有文物收藏单位馆藏珍贵文物的数据采集工作，其中一级文物报国家文物局数据中心审核入库，二、三级文物报国家文物局数据中心备案入库。此次会议后，国家文物局下发了《关于全面推进文物调查及数据库管理系统建设项目的通知》，进一步明确了项目的组织方式和实施计划。

3. 文物安全监管和管理信息系统

为及时掌握各地文物安全动态，提高安全执法工作效率，提升文物安全监管能力，研发了文物安全与行政执法管理信息系统软件；组织开发了全国文保单位名录数据库检索系统等应用软件，为数据查询等业务管理工作提供技术支持。

4. 其他管理信息系统

国家文物局数据中心与辽宁省文物局、朝阳市牛河梁遗址管理处合作，共同开展大遗址保护信息技术框架研究，研发了大遗址保护综合信息系统，利用信息技术加强大遗址的保护、展示和管理工作；与承德市文物局合作，探讨共同开展地面古建筑文物数据管理与虚拟展示应用研究；与山西博物院合作，编制完成《山西博物院数字博物馆项目可行性报告（讨论稿）》，促进博物馆陈列展示水平的提升；与成都文物考古研究所合作开发田野考古管理信息系统，通过GIS/GPS/RS、无线通信、近景摄影测量等技术手段的综合运用，建立统一的考古作业管理系统和考古资源共享平台，实现考古作业管理、考古资源共享、考古研究与信息服务等过程的一体化管理；与天津文物进出境鉴定站、天津海关合作，探索无线射频识别技术（RFID）等现代信息技术手段在加强文物进出境管理中的应用。

5. 网络基础设施建设

国家文物局数据中心机房开展了改造和扩建工作，机房扩建实用面积70平方米，其中涉密机房面积16平方米，服务器机房53平方米；功能改造面积30平方米，其中UPS配电室达23平方米。为确保国家文物局政府网站及相关行业网站等重要服务器的安全，进行了系统安全评估和加固工作，根据实际需要，优化现有网络结构，保障网络平台和数据交换平台的畅通运行。国家文物局数据中心负责建设了国家文物局财务专网系统，实现了国家文物局及直属单位财务专网连接，达到财务统一管理要求。建设局机关服务中心、新文化运动纪念馆和中国文物交流中心网络，满足日常办公和上网要求。

6. 行业网站建设

2008年6月16日，中国文化遗产网正式开通，整合、荟萃全国文化遗产信息资源，创新展示和服务方式，力图打造内容全面、技术先进、更新及时、亮点突出、互动充分的中国文化遗产信息及知识门户。网站开通了中华遗产、在线展览、遗产课堂、互动家园、动态资讯、资料信息、文博黄页、网站服务等八个频道及近百个子栏目，在宣传普及有关中国文化遗产基础知识和信息的同时，还提供论坛、博客、咨询等多种互动交流服务。

7. 电子政务

按照《国务院办公厅关于加强政府网站建设和管理工作的意见》要求，根据《中华人民共和国政府信息公开条例》及《国务院办公厅做好施行〈中华人民共和国政府信息公开条例〉准备工作的通知》要求，国家文物局政府网站政务公开的改版工作圆满完成。网上政务公开功能基本达到国务院通知要求，自2008年5月1日新版上线以来点击率有较大提升，5月份点击率由原来每月20万次猛增至42万次。截至2008年12月11日，政务信息公开条数为799条，信息员报送地方信息3590条。

在保证重点宣传导向的同时，国家文物局政府网站注重基础内容建设，先后完善修正了政策法规条目、行政许可条目、博物馆免费开放名录等资料性栏目，努力做到资料信息的权威性和准确性。

对外交流与合作

【概况】

在2008年全国文物局长会议上，文化部蔡武部长高度评价了国家文物局文物外事工作："对外交流与合作成绩斐然，文物外事工作开创局面。"同时也提出要求："通过文化遗产保护，提高中华文化软实力，丰富文化遗产的表现形式和传播形式，扩大中国文化遗产的传播范围，增强中国文化遗产的吸引力和国际竞争力。"

2008年，国家文物局外事工作继续坚持以"服务外交大局、服务对外文化交流、服务文物事业"为宗旨，坚持以邓小平理论、"三个代表"重要思想和党的十七大精神为指导，与时俱进，创新思维，文物对外交流工作取得重要进展。

【政府间交流与合作】

1. 签署《防止盗窃、盗掘和非法进出境文物的协定》

打击盗窃、盗掘和非法进出境文物等违法活动是各国政府的共识，签署这一协定有利于有效遏制违法活动给文化遗产造成的破坏，为进一步扩大政府间的交流与合作奠定了坚实基础。

2008年9月24日，在胡锦涛主席和应邀来华访问的委内瑞拉总统查韦斯的见证下，国家文物局局长单霁翔和委内瑞拉人民权利文化部部长赫克多尔·索托在人民大会堂签署了《中华人民共和国政府与委内瑞拉玻利瓦尔共和国政府关于防止盗窃、盗掘和非法进出境文物的协定》。

2008年4月14日，在智利总统巴切莱特的见证下，单霁翔局长与智利外交部长阿尔贝托·冯·克拉维伦签署了《中华人民共和国政府和智利共和国政府关于防止盗窃、盗掘和非法进出境文物的协定》。

2008年2月26日，单霁翔局长与希腊文化部长米哈伊勒·利亚彼斯在北京签署了《中国国家文物局与希腊文化部关于防止盗窃、盗掘和非法进出境文物的谅解备忘录》。

2008年5月8日，国家文物局副局长董保华与塞浦路斯交通与工程部常秘康斯坦提尼蒂斯在北京签署了《中华人民共和国政府和塞浦路斯共和国政府关于防止盗窃、盗掘和非法进出境文物的协定》。

截至2008年底，中国已先后与秘鲁、意大利、印度、菲律宾、智利、希腊、塞浦路斯、委内瑞拉和美国等八个国家根据联合国教科文组织1970年公约签署了防止盗窃、盗掘和非法进出境文化财产的双边协定。

中国积极履行相关国际公约及双边协定的责任和义务。2008年，国家文物局多次将秘鲁丢失文物的有关信息通报相关单位。

2. 以签署部门间文化遗产保护协定为辅，不断扩大政府间的交流与合作的广度和深度

2008年8月11日，国家文物局局长单霁翔与哥伦比亚文化部长共同签署了《中华人民共和国国家文物局和哥伦比亚共和国文化部意向书》，为双方的合作开创了新局面。

2008年4月14日，国家文物局副局长董保华与智利图书馆、档案和博物馆司司长妮维亚·帕尔玛签署《中华人民共和国国家文物局和智利共和国国家遗迹委员会关于开展文化遗产领域交流合作的协议》。

2008年1月3日，在斯里兰卡总理见证下，单霁翔局长与斯里兰卡国家遗产部代部长签署了《中华人民共和国国家文物局与斯里兰卡民主社会主义共和国国家遗产部关于合作保护文化遗产的协议》。

国家文物局与印度尼西亚文旅部签署了有关保护、发展和利用早期人类遗址的合作备忘录。

切实落实与越南、菲律宾签署的保护合作协定、谅解备忘录，派遣专家赴越南授课。

2008年6月10日，国家文物局派员赴意大利出席中意政府委员会第三次联席会议，并与意大利文化遗产部代表签署了中意联合举办“秦汉—罗马文明展”意向书，成为本次联席会议的重大成果。

3. 执行政府间交流计划

2008年，国家文物局派团对斯里兰卡、印度尼西亚、哥伦比亚和玻利维亚、新加坡、马来西亚等国家进行正式友好访问。

2008年，国家文物局接待了日本、以色列、匈牙利、埃及、尼日利亚等多个国家的政府代表团。

通过政府间互访，中国与这些国家加深了相互了解，达成了共识，为双方在文化遗产领域进一步开展交流与合作奠定了基础，创造了条件。

4. 援助柬埔寨修复柬埔寨吴哥窟周萨神庙项目

2008年12月5日，全国政协主席贾庆林出席我援柬周萨神庙维修工程竣工及移交典礼。

援助柬埔寨修复柬埔寨吴哥窟周萨神庙项目是我国承担的第一项重大文化遗产援外工程，该项目成功体现了中国作为一个负责任的文物大国积极承担国际义务的形象。同时，中国的文化遗产保护理念、技术以及实践获得国际同行的检验、认可和推广。

在援柬吴哥窟周萨神庙维修过程中，党和国家领导人多次前往视察、指导。

5. 法、意、日对中国地震文物的援助

为落实2008年6月16日中法两国文化部长签署的《关于保护和修复汶川地震中受损文化遗产开展合作的联合声明》，法国文化遗产保护与修复专家组前往四川灾区进行考察，并进行相关评估。

意大利政府一直在积极主动地与中方合作，寻求参与灾后文物修复工作。

【涉台交流】

胡锦涛总书记在纪念《告台湾同胞书》发表30周年座谈会上指出，弘扬中华文化，加强精神纽带。中华文化是维系两岸同胞民族感情的重要纽带。并提出两岸同胞要共同继承和弘扬中华文化优秀传统，开展各种形式的文化交流，使中华文化薪

火相传、发扬光大，以增强民族意识，凝聚共同意志，形成共谋中华民族伟大复兴的精神力量。

文化遗产事业是社会主义文化事业的重要组成部分。通过文化遗产的保护和深入挖掘，充分展示文化遗产所凝聚的深刻内涵，促进中华民族共有精神家园的建设，让文化遗产在祖国的和平统一大业进程中扮演积极角色。

顺利推动新疆“丝绸之路大展”入岛展出，受到岛内观众的热烈欢迎；在台湾艺术大学举办“承先启后再现辉煌——第一届海峡两岸南系古建艺术研讨会”，反响良好；派“中华文物交流协会代表团”赴台参观访问，增进两岸文博界的学术交流与相互了解，为推动两岸文博领域的交流与合作奠定基础；12 月 16 日，国务院台湾事务办公室、国家文物局、福建省人民政府共同举办涉台文物保护工程启动仪式。5 年内，全国将有 1354 处涉台文物得到全面保护维修。涉台文物是中华民族文化遗产的重要组成部分，是联系海峡两岸同胞感情的重要纽带，是台湾作为中国神圣领土不可分割的重要组成部分的历史见证，具有重要的历史、艺术、科学价值。积极开展对涉台文物的保护，深入发掘、展示和宣传涉台文物丰富的历史文化内容，对于促进祖国和平统一大业，推动我国文化遗产事业的全面发展，具有重要现实意义。

【对外宣传】

1. 出入境文物展览

2008 年，在党中央、国务院的关心和外交部、文化部的具体指导下，文物出国（境）展览数量平稳增长，内容更加丰富，水平不断提高，影响日益扩大，全年共组织了 59 个出境文物展览，赴多个国家和地区展出，包括赴英国大英博物馆的“秦始皇：中国兵马俑”、赴日“大三国志展”、赴南非“华夏瑰宝”展、赴香港“马文化展”、与澳门民政署的长期合作项目——中国文物展“时间廊”等。

2. 组织国际组织、基金会和非政府组织活动，召开国际会议

2008 年 7 月，福建土楼及其村落被成功列入世界遗产名录，使中国列入“世界遗产”名录的文化和自然遗产达到 37 处，居世界第三位，其中文化遗产 26 处。

联合国教科文组织世界遗产中心发起丝绸之路联合申报世界遗产项目。在我国的积极倡导下，丝绸之路沿线国家积极开展丝绸之路文化线路申报世界遗产的探索。

2008 年 6 月，召开“丝绸之路系列申报世界遗产国际协商会”，“丝绸之路”将于 2010 年进行审查并投票，确定能否入选世界遗产名录。

2008 年 10 月，国家文物局与联合国教科文组织世界遗产中心、国际古迹遗址理事会和国际文化财产保护与修复研究中心联合召开东亚地区木结构建筑彩画保护国际研讨会。来自 14 个国家的 50 余位代表出席了会议。会议通过了《东亚地区彩画保护的北京备忘录》。与会代表认为我国专家保护与修复建筑彩画的理念、准则和做法具有广泛的参考价值和指导意义。

派员出席了世界遗产委员会第 32 届大会、国际古迹遗址理事会第 16 届大会、返还委员会特别会议以及国际博物馆协会执委会会议等一系列重要国际会议，扩大在国际文博领域的发言权和影响力。

与联合国教科文组织驻京办合作开展中日纸张保护专题研究，并继续做好联合国教科文组织日本信托基金项目——龙门石窟和库木吐拉千佛洞二期维修工程的协调工作，充分利用国际组织交流平台的作用，学习了解最新国际保护理念与科技信息，为我国文化遗产保护事业服务。

3. 争取更多国际友人了解、理解并支持我国的文化遗产事业

“组织驻华外交官走进中国文化遗产活动”是国家文物局组织的一项系列活动，

从2005年开始，国家文物局先后四次举办此项活动，邀请各国驻华外交官访问了新疆、湖南和四川等地的文化遗产和博物馆。

2008年6月，为配合遗产日活动，组织驻华外交官参加“成功追索流失海外的中国文物展”和“第三次全国文物普查和抗震救灾图片展”开幕式并参观展览。

2008年10月，组织部分国家外交官赴福建考察刚刚申报世界遗产成功的福建土楼及其村落以及其他文物古迹和博物馆。

为配合奥运会，成功举办“奇迹天工——中国古代发明创造文物展”等专题展览，邀请近30个国家的上百位外交官参观。

【涉外培训与外事管理】

1. 涉外培训

国内文博单位与国外博物馆、科研院所、文物保护机构开展的馆际交流、考古研究、文物保护科技、文物保护工程、人员培训等合作项目，数量不断增长，范围不断扩大，呈现良性发展态势。

完成与美国盖蒂保护所第六期合作计划，正在积极规划第七期合作事宜；与美国梅隆基金会合作进展顺利。2009年将继续选派中国博物馆高级管理人员赴美研修；举办中日韩合作丝路培训项目古建筑保护修复培训班。

2. 外事管理

召开国家文物局外事工作座谈会暨文物进出境展览培训班；举办了第一期“国家文物局系统护照签证管理培训班”，为局属各单位培训了首批专办员，按外交部要求做到了护照签证专人专办，提高了护照收缴效率，并指导各单位建立了人事政审档案；建立健全了外事工作管理制度体系。以《国家文物局外事工作规则》为总纲，包括《国家文物局因公临时出国（境）人员管理办法》等多个实施细则。

特别是按相关文件精神，对《国家文物局临时因公出国（境）团组管理规定》进行补充修订，加强管理，从严审批，从严从紧处理，推动落实。

2008，国家文物局系统共派出92个团组448人次出访数十个国家（地区），各出访团组均较圆满完成出访任务。按照中纪委、中组部、外交部、公安部联合发出的《关于加强因公出国（境）团组境外纪律的通知》要求，对国家文物局2008年出访工作计划进行梳理分析，取消、推迟出访团组30余个。

文博教育培训

【培训】

2008年，国家文物局共举办培训班30个，培训各类管理和专业人员1904人。重要培训如下：

1. 抗震救灾专题培训班

“5·12”四川汶川地震发生后，为积极配合地震灾区重建和文化遗产保护工作，7月13日~21日，在北京大学考古文博学院举办西部地区文博干部培训班，围绕抗震救灾文物保护设置课程，国家文物局领导亲自为学员讲课，培训文物系统抗震救灾先进集体代表和先进个人26人。

2. 省级文博系统专业管理干部培训

2008年8月~9月在复旦大学举办第六期省级博物馆馆长培训班，培训学员37人。标志着连续6年举办的省级文物局局长、博物馆馆长、考古所所长、古建所所长培训班基本完成。自2003年开展省级专业管理干部专项培训以来，共有443名省级文博管理干部参加培训。

3. 地市文博管理干部培训和全国重点文物保护单位保护管理机构负责人培训

2008年4月印发《关于推进地市文博

管理干部培训和全国重点文物保护单位保护管理机构负责人培训的意见》，由国家文物局与各省文物局联合开展培训，完成湖北、山东、江苏、浙江、上海、广东、陕西、西藏、甘肃等9省市的培训工作，共培训地市级文博干部和全国重点文物保护单位管理干部952人。

4. 专业技术人员业务培训

国家文物局举办了“工业遗产调查与利用培训班”、“考古发掘报告编写工作高级研修班”、“第二期世界文化遗产（预备清单）保护管理培训班”、“文物进出境审核机构文物鉴定系列培训”等，取得良好的培训效果。专业技术人员中长期培养项目进一步推进，“文物保护修复技术人员中长期培养计划”启动，“博物馆文物鉴定人员中长期培养计划”继续开展，完成陶瓷鉴定培训项目。

5. 涉外培训

6月19日~25日，在青岛市举办了中法合作工业遗产调查与保护利用培训班，法国国家遗产学院派出专家为培训班授课，来自25个省、自治区、直辖市从事第三次全国文物普查的70余名学员参加了培训，取得良好效果。中国文化遗产研究院完成“中日韩合作丝绸之路沿线文物保护修复人员培养项目”、土遗址保护和纸质文物保护修复等培训项目。

【高校合作办学】

5月27日，国家文物局与北京大学在北京大学召开联合办学指导委员会全体会议。会议通过了新一届联合办学指导委员会委员名单。名单如下：

主任委员：

单霁翔（国家文物局局长）

副主任委员：

吴志攀（北京大学党委副书记）

张　柏（国家文物局副局长）

委员（按姓氏笔画为序）：

孙　华（北京大学考古文博学院副院长）

宋新潮（国家文物局博物馆司司长）

张国有（北京大学副校长）

侯菊坤（国家文物局人事教育司司长）

赵　辉（北京大学考古文博学院院长）

高　岱（北京大学研究生院副院长）

顾玉才（国家文物局文物保护司司长）

程玉缀（北京大学社会科学部部长）

指导委员会设联络组，负责日常事务，由如下人员组成：

赵　辉（北京大学考古文博学院院长）

王大民（国家文物局人事教育司教育培训处处长）

孙　华（北京大学考古文博学院副院长）

会议还通过了北京大学考古文博学院（中国文物博物馆学院）的工作报告和今后十年工作规划，签署了《国家文物局与北京大学联合办学协议书》。

（注：1998年，国家文物局与北京大学签署联合办学协议书，决定在北京大学合办北京大学考古文博学院暨中国文物博物馆学院，并由国家文物局与北京大学组建联合办学指导委员会，在学院的组织领导、基本建设、专业设置及科研等方面进行联合管理。国家文物局、北京大学联合办学指导委员会成立以来，北京大学考古文博学院（中国文物博物馆学院）在学院建设、学科发展、继续教育、在职培训、课题申报等方面稳步发展，成绩显著，为我国文化遗产保护事业输送了一大批专门人才。）

【文博高级职称评审】

2008年10月，先后召开了2008年度编辑出版、文博两个系列高级职称评审会议，评审受理了符合参评条件的天津、山西、内蒙古、云南、新疆以及中国地质博物馆、中国电信博物馆、国家清史纂修领导小组办公室和国家文物局直属单位的评审申请共41名。其中申报文博研究馆员资格的25名，申报文博副研究馆员资格的5名，申报编审资格的7名，申报副编审的4名。经过评委会成员认真审读及讨论，并经过无记名投票，最终通过评审的有28名同志。其中，获得文物博物系列研究馆员任职资格的有（共15人）：

天津：陈卓、王凤琴、尚洁；内蒙古：塔娜、杨泽蒙；云南：张家华、杨德聪；新疆：吴艳春、李文瑛、邱陵、李丽、李肖；中国地质博物馆：陈开宇；国际友谊博物馆：马先军；中国文化遗产研究院：杨新。

获得文物博物系列副研究馆员任职资格的有（共4人）：

中国电信博物馆：彭淑琦；北京鲁迅博物馆：夏晓静、于静、冯英。

获得编辑出版系列编审任职资格的有（共5人）：

文物出版社：谷艳雪、李缙云；中国文物报社：朱威、李让；国家清史纂修领导小组办公室：赵海明。

获得编辑出版系列编审任职资格的有（共4人）：

文物出版社：耿宝、安倩敏、郑华；中国文物报社：冯朝晖。

人事工作

【直属事业单位岗位设置管理】

1. 岗位设置管理

2008年3月，国家文物局召开人事工作会议，研究、部署直属事业单位岗位设置管理实施工作；4月，印发《国家文物局直属事业单位岗位设置管理工作补充意见（暂行）》；8月，完成各直属单位岗位设置管理实施方案、岗位总量、最高等级和结构比例的审核、批复工作；9月，完成局系统专业技术二级岗位拟聘人员的遴选、审批工作；10月，各单位进入岗位聘用阶段，11月、12月各单位陆续完成兼任管理岗位和专业技术岗位即“双肩挑”人员的报批工作，以及岗位聘用实施情况备案工作。

2. 专业技术二级岗位评审

经国家文物局专业技术二级岗位专家评审委员会评审推荐，国家文物局党组研究同意，陈漱渝（北京鲁迅博物馆研究馆员）、邓文宽（中国文化遗产研究院研究馆员）、葛承雍（文物出版社教授）、刘兰华（女，中国文化遗产研究院研究馆员）、吴加安（中国文物信息咨询中心研究员）、张囤生（中国文物报社编审）等6人具备专业技术二级岗位任职资格。

【表彰奖励】

5月12日，四川省汶川地区发生里氏8.0级特大地震。面对这场突如其来的地震灾害，在党中央、国务院和中央军委的正确领导下，全党全军全国各族人民全力投入抗震救灾工作。灾区广大文物工作者临危不惧，不怕牺牲，忠于职守，坚守岗位，积极抢救人民群众生命财产，积极抢救保护文化遗产，彰显了文物工作者对国家和事业的忠诚，涌现出一批可歌可泣的先进集体和先进个人。

为表彰先进，激励文物系统广大干部职工全力投入抗震救灾工作，国家文物局决定，授予四川省绵阳市文物管理局等11个单位“文物系统抗震救灾先进集体”荣誉称号，授予四川省都江堰市灵岩山文物管理所张秀等19人“文物系统抗震救灾先进个人”荣誉称号。

1. 文物系统抗震救灾先进集体名单（11个）：

四川省成都市都江堰市文物管理局、四川省德阳市什邡市文物管理所、四川省绵阳市文物管理局、四川省广元市青川县文物管理所、四川省雅安市汉源县文物管理所、四川省阿坝州茂县羌族博物馆、四川省阿坝州汶川县文物管理所、四川省绵阳市平武县报恩寺博物馆、重庆市红岩联线文化发展管理中心、陕西省宝鸡市文物事业管理局、甘肃省陇南市成县博物馆。

2. 文物系统抗震救灾先进个人名单（19 名）：

张秀（四川省成都市都江堰市灵岩山文物管理所所长、支部书记）、卞再斌（四川省成都市都江堰市文物局党总支书记、常务副局长）、刘学勤（四川省成都市都江堰市文物管理局保管员）、杨东（四川省成都市杜甫草堂博物馆宣教部副科长、挂职彭州市磁峰镇滴水村党支部副书记）、丁武明（四川省成都市彭州市文物保护管理所所长）、谢之战（四川省德阳市绵竹县文物管理所副所长）、王锡鉴（四川省绵阳市文物管理局局长）、高泽友（四川省绵阳市北川羌族自治县民俗博物馆馆长）、张敏（四川省绵阳市江油市文物管理所所长）、李蓉（四川省广元市青川县文物管理所所长）、卫洪强（四川省雅安市汉源县文物管理所所长）、邓勇（四川省阿坝州文物管理所办公室主任）、蔡清（四川省阿坝州茂县羌族博物馆馆长）、银福忠（四川省阿坝州理县文物管理所员工）、董旭梅（四川省阿坝州汶川县文物管理所管理员）、窦友华（陕西省汉中市宁强县博物馆管理员）、廖北远（甘肃省文物局副局长）、苟长途（甘肃省陇南市康县文化体育局局长）、何晓虹（甘肃省陇南市宕昌县哈达铺红军长征纪念馆馆长）。

【郑振铎—王冶秋文物保护奖表彰】

郑振铎、王冶秋同志等老一辈文物工作者为我国文物、博物馆事业的开创与发展呕心沥血，历尽艰辛，他们是新中国文物、博物馆事业的奠基人和开拓者。为弘扬他们为新中国文物、博物馆事业艰苦创业、百折不挠的光荣传统，宣传我国西部地区基层文物工作者爱岗敬业、无私奉献的精神，激励广大文物工作者以崭新的精神风貌和饱满的工作热情投身于文化遗产事业，国家文物局决定，表彰重庆市文物考古所等 12 个单位为“郑振铎—王冶秋文物保护奖”先进集体，王孝阳等 41 名同志为“郑振铎—王冶秋文物保护奖”先进个人。

1. “郑振铎—王冶秋文物保护奖”先进集体名单（12 个）：

四川省文物考古研究院、重庆市文物考古所、云南省扎西会议纪念馆、贵州省镇远县文物管理局、西藏自治区昌都地区文化局文物管理科、陕西省延安革命纪念馆、甘肃省高台县博物馆、青海省乐都县文物管理所、宁夏回族自治区文物考古研究所、新疆维吾尔自治区哈密地区伊吾县文物管理局、广西壮族自治区柳州市博物馆、内蒙古自治区宁城县辽中京博物馆。

2. “郑振铎—王冶秋文物保护奖”先进集体和先进个人名单（41 名）：

雷雨（四川省文物考古研究院三星堆遗址工作站站长、副研究馆员）、江章华（四川省成都市文物考古研究所副所长、研究馆员）、张跃辉（四川省广汉市文物管理局局长、广汉三星堆博物馆常务副馆长、副研究员）、唐光孝（四川省绵阳市文物管理局副局长、副研究馆员）、王孝阳（重庆市武隆县文物管理所、博物馆所长、馆长）、刘豫川（重庆市重庆中国三峡博物馆党委副书记、副馆长、研究馆员）、厉华（满族，重庆市红岩联线文化发展管理中心党委书记、主任、研究馆员）、和桂华（纳西族，云南省迪庆藏族自治州博物馆馆长、馆员）、杨安宁（满族，云南省昆明市五华区文物管理所所长）、马娟（女，回族，云南省临沧市文物管理所所长、副研究员）、龙小平（女，苗族，贵州省惠水县文物管理所所长）、吴文华（侗族，贵州省铜仁地区文物局主任、馆员）、彭银（女，贵州省贵阳市文物管理所所长、书记、副研究馆员)、程晓钟（甘肃省大地湾文物保护研究所所长、副研究员)、杜永强（甘肃省会宁县博物馆馆长、助理馆员)、杨国文（甘肃省酒泉市文物管理局局长)、李宏伟（甘肃省瓜州县博物馆馆长、助理馆员)、李汉财（藏族，青海省湟中县博物馆馆长、馆员)、多杰才培（藏族，青海省泽库县人大，机械工程师，退休)、陈刚（青海省海南藏族自治州贵德县文物管理所所长、助理馆员)、王金铎（宁夏回族自治区固原市原州区文物管理所所长、助理馆员)、丁西林（回族，宁夏回族自治区青铜峡市文物管理所干部)、张勇（新疆维吾尔自治区吐鲁番地区文物管理局办公室主任、文博馆员)、赵莉（女，回族，新疆维吾尔自治区龟兹石窟研究所副所长、副研究馆员)、王博（新疆维吾尔自治区博物馆研究馆员)、居麦尼亚孜·图尔逊（维吾尔族，新疆维吾尔自治区和田地区文物局陈列宣教科科长)、黄胜敏（壮族，广西壮族自治区右江民族博物馆馆长、副研究员)、李义凡（广西壮族自治区玉林市博物馆副馆长、馆员)、梁富林（壮族，广西壮族自治区河池市文物管理站站长、副研究馆员)、李兴盛（内蒙古自治区乌兰察布市博物馆馆长、副研究馆员)、张牧林（内蒙古自治区将军衙署博物院院长、副研究馆员)、刘志兰（女，内蒙古自治区鄂尔多斯文化局副局长)、胡延春（内蒙古自治区巴彦淖尔市文物工作站站长、副研究馆员)、哈比布（回族，西藏自治区文物保护研究所副所长)、马秀英（女，藏族，西藏自治区昌都地区文化局党组书记、副局长)、强巴格桑（藏族，西藏自治区布达拉宫管理处处长)、更堆加措（藏族，西藏自治区山南地区文物局副局长、馆员)、翟文勇（陕西省略阳县灵岩寺博物馆馆长、馆员)、王改户（陕西省延安市文物局文物科科长)、李广（陕西省镇安县文物管理所所长、助理馆员)、吉英逊（陕西省韩城市博物馆馆长、馆员)。

【常熟倡议】

组织召开首届“全国文物工作先进县县（市）长论坛”，形成《常熟倡议》，编印《全国文物工作先进县县（市）长论坛文集》。

【干部管理】

加强国家文物局机关公务员的组织性、纪律性，规范请假、考勤制度，根据国家有关规定，结合局机关实际，2008 年 3 月中旬印发《国家文物局机关公务员考勤暂行办法》。

任命孟宪民为国家文物局博物馆司巡视员（正局级)；任命张建新为国家文物局博物馆司副司长，免去其国家文物局办公室副巡视员兼外事处处长职务；任命王莉为国家文物局政策法规司副司长，免去其国家文物局博物馆司副巡视员兼社会文物处处长职务；任命周明为国家文物局人事教育司副司长，免去其国家文物局政策法规司副司长职务；免去何戍中国家文物局政策法规司法规处处长职务；任命唐炜为国家文物局博物馆司社会文物处副处长，免去其国家文物局文物保护司文物处副处长职务。

王军任国家文物局政策法规司司长试用期满，按期转正；张健任国际友谊博物馆馆长（正局级)，安来顺任国际友谊博物馆副馆长，郭俊英任北京新文化运动纪念馆副馆长（副局级、主持工作)，何洪任北京新文化运动纪念馆副馆长（副局级)，李让任中国文物报社总编辑助理，张忠志任中国文物交流中心主任助理试用期满，按期转正。

调张和清到国家文物局工作，任办公室外事处处长；调张建华到国家文物局工作，任政策法规司法规处处长；调侯卫东到中国文化遗产研究院工作，任副总工程师。

【社会组织管理】

为加强对国家文物局管理的文博社会组织的管理，促进文博社会组织健康发展，根据《社会团体登记管理条例》、《基金会管理条例》等法律和行政法规，2008 年 7 月下旬印发《国家文物局社会组织管理暂行办法》；2000 年 10 月 8 日发布的《国家文物局社会团体管理暂行办法》同时废止。

抗震救灾中，6 家局管社会组织积极募捐，共向灾区捐款 70 万元，其中中国文物保护基金会捐款 53. 8 万元。

【基础工作】

为贯彻全国组织工作会议精神、落实中组部部署，2008 年 4 月印发《国家文物局系统人事部门开展“讲党性、重品行、作表率”活动方案》，从 2008 年至 2010 年在局系统人事部门开展为期 3 年的“讲党性、重品行、作表率”树组工新形象活动。

继续推动直属单位人事档案信息化建设工作，各直属单位在册人员基本信息已录入“中国人事信息管理系统（3. 3 版)”。

分述篇

国家文物局直属单位

北京鲁迅博物馆

【概述】

北京鲁迅博物馆位于北京市西城区阜成门内大街宫门口二条 19 号，1956 年 10 月 19 日正式开馆。

北京鲁迅博物馆是中国人民为了纪念和学习中华民族的思想文化巨人鲁迅先生而建立的社会科学类人物博物馆，为司局级公益性事业单位，隶属于国家文物局，是中央国家机关思想教育基地、北京市爱国主义教育基地。

北京鲁迅博物馆藏品、图书等共有 81763 件（套、册）。其中，文物藏品 17301 件（套），文物藏品中有一级藏品 700 件（套），未定级藏品 16601 件（套），主要包括鲁迅文物、鲁迅亲属文物、鲁迅同时代人的文物；一般藏品 9617 件（套），主要包括文化名人的手稿、照片、生平史料、藏书、藏画等；新旧图书 54845 册，主要包括鲁迅著译版本、鲁迅研究著作、新旧期刊、社科图书等。

该馆行政管理机构设置：办公室（服务中心）、人事保卫处（党委办公室）、资产财务处、研究室（鲁迅研究中心）、文物资料保管部（信息中心）、陈列展览部、社会教育部。

【发展概况】

1. 2008 年 4 月，由鲁迅博物馆资料室人员押运 35 件鲁迅书法珍品进行展览。这次展览集中了北京鲁迅博物馆、上海鲁迅纪念馆和绍兴鲁迅纪念馆的鲁迅书法精品，展示了鲁迅的书法造诣和风采。

2. 鲁迅博物馆制作周海婴藏许广平遗物及周海婴摄影作品电子图库。从 2007 年开始，2008 年基本完成。为许广平纪念展、周海婴摄影作品展的举办和周海婴摄影作品集的出版提供了素材保障。

3. 鲁迅博物馆完成了资料库房条形码工程建设，改善了图书管理流程，提高了信息化管理水平。

4. 鲁迅博物馆与江西人民出版社合作出版《鲁迅画传》。已完成 500 多张图片的扫描制作和 2 万字的说明配写工作。并为鲁迅的艺术世界展览制作扫描了 200 余幅图片。

5. 鲁迅博物馆完成了对广东省兴宁市档案局收藏鲁迅书信的征集工作。征集了鲁迅研究专家姚锡佩藏书 700 余册。征集了鲁迅研究专家朱正手稿两部。征集了鲁迅研究专家李何林先生遗物数百件。

6. 鲁迅博物馆社会教育部协助北京博物馆学会完成了《奥林匹克运动会知识手册》、《博物馆行业服务行为规范》、《博物馆服务礼仪手册》等系列奥运培训教材编写工作，还自编手语教材，邀请第四聋哑学校教师，结合奥运知识、服务规范、服务礼仪等方面内容进行培训，使工作人员的接待水平有了提高。

7. 鲁迅博物馆积极与教育机构合作，做好青少年教育工作。继续加强志愿者培训工作，为外交学院、北京四中、北京师范大学等学校培训青年志愿者 40 多名，取得了良好的效果。

鲁迅博物馆与学校合作研究社会教育新模式。参加了“北京市社会实践基地课程化开发工作协调会”、“北京市中小学课程教学活动示范基地研讨会”等教育协调工作会议。还为东城区“蓝天工程”资源进课堂提供课件，与 7 家名人纪念馆联合举办“我眼中的文化名人——中学生感悟中华文化名人”文化进校园活动，在实践中探索社会教育新路。

8. 鲁迅博物馆与京城名人纪念馆联合举办系列活动，弘扬民族文化。与京城名人纪念馆联合制作“文化名人与世界文化”主题展览，于“5・18”国际博物馆日在王府井科普文化长廊展出，之后，又在内蒙古赤峰市等地进行巡回展出。同时推出“清明时节缅怀名人走进故居”系列文化活动。多方携手，推出“文化名人进校园——文化艺术大课堂”系列活动。

9. 鲁迅博物馆先后在馆内举办了书法家王德林的“竖字横写书法展”、元国梁的“中国古都版画展”、“太行山人张小平画展”、“许广平同志诞生一百一十周年纪念展”。在北京大学和西北大学举办了“鲁迅的读书生活展”。在孔庙和国子监博物馆举办了“镜匣人间——周海婴 80 摄影展”，受到了社会的关注。

6 月 14 日，北京鲁迅博物馆举办了“民间藏书家漫谈会”，对纸质文化遗产的收藏和使用进行了广泛的座谈。国家文物局单霁翔局长在会上做了“20 世纪文化遗产保护”的专题讲演并与听众进行了交流。通过举办一系列的活动，收到了较好的社会效益。

2008 年 5 月，鲁迅博物馆被国家文物局评定为“一级博物馆”。

【科研工作】

2008 年，北京鲁迅博物馆举办了一系列旨在加强学术交流，提高博物馆学术水平的活动，完成了《鲁迅译文全集》和《苦雨斋文丛》的编辑工作。召开学术会议 3 次，递交会议论文 5 篇。参加第三次文物普查的工作。完成了国家文物局交办的调研专题——《改革开放三十年鲁迅博物馆事业的发展历程》的写作任务。在国内外的报刊发表研究论文 20 余篇，完成书稿 3 部。

1. 《鲁迅研究月刊》如期出版。《鲁迅研究月刊》多年来一直是全国社会科学核心期刊，转载量和引用率名列前茅。成为弘扬鲁迅精神、宣传社会主义先进文化、推动鲁迅研究事业健康发展的重要园地，截止到 2008 年 12 月，已刊行 320 期。据北京大学相关部门的统计，《鲁迅研究月刊》在全国核心刊物文学理论类排名第五。

2. 《鲁迅译文全集》的出版得到好评。2008 年，北京鲁迅博物馆编辑出版《鲁迅译文全集》，增补了 1958 年人民文学出版社版《文集》未收入的鲁迅译文，辑入了 50 年来新发现的鲁迅译文，是目前为止收录最全的一部鲁迅翻译著作全集，这是近年来鲁迅著作出版方面的重大成果。

3. 合作办学，培养鲁迅研究的后备力量。北京鲁迅博物馆和青岛大学共同建设中国现代文学专业硕士授权点，并联合申报鲁迅研究方向博士授权点，已毕业 9 人，在校生 8 人。2008 年有 7 名学生入馆学习。

4. 举办学术会议，搭建了鲁迅研究的平台。举办了“《鲁迅译文全集》首发式”、

“《北京苦住庵记》研讨会”、“2008 年中国当代散文与创作研讨会”，参加了在绍兴举办的“浙江省鲁迅研究会 2008 年年会暨新时期鲁迅研究三十年学术研讨会”，递交会议论文 3 篇，相关代表作了发言。

5. 研究室葛涛副研究馆员申报的“‘网络鲁迅’研究”课题已列入 2008 年度国家社科基金项目。

国际友谊博物馆

【概述】

国际友谊博物馆隶属于国家文物局，是收藏、研究、展示和宣传中华人民共和国成立以来党和国家领导人、政府机构以及社会团体接受的外交礼品的专题博物馆。

国际友谊博物馆已收藏来自世界五大洲 170 多个国家和地区以及国际组织的近 2 万件珍贵礼品，包括金银器、铜器、陶瓷器、玻璃器、漆器、玉石器、牙骨器、木雕、织绣、绘画、摄影作品等 30 多个门类近百个品种。这些礼品异彩纷呈，或具有较高的艺术价值，反映了世界各国和地区的文化传统和艺术风采；或具有极高的收藏价值，一些珍贵化石和动植物标本堪称稀世珍宝。这些礼品是当代中外友好往来的实物见证，从一个独特的角度很好地体现了新中国辉煌的外交成就。

2008 年，国际友谊博物馆认真学习实践科学发展观，以求真务实的态度和作风，以服务社会、服务观众为主旨，坚持以巡回展览为主体、以配合大型活动的特展为重点的办展理念，深入各地广泛举办“国礼神州行”系列展览，加强展陈宣教工作，提升社会服务水平，积极实现博物馆社会服务功能，扎实推进博物馆事业向前发展。

【展览宣传】

1. “国礼神州行”展览

2008 年，国际友谊博物馆分别在北京、天津、淮安、青岛、烟台、包头、铜川、西安等城市举办了 10 个国礼展，积极地发挥博物馆社会服务功能。在纪念周恩来同志诞辰 110 周年活动中，友博分别与天津周恩来邓颖超纪念馆、淮安市博物馆合作举办了“世界瑰宝——周恩来国务礼品特展”，为观众提供了缅怀伟人的独特艺术空间，受到普遍欢迎。奥运期间，友博与中国人民革命军事博物馆、青岛市博物馆等单位合作，在北京举办了“世界瑰宝——中华人民共和国国际礼品展”，在青岛举办了“帆影海韵——国际友谊博物馆馆藏舟船海洋类题材礼品展”等展览。其中，世界瑰宝展短短 50 天展期中，迎接中外观众近 30 万人，取得了很好的社会效益。下半年，友博的“国礼老区行”系列展览走进陕西，分别在铜川市耀州窑博物馆和西安半坡博物馆举办。

2008 年，“国礼神州行”系列展览的展览质量、举办规模、辐射范围、观众数量等方面都有了提高。这既是向全国各地观众有力地宣传新中国辉煌外交成就，展示异彩纷呈的世界文化艺术成果的积极行动，又是友博在没有固定馆址的条件下，立足实际开拓创新的积极行动。“国礼神州行”展览突出展示了世界各地不同风格礼品的历史、艺术、人文价值，具有较高的观赏性和深刻的教育意义。观众围绕展览，从一个独特的角度了解了新中国辉煌的外交成就，体会了老一辈革命家的丰功伟绩，感知了世界文化艺术的丰富魅力，重温了历史，得到了启迪，激发了民族自信心和自豪感。

2. 深入学校和社区进行宣传活动

友博切实落实“三贴近”要求，在国际博物馆日和文化遗产日期间，根据宣传活动主题，针对小学生的特点，送展进校园，以图文并茂的形式，为北京一师附小的师生们送去“国礼与世界遗产”图片展。展览期间，还在校园内举办了“国礼与世界遗产”知识讲座，帮助师生们了解了博物馆和世界文化遗产，增强了文化遗产保护意识。

【文物保护】

1. 完善藏品管理系统

2008 年，友博对文物藏品管理系统做了进一步完善，结合研究成果和巡展中发现的问题，对部分文物藏品的资料、信息和数据做了核对和修正，录入数百幅数字图片，并在藏品管理软件上做了文物的库房定位，使得藏品管理系统查询检索信息更加丰富、准确，提高了系统的实用性，为各项业务工作提供了有效的文物信息保证。

2. 加强巡展中的文物保护工作

为了加强“国礼神州行”巡展中的文物保护工作，友博在深入总结巡展经验的基础上，编辑出版了《巡回展览中的文物保护文集》，开展了“巡回展览文物保护规范”课题研究。课题组科学确定方向，结合实际，认真组织研究工作，完成了展品点交与出入库登记、展品包装与运输等七个子项目条文的拟定和基本论证工作，并征求了专家的意见。随着研究成果逐步落实到工作中，友博巡展中的文物保护工作水平也逐步提高。

【学术研究】

友博与各地政府、国礼生产企业、国礼制作者积极联系，收集我国外赠国礼的相关资料，进行汇总整理和分析研究，以期在将来形成完整的中外交往中互赠国礼的资料档案，有力地提高“国礼神州行”的展览水平。

【制度建设】

友博在梳理近年来制定的各项规章制度的基础上，结合工作实际，建立健全和修订完善了一批规章制度，并公布实施，规范了管理，规范了工作。

【新馆建设工作】

友博报请全国政协委员、国家文物局副局长张柏同志向全国政协十一届一次会议提交了《尽快解决国际友谊博物馆馆舍建设问题》的政协提案。友博还按照新馆建设工作思路，多次勘察适于建馆的场所，并向国家文物局上报了相关情况。

【文物库房检测】

友博对文物库房消防和用电设施、设备进行了检测，完善了维保工作，及时消除隐患，加强了文物库房安全性和保障力度。友博还根据检测情况，编制了文物库房设施设备项目改造方案。

【安全保卫工作】

友博坚持“预防为主、防治结合”的原则，认真抓好安全保卫制度的落实、监督和检查工作。年初，馆里与每个部门及每个工作人员都签订了年度安全责任书，明确了安全责任和预期目标。日常工作中，友博重视经常性安全教育和检查落实，督促职工强化责任意识和风险意识，把坚持制度、防微杜渐、确保安全的要求贯穿始终。在大家的共同努力下，友博的保卫工作质量和水平不断提高，很好地完成了展览期间、两会期间、节日期间以及日常安全保卫工作的各项任务。

【2010 年国际博协大会筹备工作】

友博认真落实国家文物局领导指示精神，倾全馆之力做好第 22 届国际博协大会筹备工作。在友博的努力下，2010 年国际博协大会北京办公室顺利组建。北京办协调中国博物馆学会、2010 年国际博协大会上海办公室等单位，就大会组织机构设想、大会协议草案拟定、大会预算编制、会议日程安排等事宜进行了工作部署，为做好大会筹备工作打下了良好的基础。北京办还派出代表，参加了国际博协第113次执委会和第71次咨询委员会会议，向国际博协作了2010年大会筹备工作的阶段性报告，就筹备工作的具体事宜与国际博协交换了意见，并向会议和各国代表介绍了四川大地震中文化遗产与博物馆受损情况。同时，北京办筹备并承办了2010年国际博协大会主题研讨会等重要会议，其中长沙会议和宁波论坛通过的《长沙宣言》和《宁波宣言》在国内外博物馆界产生了重要影响。

中国文物信息咨询中心

【概述】

2008年，中国文物信息咨询中心（以下简称“中心”）深入学习实践科学发展观，紧密围绕文化遗产事业发展需要和行业信息化建设主流业务，整合资源、夯实基础、自主创新、增强实力，在国家文物局的正确领导和中心全体职工的共同努力下，各方面工作均取得了稳步发展。

【内部建设】

2008年，中心积极组织全体党员职工深入学习科学发展观理论，结合文化遗产保护事业的需要和中心的职能任务，认真检查不适应科学发展观要求的突出问题，分析制约单位发展的深层次原因，制定科学发展的整改措施。积极创建学习型单位，坚持“积极事业、自主创新、务求实效、宽松和谐”的共同认识，进一步完善内部制度建设，调整内设机构和职能任务，推进机制创新，规范工作程序，提高工作效率。积极组织和参与多种形式的文体活动，以捐款等方式积极支援雪灾、地震受害灾区，体现出良好的精神风貌。

【文物信息化建设】

2008年，中心紧紧围绕文物事业信息化发展的新形势、新要求，积极主动开展工作，在保障重点项目、夯实硬件基础、加强信息资源建设、提升信息技术服务等方面取得了长足进展：

1. 保障重点项目

应用信息技术支撑第三次全国文物普查工作。中心自主研发“普查数据采集专用软件”和“普查数据报送与接收专用软件”并投入实际应用，实现了普查信息的现场采集与汇总。研发“普查进度图示系统”和“普查数据管理系统”软件，为普查进程监控和成果管理服务。通过网络及时解答基层工作者提出的技术问题，加强基层服务。按时完成全国1∶1000000电子地图数据配发和第二次全国文物普查信息资料的数字化工作，为第三次文物普查的比较、考证和研究工作提供服务。

继续推进文物调查项目。系统梳理调查项目现有标准规范和制度文件，开展了项目试点与推广省份工作情况调研，编写文物调查项目试点工作评估报告。代局研究起草了《文物调查项目2009～2010年工作方案》，提出了项目全面推广阶段的目标和任务。根据项目工作进度，进一步研究明确了数据采集核心指标项和数据资源目录体系框架。

2. 夯实硬件基础

优化基础环境，完成国家文物数据中心机房改造及涉密机房建设，初步具备了接收、存储涉密数据的基础条件。

3. 加强信息资源建设

通过重点项目建设、业务资料档案整理等多种方式，持续推进文物信息资源建设，建立统一的数据库体系构架，实行统一管理。全年累计新增各类信息数据705GB，数据资源总量增长近3倍。

4. 规划研究

总结规律，理清思路，研究提出《关于加强文化遗产信息化建设》的建议。编写《博物馆信息系统使用功能要求》国家标准。结合学习实践科学发展观活动，研究起草了《国家文物信息化建设规划纲要(2009～2015年)》。

5. 提升文物安全监管能力

研发了“文物安全与行政执法管理信息系统”软件，及时掌握各地文物安全动态，提升安全执法工作效率。受国家文物局委托，协助开展全国文物安全大检查工作，研发专用软件，在较短时间内完成4716份检查数据的导入、汇总和数据统计分析工作，制作各类统计分析报表100余份，并协助完成《文物安全检查报告》的编写工作。

6. 加强政务技术支撑

组织开发了“全国文保单位名录数据库检索系统”等应用软件，为数据查询等业务管理工作提供技术支持。按照国家文物局财务工作部署，完成财务专网建设；配合保密办开展国家文物局机关涉密设备安全专项检查，保障网上信息安全。

策划实施国家文物局政府网站改版，加大政务信息公开力度，加强在线办事功能。开展三普宣传工作，将“三普网站”建成重要的工作宣传和信息交流服务平台。配合学习实践科学发展观、文化遗产日宣传、抗震救灾、纪念改革开放30周年等重点工作，及时策划制作系列专题。

7. 面向行业提供技术服务

受中国国家博物馆委托，开展馆藏文物元数据标准研究，促进馆内数据资源的集成管理与共享交换。

协助西藏自治区文物局编制西藏自治区文博行业信息化发展规划。

深入调研基层博物馆业务需求，组织研发了“博物馆藏品综合管理信息系统”，已通过中国软件评测中心评测，天津博物馆、山西博物院、长沙博物馆、青岛市博物馆、中国财税博物馆等118家博物馆已申请使用。

以牛河梁遗址为试点，与辽宁省文物局、朝阳市牛河梁遗址管理处合作，共同开展大遗址保护信息技术框架研究，研发“大遗址保护综合信息系统”，利用信息技术加强大遗址的保护、展示和管理工作。

与承德市文物局合作，探讨共同开展地面古建筑文物数据管理与虚拟展示应用研究。

与山西博物院签订了《关于数字博物馆研究的合作协议》，编制完成《山西博物院数字博物馆项目可行性报告（讨论稿）》。

与成都文物考古研究所签订合作协议，共同开发“田野考古管理信息系统”，通过GIS/GPS/RS、无线通信、近景摄影测量等技术手段的综合运用，建立统一的考古作业管理系统和考古资源共享平台，实现考古作业管理、考古资源共享、考古研究与信息服务等过程的一体化管理。

与天津文物进出境鉴定站、天津海关合作，探索应用无线射频识别技术（RFID）等现代信息技术手段，加强文物进出境的有效管理。

在文化遗产日期间开通了“中国文化遗产网”，充分发挥数据资源的作用。策划文化遗产大讲坛、文化遗产远程教育平台等特色专栏，积极探索创新文化遗产的宣传展示方式。

【文物保护与业务培训】

在加强信息化建设的同时，中心认真完成了国家文物局委托相关技术性、事务性工作：研究起草了《文博行业职业资格暂行办法》、《行业资质资格认证工作管理办法》、《民间收藏文物鉴定管理办法》、《文物进出境责任鉴定师考试规程》、《博物馆陈列展览资质管理办法》、《博物馆陈列展览工程师职业资格管理办法》等有关制度文本；组织承办了“申报第一类文物拍卖经营资质企业专业人员考试”、“文物进出境责任鉴定员资格考试”；举办了“博物馆藏品综合管理信息系统培训班”等多项培训；配合完成文物鉴定、征集和文物保护工程方案、规划的技术审核工作。

文物出版社

【出版概况】

2008年，文物出版社继续深入贯彻落实党的十七大报告精神，深入学习实践科学发展观，发挥党委的领导核心作用，从文物出版社的实情出发，深化改革，为下一步发展打下了坚实的基础。

2008年，文物出版社出版了一大批学术价值高、质量上乘的优秀图书，如：《石家河文化玉器》、《新密新砦——1999～2000年考古发掘报告》、《古典与唯美——西蒙基金会藏欧洲19世纪绘画精品》、《2007中国重要考古发现》、《文明的长河：中外文化艺术对照年表（插图本）》、《文化遗产保护地方法律文件选编》、《殷墟书契考释原稿信札》、《永乐宫壁画》、《苏州云岩寺塔维修加固工程报告》、《中国记忆——五千年文明瑰宝》、《古玉鉴别》、《文物藏品定级标准图例·文房用具卷》、《中国古代砖刻铭文集》、《陕西凤翔隋唐墓——1983～1990年田野考古发掘报告》、《萧县汉墓》、《汝帖》、《全国重点文物保护单位第六批（全三卷）》、《大越遗珍——鸿山越墓文物菁华》、《书写和谐　守望家园——苏士澍金石书法求教展》、《苏轼行书描红系列》、《佟韦章草千字文》、《西藏布达拉宫壁画保护修复工程报告》、《殷墟甲骨辑佚——安阳民间藏甲骨》、《吉金铸华章——宝鸡眉县杨家村单氏青铜器窖藏》、《文物保护工程监理报告选编》、《大同华严寺（上寺）》等，在国内外各项评比中多次获奖，实现了社会效益与经济效益的最佳结合。

【深入学习贯彻党章】

为贯彻党的十七大精神，文物出版社各级领导、职工分批参加了中宣部、国家文物局直属机关党委、中共中央党校等部门举办的各项学习贯彻党的十七大精神培训班和深入学习实践科学发展观活动，并在社内多次召开会议，传达十七大精神及学习成果，取得了较好的效果。

【纪念张伯驹先生110周年诞辰座谈会】

2008年，文物出版社与故宫博物院共同召开纪念张伯驹先生110周年诞辰座谈会。文化部部长、故宫博物院院长郑欣淼，国家文物局副局长张柏，文物出版社党委书记张全国、社长苏士澍、总编辑葛承雍及在京的多位专家学者以及张伯驹后人出席座谈会。文物出版社为纪念张伯驹先生编辑的《中国文博名家画传·张伯驹》、《张伯驹词集》同时出版发行。

【海内外图书、音像销售】

2008年，文物出版社以学术交流为契机，积极参加国内外各项图书展览活动，充分利用各种渠道，向海内外读者推荐文物出版社的图书，更多的“文物版”图书走出了国门，走向世界。在2008北京图书订货会上，文物出版社展示了最新出版的图书百余种，取得了200余万元的订货码洋；在第18届全国图书交易博览会，2008年北京国际图书博览会以及第60届法兰克福书展和比利时中文书展上，文物出版社图书得到了海内外广大客户和读者们的一致好评。

【展览】

文物出版社2008年举办了多次慈善展览，在取得了很高的社会效益的同时，也获得了一定的经济效益。由文物出版社和全国政协书画室主办的“书写和谐　守望家园——苏士澍金石书法求教展”在全国政协礼堂开幕。全国政协、文化部、国家文物局和文物出版社的领导出席开幕式。此次展览共展出苏士澍的书法和篆刻作品60余件，同时发行了文物出版社编辑的同名作品集。2008年3月，文物出版社与乐从镇人民政府等单位在广东顺德乐从镇共同举办了“艺术乐从、慈善乐从——2008中国（乐从）名家书画慈善拍卖认捐会”。

【关注灾区、捐款捐物献爱心】

2008年初，文物出版社全体职工积极响应国家文物局的号召，为遭受罕见低温及冰雪灾害的地区捐款。“5·12”四川汶川特大地震发生后，文物出版社在第一时间召开会议，传达党和国家的指示精神，号召党员、职工向灾区献爱心。文物出版社社长苏士澍先后参加中国中央统战部、中央电视台“爱的奉献”等慈善筹款活动，为地震灾区捐款。

【支持奥运】

为确保2008年北京奥运会顺利举行，文物出版社通过各项活动向职工普及奥运知识，号召为奥运做贡献。文物出版社职工参加了由中央直属机关工委宣传部、中央国家机关工委宣传部组织的“迎奥运、讲礼仪、做表率”知识竞赛活动；根据《关于在中央国家机关深入开展“平安奥运”的工作意见》，文物出版社成立了“平安奥运”领导小组，负责全社奥运会期间的安全工作；文物出版社职工还积极报名参加奥运应急无偿献血。

中国文化遗产研究院

【概况】

中国文化遗产研究院始建于1935年，时名“旧都文物整理委员会”，1945年改名“北平文物整理委员会”，1949年成为新中国第一个文物保护管理机构——“北京文物整理委员会”，1956年更名“古代建筑修整所”，1962年保留原所名，增名“文物博物馆研究所”，1973年更名“文物保护科学技术研究所”，1990年与文化部古文献研究室合并为中国文物研究所。2007年8月更名为中国文化遗产研究院。

中国文化遗产研究院下设国家文化遗产调查登录中心、发展研究所、保护科学技术研究所、建筑保护研究所、岩土文物与遗址保护研究所、教育培训中心、图书馆7个业务部门和办公室、人事处、科研处、预算财务处、工程办、服务中心6个综合管理部门，在职员工中高级职称者57名，具有博士学位者26名、硕士学位者41名。

中国文化遗产研究院拥有一批先进的科研仪器设备，其中主要有：扫描电子显微镜、X射线衍射仪、RIX－1000X射线荧光光谱仪、红外光谱仪、离子色谱仪、便携式X射线荧光检测仪、物候环境试验箱、万能材料试验机、超软X射线仪、XGT荧光能谱、派拉纶气相真空沉淀等，各类修复、分析检测实验室占地面积约1700平方米。中国文化遗产研究院拥有一至五批全国重点文物保护单位记录档案八千余卷，全国馆藏一级文物档案四万六千余卷以及文物保护规划、博物馆建设档案三万余卷（件）等。

【重要专项和科研课题】

1. 应县木塔项目：使用地震动加速度传感器等48套先进设备对应县木塔的振动、变形、动力特性、环境等进行连续实时监测，获得了重要、原始的科研数据，成为研究木塔结构安全现状的第一手资料。该项工作在古建筑保护中首次成体系开发应用，为木塔保护方案的制订及日常维护奠定了坚实基础。由中国文化遗产研究院负责的应县木塔保养性维修工程已顺利施工。

2. 大足千手观音工程：全面开展千手观音保护现状调查工作，充分发挥国家科研机构的平台作用，汇集行业内外多学科的科研人员开展科研攻关，使用激光拉曼等现代科技设备对千手观音进行现场无损检测，并对岩石、地仗、贴金、颜料等材料进行取样分析工作。同时开展示范性修复工程，取得重要成果。

3. 中国政府援助柬埔寨修复吴哥古迹项目：2008 年 12 月 5 日，在柬埔寨举行了隆重的援柬一期——周萨神庙保护工程的竣工典礼，贾庆林主席出席并给予高度评价，中柬双方 3500 余人参加典礼。援柬二期——茶胶寺保护工程的勘察设计工作取得阶段成果，9 月～10 月，中国文化遗产研究院技术人员赴现场开展建筑病害调查与设计方案的制定工作。

4. 援藏工程：《西藏布达拉宫保护规划》已完成草案的设计工作；塔尔寺维修工程进展顺利，主体工程预计 2009 年完工。此外中国文化遗产研究院还承担了江孜县白居寺和阿里古格寺庙的保护工程设计工作。

5. 大运河保护项目：根据国家大运河申遗工作需要，中国文化遗产研究院主持并完成《大运河遗产保护规划第一阶段编制要求》的研究工作，并主持开展《大运河遗产保护规划第二、三阶段编制要求》的研究工作；对运河沿线八省规划编制工作人员作专题讲座及培训工作；同时，中国文化遗产研究院承担的大运河遗产山东段、河南段和安徽段及江苏淮安段的保护规划工作已经启动，占全国大运河流经省份的 40%。

6. “铁质文物综合保护技术研究”课题：已完成了河北沧州铁狮子等七处有代表性的室外大型铁质文物的病害调查以及腐蚀产物分析，初步建立了室外大型铁质文物病害的图示与科学分析方法；完成了纳米改性丙烯酸、有机硅氟和氟碳等封护保护材料的物理性能测试，考察了其耐盐雾腐蚀和耐老化等性能指标，并对实施工艺进行了研究，取得了重要阶段性科研成果。

7. “空间信息技术在大遗址保护中的应用研究（以京杭大运河为例）”课题：已基本完成研究工作，完成《扬州老城区人居环境建设与改造规划建议》的文本，对南旺分水枢纽及分水龙王庙古建筑群进行调查和发掘；开展《淮安运河遗产本体调查方法研究》课题，孵化支撑效果渐显。

【业务工作】

1. 科研工作：中国文化遗产研究院开展国家级科研课题（项目）15 项；开展财政部资助基本科研业务费课题 37 项，6 项课题按时结项；2008 年共发表论文 88 篇；并开展了工业遗产、标准化研究等课题；与西安交通大学等单位合作申报 863 计划重点项目《RFID 技术在博物馆、展览馆、旅游景区的应用》。

2. 古建筑维修、遗址保护工程及文物修复项目：2008 年共承担工程项目 68 项，完成青海塔尔寺九间殿寺五座施工图设计、河南省临颍县小商侨保护工程设计方案、大足石刻千手观音抢救性保护工程总体方案、四川梓潼七曲山大庙抢险、维修设计方案、青海塔尔寺文物保护总体规划及贵州省镇远青龙洞文物保护规划等 19 项。完成大召寺馆藏壁画和陕西历史博物馆墓葬壁画示范性保护修复、北京辽金城垣博物馆木板彩画保护修复、山东省博物馆东平汉墓石质壁画保护修复及院藏《明实录》书籍保护修复等文物保护修复项目，完成新疆库木吐喇石窟壁画的实验室分析、方案设计、完成河南临颍受禅台遗址及受禅碑保护工程前期工作、四川绵阳梓潼七曲山大庙壁画和彩绘的保存现状调查、现场试验、完成了中山公园石狮保护修复、安徽马鞍山朱然墓保护工程本体保护工程。

完成了明长城长度等系列量测数据的计算工作，获得了重大成果，并经国家文物局、国家测绘局联合专家组审定通过。同时完成《长城资源调查工作报告编写体例》等规范性文件的编制、发布、实施工作，为明年全面汇总、整合明长城的数据资料奠定坚实的基础。

开展了《第七批全国重点文物保护单位申报标准》、《遗址公园标准研究》、《文物保护单位开放情况调查研究》、《藏品档案标准化》等研究工作，并承担了文物保护标准化委员会秘书处、国家文物局课题办日常工作，承担三峡工程及南水北调监理与指南针门户网站建设工作。

此外，中国文化遗产研究院还继续开展三峡库区地下文物保护和南水北调考古项目的监理工作。

3. 人才培训：

（1）中意合作文物保护修复培训项目（二期）：在2007年教学计划全部完成的基础上，对项目成果进行全面总结，提升项目影响和延续性。2008年完成全体教员和学员论文整理和教学资料的编辑工作，完成意方援助的第三批设备的安装调试及人员培训工作。

（2）中日韩丝绸之路古建培训班：2008年4月~7月在中国文化遗产研究院举行，完成古建筑营造技术、现场勘查及测绘相关教学及实践工作，并完成“故宫庆寿堂第三进主殿测绘及维修方案”。

（3）中日韩丝绸之路土遗址保护培训班：2008年9月~10月，在甘肃省瓜州县踏实墓群一号大墓工地进行。培训期间，对考古遗址干旱地区土遗址等类型，通过前期资料收集、环境监测、保护修复技术路线制定、模拟实验、保护现场施工等步骤，完成了系统的培养计划。

（4）2008年度文物保护修复专业技术培训班：2008年9月~12月，在中国文化遗产研究院举办，完成针对文物修复理论及方法论、多学科在文物保护中的应用、传统修复技术及保护修复方法应用等课程的授课，并开展为期两个月的实验室修复操作教学。

（5）全国考古发掘领队现场保护培训班：国家文物局为配合全国第二批考古领队资质认定工作，对来自全国各省的44名考古领队进行了资质培训。主要的培训方向为提高考古领队在考古发掘中的现场保护意识，掌握考古现场保护技术的方式和方法，了解国内外考古发掘现场保护技术的现状。培训班自5月20日~28日举办，学员们完成了全部专业理论课的学习，并认真做了学习总结，经考核合格后获得了国家文物局颁发的结业证书。

4. 资料整理与出版工作：

2008年，古籍抢救整理工作取得阶段性成果，建成符合国家古籍编目规范的古籍善本图书管理数据库系统。完成了6000多部古籍的详细编目，补充完善数据库系统的8000多条详目数据信息。作为抢救整理工作成果的《中国文化遗产研究院藏地方志书目》和阶段性结项报告已开始编写。

2008年，院收藏的两部善本古籍宋刻本《列子冲虚至德真经八卷》一至四卷和元刻本《棋经十三篇》入选全国第一批“国家珍贵古籍名录”。另外，院藏善本古籍《装余偶记》的影印出版工作已完成。

2008年完成了《文物科技研究》第六辑、《中国文物科学研究》（2008年1~4期）、《中国文物保护与修复技术》等书刊的编辑出版工作。

【管理、服务保障】

1. 在国家文物局的领导和兄弟单位的支持下，中国文化遗产研究院深入学习实践科学发展观，贯彻党的十七大精神，按照科学发展观的要求，遵循又好又快的发展思路，进一步深化文化体制改革，完成机构岗位设置：根据中编办和国家文物局的批复，2008年2月18日，中国文化遗产研究院正式揭牌；5月，顺利完成了23名二级机构负责人的聘任工作。

2. 逐步建立健全规章制度：2008年已发布实施的制度有：《中国文化遗产研究院

行政会议制度》、《中国文化遗产研究院绩效工资分配暂行办法》、《中国文化遗产研究院办公电话配置、管理暂行规定》、《中国文化遗产研究院职工考勤考纪管理规定》、《中国文化遗产研究院外聘工作人员管理暂行规定》、《中国文化遗产研究院财务支出管理暂行办法》、《中国文化遗产研究院政府采购实施管理办法补充说明》、《中国文化遗产研究院工程项目管理试行办法》等；已完成修订有待审议的制度有《中国文化遗产研究院印章管理及使用规定》、《中国文化遗产研究院公文处理办法》、《中国文化遗产研究院课题管理办法》、《中国文化遗产研究院安全、防火管理规定》、《中国文化遗产研究院固定资产管理办法》等，基本建立制度体系。

3. 基础档案的整理和归档工作取得成果：完成院藏 2001 年以前机要文件 5679 件，文整会时期的档案文件 256 件，工程项目合同、技术成果档案 300 余件，发现 1976 年唐山大地震北京地区文物保护单位受灾情况的普查资料；完成全院 189 份人事档案的规范整理工作；完成办公室自动化系统和科研管理平台建设，并试运行。

【国际合作与交流】

同美国、英国、加拿大、法国、德国、瑞士、奥地利、以色列、西班牙、意大利、捷克、日本、韩国、柬埔寨、蒙古、越南、马里等国家及台湾与香港地区有关机构开展了多项文物保护科学技术的合作与交流，派专业研究人员赴马里参加第十届土质建筑遗产研究与保护国际会议，赴意大利锡耶纳出席第三十七届国际科技考古会议，赴日本参加 ICCROM 纸张保护国际课程；接待瑞士苏黎世大学海因茨·贝克教授、法国巴黎第十二大学 Ivan Guillot 教授、捷克国家遗产研究院翁德雷·谢夫楚教授、英国纽卡斯尔大学艺术与文化研究研究院 Peter · Stone 教授、蒙古遗产院 Artnasan avo 主席、德国慕尼黑大学建筑博物馆内丁格教授等、联合国教科文组织北京办事处卡贝斯专员、意大利 BENECON 研究中心 Carmine Gambardella 教授等、美国世界建筑文物保护基金会伍子兴副会长、德国巴伐利亚文物局史耐格教授等、意大利 CNR - INNOVA 研究中心 Fransesca Romana D'Ambrosio 教授等，并通过商务部培训项目与 50 个国家的文物保护管理机构保持业务联系。

中国文物报社

【概述】

2008 年是落实党的十七大部署的第一年，也是大事多、要事多、烦心事多的一年，从换届的全国“两会”召开到迎来奥运盛典，从年初罕见的雨雪灾害到四川汶川特大地震灾害，放眼世界，国际金融危机正在猛烈冲击全球实体经济。作为媒体单位，中国文物报社经受了建社以来最严峻的考验。

报社全体干部职工全力以赴，在国家文物局的领导下，紧紧围绕国家文物局的中心工作、重点工作，开展各项采编业务，艰难而胜利地度过了建社以来最为紧张、最为繁忙的一年。

【学习实践科学发展观】

作为国家文物局舆论部门和从事意识形态工作的新闻单位，中国文物报社开展深入学习实践科学发展观活动是比较早的。报社领导班子和全社同志认识到，这次学习实践活动对报社的发展是一次非常重要的机遇，应该紧紧抓住这次机遇，通过学习实践活动，着力于夯实各项基础工作，加强宣传能力建设，提高办报办刊质量，扩大报刊社会影响，促进事业科学发展

10月16日，中国文物报社召开深入学习实践科学发展观活动动员大会，成立了深入学习实践科学发展观活动领导小组。在学习实践活动中，报社领导带动党员干部按照科学发展观的要求深入思考：一是深入思考报社在宣传党和国家文物方针政策、国家文物局的中心工作、重点工作方面还有哪些提升的空间；二是深入思考报社在宣传祖国优秀文化遗产、服务大众、服务社会方面还有哪些努力的空间；三是深入思考报社在管理工作方面还有哪些改进的空间；四是深入思考报社在全面提升各媒体的质量方面还有哪些空间；五是深入思考报社在保证社会效益的前提下，在经济效益方面还有哪些提高的空间；六是深入思考每一位职工在为报社的发展做贡献方面还有哪些努力的空间。通过深入思考，进一步明确定位、职责和发展方向。

报社领导班子坚持高标准、高要求，在认真学习讨论、开展谈心活动、深入调查研究、多方征求意见、全面梳理问题、认真召开领导班子学习实践科学发展观专题民主生活会和以党支部为单位的专题民主生活会的基础上，深刻检查分析了影响和制约报社科学发展的十个突出问题，找到了报社贯彻落实科学发展观的切入点和突破口，明确了报社科学发展的主要方向、总体思路、工作要求和主要举措，提出加强领导班子自身建设的具体措施，形成了《中国文物报社领导班子贯彻落实科学发展观情况分析检查报告》。

报社同志们认为，报社领导班子的这份分析检查报告，对报社存在的影响和制约报社科学发展的突出问题，进行了多视角、全方位的分析，力度和深度都是前所未有的，给人以振聋发聩之感，既反映出报社开展深入学习实践科学发展观活动以来取得的成果，也反映出报社领导班子坦荡的襟怀和带领全社同志共谋事业科学发展的坚强决心。全社同志对报社领导班子的这份分析检查报告是满意的，对分析检查报告的评议结果是：67.4%总体评价为好，30.2%总体评价为较好，2.3%总体评价为一般，97.7%认为对科学发展观的认识为“深”或“较深”，97.7%认为查找的问题“准”或“较准”，86%认为分析原因“透”或“较透”，95.3%认为发展思路“清楚”或“较清楚”，79%认为工作措施“可行”或“较可行”。

【业绩突出】

2008年5月12日，四川汶川发生的特大地震，是新中国成立以来破坏性最强、波及范围最广的一次地震。报社闻讯立即行动起来，根据国家文物局紧急召开的局长办公会议精神和要求，成立了宣传领导小组，明确了宣传报道重点。从这一刻起，《中国文物报》围绕文物系统抗震救灾这一首要任务开展的宣传报道工作紧急启动。

地震发生后不久，报社就派出一位记者赶赴四川灾区采访，随后又派去第二位、第三位。在这次安排记者前往地震灾区采访的过程中，出现了记者们你争我抢、互不相让的感人场面。这些年轻记者深入抗震救灾第一线，不畏艰险、不怕困难、不怕疲劳、连续作战，在第一时间报道来自最前线、最基层的消息。有的记者还在前方负了伤。他们的敬业精神得到了国家文物局领导和灾区文物部门的好评。在京的同志也是心系灾区，经常和前方的记者联系，和当地的文物部门联系，和国家文物局有关部门联系，确保稿件及时送审、及时上版。报社有关部门，在社领导召集下，每期报纸编版前都开联席会议，沟通采、编、印、发的情况，各司其职，各负其责，密切协作，保持高效运转。

报社的采编、照排、印发人员都知道，这是《中国文物报》创刊以来任务最紧、最重的时期，但是大家没有怨言，编辑、记者与照排人员每期都加班加点，工作到很晚，有几次甚至都过了午夜。

过去，《中国文物报》评论的声音较弱。这一情况在抗震救灾的宣传报道中有了明显改观。《中国文物报》连续推出由报社有关领导、资深记者、前方记者撰写的本报评论，针对一些不理解文物部门工作的人发出的不和谐之音作出了有力的回应。

客观地讲，在对抗击特大地震灾害、抢救保护地震灾区文化遗产的宣传报道方面，《中国文物报》期期走在了兄弟媒体的前面，并体现了特有的专业性和深度。全国文物系统取得抗击特大地震灾害、抢救保护地震灾区文化遗产的阶段性胜利，在全社会树立起良好的形象，《中国文物报》在宣传上的“鼓”与“呼”，起到了重要作用。

第三次全国文物普查是文物工作的重中之重。2008 年，部分省级文物部门召开了本地区普查工作会议，国家文物局组织召开了普查试点情况座谈会、西部六省区工作会议和第三次文物普查工作会议，20 世纪遗产也被作为文物普查重点内容。第三次全国文物普查第二阶段工作已经顺利启动。这些工作的进展和普查成果的展示，《中国文物报》上都有所反映。

博物馆免费开放工作，已经引起了全社会的普遍关注。这项工作在中央领导同志的亲切关怀下，经过中宣部、财政部、文化部和国家文物局的统筹谋划和精心组织，按既定计划稳步推进。《中国文物报》在宣传报道中，坚持从认真贯彻落实党的十七大精神，推动社会主义文化大发展大繁荣，加强社会主义核心价值体系建设和公民思想道德建设，保障人民群众基本文化权利的高度，引导全系统深刻认识博物馆、纪念馆免费开放的重要意义，坚持了正确的舆论导向。

为迎接奥运，北京、天津、上海、青岛、沈阳、秦皇岛等奥运举办城市的文物部门，制定了迎奥运文物保护计划，完善各类安全设施，提高突发事件反应能力，组建专门小组定期进行安全检查。《中国文物报》对国家文物局召开的“迎奥运文物安全工作会议”，以及文物局会同公安部对奥运举办城市进行的安全检查进行了及时报道。有关“奇迹天工——中国古代发明创造文物展”的报道刊登在头版头条。

【普及文化遗产保护知识、呼吁抗震救灾】

2008 年的文化遗产日，《中国文物报》推出 16 个版的“2008 年文化遗产日特刊”，包括正常出报的 8 个版，还有文化遗产日主题宣传专刊 8 个版。考虑到特刊要在各地部分公共场所、文博单位发放，报社改变以往模式，拿出了新举措：

1. 确定主题宣传专刊的组编定位——向业外人士、社会公众宣传文化遗产保护理念，展示文化遗产保护成就。根据这一定位编好了雅俗共赏、图文并茂的 8 个版：《大爱大勇——四川文物人抗震救灾侧记》、《硕果——第三次全国文物普查》、《精美遗产——透过大展看国宝》、《文化遗产保护——守护人类的精神家园》、《考古学——追寻人类遗失的过去》、《博物馆——今天你参观了吗》、《捐赠——从独乐乐到众乐乐》、《2008 中国文化遗产保护年度十大杰出人物揭晓》。

2. 接受各地建议，提前一周印好文化遗产日主题宣传专刊 8 个版，快速发往各地，使各地能够在文化遗产日当天有宣传材料发给社会公众。

3. 为满足各地文化遗产日当天上街宣传的需要，报社加印了 6 万份“文化遗产日特刊”，还制作了各种宣传品 8 万份。

从各地反馈的情况看，公众对特刊还是满意的。为了确保特刊的印刷质量，报社领导班子成员还亲自到印刷厂监印，有两次都是次日凌晨两三点钟才离开。

【《文物天地》月刊】

《文物天地》月刊的办刊方针是坚持宣

传党和国家的文物方针、政策，及时报道文物考古及艺术品收藏界的重大新闻，追踪文物艺术品收藏界关注的热点，引导文物艺术品收藏健康、理智、有序地发展。在坚持办刊方针的前提下，如何赢得读者和市场，是《文物天地》2008年的努力方向。与2007年相比，月刊几个重要版块都有了较大的突破。

关注版块，更加注重报道的深度，以专题为主，做了2007年艺术品市场总结、艺术品拍卖15年回顾、珐琅彩瓷、织品、清代瓷器、颜色釉瓷器、宋元书画、明代书画、清代书画以及“奇迹天工——中国古代科技文物展”、北京故宫玉器展、金银器展的玉器等一系列有影响的专题。这些专题都立足艺术品市场，强调学术性、专业性，尽量做到公正客观，为读者提供较为准确的信息，均获得读者认可。这一做法也得到了出版界的关注。

鉴赏版块，在保持原有特色的基础上，增设了“名家鉴定”及“杨伯达说玉”专栏，弥补了文物艺术品鉴定内容长期缺失的情况。

人物版块，在保持以国家文物鉴定委员会委员为主的设计下，范围扩展至知名收藏家、收藏界知名学者。

考古版块，仍以为读者提供最新的考古信息为主，突出考古发掘中的器物解读。

收藏版块，新设置了实战教程、鉴定日记专栏，以实例解读的方式传授文物鉴定知识，提升读者鉴真识伪的水准。收藏版块刊出的《最有噱头的石头》、《钧窑花盆之谜》、《慰藉在吴门烟雨中》、《元青花鬼谷出山罐与戚家刀》等文章，以丰富的内容和知识深受读者欢迎。另外，也针对一些收藏中的学术问题，如钧窑官窑问题、柴窑问题，组织了探讨文章。

市场版块，组织专家对市场发行量巨大的伪书做了系统的批驳，力图让读者认识到什么是好书。

【《中国文化遗产》杂志】

2008年是太原考古所成立十周年，《中国文化遗产》第一期推出了太原专辑，以晋阳古城和太原城的建城两个历史阶段为主要脉络，对太原整个城市的历史脉络和文化遗产特色进行了全面的梳理和展示。

《中国文化遗产》第二期推出了2007年全国十大考古发现评选专题。

为了配合奥运的到来，《中国文化遗产》第三期推出了“奥运城市看遗产”，通过介绍举办奥运赛事的城市的文化遗产，引导读者在欣赏赛事的同时，也去欣赏这些城市所拥有的深厚文化内涵。

5·12汶川大地震使受灾地区的文化遗产受到了前所未有的巨大损失，围绕国家文物局文物修复重点工作，《中国文化遗产》第四期推出了羌寨碉楼专题。

为纪念广西壮族自治区成立五十周年，《中国文化遗产》第五期推出了纪念专刊，以突出广西的民族特色和地方特色为指导思想，宣传和展示了广西的文化遗产所具有的独特魅力。

《中国文化遗产》第六期和云南省考古研究所合作，从考古的视角，对云南的文化遗产进行全面的展示。

【《文物工作》月刊】

在内容上，《文物工作》密切配合国家文物局的有关工作，尽可能做到全面、及时刊登有关领导的讲话，以及最新出台的有关文物工作的方针政策、法律法规，介绍文物保护工作的先进经验，努力做到对基层文博工作起到宏观指导作用。

《文物工作》已经成为基层文博工作者交流的一个园地。在文物管理工作研究、博物馆工作等栏目中，70%～80%的作者都来自于市县的文管所或博物馆。赠阅范围几乎遍及全国所有的文博基层单位。

【中国文物信息网】

《中国文物报》每周三、五出报，很多

重要新闻不能及时刊登。中国文物信息网已开始探索弥补这一不足。2008 年 6 月 6 日，国家文物局举行抗震救灾新闻通气会；6 月 20 日，国家文物局隆重表彰文物系统抗震救灾先进集体和先进个人，召开全国文物系统支援地震灾区文物抢救保护工作会议。中国文物信息网抢在第一时间以本网讯的形式发布了以上事件的新闻报道和图片，赢得了新闻时效，也得到了各地文博网站的肯定。

【《文化遗产资讯参考》月刊】

按照国家文物局领导指示，中国文物报社承担着协助国家文物局政法司汇编《文化遗产资讯参考》的任务。

经过 2007 年试刊，《文博资讯参考》2008 年更名为《文化遗产资讯参考》，稳定为内部月刊，每期 100 页，9 万字，分为文博舆情、文博杂谈、文博短讯、海外观察四大板块，将国内外主流媒体关于文化遗产的各种信息汇集其中，为领导了解舆情、正确决策提供了有价值的参考。

【重要活动】

在完成主要任务的基础上主办、承办一些在业内有影响的业务活动，一直是中国文物报社的传统，也是工作的一个特色。通过开展这些活动，有力地配合了国家文物局的中心工作、重点工作，有效地扩大了报社在全国文博考古界的影响，增进了报社和全国文博考古界的联系，也锻炼了队伍，可谓一举三得。

2008 年，报社在国家文物局的指导和支持下，规范有序地举办了 2007 年度全国十大考古新发现评选、2007 年度全国文博考古十佳图书评选等活动。

4 月 8 日，由国家文物局指导，中国文物报社、中国考古学会主办的 2007 年度全国十大考古新发现评选在北京揭晓。本届评选于 3 月 9 日对 2007 年度参与初评的 51 个项目进行评议，最终确定 24 项考古发掘项目入围。经过终评，河南许昌灵井旧石器遗址、河南新郑唐户遗址、浙江余杭良渚文化古城遗址、湖北郧县辽瓦店子遗址、河南荥阳关帝庙遗址、江西靖安李洲坳东周墓葬、新疆巴里坤东黑沟遗址、河南洛阳偃师东汉帝陵与洛阳邙山墓群、新疆库车友谊路晋十六国时期砖室墓、河北磁县东魏元祜墓与河南安阳固岸东魏北齐墓地等十个项目入选。

6 月 20 日，《中国文物报》发布 2007 年度全国文博考古十佳图书评选结果。本届评选活动于 1 月 16 日启动。截止到 4 月 1 日，共有 158 种图书入围，经过初评共有 53 种图书进入读者投票评选。5 月 14 日启动读者投票活动。最终，《三星堆与南丝路：中国西南地区的青铜文化》、《黄土高原仰韶晚期遗存的谱系·考古黄河三部曲之二》、《中国古玉器图典》、《梁庄王墓》（上、下）、《新疆的青铜时代和早期铁器时代文化》、《中国古代建筑文化》、《秦汉时期生态环境研究》、《山东省临淄齐国故城汉代镜范的考古学研究》、《世界遗产·柬埔寨吴哥古迹：周萨神庙》、《湖北省南水北调工程重要考古发现 Ⅰ》等 10 种图书被评选为 2007 年度全国文博考古十佳图书，《文明起源的中国模式》被评为最佳论著，《中国玉文化玉学论丛四编》（上、下）被评为最佳文集，《“满铁”旧影——旅顺博物馆藏“满铁”老照片》（国家清史编纂委员会·图录丛刊）被评为最佳图录，《北福地：易水流域史前遗址》被评为最佳考古发掘报告，《中国新石器时代：迈向早期国家之路》被评为最佳翻译作品，《长江中游文明之旅丛书》（11 册）被评为最佳普及类图书，《中国越窑青瓷》被评选为最佳文物鉴赏图书。最佳文物鉴赏类图书为本届新增的评选项目。

报社还参与协办了“薪火相传——中国文化遗产保护年度杰出人物评选活动”。6 月 12 日，首届中国文化遗产保护年度杰出人物颁奖暨事迹报告会在北京举行。叶星生、赵泰来、杨卫泽、威廉·林赛、丹青、华新民、热合曼·阿木提、曹保明、窦宝荣和樊建川被评为中国文化遗产保护年度十大杰出人物，包畹蓉等20人（或团体）荣获年度贡献奖。“薪火相传——中国文化遗产保护年度杰出人物评选活动”经国家文物局批准，由中国文物保护基金会主办，中国文物报社、中国文物学会、中国博物馆学会、中国考古学会和中国收藏家协会协办。

2008年文化遗产日面向社会公众宣传的一项重要内容就是国家文物局在北京举办“文化遗产日专题图片展览”，展览包括“第三次全国文物普查摄影图片展”和“众志成城　抗震救灾——文物系统抗震救灾图片展”。其中，“第三次全国文物普查摄影图片展”遴选了各省市第三次全国文物普查办公室选送的2000多张工作照片，展示了第三次全国文物普查开始至今的基本情况和阶段性成果。“众志成城　抗震救灾——文物系统抗震救灾图片展”分别在白塔寺和文化部展出，都取得了很好的效果。报社承办了这三个展览，特别是“众志成城　抗震救灾——文物系统抗震救灾图片展”，是紧急筹办的，参与这项工作的人员在时间紧任务重的情况下夜以继日地工作，出色地完成了任务。

另外，第二届全国文物行政处罚案卷评比活动、2008年度全国文博考古十佳图书评选活动、第三次全国文物普查征文活动、2008年度全国十大考古新发现评选活动、第8届全国博物馆十大陈列精品评选活动也都陆续启动。

【全国通联队伍建设】

加强中国文物报社全国通联队伍建设，对文化遗产保护宣传事业具有重要战略意义。2008年4月中旬，报社在山东青岛召开2008年通联工作会议，报社同志和报社驻各省、自治区、直辖市、计划单列市的通联工作负责人聚集一堂，共商贯彻落实党的十七大精神、做好2008年文化遗产保护宣传工作。

会议进一步明确了此后一个时期做好文化遗产保护宣传工作的指导思想，要求报社全体同志和通联队伍全体同志要把认真学习党的十七大精神和将党的十七大精神贯彻到文化遗产保护宣传工作的各个方面，作为工作的重中之重，坚持正确的办报办刊方针和舆论导向，坚持用改革创新来激发中国文物报社的发展活力，坚持走科学发展的路，坚持在宣传工作中认真贯彻落实“三贴近”的原则，努力为配合国家文化建设发展的大局和文化遗产保护事业的中心工作开展宣传工作。

【强化质量意识，加强质量建设】

近几年，中国文物报社一直强调牢固树立质量意识的重要性，因为它关乎一个媒体的生死存亡。

为加强质量建设，2008年报社拿出三项有力举措：一是外聘专家为《中国文物报》查错，这项工作已经坚持了10个月，取得了明显成效。二是加强与印刷厂的沟通，建立报社采编人员与印刷厂进行业务交流的有效渠道，有效提高了报社采编人员相关业务水平。三是外请版面设计专家帮助改进《中国文物报》的版面设计。从12月底开始，《中国文物报》的面貌焕然一新，得到了国家文物局领导和广大读者的一致好评。

【博物馆评估定级工作】

评估定级是创新博物馆体制、机制的重要举措。2008年2月，国家文物局启动国家一级博物馆的评估定级工作。中国文物报社承担了评估定级组织工作，按照程序要求，对省级文物行政部门推荐的149家博物馆进行了评估，最后确定公布了首批国家一级博物馆。5月18日，首批国家一级博物馆授牌仪式在北京首都博物馆举行，故宫博物院、上海博物馆、南京博物院、陕西历史博物馆等83家单位获评首批国家一级博物馆。文化部部长蔡武、国家文物局局长单霁翔出席仪式。

【党组织建设】

在国家文物局党组的关怀和机关党委的指导下，中国文物报社党组织建设有了很大发展，成立党总支。2008 年 7 月 1 日，中共国家文物局直属机关委员会研究批复：同意中国文物报社党总支委员会大会选举结果，彭常新、解冰、曹兵武、李让、王从干为党总支部委员，彭常新为党总支书记，解冰为党总支书副书记。

在学习实践科学发展观活动中，报社党总支还建立了两个党支部，第一党支部有党员 13 人，第二党支部有党员 11 人。

【岗位设置和职称评定】

2008 年，中国文物报社在国家文物局人事教育司的支持和指导下，拟定并上报了《中国文物报社岗位设置方案》，较好地完成了这项工作。

报社还组织职称评委会进行了两项工作，一是评定报社人员的初、中级任职资格，二是审核报社申报副高、正高人员的资格，推荐上报国家文物局高级专业技术职务任职资格评审会。

11 月 11 日，国家文物局发布《关于公布 2008 年度国家文物局高级专业技术职务任职资格评审结果的通知》，中国文物报社朱威、李让取得编辑出版系列编审任职资格，冯朝晖取得编辑出版系列副编审任职资格。

中国文物交流中心

【概述】

2004 年 2 月 5 日，国家文物局下发《关于成立中国文物交流中心筹备组的通知及职务任命》（文物任字〔2004〕03 号）：经局党组研究，决定成立中国文物交流中心筹备组，负责文物交流中心的筹建工作。同年 12 月 15 日，国家文物局下发《关于成立中国文物交流中心的通知》（文物党字〔2004〕25 号）：根据中央编办复字〔2002〕314 号文件“将中国文物交流中心及其 60 名经费自理事业编制从中国历史博物馆分离出来，仍由国家文物局管理”的精神，经局党组研究决定，成立中国文物交流中心。2007 年 2 月 14 日，中国文物交流中心在北京文博大厦举行了挂牌仪式。重组后的交流中心在思想政治、业务、行政管理等各个方面的工作都有不同程度的进展。

2008 年是中国文物交流中心打基础谋发展非常关键的一年，在国家文物局党组的指导和扶持下，在交流中心领导班子的带领下，在全体职工的共同努力下，以科学发展观为指导，认真贯彻落实年度目标任务，紧紧围绕中心的职能任务，精心筹划，科学协调，努力进取，开拓创新，各项工作逐渐步入正轨，并取得了可喜成绩。

【开展学习实践科学发展观活动】

2008 年，按照党中央的部署，全党开展学习实践科学发展观活动。中国文物交流中心作为国家文物局学习实践活动的第一批单位，在局党组和局第一指导检查组的领导下，开展了深入学习实践科学发展观活动。交流中心把开展这次活动作为一项重要而紧迫的政治任务，作为加强领导班子自身建设的重要契机，作为推动交流中心科学发展的重要机遇，坚持科学筹划，严密组织，全体党员积极参加，严格按照学习实践活动的阶段、环节、时间和工作内容贯彻落实，学习活动取得了预期的成效。

经过半年多的学习活动，中国文物交流中心统一思想认识，扎实搞好学习调研、广泛开展解放思想讨论，按照科学发展观的要求，立足于单位的长远建设，注重在谋长远、抓长远上下工夫。在全面总结十六大以来贯彻落实科学发展观情况的基础上，认真分析交流中心的发展道路，明确了近期的15项主要任务和具体措施，制定了《三年发展规划》，明确了中心的发展思路、方向、目标和任务，为科学发展指明了方向。

2008年中国文物交流中心党的组织建设工作也有了一定发展，发展了两名新党员。

【文物展览】

中国文物交流中心最主要的工作职能是举办出入境文物展览。2008年，交流中心共举办文物展览19项，筹办中的展览项目有20余项。交流中心主办、承办的各类文物展览覆盖面广、影响力大，如“奇迹天工——中国古代发明创造文物展”、“大三国志展”等精品文物展览。

【2008年圆满完成的文物展览】

1. 赴菲律宾“中国文物精华展”：于2008年2月28日结束，观众近5万人。该展是在国家文物局设立的“与发展中国家文物交流展览经常性项目”框架内举办的第一个展览。

2. “中国考古新发现”汇报展：2008年2月28日在广州西汉南越王博物馆结束，观众9.7万人。

3. 赴俄罗斯“中国古代艺术集萃展”：2008年3月15日结束，展览共吸引了37万名观众前去观赏。

4. 赴香港“香港中文大学考古博物馆新馆建成开幕礼展（白陶与玉玦起源）”：2008年4月30日结束，观众2万余人。

5. 赴意大利“辽宋夏金元文物展”：2008年5月4日结束，展览深受意大利民众欢迎，16.5万名观众参观了展览。

6. 赴香港“孙中山纪念馆展览”：由于备受香港市民欢迎，根据香港方面的要求，中国文物交流中心办理了部分展品延展手续，展期由原定的2007年12月2日闭幕延展到2008年12月4日。观众达25.5万人。

7. 赴香港“道教文物艺术展”：应香港道教联合会、香港中文大学道教文化研究中心和香港中文大学文物馆的邀请，于2008年2月22日~5月11日在香港中文大学文物馆举办。参展展品32件（套），由中国道教协会、广东省博物馆、广东省佛山市博物馆提供。观众2万余人。

8. 赴意大利“中国：从汉风到唐韵”展：由中国文物交流中心与意大利佛罗伦萨斯特罗奇宫共同举办。经国务院批准，展览于2008年3月6日~6月6日在意大利佛罗萨斯特罗奇宫展出。展品183件（套），来自陕西、河南、甘肃、江苏四省的32家文博单位，种类包括金银器、玉器、玻璃器、瓷器、三彩陶塑、石造像、壁画等。其中有代表北朝艺术高峰期的麦积山石窟泥塑和石雕、独具中亚风格的金银器、展现南朝陶工精湛技艺的六朝青瓷等，其中龙门石窟的一组石雕像是首次集中在欧洲展出。这些珍贵文物有的反映了从汉末到唐期间丝绸之路上的文化交流与互动，有的反映了南朝时期海上及边境的贸易往来，还有的反映了域外文化艺术对隋唐文明乃至后代所产生的深远影响。这些都是此次展览最大的亮点和看点。观众5万人。

9. 赴日“中日书法传承与演变展”：为纪念日本谦慎书道会成立70周年，该会邀请中方赴日本举办“中日书法传承与演变展”。日本谦慎书道会是日本最大的传统书法团体之一，中国书法界的老朋友日本著名书法家西川宁、青山杉雨、成濑映山等曾先后担任该会理事长。日本拥有大量书法爱好者，举办此类展览有利于弘扬我国传统文化，增进中日友好。经国务院批准，展览于2008年3月13日~3月22日在日本东京美术馆俱乐部展出，展品53件

（套），其中一级品 19 件（套），由湖南、甘肃两省提供。观众 1.8 万人。

10. 赴南非“华夏瑰宝展”：展览由国家文物局与南非艺术文化部主办，中国文物交流中心与南非北方博物馆机构共同承办，列入文化部庆祝中南建交 10 周年的重要文化活动。展览经国务院批准，于 2008 年 3 月 27 日～6 月 30 日在南非比勒陀尼亚北方博物馆机构国立文化史博物馆展出。展品 90 件（套），其中一级品 36 件（套），主要来自河南、河北、陕西、江西等省的十余家文博单位。年代上自商周下至明清，包括享誉世界的兵马俑、久负盛名的金缕玉衣、装饰独特的青铜器、雕琢细腻的玉器，还有绚丽多姿的唐三彩、造型逼真的陶塑以及工艺精湛的金银器等，种类繁多，集中展示了以黄河、长江流域为核心的中国古代文明。

展览使南非观众领略到中华传统文化的独特魅力与风采，引起对中国文化的浓厚兴趣，把中南建交十周年的庆祝活动推向一个新的高潮。

“华夏瑰宝展”是第一个踏上非洲大陆的中国文物展览，它的成功举办，使我国赴非洲文物展览实现了零的突破。观众 2.3 万人。

11. 赴日“天马传说与丝绸之路展”：应日本奈良国立博物馆的邀请，经国务院批准，由中国文物交流中心组织展品参加该展。展品 12 件，其中一级品 8 件，为来自于河北、陕西、新疆 3 省博物馆和文博单位的鎏金马、白陶舞马、彩绘卧马、车马饰物和以马为纹饰的织锦等。展期为 2008 年 4 月 5 日～6 月 1 日。观众 8 万余人。

12. “奇迹天工——中国古代发明创造文物展”：为配合北京 2008 年奥运会，宣传“绿色奥运、科技奥运、人文奥运”理念而举办的“奇迹天工——中国古代发明创造文物展”，是北京奥运会大型文化活动计划项目之一，也是“指南针计划——中国古代发明创造的价值挖掘与展示”专项的重要实施内容和阶段性成果。“指南针计划”利用现代科学技术手段，对中国古代发明创造的科学价值进行挖掘、整理和研究，并开展博物馆展示理论、技术的研究与示范工作，对于发掘和展现我国文化遗产价值，彰显中华民族伟大智慧和创造力，增强博物馆展示的学术性、知识性、趣味性和观赏性，提升民族自豪感、自信心和自主创新能力都具有重要意义。

展览分为四个专题，分别是反映古代丝绸织造术的“锦绣华服”，反映古代青铜铸造术的“雄奇宝器”，反映古代造纸印刷术的“典藏文明”和反映古代瓷器制作术的“泱泱瓷国”。展览充分展示了中华民族的伟大智慧和创新精神，揭示了中华文明对于推动世界文明发展所做出的巨大贡献，同时，也印证了中国五千年文明史是一段创新的历史。

“奇迹天工——中国古代发明创造文物展”由国家文物局、中国科学技术协会联合主办，中国文物交流中心与中国科技馆具体承办，在北京奥运中心区国家奥林匹克公园内的中国科学技术馆新馆展出，成为奥运会、残奥会期间一道独特亮丽的风景线。

展览从 2008 年 7 月 28 日开幕至 9 月 30 日闭幕，历经 55 天，实际开放 49 天，参观人数约 61000 人次。其中外宾 2000 多人次，奥运大家庭和外国官员等各界人士 179 人次，平均每天约 1200 人次。

展览从启动、筹备到展出，自始至终受到中央领导、北京奥组委、文化部、国家文物局等领导部门的高度重视和支持，受到中外公众的广泛关注。党和国家领导人及相关部门负责人专程到场参观、考察、指导，其中包括：中共中央政治局常委李长春，中共中央政治局委员、中共北京市委书记，北京奥运会组委会主席、党组书记刘淇，全国人大常务副委员长韩启德、路甬祥、陈至立，全国政协副主席孙家正、中国工程院院长徐匡迪，国务院前副总理曾培炎，北京市市长郭金龙，国家文物局局长单霁翔等。他们从不同的角度对展览给予了高度评价。

“奇迹天工——中国古代发明创造文物展”参展展品271件（套），辅助展品45件（套）；展品保险总估价为113187万元人民币。展品来自于全国24个省（自治区、直辖市）的77家博物馆和文博单位。出版物除了精美的展览图录，还同时编辑出版了《古代丝绸染织术》、《古代青铜铸造术》、《古代造纸印刷术》、《古代装饰品制作术》四本科普读物。

13. 赴香港“中国马文化展”：为迎接第29届奥林匹克运动会马术比赛项目在香港举行，由香港康乐及文化事务署与国家文物局共同主办，中国文物交流中心承办。展览于2008年7月16日～10月13日在香港历史博物馆举办。展品60件（套），年代上自西周，下至现代，分别来自于中国国家博物馆、故宫博物院及13个省（自治区）的28家文博单位。通过这些精美的展品，使观众从不同层面、不同角度了解有关马的起源与驯化史，马车、马具的演变与发展，马与人类社会在政治、展品经济、外交、军事、文化娱乐、体育竞技等方面的密切关系以及所产生的重要作用，使观众通过观看展览充分感受马文化带来的启示与愉悦。

“中国马文化展”这一独具特色的专题性展览，在奥运马术比赛之际举办，受到了香港民众及来自世界各国马术比赛参赛运动员和观光客的喜爱和欢迎。观众4.6万人。

14. 赴意大利“兵马俑与丝绸之路展”：应意大利圣保罗艺术基金会的邀请，中国文物交流中心于2008年7月10日～11月16日在意大利都灵市国立考古博物馆举办该展。展览经国务院批准，展品185件（套），其中一级文物展品68件，占36.7%，包括6件秦代兵马俑及金银器、玉器、玻璃器、瓷器、三彩陶塑、石造像、壁画等。这些展品来自陕西、河南、甘肃、江苏、湖南等省的30余家文博单位。观众达12万人。

15. 赴澳门“像应神全——明清人物肖像画特展”：由交流中心与澳门博物馆合作举办。展品120件（套），汇集了南京博物院、浙江省博物馆所藏明、清两朝的人物画、肖像画精品，主要分为名士写真、人物群像、行乐图绘等内容，具体包括道释画、仕女画、肖像画、风俗画、历史故事画等。展览于2008年9月27日～11月30日在澳门博物馆展出，观众1.5万人。

【2008年展出、尚未结束的文物展览】

1. 赴澳门“中国古代文物展”：为丰富澳门博物馆的展览陈列，中国文物交流中心与澳门博物馆合作，在澳门博物馆举办“中国古代文物展”。展品31件（套），来自河南、河北两省，包括商周青铜器、战国钱币、北朝至唐代的佛造像、秦至唐代建筑构建、唐三彩等。展览于2008年4月15日开幕。

2. 赴日本“大三国志展”：《大三国志展》是由日本创价学会名誉会长池田大作先生创意和发起的。中日两国专家、学者历经三年多的时间，遍访了中国境内70余处与三国主题有关的文物古迹、遗址和博物馆，从全国11省（市）34家文博单位遴选了各类文物138件（套），辅助展品8件（套），其中一级文物50余件。展览由三国时代出土文物和以“三国故事”为题材的传世文物两个部分组成。此外，该展还汇集了日本国内博物馆有关三国主题展品近60件，并通过现代化的视听手段，融合动漫、塑像、影像等各种形式，共同营造了一个新颖而富有创意的三国世界。

展览由交流中心与日本东京富士美术馆、黄山美术社共同主办。2008年5月2日展览在东京富士美术馆隆重开幕，将先后在东京富士美术馆、北海道立旭川美术馆、关西国际文化中心、福冈亚洲美术馆、香川县立博物馆、名古屋松坂屋美术馆、群马前桥文化馆展出。

该展以其选题独到、内容丰富、展示手段新颖，受到了广大日本民众的热烈欢迎和喜爱。至2008年底观众已逾80万。

3. 赴美国“王翚艺术展”：此为美国大都会博物馆举办的展览，于2008年9月9日开幕。展览按时间顺序讲述了王翚的艺术发展历程，从早年对传统山水画风的精湛诠释，到1689年获选为康熙皇帝南巡作画而达到事业高峰为止，参展的7件王翚绘画作品由故宫博物院和上海博物馆提供。

4. 赴芬兰“中国茶文化展”：由中国文物交流中心与芬兰埃斯堡现代艺术博物馆主办，中国对外艺术展览中心、天津博物馆、中国茶叶博物馆共同协办。展览于2008年10月7日在芬兰埃斯堡现代艺术博物馆开幕。埃斯堡艺术博物馆基金会主席、中国驻芬兰大使与嘉宾近600人参加了开幕式。

展品共有119件（套），来自天津博物馆和中国茶叶博物馆，包括出土和传世的、从东汉到民国时期的陶瓷及金属茶具，以饮茶为主题的明清绘画以及近代茶叶类产品销售广告。展览期间，中国茶叶博物馆还派员专程赴芬兰为观众做现场茶艺表演，很受欢迎。展览于2009年1月11日闭幕。

在筹办中的展览项目约有20余项。

【国家文物局委托事项】

1. 出境及来华展览初审：2008年共完成展览初审68项，其中出境展览51项，涉及20个国家和地区；来华展览17项。展览初审工作为全国对外文物展览的顺利开展提供了有力保障。

2. 接待来访团组：2008年共负责接待了11个由国家文物局邀请的访华团，包括执行政府间文化交流项目的访华团8个（其中正部级代表团2个），其他3个。主要有埃及文化遗产代表团、菲律宾文化遗产代表团、以色列国家文物考古局代表团、尼日利亚文化遗产代表团、捷克国家遗产保护研究院专家访华团、匈牙利文物代表团、日本文化厅代表团、突尼斯遗产研究院代表团、美国盖蒂保护所代表团以及应邀来华参加遗产日活动的丹麦大龙公司总裁范汉民夫妇等。为了做好会谈、考察及各项接待工作，交流中心精心准备，热情周到，不辞辛苦，受到了访华团的一致好评。

3. 办理护照签证：坚持护照签证工作原则，努力提高护照和签证申请工作的效率。2008年国家文物局机关及直属单位共组团136个，出访人员448人次，涉及出访国家、地区38个，护照签证服务工作都能够在规定时限内圆满完成，为文物对外交流工作提供了有力保障。

为了规范因公出国护照签证工作程序，加强对护照、签证专办员工作的指导和管理，2008年6月，交流中心协助国家文物局外事联络司在京举办了国家文物局直属单位护照签证专办员培训班。

4. 编辑印发《外事简报》：按照国家文物局《外事简报》编辑和印发工作的要求，严格规范各个工作环节，简报稿件由专人认真修改完善，经交流中心领导把关、国家文物局审批后送出版社印制，并及时邮寄发送全国各相关部门和单位。2008年共编辑印发《外事简报》17期，为外事宣传工作服务。

5. 外事礼品采购和管理：严格按照国家文物局外事礼品采购、管理及发放的规定，做好此项工作。2008年办理国家文物局领取外事礼品35次，提供外事礼品490余件。

6. 编辑《外事简报汇编》与《外事工作手册》工作已经启动。

【网站建设】

为了充分利用互联网这个平台，向世

界各国展示和宣传中国悠久的历史文化，促进中国文物交流中心与国内外文博单位之间的相互交流，介绍中国文物交流中心的职能和工作，2008年完成了交流中心网站建设。中国文物交流中心网站域名为www.aec1971.org.cn，网站下设“中心概况”、“动态信息”、“文物展览”、“对外合作”、“业务交流”、“咨询服务”、“协会组织”、“友情链接”等8个一级栏目。根据需要每个一级栏目分别下设若干子栏目。除介绍中心职能外，主要内容有：概括1971年中国文物交流中心成立以来举办展览的全部信息及近年文物局委托事项的“中心展览”、“精品回眸”、“外事接待”、“展览初审”等栏目；刊载学术论文、业务心得和对文物展览筹办工作进行专题研讨的“业务信息”、“学术论文”、“业务园地”栏目以及展览推介栏目“他山之石”等。为配合文物外展工作，网站还提供了文物出境展览申报材料下载等相关服务。站内文章以交流中心原创为主，并转载各级文物局和局属事业单位发布的重要信息和业内同仁发表的相关优秀论文。

北京新文化运动纪念馆

【概述】

北京新文化运动纪念馆是建立在原北京大学红楼旧址上的纪念馆。这里曾是新文化运动的中心和五四爱国运动发祥地；以李大钊、陈独秀为代表的中国早期马克思主义者在这里播撒了中国革命的火种。1961年，北大红楼被国务院公布为全国重点文物保护单位。红楼曾为国家文物局办公地，2001年国家文物局机关迁出红楼，委托原中国革命博物馆在红楼一层筹建北京新文化运动纪念馆，并于当年7月成立北京新文化运动纪念馆筹备办公室，2002年4月正式开馆。2007年10月，北京新文化运动纪念馆隶属关系变更，成为国家文物局直属单位。北京新文化运动纪念馆是全国唯一一家全面展示五四新文化运动历史的综合性博物馆，2002年被北京市委宣传部命名为北京市爱国主义教育基地，2005年被国家发展改革委员会等六部委公布为全国百家红色旅游经典景区。

北京新文化运动纪念馆自成立以来，秉承宣传和弘扬“爱国、进步、民主、科学”的五四精神的宗旨，不断推出各种形式的展览，向广大群众特别是青少年进行生动形象的爱国主义教育。2002年推出的“新文化运动陈列”、2003年推出的“蔡元培与北大红楼”展览、2004年推出的“新文化运动主将——陈独秀”展览都取得了良好的社会反响。特别是“新文化运动主将——陈独秀”展览是国内首次推出的陈独秀专题展览，获得专家学者和社会各界的一致好评。2005年10月，在北京市爱国主义教育基地评优活动中，该展览获优秀活动奖。此外，北京新文化运动纪念馆在藏品管理、科学研究、社会教育等方面都取得了一定成绩，为弘扬五四精神，推动社会主义文化大发展大繁荣，做出了积极的贡献。

2008年初，因红楼进行整体维修，北京新文化运动纪念馆暂时闭馆，全馆迁入北京鲁迅博物馆办公。在纪念馆领导的周密部署下，全馆人员历时三个多月，顺利完成包括5000余件藏品在内的搬迁工作。随后，纪念馆全馆人员全力投入“纪念五四运动90周年活动及重新开馆”筹备工作，以崭新的面貌迎接广大观众。

【建立规章】

作为刚刚独立的一所博物馆，北京新文化运动纪念馆各项规章制度还不够健全。2008年，纪念馆在人事、财务管理、各项规章制度建立等方面做了进一步的完善，先后制定了《北京新文化运动纪念馆编外聘用人员分配方案》、《北京新文化运动纪念馆聘用退休专家暂行规定》、《北京新文化运动纪念馆考勤制度（试行）》、《北京新文化运动纪念馆消防安全暂行规定》、《北京新文化运动纪念馆防汛工作领导小组岗位职责》、《北京新文化运动纪念馆财务管理办法（试行）》、《北京新文化运动纪念馆物业费、供暖费支付管理办法（试行）》、《北京新文化运动纪念馆公费医疗管理暂行规定（试行）》等规章制度15个，为进一步加强纪念馆的规范管理奠定了基础。

【"五四运动90周年纪念活动"筹备工作】

北京新文化运动纪念馆计划在2009年（五四运动90周年）重新开放，纪念馆筹划于2009年推出新展陈，并举办个人文物收藏展、名家书画展、学术研讨会等多项活动，进一步扩大纪念馆在社会上的影响。搬迁工作结束后，纪念馆制定了"五四运动九十周年纪念活动方案"，开始各项工作的筹备工作。

筹备新的陈列展览是这次活动的重中之重。2008年5月，纪念馆根据国家文物局领导的指示，制定了2009年陈列展览的整体规划，以红楼旧址复原为主，新文化运动基本陈列、人物专题展览为辅，在整体格局上，突出旧址类博物馆展示特色，在进行深入研究的基础上，力争准确把握北大红楼旧址复原的历史特征，打造人文环境，营造真实历史氛围，做到旧址复原与陈列展览的和谐统一。7月初，经过反复研究、讨论，形成陈列方案初稿，展览包括新文化运动陈列及蔡元培、陈独秀、胡适、李大钊、鲁迅、毛泽东等人的专题展。旧址复原陈列包括蔡元培办公室、陈独秀办公室、胡适办公室、新潮社社址、李大钊办公室和毛泽东工作过的阅览室。7月18日，纪念馆召开了纪念五四运动90周年活动方案首次专家评审会，活动方案得到专家的初步肯定。10月初，纪念馆在吸收专家意见和进一步查阅资料、征集文物的基础上，完成新一版《北京新文化运动纪念馆陈列方案》及旧址复原的三维效果图，并于17日召开了纪念五四运动90周年陈列展览、旧址复原方案专家论证会，得到专家的认可。11月11日，该展览方案得到国家文物局批复，原则上同意该方案。纪念馆在继续修改、充实展览方案的同时，重点进行陈列展览图片、文物的征集、复制工作。2008年底，国家文物局确定纪念馆开放区域仅限于红楼一层，纪念馆对原方案进行重新调整，取消原拟在红楼二层进行的蔡元培办公室、陈独秀办公室、胡适办公室、鲁迅上课的大教室等旧址复原和胡适、李大钊、鲁迅、毛泽东专题展览，压缩蔡元培、陈独秀专题展的展出面积。尽管时间紧迫，为保证展览效果，纪念馆仍决定在红楼一层新增北大图书馆登录室、书库复原陈列，纪念馆工作人员全力投入复原陈列的资料收集工作。

其他活动的筹备工作：1. 与收藏家臧伟强联系，筹办臧伟强个人文物收藏展。黑龙江大学副教授臧伟强为国内收藏五四时期文化名人的影像、手迹文物的大家，曾在国内多处举办展览。9月，纪念馆派人前往哈尔滨挑选展品，确定展品200余件。2. 与中国收藏家协会合作，以讴歌革命先驱，捍卫民主和科学，弘扬五四运动的革命精神和光荣传统，歌颂祖国大好河山和各族人民以及新中国成立后，尤其是改革开放以来的辉煌成就为主题，筹办纪念五四运动90周年书画作品展。10月，纪念馆与中国收藏家协会签订合同，成立了项目办公室，制定了纪念五四运动90周年书画作品展的策划方案，拟定邀请函，确定稿范围、时间安排、项目预算及赞助办法，并开始向书画家征稿。3. 与北京鲁迅博物馆合作，筹办纪念五四运动90周年学术研讨会。4月，确定了研讨会主题，并对学术研讨会的日程、研讨内容和拟邀请的人员作出规划。8月上旬，向有关单位发出通知，邀请其参加研讨会，共发放研讨会邀请函70余份。12月底，完成研讨会工作方案。

【藏品的征集、保管】

文物资料的征集、保管，是博物馆工作的重要基础。2008年，北京新文化运动纪念馆通过多种渠道，征集藏品338件（套）。其中比较重要的有5月份征集到的李大钊文物资料139件（套），其中包括李大钊手迹、授课试卷、原版照片、北京大学早期档案、李大钊捐给北大图书馆的书籍等珍贵文物；还包括上个世纪50年代朱德、郭沫若等人在红楼建立的“李大钊纪念室”时的珍贵手迹。2008年纪念馆征集到的其他重要藏品还有：史料价值丰富的《国立北京大学廿周年纪念册》、胡适亲笔题签的陈独秀著作《字义例类》、五四时期重要期刊《曙光》创刊号、早期宣传马克思主义著作1920年商务印书馆出版的《马克思经济学说》初版本、1921年亚东图书馆出版的《吴虞文录》初版本、1921年北京大学新知书社出版的罗素五大讲演《哲学问题》初版本、1924年商务印书馆出版的张东荪著《科学与哲学》初版本、胡适著《中国哲学史大纲》（卷上）等。

2008年4月，纪念馆迁往北京鲁迅博物馆办公。在纪念馆搬迁过程中，文物藏品的搬迁为搬迁工作中的重点。在搬迁之前，业务部人员集中对馆藏品进行清点，并在此基础上，定制适量的书套和囊匣，便于藏品运输和保护。3月中旬，完成藏品入匣、装箱工作。4月15日~16日，纪念馆藏品顺利搬入新库房，经核查，藏品安全无恙。2008年5月底，纪念馆分两次对新征集的144件藏品资料进行了消毒。2008年入夏以来雨水增多，新租用的库房室内湿度偏高。为保证藏品安全，租用三台除湿机，对库房进行除湿，并由专人负责使用、监控，每日记录库房的温、湿度情况，使馆藏品安全度过雨季。

【学术研究】

2008年，纪念馆承担了制定国家标准项目“博物馆讲解等级评定”的工作。纪念馆成立了项目小组，首先参加了由国家文物局标准化技术委员会组织的标准编写工作培训班，确定项目名称为《博物馆讲解员等级及其评定标准》。为获取全面真实的第一手资料，项目组向全国各省、市、地、县共190家博物馆发放了博物馆讲解员现状调查表，对全国博物馆讲解员情况进行了调查。在广泛调研的基础上，项目组根据《博物馆管理办法》等部门规章及《文物保护单位开放服务标准》等的要求，按照国家文物局有关标准制定的要求以及标准编写的标准GB/T1.1－2000的规定，起草了《博物馆讲解员等级及其评定标准》征求意见稿。随后，对标准文本征求意见，对28份意见表进行整理汇总，形成《意见汇总表》。11月，项目组综合国家文物局标准化技术委员会秘书处、国家文物局和27个单位、专家的意见，修改征求意见稿，形成了《博物馆讲解员等级及其评定标准》送审稿和编制说明，如期上报全国文物保护标准化技术委员会办公室。

【社会教育】

红楼维修，纪念馆失去展览主阵地，为更好地宣传五四精神，充分发挥博物馆的社会教育功能，纪念馆采取“走出去”的办法，将展览推向社会。配合“文化遗产日”的宣传活动，2008年5月底，纪念馆完成了《北大红楼与五四名人》图片展览的设计制作，并在东城区银闸社区开始巡展。展览通过100多张历史图片和实物图片，展现蔡元培、陈独秀、李大钊、胡适、鲁迅等在五四新文化运动中的杰出贡献；展现青年学生经过五四新文化运动洗礼，成为对中国社会产生重要影响的历史名人的精彩瞬间，从一个侧面揭示五四新文化运动的深刻内涵，对于广大群众尤其是青少年具有生动的教育意义。

【对外交流】

2010年国际博物馆协会大会将在上海举行，这是中国第一次承接如此高规格的国际博物馆界的活动。北京新文化运动纪念馆承担国际博物馆学会教育与文化活动专业委员会中方协调人的工作。2008年9月，纪念馆派人参加了国家文物局举办的中方协调人培训班，掌握了一定的知识和工作方法，并取得了国家文物局颁发的资格证书。随后，纪念馆开始与国际博物馆协会教育与文化行动委员会主席就2010年大会进行联络和沟通。

各省、市、自治区

北京市

2008年，北京市文物工作者以邓小平理论和“三个代表”重要思想为指导，认真贯彻党的十七大精神，紧密联系实际，深入开展学习实践科学发展观活动，紧紧围绕首都奥运的中心工作，出色完成文物系统迎奥运工作。严格按照“保护为主、抢救第一、合理利用、加强管理”的文物工作方针开展保护工作，顺利实施并完成了《北京市“十一五”时期文物、博物馆事业发展规划》所确定的年度工作任务和全年工作计划所确定的各项重点工作，使全市文博事业取得了进一步的发展。

【不可移动文物保护】

启动《北京市文物建筑修缮保护利用中长期（2008—2015）规划》2008年修缮计划。实施了西城区广福观、圆明园正觉寺等31项文物保护项目，完善了慈善寺、孚王府、周口店猿人遗址等70余处文物保护单位的安全技防设施。完成了慕田峪长城、南长街南口皇城墙过街楼瓦面、国子监街牌楼、国子监石桥、白塔寺白塔、大觉寺古塔等抢险加固工程。经过修缮，又有一大批文物景点对外开放或扩大了开放范围。法海寺经过修缮重新对外开放，基本恢复了明代初建时的寺庙建筑格局，参观面积从6000平方米增加到1万平方米。圆明园九州景区经过整治对外开放，整个景区占地约40万平方米，包括14组园林景观。恭王府完成了历史上最大规模的修缮并全面对社会开放，府邸和花园最终连为一体，开放面积达6.1万多平方米。

第三次全国文物普查全面铺开并取得阶段性成果。文物普查的机构、人员、资金、设备、培训全部到位，普查工作进入实地调查阶段。各普查队对全市1145处文物进行了登记，其中复查777处，新发现368处。新发现的文物包括四合院、清代官学旧址、私家园林、近现代优秀建筑、古遗址、古墓葬、石碑、石刻等。

扎实推进文博基础工作。完成了第七批全国重点文物保护单位候选名单遴选工作。开展了明十三陵、北海、颐和园、司马台长城保护规划的编制论证工作。落实国家文物局关于大遗址保护工作要求和大运河申报世界文化遗产的工作部署，启动了大运河北京段规划编制工作。为322处市级以上文物保护单位安装了双语说明牌。完成了第八批北京市市级文物保护单位名单的初选工作。

【考古发掘】

2008年，北京市文物研究所基建考古工作在有关部门和建设单位的大力支持下，积极开展了多项文物调查勘探和发掘工作。共完成国家重点工程考古项目调查2项、大型工程42项、社会举报抢救性考古发掘工作

25项；完成勘探面积294万平方米，发掘面积32000平方米；出土可复原文物千余件。

11月10日~12月15日，北京市文物研究所在大兴区发现一处辽金时代塔林遗址，共发掘塔基25座。塔为砖塔，塔上部已被破坏，塔基形状可分为方形、圆形、六边形等。塔基前有踏道，塔基四周有散水，塔座转角处用经过加工磨制的各种样式的砖砌成。出土器物主要有瓷香炉、黑釉茶盏、白瓷杯盘、白釉印花瓷碗碟、白釉长颈瓶。还出土有石菩萨、铜菩萨、舍利盒、描金皮盒、石块等。发现的经幢皆倒地，幢座、幢身、幢顶分离。经幢上题记为汉文和梵文，内容是《佛顶尊胜陀罗尼经》和僧人的生平事迹。根据经幢的铭文获知此塔林属于辽金时期的“持净院”。

【博物馆】

认真贯彻博物馆条例，继续鼓励和推动博物馆建设。依法批准了中国法院博物馆、北京东韵民俗博物馆和韩美林艺术馆的注册资格，全市博物馆注册总数达到145座，其中对外开放的有132座。延庆博物馆于9月30日正式开馆，建筑面积6100平方米，成为京郊最大的县级博物馆，同时也是长期免费开放的博物馆。

博物馆免费开放。按照中央和北京市要求，圆满完成了全市33家博物馆免费开放工作。从3月28日起，北京地区第二批包括首都博物馆、老舍纪念馆在内的33家博物馆、纪念馆和爱国主义教育基地正式向社会免费开放。

国家一级博物馆认定工作顺利完成。北京地区包括故宫博物院、中国科技馆在内11家博物馆被国家文物局评为一级博物馆，首都博物馆、北京自然博物馆、中国人民抗日战争纪念馆、北京天文馆和周口店猿人遗址博物馆5家市属博物馆名列其中。全市二、三级博物馆认证及市属博物馆文物定级工作稳步推进。

北京市文物局组团参加2008香港国际博物馆日活动。5月17日上午，京、港、粤、澳四地的30多家博物馆在香港文化中心共同举办2008香港国际博物馆日活动。受香港民政事务局康乐及文化事务署邀请，北京市文物局组团参加了活动，北京市文物局于平副局长在开幕式上致词并介绍了北京地区博物馆的发展情况以及北京地区博物馆为迎奥运所做的准备工作。北京市文物局展台上以“迎奥运盛会、展博物馆风采”为主题的北京地区博物馆图片展览，受到香港市民的热情欢迎。据不完全统计，5月17日~18日，博览会北京展台共接待观众近10万人次，数万份有关北京地区博物馆的资料发放一空。

5月18日上午，为迎接2008年国际博物馆日的到来，“国家一级博物馆授牌仪式暨北京地区5·18国际博物馆日活动”在首都博物馆礼仪大厅隆重举行。文化部、国家文物局和北京市的有关领导向首批包括首都博物馆在内的83家国家一级博物馆代表颁发了证书和标牌。随后，举行了第二届“我看博物馆”公益摄影大展的颁奖及开幕仪式。国家文物局、中国博物馆学会和北京市领导为获得一等奖的作者颁奖。随后，北京博物馆学会领导宣读了向首博捐赠作品的摄影家名单，向捐赠者代表陈长芬颁发了收藏证书，陈长芬先生还对摄影展作品进行了点评。

6月14日，“2008文化遗产日——奥运北京”系列活动开幕式在首都博物馆举行。此次开幕式活动由在首都博物馆举行的民间艺术表演、手工艺制作和特色展览组成，是本次文化遗产日系列活动率先打开的一个“窗口”。2008年文化遗产日系列活动在“文化遗产日”当天启动，至第29届北京奥林匹克运动会和残奥会后结束。此次活动将利用北京市的各类公园、博物馆、故居、图书馆等公共文化活动场所举办全国各地各民族文化遗产展览、展演、讲座活动，并免费开放部分博物馆和文物保护单位，充分表达中国文化的博大精深和北京奥运会“人文奥运”的主题。除了开幕式活动外，北京市各区县博物馆、文化馆、公园、广场也将掀起“文化遗产日”活动高潮。活动突出观赏性、娱乐性、互动性，使市民能够广泛参与。

6 月 14 日，北京 2008 年“文化遗产日”主会场活动在孔庙和国子监博物馆举行。活动包括“人文奥运文物保护计划”竣工仪式暨北京市文物保护先进集体、个人表彰活动，“北京市文物保护修缮利用中长期规划”启动仪式，“迎奥运，市级以上文物保护单位说明牌”授牌仪式以及“卡卡 2008 文物旅游”掌上地图发布仪式。当天还举办了国子监街修缮整治竣工开街暨孔庙和国子监博物馆开馆仪式。

7 月 22 日，由北京市文物局和中国人民革命军事博物馆共同主办的“制胜之道——孙子兵法暨中国古代军事文物精品展”在中国人民革命军事博物馆东 4 层展厅正式开展。解放军总政治部、国家文物局、中国博物馆学会、北京博物馆学会和兄弟省市有关单位的领导参加了开幕式。展览通俗地揭示了《孙子兵法》的精髓，汇聚了国内 20 余家博物馆珍藏的古代军事文物。

7 月 26 日，作为迎奥运五项展览之一的“北京文物精品展”在首都博物馆开幕。此项展览汇聚了 285 组（件）代表性文物展品，分为瓷器、佛教造像、玉器、金银器、竹木牙雕、书画艺术和古典家具七大主题。展览规模较大，展品种类丰富、数量庞大，展陈设计也更具特色，不少观众对整个展览给予了很高的评价。

7 月 29 日，由来自全国 26 个省市 55 家博物馆的 169 件（组）文物组成的“中国记忆——5000 年文明瑰宝展”在首都博物馆举行了开幕式。该展览是呈现给 2008 年北京奥运会的最好礼物，也是向世界各国来宾展示中华灿烂文化的最好的平台。

7 月 29 日，由北京市文物局、四川省文物管理局主办，三星堆博物馆、成都博物院和保利艺术博物馆联合承办的“从三星堆至金沙——来自古蜀王国的珍藏”展览在北京开幕。此次展出的 140 余件文物，系统展现了三千年前古蜀王国的辉煌。这是奥运期间在北京举办的最高水平的中国古代文物展之一。

截至 2008 年底，北京地区共有文物拍卖企业 86 家，其中暂停拍卖活动的企业有 8 家。2008 年 1 月 ~ 12 月，全市可以举办拍卖活动的 76 家文物拍卖企业中，有 47 家企业共进行不同规模的拍卖活动 280 场（专场拍卖活动未统计），总投拍的文物艺术品数量为 13 万件，撤拍 2208 件。成交率为 45%，总成交额为 82.37 亿元人民币。

11 月 29 日 ~ 12 月 1 日，由市文物局与中国博物馆学会、中国自然科学博物馆协会联合主办的“2008（第三届）博物馆及相关产品与技术博览会”在北京中国农业展览馆举办。本届博览会总面积 11000 平方米，参展博物馆和相关企业 120 多家，主要内容包括国家首批一级博物馆和中外特色博物馆形象展示与展览项目交流、博物馆相关产品与技术展示、2008 北京国际博物馆馆长论坛、博物馆相关技术交流与研讨大会、专家鉴宝活动等。

12 月 17 日 ~ 21 日，第二届中国北京文化创意产业国际博览会在北京国际展览中心举办。北京市文物局作为协办及责任单位，具体承办了一号展馆二层 B 展厅 4000 平方米的博物馆及相关文化创意产品展馆的展览任务，50 余家博物馆、文物经营单位、与博物馆相关的展陈设计单位参加了展览，日平均接待观众 4 万人。北京翰海、江阳富通、永乐三家拍卖企业参加了此次博览会，中国嘉德、华辰、太平洋三家文物拍卖企业的拍卖活动被列为此次博览会的重要推介会活动之一。

2008 年，共鉴定私人携带出境文物 7 万余件，办理临时入境复出境文物 1.[illegible] 万余件。配合北京海关查私工作，对其暂扣的 2000 件文物进行了鉴定，其中“文留文物”（文革时期留存下来的文物）166 件。

北京市文物局图书资料中心古籍藏品《元刻明递修十三经注疏》一部，入选首批文化部《国家珍贵古籍名录》，成为全国50家首批入选单位“全国古籍重点保护单位”之一。

2008年，文物保护科研出版工作成果丰硕，出版了《北京古代建筑精粹》、《北京奥运场馆出土文物》、《中国文物地图集(北京卷)》、《北京毛家湾出土瓷器》、《北京地区辽金墓葬壁画保护研究》。

5月9日~11日，由北京市文物局主办，北京市大葆台西汉墓博物馆承办，中国社会科学院院考古研究所、中国秦汉史研究会、北京大学考古文博学院、北京市文物研究所、首都博物馆等单位协办的“汉代文明国际学术研讨会”在海淀区裕龙大酒店举办。来自全国十多个省市以及日本、韩国的相关科研机构的121名代表参会。

《中国文物地图集·北京分册》出版发行。全书150万字，分2册，由概述、图版、文物单位索引和文物单位简介等部分组成。上册主体部分用370余幅照片、近200幅图版，全面展示了北京文物的分布情况和特点；下册为文物单位简介，对全市18个区县的不可移动文物的所在位置、时代、保护级别、特点做了全面、准确、简练的介绍。全书共收录文物点3656处，其中古遗址333处，古墓葬623处，古建筑1608处，石窟寺及石刻352处，近现代重要史迹431处，近现代代表性建筑128处，其他181处。

7月，由北京市文物局史志办公室编写的《2008北京文物年鉴》以内部资料的形式出版。全书分为“2007年度文物工作重要活动”“文物保护与历史文化名城”“区县文物工作”“考古发掘工作”“博物馆工作”“文物艺术品市场”“文物科研工作”“文化交流活动”等专题，收录的主要内容有：2007年度北京地方文博系统文物、考古、博物馆和民间文物的各项活动；当年度的政策、法规；区县文物活动；非物质文化遗产中涉及文物保护的内容等。编辑体例以叙事为主，配有彩图及黑白随文图。独立成书的《北京文物年鉴》在北京的文博行业系统中尚属首次。

【政策法规与宣传】

为了组织和引导北京地区文物商店、拍卖公司进一步规范经营活动，营造健康、友好的经营环境，北京市文物局联合市工商局、市商务局等下发了《关于进一步规范文物经营的通知》，就进一步加强北京地区文物商店和文物拍卖企业的经营管理提出了具体要求。同时与市工商局重要商品分局共同召开了北京市文物商店工作会议，进一步部署和规范文物经营的若干工作，并联合对北京市13家文物艺术品市场进行了巡视检查，对市场管理和经营中存在的问题提出了要求和整改意见，为后面的文物市场立法调研提供了帮助。

【安全督察】

为了配合奥运会举办和改革开放30周年，北京市文物局提出了在全市文物系统创建“文物安全年”的目标，各区县文委、各单位迅速落实，采取有效措施确保文物安全。一是加大巡视检查的力度。市、区两级文物执法队对全市322处市级以上文物保护单位和百余处区县级文物保护单位进行了巡视检查和重点抽查，对20家挂“黄牌”的文物保护单位进行了复查，依法对郑王府等20处安全隐患较严重的市级以上文物保护单位制发了《责令限期改正通知书》。2008年全市出动文物检查人员万余次，执法到位率100%。二是加大对文物违法行为的查处力度。全年调查、核实、处理群众举报40余起，处理违法案件20起，罚款11万元，责令拆除违法建筑3000余平方米，组织对公检法部门涉案文物鉴定32次，涉及文物及仿制品500余件。三是积极落实市委、市政府和国家文物局关于烟花爆竹管理、冬季防火安全、“两会”及重要节假日期间的安全保卫、全国文物安全大检查等专项工作，确保了“文物安全年”目标的顺利实现。这也是北京市文物系统连续第11个安全年。

【对外交流】

2008年，引进了“2004年雅典奥运会开幕式服饰、道具展”、“公平的竞争——古希腊经济精神展”、“古代体育运动和运动员展”、“北京——伦敦友好城市图片展”等展览。赴外举办了“佛教慈悲女神——中国古代观音菩萨造像艺术展”、“伟大的城市——北京城市图片展”、“徐悲鸿画展”等展览并收到较好的反响。

7月7日，“美国驻华使馆文化保护大使基金资助古籍佛经保护项目成果展”在北京市文物局礼堂举行。美国驻华使馆雷德大使一行、北京市文物局孔繁峙局长、于平副局长等出席并参观了展览。展览以展板、实物、多媒体的形式展示古籍修缮前的残损情况、古籍修复后的保护措施、美国驻华使馆官员及古籍专家在工作现场三个单元的内容，还展示了市文物局图书资料中心利用美国文化保护大使基金修复的佛经古籍，其中多是珍贵文物。参加展览的还有美国驻华使馆新闻文化处、新闻处的官员及工作人员，市文物局属各单位、国家图书馆、首都图书馆、中国书店的相关业务人员及在京部分媒体记者。

上海市

【不可移动文物】

（一）不可移动文物保护

1. 简述

（1）古遗址、古墓葬

迄今为止，上海地区发现年代最早的古文化遗址属新石器时代，共有18处遗址，包含4个考古学文化，即距今约六千年前的马家浜文化、五千多年前的崧泽文化、四千多年前的良渚文化，以及四千年前后的广富林文化。

商末至西周时期遗存，发现遗址13处，墓葬1座。

东周时期遗存，发现遗址21处，墓葬16座。

汉代到松江建县之前的遗迹，发现汉代墓葬有8处，遗址6处，都分布在公元前十世纪海岸线以西的青浦、松江、嘉定、金山区。

南朝遗存，发现5处，其中墓2处，水井1口，瓷器窖藏1处，顾野王读书堆遗址1处。

唐天宝十年（751），在今天的松江设华亭县，上海地区自汉代以来的衰微势态逐步得到恢复。已经发现唐代墓葬6处16座，五代墓2座，遗址5处，有水井、村落、港口、古船等，皆分布在公元七世纪唐代海岸线以西的闵行、嘉定、松江、青浦和浦东地区。

宋室南迁，元代设松江府并新立上海县（1291年），上海港口兴起，加快了上海社会经济的发展，城镇文化兴起并逐渐繁荣。已发现墓葬20多处约40座，遗址40余处，有水井、古船址、码头、水闸、窖藏等等。特别是2001年发现的志丹苑元代水闸遗址，是迄今中国保存最好的古代水利工程之一，被评为2006年中国十大考古新发现。

明清时期，上海已有“江海之通津、东南之都会”之称，成为最繁荣的国际都会之一，考古发现明清墓葬300余处400多座，钱币窖藏10多处，炮台遗址2处等。其中明墓200多处300多座，几乎遍及上海各个区县。徐光启墓地即有中国传统的石牌坊、石像生，又有西方教会修建的石质十字架，在古代贵族墓葬形制中独树一帜。

（2）古建筑、石刻

古建筑包括城垣城楼、寺观古塔、庙宇祠堂、古桥、会馆、园林、宅第民居、水利设施等。上海的各级文物保护单位中，35.6%是各类古代建筑，其中松江唐经幢、松江兴圣教寺塔、真如寺正殿、松江清真寺、豫园、朱家角放生桥、龙华塔（寺）等为全国著名的古建筑。此外，上海的691处登记不可移动文物中，也有30.3%为古代建筑。

清代上海计有百余座会馆、公所，保存下来的很少，商船会馆布局完整，规模宏大，是开埠前清代上海港发展、繁华的象征。

上海留存的古代桥梁近400座，古桥时代最早的为宋代，大部分为明清时期。大多分布在青浦、松江、嘉定、金山、南汇等郊区。上海的古代桥梁形式多样，从结构而言，主要可分为石拱桥、石平梁桥、石木平梁桥三种类型。

（3）近现代重要史迹及代表性建筑

上海市的近现代重要史迹及代表性建筑种类有：

重要历史事件和重要机构旧址、重要历史事件及人物活动纪念地、名人故（旧）居、传统民居、宗教建筑、名人墓、烈士墓及纪念设施、工业建筑及附属物、金融商贸建筑、中华老字号、水利设施及附属物、文化教育建筑及附属物、医疗卫生建筑、军事建筑及设施、交通道路设施、典型风格建筑或构筑物、其他近现代重要史迹及代表性建筑。

上海保存的辛亥革命史迹近50处，主要分布在黄浦、卢湾、虹口、徐汇、静安等中心城区和松江、嘉定、部分郊区以及浦东新区。主要有中国同盟会中部总会秘密接洽机关旧址、宬虹园旧址、黄兴旧居等。

上海是一座具有光荣革命传统的城市，留有大量革命旧址。如中国共产党第一次全国代表大会会址、《新青年》编辑部旧址、中国社会主义青年团中央机关旧址、中国劳动组合书记部旧址、中国共产党第二次全国代表大会旧址、中国共产党代表团驻沪办事处（周公馆）旧址等。

大革命失败后，一批进步的文化工作者，陆续聚集在上海。组成中国左翼作家联盟。左翼文化运动在上海的史迹主要有中国左翼作家联盟成立大会地点旧址，北四川路鲁迅旧居内山完造书店旧址、鲁迅存书室、内山完造旧居、茅盾旧居、丁玲、夏衍、郑振铎旧居、田汉旧居、聂耳旧居、百代唱片公司旧址等。

上海的近代工业建筑是中国近代产业遗产的重要组成部分。从上海开埠至1949年之间的百年时间，留存有各类工业建筑200多处，包括市政、公用事业的生产厂房及其办公、仓储等。这些工业建筑主要分布在黄浦江两岸和苏州河沿线的杨浦区、黄浦区、虹口区、普陀区、闸北区以及浦东新区。

自清代晚期西方文化通过出版、学校、博物馆等途径在中国传播输送，近代上海是中国出版中心与西方文化输入基地，留存的印刷出版史迹27处，各类学校史迹93处。上海拥有丰富和多样的公共文化设施，著名的有耶稣会总院藏书楼、中国科学社（明复图书馆）旧址、上海市图书馆旧址、上海市博物馆旧址、鸿英图书馆旧址等。

上海号称万国建筑博览会，保存有近代优秀建筑632处，共2138幢，建筑面积约420万平方米。包括重要机构旧址、名人旧居、宗教建筑、工业建筑、金融商贸建筑、文化教育娱乐建筑、医疗卫生体育建筑、交通道路设施、典型风格建筑、住宅建筑等。

2. 上海市不可移动文物数量

上海有六千年的文明历史，文化积淀深厚。全市现有各类不可移动文物点4000余处，其中全国重点文物保护单位19处，上海市文物保护单位163处，上海市优秀历史建筑571处，区县级文物保护单位378

处，以及登记不可移动文物691处，类别包括古遗址、古墓葬、古建筑、石刻、近现代重要史迹及代表性建筑等。截至2008年12月，上海市第三次全国文物普查中新发现不可移动文物点1245处。

3. 培训

2008年7月17日～18日，市文管委召开上海市第三次全国文物普查现场会。市文管委副主任、市第三次全国文物普查领导小组办公室主任陈燮君以及各区、县普查办的相关领导和普查队负责同志近100人参加了会议。

2008年12月25日，上海市文物管理委员会举办第三次全国文物普查专题培训班。培训内容主要是普查标准规范阐释、升级版普查专用软件操作学习和各区县交流普查经验。学员共80余人。

4. 文物保护工程资质

（1）勘察设计资质：文物保护工程勘察设计单位共有6家，其中甲级4家：同济大学建筑设计研究院、上海现代建筑设计（集团）有限公司、上海市房地产科学研究院、上海章明建筑设计事务所；乙级2家：上海交大安地建筑设计有限责任公司、上海建筑装饰（集团）设计有限公司。

（2）施工资质：文物保护工程施工单位共有2家，均为一级资质，分别是：上海建筑装饰集团第一工程合作公司、上海住总集团建设发展有限公司。

（3）监理资质：文物保护工程监理单位共有1家，一级资质，单位名称为：上海协同工程监理造价咨询有限公司。

（二）考古发掘

1. 简述

按照《国务院关于开展第三次全国文物普查的通知》的精神，2008年，上海地区的考古工作主要结合第三次全国文物普查工作，对本地区考古遗址进行全面调查和复查。同时，为了有效地保护考古遗存，本着“保护为主，抢救第一，合理利用，加强管理”的文物工作方针，正确处理好经济建设、社会发展与考古工作的关系，对工程建设中所涉及可能埋藏古代文化遗存的范围进行了抢救性的考古发掘。主要考古发掘工作有青浦区福泉山遗址发掘、松江区广富林遗址发掘和金山区查山遗址发掘。

2. 2008年重要考古发掘

（1）青浦福泉山遗址发掘

福泉山遗址是全国重点文物保护单位，位于上海市青浦区重固镇。以往的工作重心主要集中在“福泉山”这一人工堆筑的土墩上，而对整个遗址的认识还存在着诸多盲点。为更合理有效地保护、管理遗址，以及为制定遗址保护规划提供翔实的考古资料和学术依据，经国家文物局批准，结合第三次全国文物普查，自2008年12月中旬至2009年4月中旬，上海博物馆考古研究部在遗址的“福泉山”土墩以外区域以探沟形式进行勘探性发掘。

发掘表明，“福泉山”土墩以北区域的文化堆积比较丰富，从上至下有宋元、晋唐、周代、马桥、良渚、崧泽及马家浜时期文化遗存。局部区域还发现了广富林文化层，这是首次在福泉山遗址发现该时期的遗存。“福泉山”土墩向南约400米处，也发现有良渚时期遗存。

2008年福泉山遗址发掘的重要收获是，又发现了一处人工堆筑的台地。新发现的土筑台地位于“福泉山”土墩以北约300米处的重固镇回龙村吴家场，地势较高，经局部揭露后发现是长方形台地，南北宽约30米，东西长约90米，留存高度约2.45米，总面积近2700平方米。在台地近中心的南坡上已发现良渚文化时期墓葬两座，其中M204较为完整。M204为土坑竖穴，墓坑长约4米，宽约1.7米，深约0.5米。葬具为宽大的弧形木棺，墓向185度。棺内葬有两具人骨个体，一具为仰身直肢葬式，另一具骨殖朽蚀。随葬品分多个层次摆放。第一层置于墓葬的填土上部、墓口内侧东北角，只有1件陶豆。第二层置于棺盖上，南面有大口陶尊、陶壶各1件，北面有大口陶尊、陶鼎各1件，中部玉钺1件。第三层则置于棺内，南北顶端各竖置1件玉璧，其余随葬品绝大部分摆放在直肢葬式骨架的左边或上面，大型玉器有璧7件、琮2件、钺2件、锥形器4件、环3件，还有石钺7件等。从墓葬所处方位、墓坑与棺的大小以及随葬品种类、精美程度分析，M204墓主的地位相当显赫。

（2）松江广富林遗址发掘

2008年3月~9月，上海博物馆考古研究部主持在广富林遗址北部进行考古勘探和抢救性发掘，复旦大学文物与博物馆系、上海大学文学院历史系和上海大学艺术研究院美术考古研究中心参加工作。勘探总面积24000平方米，开挖面积约8000平方米。发现良渚文化、广富林文化、周代和宋元时期遗存。

广富林文化时期的村落建于湖泊西南，在村落东北的湖边地带发现了大范围竹、木建筑遗存，面积约900平方米。发现广富林文化地面式建筑3座、干栏式建筑2座。F3规模最大，共三间，面阔17.9米，门道开在南墙、厨房位于北墙屋外。广富林文化墓葬9座，长方形土坑竖穴墓，多单人仰身直肢葬，个别屈肢葬，大多没有随葬品，M35随葬器物最多，共8件。确认广富林文化水稻田一处，形状为近似椭圆的浅坑，坑底不甚平整。

周代文化遗存有：与祭祀活动相关的大型灰坑，坑内出土带有凿痕的卜甲；水井J38中间为木质井圈，外部用石块垒砌，做工考究。还发现木桨和青铜鼎残件等。丰富的周代遗存充分显示广富林遗址在东周时期具有较高的社会等级。

此次发掘对广富林遗址的地理环境、村落布局和经济形态的认识有了突破性进展。周代遗存的发现，对重新认识广富林遗址在周代的社会发展水平，对研究上海地区城镇起源和发展具有十分重要的意义。

（3）金山查山遗址发掘

遗址位于金山区金山卫镇的查山东麓，南距杭州湾约7公里。1972年发现，同年进行了初步发掘，确认为新石器时代和夏商周时期的文化遗址，1977年被公布为上海市文物保护地点。

2008年11月~12月，结合全国第三次文物普查工作，上海博物馆考古部对遗址进行了调查和发掘。发掘表明，遗址分布范围约2万平方米，以新石器时代马家浜文化与夏商时期的马桥文化堆积为主。

马家浜文化遗存主要分布于查山东侧的山坡上，分布范围较小，主要出土遗物有夹砂红陶和泥质红陶片，有鼎、牛鼻耳、鋬手等，器表以素面为主。

马桥文化遗存是查山遗址主要堆积，出土的遗物以陶器为主，典型器型有鼎、罐、盆、觯等，陶片表面大都压印着各类不同的纹饰，有绳纹、叶脉纹、篮纹、条格文等。

此外，遗址还出土了一些宋元时期的陶瓷器，丰富了遗址的内涵。

【可移动文物】

（一）博物馆

1. 简述

2008年，按照国家文物局、市委宣传部有关工作要求，上海市文管委进一步加强对全市博物馆纪念馆的业务主管工作，并取得了瞩目的成绩。

2. 组织协调首批博物馆、纪念馆免费开放工作

根据中宣部、财政部、文化部、国家文物局联合下发的《关于全国博物馆、纪念馆免费开放的通知》，上海市文管委组织上海博物馆、上海博物馆、中共“一大”会址纪念馆、上海鲁迅纪念馆、陈云故居暨青浦革命历史纪念馆四家单位根据各馆实际情况进行了深入细致的研究与讨论，逐步形成了完备的对外免费开放管理办法、内部管理细则、安全应急预案以及运行经费测算等工作文本。同时还组织召开了全市博物馆、纪念馆免费开放专题工作会议，

积累经验，为整个上海市博物馆纪念馆免费开放的总体动员和内部培训奠定了工作基础。

从2008年3月10日起，上海博物馆、中共“一大”会址纪念馆、上海鲁迅纪念馆、陈云故居暨青浦革命历史纪念馆向社会免费开放。四家博物馆免费开放后，观众明显增加，社会反响良好。免费开放对博物馆的开放服务和内部管理提出了不少新的挑战。上海需要认真总结免费开放的情况，分析全市博物馆纪念馆整体现状，为继续推进博物馆免费开放提供依据。

3. “5·18国际博物馆日”宣传活动

按照国家文物局《关于开展“5·18国际博物馆日”宣传活动的通知》要求，围绕2008年国际博物馆日的主题“博物馆：促进社会变化发展的力量”，上海组织全市60家主要的博物馆、纪念馆集中于5月17日（星期六）、5月18日（星期日）向社会公众免费开放。同时，还积极策划大报要报宣传，着重在5月16日（星期五）的解放日报、文汇报刊登专题（彩版），以吸引更多的社会人群走进博物馆、解读博物馆、支持博物馆。

作为系列活动的序幕，5月18日上午，上海博物馆举行了2008年“5·18国际博物馆日”宣传活动的启动仪式。在启动仪式上，进行了《申城博物馆巡礼——上海市博物馆纪念馆导览》首发式。该书由上海市文物管理委员会和上海文物博物馆学会编撰，在上海一百多家博物馆中精选了84家各类博物馆、纪念馆和陈列馆，按照地域分布逐一介绍。除了各家博物馆的基本概况、藏品特色等，还详细列出了具体的开放时间、票价、方位图、交通路线等信息，方便观众游览与参观上海各类博物馆，也让读者通过博物馆这个窗口来体会上海城市文明的发展与提升。

4. 上海地区博物馆等级评估

2008年上半年，按照国家文物局试行国家一级博物馆评估工作的要求，上海开展了重点博物馆的评级工作，上海博物馆、中共一大会址纪念馆、上海鲁迅纪念馆和青浦博物馆申报评定，经过材料审核、上海市博物馆评估委员会专家评审和国家博物馆评估委员会专人实地检查，上海博物馆、中共一大会址纪念馆、上海鲁迅纪念馆被评为首批国家一级博物馆。

2008年下半年，根据国家文物局下发的《关于开展二、三级博物馆评估定级的通知》，上海市文管委从8月开始稳步推进上海地区博物馆等级评估工作。8月15日，向全市博物馆纪念馆正式下发《关于开展二、三级博物馆评估定级工作的通知》，并要求各馆学习工作文件、开展自查自评，并反馈初步申报意向。

9月初组织召开了填报工作专题会议，工作人员就国家文物局的通知精神、工作文件要求和自评原则和细节等方面，进行了分析和解释。经过这次会议，确认11家博物馆正式申报二级博物馆，11家博物馆申报三级博物馆。

9月中下旬到10月中旬对申报二、三级博物馆的有关材料进行初步地汇总，对照、核对分析，制作检查表格，并组织联合工作组进行实地检查。博物馆等级评估工作组集中于10月8日~10月16日检查有关博物馆、纪念馆，着重对申报单位的开放服务区域、陈列展示区域、藏品库房区域的硬件配备、管理制度等加以实地检查，并就上报材料中存疑部分加以询问核实。

10月27日，召开了由中共上海市委宣传部领导、上海市文管委负责人、上海市文博学会、上海博物馆、中共“一大”会址纪念馆、上海高校文博专业有关专家等组成评委的专家评审会议。评委审阅了各馆上报材料、比对了各馆自评分统计表、基本数据统计表，并听取了联合工作组实地检查的工作汇报；经过反复讨论，最后评出上海地区首批国家二级博物馆8家，三级博物馆7家，并报国家文物局审定。

5. 博物馆馆长培训班

为提升上海地区博物馆管理人员的管理水平，加强本地区不同类型博物馆间的沟通与交流，在国家文物局的大力支持下，上海2008年继续举办了第二及第三批“上海地区博物馆馆长培训班”，分别于6月15日、10月21日开班。培训班内容包括博物馆管理与实务两个方面：中国博物馆事业概况和发展趋势、博物馆的宣传与教育、博物馆的文物保护、博物馆运行管理与文化经营等专题。培训班运用课堂授课、专题讲座、小组讨论、实地考察等多种方式。大部分学员认为，通过此次培训，掌握了博物馆行业的新知识和新观念，启发了工作新思路，在加强各博物馆之间的交流与沟通方面卓有成效。

（二）民间收藏文物

截至2008年12月底，上海有文物拍卖企业43家，其中2008年增加1家，具有一、二、三类文物拍卖资质的拍卖企业18家。审核文物拍卖活动150余场次，拍卖标的9.4万余件，邮票钱币类拍卖标的1万余枚，禁拍文物30余件。国有或私人、股份制文物商店17家，其中2008年增加1家。审核文物商店售前文物10500余件。

（三）文物进境出境

截至2008年12月底，从上海口岸进境申报的文物6026件，审核出境文物2687件，其中出境文物789件，进境复出境文物1898件。

（四）文物保护科技与科研

2008年，上海市文物管理委员会全力推进文物保护科研基地和基础设施建设：馆藏文物保存环境国家文物局重点科研基地（上海博物馆）揭牌成立；古陶瓷科学研究国家文物局重点科研基地（中国科学院上海硅酸盐研究所）批准设立；上海博物馆文物保护科技中心改建工程项目完成可行性论证报批；完成上海博物馆局域网升级和改版、藏品数据库完善和保管总账软件修改与测试，科研条件和创新能力有了很大提高。

文物保护和考古发掘科研工作获得重要进展。上海博物馆承担的“十一五”国家科技支撑计划课题“馆藏文物保存环境应用技术研究”获得一批成果并进行应用示范；上海硅酸盐研究所承担的3项国家科技支撑计划课题任务基本完成研究任务；以上海博物馆、上海硅酸盐研究所等单位为主要筹展单位的奥运期间重要文化科技项目“奇迹天工——中国古代发明创造文物展”赢得中外人士好评；上海博物馆完成《馆藏文物保存环境质量检测技术规范》报批稿研制；《文物保护与考古科学》季刊增出一期创刊20周年纪念刊。2008年保护处理和消毒文物490件，检测分析各类文物和样品196件，修复和装裱书画文物208件，为馆藏文物的长期保存和展示提供积极支持。上海志丹苑元代水闸遗址文物保护方案通过专家论证；广富林文化村落遗址考古发掘取得重大收获。

继2007年申请技术专利3项以来，上海博物馆在2008年中共获得实用新型专利授权2项，公开发明专利5项，新申请发明专利4项，使其作为专利权人的技术专利总数量达到了13项。上海博物馆2008年出版论著1种，发表独立或合作研究论文26篇、翻译科技文摘11篇。

（五）文博信息化

保证信息化基本工作并使之更好地为博物馆业务发展服务，是2008年上海文博信息化工作的主要任务。

根据《2008年上海市信息化工作要点》有关加快推进社会事业和公共服务领域信息化的要求，为满足社会公众的文化需要，同时保证博物馆业务工作的要求，信息中心在诸多方面进行了不懈的努力，并取得了一定的成绩。

市文管委申报上海市文物管理委员会综合信息化平台项目，获得市信息委批准立项。2008年，上海鲁迅纪念馆正式开通网站，网站内容全面，体现了上海鲁迅纪念馆的特色，此外，还完善管理机制，实行馆长、管理员、部门主任三级管理，各部门负责相应的栏目，具有新闻时效的信息，在最新动态里随时发布，并开辟网上纪念专区、投稿专区，实现互动。

上海历史博物馆为适应新馆建设形势，对网站进行了改版，栏目更趋庄重雅致，论坛也有利于文博同好之交流；所购置的知网全文期刊和博士论文全文数据库可促进学术研究。

中共一大会址纪念馆也于2008年6月至7月建立了网站，包括纪念馆介绍、最新动态、藏品介绍、展览陈列、宣传教育、研究园地等板块。

上海博物馆根据馆内的实际需求，对网站重新改版。此次改版是在新的硬件和系统软件的基础上进行的，对网站的数据库进行了升级，对原有的数据信息进行了迁移保存。新的数据库系统和功能模块都进行了重新开发，使后台的网上特展管理、多媒体信息发布等功能更加完善，不同的功能模块也得以统一。这次改版除了对视觉艺术、陈列大观、特别展览、教育学习等栏目进行了修改调整之外，还增加了信息订阅（RSS）、综合信息检索、更新提示等服务功能，以更好满足大众对信息的各类需求。改版以后的网站，网页的设计风格更显亲切。界面的友好性、互动性得到提升，用户的体验感也得到加强。同时，为适应博物馆免费开放的需要，信息中心积极配合相关部门，及时更新参观信息，方便民众。

国际博物馆协会（ICOM）代表大会2010年由上海举办，上海博物馆具体承办。按国际惯例，所有前来参加会议的人员需通过网络平台报名与确认。为此，信息中心与文管委相关人员合作建设了ICOM大会网站，注重传播性、服务性和资源共享性，设置了新闻、会议主题、会议议程、会议注册、博物馆博览会等栏目。网站负责对2010年国际博协大会的主题、内容、议程等信息进行公示，确保大会的有序筹备和顺利开展。其次，网站还为与会代表提供了在线注册和预约等功能，承担此次国际性会议的诸多前期会务工作。此外，网站还是交互式数字平台，利用网络的便利性，通过公开征询窗口，收集、汇总并解答有关此届大会的相关疑问。

【安全督察】

1. 简述

2008年，上海市文物管理委员会在深入学习实践科学发展观活动，从构建社会主义和谐社会的高度出发，在认真贯彻国家文物局和上级文件精神，全面落实各项安全工作要求，采取积极有效措施，加大文物安全督查和专项安全检查工作的力度，不断提高文保单位文物安全意识。根据国家文物局、市府和市委宣传部文件的要求，落实向本市19家区（县）文化局（文广局）、3家文保署（所）、5家直属单位转发文件16次，对54家单位布置开展文物安全自查工作。对14家全国重点文物保护单位进行巡视检查，对11家区县博物馆和5家直属单位进行了安全检查，并会同上海市文化市场行政执法总队组成检查组，对上海市部分全国重点文物保护单位、古建筑、博物馆、纪念馆的文物消防安全进行了专项检查。各区（县）文物行政部门、博物馆、纪念馆也采取有力措施，加大安全检查力度，落实安全责任，狠抓隐患整改，从而使本市文物安全状况得到进一步的加强。

2. 2008年文物安全情况

2008年，上海市文物管理委员会在全面贯彻落实文件精神，遵照上级布置的工作要求，采取积极有效的措施，认真组织开展文物安全工作检查，建立长效管理机制，使各级文物行政部门和文物保护单位不断增加安全防范意识。2008年在上海市文博系统范围内未发生各类重大文物安全责任事故，使文物安全工作得到进一步加强。

（1）3月，为落实做好文物安全检查工作，根据国家文物局《关于加强文物消防工作的紧急通知》和《关于加强突发事件应急预案制定和落实确保文物安全的紧急通知》的要求，及时向本市各区（县）文化局（文广局）、文保署（所）和直属单位转发文件，向各单位布置文物消防安全和突发事件应急预案制定工作的自查，会同市文化市场行政执法总队对本市部分的全国重点文物保护、古建筑保护单位、博物馆、纪念馆的文物安全开展了抽查工作。

（2）推进平安单位创建工作的开展。4月上旬，为了贯彻市委宣传部《关于加强2008年宣传系统综治安全稳定工作进一步推进平安单位创建工作的通知》精神，组织各直属单位安全责任人召开专题工作会议，布置落实各项综合治理措施，建立以防范安全为主的长效管理机制，按照宣传系统“平安单位”创建规划的要求，在2008~2010年期间，有计划、按步骤地达到创建工作计划的目标。

（3）签订各级安全责任书，落实各项安全责任。根据全国维护稳定工作会议和上海市党政负责干部会议精神，进一步明确奥运安保工作的任务和职责，落实加强反恐工作，按照市安全责任签约专题工作会议要求，4月中旬，召开直属单位反恐安全工作的专题会议，对本系统加强文物安全责任提出具体要求，各直属单位、区县博物馆、纪念馆，同上级文物行政主管部门签订安全责任书。

（4）全力做好免费开放文物安全工作。2008年3月10日，根据国家文物局《关于全国博物馆、纪念馆免费开放的通知》（中宣发〔2008〕2号）文件精神，上海市第一批有四家博物馆、纪念馆实行对外免费开放参观。为了确保文物安全，多次组织召开安全接待专题工作会议，分析研究实行免费开放带来的新情况、新问题，各单位采取必要措施，除增加人力做好对参观区域的安全管理工作外，同时，还投入资金购置安检设备器材，加强文物安全的落实工作。

（5）加强举办“奥运”重大活动期间的文物安全工作。根据国家文物局《关于做好“五一”和奥运会期间文物安全工作确保文博单位安全的紧急通知》和市反恐办关于《上海市反恐怖安全防范检查指导意见》的精神，强调在奥运会期间加强文物安全工作重要性的认识，要求文物行政部门和各文博单位加强领导，完善各项安全管理制度和应急预案，认真开展对消防、安保设施建设和防止突发事件应急预案、反恐怖袭击事件应急预案的制定演练工作，使安全工作最大限度受到控制。

（6）落实开展上海地区申报二、三级博物馆的安全检查，根据国家文物局制定的评分细则评分表的要求，从安全保障工作中包含的风险与防护、安全保卫、消防安全、公共安全四项具体内容，按照《文物系统博物馆风险等级和安全防范级别的规定》（GA27－2002）以及《博物馆安全保卫工作规定》、《机关、团体、企业、事业单位消防安全管理规定》的要求，认真对照台账内容和设备设施的现状进行现场检查。

（7）根据国家文物局、公安部制定的《文物系统博物馆风险等级和安全防护级别的规定》（GA27－2002）安全行业标准要求，确定指导工作内容，加强对本市文物保护单位、博物馆、纪念馆安全保卫、风险等级达标业务工作的指导，进一步开展对文博单位风险等级和安全防护级别的达标工作。

【机构与人员】

1. 简述

上海市文物管理委员会下属共有5个直属单位，截至2009年10月31日，编制数为771人，职工实有总数为670人，离退休人员为308人。其中：博物馆4家，文物商店1家，文物科研机构（在上海博物馆内）1个。

2. 机构数量

上海市管辖单位：上海博物馆、中共“一大”会址纪念馆、上海鲁迅纪念馆、上海市历史博物馆、上海文物商店。

3. 人员数量

上海市文物管理委员会现有职工数670人。

4. 2009年度举办培训班10个，培训学员人数共计713人次。

5. 取得文物保护工程勘察设计资质的单位的数量6个，甲级4个，乙级2个。

6. 取得文物保护工程施工资质的单位的数量2个，一级2个。

7. 取得文物保护工程监理资质的单位的数量1个，甲级1个。

8. 取得可移动文物修复资质单位1个，上海博物馆一级。

可移动文物技术保护设计资质1个，上海博物馆甲级。

【对外交流】

1. 文物出境展览：

延续2007年的和2008年主办的出国展共6个，涉及美国、荷兰、澳大利亚等国家和地区：

（1）2007.02.18～2008.1.9赴美国宝尔博物馆、美国休斯敦自然历史博物馆“中国五千年艺术与文化展”

（2）2008.02.03～2008.11.10赴荷兰格洛宁根博物馆“上海博物馆藏中国古代青铜器展”

（3）2008.06.26～2009.05.17赴美国亚洲艺术博物馆“明代宫廷艺术展”

（4）2008.09.16～2009.03.15赴新西兰达尼丁奥塔各博物馆“帝王之龙——上海博物珍品展”

（5）2008.11.25～2009.9.30赴美国大都会博物“王翚艺术展”

（6）2008.11.25～2009.9.30赴澳大利亚昆士兰美术馆“中国陶瓷艺术陈列”

天津市

【天津市博物馆】

1. 人员总数：180人，学历：大专以下：24人；大专：74人；大学本科：72人；硕士：9人；博士：1人；职称：初级58人；中级66人；副高32人；正高：3人。

2. 藏品总量160297件，一级文物730件。

3. 2008年度接收、征集文物数量：21件；修复藏品数量：18件。

4. 陈列展览数量26，其中2007年延续陈列展览数量7个，2008年度新举办陈列展览数量19个。博物馆陈列展览投入经费：1066122元。

5. 博物馆参观人数：674158人；青少年观众：57432人；成人观众：616726人。

6. 博物馆门票收入：634521元。

7. 2008年度科研论文及资料整理完成总数：10篇。

【周恩来邓颖超纪念馆】

1. 人员总数65人；学历：硕士6人，大学本科21人，大专16人，大专以下22人；职称：正高1人，副高6人，中级10人，初级25人。

2. 藏品总计6738件，其中一级文物21件。

3. 2008年度接收征集、修复、藏品18件。

4. 陈列展览11个，2007年延续1个，2008年举办10个。

6. 观众总数：104.91万人次，其中青少年13.42万人，团体61.4万人次；外国观众1418人次。

7. 其他收入：1.19万元。

8. 科研论文等：专著3本，图录1册，论文5篇。

【平津战役纪念馆】

1. 人员总数：84 人。其中研究生 1 人，大学本科 30 人，大专 33 人，大专以下学历 20 人。具有专业技术职称人员共 53 人。其中副高 5 人，中级 17 人，初级 31 人。2008 年内新增 3 人。

2. 平津战役纪念馆藏品数量：总数：2014（件套数），3442 件（实际数量）。一级文物数量：16 件。

3. 2008 年度征集文物数量：17 件。

4. 2008 年平津战役纪念馆展览数量：1 个。

为庆祝建军 87 周年和迎奥运，本馆与长城书画院、武警指挥学院、天津老年书画研究会、天津警备区老干部大学联合举办书画展“笔墨奥运情”，展览时间：2008 年 7 月 19 日 ~7 月 23 日。

5. 博物馆参观人数：总人数 32 万人，其中青少年观众 16 万人，外国观众 200 人，团体观众 18 万人。

6. 平津战役纪念馆自 2007 年 12 月 28 日向社会免费开放，2008 年无门票收入和其他收入。

7. 2008 年度科研论文及资料整理完成情况：

张世增、张彩欣《关于新形势下革命纪念馆发展的思考》刊于《中国纪念馆》2008 年第 4 期。

王志贤《讲解员厌讲情绪产生原因探析》刊于《首都博物馆丛刊》2008 年总第 22 期。

王志贤《勤学不辍厚积薄发　持之以恒气满志得——新的发展机遇期要求纪念馆的讲解员自塑成才》刊于《中国纪念馆》2008 年第 2 期。

【天津自然博物馆】

1. 人员数量：人员总数：105 人，其中大专以下 34 人，大专 18 人，本科 42 人，硕士 9 人、博士 2 人。文博系列技术职称人员：初级 19 人，中级 31 人，副高级 17 人，正高级 3 人，新增人员 4 人。

2. 藏品数量：藏品总数 392928 件，其中一级品 210 件，二级品 1089 件。

3. 征集 2 只黑白尤猴、1 只亚洲象、1 只金丝猴共 4 件动物标本、图书资料 315 本（册），为本馆修复古生物及动物标本 26 件，对外复制修复古生物化石标本 6 件。

4. 2008 年度本馆共有序厅、海洋世界、动物生态、世界昆虫、海洋贝壳、古哺乳动物及恐龙大观七个基本陈列。

5. 博物馆参观人数：全年共接待观众 124106 人次。其中免费接待各类观众 3 万人次。

6. 收入：门票收入 226.6 万元，其他收入 28 万元。

7. 撰写学术论文、考察报告共计 34 篇。在国外发表 2 篇、国内核心期刊 19 篇、其他刊物 13 篇并整理完成《中国博物馆志》材料 1.4 万字、《天津市博物馆志》材料 6 万字。

【元明清天妃宫遗址博物馆】

1. 人员数量：总计 19 人；学历：硕士 3 人、大学本科 15 人、大专以下 1 人；职称：副高 4 人、中级 4 人、初级 10 人。

2. 藏品数量：50000 件（套）。

3. 博物馆陈列展览数量：2 个，其中 2007 年延续陈列展览数量 2 个（基本陈列、共和国与十大元帅）。

4. 博物馆参观人数：总计 48000 人；青少年观众 19509 人；外国观众 45 人；团体观众 5942 人。

5. 博物馆门票收入：无（免费）。

【天津戏剧博物馆文庙博物馆管理办公室】

1. 人员数量：总人数 41 人；学历：大专以下 10 人；大专 14 人；大学本科 16 人；硕士 1 人；职称：初级 9 人；中级 15 人；副高 3 人；未聘 1 人。

2. 藏品数量：总数 2575 件，其中二级文物4件，三级文物703件，一般文物1868件。

3. 2008年度征集清宫升平署小德张与孙怡云剧照及民国和解放初期戏剧书刊18册。

4. 天津博物馆（广东会馆）陈列展览数量5个。天津鼓楼：陈列展览数量13个，其中2007年度延续陈列展览数量1个，2008年度新举办陈列展览数量12个。

5. 博物馆参观人数：

天津戏剧博物馆：总人数35814人，其中青少年3125人，外国观众433人，团体22638人。

天津鼓楼：总人数118280人，青少年17672人，外国观众721人，团体2795个。

6. 博物馆门票收入210148元，其他收入217774元。

【天津市三条石历史博物馆】

1. 全馆工作人员基本情况：在编人员10人，在岗7人、下岗3人。博物馆专业技术人员7人。大专以下4人、大专4人，本科2人。其中中级职称4人，初级职称3人。

2. 馆藏情况：藏品共5900件（未定级），2008年度内没有新征集文物入藏。

3. 陈列展览将对外接待情况：

本馆随着三条石地区开发改造，建设工程大范围进行，2008年1月，"福聚兴机器厂旧址"落架大修；2008年3月，三条石历史博物馆展馆拆除，闭馆。2008年9月，复展工作启动，根据本馆业务工作实际和展馆设施情况，初步拟定：按照1992年陈列展览的基调，着手陈列大纲的编写等筹备复展工作。年底完成初稿。

4. 2008年度内业务研讨及资料调查整理情况：

2007年底，三条石地区大面积改造，基本陈列展览停止对外展出。2008年1月24日搬至临时办公房后主要业务为：

围绕陈列修改补充内容开展调查了二十世纪20年代至40年代三条石铁工业开办、经营等情况的史料；在原有馆藏史料统计基础上增补数十家，丰富了馆藏史料。

完成了为《天津博物馆志》、《中国博物馆志》及"红桥文脉"等提供相关文字材料和照片等工作。

在红桥区第三次文物普查工作中，由本馆选派的2名同志，负责完成对重点文物景点相关史料的搜集工作，如23处消失文物档案资料的调查和整理统计。在此项工作中，查询和收集到"消失文物"历史依据新资料（文件）5件，组稿了"引滦入津纪念碑"、"团城"申报材料，填报、审核修改了近20余份上报材料。

将原"聂公祠"拆除时，埋在原来三条石历史博物馆展馆后院地下的一尊石狮子完好出土，使真实记载"聂公祠"古建筑的史料得到进一步丰富。

【天津民俗博物馆】

天津民俗博物馆基本情况如下表：

<table>
<tr><td rowspan="3">人员数量</td><td rowspan="2">总数</td><td colspan="5">学历</td><td colspan="4">职称</td><td rowspan="3">2008年度新增人数</td></tr>
<tr><td>大专以下</td><td>大专</td><td>大学本科</td><td>硕士</td><td>博士</td><td>初级</td><td>中级</td><td>副高</td><td>正高</td></tr>
<tr><td>23</td><td>12</td><td>7</td><td>4</td><td></td><td></td><td>11</td><td>3</td><td>2</td><td></td></tr>
<tr><td rowspan="3">藏品数量</td><td rowspan="2">总数</td><td colspan="2" rowspan="2">珍贵文物数量</td><td colspan="2" rowspan="2">一级文物数量</td><td colspan="6">2008年度接收、征集、修复藏品数量</td></tr>
<tr><td colspan="2">总数</td><td colspan="2">珍贵文物数量</td><td colspan="2">一级文物数量</td></tr>
<tr><td>919件套</td><td colspan="2">无</td><td colspan="2">无</td><td colspan="2">18件</td><td colspan="2">无</td><td colspan="2">无</td></tr>
</table>

续表

<table>
<tr><td rowspan="2">博物馆陈列展览数量</td><td colspan="2">2007 年延续陈列展览数量</td><td colspan="2">本年新举办陈列展览数量</td><td colspan="3">博物馆陈列展览投入经费</td></tr>
<tr><td colspan="2">2</td><td colspan="2">1</td><td colspan="3">12 万元</td></tr>
<tr><td>博物馆陈列展览获奖情况</td><td colspan="2">无</td><td>博物馆门票收入</td><td>116 万元</td><td colspan="2">其他收入</td><td>150 万元</td></tr>
<tr><td rowspan="2">博物馆参观人数</td><td>总人数</td><td colspan="2">青少年观众</td><td colspan="2">外国观众</td><td colspan="2">团体观众</td></tr>
<tr><td>24 万</td><td colspan="2">3.3 万</td><td colspan="2">1.8 万</td><td colspan="2">8 万</td></tr>
<tr><td rowspan="2">2008 年度科研论文及资料整理完成情况</td><td>总数</td><td colspan="2">专著数量</td><td colspan="2">图录数量</td><td colspan="2">论文数量</td></tr>
<tr><td>10</td><td colspan="2">4</td><td colspan="2"></td><td colspan="2">6</td></tr>
</table>

天津民俗博物馆文化活动：

1. 鼠年传统文化庙会

2008 年 2 月 7 日（农历腊月二十三），由天津民俗博物馆等主办的“鼠年传统文化庙会”拉开序幕。除夕晚上，这里的祈福鸣钟活动一直持续到子夜 12 点多。不少市民表示喜欢到这个传统庙会上来，因为这里集各种传统文化活动于一身，能体味到真正的天津民间文化的特色。本届传统文化庙会共历时 23 天，庙会期间组织各种民间优秀的花会表演，天后宫书画会将组织书画家举行书画现场表演。正月十五传统灯节，宫内将悬挂吉祥大红灯笼上百盏。并设有灯谜上百条，进行有奖灯会活动。正月十六，天津民俗博物馆还向部分游客赠送民间传统纪念品。

2. 鼠年除夕鸣钟贺岁

2008 年 2 月 7 日（农历腊月三十）晚 12 点，于天后宫钟楼举办鼠年除夕鸣钟贺岁活动，社会各界人士及游客前来天后宫鼓楼敲钟贺岁，为新年祈福。

3. 天后宫文物精品展览

2008 年 2 月 9 日，戊子年春节期间，在社会各界人士的大力支持下，经过紧张筹备，本馆首次推出“妈祖文化历史文物精品展”。展览设在藏经阁，共有展品 6 件，包括清香樟木雕天后圣母座像、清铜鎏天津天后宫天上圣母之宝印等，这些展品的集中展出，彰显了妈祖文化的独特魅力，大大丰富了这一非物质文化遗产的内涵。

4. 纪念天后诞辰 1048 周年庆典暨“天后省亲散福大典”

纪念天后诞辰庆典活动已成为天津市重要的非物质文化现象，是天津人民文化生活的重要组成部分，此次活动的主题为“和谐·平安·博爱·奋进·繁荣”。同时，恢复举办的“天后诞辰省亲散福大典”活动，在充分挖掘历史资料的基础上，在音乐、服饰、灯光等方面进行了立体化的构思，以求内涵深厚，衔接巧妙，体现了庄严、神圣、传统的天津地域民俗文化特色，此次活动持续了三天，天后（妈祖）由天后宫出巡，沿古文化街途经狮子林桥到天津福建莆田会馆驻跸三天，五月一日回宫。

【天津杨柳青博物馆】

1. 人员总数：16 人；学历：本科 8 人、大专 2 人、大专以下 6 人。

职称：初级 13 人、中级 3 人（中级 2008 年度新增 1 人）。

2. 藏品总数 2258 件。

3. 博物馆陈列展览共 21 项，2008 年度博物馆陈列展览投入经费 2 万元。

4. 博物馆 2008 年度参观人数：总计 24

万人次，其中青少年2万人次、外国观众1.5万人次、团体观众10万人次。

5. 2008年度门票收入3378964.5万元，其他收入2.24万元。

6. 2008年度科研论文及资料整理共完成15份，其中论文1篇、专著4篇、获奖摄影作品10幅。

【国家文物出境鉴定天津站】

（2008年11月3日更名为“国家文物进出境审核天津管理处”）

1. 民间收藏文物

文物拍卖企业共9家；具有一、二、三类文物拍卖资质的企业数量3家。

2008年度审核文物拍卖标的2824件，禁止拍卖文物4件。

2. 文物进出境

文物进境数量223件。

文物出境审核数量总数为19011件，出境数量18948为件，进境复出境数量为63件。禁止出境文物3229件。

重庆市

截至2008年，重庆市共有博物馆、纪念馆36家，其中国有博物馆31家，民间博物馆5家，文物管理所39个，文物考古所1家，文物商店1家，文物拍卖企业3家。全市馆藏文物43万余件，全市文博系统从业人员1455人。不可移动文物12898处，其中列入世界文化遗产名录的文物保护单位1处，列入世界文化遗产预备名录的文物保护单位1处，全国重点文物保护单位20处，市级文物保护单位148处，区县级文物保护单位1131处。中国历史文化名镇13个，重庆市历史文化名镇20个，历史文化传统街区2个，三峡库区迁建保护的传统风貌镇6个，历史文化风貌保护片区12个。

2008年，对全市7处第六批全国重点文物保护单位开展了保护规划编制工作；编制全国重点文物保护单位保护规划3处；完成全国重点文物保护单位保护规划3处，并通过初审；完成全国重点文物保护单位文物保护工程4项；完成全国重点文物保护单位保护工程维修设计方案7项、市级文物保护单位文物维修工程设计7项。颁发文物保护工程监理资质5家。

配合国家基本建设项目，做好考古调查和文物抢救保护工作。组织开展了箱子岩水电站工程文物保护项目等58项，其中园区29项，码头3项，航运枢纽2项，铁路2项，高速公路1项，高等级公路5项，核电站2项，水电站10项，输气管道1项，水库3项。完成考古调查131公里，调查面积约120.18平方公里，勘探面积约12.15万平方米，发掘面积2.78万平方米，共计发现文物点388处。

【第三次全国文物普查】

全面完成了第三次全国文物普查试点——抗战遗址调查。全市共有抗战遗迹720处，现存遗址348处，主要分布在渝中区、沙坪坝区等主城及周边13个区县。现存遗址中，全国重点文物保护单位12个，市级文物保护单位65个，区县级文物保护单位89个。抗战遗址分为三类，即保护较好的遗址148处、亟待保护的遗址181处、已经消失的遗址372处。

田野调查已全面展开，调查启动率在全国位居前列，受到国家三普办的通报表扬。第三次全国文物普查第二阶段工作顺利启动，各区县（自治县）普查工作渐次转入实地调查阶段，截至2008年底，全市40个区县均已成立了文物普查领导小组及办公室，并启动了实地文物调查，调查启动率为100%。全市共调查登记不可移动文物9222处，其中新发现3858处，复查5364处。召开了全市第三次全国文物普查领导小组（扩大）电视电话会议。副市长、市第三次全国文物普查领导小组组长谭栖伟、市政府副秘书长范芳、市文化广电局（文物局）局长汪俊、副局长程武彦，以及市第三次全国文物普查领导小组成员单位、各区县（自治县）负责人与相关人员参加了会议。会议传达了国务院、全国第三次文物普查领导小组办公室有关会议精神，总结了2008年工作，部署了2009年工作。部分区县介绍了文物普查工作经验和做法。谭栖伟副市长与区县政府签订了文物普查目标责任书，并作了重要讲话。

【三峡重庆库区文物保护】

顺利通过国家文物局组织的四期移民阶段文物保护工作验收。全面完成四期移民阶段计划内地下文物保护工作，超额完成规划外的地下文物保护工作，积极开展三峡工程消落区文物保护抢救工作，全面完成四期移民阶段计划内地下文物保护项目7项，发掘面积25310平方米，保证了三峡工程175米实验性蓄水；超额完成规划外的地下文物项目19项，发掘面积3.42万平方米，勘探面积3.1万平方米；积极组织消落区文物调查，制定消落区文物保护计划，开展消落区文物挖掘。

基本完成四期移民阶段地面文物保护工作。三峡工程重庆库区四期移民阶段地面文物保护项目81项中，39个原地保护项目的保护工程施工，38个留取资料项目的调查、测绘工作都已完成；4个搬迁项目中已完成3个。出版相关书籍，整理有关档案资料编辑出版了《重庆库区考古报告集2001年度》、《云阳晒经》、《忠县土地岩》考古发掘报告专著。截至年底，累计完成地下、地面项目档案4911卷，各类纸质资料2.68万袋，共8.54万份，电子光盘0.34万盘，照片790余册共8.76万余张，反转片260余册共2.52万张。

【大足石刻千手观音造像保护】

经国家文物局批准立项，千手观音的保护作为国家石窟类重大保护科研一号项目，组织国际国内一流保护专家，运用当今最先进的各种科学技术，做好传统保护维修工艺与现代科技的对接，攻克千手观音保护这道世界级难题，使千手观音以健康良好面貌呈现在人们面前。整个工程按照《大足石刻千手观音造像抢救性保护工程总体工作方案》、《大足石刻千手观音造像抢救性保护工程岩土体工程详细勘察工作方案》、《大足石刻千手观音造像抢救性保护工程小环境监测与评估设计方案》有序进行，现场工作任务已完成，下一步进行前期调查的数据分析和阶段报告的编制工作。

【薄熙来书记视察云阳张桓侯庙滑坡抢险治理工程】

2008年1月8日，中央政治局委员、重庆市委书记薄熙来同志一行视察了云阳张桓侯庙东侧滑坡抢险治理工程工地，在施工现场接见了抢险工程参建单位的主要负责人。薄书记对张桓侯庙的搬迁、复建工程十分关注，仔细听取了关于滑坡治理情况、张桓侯庙迁建过程、投资情况和建设工期等介绍，并对全体参建人员表示慰问。随后，市抢险指挥部召集云阳县政府、业主、设计、监理、施工、监测、地勘等单位，召开了张桓侯庙东测滑坡抢险治理工程工作会议，认真分析解决抢险工程建设中存在的问题，同时提出了加速抢险进度，保证工程质量的要求，确保4月完成主体工程。

【博物馆、纪念馆免费开放】

根据中宣部、财政部、文化部、国家文物局《关于全国博物馆、纪念馆免费开放的通知》（中宣发〔2008〕2号）要求，2008年全市相继免费开放了重庆中国三峡博物馆（重庆博物馆）、红岩革命纪念馆、自然博物馆等18家博物馆、纪念馆和全国爱国主义示范教育基地。在开放的种类、数量和区域范围实现了最大化，保障了市民的基本文化权益，免费开放工作走在西部地区前列。免费开放让更多的观众走进了博物馆，2008年前三季度，全市博物馆系统共接待游客650万人次左右，同比增长近2.5倍。其中，红岩联线接待350万人次，占53.8%，三峡博物馆接待观众163.8万人次（其中免费开放后接待观众155.3万人次），是2007年同期观众人数的4倍。

【文博学术研究】

全市博物馆系统承担学术研究课题10个，发表学术论文近60篇，编辑出版各类学术专著、丛书、图册共20种。其中，重庆中国三峡博物馆在国际国内知名期刊上发表有学术影响的论文17篇，推出《长江文明》创刊号，完成两期《重庆历史与文化》的编撰。红岩联线启动了由国家社科资金资助的科研项目——红岩文化的发展研究，撰写的《文化事业单位的管理与运作》论文入选联合国全球事业单位改革论坛，建立了《红岩论坛》，编录了100集的《厉华说红岩》光碟，出版了《路在脚下》、《魔窟》和《红岩事件风云录》等图书。重庆自然博物馆发表了《四川大相岭蝶类生态地理分布》、《自然博物馆的生物多样性教育》、《保护我们的朋友——鸟类，促成人与自然更加和谐》等学术论文8篇。

【文博展览对外影响日益增强】

奥运期间，由重庆中国三峡博物馆历时两年创意策划，并联合长江沿线15家博物馆，在北京推出了“长江文明展”，重庆54件珍贵文物亮相首都博物馆。迎接了全球众多国家元首、官员和运动员代表前来参观，共接待国内外观众70余万人次。这不仅是北京奥运会的重要文化项目，也是博物馆馆际协作办展和多元化展陈方式的有益探索，国家文物局局长单霁翔对“长江文明展”所采取的馆际合作模式及体现的协作精神给予了高度评价。

2008年7月8日，是“红岩魂”全国巡展20周年纪念，20年来，“红岩魂”巡展、展演足迹已遍布全国除港、澳、台地区外的31个省市、自治区，在209座城市成功举办308次，参观观众达5600余万人。“红岩魂”形象报告展演先后被中宣部评为“中宣部十件大事”、“十大演出盛事”并荣获第八届全国精神文明建设“五个一工程”奖，被社会各界誉为“红岩精神的传播者”和“精神文明的使者”。

【重庆中国三峡博物馆晋身国家一级博物馆】

2008年5月18日，重庆中国三峡博物馆顺利通过全国博物馆专家评审委员会的审核，入选首批83家国家一级博物馆名单，成为与故宫博物院同级的全市首个国家一级博物馆。重庆中国三峡博物馆已成为了重庆市的一张文化名片，不仅在业界的影响度日益加大，在全社会的知名度和美誉度也不断提升。

【巫山官渡镇大石洞古人类遗址发掘工作取得成果】

通过抢救性发掘，该遗址共出土人的头骨碎片、门齿、臼齿、犬齿、肋骨、听骨、指骨及肢骨，哺乳动物的头骨、下颌骨、肋骨、肩胛骨、肱骨、骨片，疑似石制品及陶片、烧土等138件。该遗址的发现，为探索研究东亚地区新石器时代的人类体态、文化内涵、行为方式、生态环境变迁，深入研究该时段生活于长江三峡地区的古人类所具有体质学特征，进一步探索独具特色的巴渝文化源头及传承脉络，深入探讨远古时期人类与动物之间的相互关系等方面都有着重要的意义。

【周恩来总理亲笔题词在三峡博物馆展出】

为纪念周恩来同志诞辰110周年，重庆中国三峡博物馆于2008年2月28日展出了周恩来总理亲笔题写的“为新中国培育出一群新的音乐天才”原件，这份珍贵文物是首次与市民见面。

1939年7月，在中共中央南方局支持下，生活教育社出面创办育才学校，由著名教育家陶行知任校长。1940年12月26日，陶行知组织育才学校音乐组举行了首次儿童音乐会。中国共产党领导人周恩来、叶剑英、邓颖超，国民政府军事委员会政治部部长张治中、军委会参谋总长何应钦等许多政界要人出席了音乐会，并欣赏了孩子们精彩的表演。演出结束后，周恩来总理欣然题词，表现了老一辈无产阶级革命家对下一代的殷切希望。

这份周恩来亲笔题词原件由中央音乐学院教授陈贻鑫珍藏，2003年陈教授把这件藏品捐赠给三峡博物馆收藏。

【国家宝藏——中国国家博物馆馆藏精品展】

2008年3月31日，“国家宝藏——中国国家博物馆馆藏精品展”在重庆中国三峡博物馆隆重开幕。中国国家博物馆馆长吕章申、重庆市人民政府副市长谭栖伟以及来自相关单位和社会各界的300多名代表应邀出席了开幕式。

此次展览由中国国家博物馆、重庆市文化广播电视局、重庆中国三峡博物馆联合主办，是重庆建市以来规格最高、影响最大、内容最丰富的国宝级文物大展，展出的五十多件（套）展品绝大多数为国宝级稀世珍品，是中华文明博大精深、绵延不断的缩影，是灿烂的中国古代文化艺术的代表。观众不仅能在博物馆志愿者的生动讲解中和国宝“亲密接触”，还能通过专题讲座等互动形式对文物背后的故事进行更深的了解。该展览从4月1日到6月1日在重庆中国三峡博物馆展出两个月。

河北省

【概述】

2008年是不平凡的一年，河北文物保护工作项目多、任务重、要求高，全省文物工作以邓小平理论、“三个代表”重要思想为指导，深入学习实践科学发展观，坚持“保护为主、抢救第一、合理利用、加强管理”的文物工作方针，解放思想，开拓创新，强化基础，突出重点，科学发展，进一步加强文物保护、利用和管理工作。在省委、省政府的高度重视和大力支持下，全省文物系统广大干部职工围绕大局谋发展，服务社会求实效，山海关古城墙保护工程顺利竣工，第三次文物普查取得阶段性成果，明长城资源调查圆满完成，博物馆免费开放工作取得明显成效，鸡鸣驿城保护工程全面启动，其他各项工作也都取得了显著成绩，充分展示了全省文博工作者团结协作、与时俱进的良好形象，体现了奋勇拼搏、孜孜以求的创新精神，为全面建设小康社会和沿海强省做出了积极贡献。

【政治思想和党风廉政建设】

深入开展学习实践科学发展观活动。根据中央和省委的统一部署，全省各级文物部门开展了学习实践科学发展观活动，围绕推动文物事业科学发展的主题，深入开展调查研究；聚焦提炼影响文物事业科学发展的重大问题，认真进行分析研究；

召开专题民主生活会，开展批评与自我批评，统一思想认识，明确工作思路，制定整改措施，有力地促进了各项工作的开展。

党风廉政建设进一步加强。认真落实党风廉政建设责任制，结合文物工作实际，坚持标本兼治、综合治理、惩防并举、注重预防的方针，采取有力措施，扎实推进党风廉政建设和反腐败工作。在党员干部中深入开展理想信念教育，增强服务意识，转变工作作风，提高办事效率。

【文物工作会议】

2008 年 1 月 18 日，河北召开全省文物局长会议，深入学习贯彻党的十七大和省委七届三次全会精神，传达贯彻全国文物局长会议精神，总结回顾 2007 年全省文物工作，安排部署 2008 年的工作，表彰 2007 年基层文物工作先进单位和重点项目先进个人，推进全省文物事业科学发展。省文化厅许宁厅长、省文物局张立方局长做了重要讲话，各设区市文物（文化）局长、相关市、县文博单位和省直各文博单位的负责同志以及省文物局机关全体同志参加了会议。会议还邀请了省发改委、省财政厅有关处室的负责同志参加。

2 月 20 日，河北省部分博物馆、纪念馆免费开放工作座谈会在石家庄市召开。省文物局局长张立方，副局长兼省博物馆馆长谷同伟，副局长李恩佳，省委宣传部城宣处有关同志以及西柏坡纪念馆等省内 11 家首批免费开放博物馆、纪念馆有关负责人参加了会议。

3 月 17 日，召开了全省文物消防安全工作会议，11 个设区市和 30 余个县级文物行政主管部门、相关文博单位负责人参加了会议。会议传达了国家文物局关于文物安全工作的通知，部署了文物安全执法检查工作，就文物消防安全工作的有关问题进行了座谈。张立方局长出席会议，并做了重要讲话。

3 月 20 日，河北省政府在山海关古城墙保护工程施工现场举行山海关古城墙保护工程 2008 年度动员会。动员会由省政府李同亮副秘书长主持。河北省副省长孙士彬、国家文物局副局长童明康、文物保护司副司长柴晓明、省文物局局长张立方、副局长谢飞以及秦皇岛市委书记王三堂、市长朱浩文、山海关区委书记郑宝亮、区长郭爱民等有关领导和专家出席了动员会，负责设计、施工、质量监督和监理等单位的 700 余人参加了动员会。

9 月 22 日，国务院在北京召开第三次全国文物普查领导小组第二次（扩大）会议。河北省副省长孙士彬、省文物局局长张立方参加会议，孙士彬副省长代表河北在会上做了典型发言。会议由中共中央政治局委员、国务委员、第三次全国文物普查领导小组组长刘延东主持。

10 月 10 日，召开了“全省馆库藏文物安全工作会议”，各设区市文物（文化）局主管领导、部分文物收藏单位主要负责人、省直各文博单位负责人共 80 余人参加会议。冯韶慧厅长、张立方局长、李恩佳副局长出席，并分别在会上做重要讲话。同日，河北省文物局在石家庄中山宾馆召开大运河遗产保护规划编制暨申遗工作会议。

11 月 6 日，省委书记张云川等领导到张家口市怀来县，就学习实践科学发展观活动进行调研，并在怀来县召开会议，听取了怀来县关于鸡鸣驿城文物保护等工作情况汇报，省文化厅党组书记、厅长冯韶慧就鸡鸣驿城文物保护工作中的有关问题做了汇报，省文化厅党组成员、省文物局局长张立方参加了会议。

11 月 17 日，省委副书记、代省长胡春华，副省长孙士彬到省博物馆视察河北博物馆工程建设情况。省发改委、省财政厅、省建设厅、省文化厅、省文物局负责同志陪同。领导们首先听取了省文物局局长张立方关于河北博物馆建设情况的汇报，省直有关部门负责同志分别就胡省长提出的相关问题做了说明汇报。胡春华省长对河北博物馆建设工程提出了指导性意见。

经过一年多的精心准备，河北省从全省市县级文物保护单位中筛选出260处报省政府核定公布，10月17日，省政府第十七次常务会议研究通过了第五批省级文物保护单位及其保护范围和建设控制地带，并于10月23日正式公布。11月27日，河北省政府召开第五批省级文物保护单位新闻发布会，中央驻冀新闻单位和省内20多家新闻媒体参加新闻发布会，并进行宣传报道。

12月19日~23日，河北省第三期文物局（处）长、博物馆（长）培训班在石家庄市科技宾馆举行开班典礼，省文化厅党组书记、厅长冯韶慧，省文物局局长张立方，省文物局分党组成员、办公室主任曹凯，河北师范大学副校长戴建兵，河北师范大学历史文化学院院长王宏斌，副院长武吉庆出席了开班仪式。来自全省各设区市文物（文化）局、部分县级文物管理部门、博物馆和文保所的负责同志共37人参加培训。省文物局张立方局长主持开班典礼。冯韶慧厅长和戴建兵副校长分别做了讲话。

【制度和规范建设】

为规范管理，提高工作效率，制定了相关制度、工作流程和专项工作规程，即河北省博物馆、纪念馆免费开放管理暂行规定；河北省博物馆、纪念馆免费开放须知；文物保护工程方案审批规程；安防、消防设计方案审批规程；并对文物保护工程设计、施工资质评审办法进行了调整。

加大文物规划编制力度。《邺城遗址保护规划》由省政府授权市政府公布；《鸡鸣驿城文物保护规划》由省政府公布；《赵邯郸故城保护规划》、《中山靖王墓保护规划》、《曲阳北岳庙保护规划》通过国家文物局专家评审；《一二九师司令部旧址文物保护规划》、《涞源阁院寺文物保护规划》已经过一次评审，有待修改完善。

【文物保护进展】

山海关古城墙保护工程如期完工。山海关关城及东罗城6000米古城墙保护维修工程是国家实施长城保护工程的首批项目，备受中央和省委、省政府领导关注，自2006年5月开始方案设计和安排工程施工，国内六个省市十余支专业队伍参与了相关项目。为保证工程质量和安全，省文物局在技术服务、施工管理、资金保障等方面采取了一系列措施。秦皇岛市、山海关区积极协调处理有关事项，为施工现场提供了便利条件。在时间紧、任务重的情况下，经过设计、施工、监理单位以及项目部的艰苦努力，于2008年6月底完成了预期任务。7月12日，在山海关天下第一关广场举行了山海关长城保护工程竣工仪式，国家文物局单霁翔局长、省政府孙士彬副省长出席竣工仪式并讲话，对工程的顺利完工给予了高度评价。

启动鸡鸣驿城全面保护工程。在中央和省委、省政府领导的亲切关怀下，鸡鸣驿城保护工程列入重要议事日程，10月27日，国家文物局单霁翔局长和国家发改委领导以及孙士彬副省长到鸡鸣驿城调研，对鸡鸣驿城保护工程提出了指导意见。11月7日，国家文物局组织专家评审通过《鸡鸣驿城文物保护规划》，并批复同意，由省政府批准公布。12月12日，国家文物局和省政府在鸡鸣驿城保护工程现场举行全面启动仪式，国家文物局单霁翔局长、省政府孙士彬副省长等领导出席仪式并讲话。施工单位和监理单位招投标工作已开始组织进行。

同时，积极推进了涿州永济桥、蔚县释迦寺、真武庙、张家口大境门等一批文物修缮工程；组织评审了省级以上文物保护单位设计方案35项；组织评审省级以上文物保护单位保护规划8项；对蔚县真武庙等33处文物保护单位维修保护、北朝墓群无封土墓冢调查勘探等10项考古发掘、清西陵三维声敏预警安全防范工程等10项安全消防工程进行了项目审核及申报。

【考古发掘研究】

以基本建设中文物考古工作为主，全年开展主要考古项目40余项，勘探面积210多万平方米，发掘面积16700平方米，发掘大、中、小型墓葬百余座，出土文物1500余件。完成邢汾高速、朝承高速、张石高速（冀蒙界）沧州华润电厂、张家口热电、沙河热电、马头电厂、辛集电厂、邯郸电厂、武安电厂等建设工程的调查工作，对项目选址提出意见。完成武安市煤矸石电厂，大广公路沧州、衡水段，府谷电厂输电线路、张石高速公路保定段、保阜高速公路、京化高速公路（土木至北京界段）、张集铁路、邯钢新区等建设工程考古勘探工作；完成青兰高速公路，大广公路，邯郸市人民路西延工程，府谷电厂输电线路、张石高速公路保定段、保阜高速公路、京化高速公路（土木至北京界段）、张集铁路、邯钢新区等基本建设工程中的考古发掘工作。

【博物馆建设】

2008年，河北省的博物馆建设发展迅猛，无论是数量还是质量都迈上了一个新的台阶。河北省的博物馆建设工程取得了重要进展。根据胡春华省长“把文化理解透，把人民大众需求理解透，把博物馆独特的展示功能理解透”的要求，精心设计布展，体现燕赵大地丰厚的文化底蕴，突出最具河北特色的文化以及河北文物大省的优势，同时，开展了省博物馆新馆陈列展览大纲的编写工作；组织专家完成了冉庄地道战纪念馆建设方案论证和晋冀鲁豫革命纪念馆陈列大纲论证等工作；积极指导河北海盐博物馆、秦皇岛玻璃博物馆、霸州市博物馆、吴桥杂技博物馆、北朝历史博物馆、临城邢瓷博物馆的建设工作；组织召开了邢瓷博物馆建设论证会；完成了全省60多家博物馆、纪念馆的年检注册工作；按照国家文物局的要求，开展了博物馆评估定级工作，河北省博物馆、西柏坡纪念馆被评为国家一级博物馆；推荐26家博物馆、纪念馆申报二级博物馆，15家申报三级博物馆。霸州市博物馆、开滦博物馆建成并对外开放。

【南水北调工程文物保护】

完成南水北调第二批控制性项目重要文物遗存点的考古发掘工作，4处文物遗存考古发掘工作均通过专家验收。其中，中国社会科学院考古研究所河北工作队和省文物研究所发掘的磁县东魏元祜墓，为北朝墓葬研究提供了科学资料，并与72号墓作为合并项目被评为“2007年度全国十大考古新发现”。另外，在永年县邓底遗址、邯郸郑家岗遗址、林村墓地发掘中也取得新发现，其中在磁县南城遗址发现的78座先商时期墓葬，为河北省首次发现的该时期墓葬群，对研究河北省历史文化脉系具有十分重大的意义。

完成《南水北调工程石家庄南段文物保护方案和经费概算》文本编制工作；完成廊坊干渠沿线文物调查工作。南水北调考古发掘资料整理工作进展顺利，《徐水西黑山》考古报告经由文物出版社正式出版发行，完成南水北调廊坊干渠考古调查及保护规划编写工作。

【世界文化遗产】

开展大运河申报世界遗产的规划编制工作。在前期大运河调查工作的基础上，完成了《河北大运河现状调研报告》。按照国家文物局的要求，运河沿线城市均成立了大运河保护和申遗领导小组，并成立了大运河保护规划编制小组，制定了工作方案，拟定58处申遗点，完成了泊头市的规划编制试点工作。11月22日，全国政协大运河保护与申遗跟踪调研组对河北的前期工作给予了充分肯定，并提出了明确要求。开展国家科技部重点课题《空间信息技术在大遗址中的应用研究（以大运河为例）》，取得阶段性成果。做好世界遗产地巡视工作。河北省世界文化遗产巡视组对承德避暑山庄及周围寺庙、万里长城—金山岭、明清皇家陵寝—清西陵等世界文化遗产地进行了年度巡视。

【第三次全国文物普查】

稳步推进河北省第三次全国文物普查工作。按照第三次文物普查工作计划，经过一年多的艰苦工作，河北省文物普查队克服重重困难，完成了邯郸、沧州、承德、衡水段的野外普查工作，新发现不可移动文物8328处，同时组织各市县开展文物复查工作。9月22日，在国务院召开的第三次全国文物普查领导小组第二次（扩大）会议上，孙士彬副省长作了典型发言。10月20日，国家文物局在浙江余姚召开了全国第三次文物普查领导小组办公室主任工作会议，河北省再次被安排作经验介绍。11月14日，召开河北省第三次全国文物普查领导小组第二次（扩大）会议，各设区市文物普查领导小组组长参加会议，对前期文物普查工作进行总结，对下一步工作做出安排部署，省文物普查领导小组与各设区市文物普查领导小组签订了政府责任书。

【长城资源调查】

完成河北境内明长城资源调查工作。经过两年多来的艰苦工作，长城资源调查队完成了河北境内明长城资源野外调查工作，对调查资料进行了系统整理，并编辑出版了《河北明代长城碑刻辑录》。明长城属性数据、测量数据已分别通过国家文物局、国家测绘局组织的分项验收，为明长城长度数据发布提供了重要基础资料和可靠依据。

【文物调查及数据库建设】

积极推进文物调查及数据库管理系统建设项目。组织进行重点文物收藏单位珍贵文物拍摄，多次召开专门会议进行安排部署，协调解决问题，制定切实可行的工作方案，明确工作任务和进度，克服困难，确保项目顺利完成。河北省文物研究所、省文物保护中心、承德避暑山庄博物馆共拍摄文物49500余件，完成了文本和图片信息合成工作。

【执法督查与安全保卫】

河北省文物局与省消防局联合开展了全省文物消防安全执法大检查，对存在的安全隐患提出整改要求，抓好督查落实。组织制定了西柏坡中共中央旧址、山海关老龙头奥运火炬传递现场文物安全的预案，多次就文物安全工作到现场进行检查和督导，保证了奥运火炬传递的顺利进行。清东陵作为22处奥运宾客项目参观景点中唯一的京外景点，按照要求落实具体事项。在文物开放单位和爱国主义教育基地开展“与奥运同行　创优质服务”活动，对接待讲解、宣传口径、文物管理和安全防护等工作提出具体要求，以良好的形象、优质服务和安全保障迎接海内外宾客。

召开全省馆库藏文物安全工作会议，对做好馆库藏文物安全工作提出明确要求，开展馆藏文物清点核查，对核查中暴露出的问题抓好督办工作。按照国家文物局的统一部署，在加强文物保护单位、博物馆、纪念馆消防、安防工作的同时，注重考古工地、文物建筑维修工地的安全工作；开展全省馆藏文物清点核查工作。完成了2008年度馆（库）藏文物、涉案文物、征集社会流散文物及其他文物的鉴定定级工作。

【文博科技】

文物科技保护工作切实推进。完成邯郸博物馆馆藏文物科技保护工程。其中包括青铜器、铁器、瓷器共36件；定州开元寺塔壁画前期调查和科学保护实验工程，已完成一层回廊壁画的测量、记录、拍摄、分析、加固试验评估、修复试验和保护方案编写的前期准备工作；完成涿州智度寺塔一层壁画塔顶团龙加固科技保护工程；启动库藏古墨保护工程、河间出土隋唐鎏金造像保护工程和涿州双塔壁画前期调查工程；认真做好邯郸市文研所战国墓出土青铜器科技保护工程。已完成 10 件，还有 36 件正在修复中。同时，下八里辽墓出土木器文物的修复工作也在进行中；认真开展国家科技部重点课题《空间信息技术在大遗址中的应用研究（以大运河为例）》。

【教育与培训】

举办了第三期文物局（处）长和博物馆长培训班、第三次文物普查培训班、全省文物安全与法制培训班、文物保管员培训班和财务人员培训班等各类文物管理和业务培训班，提高了文博队伍的业务素质和管理能力。

【宣传出版】

积极做好博物馆向社会免费开放工作。按照中宣部等四部委《关于全国博物馆、纪念馆免费开放的通知》精神。从 2008 年 3 月份开始，河北省 11 家博物馆、纪念馆向社会免费开放，制定了《河北省博物馆、纪念馆免费开放管理暂行规定》和《免费参观须知》，制定了各类突发事件应急预案，采取全方位实时监控，同时完善基础设施，提高服务质量，推出优秀的陈列展览。截止到 12 月底，11 家博物馆免费接待观众合计 477 万多人次，较 2007 年增长了 67.75%。省博物馆在扩建新馆、改造旧馆的特殊时期，举办了“抗击冰雪灾害展”“抗震救灾展”等展览，特别是“石家庄市三年大变样规划展”，仅 10 天就接待观众近 10 万人次，事实证明，只要我们的陈列展览贴近实际、贴近生活、贴近群众，就一定能得到社会公众的欢迎。

积极做好 5·18 国际博物馆日和文化遗产日的宣传活动。5·18 国际博物馆日期间，全省各级博物馆围绕主题，举办了各种宣传活动。省民俗博物馆与河北师范大学联合启动“弘扬传统文化，传承国粹经典—民俗文化进校园系列活动”，在河北师范大学举办民俗知识讲座、民俗知识竞赛和民间艺术展演活动。

“文化遗产日”系列活动丰富多彩。6 月 14 日“文化遗产日”前夕，召开新闻发布会，通报了文化遗产日系列活动安排。与河北电视台联合制作反映战国中山国历史文化的艺术专题片《古中山国探秘》，与河北日报联合举办 2008 年“文化遗产日”文物知识有奖竞赛。同时，在河北日报、燕赵都市报等报刊大篇幅报道文化遗产保护工作。“文化遗产日”当天，全省各地掀起了宣传高潮，69 家文博单位减免费开放，提前在媒体发布了公告，制定了应急措施，保证文物和人员安全。在省博物馆广场举办文物法规、文物知识咨询活动，文物鉴定专家为群众进行文物鉴定、解答疑问，民间艺人举行特色民间工艺展演活动。充分发挥新华网河北文物网站的作用，及时发布和更新文物信息，向全社会传递文博工作动态。

河北省文物局与河北科技大学共同发起了大学生志愿者文物法规“进学校、进社区、进村镇”系列活动。暑假期间，参与志愿者活动的河北科技大学艺术系、动画系学生利用专业特长，创作了通俗易懂、图文并茂的文物保护法规宣传图册及宣传招贴画，并采取多种形式向社会广泛宣传文物法规，取得了良好的社会影响。大学生的文物法规宣传漫画作品已进入最后修改、评审阶段，拟印制宣传册页，作为“文物法规进学校、进社区、进村镇”系列活动的宣传材料。

出版了《正定南杨庄》、《古涿州佛教刻石》、《古玉鉴定与辨伪》、《古玉集珍》、《民间藏珍》、《岁月旧梦》等一批图书、资料。《文物春秋》共出刊6期，发稿90篇，约68万字。完成了《河北文物考古文献目录》出版前期工作。

【对外交流】

积极开展文物展览和对外交流活动。2008年，配合国家文物局和中国交流中心，共举办外展9个：为配合北京奥运会，参加了在中国科技馆新馆举办的“奇迹天工——中国古代发明创造文物展”，在中国人民革命军事博物馆举办的“孙子兵法”展览，在首都博物馆举办的“中国记忆——5000年文明瑰宝展”和“北京文物精品展”。参加了中国文物交流中心组织举办的赴南非“华夏瑰宝展”、赴日本“天马传说与丝绸之路展”、赴澳门“中国古代文物展”、赴香港“中国马文化展”和赴意大利“秦兵马俑与丝绸之路”展览。这些展览在当地引起轰动，宣传了河北文物，扩大了河北在国内外的影响。

【抗震救灾】

5月12日，四川汶川地震发生后，河北省文物局立即组织全省文物系统干部职工通过多种形式向灾区捐款捐物，并向四川省文博工作者表示慰问。5月底和6月中旬，先后两次派人赴四川地震灾区，实地调查文物受损情况。国家文物局确定河北省支援四川省四处全国重点文物保护单位古建筑维修方案制订工作，从省古建所抽调4名高级专业技术人员，经过29天的艰苦奋战，完成江油云岩寺、成都王建墓、崇州罨画池（包括陆游祠和文庙古建筑群）、德阳庞统祠的现场勘察工作，并制定了文物修缮方案。另外，还从省古建所抽调两名专业人员负责都江堰市二王庙和伏龙观的文物维修工程监理工作。按照河北省对口支援平武县的要求，编制了平武县文物保护维修经费预算，积极为灾区争取文物保护资金，并安排一名同志到平武县抗震救灾前线指挥部工作。

山西省

【不可移动文物】

（一）不可移动文物保护

1. 截至2008年底，山西省共有全国重点文物保护单位271处，省级文物保护单位428处，市级文物保护单位222处，县级文物保护单位5683处。

截至2008年12月31日，全省第三次文物普查新发现文物数量共计7004处，类别有古建筑、古遗址、古墓葬、石窟寺、石刻、近现代遗址代表性建筑、工业遗产、农业遗产等。

2. 文物保护规划

2008年共有7处全国重点文物保护单位的保护规划经国家文物局批复，分别是侯马晋国遗址，霍州州署大堂，长子崇庆寺，小会岭二仙庙，绛州大堂，绛县太阴寺，佛光寺。

3. 文物保护工程

2008年共有全国重点文物保护单位工程20项，其中维修项目15项，分别是太谷净信寺，蒲县东岳庙，广胜寺大雄宝殿，万荣后土祠，司马光墓禅院，高平二郎庙，晋城玉皇庙，陵川龙岩寺，五台山佛光寺，平顺九天圣母庙，芮城清凉寺，临猗妙道寺双塔护坡，平遥城墙顶部散水维修，垣曲埝堆玉皇庙大殿，万荣万泉文庙大成殿等。国家文物局共投入经费1140万元，山西省投入经费175万元。

抢险项目5项，分别是开福寺献殿抢险、隰县千佛庵大殿、阳高云林寺大殿、平遥城墙抢险维修、榆社福祥寺大殿。国家投入经费150万元，山西省投入经费55万元。

山西省级及省级以下文物保护工程14处，其中续建项目9项，分别是湖娌二仙庙、汾阳圣母庙、柳林双塔寺、绛县文庙、太原文庙、纯阳宫、永和文庙、宁鲁堡敌楼、汾阳圣母庙等。省级投入经费340万元。

2008年开工项目14项，分别是新绛寿圣寺大殿，盐湖区三官庙戏台，曲沃薛家大院，安泽郎寨塔，翼城石四牌坊，右玉古城堡，和顺荣华寺，壶关白云寺，朔州上中坡文庙，绛县长春观，孝义静安寺，太山龙泉寺，霍州鼓楼，原平崞阳文庙。山西省投入经费310万元。

抢险项目30项，分别是原平大林二郎庙、原平龙岩寺、原平普济桥、芮城朱阳后土庙、夏县关帝庙、万荣八龙寺塔及关帝庙、闻喜文庙、赵树理故居、代县钟楼、河曲苗府大院、宁武万佛寺、文水石永寺楼、文水梵安寺塔、离石真武山众神庙、红军东征幸福泉、通济桥、祁奚父子墓、谷恋村古建筑、下泊村玉皇庙、北马玉皇庙、净土寺、陶寺关帝庙、千佛庵、万荣西社古庙。山西省投入经费260万元。

4. 大遗址保护

山西省共有大遗址10处，旧石器时代遗址主要有芮城的西侯度遗址、襄汾丁村遗址；新石器时代遗址主要有吉县柿子滩遗址、襄汾陶寺遗址；古代都城遗址主要有大同北魏平城遗址、太原春秋—五代时期晋阳古城遗址；重要的古代城池主要有夏县东周—汉代的禹王城遗址、唐—明时期的永济蒲津渡与蒲州故城遗址、东周时期晋国的都城遗址——侯马晋国遗址、西周时期的曲村—天马遗址等。

上述这些大型古代遗址随着岁月的更替、自然的损毁以及人为原因，保存状况各不相同。随着社会的发展进步，大遗址保护已被列入了议事日程，国家文物局在“十五”末期制订了“十一五”期间大遗址保护总体规划，山西省的晋阳古城遗址、侯马晋国遗址、曲村—天马遗址、陶寺遗址被列入百个重点保护大遗址名单。

随着大遗址保护工作的进展，各地政府对大遗址保护越来越重视，大同市人大颁布了《大同古城保护条例》，太原人大颁布了《晋阳古城遗址保护条例》。另外，在国家文物局的支持下，侯马市人民政府投资兴建了庙寝遗址公园、铸铜遗址公园。在保护好遗址本体的情况下，与城市建设规划相结合，给百姓提供了一个既可以休闲又可以欣赏古代文明的机会。

各级政府高度重视，积极编制了大遗址保护规划，比如晋国遗址保护规划、曲村—天马遗址保护规划等已经国家文物局同意批复，有关项目已开始实施。另外，蒲州故城与蒲津渡遗址保护规划已上报国家文物局，晋阳古城遗址、陶寺遗址、禹王城遗址等保护规划也已开始编制。

针对山西省大遗址的特点，在保护、利用上也有不同，对于旧石器时代、新石器时代遗址的保护，原则上以现状保护为好，杜绝人为的挖河取土与自然的水土流失，确保遗址本身不遭受破坏；对于城市内的大遗址，比如平城遗址、晋阳古城遗址、晋国遗址等，则结合城市规划，建立大遗址公园，以此来提高城市的文化品位、提高市民的生活质量，使人民在休闲娱乐的同时，感受古代文明的熏陶；对于有重大发现考古发现的大遗址，如曲村—天马遗址，则利用重大发现建立遗址博物馆，在保护遗址的同时，对遗址进行展示；对于一些城池遗址，如晋阳古城遗址、禹王城遗址、蒲州故城与蒲津渡遗址，随着考古工作的进行，则以植被保护为主，建立大遗址公园。

2008年，中央投入550万元，山西省投入10万元，用于遗址的前期考古调查、勘探，保护规划制作以及资料整理、出土文物保护等。

（二）考古发掘

1. 2008年重大考古发现

（1）晋阳古城宗教遗址太山龙泉寺基址发掘

2008年5月，对太山龙泉寺建筑基址进行了发掘，发掘面积约150平方米。经过几个月的发掘，初步揭示了唐代建筑基址及相关遗迹。

此次考古发掘出土的石函、鎏金铜饰木椁、木胎宝装鎏金铜椁、木胎宝装银椁、金棺等造型精美、做工考究、文化信息丰富（石函内文物的清理保护，已委托国际古迹遗址西安保护中心实施，已制定了保护方案并征求国家文物专家组专家意见），是近年来太原盆地又一重大考古发现；石砌六角形地宫是此前我国发现的早期地宫实例之一，具有较高的研究价值。

（2）翼城县大河口西周墓地发掘

2007年9月~2008年6月共抢救发掘了6座墓葬。其中M1和M2最为引人瞩目。M1为东西向，土坑竖穴，墓口长425、宽322、墓底长460、宽378、深975厘米，口小底大，一棺一椁，墓主为男性，头向西，仰身直肢，有腰坑，墓口平面四角外发现4个通向墓壁的斜洞，这是继绛县横水墓地发现斜洞之后第二次发现。在墓室二层台之上四壁发现壁龛11个。在东部二层台上发现漆木俑2个，这是第一次在中原地区西周墓葬内发现木俑。在墓室内棺椁之间发现了大量的青铜器、原始瓷器、陶器等物，其中青铜器数量最多，包括礼器、乐器、兵器、车马器等，此外还有骨器、鹿角、玉石器、蚌器、海贝等。墓主为侯伯一级贵族，时代为西周中期偏早。该墓地发掘的另外几座墓葬时代属西周中晚期，出土遗物较多。

（3）大同操场城北魏三号建筑遗址发掘

2008年夏季，山西省省市联合考古队进驻操场城北魏三号遗址，发掘面积近500平方米。这次考古发掘，除发现汉代、北魏的建筑遗迹和灰坑，还发现一批辽金和明清时期的遗物。其中最重要的是发现一座残存的北魏夯土台基遗址，该遗址南沿距2003年发掘的一号遗址北沿仅有10余米，还在遗址范围内发现一水井遗址和许多建筑构件。

就该遗址夯土层及其地层关系考察，该夯土基址的时代应该是北魏。由周围散落的北魏建筑构件和夯层结构分析，这座建筑台基显然是北魏的一座大型建筑台基的一部分，与一号遗址性质相同，同属于皇家建筑，应该是与一号建筑遗址成组的或附属的建筑遗址。可惜残损严重，保留面积太小，原貌不清，形状难辨，无法复原或展示。考古人员对该遗址采用了回填保护方式。

在操场城路东中部南北200米，东西100米范围内，相继发现了北魏两座高规格的建筑遗址和一座粮窖遗址，这充分证明，这里就是北魏皇宫的所在地。

（4）汾阳金墓发掘

山西省于2008年6月~9月对汾孝大道进行了考古发掘，共发掘古墓葬47座，其中在东龙观村北的两个家族墓地收获较大。东龙观段发现并发掘古墓葬27座（其中砖室墓16座，土洞墓11座），发掘面积1196平方米。

砖室墓分为八角形、六角形、四边形，彩绘砖雕甚为精彩。土洞墓有大、中、小型，发现数量较多的陪葬瓷器，其排列、组合清晰，表明未被盗掘过，对于研究宋、金时期社会生活，尤其丧葬制度等有很高的价值。

这批墓葬有大量二次葬现象，并有少量迁葬。砖室墓中墓主人除少数被盗扰导致葬式不明外，大部分为仰身直肢葬，其中发现有少量火葬。土洞墓墓主大部分为侧身直肢、单棺合葬；发现有两座俯身屈肢葬。此次墓葬发掘还在处于初步整理阶段，许多问题还有待深入研究探讨。

2. 考古发掘项目总体情况

2008年考古勘探面积498.15平方米，发掘面积约9878平方米，共发现东周墓155座、汉代墓14座、明清墓231座、宋金墓11座、烧窑1个、现代墓8座、遗址17个。

2008 年田野考古发掘项目共有 14 项，其中配合基本建设的考古发掘有 7 项，主要有闻（喜）垣（曲）高速皋落新石器遗址发掘、岢岚县窑子坡遗址发掘、岢岚县乔家湾遗址发掘、汾阳市巩村遗址墓地发掘、北同蒲四线取直线沿线墓葬发掘、大同市富乔垃圾焚烧发电建设工地北魏墓葬发掘及南郊区沙岭北魏墓葬抢救性发掘等；抢救性考古发掘 4 项，主要有晋阳古城宗教遗址太山龙泉寺基址发掘、朔州市朔城区水泉梁村北齐壁画墓、古县王马岭村古墓地和翼城大河口墓地遗址；主动性田野考古发掘共 3 项，分别是云冈石窟窟顶遗址、大同操场城北魏建筑基址和绛县崔村遗址。

3. 考古发掘报告

2008 年分别与科学出版社、文物出版社等签订出版合同的考古报告有《丁村遗址发掘报告》、《长治分水岭东周墓》、《滹沱河上游考古调查报告》。

已完成文字部分的考古报告有《南涅水石刻研究》、《屯留西邓遗址考古发掘报告》、《吉县考古调查报告》。

开始整理的报告有《薛关遗址发掘报告》、《清凉寺墓地发掘报告》、《侯马白店铸铜遗址报告》、《西部考古——柳林高红夯土基址发掘报告》、《绛县横水西周墓发掘报告》、《蒲津渡遗址报告》等。

（三）世界文化遗产

截至 2008 年 12 月 31 日，山西省拥有平遥古城、云冈石窟两处世界文化遗产。其中平遥古城于 1997 年 12 月 3 日被联合国教科文组织以整座古城（连同距县城西南 6 公里处的双林寺、距县城东北 12 公里处的镇国寺）列入《世界遗产名录》。云冈石窟于 2001 年 12 月 4 日被联合国教科文组织列入世界遗产名录。

平遥古城位于山西省中部，城墙始建于西周宣王时期，距今已有 2800 多年历史，存留古城墙为明洪武三年（1370）开始在旧城墙的基础上扩建而成，城墙轴线全长 6142.63 米，城池面积 2.25 平方公里。古城内保存有各级文物保护单位 99 处，其中全国重点文物保护单位 11 处，省级文物保护单位 7 处，市、县级文物保护单位 81 处。

云冈石窟位于大同市西 16 公里的武周山麓武州川北岸，依山页建，东西绵延一公里。石窟开凿于北魏文成帝和平年间（460～465 年）至孝明帝正光五年（524 年）建成。遗存洞窟45 个，计1100 多个小龛，大小造像51000 余尊，是我国规模最大的石窟群之一。第 16 至 20 窟就是著名的“昙曜五窟”。

2008 年，平遥古城完成了凤仪门北侧 150 平方米的防空洞维修填砌、13 处 1298 平方墙顶海墁维修、6 处 90 平方米内墙夯土维修补砌、2000 米女墙根部海墁维修补砌等维修保护工程。清除外墙散水杂草 6.4 公里和内墙全部杂草。投资 210 余万元安装了安防监控系统；增加了 9 名夜间值巡人员。云冈石窟保护性窟檐设计工作继续推进。组织专家对北京建筑工程学院提出的保护性窟檐概念设计及北京建筑工程学院与香港中文大学等单位合作深化的五个设计方案进行了研讨。组织省、市文物考古部门，对顶部防水试验区进行了考古发掘，完成发掘面积 2500 余平方米，并按预定报批的发掘保护方案，用膨润土进行了回填。

此外，组织两处遗产地的保护管理负责人，参加了国家文物局 5 月在广州举办的第二期世界文化遗产（预备名单）保护管理培训和 6 月在杭州举办的 2008 世界遗产保护论坛。

【可移动文物】

（一）博物馆

1. 简述

2008 年度山西省共有 141 个博物馆参加年检。其中文博系统博物馆 89 个，非文博系统国有博物馆 23 个，非国有博物馆29个。文博系统博物馆当中，省文物行政部门管理的博物馆5个，市文物行政部门管理的博物馆14个，县文物部门管理的博物馆70个；对外正常开放的博物馆54个，不能正常开放的博物馆35个。非文博系统国有博物馆对外正常开放的有19个，不能正常开放的4个。非国有博物馆均正常对外开放。全年全省各级各类对外开放博物馆举办展览371个，观众数量近1000万人次。

近年来，山西省博物馆建设发展较快。新中国成立以来山西省最大的文化设施——山西博物院，于2005年9月正式建成并向社会开放；山西省爱国主义教育基地建设和发展红色旅游的“一号工程”——八路军太行纪念馆扩建改陈工程，也于2005年8月竣工。在原山西省博物馆基础上成立了山西省民俗博物馆和山西省艺术博物馆，省城博物馆规模进一步扩大。吕梁汉画像石博物馆、晋城博物馆、运城盐湖区博物馆、侯马晋国博物馆、右玉县博物馆完成新馆建设；大同市博物馆、长治市博物馆、榆社化石博物馆完成展厅改造和重新布展；阳泉市博物馆、朔州市博物馆完成主体建设，准备进行陈列布展；曲沃县晋国博物馆、运城黄河文化博物馆、太原市博物馆、临汾市博物馆（新馆）、大同市博物馆（新馆）、晋中市博物馆、忻州市博物馆或已奠基开工，或完成选址，或已批准立项。全省以山西博物院为龙头，以市级博物馆为主干，以县级特色博物馆为支点，以行业和民营博物馆为补充的博物馆体系逐步形成。山西博物院、八路军太行纪念馆、中国煤炭博物馆被国家文物局评为首批国家一级博物馆。

2008年，山西省各级各类博物馆、纪念馆和文物开放单位，坚持“三贴近”原则，突出优势，打造精品，举办各种展览371个，观众数量近1000万人次，在弘扬优秀民族传统文化、加强爱国主义教育、发挥社会服务功能方面做出了贡献。吕梁汉画像石博物馆基本陈列“铁笔锈像浪漫汉风”荣获第五届“全国十大陈列展览精品奖”，晋城博物馆基本陈列“太行魂”荣获第六届“全国十大陈列展览精品奖”，山西博物院基本陈列“晋魂”荣获第七届“全国十大陈列展览精品奖”，八路军太行纪念馆基本陈列“八路军抗战简史”荣获第七届“全国十大陈列展览”特别奖。2008年，山西博物院、八路军太行纪念馆、晋绥边区革命纪念馆、山西国民师范旧址革命活动纪念馆、麻田八路军总部纪念馆、平型关战役遗址（平型关大捷纪念馆）首批向社会公众实行免费开放。

2. 国有文物系统博物馆

山西省国有文物系统博物馆89个，其中综合类博物馆4个，艺术类博物馆6个，民俗类博物馆5个，革命纪念类纪念馆9个，历史类博物馆58个，自然科技类博物馆2个，遗址类博物馆1个，其他专题类博物馆4个。

2008年，山西省有6个博物馆、纪念馆实行免费开放。分别是山西博物院、八路军太行纪念馆、晋绥边区革命纪念馆、山西国民师范旧址革命活动纪念馆、麻田八路军总部纪念馆和平型关战役遗址（平型关大捷纪念馆）。

3. 国有非文物系统博物馆

山西省国有非文物系统博物馆23个，其中自然科技类博物馆2个，革命纪念类博物馆18个，专题类博物馆3个。

4. 非国有博物馆

山西省非国有博物馆29个，其中艺术类博物馆6个，民俗类博物馆3个，历史类博物馆3个，革命纪念类博物馆1个，专题类博物馆16个。

5. 藏品数量

根据山西省馆藏文物调查及信息采集，全省文博系统各收藏单位（包括博物馆、文管所等）共收藏文物1212017件，其中珍贵文物54785件；根据1997年和1999年国家文物鉴定委员会对山西省文物系统馆藏文物鉴定结果，山西省一级文物1047件（套）。

6. 博物馆陈列展览

山西省各级各类对外开放博物馆2008年举办展览371个；其中文物系统博物馆举办展览308个；国有非文物系统举办展览26个；非国有博物馆举办展览37个。

7. 获奖展览

山西博物院的“晋魂”基本陈列荣获第七届“全国十大陈列展览精品奖”，八路军太行纪念馆的“八路军抗战简史”基本陈列荣获第七届“全国十大陈列展览”特别奖。全省2008年各级各类博物馆观众数量近1000万人次，门票收入约1.8亿元。

（二）民间收藏文物

山西省共有文物拍卖企业6家，具有一、二、三类文物拍卖资质的企业有5家，具有二、三类文物拍卖资质的企业有1家；

2008年度审核文物拍卖活动2场，审核拍卖标的1985件（套），撤拍1件；委托外省进行文物拍卖审核活动2场，审核拍卖标的580件（套）。

经山西省文物局批准，全省共有4家文物商店。2008年审核销售文物342件（套）。

（三）文博信息化

1. 山西省文物资料信息中心组建于2002年，投资2000万元，含软件研发费用；编制10名，高级职称4名，中级职称1名，初级职称3名；中心机房面积30平方米，配置10兆宽带，惠普普通小型机，设置有独立的防火墙。

2. 2008年度，山西省馆藏文物信息数据采集软件完成，并将全省馆藏文物信息录入完毕。古建筑及文物保护单位信息采集系统也完成研发。

3. 文物信息化管理软件、系统开发及应用情况。山西省文物资料信息中心组织研发的“山西省古建筑信息数据采集软件”正式投入使用，已完成了长治市早期古建筑信息数据的录入，启动了太原以北地区古建筑信息数据的采集工作；“山西省文物保护单位信息管理系统软件”框架已经成型。

【第三次文物普查及长城资源调查等】

1. 购置、配发普查设备。在经费到位后，立即着手办理相关手续，制定设备技术参数，委托政府采购中心通过公开招标采购了88台数码相机，67台笔记本电脑，165台对讲机，150台GPS定位仪，305台PDA手持终端设备；同时印制了4万份不可移动文物调查登记表，2万份附表，2万份文物普查卡片；购买了1.2万个标本袋。这批价值400万元的设备、资料在4月份普查进入实地调查前已全部配发全省各市，保证了山西省普查第二阶段工作的顺利开展。

2. 落实普查经费，推进普查工作。山西省普查办非常重视普查经费的落实情况，采取多种方式，积极协调争取各级政府对普查经费的支持和落实。截至2008年底，国家文物局安排山西省35个国家级贫困县补助经费和数据处理费214万元，全省各级财政文物普查经费到位2202.7万元，其中省级财政安排600万元（其中有17个省级贫困县补助经费102万元，平均每县6万元），市级财政到位资金693万元，县级财政到位资金909.7万元。国家级和省级贫困县的补助经费和数据处理费301万元省普查办已在第一时间拨付各市县，这些经费的落实，对全省普查工作的实地调查启动起了很大的推进作用。

3. 积极开展培训，提高实战技能。为进一步规范和落实文物普查技术标准，提高普查队员的实际操作能力，省普查办在2008年4月13日~19日举办了第三次全国文物普查高级培训班，对参加过万荣试点调查的业务骨干和省普查办专家组成员共计60余人进行了为期一周的培训，此次培训侧重于实际操作技能的培训，除专家课堂讲解外，还选择益源庆醋厂，国民师范旧址，崇善寺，南坪头遗址等有代表性文物点进行实地录入演练，并对录入情况逐一进行讲评答疑，通过这种方式提高普查数据采集水平。同时组织专家和普查业务骨干，讨论研究制定了《山西省第三次全国文物普查不可移动文物登记表填写说明》，对数据采集的步骤、内容进行规范要求。并印制成册，发放到各普查队，保证了普查数据录入质量。

4. 以市组队，省里督导，以县域为单元展开实地调查。5 月 19 日晋中市在灵石、祁县、和顺、昔阳 4 个县同时展开实地文物调查，标志着全省文物普查进入第二阶段暨实地调查阶段。随后省普查办根据各地进展情况从 5 月底开始派专家组分赴全省各市进行检查指导，同时根据各市具体情况开展有针对性的实地培训。截至 2008 年 12 月 31 日，全省 11 个市 119 个县（区）全部启动了实地调查，启动率达 100%。共调查登记不可移动文物 12082 处，其中复查 5046 处，新发现了 7036 处。

长城资源调查工作。明长城资源田野调查工作已于 2007 年 6 月底全部结束，调查资料整理工作 2007 年底全部完成，并顺利通过了第一阶段国家级验收，得到了国家文物局的充分肯定。

【政策法规与宣传】

2008 年，山西省各级文物行政部门和文博单位，在抓好日常文物保护宣传工作的同时，围绕中心任务，贴近工作实际，在宣传内容、方法、形式、手段等方面都有了进一步的创新和发展。

山西省文物局编印了《继往开来的基石》宣传册，这是省文物局第九年连续编印的文物工作宣传册。“5・18 国际博物馆日”期间，围绕“博物馆：促进社会变化发展的力量”的主题，举办了“蓬勃发展的博物馆事业”主题展览，全省各市县也组织开展了丰富多彩的宣传活动，进一步扩大了博物馆的社会影响。

围绕第三次全国文物普查，山西省文物局在门户网站开辟了“山西省第三次全国文物普查”专题，开通了国家文物局三普网山西频道，设立了三普专用邮箱，利用网络全方位反映了山西省三普情况。与省城各主要新闻媒体合作，设置专栏、专版，拍摄专题片，介绍了三普工作的内容、意义、方法和山西省三普的新发现等。全省建立了以市为单元的三普专访刊发体系。各市也采取多种手段，利用各种途径，宣传本市的三普工作。有效扩大了三普工作影响力。

【安全督察】

（一）文物安全基本情况

山西省的文物安全任务十分艰巨。全省 271 处国保单位中，应建设消防设施的有 218 处（其余 53 处为古文化遗址、古墓葬或砖石建筑），已建消防设施 71 处，仅占应建总数的 33%；应建技防设施的有 92 处，但仅建 18 处，占应建总数的 20%。全省 428 处省保单位中，应建消防设施的有 208 处，仅建 20 处，占应建总数的 10%；应建技防设施的有 42 处，仅建设技防设施 3 处。全省共有 86 座博物馆，共 24 处建消防设施，占总数的 28%；按照博物馆一级风险单位管理要求，只有 21 座达标，占总数的 24%，46 座博物馆只安装了简单的报警设施。许多文物库房条件简陋，无任何防护设施，致使 11 个县只好将珍贵文物存放于当地银行金库和地方武装部的武器库。6085 处市县保单位，80% 以上是木构建筑，仅有 7 处建立消防设施。许多保护单位和分布在全省的大量乡土建筑群的灭火器材严重不足或者过期失效，甚至没有任何消防器具，仅靠看护人员严防死守，防火能力非常薄弱，消防设施建设任务十分艰巨。

（二）主要工作

1. 以建立健全保护机构为突破，不断加强队伍建设

文物工作涉及方方面面，但关键在人。

为此，山西省狠抓了保护机构和保护队伍建设。全省有7个市文物局成立了安全科，未成立安全科的市局由文物科负责安全工作；县（市、区）文物管理机构基本建立，已有56个县（市、区）设立了文物行政管理机构，特别是运城市13个县（市、区）全部建立了文物行政管理机构，许多县设立了文物管理中心或文物管理所；省保以上单位已建立290个保护机构，并建立了安全保卫队伍或由专人负责安全保卫工作，如云冈石窟研究院建立了22人的保卫队伍；未设立保护机构的单位，聘请保护员看管。山西省文物局为全省360处省保以上文物保护单位和31个存有长城遗迹的县配备了818名保护员。

2. 以文物安全“金铠甲”达标工程为主线，不断构建安全长效机制

文物安全管理工作是一项复杂的系统的工作，不可能毕其工于一役，重要的是要建立一套规范的安全管理体系和长效机制。为此，从2003年7月起，山西省逐渐建立起一套以健全保护机构、加强队伍建设为突破口，以加大经费投入、夯实安全设施为基础，以完善管理措施、落实安全制度为手段，以落实安全责任、保证文物安全为目标的“金铠甲”达标工程。山西省共有282处文博单位达标，为文物安全工作奠定了坚实的基础，起了带头和促进作用。2008年有37处文博单位达标。

3. 以健全管理制度为抓手，不断提高综合管理水平

山西省文物局先后印发了《山西省文物建筑消防安全管理办法》和《山西省文博系统应急管理工作实施方案》；2007年省政府下发了《山西省文物建筑消防安全管理规定》。运城、晋中、长治等地也出台了文物保护的一些规范性文件，为山西省文物安全提供了有力保证。近几年，通过推行文物安全“金铠甲”工程，山西省规范了安全管理制度，建立了以“领导带班、安全巡察、值班和交接班、领导抽查和安全检查签字备案等五项安全制度”、“封闭化管理”、“双人联锁”、“三铁一器”、“人机犬联防”、“出入库登记”、“账物分人管理”等三十多项管理制度。

4. 以加强安全检查为手段，不断排除文物安全隐患

2008年2月11日，韩国“第一号国宝”崇礼门被烧毁一事，引起了山西省文物部门的高度重视。考虑到元宵节即将来临，燃放烟花爆竹、举办庙会等情况容易诱发火灾事故；游人、观众的增多也可能导致火灾事故的发生。2月14日，山西省文物局立即与省消防部门联合下发了《关于进一步加强文物建筑消防安全工作的紧急通知》，要求各市文物行政部门和消防部门要充分认识文物建筑消防工作的重要性和紧迫性，认真分析和查找本市文物消防工作的不足和薄弱环节，结合当地文物建筑消防安全现状，制定详细计划，开展深入细致的文物消防安全大检查。主要对文物建筑防火安全的管理情况，消防设施和消防器材的设置、使用和维护保养情况消防安全教育培训情况，灭火疏散预案的制定及落实情况进行督促检查，对文物建筑周围的环境进行彻底清理，确保没有任何易燃易爆物品存在，加大火灾隐患的源头控制。

2月29日，山西省文物局与省公安厅、省公安消防总队、宗教局、旅游局等部门召开了文物建筑消防工作联席会议。与会代表对当前国内外文物建筑火灾形势及山西省文物建筑消防安全管理工作进行了讨论，分析了山西省文物建筑的现状和面临的困难，提出了加强山西省文物建筑消防安全工作的意见和对策。

2008年9月，山西省文物局和省消防总队联合举办了“第二届国际文物建筑消防安全论坛”。邀请了国内外消防、文物专家参会，共同研讨了加强文物建筑消防安全工作的有关问题。

10 月份，按照山西省政府的统一部署，省文物局决定再用一年的时间，在全省范围内开展文物安全隐患排查治理，以提高全省文博系统抗御风险的能力，防止文物安全事故的发生。通过检查，2008 年全省共查出安全隐患 176 余处，下达安全隐患整改通知书 42 份。对于检查出的安全隐患，能现场整改的立即组织人员整改，因条件所限一时整改有困难的，下达了隐患通知书限期整改。

5. 以落实安全责任制为目标，不断改善文物安全环境

近年来，按照“以防为主、打防结合、标本兼治”的方针，山西省于 2001 年成立了以省委、省政府分管领导为负责人，18 个相关部门领导为成员的“山西省打击文物犯罪领导组”，办公室设在省文物局。在各级党委、政府和有关部门的密切配合下，各地文物行政部门与公安部门联合开展了打击文物犯罪专项斗争，取得了明显成效，安全环境得到了改善。2008 年仅发生文物盗窃案件 2 起。2008 年 11 月 26 日，临汾市吉县文管所存放的铁佛被盗。2008 年 12 月 5 日，忻州市金洞寺神龛上部一尊佛像头被割，弃于殿内。

6. 以完善应急预案为基础，不断提高应急管理能力

按照统一领导、分级负责的原则，山西省狠抓了文物安全应急管理和应急救援体系建设。2 月，山西省文物局制定和完善了《山西省文博系统处置突发应急预案》，报省政府备案后下发各市。3 月，又召开了全省文物安全应急管理工作会议，要求各级文物行政部门要下大力抓紧制定本行政区域的整体应急预案，必须在 6 月底前完成并发布；指导并督促各文博单位制定具体的应急预案，以此推动文物安全应急管理工作整体水平的提升。对应县木塔、山西省博物院等 20 家重点文博单位的应急预案的编制工作进行了指导和督察，要求这 20 家单位将应急预案上报山西省文物局参加评比。

【机构与人员】

1. 山西省的省、市、县（市、区）三级直属文博管理机构 232 个（省直属 16 个，市直属 48 个，县、市、区直属 168 个）。其中文物考古所、研究院或所 9 个（省级 1 个，市级 8 个）；古建所 2 个（省级 1 个，市级 1 个）；博物馆、纪念馆 82 个（省级 5 个，市级 15 个，县级 62 个）；文物管理所 110 个（省 2 个，市级 12 个，县级 96 个）；文物执法（稽查）队 5 个（市级 4 个，县级 1 个）；其他 24 个。

2. 人员数量

山西省文博系统实有从业人员 5856 名，其中在编人员 4087 名，其他从业人员 1769 名（2008 年增加 224 名）。全额 3929 名，差额补贴 62 名，自收自支 1865 名。按隶属关系分：省级 645 名，市级 1570 名，县级 3641 名；学历结构：大专以下 1736 名，大专 2319 名，大学本科 1761 名，硕士 38 名，博士 2 名；专业技术干部 1616 名，其中初级 998 名，中级 414 名，副高 171 名，正高 33 名。

3. 培训情况

2008 年，参加国家文物局培训办 1 个批次，省、市两级举办培训班 7 个批次。共培训 926 人次，其中：

（1）国家文物局 2008 年度省级博物馆馆长培训班，培训人数 6 名；

（2）第二期全省博物馆馆长培训班，培训人数 53 名；

（3）全省文物保护专项补助经费财务管理培训，参训人数 25 名；

（4）2008 年 11 月省局讲解员培训一期，参训人员 60 名；市级太原、大同各一期，参训人数 78 名；

（5）市级文物执法培训班：临汾、运城、阳泉、长治、晋城、朔州、忻州各一期，参训人数 335 名；

（6）市级文物安全培训班：太原、大

同、吕梁、阳泉、晋中、临汾各一期，参训人数239名；

（7）市级文博业务（考古学、古建筑学、拓碑、文物勘探、保护范围划定等）培训：太原、长治、晋中、临汾各一期，参训人数120名。

4. 取得文物保护工程勘察设计单位资质的数量为14家，其中甲级为1家（山西省古建筑保护研究所）；

乙级9家（均为2008年增加）：山西省文物技术中心、太原市文物考古研究所、山西圆方古迹保护修复有限公司、山西重德古建筑规划设计院有限公司、山西达志古建筑保护有限公司、运城市文物技术服务中心、大同市古建筑文物保管所、平遥县今朝古建园林设计院（有限公司）、云冈石窟研究院；

丙级3家（均为2008年增加）：吕梁文保古建设计中心、晋城博物馆、忻州市文物管理处。

5. 取得文物保护工程施工资质的单位数量为16家，其中：

一级2家：山西省古建筑保护工程有限公司，平遥县古建筑工程有限公司。

二级7家：山西省文物技术中心、山西万荣古建工程有限公司、山西杨氏古建筑工程有限公司、山西宏博古建筑工程有限公司、运城市文物技术服务中心、山西长治鑫通古建工程有限公司、太原市文物考古研究所（除山西省文物技术中心外，均为2008年增加）。

6. 取得文物保护工程监理单位资质的单位数量为2家：甲级2家：山西省古建筑工程监理有限公司、太原市文物考古研究所。

7. 取得考古发掘资质单位的数量为2家：山西省考古研究所、山西大学。

8. 取得考古发掘领队资格的人员共34人。

9. 取得文物拍卖专业人员资格的共计38人。

10. 取得可移动文物修复资质单位共计5个：山西博物院、山西省考古研究所、山西省文物技术中心、山西省文物总店、太原市文物考古研究所。

11. 取得文物进出境审核鉴定员资格4人。

【对外交流】

文物出境展览项目，山西省随国家文物局信息中心参加了中国马文化展，山西省共有三件一级文物参展。

内蒙古自治区

2008年，内蒙古自治区文物局在国家文物局的指导下，在自治区文化厅党组的领导下，在博物馆免费开放，第三次全国文物普查，全区重点大遗址保护，元上都遗址申报世界文化遗产，文物鉴定，打击盗掘古墓、走私文物等方面取得了显著成绩。

【博物馆免费开放】

2008年2月1日，中宣部、财政部、文化部、国家文物局在北京召开“全国博物馆、纪念馆免费开放工作会议”。内蒙古自治区文物局、文化厅会同内蒙古自治区党委宣传部、自治区财政厅共同参加了这次会议。会后，就内蒙古做好2008年国家级、盟市（旗县）级博物馆、纪念馆免费开放的准备工作，进行了认真的研究和部署。

此后，由自治区党委宣传部、财政厅、文化厅联合发出通知要求各盟市宣传、财政、文化、博物馆、纪念馆做好准备工作。主要有如下成果：

1. 为内蒙古博物院、乌兰夫纪念馆争取国拨专款610万元，按照自治区要求，分别完成了免费开放实施工作准备，3月下旬正式向社会各界实行免费开放。特别是“清明节”、“五一”、“六一”期间排队场景十分壮观，广大观众高度评价此事，称赞文化厅为促进社会主义文化事业的大发展、大繁荣办了一件实事和好事。经统计，截止到国庆节长假后，内蒙古博物院已免费接待观众65万人次。在自治区党委宣传部、财政厅的大力支持下，又从自治区财政争取了700万元经费用于博物馆免费开放。从6月起，在全区陆续免费开放了74座博物馆、纪念馆和爱国主义教育基地，使全区各族人民都能享受到免费开放的成果。这项工作在全国已走在了前列，共有60万人免费进入博物馆参观。

2. 同时，开展了对全区馆藏文物的保护、登记建档和修复、养护工作。做好了对馆藏一、二、三级文物的鉴定、建档、文物保养、除锈、防腐蚀等项工作。

3. 完成了全区一、二、三级博物馆评审工作，共有1个馆获一级博物馆，15个馆获二级博物馆。

【第三次全国文物普查】

在国务院和自治区人民的统一领导下，认真按照国家文物局的部署，内蒙古自治区认真开展了第三次全国文物普查的动员、组织等项工作。在呼呼和浩特、阿拉善盟、赤峰市三地开展试点的基础上，把普查工作向内蒙古自治区各盟市推开。完成了为全区100个文物普查队配置设备的政府采购工作。并提交了购买文物普查专用车辆的计划。

据统计，在2008年10底前，内蒙古自治区共已完成15万平方公里大地文物普查。在普查中发现了一批重要文物，例如：呼伦贝尔牙克石1905年中东铁路，被直接报请自治区重点文物保护单位。在赤峰市红山区文钟镇魏家窝铺村，发现一处重要的属于红山文化时期的原生态聚落遗址。这处红山文化原生态遗址的发现，使“红山文化”自发现以来70年后的话语权，最终归属于内蒙古。内蒙古自治区文物局向赤峰市文化局、内蒙古文物考古所研究所下发了紧急保护并试掘赤峰市红山区魏家窝铺红山文化遗址的通知。

2008年7月13日，内蒙古自治区第三次全国文物普查领导小组发出通知，要求全区各盟行政公署、市人民政府第三次全国文物普查领导小组，进一步加强第三次全国文物普查工作。

2008年11月3日，自治区人民政府在呼和浩特市隆重召开全区第三次全国文物普查电视会议，在大会上传达了国务院第三次全国文物普查领导小组第二次（扩大）会议精神；自治区人民政府副主席刘新乐发表重要讲话；自治区文化厅厅长王志诚，财政厅副厅长刘义胜汇报工作。

刘新乐副主席要求进一步加强领导，加大投入，并要求与各盟市分管领导签订第三次文物普查责任状，以全面推动工作。

全区文物普查工作取得重大进展，主要有以下成绩：

1. 第一阶段工作圆满完成

按照自治区人民政府的部署，通过广泛的宣传和组织落实，截止到2008年9月底，内蒙古自治区各盟市和大部分旗县都已成立了文物普查领导小组，并且把普查经费列入本级财政预算。按照国家文物局发布的文物普查设备配置标准，内蒙古自治区文化厅会同财政厅为各盟市、旗县的普查队配发了电脑、相机、GPS卫星定位仪、激光测距仪等文物普查基本装备。内蒙古自治区已全面完成了三级文物普查培训工作，经考试合格，内蒙古自治区已有300多名文物普查人员持证上岗。

2. 全区文物普查第二阶段工作顺利启动

根据内蒙古自治区人民政府确定的目标，从2007年10月至2008年10月，自治区各盟市已逐步向普查第二阶段迈进，现已开展文物普查的面积约16万平方公里，各地共复查不可移动文物点1555处，新发现文物点1137处。其中一些重要发现影响很大，并且被及时公布为重点文物保护单位。例如，在鄂尔多斯文物普查中，被列为重点的原伊盟公署办公旧址，呼伦贝尔牙克石市发现的1905年中东铁路遗址，现已报请自治区人民政府公布为自治区级重点文物保护单位。

3. 领导小组成员单位积极参与

为了提高文物普查的质量，自治区文化厅作为领导小组成员单位，及时成立了文物普查协调组，注重与自治区领导小组各单位的协调配合。例如，按照商务部和自治区商务厅的要求，组织普查队做好对传统商业老字号的重点调查；按照国家测绘局的要求，与自治区测绘局协调，对各普查队配发了1∶50000地形图；按照国家文物局的要求，正式把自治区党史部门的负责同志列入文物普查领导小组。此外，还为东风航天城文物管理部门配发了普查设备，使位于戈壁航天城的古代遗址首次得到了调查。

4. 宣传普及工作卓有成效

内蒙古自治区文化厅组织各级普查机构按照宣传工作方案，联合广大新闻媒体，通过举办展览、开通热线、招募志愿者、散发宣传品等方式，大力宣传文物普查知识、阶段性成果和广大文物普查工作者的精神风貌，得到了社会各界的广泛支持和积极参与。自治区文物普查领导小组办公室多次组织新闻媒体对文物普查工作进行采访，新华社、人民日报、中央电视台、内蒙古日报、内蒙古电视台等媒体对内蒙古自治区的文物普查成果进行了深度报道。

开展了全区长城资源调查工作，重点摸清了内蒙古境内明代长城的总里程、分布和走向，并且积累了完整的调查档案资料。全区现已查明，共有明代长城1100公里，比原来统计的800公里多出了300多公里，这是十分重大的进展，受到国家文物局考察组的高度评价。

【文物保护工作】

开展了对元上都、辽上京、居延、大窑遗址的保护工作，把制定文物保护规划的工作，列入全区重点大遗址保护的重要议程。为保护一批重点的文化遗产，按照自治区党委宣传部的要求，经过认真讨论，提交了《元上都遗址申报世界文化遗产工程》和《红山遗址保护工程》两大项目，向自治区党委宣传部申报“九个一批”重点项目，受到上级重视并列入“抢救一批文化遗产”项目之中。

内蒙古自治区党委常委、自治区党委宣传部部长乌兰，为解决元上都遗址申报世界文化遗产工作中的重大问题，带领自治区文化厅、财政厅、发改委等部门负责同志，来到位于锡林郭勒盟正蓝旗的元上都遗址视察，并与自治区、锡林郭勒盟、正蓝旗各有关部门的负责人，召开了现场办公会议，并重新调整内蒙古自治区元上都遗址申报世界文化遗产工作领导小组。

内蒙古自治区文物局对全国重点文物保护单位《黑城遗址加固维修计划的报告》进行了批复，并对额济纳旗文化广播电视局提出了具体要求。

内蒙古自治区文物部门对鲜卑古墓群进行抢救性保护，内蒙古自治区文化厅、文物局于8月组织考古专家对满洲里鲜卑古墓群进行考察，对该古墓群进行抢救性保护。

重点抓好对呼市清代将军衙署、公主府、清水河明长城、锡林郭勒盟汇宗寺、满洲里市扎赉诺尔古墓群、固阳秦长城的维修保护工程。

考古发掘继续贯彻配合经济建设开展考古发掘的基本方针，抓好配合铁路、公路、煤矿、电厂等建设工程的考古调查和发掘工作。同时，开展文物保护和科学研究，为草原文明起源等方面的研究做了贡献。

在内蒙古博物院举行了《中国考古队赴蒙古国合作考古调查发掘成果集》一书的首发式。蒙古国驻呼和浩特总领事馆负责人、自治区政府、文化厅、文物局、文物考古单位代表等共同出席首发式。

【行政执法工作】

重点为在全区各公安、司法部门开展了20余次文物鉴定工作。此外，在全区行政执法检查中也取得了较好成绩。

由自治区人民政府法制办公室组成的调查验收组，对自治区文物局2007年文物保护行政执法工作进行验收，自治区文物局做了专题汇报，受到好评。其中，在通辽市扎鲁特旗发现的南宝力皋图遗址，被命名为“科尔沁·南宝力皋图文化遗址”。

1月20日，通辽市文化局、库伦旗文化局按照国家文物局和自治区文物局的指示，在库伦旗党委政府的支持下，开展了文物执法工作。依法对占据全国重点文物保护单位库伦三大寺的某单位所建的违章、违法建筑予以拆除。中国文物报对此给予报道，国家文物局、自治区文物局对此次执法工作给予表扬。

加强了对文物安全保卫的监督、检查，多次发出紧急通知，并制定了《自治区文物局安防工作应急预案》要求各文博单位加强安全防范工作，严防地震、防水、防盗及失窃事件的发生。

全国关注的清水河县明长城遭受损毁案，经自治区文物局、呼市、清水河公安司法多次查办，终于尘埃落定。破坏长城的4名犯罪嫌疑分别被判处1年至3年的有期徒刑。这是我国首例依法判处破坏明代长城涉案人员的案子，对于全国的明长城保护与执法工作起到了重大的促进作用。

辽宁省

2008年，辽宁省文物系统以邓小平理论和“三个代表”重要思想为指导，深入学习贯彻落实科学发展观，紧紧围绕辽宁全面振兴和构建和谐辽宁这一战略全局，积极发挥职能作用，进一步提高文博业务水平，各项工作呈现出良好的发展态势。主要表现在：深入开展了第三次全国文物普查工作，按计划完成了长城资源调查各项任务，突出了以牛河梁遗址为代表的大遗址保护和田野考古工作，启动和实施了辽塔保护等一批文物保护工程，落实了博物馆免费开放工作，加大了文物执法督察力度，加强了文物基础性工作。

【不可移动文物】

（一）不可移动文物保护

1. 概述

不可移动文物保护力度明显加大。各级财政对文物保护工程投入了大量资金，先后对十几处省级以上文物保护单位实施了维修保护工程，取得了良好的社会效益和经济效益。这些工作的开展，也得到了地方政府的大力支持，各地在动迁、修路、绿化等配套工程中投入大量资金，极大地改善了文物周边环境。

2. 文物保护单位

辽宁省蕴藏着丰富的文物资源。全省已发现各类文物遗迹11300余处，其中，世界遗产地6处，列入世界文化遗产预备名单项目2处，全国重点文物保护单位53处，省级文物保护单位296处，市、县（区）级文物保护单位1530处，国家级历史文化名城1处，省级历史文化名城7处，国家级历史文化名镇1处，省级历史文化名镇（村）4处；全省各类博物馆114座，文物考古研究所、文管所等文物单位68个；全省文博单位文物藏品达 28 万余件，其中国家一级文物 1275 件。

2008 年，省政府公布了 56 处第八批省级文物保护单位，使辽宁省省级文物保护单位达到 296 处。

深入开展第三次全国文物普查工作。注重人员培训和经费落实工作。采取教学与实践相结合或在调查中进行教学的方式分批进行了省、市两级培训，培训业务骨干 400 余人次。承办了第三次全国文物普查 2008 年度（北部片区）培训工作。共到位年度文物普查经费 1839.14 万元，其中省级财政到位 190 万元，14 个市到位 751.9 万元，75 个县级行政区域到位 897.24 万元。

野外调查工作取得了阶段性成果。截至 2008 年底，有 86 个县级行政区域启动了实地文物调查，调查启动率为 86%；省级行政区域内调查覆盖率为 35.03%；有 10 个县级行政区域完成实地文物调查，普查完成率为 10%。共调查登记不可移动文物 6924 处，其中新发现 3896 处，复查 3028 处，新发现率为 56%。

在对全省 14 个市“三普”工作进行调查研究的基础上，召开了第三次文物普查情况汇报暨成果展示会。铁岭市和本溪县作为全省“三普”工作的受检单位，得到了国家“三普”工作检查组的充分肯定。组织检查组对全省 14 个市的“三普”工作进行了检查督导，专家指导组多次深入普查一线实地帮助指导。省政府召开了“第三次全国文物普查电视电话会议”，总结了全省“三普”工作进展情况，提出了新的工作要求，抚顺、营口市分别介绍了经验。省政府副省长、省“三普”工作领导小组组长滕卫平与 14 个市政府“三普”工作领导小组组长分别签订了“辽宁省第三次全国文物普查政府责任书”，调整充实了各级“三普”工作领导小组和办公室，进一步强化了各级政府和职能部门的责任。充分利用各种媒介广泛宣传“三普”工作的意义和成果，省里“三普”工作大的活动都在《中国文物报》上进行了报道，编印“三普”工作简报 41 期，有效地推进了“三普”工作的开展。

3. 文物保护规划

完成了清永陵、中前所城、金牛山保护规划的初稿编制；启动了九门口长城、奉国寺、西炮台等 6 项保护规划编制工作；完成了小河口长城、朱梅墓、银岗书院保护规划立项。

4. 文物保护工程

根据省政府主要领导“切实保护好辽塔”的重要指示，编制了 27 座辽塔文物本体保护和基础设施建设及环境整治工程投资估算。组织完成了东平房塔、银塔、大城子塔等 7 座辽塔立项工作，各项工作进展顺利。

国家文物局和省政府高度重视兴城古城坍塌墙体抢险工程。按照副省长滕卫平实地考察后提出的工作要求，地方政府和各级文物主管部门积极开展了相关工作。省文物局和文物保护中心有关人员多次赴城墙倒塌现场指导工作，及时拨付 30 万元抢险资金，用于临时性保护工作，有效防止了再次发生文物被损事件。打破工作常规，组织完成了抢救性保护方案编制，争取短时间内得到国家文物局批复，确保了墙体维修工程顺利开工。截止到 11 月底，倒塌墙体主体维修工程已经顺利完成，社会各界对文物部门积极应对墙体倒塌事件给予充分肯定。

开展了省内文物保护工程勘察设计乙、丙级资质和文物保护工程施工二、三级资质评审工作。授予省文物保护中心等三家单位文物保护工程勘察设计乙、丙级资质，授予锦州市大岩古建筑工程有限责任公司等四家单位文物保护工程施工二、三级资质。

制定并上报了沈阳故宫大清门维修工程、沈阳故宫油饰彩画一期工程、中前所城维修工程等 10 余项全国重点文物保护单位保护维修方案。完成了北镇庙钟鼓楼二层围栏及坎墙补充方案、元帅林方尖碑保护方案、彭公馆维修补充方案等20多项省级以上文物保护工程行政审批和审核工作。

完成了沈阳故宫保养维护、盖州钟鼓楼城墙维修、彭公馆维修等10余项省级以上文物保护单位维修保护工程；启动了北镇庙钟鼓楼维修，广济寺天后宫及东西配殿维修等10多项省级以上文物保护单位维修保护工程。

省文物保护中心编制的《北镇崇兴寺西塔保护维修方案》获得了国家文物局颁发的“文物保护工程勘察设计十佳奖”。

切实做好支援灾区的文物抢修工作。根据国家和省委、省政府的工作部署，组织完成了辽宁省支援地震灾区文物抢救保护工作计划和经费估算，将《关于支援四川安县文物保护工作有关情况报告》上报省对口支援办公室综合组。省文化厅和省文物局主要领导先后赶赴地震灾区，就辽宁省对口援建工作进行了考察和沟通。省文物保护中心组织业务骨干对地震灾区全国重点文物保护单位“沙窝会议会址”进行了勘察和测绘，编制完成了保护方案。

5. 大遗址保护

省委、省政府高度重视牛河梁遗址大遗址保护和申报世界文化遗产工作。省政府领导与国家文物局领导进行了两次工作会商，研究并确定了牛河梁遗址大遗址保护及“申遗”的工作目标；省领导带队实地考察了江苏无锡市鸿山遗址、四川成都市金沙遗址和广汉市三星堆遗址，形成了《关于赴江苏、四川学习考察大遗址保护经验的情况报告》；国家文物局局长单霁翔在副省长滕卫平、省委宣传部部长张江的陪同下，到牛河梁遗址实地调研。陈政高省长与单霁翔局长就加强大遗址保护、加大经费投入、加快“申遗”步伐等问题进行协商，决定以单局长考察牛河梁遗址为契机，正式启动牛河梁国家遗址公园项目建设和“申遗”工作；朝阳市参加了西安大遗址保护高峰论坛，在大会上介绍了牛河梁遗址保护的做法和设想；配合地方政府协调有关资质单位编制了牛河梁遗址第一、第二号地点文物本体保护工程实施方案，多次组织专家论证并修改完善后上报国家文物局审批。

继续对永陵南城址、凤凰山山城等4处遗址进行资料整理；完成了对永陵南城址、凤凰山山城、上古城子墓群3处遗迹的野外测绘。邀请国家文物局、中科院考古所，武汉大学及辽宁省文物保护专家组有关专家，完成了凤凰山山城等3处大遗址测绘工作论证和验收工作。

（二）考古发掘

开展了哈尔滨至大连客运专线铁路、朝赤铁路、中电本溪热电厂等17项大、中型基本建设过程中的文物保护工作；完成了西丰诚信石棺墓群、西丰城子山山城、辽阳永昌小区钱币窖藏等10余项抢救性考古发掘工作。

邀请国家文物局，中国社会科学院考古研究所，吉林、黑龙江、内蒙古等省（区）文化厅、文物考古研究所，吉林大学文学院，沈阳市考古研究所等有关单位领导、专家，参加东北地区考古工作座谈会，围绕如何加强区域合作和学科建设、发挥考古所在第三次全国文物普查工作中的作用等问题进行了广泛的交流和深入的讨论。

（三）世界文化遗产

世界文化遗产保护和管理工作取得进步。在各级政府的领导下，各世界遗产地在管理、保护、宣传、展示工作方面有了长足的进步，取得了令人可喜的成绩。世界文物遗产事业带动了遗产所在地社会经济和文化的发展，极大地提高了当地广大人民群众的生活水平，改善了他们的生活环境，真正给他们带来了实惠。在国家文物局的大力支持下，辽宁省先后实施了九门口保护规划编制工作、沈阳故宫维修和彩画保护工程、清福陵维修和彩画保护工程、昭陵维修和彩画保护工程、清永陵部分建筑维修工程等项工程，实现了世界遗产地无险情出现的保护和管理目标。

按计划完成长城资源调查各项任务。明长城资源野外文物调查工作和室内资料整理工作全部结束。经统计，调查并初步确认长城墙体约1075公里，其中土墙、石墙、山险墙、山险、河险等有效墙体约695公里，消失墙体约380公里。调查中还发现了多处单体建筑，其中敌台508座，烽火台541座，关、堡104座，另外还发现居住址、采石场等相关遗存71处。填写各类登记表2000多份，采集照片和影像资料500G，采集GPS点3600多个。

高质量完成了明长城资源调查其他相关工作。组织有关单位，进行了文物本体测绘工作。受国家文物局委托，完成了《明长城资源调查报告》和《明长城资源调查工作报告》编写体例的起草工作。率先完成了《明长城资源调查工作报告》并上报国家文物局和国家测绘局。

启动明长城资源调查测量工作。辽宁省率先与测绘部门签署了《明长城测量工作委托协议》，在参与明长城资源调查的10个省（区）中，辽宁省首先启动了测量工作。

明长城资源调查数据验收工作进展顺利。国家文物局组织专家，对辽宁省明长城资源调查数据成果（墙体部分）进行了验收，使辽宁省成为第一个通过国家级验收的省份。在此基础上，省长城资源调查项目办公室组织专家对明长城资源全部调查资料进行了第二阶段省级验收，专家认为辽宁省明长城资源调查资料符合《长城资源调查资料检查验收规定》的合格标准，同意通过第二阶段检查验收。

【可移动文物】

（一）博物馆

按照中宣部等四部（局）联合下发的《关于全国博物馆、纪念馆免费开放的通知》要求，省博物馆、沈阳“九·一八”历史博物馆、抚顺平顶山惨案纪念馆、东北抗联史实陈列馆、抗美援朝纪念馆、辽沈战役纪念馆等首批6家博物馆于3月1日率先向全社会免费开放。截至年底，6家首批免费开放单位共接待观众280余万人次，同比增长5倍以上，取得了良好的社会效益。

在国家文物局组织的博物馆评估定级工作中，省博物馆、沈阳“九·一八”历史博物馆、旅顺博物馆、抗美援朝纪念馆等4个博物馆、纪念馆成功入选首批国家一级博物馆，辽宁省入选一级博物馆的数量列全国第5位。组织开展了二、三级博物馆评估定级工作，初步确定二级馆8个，三级馆6个，已上报国家文物局复核确认。

旅顺博物馆馆藏文物保存环境达标工作通过国家文物局验收；鞍山市博物馆内容设计基本完成；辽阳市博物馆新馆陈列布展接近尾声；阜新蒙古族自治县博物馆、建平县博物馆正式对外开放。

贯彻落实《博物馆管理办法》，批准成立了沈阳赵琛广告博物馆、辽宁农业博物馆、沈阳华夏饮食文化博物馆等6家非国有博物馆，使辽宁省博物馆总数达到96家。

经国家文物局批准，省博物馆取得一级可移动文物修复资质，辽宁省文物考古研究所、沈阳市文物考古研究所等5家单位获二级可移动文物修复资质。省博物馆取得了玉、石器等16类文物的甲级技术保护设计资质，取得了壁画等5类文物的乙级技术保护设计资质。

认真做好“文化遗产日”纪念活动的协调工作，组织召开了文化先进县座谈会；在第32个国际博物馆日纪念活动中，组织全省博物馆、纪念馆紧扣“博物馆：促进社会变化发展的力量”主题，开展内容丰富、生动活泼的宣传活动。当天，各级各类博物馆、纪念馆向社会开放阵地展览100多个，推出临时展览20余个，免费接待观众30余万人次。

巩固和发展“中小博物馆建设发展座谈会”成果，营口市博物馆加大了投入，改善了基础设施，充实了展览内容，丰富了展览形式，提升了展示服务水平；铁岭博物馆展示与服务水平提升工作实施方案得到国家文物局批准，项目实施进展顺利。

《辽宁省博物馆藏金属类及陶器类文物修复保护方案》、《抗美援朝纪念馆书画藏品修复保护方案》等5项文物科技保护工程顺利启动。

（二）民间收藏文物

省文物总店举办2008年文物艺术品展销会，累计销售额231万元，创历届展销会新高；全年经营收入529万元，实现连续三年各项经济指标稳步上升。

组织相关拍卖企业参加国家文物局“申报第一类文物拍卖经营资质企业专业人员考试”，全省有3家企业5人取得考试合格证书；审核文物艺术品拍卖会10场，审核文物拍卖标的4500件。

（三）文物进境出境

配合海关查验出境物品31次，查验物品11079件，查获禁止出境文物110件；进境审核3次，审核进境物品19件；配合司法部门进行涉案鉴定35次，鉴定物品1786件，涉及文物677件。

【政策法规与宣传】

地方立法工作进一步推进。根据省政府《关于切实加强文化遗产保护的通知》要求，全面收集资料，积极配合有关部门，完成了制定《辽宁省文物保护条例》的准备工作，为做好辽宁省文物立法工作奠定了基础。

全省文物部门以文物为依托，大张旗鼓开展丰富多彩的宣传活动，宣传《中华人民共和国文物保护法》，普及文化遗产保护知识。将文物保护法纳入全民普法规划，纳入国家全面推进依法行政实施纲要，努力形成全社会珍爱文化遗产的良好风尚，促进全社会依法保护文化遗产意识的提高。辽宁省文物各级部门以“文化遗产日”、“国际博物馆日”为契机，不断拓宽宣传思路，各种宣传活动卓有成效。各文博社会组织积极开展政策宣传、技术咨询、业务指导、建言献策等活动，多方筹集资金，拓宽了文化遗产保护领域，为文化遗产事业提供了技术、经济上的支撑。

【安全督察】

稳妥推进文物执法队伍建设，开展全省文物执法队伍现状调查，摸清全省文物执法队伍底数，为下一步执法队伍建设和执法工作开展打下基础；全面开展文物安全工作自查和联合检查，重点做好奥运前后的文物安全工作，对5个市文物安全隐患问题下达了整改通知。配合国家文物局对沈阳市进行文物安全执法督察，根据国家文物局提出意见，向沈阳市和省博等9个单位下达了文物安全隐患整改通知。

扎实进行文物执法督察，组织对文物密集和文物案件多发的朝阳、葫芦岛两市进行了文物执法重点督察；文物行政执法工作取得明显成效，先后查处了塔山阻击战纪念馆违法建筑案，北镇天主教堂违法拆毁案，两个案件交由当地处理，分别罚款20万和30万元。督查的牛河梁违法采矿破坏遗址案件，已受到高度重视，朝阳市政府出重拳抓捕数十名犯罪嫌疑人，被破坏的遗址正在逐步恢复。塔山阻击战纪念馆违法工程整改方案已得到省政府批准，现已部分整改。另外，积极配合公安部门破获打击盗墓、破坏文物案件4起，抓获盗墓犯罪嫌疑人数名。目前辽宁省已有5件文物违法案件正式结案，共罚款87万元，已上报国家文物局两件文物案例案卷参加评比。

【机构与人员】

加强了文物系统队伍建设。通过采取引进高学历人才、对现有人员脱岗再培训等多种办法，加强文物系统队伍建设，全省文物从业人员的知识结构、学历结构、职称结构都有了很大改善，形成了一支具有较高政治和业务素质、结构比较合理的文博工作队伍。

【对外交流】

省博物馆在美国举办了“明清书画展”，沈阳故宫承办了以“博物馆与社会发展”为主题的第七届中日韩博物馆国际学术研讨会，旅顺博物馆参加了国家文物局在宁波举办的“博物馆与社会责任”高峰论坛，大连现代博物馆启动了全面改陈工作，抗美援朝纪念馆成功举办了建馆五十周年纪念活动，张氏帅府博物馆成功举办了建馆二十周年纪念活动和“博物馆创新与发展”高峰论坛。

【其他工作】

公布了65处第七批省级文物保护单位及2处全国重点文物保护单位的保护范围和建设控制地带，有利于推进辽宁省文物保护单位法制化、正规化的进程；海城市牛庄镇被建设部、国家文物局评为“中国历史文化名镇”。

强化了对文物保护单位历史风貌的管理。妥善处理了沈阳故宫建设控制内亚泰酒店接层改造、清福陵建设控制地带内兴建污水处理厂、南华置地广场等建设项目中涉及文物环境风貌保护工作。

为实现国家提出的扩大内需要求，根据国家文物局的工作部署，完成了各时代长城、五女山山城、沈阳故宫、清永陵等项目文化遗产保护经费申报和业务审核工作；配合省发改委，对清福陵、清昭陵遗产保护设施建设项目，兴城古城墙保护设施建设项目，广济寺、奉国寺环境综合整治建设项目的可行性研究报告进行了业务审核，并提出了相关工作要求。

省文物考古研究所、省博物馆采取有力措施，组织有关人员抓紧编写历史积压的六部考古发掘报告，取得了实质性进展和阶段性成果。

2008年全省文物工作之所以能取得这些成绩，主要得益于省委、省政府的高度重视，得益于国家文物局的有力指导，得益于文化厅党组的正确领导，得益于全省文博系统干部职工的艰苦奋斗和各位专家的全力帮助以及社会各界的理解支持。

吉林省

【不可移动文物】

（一）不可移动文物保护

1. 文物保护单位

新中国成立以后，1960年，1975年，以及1982至1986年，吉林省分别进行了三次文物普查，现在掌握全省共有各个历史时期、不同类型的文化遗存6015处。公布为各级文物保护单位834处，全省现有全国重点文物保护单位33处，省文物保护单位272处，市县文物保护单位529处。

2. 第三次全国文物普查

截止到2008年12月，全省第三次全国文物普查，共调查登记不可移动文物1075处，其中新发现312处，复查763处。

3. 文物保护规划

完成了4处全国重点文物保护单位的保护规划或抢救性保护工程设计方案的省级评审工作。组织省内专家论证了《吉林省桦甸市苏密城城址保护总体规划》、《吉林省吉林市文庙保护抢修工程修缮设计方案》、《吉林省扶余县大金得胜陀颂碑保护工程设计方案》、《城四家子城址西城墙抢救性保护工程设计报告》和《吉林省桦甸市苏密城遗址保护工程初步设计报告》等。全省已有6处全国重点文物保护单位的保护规划得到了国家文物局的批复，已报请省政府批准公布。

4. 文物保护工程项目

批复了3处省级文物保护单位相关的修缮工作。按照有关要求，省级文物保护单位的修缮应先编制保护方案，待方案审批后再进行修缮。批复了辽塔修缮、吉林北山关帝庙观渡楼修缮、梅河口会议址照片修复等3处文物保护单位的修缮方案。目前，辽塔修缮和吉林北山关帝庙关渡楼修缮两项工程已结束。

乌拉街“三府”保护维修工作受到国家和省领导的重视。翟利国局长两次调研，三次召开专题会议，3月31日已将报告递交省委、省政府。为了做好乌拉街“三府”的安全工作，9月16日，吉林省文物局向吉林市文化局下发了《关于做好乌拉街“三府”保护维修相关工作的通知》。

辽源二战盟军高级战俘营旧址保护工作稳步推进。4月18日在接到王珉书记的批示后，翟利国局长带领有关人员立即进行了现场调研，并于4月21日将报告送至省委，同时上报了国家文物局。6月，省考古研究所对该遗址进行了勘探。目前，该遗址的保护工作正在商讨之中。

5. 培训工作

按照国家的要求，省“三普办”编制完成了《2008年吉林省第三次全国文物普查工作方案》，并于2008年7月完成了全省五个片区的培训，全省各市（州）、县（市、区）文物部门及省直文博单位的400多名业务人员参加了培训。

6. 督查和执法工作

开展了文物普查调研和督察工作，省第三次全国文物普查领导小组办公室于2008年1月对全省9个市（州）、60个县（市、区）的第三次全国文物普查工作进行了调研和督察，取得了较好的效果。

配合公安机关依法查处了秦家屯古城、完颜希尹家族墓地两起破坏全国重点文物保护单位的犯罪行为。

7. 部署第七批全国重点文物保护单位推荐工作

10月，吉林省文物局向各地下发了通知，要求各地上报第七批全国重点文物保护单位的预备名单。

8. 完成了全国政协和省政协提案答复工作

2008年答复了《关于保护开发吉林市清代古街提高城市品位的提案》、《关于抢救并开发我省重要文化遗产吉林市乌拉街的提案》两份省政协提案，其中民进委员会反馈意见为满意。另外，向省政府议案处提交了《关于将辽源美英盟军高级战俘营遗址定为不可移动文物并建纪念馆的提案》的答复意见代拟稿。

【可移动文物】

（一）博物馆

2008年，为适应博物馆实行免费开放工作大局，除中宣部等四部委规定的吉林省首批列入免费开放名单的3家博物馆外，其他未被列入免费开放的博物馆也相应地实行了低票价运行或自行免费开放，从而保证了为社会提供更多更优质的服务。

吉林省国有文物系统博物馆数量为26家，其中新增3家，分别是洮南市博物馆、辽源市博物馆、柳河县博物馆。免费开放博物馆3家，分别是吉林省博物院、四平战役纪念馆和东北沦陷时期辽源矿工墓陈列馆。自行免费或低票价运行博物馆23家，分别是吉林市文庙博物馆、吉林市博物馆、吉林市陨石博物馆、白城市博物馆、延边博物馆、大安市博物馆、郑家屯博物馆、镇赉县博物馆、前郭县郭尔罗斯博物馆、四平市博物馆、梨树县博物馆、洮南市博物馆、和龙市博物馆、图们市博物馆、龙井市朝鲜族民俗博物馆、辽源市博物馆。

国有非文物系统博物馆数量为23家，其中2008年新增3家，分别是吉林大学考古与艺术博物馆、东北师范大学民俗博物馆和丰满水电博物馆。

全省文博单位藏品数量为181200件（套），其中，一级文物353件（套），二级文物3158件（套），三级文物9709件（套），一般文物167980件（套）。

博物馆陈列展览共126个，其中上年延续陈列展览62个，2008年新举办陈列展览64个，博物馆陈列展览投入经费2520万元。

博物馆参观人数221.2万人次，其中青少年观众39万人次，外国观众6.4万人次，团体观众112万人次。博物馆门票收入3087万元，其他收入12万元。

（二）民间收藏文物

现有文物商店1个，2008年审核文物商店销售文物的数量106件（套），销售金额7.1万元。

（三）文物保护科技与科研

吉林省文物保护工作逐步在加强，许多破损文物得到了及时保护，确保了文物的安全，为文物展陈和研究提供了有力保障。

2008年文物科研论文及资料整理完成126篇，专著3册，古建研究3册。

【机构人员】

吉林省文物机构人员整体素质不断提高，绝大多数人员都能够胜任本职工作。存在的不足是人员结构不太合理，老龄化现象突出。

机构总数77个，文物保护机构51个，博物馆26个，文物商店1个。人员数量1042人，大专以下158人，大专204人，大学本科591人，硕士87人，博士2人，初级职称455人，中级职称229人，副高级职称215，正高级职称143人。

2008年举办“三普工作业务骨干培训”5次，培训学员400人。

【对外交流情况】

2008年由于受各方面影响，出境展览只有1个，团组出境活动也没有举办。

文物出境展览“反对战争维护和平”，在日本名古屋举办，展出有关杨靖宇的图片和资料。

2008年6月，日本日中友好协会爱知县联合会代表团访问伪满皇宫博物院，洽谈合作举办“为了和平反对战争”展览及赴日本征集日本侵华罪证文物等事宜。

黑龙江省

【不可移动文物简述】

截至2008年底，黑龙江省共发现各类文物遗址4700余处，公布文物保护单位600余处，其中全国重点文物保护单位29处，省级文物保护单位191处，市（县）级文物保护单位400余处，国家级历史文化名城1座，省级历史文化名城3座（原呼兰县、阿城市撤县、市变区，并入哈尔滨市，故减少2座）。大遗址2个，分别是渤海国上京龙泉府遗址、金上京会宁府遗址。

【第三次全国文物普查】

2008年，第三次全国文物普查工作全面铺开，第一阶段任务顺利完成，第二阶段的田野调查工作全面推进。全省13个市、66个县（市）均已成立了文物普查领导小组及办公室，各级普查办常设人员695人，一线普查人员705人，全部经过了专业培训。2008年除中央财政拨付处，全省共落实普查经费695.8万元，落实全部普查用地形图，按国家设备配置标准为普查人员配备了笔记本电脑、数码相机和GPS卫星定位仪等。有些市、县还争取了同级财政的支持，购置了相应设备。全省所有县级行政区域均启动了实地调查。省普查领导小组办公室和省三普办同志深入基层对

13个市进行了全方位的检查指导，并重点对哈尔滨、七台河、齐齐哈尔、大兴安岭、黑河、牡丹江、大庆等市（地）及所辖14个县区进行了专项督察，保证了普查工作的质量。截至2008年12月31日，共完成调查登记不可移动文物2500处，其中新发现1380处，复查1120处，实地调查覆盖率达22%。

【长城资源调查】

长城资源调查工作取得阶段性成果。2008年是黑龙江省实施国家长城资源调查工程的第二年，也是三年计划中的关键一年，各项工作正按计划推进。2007年上半年，黑龙江省适时召开了长城资源调查成果总结评审会，评审2007年金长城调查成果，部署了2008年长城资源调查工作。举办长城资源调查标准暨录入软件培训班。9月至11月，分别组织开展了金界壕遗址（黑龙江段）、牡丹江边墙（唐长城）田野调查，共完成金、唐长城沿线84公里范围内田野调查任务。同时，为更好地开展此项工作，并做好长城资源宣传工作，黑龙江省又在互联网上建立了黑龙江长城资源调查网站，这是国内第一个宣传长城资源调查工作的网站，得到了国家文物局的高度赞誉。

【文物保护工程】

全年两次下拨保护标志制作经费198万元，组织31个市县开展了国家级重点文物保护单位保护标志制作工作，共制作树立标志牌（碑）270个，界桩6055个，完成黑龙江省29处国保单位保护标志制作任务，填补了“国保”保护标志多年未大面积树立的空白。同时修订了《黑龙江省第一至五批全国重点文物保护单位情况简介》，并着手开展了省级以上文物保护单位保护范围的划定公布工作。与29个市（县）签订了《制作树立省级文物保护单位保护标志工作责任状》，对哈尔滨市等21个市县下拨保护标志首批制作经费。完成67处“省保”单位保护标志碑文的修改任务。省级文物保护单位2009年的保护标志与界桩制作任务已全面展开。下拨了2007、2008两年文物保护监察员补助费。

哈尔滨文庙抢救维修及731侵华日军罪证遗址保护展示工程取得新成效。哈尔滨文庙抢救维修工程，2007年完成了大成殿、大成门、崇圣祠的维修工程，这是文庙建成80年来的首次全面大修。9月28日举行了祭孔大典暨大成殿80年首次大修竣工典礼，受到专家和群众的一致好评。731侵华日军罪证遗址保护展示工程已完成前期勘探、测绘工作，保护规划已重新着手制定。

黑龙江省文化厅文物保护处对宝清炮台山古城遗址抢救性设施建设、阿城区金上京会宁府遗址看护用房建设、哈尔滨伍连德纪念医院维修使用、霁虹桥和滨州铁路松花江大桥保护、增补马迭尔宾馆为第五批省保、萧红纪念馆设计、哈尔滨世贸中心建设、第五批中国历史文化名镇名村推荐、黑龙江省美术馆馆舍维修保护工程、哈尔滨关道衙门旧址修缮、兴华煤矿增扩资源可能涉及勋山要塞安全问题等项目进行了论证和处理，有效保护了文物安全。

【考古发掘】

对哈同公路、北安至黑河、建三江至虎林、虎林至鸡西高速公路，漠河机场至北极村公路，同江中俄跨江铁路大桥及各地风电场等33项基建项目进行了考古调查和勘探工作。发现遗址80余处。其中对双佳高速公路集贤太华南和桦川胜利金代遗址等8处遗址进行了考古发掘，面积达8500平方米。对侵华日军731部队罪证遗址核心区域的10万多平方米，进行了包括地球物理勘探和专业测绘在内的较全面的探测，取得了阶段性成果。同时省考古所还承担了湖北南水北调考古工作，圆满完成工作任务，受到国家文物局的嘉奖。成功承办中国考古学会第十二次年会。出版《肇源白金宝遗址》、《渤海国上京城》、《宁安虹鳟鱼场渤海墓地》等3部共6册考古发掘报告。

【博物馆建设】

2008年，黑龙江省积极坚持以博物馆为窗口，推动文化大发展大繁荣，加强规范管理，精心筹备各项展览，营造浓郁的文化氛围，博物馆事业进入空前的快速发展期，截至2008年底，有各级各类博物馆、纪念馆102座，其中隶属文物部门的博物馆57座，行业博物馆23座，私人博物馆25座。拥有馆藏历史文物和自然标本168692件，历史文物一级品277件（套），二级品1396件，三级品14844件。省博新馆建设取得阶段性成果；3家博物馆被评为国家一级博物馆；8家博物馆免费向社会开放。黑龙江省的各级各类博物馆已经成为具有鲜明地方特色的文化品牌，在开展精神文明建设、推动地方经济社会发展中，发挥了重要窗口作用。

1. 认真组织博物馆免费开放工作

按照国家统一部署，黑龙江省率先在东北地区实行免费开放。2008年2月，首批免费开放了省直四家博物馆（省博物馆、东北烈士纪念馆、省民族博物馆、革命领袖视察黑龙江纪念馆）。3月，省内第二批四家爱国主义教育基地（侵华日军731罪证陈列馆、爱辉历史陈列馆、宁安马骏纪念馆、东宁侵华日军要塞博物馆）实行常年免费开放。黑龙江省博物馆、纪念馆免费开放得到社会各界的热烈响应，使更多的公众开始走进博物馆，参观人数创造了历史最高纪录。为应对激增的观众，各馆不断提高运行效率，完善内部管理，展陈服务水平不断提高，博物馆功能得到有效发挥，社会效益显著提升。免费开放博物馆观众达200万人次，全省博物馆观众总数达346万人次，创历史最高纪录。黑龙江省因各项工作平稳有序受到国家文物局的表扬。

2. 启动全省博物馆评估定级工作

按照国家文物局《关于开展首批一级博物馆评估定级工作的通知》要求，2008年黑龙江省开展了博物馆评估定级推荐工作。经过全国博物馆评估委员会的审核和专家小组实地考察、现场评估，黑龙江省东北烈士纪念馆、大庆铁人王进喜纪念馆、爱辉历史陈列馆被国家文物局确认为首批国家一级博物馆。在此基础上，黑龙江省文物局组织全省50余家博物馆进行了二、三级博物馆评估申报工作。通过严格推荐、审核、评估，最后遴选出17家博物馆申报二、三级博物馆。评估工作促使全省博物馆管理逐步实现了规范化、科学化。

3. 积极组织奥运联合展览和抗震救灾展览

2008年是奥运年，根据国家文物局总体部署，组织黑龙江省博物馆和金上京历史博物馆的《南宋蚕织图》、铜座龙和金齐国王墓银铭牌等国家一级文物分别参加由北京市政府举办的“中国记忆——5000年文明瑰宝展”、“奇迹天工——中国古代发明创造文物展”、“北京文物精品展”，进一步弘扬了黑龙江省悠久的文明历史。5·12汶川大地震牵动了亿万人的心，黑龙江省文博系统除积极组织开展爱心捐助外，各级博物馆也积极收集抗震救灾实物，筹办抗震救灾展览，全面反映抗震救灾全过程。其中，“灾难我们共同面对——东北烈士纪念馆抗震救灾专题展览”、“黑河市弘扬抗震救灾精神图片展”、“以生命的名义——齐齐哈尔市消防支队赴四川救助纪实展”等展览，重点突出了黑龙江省在抗震救灾中发挥的积极作用，宣传了大灾面前举国上下一心、友爱互助、自强不息的民族精神。

4. 加强博物馆的宣传阵地作用

全省博物馆坚持基本陈列常年对外开放，注重对未成年人等特殊群体的爱国主义教育。采取走出去请进来的方式，以演讲会、报告会的形式，与工厂、农村、大学、机关、部队等单位开展合作，扩大宣传和社会影响。全年对社会开放基本陈列展览90余个，举办临时展览50余个，小分队巡回展览30余次，宣讲报告会60余场，博物馆丰富多彩的宣传形式取得了显著社会效益。其中，黑龙江省博物馆的“龙腾万达黑龙江省博物馆恐龙暨第四纪古动物化石”科普展，东北烈士纪念馆“建馆60周年为社会发展做贡献”，黑龙江省民族博物馆“哈尔滨文庙古建维修展览”、“祭孔文物展”，革命领袖视察黑龙江纪念馆“毛泽东与杨开慧”、“陈云与四保临江”图片展，以及哈尔滨、黑河、齐齐哈尔等地市举办的“迎奥运旅游年暨纪念中俄边境旅游开通二十年书法展”、“瑞鹤呈祥——献给全国冬运会和奥运会作品展”、“中俄两国一城图片展”、“黑龙江源头摄影展”、“第三次全国文物普查和文物保护法图片展”等一批各具特色的临时展览，以其内容新颖、形式多样并具有本地特色，吸引了大量观众。

5. 省博物馆新馆建设取得积极进展

2008年初，省文化厅会同省发改委在哈尔滨市松北区召开省博物馆新馆征地协调会，经多方协调，完成省博物馆新馆12.45万平方米征地工作，并完成建设用地测量、环境影响评估和地质勘探等工作。2008年4月和7月，完成省博物馆新馆建筑设计方案招标及两轮评标工作，10月，向哈尔滨工业大学建筑设计研究院发出中标通知书。此后，组织专家开展了省博物馆建筑方案使用功能优化论证会和防洪、防潮论证会，委托哈工大建筑设计研究院完成了新馆可行性研究报告，经组织专家论证后，省发改委正式批复，新馆建筑设计方案最终确定，已完成方案的扩充设计。同时，又组织专业人员重新确定了陈列框架及展出基本内容，完成省博物馆新馆陈列大纲的最后修订工作，开展了调查征集陈列和展览所需文物工作。

6. 精心组织国际博物馆日宣传活动

2008年国际博物馆日的主题是：为进一步增强博物馆的使命意识、责任感和自觉性，充分发挥社会教育和文化传播功能。省文化厅与哈尔滨市文化局联合组织黑龙江省博物馆、东北烈士纪念馆、黑龙江省民族博物馆、革命领袖视察黑龙江纪念馆、哈尔滨市博物馆等23个在哈文博单位，集中举办了“5·18国际博物馆日”宣传活动。由于宣传日距四川汶川地震仅一周时间，为了表达对灾区人民的关心和支援，在博物馆日当天参加活动的各博物馆、文化团体全部在宣传场地打出“一方有难、八方支援”、“团结一致、众志成城”的救灾标语，组织文化、文博单位和社会各界募捐活动，将博物馆日宣传活动与抗震救灾结合起来，以实际行动支援灾区人民。全省各地文博系统也纷纷组织了类似的宣传活动。

7. 注重文物征集工作

根据黑龙江省各级各类博物馆展陈特点和馆藏文物特色，积极倡导博物馆开展文物征集工作。省博物馆为配合新馆建设，将一批具有珍贵研究和展示价值的古生物化石标本征集到馆。阿城金上京博物馆根据金代专题馆的特点，征集一批金代铜镜及金代文物精品，极大丰富了馆藏。大庆市博物馆、大庆油田历史陈列馆、大庆铁人纪念馆都根据馆藏文物特点，积极开展古生物化石、油田文物的征集活动，成果显著。经与解放军总装备部协调，虎林市侵华日军虎头要塞遗址博物馆获赠部分退役飞机等重型武器，充实了馆藏，在进行爱国主义宣传教育方面发挥了更大的作用。

8. 积极开展文物鉴定

2008年，黑龙江省文物局组织省文博专家组共开展40余次文物鉴定，鉴定文物2700余件。其中各级各类博物馆的国家珍贵文物，一、二、三级定级鉴定近1500余件；海关文物鉴定、公安法院检察院司法鉴定、纪检和财政罚没鉴定、省市大要案所涉及文物鉴定共1000余件。

9. 扎实开展文博调研和科研出版工作

2008年，结合我国改革开放30周年，黑龙江省文物局积极开展了相关的调研活动。开展了黑龙江省文物管理机构基本情况、文物执法及执法队伍情况等11项调查统计工作，对全省文博基本情况有了全面的了解和掌握；撰写了《黑龙江省文物保护工作30年》和《黑龙江省博物馆工作30年》，全面总结了黑龙江省改革开放30年来文博工作的成就和经验。省文博学会编写并出版了《黑龙江省文物博物馆学会第五届年会论文集》，共收入文章87篇，计52万字。北方文物杂志社对刊物进行了改版，扩大了版面，发表了一批具有较高学术水平和资料价值的论文和考古发掘报告，提高了在读者中的影响，提升了在国内外的知名度。

【第三次全国文物普查宣传】

为配合第三次全国文物普查工作，省委宣传部、省文化厅、黑龙江日报报业集团和东北网共同举办了“黑龙江历史文化遗址遗迹及有价值文物线索征集活动”，引起了社会积极反响，广大市民纷纷通过电话、电子邮件、信函等方式参与这项活动。共征集了91条文物线索，其中不可移动文物线索53条，省文化厅已将这些线索汇报给宣传部。此项活动极大提高了公众的文物保护意识，同时也为“三普”工作的顺利开展创造了良好的舆论氛围。

【中国文化遗产日】

2008年6月14日是第三届中国文化遗产日，文化遗产日的主题是：文化遗产人人保护，保护成果人人共享。省厅下发通知对全省各地的宣传活动进行了部署和安排。省暨哈尔滨市在索菲亚广场集中举办了宣传活动。通过现场宣传文物普查、长城资源调查等黑龙江省文化遗产保护工作的突出成就。遗产日期间又组织了从事文博工作三十年工作者评选活动，并在遗产日开幕式上颁发了荣誉证书。全省各级政府也根据地方特色举办了丰富多彩的文化遗产日宣传活动。

【执法督查与安全保卫】

依法处理依兰县五国城遗址遭受严重破坏事件、甘南县金界壕遗址遭工程破坏事件，维护了文化遗产的尊严。为迎国庆保安全，对7个市县国保单位安全状况及2008年保护标志碑安装工作进行了专项检查，提出了整改意见。

【机构与人员】

黑龙江省共有文物管理机构99个，其中省级文物管理机构1个，地市级文物管理机构13个，县（市、区）级文物管理机构85个。各级管理人员389人，文博系统的各级各类博物馆工作人员581人。其中具有高级职称人员133人，中级职称的人员288人。

黑龙江省文物保护工程乙级勘察设计资质单位有2家，分别是牡丹江市文物管理站、哈尔滨工业大学建筑设计研究院。

【人才培训】

9月18日~20日，举办黑龙江省长城资源调查标准暨录入软件培训班。培训班对来自齐齐哈尔市、牡丹江市、龙江县、甘南县、齐齐哈尔市碾子山区的20名长城资源调查队员进行了培训。

【表彰荣誉】

黑龙江省东宁县被文化部、国家文物局公布为全国文物工作先进县。

江苏省

【不可移动文物保护】

1. 概况

2008年，江苏省文物保护与管理工作坚持“保护为主，抢救第一，合理利用，加强管理”方针，以不可移动文物及历史文化名城名镇名村保护为主线，推进全省第三次全国文物普查工作开展，加强文物保护工程管理，各项工作取得新成绩。

2. 全省第三次全国文物普查第二阶段工作

2008年，江苏省政府将第三次全国文物普查第二阶段工作列入年度工作目标。全省各级普查机构在确保普查工作进度的同时，加强业务指导和监督检查力度，确保普查质量。5月，省普查办在句容市召开全省第三次全国文物普查工作现场会，进一步推动各地文物普查工作开展。为支持苏北等欠发达地区的文物普查工作，省普查办从省级普查专项经费中拨出50万元，支持推动沭阳等25个经济薄弱县（市、区）的文物普查工作。2008年，各地落实普查经费2235万元，调查登记不可移动文物点19251处，其中复查文物点10163处，新发现文物点9088处。新发现文物点超过1000处的有苏州市（1920处）、南京市（1801处）、常州市（1059处）。苏州市提前一个月完成第二阶段工作任务，该市吴中区投入经费40万元，调查登记文物点630处，其中新发现文物点391处。截至2008年，全省基本完成第三次全国文物普查第二阶段工作各项任务目标。

3. 名人故居、古民居抢救保护工程

2008年是实施第一批"江苏省名人故居、古民居抢救保护工程"的第二年，已完成苏州张凤翼故居、扬州胡笔江故居等8个项目，扬州阮元家祠、如皋集贤里古民居群项目计划于2009年完成。江苏省文物局已启动第二批名人故居、古民居抢救保护工程的前期调查工作。

4. 文物保护基础工作

江苏省文物局下发《关于做好省级以上文物保护单位记录档案备案工作及保护范围、建设控制地带划定工作情况调查的通知》，督促和推进各地做好文物保护单位"四有"工作。苏州市率先完成"两线"划定工作，徐州等地基本完成第六批省级文物保护单位的保护范围和建设控制地带的"两线"划定工作。加大文物维修保护力度，全省共完成维修项目近120处，省文物局受理审核文物保护单位维修方案99项。南京净觉寺、常州太平天国护王府、南通如皋水绘园等一批不可移动文物得到维修保护。

5. 第七批全国重点文物保护单位推荐遴选及特色文物资源保护

江苏省文物局根据国家文物局《关于开展申报第七批全国重点文物保护单位基础工作的通知》要求，部署全省第七批全国重点文物保护单位推荐遴选工作，强调对20世纪遗产、乡土建筑、工业遗产等新型遗产的调查与申报。全省上报推荐材料248份，其中近现代重要史迹及代表性建筑113份，初步确定推荐申报项目100多个。南京、苏州、常州等地对近现代优秀建筑、工业遗产、乡土建筑等进行登记保护。无锡市政府公布《无锡第二批工业遗产保护名录》14处典型工业遗产，《无锡乡土建筑保护名录》20处特色乡土建筑，《无锡古镇、古村保护名单》10处保留传统风貌的古村落。

6. 历史文化名城名镇名村保护

江苏省各级文物行政部门学习贯彻2008年4月国务院颁布实施的《历史文化名城名镇名村保护条例》，推进全省历史文化名城名镇名村保护工作的法制化、规范化进程。坚持申报与规划保护并重的方针，与省建设厅共同做好新一轮历史文化名城名镇名村的评估申报工作，以及历史文化名城名镇保护规划的编制工作。宜兴市被省政府公布为省级历史文化名城。海门市余东镇、昆山市锦溪镇、姜堰市溱潼镇、吴江市汾湖镇入选新一批省级历史文化名镇。余东镇、锦溪镇、邵伯镇、沙家浜镇被建设部、国家文物局联合公布为中国历史文化名镇。2009年1月2日，国务院批复同意将江苏省南通市列为国家历史文化名城。江苏现拥有省级以上历史文化名镇

21 座，国家历史文化名城 9 座，国家历史文化名城数量位居全国第一。无锡市推动惠山、荣巷、清名桥、小娄巷、荡口等五大历史街区（名镇）修复建设工程，打造国家历史文化名城群工作取得进展。

7. 全国重点文物保护单位保护规划编制

先后完成并上报丹阳南朝陵墓石刻、南京城墙等 8 个国保单位的保护规划，其中，周恩来故居、苏州俞樾旧居、春在楼（雕花楼）、宿迁龙王庙行宫、常州淹城遗址保护规划等获国家文物局核准，并报省政府批准公布。无锡市《鸿山墓群保护规划》获国家文物局“2007 年十佳保护规划”称号。

2008 年 10 月，徐州、宿迁、淮安、扬州、镇江、常州、无锡、苏州等江苏境内大运河沿线 8 市文化（文物）局与东南大学建筑设计研究院签署大运河（江苏段）遗产保护规划第一阶段编制委托合同，在全国率先启动大运河（江苏段）遗产保护规划编制工作。

8. 文物保护工程管理

江苏省加强文物保护单位维修保护科学化、规范化管理工作，形成由具备文物保护资质的单位从事文物保护勘察设计及施工维修的文物保护工作良好局面。全省文物维修保护人才队伍建设得到加强。加上 2008 年批准公布的常州市规划设计院等 4 家资质单位，全省已拥有文物维修勘察设计单位 31 个，文物维修施工资质单位 43 个，监理资质单位 1 个，全省文物保护工程质量得到有效保障和提高。

9. 考古发掘管理

2008 年，江苏省文物局组织实施京沪高速铁路、沪宁城际铁路、宁杭城际铁路、韩中骆工程，以及江苏大唐南京电厂工程、镇江永隆城市广场项目等 10 余项建设工程的考古调查、勘探和发掘工作。南京市实施大报恩寺遗址的考古发掘，发现北宋长干寺地宫，出土国内此前最大的阿育王塔等一批珍贵文物。无锡阖闾城遗址被国内考古专家初步认定为我国春秋时期吴王阖闾都城。镇江市全力推进打捞“瘗鹤铭”残碑大型文化行动。苏州市以实施《苏州市地下文物保护办法》为重点，注重城市考古管理，完成苏州刺绣博物馆、苏州大学博物馆等 31 个项目的考古勘探工作。

10. 文物会议

2008 年 5 月 22 日～23 日，江苏省文物局、省普查办为掌握全省第三次全国文物普查第二阶段工作进展情况，加强各市普查工作经验交流，分析普查工作中存在的困难、问题，推动第二阶段工作向更深层次发展，落实好省政府 2008 年完成全省第三次全国文物普查第二阶段实地调查工作目标，在镇江句容市召开全省第三次全国文物普查现场会。江苏省文物局和句容市政府领导、省普查业务指导小组专家及各市普查办负责人、具体负责实地调查的同志出席会议。会议听取 13 个省辖市普查工作情况介绍，对全省实地文物调查工作进一步明确要求。会议期间，全体与会人员赴句容市普查工作现场，实地踏勘城上村遗址及隆昌寺明清古建筑群。专家们对普查队员提出的问题进行现场解答，给予专业技术指导。

2008 年 10 月 26 日～27 日，江苏省文物局在无锡召开大运河（江苏段）遗产保护规划第一阶段编制工作会议，来自省内运河沿线 8 市（徐州、宿迁、淮安、扬州、镇江、常州、无锡、苏州）文化（文物）局分管领导及相关负责同志、负责该规划项目的东南大学建筑设计研究院等单位主要领导参加会议。省文化厅党组成员、南京博物院院长龚良出席会议并讲话。会议举行大运河（江苏段）遗产保护规划第一阶段编制委托合同签字仪式，龚良院长代表省文物局以丙方身份（协议监督）在各市编制委托合同上签字。此会标志着江苏省大运河遗产保护规划第一阶段编制工作正式启动。

11. “历史文化名城”称号

2008年11月4日，江苏省政府办公厅发出通知，授予宜兴“江苏省历史文化名城”称号，这是2008年江苏省唯一批准的历史文化名城。宜兴“申名”的成功，宣告该市（县）所在的无锡市完成建成江苏省唯一历史文化名城群的目标。近年来，宜兴先后委托东南大学、同济大学分别编制《宜兴市历史文化保护规划》、《全国重点文物保护单位保护规划》，初步形成较为系统的历史文化遗产保护规划体系；全面修缮和保护历史文化遗址，市政府设立专项经费，对周王庙戏楼、前墅龙窑、太平天国王府、东坡海棠园等精心修缮；在一批新文物遗存得以发现和梳理的同时，整理有关历史资料，收集历史故事，编纂多本当地历史文化书籍；弘扬和保护非物质文化遗产，宜兴紫砂陶制作技艺和梁祝传说被列入国家级非物质文化遗产，“男欢女嬉”民间舞蹈和宜兴刻纸被列入江苏省非物质文化遗产。

【可移动文物】

1. 概况

2008年，江苏全省博物馆（纪念馆）工作围绕文物保护中心工作和工作重点，推进协调博物馆免费开放，加强重点工程考古发掘与管理，开展全省馆藏文物鉴定定级等基础性工作，规范文物市场管理，实现预定工作目标。

2. 博物馆（纪念馆）免费开放

2008年初，江苏在全国率先实行省级公益性文化设施（南京博物院、南京图书馆、江苏省美术馆）免费开放，社会反响强烈，李长春等中央领导同志多次批示肯定。江苏省文物局会同省委宣传部、省财政厅制定《江苏省公共博物馆、纪念馆和爱国主义教育基地免费开放专项资金管理办法》，为免费开放持久有效运行提供制度保证。截至年底，全省文化文物系统管理的博物馆、纪念馆有82家向社会免费开放。博物馆参观人数成倍增长，南京博物院全年参观人数达65万人次，较2007年增加22万人次。

3. 博物馆体系建设

2008年11月7日，江苏省政府省长办公会讨论通过南京博物院二期扩建工程方案，规划投资7亿元，建设规模80000平方米。南通市推进环濠河文博馆群建设、淮安市打造运河文化博物馆群取得新的进展。根据《博物馆管理办法》和国家文物局的统一部署，开展博物馆评估定级工作。江苏省22家博物馆申报国家一级博物馆，南京博物院等5家博物馆被评定为首批国家一级博物馆。完成国家文物局县级博物馆服务展示提升工程第三批试点单位宝应博物馆的提升工作。召开江苏省冠名“中国”的博物馆工作座谈会，对此类博物馆的发展重点和目标进行探讨研究。

4. 全省文物精品巡回展

“大风歌——两汉文明展”、“吴国青铜器展”两个展览，集中江苏省文物精品，突出地域文化特色，宣传江苏特色文化，继2007年在南京、连云港首站展出后，2008年到徐州、南通、常州、江阴等地巡回展览，引起较大社会反响。南京博物院、南通博物苑、苏州博物馆组织馆藏丝绣文物参加上海博物馆“海上锦绣——顾绣珍品特展”。南京博物院平均每月推出专题展览2个以上，迈入精品化之路，赴浙江省博物馆举办“宫廷遗粹——南京博物院藏清宫文物精品展”。

5. 馆藏文物鉴定定级和可移动文物保护资质申报工作

对江苏省馆藏文物定级进行初选，确定拟定级馆藏一、二、三级文物收藏单位和数量，完成南京博物院一、二级文物的定级工作。南京博物院等单位获得国家首批可移动文物保护设计和修复资质。审核仪征出土汉代漆木器、泰州市博物馆馆藏书画等馆藏文物保护方案，扬州唐城遗址博物馆“延和阁”展厅、溧水县博物馆等库房维修改造方案，无锡博物院、明孝陵博物馆等18家博物馆安全技术防范方案。接受公、检、法系统的委托，组织博物馆专业人员协助开展涉案物品鉴定工作，共接受涉案委托鉴定8起，涉案鉴定复核2起，鉴定涉案物品48件，被盗掘古墓葬、古遗址6座，三级文物38件。

6. 文物市场管理

向国家文物局推荐符合条件的文物拍卖企业申报一类资质。江苏省文物拍卖企业有12家，其中具有第一、二、三类文物拍卖资质的2家，第二、三类文物拍卖资质的10家。依据相关法律、法规、规章，严格执行文物拍卖审批程序，查处违规拍卖行为。2008年共审核文物拍卖28场（次），审核涉及文物拍卖标的6000余件。

7. 国家一级博物馆

2008年5月18日，首批国家一级博物馆授牌仪式在北京首都博物馆举行，国家文物局副局长董保华主持授牌仪式，文化部部长蔡武，国家文物局局长单霁翔，中国科协书记处书记程东红，中央有关部门领导和部分国家一级博物馆的代表出席授牌仪式。南京博物院、侵华日军南京大屠杀遇难同胞纪念馆、南通博物苑、苏州博物馆、扬州博物馆等江苏省5家博物馆被评定为首批国家一级博物馆，入选数量位居全国前列。

8. 博物馆优秀陈列展览评选

2008年，江苏省文物局在全省组织开展博物馆优秀陈列展览评选活动，“龙盘虎踞——南京历史文化陈列”等8个陈列展览获得“精品奖”，“金陵风韵——民俗系列展示”等4个陈列展览获得“内容创意优秀奖”，“江苏工艺美术精品展”等4个陈列展览获得“形式设计优秀奖”，“南京云锦及历代丝绸文物复制精品展”等5个陈列展览获得“综合效益优秀奖”。

9. 中国审计博物馆开馆

2008年4月2日，中国审计博物馆开馆仪式在南通举行。全国政协副主席李金华，国家审计署审计长刘家义，中宣部原副部长、全国政协常委高俊良，国家文物局副局长张柏，江苏省委常委、常务副省长赵克志，审计、文化文物系统的领导和代表，以及社会各界来宾500余人出席开馆仪式。李金华宣布中国审计博物馆开馆，刘家义发表讲话。江苏省委书记梁保华、省长罗志军发来贺信，赵克志宣读贺信。南通中国审计博物馆是全国第一家审计类专题博物馆。

10. 鸿山遗址博物馆、吴文化博物馆在无锡落成

2008年4月10日，无锡鸿山遗址博物馆、吴文化博物馆落成典礼在无锡新区鸿山镇举行，“南京博物院大遗址保护研究中心”同时挂牌。原全国政协副主席张怀西、国家文物局副局长童明康、中国文物保护基金会理事长马自树、中国文联组联部主任夏潮，江苏省委常委、宣传部长杨新力，江苏省委常委、无锡市委书记杨卫泽，江苏省人大常委会副主任赵龙，省政协副主席、省委统战部长周珉，省文化厅厅长章剑华及省文物局、无锡市的有关领导出席落成典礼。童明康、杨卫泽为鸿山遗址博物馆、吴文化博物馆落成揭幕，章剑华、毛小平为南京博物院大遗址保护研究中心揭牌。

11. 六朝建康都城学术研讨会

2008年6月14日~15日，江苏省文化厅、江苏省文物局、南京市文物局和南京大学在南京联合举办“六朝建康都城学术研讨会”，来自国家文物局专家组及省内外的有关专家50余人参加研讨会。江苏省文化厅党组成员、南京博物院院长龚良，南京市文物局局长张年安到会致辞或讲话，中国魏晋南北朝史学会会长李凭、南京大学历史系教授蒋赞初、国家文物局专家组组长黄景略等发言。韩国、德国、美国等国外专家与会介绍国外相关研究最新成果。研讨会对六朝建康都城城址等若干重大问题进行讨论并形成初步共识。

【文物法制建设】

1. 概况

2008年，全省文物法制工作突出文物行政执法、文物执法制度建设、文物法制培训、文物法制宣传等重点，加强体制机制和队伍建设，取得新的成效。

2. 文化行政综合执法

为贯彻江苏省文化厅、省文物局、省机构编制委员会办公室《关于在文化体制改革中加强文物保护行政执法队伍建设的意见》，深化文物行政执法体制改革，加强文物行政执法网络建设，江苏省文物局将指导常州市文化综合行政执法支队开展执法工作作为机构建设的重点。常州、无锡、扬州、南通、淮安、宿迁、连云港等31个市、县（市、区）将文物行政执法纳入文化综合行政执法范畴，28个地区建立文物行政管理内设机构，文物行政执法专职人员160余名。

3. 文物行政执法制度建设

江苏省文物局建立文物法制专家咨询论证评估制度，多次召开文物法制工作评估论证会，对全省文物法制建设工作提出意见建议。徐州市制定《徐州市依法保护文物奖励办法》，拨出专款10万元，对在文物保护工作中作出重大贡献的单位和个人给予奖励，调动全社会依法保护文物的积极性。江苏省文物局以徐州为试点，推行依法保护文物奖励制度。

4. 文物行政执法

2008年，江苏省文物局以文物行政执法相对薄弱的苏中、苏北地区为重点，加大执法工作指导力度，重点督查全国重点文物保护单位武进淹城遗址内违章建筑等一批典型案件。对葛城遗址考古队违规发掘丹阳神河头遗址土墩墓进行查处。镇江、扬州、淮安等地依法查处丹阳市双马新型建材有限公司在采矿过程中致使古墓葬被毁案，扬州中宇置业发展有限公司故意毁坏地下古墓葬案等文物违法案件。2008年8月~9月，江苏省文物局联合省文化厅并邀请南通、常州、徐州市分管副局长组成检查组，对常州、苏州、南通、淮安、徐州5市及所属区县进行文物执法检查，首次会同省文化厅市场处举办文化（文物）行政执法案卷评比活动，引导和推动文化综合执法资源整合。

5. “五五”普法

根据“五五”普法规划要求，江苏省文物局推进文化遗产法制宣传教育进机关、进乡村、进社区、进企业、进学校、进单位的“法律六进”活动。2008年10月上旬，省“五五”普法检查小组对省文物局“五五”普法工作进行中期检查，给予肯定。

【文物宣传、科研及人才培养】

1. 文物宣传工作概况

2008年12月30日，江苏省文物局召开全省文物宣传工作会议，向省、市、县三级114名通联员颁发聘书，建立起全省文物宣传通联员网络和考核考评机制，会议回顾、总结了近年来全省文物宣传工作，对进一步做好全省文物宣传工作提出要求，南京、苏州、扬州三市作会议交流发言。江苏省普查办加大全省第三次全国文物普查信息宣传报送工作力度，全年编发普查简报31期。苏州市在“5·18”国际博物馆日至“6·28”苏州文化遗产保护日时段，开展“文化遗产与我”、“我为城墙捐块砖”等主题活动。镇江市组织“第三次文物普查强势宣传月”系列活动。常州市全年在《扬子晚报》、《现代快报》、《常州日报》、中国常州网等媒体刊发文物宣传专题报道62篇。4月~12月，《新华日报》刊载文博类新闻86条。据不完全统计，2008年，《中国文物报》刊载江苏新闻81条，国家文物局网站发布江苏信息357条，数量居全国前列。

2. 第三个中国“文化遗产日”开幕式及系列活动

2008年6月14日是第三个“中国文化

遗产日”，江苏省文化厅、省文物局制订《第三个“中国文化遗产日”江苏省系列活动方案》。四川汶川大地震发生后，调整活动项目，缩小活动规模。第三个“中国文化遗产日”江苏省系列活动开幕式在南京博物院举行。国家文物局人事教育司司长侯菊坤、江苏省人大科教文卫委员会主任周世康、省政府副秘书长唐建、省文化厅厅长章剑华、省文联党组书记王慧芬、南京市人民政府副市长王咏红等领导出席开幕式。江苏省文化党组成员、纪检组长王世华主持开幕式。章剑华代表主办方致辞，省政府副秘书长唐建代表省政府讲话。省文化厅副厅长高云，厅党组成员、南京博物院院长龚良，省测绘局、省文化厅机关各处室、直属单位负责同志及出席六朝都城（建康）学术研讨会的专家学者、参加江苏省全国重点文物保护单位暨世界文化遗产地保护管理培训班的学员，共计300余人参加开幕式。省有关方面领导为《中国文物地图集·江苏分册》首发式揭绸，同时为“江苏省文化遗产摄影大展”、“金色江南——江苏古代金器特展”、“探寻六朝建康城考古成果展”、“南京博物院藏名家经典清四僧作品展”四个专题展览揭幕。全省各地围绕“文化遗产人人保护，保护成果人人共享”活动主题，举行展览、讲座、宣传咨询等系列活动，累计达50多项。

【文物工作会议】

2008年1月22日~23日，江苏全省文物工作会议在常州召开。江苏省文化厅厅长章剑华，副厅长、省文物局局长王慧芬，常州市政府副市长居丽琴，省文物局副局长刘谨胜等领导出席会议。王慧芬做题为《深入贯彻党的十七大精神，全面推进文物事业新发展》的工作报告。章剑华厅长做重要讲话。来自全省各市、县、区文化（文物）局分管局长，各市文化（文物）局文物处处长或文管办主任、博物馆馆长等共180人参加会议。会议传达全国文物局长会议精神，总结2007年全省文物工作，部署2008年全省文物工作任务。

【文物理论研究与科研工作】

根据江苏省政府张桃林副省长指示，省文物局开展引进民间资本保护和开发文化遗产课题研究，对当前全省在引进民间资本保护文化遗产方面的工作进行调研，形成初步调研成果。《中国文物地图集·江苏分册》历经二十年的编纂，在第三个“文化遗产日”期间正式出版发行。完成2002~2006年度积欠课题清理、结项工作。开展2008年文博优秀论文评选活动，汇编出版《江苏省文博论文集（2008）》。无锡市编辑出版《中国乡土建筑保护文集》。南通市出版《南通博物馆群通览》、《南通文化遗产》。苏州市出版《苏州平江历史街区建筑评估》、《苏州阊门历史街区建筑评估》、《永恒：价值与魅力——苏州文化遗产保护论丛》等专著，在被列入世界文化遗产的9个苏州园林中全面推广“苏州古典园林管理动态信息系统和监测预警系统”，提升文物保护科技含量。

【文博人才培训】

6月中旬，结合第三个“文化遗产日”活动，国家文物局、江苏省文物局联合举办江苏省全国重点文物保护单位暨世界文化遗产地保护管理培训班，为江苏首次列入国家文物局人才培训计划项目，13个省辖市文物主管部门代表及120处全国重点文物保护单位管理或使用单位负责人共120余人参加培训，为江苏文博界近年来举办的规格最高、规模最大、时间最长、内容最丰富的一次培训班，推动全省文物保护单位规范化管理。国家文物局人事教育司司长侯菊坤出席开班仪式并讲话，国家文物局顾问谢辰生等知名专家、学者为学员授课。

10月中旬，江苏省文物局联合省公安厅在徐州举办江苏省文物行政执法与刑事司法相衔接法制培训班，各市文物主管部门、公安机关经文保部门负责同志参加培训，为加强协作、共同打击文物违法犯罪行为、切实保护文化遗产提供机制保障。利用全省乡镇文化站站长轮训班，举办基层文物法制讲座，发放《文化遗产保护依法行政实用手册》。

12月，江苏省文物局首次举办全省县级博物馆馆长培训班，一些行业博物馆、专业博物馆馆长参加培训。国家文物局博物馆司、南京博物院等方面专家、学者为50多位馆长授课，就免费开放条件下加强县级博物馆建设与管理、提升博物馆社会服务水平进行学习讨论。

协助国家文物局成功举办第三届文化遗产保护无锡论坛，形成“无锡建议”；举办首届全国文物工作先进县县（市）长论坛，形成旨在强化县级政府职能加强文物保护的《常熟倡议》；举办大运河保护与申遗扬州会议，形成《扬州共识》等系列文件；承办国家文物局书画类文物出境审核鉴定培训班。

【对外交流】

为迎接奥运会，扩大文化交流，按照国家文物局的要求和部署，江苏省文物局组织和调集省内馆藏文物精品参加“奇迹天工——中国古代发明创造文物展”“长江文明展”“中国记忆——5000年文明瑰宝展”。2008年，江苏省文物局先后接待比利时那慕尔省省长丹尼斯·马腾，香港高级公务员江苏考察团，秘鲁前驻华大使陈路等来苏考察、访问。组织徐州市博物馆赴英国埃塞克斯郡科尔切斯特博物馆“徐州出土汉代陶俑展”等文物外展活动。

【先进集体】

1. 江苏省文物局

获江苏省省级机关法制宣传办公室江苏省省级机关“五五”普法中期考核先进单位；获江苏省人民政府法制办公室2007~2008年全省政府法制工作先进集体。

2. 江苏省第三次全国文物普查领导小组办公室

获第三次全国文物普查领导小组办公室第三次全国文物普查摄影图片展组织奖。

【先进个人】

潘纪纲、梅俊、陈怡、李国耀获第三次全国文物普查领导小组办公室第三次全国文物普查摄影图片展优秀奖；江苏省委常委、无锡市委书记杨卫泽被评为中国文物保护基金会“中国文化遗产保护年度十大杰出人物”。

浙江省

【不可移动文物】

2008年，浙江省不可移动文物保护以巩固优势为动力，以西湖和大运河为申遗重点，在全省历史文化遗产保护工程实施上取得新进展，文物维修保护、大遗址保护、考古管理及历史文化名城街区、村镇保护等方面均得到了加强。杭州飞来峰造像、磐安玉山古茶场、桐乡罗家角遗址、兰溪芝堰村建筑群、宁海古戏台、萧山越王城遗址、湖州邱城遗址、苍南矾山矾矿遗址等全国重点、省级文物保护单位的保护规划得到编制，浙江省文物局组织专家进行了省级论证，其中磐安玉山古茶场等6项保护规划获国家文物局、浙江省政府或省文物局的批准。

2008年度，浙江省文物保护工程项目资金有了较大幅度增长：其中国家财政投入大遗址保护项目8项，共1600万元；文物修缮项目5项，共560万元；省级财政投入大遗址保护项目2项，共70万元；文物修缮项目84项，共3570万元，总计5800万元。余杭良渚遗址、京杭大运河、东阳卢宅、永嘉芙蓉村古建筑群、嵊州崇仁村建筑群等一大批不可移动文物保护项目得到实施。省文物局组织专家对修缮竣工的平湖莫氏庄园西墙、乐清大乌石雷公殿、黄岩净土寺塔、新昌董村水晶矿摩崖题记、宁波林宅（一期）、平阳钱仓双塔、平阳文明塔、杭州忠义桥等保护修缮工程进行了验收。

至2008年，浙江全省拥有全国重点文物保护单位132处、省级文物保护单位380处、市县级文物保护单位2988处。

2008年12月，浙江省新批准公布全国重点文物保护单位泰顺廊桥（北涧桥、溪东桥）的保护规划。

根据《“十一五”期间大遗址保护总体规划》公布的大遗址项目库百处重要大遗址名单，浙江省良渚遗址、上林湖越窑遗址、大窑龙泉窑遗址、临安城遗址等4处名列其中。为此，浙江省加大保护管理力度，取得显著成效：有关管理部门加强了大遗址日常保护管理工作。《杭州市良渚遗址保护管理条例》、龙泉市《关于严厉打击盗掘龙泉窑遗址和古墓葬行为规范文物流通秩序的通告》、《关于严厉打击盗掘龙泉窑遗址、古墓葬和非法买卖文物行为的通告》等法规政策文件的出台，进一步完善了保护管理法规体系。为防止意外，各大遗址分别编制了突发应急预案。慈溪市还启动遗址管理立法程序，开展立法调研，争取宁波市人大常委会出台《上林湖越窑遗址管理办法》。通过一系列实际举措，大遗址保护与发展之间的矛盾逐步缓解，盗掘盗挖、文物倒卖贩卖等犯罪活动得到有效控制，遗址周边环境得到保存或逐步好转。各地还通过举办国际国内学术研讨会及文化节庆活动，提升了浙江大遗址的影响力。

重点项目的建设积极推进中。良渚遗址以良渚文化博物馆新馆周边环境整治工程、良渚文化博物馆新馆陈列展示工程、莫角山遗址抢救性环境整治与保护工程、遗址区生态遗址区工程等四大项目为重点。慈溪市加快上林湖越窑遗址博物馆建设，争取注册“中国越窑博物馆”，并加强整治窑址周边环境，督促协调各部门在职责范围内做好涉及工作。大窑龙泉窑遗址岙底片枫洞岩窑址实施了主动性考古发掘，取得丰硕成果。发掘结束后，龙泉市政府还及时委托编制了遗址保护展示方案。杭州市近年来积极、稳妥推进临安城遗址的保护与研究，配合城市建设开展了南宋德寿宫、严官巷南宋御街遗址、临安城城墙遗址的考古发掘，提供了极具参考价值的资料。南宋御街遗址的保护与展示对合理利用叠压在现代城市下的遗址进行了尝试，取得了保护、利用上的双赢。

近年来，全省各级政府和职能部门通过强化组织领导、增加财政投入等措施，不断完善保护资金筹措机制，以经费扶持来确保遗址保护的各项工作顺利开展。

【考古发掘】

2008年，浙江省加强了对考古工作的规范化、科学化管理，配合甬台温铁路、杭州中山路改造等基本建设项目，重点实施了杭州中山路南宋遗存、湖州子城城墙遗址、海盐西长浜遗址等文物勘探和抢救性考古发掘，取得重要成果。中国国家博物馆水下考古宁波基地和舟山工作站的相继揭牌成立，标志着浙江水下考古工作取得突破性进展，在全国水下考古工作机构布局中拥有了突出地位。

2008年，浙江省文物考古研究所与德清博物馆组成联合考古队，对德清县龙胜村亭子桥原始瓷窑址进行了考古发掘。从出土的情况来看，这是一座主要烧制原始瓷的窑址，烧造了大量高档次的仿青铜礼器与乐器，堪称迄今发掘的质量最好的一处原始瓷窑址。其中的乐器、窑具和部分礼器都是首次出土。瓷器的起源一直是古陶瓷学界悬而未决的重大学术课题。亭子桥窑址出土产品质量之精，超出许多晚期瓷窑产品，并为越国贵族墓葬中大部分原始瓷礼乐器找到了产地。此外，根据器物和装饰纹推断，该窑址产品极有可能是越王的专用品，对探索当时的瓷器烧造制度和管理制度，特别是宫廷用瓷的生产与管理均具有相当高的价值。除器物外，亭子桥窑址还揭露了多处龙窑窑床遗迹，在窑床底部保存了成组器物，并在地层中首次出土了大量各式垫具。这对探索中国瓷器烧造技术的成熟与发展同样具有极高的意义。

2008 年，浙江省出版德清火烧山考古发掘报告。良渚古城遗址考古发掘项目获 2007 年“全国十大考古新发现”。

2008 年，浙江省以杭州西湖、大运河（浙江段）等项目为引导，继续推进世界文化遗产申报工作，成功举办了以“世界遗产与品质生活”为主题的“世界遗产保护·杭州论坛”，承办了“2008 国际古迹遗址理事会亚太地区会议”，有力促进了浙江省与国内外文化遗产保护组织、机构间的沟通和交流。杭州西湖申遗工作取得突破性进展，国家文物局已正式向中国联合国教科文组织全国委员会推荐杭州西湖为我国 2011 年申报世界文化遗产项目。

根据国家文物局统一部署，全省认真开展大运河（浙江段）的保护与申遗，大运河沿线市、县开展了遗产资源普查、保护规划编制及保护对象遴选等工作，认真配合做好申遗的前期准备。浙江省文物考古研究所牵头启动了浙东运河的遗产资源调查，各地大运河遗产（第一阶段）保护规划编制也稳步开展中。此外，全省其他已列入《中国世界文化遗产预备清单》项目的所在地也开展了大量工作。

【可移动文物】

（一）博物馆

2008 年，浙江省的博物馆工作以强化博物馆陈列展示和社会服务功能为重点，顺利完成了博物馆全面免费开放试点。浙江省委宣传部、浙江省财政厅、浙江省文化厅、浙江省文物局联合下发《关于全省博物馆、纪念馆免费开放的通知》，并召开全省博物馆、纪念馆免费开放电视电话会议，做出具体指示。为加大财政经费保障力度，省财政厅、省文化厅、省文物局制定下发《浙江省博物馆纪念馆免费开放专项资金管理办法》，落实了免费开放的资金配套，规范了专项资金的使用管理。在各地、各部门、各单位的统筹协调和共同努力下，截至 2008 年底，全省列入中央免费开放名单的 59 家博物馆、纪念馆除浙江自然博物馆因新馆建设未能执行外，其余 58 家均向全体公众免费开放。为探索博物馆免费开放后管理机制的改革与创新，浙江省文物局还与省博物馆学会组织举办了“博物馆免费开放与机制创新”馆长论坛，并在《中国文物报》专版介绍、刊登了论坛成果。

2008 年度，浙江省博物馆设施建设取得新成绩。宁波博物馆、良渚博物院、丽水市摄影博物馆、东阳市博物馆等一批新建博物馆正式对外开放，浙江省博物馆武林馆区、浙江自然博物馆新馆完成了展陈方案，嘉兴南湖革命纪念馆新馆、金华市博物馆、松阳县博物馆、景宁畲族博物馆等完成土建工程，安吉生态博物馆、龙泉博物馆新馆、江山博物馆新馆已开工建设。衢州市博物馆馆藏文物保存环境达标试点改造工程通过验收，对浙江省开展馆藏文物保存环境达标改造工程具有一定的示范意义，嘉兴市博物馆馆藏文物保存环境达标试点工程也已开始启动。

全省博物馆陈列展览取得新成效。除继续有序推进“陈列展览精品项目”，对一批重要展览进行补助外，浙江省还开展了“陈列展览精品项目”评奖工作，共有 6 个陈列展览项目获得精品奖，11 个陈列展览项目获得单项奖，进一步推动了博物馆陈列展览水平的提高。各博物馆纷纷整合资源，推出了“丝府流韵——浙江蚕桑丝织非物质文化遗产聚珍”等一系列重要展览，取得了良好的社会效益。全年全省博物馆共推出陈列展览670个，年参观人数达到1200多万。

此外，浙江省大力推进重点项目的实施，加强了文物安全和库房、技防建设，提高了业务管理水平。全省一、二、三级博物馆的评估审核工作全面完成，经申报、推荐、审核，浙江省博物馆被评为全国一级博物馆，上报国家文物局复审的二级博物馆有22家，三级博物馆32家。可移动文物保护及修复管理工作得到进一步规范：经浙江省文物局推荐，国家文物局审核认定浙江省博物馆、中国丝绸博物馆为首批可移动文物技术保护设计一级资质单位；经浙江省文物局批准，浙江省博物馆、中国丝绸博物馆获得首批可移动文物修复一级资质，宁波市文物保护管理所获得可移动文物修复二级资质。

目前，全省国有文物系统博物馆数量为134家，其中综合性博物馆51家，专题性博物馆42家，纪念性博物馆41家，2008年度新增宁波博物馆、东阳博物馆、丽水市摄影博物馆、宁波浙海关旧址博物馆等4家。国有非文物系统博物馆22家，非国有文物系统博物馆80家（均为专题性博物馆），2008年均无新增。

全省被列入中央免费开放规定范围的博物馆、纪念馆为59家，名单如下：

浙江省博物馆、中国丝绸博物馆、浙江自然博物馆、杭州历史博物馆、中国茶叶博物馆、杭州名人纪念馆、杭州西湖博物馆、杭州南宋官窑博物馆、杭州京杭大运河博物馆、俞曲园纪念馆、余杭区博物馆（江南水乡博物馆）、良渚博物院、桐庐县博物馆、温州博物馆、温州市龙湾区文博馆、乐清市文物馆、嘉兴博物馆、嘉兴市蒲华美术馆、浙江省海宁市博物馆、海宁市徐邦达艺术馆、平湖市博物馆、平湖市吴一峰艺术馆、平湖市陆维钊书画院、平湖市李叔同纪念馆、桐乡市博物馆、桐乡君匋艺术院、桐乡市丰子恺纪念馆、湖州市博物馆、德清县博物馆、长兴县博物馆、安吉县博物馆、安吉县吴昌硕纪念馆、绍兴博物馆、绍兴鲁迅故居及纪念馆、绍兴县博物馆、诸暨市博物馆、上虞博物馆、越剧博物馆、浦江博物馆、义乌市博物馆、永康市博物馆、东阳市博物馆、衢州市博物馆、江山市博物馆、舟山博物馆、舟山市普陀区博物馆、岱山中国灯塔博物馆、龙泉市博物馆、缙云县博物馆、庆元县香菇博物馆、台州市黄岩区博物馆、临海市博物馆、天台县博物馆、三门县博物馆、北仑博物馆、宁波市镇海口海防历史纪念馆、慈溪市博物馆、余姚市河姆渡遗址博物馆、余姚博物馆。

至2008年底，浙江全省博物馆文物藏品总数为732739件（套）。

2008年度浙江省陈列展览精品项目评奖中，全省共有17个陈列展览项目获奖，具体名单如下：

精品奖：杭州南宋官窑博物馆“中国陶瓷文化陈列”、宁波保国寺古建筑博物馆“保国寺大殿科技保护展”、温州市文物保护考古所“温州朱自清旧居陈列展”、嘉兴博物馆“沃土嘉禾——历史时期的嘉兴”、湖州市博物馆“归去来兮——赵孟頫书画珍品回家展”、绍兴县文化发展中心“绍兴县博物馆基本陈列”。

单项奖：

最佳制作奖：杭州市园林文物局钱江管理处“李叔同弘一法师纪念馆陈列”。

最佳创意奖：杭州名人纪念馆“‘漫画一生’——华君武作品展”。

最佳宣传推广奖：中国茶叶博物馆“清茗留香——清朝茶具文物展”、绍兴鲁迅纪念馆“鲁迅文学奖作家作品展”。

最佳综合效益奖：杭州历史博物馆“巧如范金、精比琢玉——陕西铜川耀州窑陶瓷精品展”。

最受观众欢迎奖：宁波天一阁博物馆“袖里翰香——天一阁藏明清扇面精品展”、桐乡市博物馆“红色旅程——侯波徐肖冰摄影艺术作品展”。

最佳内容设计奖：慈溪市博物馆“越瓷古韵——青瓷文化与实用艺术”、衢州市博物馆“婺州古瓷展”。

最佳服务奖：温州博物馆“江河之魂——青海历史文化展”。

最佳形式设计奖：舟山博物馆“百年老床陈列”。

全年全省博物馆参观总人次1208.2万，其中未成年人参观人次334.2万。浙江省被中央列为全省博物馆免费开放的省份之一后，博物馆门票收入大幅降低，为2292.5万，其他收入为3432.4万元。

（二）民间收藏文物

2008年，浙江全省具有文物拍卖资质的拍卖企业为28家，其中新增拍卖企业2家，分别为浙江长乐拍卖有限公司、浙江骏成拍卖有限公司。具有一、二、三类文物拍卖资质的拍卖企业9家，分别是浙江佳宝拍卖有限公司、浙江世贸拍卖中心有限公司、浙江丽泽拍卖有限公司、浙江皓翰拍卖有限公司、温州汇丰拍卖行有限公司、浙江钱塘拍卖有限公司、浙江一通拍卖有限公司、浙江中财拍卖行有限公司和浙江浙商拍卖有限公司。全省全年度举办拍卖活动50场，拍卖标的26069件，成交额6.91亿元。与2007年相比，拍卖总场次减少15场，拍卖总标的减少11555件；总成交额减少6.17亿元，降幅达47.2%；全年未拍企业由6家增至9家。

全省共有文物商店17家，其中国有文物商店8家，民营文物商店9家，2008年度新增民营文物商店2家，分别是：湖州市古雅文物有限公司和杭州五德堂文物有限公司。国有文物商店销售文物的审核全年只有杭州文物公司申请的文物出境外销审核1起，共审核陶瓷、书画、玉器、杂项各类文物2722件，其中1件留存。根据新的文物进出境审核管理办法，国有文物商店外销文物报鉴实际上已经停止，只是作为售前审核允许其在境内销售。

2008年，浙江省共受理文物临时进境审核登记68起、807件（套）——包括110件瓷器、119件玉器、301件书画和277件杂项，80%以上为各拍卖企业从海外征集入境参加文物拍卖的——办理临时进境复出境许可37起、221件（包括39件瓷器、56件玉器、70件书画和56件杂项），可见临时入境的文物大部分都留在了国内。此外，全省共办理私人携运文物出境2起、2件（均为瓷器），受理旧家具出境申请244起，经审核允许出境79867件（含新仿制品，其中上虞4026件、慈溪54205件、宁波市本级198件、象山县744件、鄞州区20694件），禁止出境77件。由于国家对文物出境审核标准年限门槛的提高及全球金融危机影响，海外对旧家具的需求逐步萎缩，出口量呈下降趋势，申报的批次多、数量少，少的只有几件、十几件。

（三）文物保护科技与科研

2008年，浙江省文物保护科技项目有序推进，召开了2008年度浙江省文物保护科技专家咨询会。根据专家意见，各有关文博单位、大专院校开展了文物保护科技项目申报工作。经省文物保护科技项目专家评审会评审，“丝绸文物修复用薄透类丝织材料的研究与开发”、“脆弱丝织品的丝蛋白加固研究”、“浙江省可移动文物环境控制方法研究”、“良渚古城外郭城科技勘探与调查发掘”4个项目列入2008年度文物保护科技项目。

全省精心开展专题调查研究，组织了全国重点文物保护单位京杭大运河保护调查工作，并配合新农村建设开展浙江省宗祠建筑保护利用、浙江省近现代优秀建筑保护利用等专题调研，提出在资金和技术上加大扶持力度的政策建议，推进了浙江省宗祠建筑、近现代优秀建筑的保护管理水平。全省还开展“博物馆实行常年免费开放的探索与实践”、“整合藏品资源、加强展览合作”重点课题调研，为博物馆免费开放后的完善服务、加强管理、整合资源推进合作创造了条件。有关方面如期完成了国家文物局委托的《民间收藏文物调查及发展规划编制》重点课题的调研结题，并通过国家文物局专家组结项验收。

2008年，全省共有省级文物保护科研基地1家，为依托浙江省博物馆建立的浙江省文物保护科研基地；重大文物保护科技项目10项，分别是：国家文物局《熏蒸灭菌剂三甲基硼在文物上的应用研究》、“文明探源工程（二）”相关课题、“指南针计划”试点项目《古代纺织发明创造文化遗产科学价值试点——古代夹缬工具与技术复原》，以及国家文物局《馆藏丝织品保护修复方案编写规范》、《馆藏丝织品病害分类及图示》、《馆藏丝织品保护修复档案记录规范》3个标准的编制；省科技厅《大型饱水木质文物的真空冷冻脱水研究》；教育部重大项目“田螺山遗址自然遗存综合研究”；省文物保护科技项目《基于传统材料科学化的濒危石质文物加固材料研究》、《脆弱丝织品的丝蛋白加固研究》。

2008年度全省共完成文物科研论文及资料整理287部，其中专著图录46部、论文（省级及以上刊物公开发表）240篇、考古报告1部。

（四）文博信息化

2008年，浙江省文物局行政审批系统建成，从而满足了单位内部业务办理和省电子监察系统数据采集的需求，实现了文档自动流转、办理分级审批和数据的自动上报。浙江省博物馆武林馆区、浙江自然博物馆结合新馆建设，规划了综合布线系统、计算机网络系统、办公自动化系统、一卡通系统、电子阅览系统、楼宇自控系统、机房系统等项目，进一步提高了信息程度。

作为浙江省文物局的下属网站，浙江文物网全年共更新信息7378条，其中原创工作动态信息1665条；向国家文物局政府网站报送稿件910篇、刊发868篇；还制作了2008文化遗产日浙江系列活动、浙江国有博物馆免费开放和“文明寻踪——浙江省第三次全国文物普查图片展”等5个专辑；并与浙江省文物普查办联合主办了“普查日记”专栏。该栏目以普查队员日记的形式，记录了普查工作中的内容、见闻及情感，为文物普查一线工作人员提供了一个不同的空间。同时增设的“先进县在行动”、“市县领导谈文物”等栏目为文物普查工作提供了极大方便，全年共受理市、县（市、区）上报数据1480条，新发布各类信息1200余条。

全省各地文博网站也纷纷及时更新信息，提前发布展览和活动预告，逐渐成为博物馆与社会信息沟通的重要渠道。绍兴市为纪念周恩来诞辰110周年，开通了“周恩来风范在线”网站。以浙江自然馆为依托的浙江生物多样性研究中心网站的建成，有力推进了浙江省生物多样性资源保护与利用的研究、宣传和推广。目前，浙江全省共有文博网站53家，全年浏览人次约1200万。

2008年度，浙江省的文物调查及数据库管理系统建设工作取得进展，全省文物收藏单位基本完成了《浙江省馆藏文物信息录入表》的填写工作。

【政策法规与宣传】

2008年，浙江省文物系统围绕实施博物馆、纪念馆免费开放和全面开展第三次全国文物普查两项中心工作，把握“文化遗产人人保护，保护成果人人共享”的主题，在“文化遗产日”期间举办了“世界遗产保护·杭州论坛暨2008国际古迹遗址理事会（ICOMOS）亚太地区会议”，并在浙江省西湖美术馆举办了全面展示普查成果的“文明寻踪——浙江省第三次全国文物普查图片展”，还表彰了全省文物系统内连续从事文物工作30年（含）以上的在职人员，激励了文物工作队伍。浙江省文物局与媒体合作，开设“发现之旅”专栏系列报道，在《浙江日报》组织“繁荣博物馆，共享发展成果”专版宣传，回顾总结了近几年来全省博物馆事业取得的新进展，通过举办“浙江人文之光”文博系列讲座、文物法知识现场问答、主题征文、义务为民鉴宝等全方位、多层次的系列宣传，彰显了全省丰富悠久的文化遗产及文化遗产保护取得的成果。浙江省文物局机关内刊《浙江文物》开辟了“普查之星”、“普查新发现”等栏目，积极反映全省普查工作情况，并推出新建博物馆和陈列展览的专题介绍，有声有色地强化了宣传。此外，在国家文物局指导下，宁波博物馆于12月5日举办“携手2010：宁波国际博物馆高峰论坛”。来自中国及其他14个国家、地区的100多名专家学者以“21世纪博物馆的核心价值与社会责任”为主题，就当今博物馆共同关注的热门话题进行了研讨，通过了引领国际博物馆先进理念的重要文件《宁波宣言》。

为加强行政审批尤其是行政许可事项办理程序的规范化建设，浙江省文博系统根据省政府办公厅、省监察厅的统一部署，开发完成了行政审批操作平台，并与省政府电子监察系统相衔接，按照要求开展了行政许可事项的填报工作，将文物行政审批事项办理纳入电子监察系统的全程监督。此外，文物主管部门还严格执行文物行政许可，全年共完成涉及文物保护单位修缮、文物拍摄许可、文物保护资质及馆藏文物借用等行政许可事项110余件，建设工程涉及文物保护事项的项目审批20余件。

【安全督察】

浙江省高度重视文物安全督察工作，积极部署全省文物安全检查，向各地文物行政部门印发了《浙江省文物行政执法日常巡查办法（试行）》、《浙江省文物行政执法责任制督查办法（试行）》、《浙江省文物违法事件、安全事故报告制度（试行）》、《浙江省文物突发事件应急预案》等文件，将文物安全检查工作制度化、规范化。2008年，浙江省文物监察总队带头组织开展文物执法（安全）巡查工作，巡查各地文博单位、历史街区、村镇400多家（次），并做好照片拍摄和文字记录，同时认真督促全省各地开展文物执法巡查。至2008年底，全省各地文物执法监察机构共出动11130人次（同比增加120%），巡查各级文物保护单位、博物馆、纪念馆及历史文化街区、村镇7298家/次（同比增加265%），遏制文物违法行为150余起。

在执法巡查中，除查处违法行为外，全省各地的文物执法监察部门重点对文物安全管理意识进行了强化，就文物古建筑的消防安全隐患等诸多问题进行了整改，对文物收藏单位的安全防范、文物开放单位的游人安全管理、文物古建筑维修工地的安全措施等方面进行了检查，并对文物安全防范预案进行了抽查，通过有针对性的督察确保文物安全。

在上级主管部门的领导、支持下，浙江省文物执法监察机构加大对文物违法案件的查处力度，共作出处理、处罚29起：3月，温州市对擅自在省级文保单位石马山岩刻建设控制地带内非法建筑的违法单位罚款5.5万元。4月，平阳县对省级文保单位腾蛟镇忠训庙保护范围内擅自进行建设的违法单位罚款5万元。10月，省级文保单位镇海后海塘聪园路段海塘塘体被建设施工单位擅自拆除，宁波市立即向施工单位发出《责令停止施工通知书》并立案调查。12月，绍兴县全国重点文保单位古纤道保护范围内有单位擅自施工，将古纤道挖出缺口，绍兴县进行了立案调查。此外，嘉兴市、舟山市、乐清市、洞头县、上虞市等地也多次制止文保单位保护范围及建设控制地带内的违章建筑行为。

2008年，各地多次与公安部门配合，将盗墓犯罪分子送上法庭：年初，临安市现场抓获3名盗墓人员，并由市法院公开审处。4月27日，临海市当场抓获一伙刚盗挖古墓的犯罪分子，经审讯，最终将这伙多年流窜的盗墓团伙一网打尽，共查处涉案人员48人，追缴出土文物20余件。这也是浙江省近年来破获的最大盗挖古墓案。衢州市、龙泉市、龙游县等文物监察部门也多次协助抓获多名犯罪分子，沉重打击了文物犯罪的嚣张气焰。在公安部门配合下，文物部门及时收缴大量出土文物，避免了流失。如桐乡市先后查处了三起文物盗挖案件，追缴良渚文化玉琮、玉璧、玉镯、玉锥形器等珍贵文物40余件，有效保护了文物的安全。

【机构与人员】

2008年度，浙江省继续加强文博机构与人员队伍建设，全省共有各类文物机构199个（较2007年增加2个），从业人员4087人（较2007年增加462人），其中文物保护管理机构93个（从业人员1537人），博物馆89个（从业2339人），文物商店8个（从业63人），文物科研机构4个（从业89人），其他文物机构5个（从业59人）；按照隶属关系，属于省级的9个，地市级54个，县市级136个。全年全省文物机构各项经费收入总额10.85亿元，较2007年增加2.9亿元。其中文物保护管理机构为4.31亿元，博物馆4.02亿元，文物科研机构0.25亿元，其他文物机构2.27亿元；按照隶属关系，省级为1.06亿元，地市级7.19亿元，县市级2.60亿元；共收到各级财政拨款总额6.69亿元，较2007年增加3.24亿元。其中文物保护管理机构1.6亿元，博物馆3.2亿元，文物科研机构0.13亿元，其他文物机构1.77亿元。按隶属关系划分：省级0.89亿元，地市级3.73亿元，县市级2.07亿元。全年全省文物机构各项支出总额为9.35亿元，较2007年增加3亿元，其中文物保护管理机构3.26亿元，博物馆3.56亿元，文物科研机构0.20亿元，其他文物机构2.32亿元。按隶属关系划分，省级为1.12亿元，地市级5.80亿元，县市级2.43亿元。

全省各类文物机构共有文博、工程系列高级职称人才303人（较2007年增加55人），其中文物保护管理机构71人，博物馆186人，文物商店1人，文物科研机构31人，其他文物机构14人；按照隶属关系，省级为113人，地市级109人，县市级81人；中级职称人才464人（较2007年增加44人），其中文物保护管理机构143人，博物馆270人，文物商店13人，文物科研机构23人，其他文物机构15人；按隶属关系，省级为81人，地市级178人，县市级205人。

2008年度，浙江省举办文物保护工程勘察、设计、施工监理人员上岗培训班，共有200多人参加培训。6月3日，浙江省第三次全国文物普查数据报送与接收软件培训在杭举行，25名来自11个设区的市普查办相关业务人员及省普查办工作人员参加了培训。

2008年，浙江全省取得文物保护工程勘察设计资质的单位有17家，其中甲级1家、乙级11家、丙级2家、暂定级2家，取得文物保护工程施工资质的单位41家，其中一级9家（包括浙江大陆、兰溪诸葛）、二级15家、二级6家、三级8家、暂定级3家，取得文物保护工程监理资质的单位有浙江古典建筑工程监理有限公司（甲级），浙江大陆公司因同时具备专业施工、设计资质，重复计算。

截止到2008年，全省取得考古发掘资质的单位有两家，分别是浙江省文物考古研究所和宁波市文物考古研究所；取得考古发掘领队资格在职共28人，其中2008年新增1人，为宁波市文物考古研究所的李英魁。

全省取得文物拍卖专业人员资格为4人，分别是：西泠印社拍卖有限公司的孟磊（陶瓷器），浙江丽泽拍卖有限公司陈靖娴（玉石器）、赵勇博（玉石器）及浙江萧然拍卖有限公司的周少华（陶瓷器）。

目前，浙江有柴眩华、周刃、周永良、马争鸣、王牧、梁秀华等6人取得文物进出境审核鉴定员资格，其中2008年新增梁秀华1人。

2008年，丁云川、杨古城被授予“2008年度中国文化遗产保护年度贡献奖”，另有54名从业30年以上的文物工作者受到表彰。

【对外交流】

2008年，浙江省文博系统坚持“服务大局、面向世界”的原则，不断提高文物引进和出境展览的质量、数量与组织水平。为庆祝浙江省与澳大利亚西澳州缔结友好省州关系20周年，浙江省在澳大利亚西澳州佩斯市举办浙江文化周。作为文化周项目之一，浙江省博物馆于2007年11月19日~2008年3月3日在澳举办了“千峰翠色——浙江青瓷风韵”展览，共展出馆藏青瓷105件，其中文物80件（一级文物15件，二级文物60件，三级文物5件），传播了中华文明。9月26日~11月30日，浙江省博物馆赴澳门艺术博物馆举办“像应神全——明清人物肖像画特展”，共展出出借馆藏书画60件（套）。

4月22日~27日，浙江省文化艺术交流促进会与台湾海峡两岸和谐文化协进会共同在浙江省博物馆举办“于右任书法精品暨海峡两岸书画名家百品联展”，共展出于右任、刘延涛作品25件（套）。

近年来，浙江省文博系统继续加强对外交流，文物专家、学者、管理人员的出访项目和人次呈逐年上升趋势：2008年1月，浙江省文物监察总队10人赴法国、德国，考察当地文物及文化遗产保护工作。根据中俄双方协议，中国丝绸博物馆2人于1月下旬赴莫斯科，进行“中国文化节”展览项目“5000年中国丝绸精品展”的最后撤展。1月26日~31日，应日本综合地球环境学研究所邀请，浙江省文物考古研究所派人赴日本参加“中国稻作考古学的新进展”国际学术研讨会。2月16日~21日，浙江省博物馆的陶瓷、钱币文物鉴定专家应邀赴印度尼西亚，为有关方面提供鉴定技术支持。3月3日~10日，浙江省博物馆一行5人赴西澳州，完成了“千峰翠色——浙江青瓷风韵”展的撤展工作，并与西澳州博物馆商谈继续合作事宜。应日本中日新闻社的邀请，浙江自然博物馆7人于3月17日~24日赴日，完成了“恐龙大陆”展览的第二阶段布展工作，并参加了展览开幕式和“福井2008国际恐龙研讨会”。5月6日~14日，浙江省文物考古研究所有关人员应邀赴英国，参加了第五期省级考古研究所所长管理干部培训班的考察学习任务。5月24日~9月8日，中国丝绸博物馆专业人员应邀参加了中国科学技术馆的组团，赴荷兰执行中国古代传统技术展览任务，现场进行了织机表演。应韩国国立光州博物馆邀请，浙江省博物馆3人于5月26日~30日赴韩国，商谈与签订职员交流协议及将来交流事宜。为加强与国际博物馆界的交流与合作，浙江自然博物馆康熙民于6月7日~16日赴俄罗斯，参加国际博物馆协会（ICOM）年会，讨论现代博物馆展览进化的展示方式，这也是该馆首次参加国际博协年会。应日本中日新闻社邀请，浙江自然博物馆2人于8月28日~9月3日赴日，完成“恐龙大陆”展览的撤展工作。9、10月间，中国丝绸博物馆一行6人赴土耳其、希腊，继续进行“丝绸之路跨国申遗采风”活动。9月4日~14日，浙江省博物馆人员赴俄罗斯，参加了在巴尔瑙尔和阿尔泰边疆区举办的“变革世界中的博物馆和博物馆学”第三届国际博物馆学研讨班，以及在新西伯利亚举办的国际博物馆学委员会西伯利亚分会2008年会。10月5日~12日，浙江省博物馆一行2人赴英国，参加了“中英文化连线”举办的中英博物馆馆长交流活动和英国博物馆年会，实地考察了当地博物馆并与有关人员会晤。应美国芝加哥费尔德博物馆的邀请，浙江自然博物馆研究人员于10月10日~13日赴美进行学术交流，对比研究了费尔德博物的馆藏海生爬行动物化石，商讨了合作事宜；随后又应国际古脊椎动物协会董事会及2008年会议组委会的邀请，参加了10月15日~18日在美国俄亥俄州克利夫兰市举办的国际古脊椎动物协会第68届年会；并于10月19日~26日访问了加拿大自然博物馆，对比研究了恐龙化石标本，同时考察了多伦多安大略皇家博物馆和蒙特利尔Redpath博物馆。应国际区域博物馆委员会邀请，浙江省博物馆派人于10月16日~29日赴美国宾夕法尼亚州匹兹堡和休斯敦，参加国际区域博物馆委员会（ICR）2008年会。应日本金泽大学人类学教授中村慎一的邀请，浙江省文物考古研究所有关人员于11月21日~27日赴日本参加研究成果报告会。12月3日~9日中国丝绸博物馆专业人员应邀赴英国，参加“纺织品艺术：从青铜时期到文艺复兴”研讨会，并商讨中国丝绸博物馆与英邀请方合作项目等事宜。应日本爱知县陶瓷资料馆邀请，浙江省文物考古研究所研究员于12月12日~18日赴日本参加学术研讨会。

此外，应香港中文大学中国文化研究所邀请，浙江省文物考古研究所所长曹锦炎于4月9日~11日赴香港参加“古代玉器研究方法探索”研讨会，并在会上作专题发言。应香港讯通展览公司邀请，浙江省博物馆有关人员于5月22日~26日赴香港，参加亚洲国际艺术暨古董展期间举行的“藏宝于市、藏珍于馆——博物馆与艺术市场研讨会”。5月24日~6月6日，浙江省博物馆人员赴台湾地区华梵大学，讲授了书法创作及史论研究短期课程。应香港大学中国文化中心邀请，浙江省文物考古研究所研究员刘斌于7月14日~21日赴香港大学进行学术讲座。应台湾逢甲大学邀请，浙江省博物馆一行3人于12月14日~20日赴台湾地区考察。

安徽省

2008年，安徽省文物部门在省委、省政府的高度重视下，在省文化厅党组的坚强领导下，认真贯彻文物工作方针，全面落实科学发展观，服务经济建设大局，认真开展文物保护工作，以优异成绩向建国六十周年献礼，在文物保护、考古发掘、博物馆事业、对外交流、政策法规建设、文物安全等各方面工作均取得了优异成绩，进一步提升了文物工作在全省经济社会发展中的地位，为促进安徽文化文物事业发展繁荣、提升安徽知名度和美誉度作出了新的贡献。

【不可移动文物】

（一）综述

安徽历史悠久，人文荟萃，保存大量珍贵的文化遗产。不可移动文物数量多、价值高、类型丰富。上从距今200万年前的繁昌人字洞旧石器时代遗址，下到近现代革命文物，各个时代分布较为齐全。文物类型上，古遗址、古墓葬、古矿冶、古水利工程、古窑址、古城、古民居、楼台亭阁、桥梁关津、古塔、寺观庵堂、古代石刻、古代石窟、革命旧址，以及各种纪念性建筑等等。更重要的是，皖南古民居是全国七大民居类型之一，数量众多，保存较好，加上其精美的木、石、砖雕和丰富的文化内涵，在全国独放异彩。

1. 文物保护单位

2008年，安徽省有国保单位56处，其中古遗址13处，古墓葬4处，古建筑30

处，石窟及石刻2处，近现代重要史迹及代表性建筑7处。

省保单位454处，古遗址77处，古墓葬44处，古建筑234处，石窟及石刻30处，近现代重要史迹及代表性建筑69处。

市县保单位约2000处，国家历史文化名城5座，中国历史文化名镇名村9座，省级历史文化名城9座，省级历史文化名镇名村39处。

2. 文物保护工程

与省建设厅联合发布六安汉代王陵墓地、安徽省博物馆陈列展览大楼、江淮大戏院主体建筑等3处新的省保单位保护范围和建设控制地带。审核、上报了西递、宏村古建筑群、呈坎古建筑群、六安独山赤卫军和列宁小学旧址、旌德江村溥公祠、寿县古城墙等国保单位维修设计方案；审批了旌德三溪乐成桥、霍山玉玺楼、灵璧虞姬墓、马鞍山太白楼屋面工程等项目维修设计方案；对当涂金柱塔、金寨漆氏宗祠、马鞍山朱然家族墓地防渗加固和化学保护工程、瑶岗渡江战役总前委参谋处旧址等维修工程组织了竣工验收；加强了六安双墩1号汉墓、凤阳午门修缮工程、蚌埠双墩1号墓等文物的现场检查；及时与四川省文物局、松潘县文物部门取得联系，积极向省政府申报对口支援松潘地震灾区文物抢救保护经费，并组织率领省文物专家赴该县开展慰问，并对受损文物单位进行现场察看调研，认真制定维修方案；加强地震考古项目申报，与省地震局联合下发通知，要求各地注意收集考古工作中的地震遗迹现象，及时报告。

3. 大遗址保护

2008年以来，圆满完成国家文物局要求报送的大遗址保护中期评估报告。按照全国大运河保护与申报世界文化遗产工作会议精神及大运河保护规划编制工作会议要求，结合安徽省实际，制定了安徽省境内大运河段保护与申遗工作计划，与财政厅联合上报了大运河安徽段保护规划预算编制方案。此后，根据国家统一要求和相关技术标准，专门聘请中国文化遗产研究院承担安徽省大运河保护规划的编制工作，前期工作已正式展开。为加快推进大遗址保护步伐，先后组织召开“固镇垓下古遗址保护规划”、“泾县查济古建筑群保护规划”、“凤阳县明中都皇故城遗址保护规划”、“六安双墩1号汉墓原址保护及黄肠题凑保护方案”专家论证会，召开了“凌家滩遗址保护专题会议”，并审核上报了凌家滩遗址展示工程设计方案。按照国家文物局要求，督促宣城市加快广教寺双塔保护规划编制进度。参加了国家文物局召开的“20世纪遗产保护——无锡论坛”，及时转发国家文物局《关于加强20世纪遗产保护工作的通知》并提出贯彻落实意见。

（二）考古发掘

2008年，配合基本建设做好抢救性发掘工作。按期完成了合武铁路六安段南移改线区域的考古发掘任务。开展了京沪高速铁路（安徽段）、泗（县）宿（州）高速公路、六安开发区、庐江工业园区、寿县城南新区建设工程等建设工地的考古勘察、发掘工作。据统计，全年共发掘古墓葬800多座、古遗址10000多平方米，出土文物2000多件。

蚌埠双墩1号墓考古发掘取得重大收获。该墓葬的年代为春秋，型制罕见。出土文物达1000多件。据铜器上铭文分析，墓主为钟离国君柏。此发现填补了有关钟离国历史的空白，对研究淮河流域独特的地域文化现象及历史、宗教等多学科研究具有极其重要意义。

省委、省政府高度重视文物普查工作，根据国务院的统一部署和要求，12月30日，省政府召开全省第三次全国文物普查工作电视电话会议，省第三次文物普查领导小组成员单位和省直文博单位领导参加了省主会场会议，全省17个市和60多个县的有关领导与全体成员在全省各地分会场聆听了会议。副省长、省第三次文物普查领导小组组长谢广祥在会上作重要讲话。省政府与各市政府签订文物普查责任书。

2008年伊始，省文物局召开普查办专题会议，研究落实全年度的文物普查任务。3月，国家文物局第三次全国文物普查办公室首次派出的调研组第一站便选择了安徽，他们对安徽省文物普查的扎实工作给予充分肯定和赞赏，国务院普查办《文物普查简报》连续3期刊登介绍安徽省文物普查工作情况。为指导全省开展工作，省文物局分赴基层各地开展检查指导，帮助他们排忧解难。10月，接待国家文物局组织派遣的中央新闻媒体文物普查采访团到合肥、滁州、安庆、怀宁、歙县等地的现场采访。派员参加国家普查办举办的“第三次全国文物普查数据报送与接收软件培训班”和“第三次全国文物普查数据采集与管理培训班”学习。举办“全省第三次文物普查数据报送与接收软件培训班”，全省17个市的30名专业人员参加了学习，及时向国家文物局报送了文物普查进度汇总情况。到2008年12月底，全省共计调查不可移动文物6084处，其中新发现文物点3093处，复查不可移动文物2991处。

（三）世界文化遗产

安徽省目前有世界文化遗产2处：皖南古村落——西递、宏村，以及黄山。西递、宏村于1999年12月被列入世界文化遗产名录，黄山于1990年12月被列入世界文化与自然双遗产名录。

1. 西递、宏村

西递、宏村位于安徽省黄山市黟县。黟县历史悠久，风景优美，素有“中国明清古民居博物馆”等美誉，是徽商和徽文化的发祥地之一。区内完整地保存了西递、宏村、南屏、关麓、屏山等众多古村落。

西递、宏村是徽文化和徽商造就的具有典型地方传统特色的古村落。西递村始建于公元1047年，全村现有14~19世纪的祠堂3幢、牌楼1座、古民居124幢。村落面积12.96公顷，整体风貌格局完整，道路和水系维持原状，正街、横路街、前后边溪街和40多条巷弄均得到保存。

宏村始建于公元1131年，至今完好地保存独创的仿生学“牛”形布局的村落水利工程设施，具有很高的实用价值和景观价值。村落面积19.11公顷，整体风貌格局完整，开放的水系流经村庄各处建筑，并形成村中央（月沼）、村南（南湖）两个池塘，街巷依循水系。

黟县成立了以县长为组长、分管副县长为副组长，各有关乡镇政府与县建设、文物、旅游等部门组成的世界文化遗产保护管理领导组。西递、宏村成立遗产管理委员会、遗产保护管理监察大队及民间保护协会。形成县、镇、村、民间组织四级保护管理网络。

《西递古村落保护规划》和《宏村保护规划》分别于1997年和1998年编制完成。在此基础上，2001年编制完成西递、宏村基础设施建设和古建筑修缮设计。2006年，着手对西递、宏村保护规划进行修编，黟县政府制定《黟县西递、宏村世界文化遗产保护管理办法》及实施细则，以政府令形式发布实施。

黟县先后印发《保护世界文化和自然遗产公约》、《皖南古村落保护条例》、《西递、宏村古村落保护管理办法》等宣传手册，并借助电视、网络等宣传媒体广泛宣传文化遗产地。

2. 黄山

黄山的文化遗产主要有古建筑及近现代代表性建筑、古蹬道、摩崖石刻、黄山画派、诗词歌赋以及宗教文化等。其中，省级文物保护单位4处。文化遗产保护现状良好，没有一处遭到破坏和毁灭。

黄山由黄山风景名胜区管理委员会实行统一管理。管委会主任由黄山市市长兼任，市委书记兼任管委会的第一书记。管委会主持风景区的管理工作，依法享有相应的行政执法权和国有资产经营权。1982年，委托清华大学编制《黄山风景名胜区总体规划》，经20余年的实施与管理，其内容大部分都已完成，2003年，黄山风景区管委会再次委托清华大学编制了新一轮《黄山风景名胜区总体规划》，2007年3月获国务院批准实施。

3. 大运河安徽段申报世界文化遗产工作

2009年，国家大运河申遗办赴淮北、宿州调研督察大运河保护申遗情况，向国家文物局汇报安徽省大运河保护规划和申遗点遴选工作。7月，组织召开由淮北市、宿州市两市政府及文化、文物部门等参加的大运河保护与申遗会议。9月，组织召开大运河（安徽段）淮北、宿州两个市级保护规划专家详审会，向国家文物局报送了保护规划文本。与省财政厅联合上报2009年度大遗址保护专项经费项目。参加并协调由全国政协主办，淮北市承办的“中国大运河第五届文化节大运河保护与申遗高峰论坛”。举行隋唐大运河博物馆揭牌仪式。做好大运河考古发掘工作，4月，向国家文物局上报了第二次考古发掘申请书，国家文物局已同意发掘1500平方米。

【可移动文物】

1. 简述

安徽馆藏文物丰富，时代分布和文物类型都较为齐全，以青铜器、楚国货币、文房四宝、徽派古建筑构件、古代字画、瓷器、古籍善本、徽州契约文书等较为著名，在全国具有重要地位。据统计，有各类馆藏文物约55万件，其中一级文物1600多件（套）。

2. 国有文物系统博物馆

2008年，全省有各级各类博物馆、纪念馆102座，文物部门直接管理的有67座，其中，省级博物馆1座，市级博物馆14座，县级博物馆52座。

安徽省作为全国7个试点省（区）之一，3月26日，以省博物馆为“龙头”的全省49家博物馆、纪念馆均按照“成功、安全、有序”的目标，全部向社会免费开放，好评如潮。据统计，博物馆、纪念馆自免费开放以来，共接待观众652.2458万人，其中青少年285.791万人。

3. 非国有文物系统博物馆

对全省已建、待建和在建的非国有博物馆进行全面统计，基本摸清了全省各馆的基本情况，新审核批准了合肥子木园博物馆、歙县新安歙砚艺术博物馆、歙县古城墨砚博物馆3家非国有博物馆。全省已有非国有博物馆30家，其中7家按程序在省文物局办理了报批手续，纳入省文物局的统一管理。

4. 博物馆建设

2008年，安徽中国徽州文化博物馆已建成并正式开放，安徽省博物馆新馆、马鞍山市博物馆、宿州市博物馆、皖西博物馆、巢湖市博物馆、界首市博物馆、含山县博物馆等正在加紧建设之中，安庆市博物馆新馆建设方案已通过专家评审，阜阳市博物馆、芜湖市博物馆、池州市博物馆新馆开始筹划建设。

精心组织全省博物馆参加评估定级工作。按照国家文物局的通知精神，积极组织全省博物馆参加一级和二、三级馆的申报评估，指导填写申报材料和评分细则表，组织专业人员对各地系统内外的博物馆进行实地考察，初审了全省39家博物馆的申报材料。经过国家文物局综合评审，安徽省博物馆荣获国家一级博物馆称号。

组织专家完成了南陵县博物馆新馆建设方案的论证工作。审核了渡江战役总前委旧址纪念馆文物库房、歙县博物馆馆舍维修、六安博物馆新馆技防工程等6个方案。组织专家对绩溪三雕博物馆拟征集的文物进行鉴定并指导编制文物征集方案。巢湖市博物馆馆舍改造、阜阳市博物馆汉简科技保护等5个方案已获得国家文物局审批。

4. 重要陈列展览及活动

博物馆、纪念馆自免费开放以来，共接待观众652.2458万人，其中青少年285.791万人。经与财政厅共同争取，仅此一项，就获得中央财政专项经费3700多万元，居华东地区之首。9月，接待国家文物局领导及“国家文物局博物馆免费开放调研组”调研。成功承办“皖赣两省博物馆免费开放座谈会”。

精心准备第三个“文化遗产日”活动。6月14日的遗产日当天，省委、省人大、省政府、省政协领导和省文化遗产保护领导小组成员单位的领导参加了庆祝仪式。副省长谢广祥出席仪式并发表重要讲话。省领导为安徽省第二批22个国家级非物质文化遗产传承人颁发证书；为怀远等三县农民和基层文物单位保护和上交国家珍贵文物颁发奖状和奖金；为省博物馆荣获国家一级博物馆和4A景区揭牌；举行《安徽馆藏珍宝》大型文物图书首发式；宣布“鉴宝江淮行”活动开始启动（首站六安）；为“凌家滩史前文明探秘——凌家滩出土文物特展”剪彩等。

圆满完成接待国家文物局冰雪灾害调研组到黄山、六安、金寨及省博物馆的考察调研任务；成功承办国家文物局在安徽省召开的“华东地区冰雪灾害文物抢修及博物馆免费开放工作座谈会”。

5. 文物总店工作

该店以抓经营管理为重点，文明经商，合法经营，进一步建立健全各项规章制度，强化内部管理，积极面对严峻的经济形势，努力压缩行政开支，及时调整经营思路，先后组织人员奔赴北京、天津、长沙、武汉等地组织货源。积极参加郑州、太原、广州、无锡等地的文物展销活动。成功举办了第五届文物艺术品展销会和迎新年文物艺术品展销活动。

【文博信息化】

安徽文博信息化建设主要是馆藏文物调查与文物数据库建设项目。从2008年底着手准备，省文物局组织制订了实施方案和时间计划表、数据库项目藏品信息采集工作安全操作规范、采集人员工作须知和采集设备管理办法等。分片举办培训班，层层深入影像拍摄、计算机录入、合成等各项工作；同时，积极筹措经费，建立中心机房，完善中心机房配套设施；做好文物数据库建设项目的工作简报、工作总结和宣传工作。

【政策法规与宣传】

1. 简述

2008年，文物政策法规与宣传整合资源，积极创新形式。取得了一系列的新的业绩。

2. 2008年度新出台文物保护规章、规范性文件数量、名称

制定《民办博物馆管理暂行办法》（征求意见稿）。为引导、推动和规范非国有博物馆建设的发展，加强全省博物馆群建设，在多次调研、召开会议、征求意见的基础上，数易其稿，制定该办法。请示国家文物局回复后，已上报省政府，争取早日出台。该办法的制定和颁布在全国将属首例。

规范文物工程管理，加强机关制度化建设。为规范文物保护工程的管理，根据国家的有关规定，结合实际，起草制定《安徽省文物保护工程管理办法》（试行）此举有助于确保文物维修工程质量，减少和杜绝工程中的腐败现象，起到有效的监管作用。

为加强单位的内部管理，加强局机关效能建设，制定了《省文物局机关公文运转和督查催办管理办法》、《省文物局机关效能建设条例》、《省文物局财产管理暂行办法》等管理制度，进一步改进工作作风，提高工作效能和服务水平。

3. 2008年度文物保护宣传情况

成功组织、召开3·23全省博物馆、

纪念馆免费开放新闻发布会。由省宣传、财政、文化、文物四部门联合主持召开，中央驻皖新闻单位和安徽省十多家主要媒体参加会议。省文化厅党组书记、厅长杨果代表四家主办单位发表讲话。全省各主要新闻媒体采取了追踪报道、新闻特写、人物专访等形式着力宣传报道免费开放的工作盛况和社会反响等。尤其是免费开放首日，各新闻媒体所刊登的报道文章达20多篇。

不断拓展文物宣传新途径。在《安徽日报》“国宝巡礼”专栏中，刊登了十多篇图文并茂的宣传、推介安徽省文化遗产的文章；安徽电视台在公共新闻频道的《天下安徽人》栏目中先后分期推出了5集系列片《考古探秘系列》，对安徽省淮南、青阳、太湖、怀远、繁昌五市县的基层文物工作者进行专题报道。同时又以《考古专家系列》为题，对安徽省考古学家进行连续6集的集中报道；《安徽市场报》在“书品读”栏目周刊中，全新推出以《宝器·韵——安徽珍藏文物精品特辑》为标题7个版面的篇幅，对《安徽馆藏珍宝》一书进行全面深入的介绍和宣传。

注重加强文物普法宣传。积极利用文物考古发掘和第三次全国文物普查时机进行宣传。如在各地文物保护单位、各考古工地和文物普查点悬挂宣传标语，在全省各地举办的文物普查培训班上专门设置文物法律法规课程，印发《安徽省实施〈中华人民共和国文物保护法〉办法》宣传册等。为创新宣传形式，联合合肥市专门制定省城合肥区域的普查宣传计划，在合肥市重要场所和交通繁华路口制作宣传彩虹门与专栏等。一些地方的人民群众上交文物、捐赠文物的先进事迹不断涌现。2008年，安徽省青阳、怀远和太湖等县的农民就主动上交了4件国家珍贵文物，受到表彰。

重视学术积累，成功举办多起学术会议。省文物局与繁昌县人民政府联合主办了“繁昌人字洞遗址发现十周年国际学术研讨会”。来自全国15个省市的文博考古界代表及美国、法国、加拿大、韩国、日本、南非等国家和地区的专家共计80余人参加了研讨会。省人大常委会副主任朱维芳参加会议并发表讲话，会议取得圆满成功。

加强科研工作，编辑出版《安徽馆藏珍宝》。省文物局与省文物鉴定站联手从全省50多万件馆藏文物中挑选400件（套）一级珍贵文物精品，集铜器、陶瓷器、玉器、书画以及杂项五大类，并包括竹木牙角雕刻、漆器、文房用具、金银器等文物于一书。图文并茂、典雅大方，是安徽省新中国成立以来文物图录出版物中最为精美的一部佳作典籍。

完成《博物馆免费开放参观指南》安徽部分的撰稿工作，并已交由文物出版社出版发行。组织安徽省作者积极向《中国文物报》等国家级专业报刊投稿。全年共计在国家级报刊发表文章300多篇。

省考古所十分重视田野发掘报告的整理和科研成果的汇集工作。各市文物部门也相继出版一批有较高质量的文物图书。省考古所利用所庆50周年的契机，一次出版了3部文物著作。《道远集》荟萃了全所优秀论文，《流金岁月》记述了该所五十年的发展历程，与六安市文物局合编的《六安出土铜镜》是安徽省新中国成立以来第一部专题性著作。《蚌埠双墩遗址》是近年来史前考古的一个重要学术成果。马鞍山市博物馆出版了《马鞍山市六朝墓葬发掘与研究》一书。黄山市徽文化博物馆出版的《徽州文化》图录，六安市文化局出版的《六安诸侯王》、《历史的星光》等等，也都精美纷呈，可圈可点。

举办省文物考古研究所建所50周年庆祝活动。省文物考古所成立于1958年，历经几代人的不懈努力，终于发展成为集考古发掘、文物保护、科研为一体的省级专业大所，为促进安徽文物考古事业的繁荣和发展做出了重要贡献。2008 年 11 月 20 日是建所 50 周年纪念日，省文物考古研究所举行了隆重的庆祝大会。出席会议的领导、专家有省政协副主席赵韩、省委宣传部副部长赵世对、黄传新、省人大常委会教科文卫委员会主任宣林，以及来自全国各省市、自治区 41 家文物考古单位、全国 8 所大学文博考古院系、省财政厅、省科技厅、省直文化系统各单位、全省各市县文博单位、有关新闻媒体、社会各界代表等共计 200 多人。国家文物局等省内外 140 余家文化、文博单位专门发来贺信。

【文物安全及行政执法】

1. 协助配合做好执法督察工作

积极配合上级机关、有关部门认真做好行政执法督察工作。参加了全国文物系统文物安全及行政执法管理信息系统培训班，通过考核取得了国家文物局颁发的岗位资质证书。按照国家文物局要求，开通了安徽省文物安全与行政执法信息管理系统，构建了与国家文物局之间的资料报送和信息交流平台。积极办理查处文物行政违法案件，全力推动全省文物行政执法工作的全面开展。

2. 严厉打击文物犯罪，确保国家文物安全

按照国家文物局《关于进一步加大严厉打击文物犯罪活动工作力度的通知》要求，加大工作力度，积极配合公安、司法部门对文物犯罪活动进行严厉打击。2008 年安徽省文物安全形势十分严峻，全年盗掘古墓葬、盗窃古建筑构件、盗卖倒卖文物案件发案 30 多起，在安徽省文物局积极主动的配合下，案件大多告破。2007 年定远县公安部门破获的周小兵盗掘古墓团伙案，2008 年又抓获数名主要犯罪嫌疑人。安徽省文物局还配合公安部门对青阳、定远、宿州等地的文物案件进行现场鉴定，全年鉴定涉案文物 400 多件。

3. 加强安全检查工作

始终坚持对全省文博单位的安全工作进行检查指导，利用每一次去基层工作的机会，都把安全检查作为必修课，对存在安全隐患的单位及时提出整改要求，帮助制定整改规划，消除安全隐患，努力实现馆藏文物安全年。根据文化部、国家文物局的部署要求，按照不同的专题于 3 月开展了加紧落实国家文物局消防安全要求，扎实做好文物安全消防工作活动；4 月开展了安全生产百日督察行动；9 月开展了加强文物安全工作扎实开展安全隐患大排查活动。多次在全省境内开展了文物安全大检查、抽查安全隐患大排查活动，全年共检查文物单位 160 多家。

4. 加大文物安全基础设施建设力度，加快风险等级防护达标

在文物安全工作上把加强安全技术防范设施建设作为工作重点，向科技要警力、向科技要效力，用现代科技手段替代过去陈旧的高强度低效率的死看硬守，把安全保卫人员从繁重的工作强度中解放出来。结合博物馆、纪念馆免费开放工作，重点加强已实行免费开放单位的达标工程建设和原有设施的改造升级工作。

5. 做好文物单位的安全技术防范、消防、防雷工程建设

完成省文物总店、青阳县博物馆、寿县博物馆、巢湖市博物馆、桐城市博物馆等单位的技防工程、技防升级改造工程建设任务。审核了渡江战役总前委旧址纪念馆文物库房、歙县博物馆馆舍维修、六安博物馆新馆技防工程等 6 个方案。完成了马鞍山博物馆新馆、六安市博物馆新馆、宿州市博物馆、歙县博物馆，国保单位歙县竹山书院、呈坎古村落、亳州花戏楼等单位的安全防范工程、消防工程方案的审核、申报工作。潜口民宅博物馆技防工程、新四军军部旧址消防、防雷工程、九华山文物馆技防改造工程 2008 年度已进入开工建设阶段，同时，部分市县文物单

位的安防设施改造升级工作也已启动。全省文博单位风险等级防护达标工作正快速推进。

【机构与人员】

1. 简述

全省文物保护管理机构86个，其中省本级1个，市级17个，县（市、区）级68个。文物保护工作实现了省、市、县三级管理机制，“五纳入”得到贯彻落实。

全省17个市级文物管理机构中，六安、淮北、亳州、安庆为副处级文物管理局（处）；其他各市为正科级文物管理局（处、所），其中，铜陵、阜阳、合肥等3市为文物管理局（处）。68个县（区）文物管理机构中，黟县、歙县、黄山市徽州区为3个科级文物管理局，其他县（市、区）均为副科以下的文物管理所（局）。地面文物遗存最为丰富的黄山市，7个县、区先后成立了不同级别的文物保护管理机构，其中黟县、歙县、徽州区文物局为独立行使职权的文物管理机构。

2. 培训

派员参加国家普查办举办的“第三次全国文物普查数据报送与接收软件培训班”和“第三次全国文物普查数据采集与管理培训班”学习。举办“全省第三次文物普查数据报送与接收软件培训班”，全省17个市的30名专业人员参加学习，及时向国家文物局报送文物普查进度情况。

【对外交流】

为迎接2008年北京奥运会，省文物局多次组织多件文物精品赴北京参加展览。提供战国“越王丌北古剑”在中国人民革命军事博物馆参加“孙子兵法展”；提供玉鹰等5件精品在首都博物馆参加“长江文明展”；北京奥运会期间，提供玉龙等10件精品在首都博物馆参加“中国记忆——5000年文明瑰宝展”；提供青铜龙耳尊等3件精品在中国科技馆参加“奇迹天工——中国古代发明创造文物展”；提供安徽省元青花瓷器参加“元青花瓷器珍品大汇展”，并在北京、湖北、河南等地巡展。为宣传安徽、扩大安徽影响、提高安徽知名度、美誉度发挥了重要作用。

山东省

【不可移动文物】

（一）不可移动文物保护

1. 简述

据统计，截至2008年底，山东省文物点共计2万余处，其中全国重点文物保护单位101处，省级文物保护单位687处，市县级文物保护单位6843处。2008年新公布市县级文物保护单位84处，其实古遗址17处，古墓葬那个14处，古建筑33处，石窟寺及石刻11处，近现代重要史迹及代表性建筑17处，其他9处。其他未公布级别的保护单位9930处。2008年文物保护工程总计109项，投入维修经费约10550万元，其中全国重点文物保护单位的维修保护工程57项，投入经费约7100万元。

2. 文物保护单位

全国重点文物保护单位97处；省级文物保护单位612处；市县级文物保护单位6843处；新公布市县级文物保护单位共计84处。

其他未公布级别的不可移动文物数量9930处。

3. 文物保护工程及投入情况（500万元以上）：

济南学文庙修缮保护工程，投入经费1000万元。

玉皇庙维修工程、王母池古建筑维修工程、唐摩崖贴金工程、泰山盘道及周边石刻描红工程等22处各级文物保护单位维修保护工程，投入615.03万元。

颜庙复圣殿落架大修工程，投入6726564.41元。

蓬莱水城保护利用项目，投入4000万元。

白石村遗址保护和环境整治工程，投入500万元。

4. 大遗址保护

大遗址有6处：临淄齐国故城、两城镇遗址、城子崖遗址、桐林遗址、大辛庄遗址、曲阜鲁国故城。遗址保护工作情况如下：

两城镇遗址位于东港区两城镇驻地北，发现于1934年。重点保护区面积100余万平方米，是我国著名的新石器时代遗址之一。2008年7月及国庆节期间，日照市文化局聘请中国文化遗产研究院专家两次来两城镇遗址进行现场调研，完成了“两城镇遗址保护规划工作计划”。

对于临淄齐国故城，一是为编制《齐国故城遗址保护总体规划》收集基础资料；二是为尽快实施临淄齐国故城12号桓公台宫殿遗址抢修保护工程，成立了桓公台宫殿遗址抢修保护工程领导小组，负责制定出台文物保护、资金调度、土地租赁等工作。

曲阜鲁国故城是国家选取的首批100处大遗址之一，为了做好鲁故城的保护工作，按照市委市政府的要求，已于2008年8月正式启动了鲁故城规划编制工作。经过国家、省文物局批准，已委托中国文化遗产院进行此次鲁故城保护规划的编制工作，为此曲阜市也专门成立了鲁故城规划编制领导小组，以共同做好规划的编制工作。

2008年10月14日~19日，中国文化遗产研究院鲁故城保护规划编制项目组成员，在山东省文物局相关人员的陪同下，对鲁国故城进行了现场考察及调研，为期6天。对鲁国故城的护城河、城垣、36处重点保护区、鲁国故城内的道路、水系、村落、产业布局、新开发住宅小区等情况进行了考察调研，基本摸清了鲁国故城的保存现状，为规划编制工作积累了第一手资料。

10月19日上午，中国文化遗产研究院编制小组及山东省文物局有关人员召开了座谈会。会议主要讨论了鲁国故城的现状及存在的问题，编制规划所需的基本材料，主要涉及鲁国故城的水系、道路、产业结构、人员居住、旅游规划、三孔及明城规划等方面的问题。山东省文物局详细介绍了鲁故城的保护情况，并表示将尽快提供相关材料。10月19日下午，中国文化遗产研究院编制小组返京，自此，第一阶段的遗产现场调研工作结束。

11月，收集到的有关鲁故城的地形图、产业结构、居民情况、水系情况以及现有的各项规划等资料及时递交到中国文化遗产研究院，保证了规划基础资料收集的全面、真实、准确。在此后的几个月了，又进一步补充了鲁故城1∶10000地形图等一些重要资料。另外，山东省文物局也派员多次进京与中国文化遗产研究院就规划的问题进行交流、沟通，及时提出修改意见，提高规划编制的效率。

（二）考古发掘

据统计，2008年共进行考古发掘43项，重大考古发现5项：山东章丘西河后李文化遗址的发掘、山东寿光双王城水库商周盐业遗址的调查与发掘、山东高青县陈庄—唐口西周遗址发掘、山东淄博临淄区山王村兵马俑坑发掘、京杭大运河济宁南旺分水枢纽和龙王庙建筑群的考古调查和发掘。其中山东寿光双王城盐业遗址群获2008年度全国十大考古新发现、2008年度国家文物局“田野考古发掘”二等奖。双王城遗址群是此前在渤海南岸发现的规模最大的盐业遗址群，此次发掘揭露了比较完整的商周时期盐业作坊遗迹，对了解古代尤其是商周时期的盐业工艺流程比如制盐所需原料、取卤、制卤、成盐等过程，以及古代煮盐活动与环境的关系等问题，具有重要的意义。

1. 山东章丘西河遗址考古发掘

2008年6月~8月，为配合102省道拓宽工程建设，经国家文物局批准，山东省文物考古研究所与章丘市城子崖遗址博物馆对章丘市西河遗址进行了第三次发掘，发掘区紧邻102省道公路北侧，与1997年发掘区相接，布5×10平方米探方14个，连同扩方，实际发掘1000余平方米。发现了丰富的后李文化、龙山文化、唐代、宋代与清代时期的文化遗存。本次发掘的收获主要有：

后李文化遗存比较丰富。与1997年发掘区相连接，发现的房址不仅数量增加了，在布局上向北也增加了3排。房址面积达到70平方米以上，这是首次发现，并且居住面中居住区烧烤较厚、坚硬。门道有1座在内侧铺垫石块，1座在内侧留台阶并经烧烤，1座在内壁经过烧烤。陶器出现了杯、管状流壶形器等新器型，陶釜发现了较大的个体，双耳罐出现了矮领等。根据此次发掘出现了新器型、陶器的变化以及灰陶比例增加等情况分析，其年代晚于1997年发掘的后李文化遗存，为后李文化较晚时期的遗存，这对研究西河遗址后李文化分期、研究后李文化年代提供了重要的新资料。面积较大并且较为考究的房子的发现，说明筑造工艺的进步与生产力的发展，社会组织也发生了一定的变化，为研究后李文化聚落考古（尤其是房屋内部结构、房屋布局、社会组织结构等方面）提供了新的重要资料。在发掘过程中，考古人员自始至终注意采集土样，随后请山东大学考古研究中心植物考古实验室进行了浮选、检测，发现了炭化稻米，是否是人工培育稻，还需要进一步分析鉴定，包括发现的动物骨骼等，对研究当时的自然环境、农业生产与经济发展等具有重要意义。

龙山文化墓葬是西河遗址的首次发现，尤其发现了黑、光、亮的蛋壳陶高柄杯及随葬猪下颌骨习俗等，与山东东部龙山文化特征一致，为研究龙山文化城子崖类型具有重要意义。

发现的清代砖雕壁画墓，不仅具有较高的建筑艺术、国画艺术价值，还具有浓厚的生活气息与地域特色。

2. 山东寿光双王城水库盐业遗址的调查与发掘

双王城水库盐业遗址群位于寿光市羊口镇双王城水库周围，为做好南水北调工程双王城水库建设的文物保护工作及盐业课题研究，2003年夏开始，通过多次大规模田野调查、钻探和试掘工作，在双王城水库周围30平方公里范围内，发现古遗址83处，时代分属龙山文化、商至西周初期、东周、宋元几个大的时期。这些遗址大部分属商周时期，出土遗物主要为盔形器，为古代制盐遗址。

2008年4月开始，对遗址群中07、014、SS8遗址进行了大规模考古发掘，发掘面积约10200平方米。07遗址位于遗址群东北部，面积约2万平方米，发掘面积200余平方米。主要宋金时期遗迹有卤水井、盐灶、沟、灰坑等。014A主要为商代晚期的制盐作坊遗址，面积约4000平方米，通过发掘，基本上弄清了制盐作坊的基本布局：卤水井、盐灶、储卤坑等位于地势最高的中部，以之为中轴线，卤水沟和成组的坑池对称分布在南北两侧，而生产垃圾如盔形器碎片、烧土和草木灰则倾倒在盐灶周围空地和废弃的坑池、灰坑内。014B遗址主要为西周早期的制盐作坊遗址，位于014A遗址的南部，面积近6000平方米。主要对作坊中部的盐灶、储卤坑及西部废弃的坑池进行了清理。

双王城遗址群是目前在渤海南岸发现的规模最大的盐业遗址群。此次发掘揭露了比较完整的商周时期盐业作坊遗迹，对了解古代尤其是商周时期的盐业工艺流程比如制盐所需原料、取卤、制卤、成盐等过程，以及古代煮盐活动与环境的关系等问题，具有重要的意义。

3. 山东高青县陈庄—唐口遗址考古发掘

陈庄—唐口遗址位于高青县花沟镇陈庄和唐口村之间，东北距县城约13公里，面积约8~9万平方米，南水北调东线输水工程由东向西穿过遗址的中部。2008年10月至12月底，山东省文物考古研究所对该遗址进行勘探，并在遗址的东部布5×5米探方63个、3×20米探沟一条，揭露面积达1600多平方米。共清理灰坑100余个、路2条、陶窑2座、台基1座、墓葬3座，另发现长条形的夯土遗迹及壕沟。所获遗物多为陶器的残片及少量的石、骨、角、蚌器等。

所发现的最重要遗迹为夯土台基及长条形夯土遗迹。出土遗物大多为残碎陶片以及石、骨、蚌、角器等。陶片以夹砂灰、灰褐陶，泥质灰陶为主，少量泥质红褐陶。可辨器型有鬲、簋、豆、罐、盆等。另有骨锥、骨簪、蚌镰、蚌刀等。还发现有少许的铜箭镞等。

从出土的遗物分析，这次发掘的遗迹以西周时期为主。台基及夯土遗迹皆被西周灰坑打破，其时代当不晚于西周。WG1、WG2内出土有东周遗物，时代应与之相当。WG3时代暂不详。该遗址的发掘对于鲁北地区周代文化及聚落的研究具有重要意义。

4. 山东淄博临淄区山王村兵马俑坑

俑坑位于淄博市临淄区辛店街道办事处山王村东北约200米，北距临淄齐国故城约7公里。临淄齐鲁塑编厂在该厂生活区扩建改造工程中发现有古墓葬。2008年春，山东省文物考古研究所会同临淄文化局对5座汉代和1座兵马俑坑墓葬进行了抢救发掘。

俑坑规模较大，俑坑南北长15.45米、东西宽3.5米、距地表深约5.4米。内置陶阙、楼房、陶车马、陶俑等。俑坑内的陶楼房、车马、陶俑等制作精良，色彩艳丽，保存较好。陶车马、陶俑排列有序，属于达官显贵的出行仪仗。陶阙、门房、楼房布局完整，属于前有阙楼后有三进庭院的大型住宅院落。

临淄山望村俑坑共出土陶楼房、车马、陶俑以及各类器物500余件（套），属于规模比较大的1座陪葬坑。从俑坑的规模、院落的布局、陶俑和车马的整体组合以及器物特征看，俑坑的年代大约在西汉中期前后。俑坑地处汉代齐国都城临淄附近，其陶阙为二出阙，随葬的车马达11辆之多，按照汉制陪葬坑的主人具有比较高的地位，可能属于齐国王侯或二千石以上的达官显贵。

5. 京杭大运河南旺分水枢纽和龙王庙建筑群的考古调查和发掘

山东省汶上县南旺镇是京杭大运河的最高点，素有“水脊”之称，是维系京杭大运河南北畅通的重要节点。2008年3月~10月，山东省文物考古研究所和中国文化遗产研究院合作，对南旺分水枢纽和龙王庙建筑群遗址进行了大范围的考古调查和发掘，基本摸清了南旺分水枢纽和分水龙王庙的分布范围、结构布局、时代特征和保存现状，为制定保护规划和申报世界文化遗产提供了科学资料。

南旺分水枢纽工程是此次工作的重点。考古人员对戴村坝和小汶河进行了调查和测绘，测定了戴村坝和南旺的相对高差，加深了对小汶河左旋右转大小八十多个弯的理解，并对小汶河与马踏湖连接处的许建口斗门进行了结构解剖。在运河河道和汶运交汇处，开挖了七条探沟，确定了分水驳岸的位置和结构，找到了小汶河河口砌石，发现了一段砌有“弘治拾年造河道官砖”的砖石堤岸，还发现了两排大致与砖石堤岸平行的木桩，为南旺分水枢纽的研究、保护奠定了考古学基础。对南旺湖、马踏湖和蜀山湖进行系统的调查、定位和测量，发现了多处湖堤残迹，其中蜀山湖的一段东堤长2000米，基本保持原貌。考古人员还对柳林闸、十里闸、寺前闸、堽城坝和金口坝等重要闸坝设施进行了考古调查和测绘工作，摸清了这些水工设施在调节运河水量和强化运河功能上的作用。

与此同时，考古人员还对龙王庙建筑群遗址进行了考古发掘，廓清了三组院落既相对独立，又有机连通的平面布局及其时代变迁。通过发掘，出土了水兽、佛像、陶瓷器、钱币和建筑构件等一大批文物，清理出“宋尚书祠堂记”、“汶邑南旺镇分水龙王庙记”等明清时期重要碑刻 20 余通，对于南旺分水枢纽工程和龙王庙建筑群的研究具有重要意义。

此次调查和发掘，得到了清华大学、中国科学院遥感应用研究所、中国水利水电科学院水利史研究所、国家博物馆和北京市文物研究所的大力支持。应用精密 GPS、航片卫片、地理信息系统等空间信息技术，取得了许多新的成果，可以说这是多单位、多层次、多学科人员共同合作的一次尝试。

发掘期间，考古人员会同济宁市文物局、汶上县文物局和南旺镇政府开展了“汶上南旺大运河保护暨公众考古学实践”活动，有计划地组织村民和学生参观考古发掘现场，在社会上引起了极大的反响，大大增强了群众的文物保护意识和热爱南旺的乡土情感。

（三）世界文化遗产——泰山

泰山自 1987 年列入世界文化与自然双遗产名录后，不断探索总结保护管理经验，2008 年底，泰山风景名胜区管理委员会为加强遗产保护管理监测，设置 15 个职能局室，12 个管理区和 25 个下属单位，分类分级管理遗产保护、旅游服务、综合治理等事务。另外，专设世界遗产管理办公室，负责协调遗产监测、遗产保护等事宜；专设了泰安市泰山管理行政执法局（县级），集中行使 538 项行政处罚权；成立了森林公安分局，负责泰山动植物的行政执法；成立了泰山教育中心（泰山研究院），加强和规范了对专业人员和管理人员的教育培养；辖管泰山景区工商分局、泰山景区公安分局，负责景区的行政管理。对遗产保护实施全方位监测。

1. 全面维护泰山文物资源遗产状态安全有序

泰山景区确立了“保护为本，安全为天，舍得花钱保遗产”的思想，确定了“先急后缓、确保安全”和“正常项目年年搞，抢救项目及时搞，大修项目重点搞”的工作思路，着眼于泰山遗产地文物级别、保护现状和特点，按照先期确定的五年保护规划，邀请专家组织论证，有计划地分期编制文物维修保护方案。遵循“修旧如旧、保持原真性”的原则，采取国家补助重点项目资金和纳入本级财政预算资金相结合的办法吸取资金，一是先后实施了玉皇顶整修工程、岱庙汉柏亭维修、桃花峪碧峰寺恢复、三大仕殿维修、普照寺大殿维修彩绘、王母池七真殿维修彩绘、泰山古建筑群外墙粉刷、泰山中路古建筑整修等古建筑保护维修工程，确保了玉皇顶、岱庙、斗母宫、壶天阁、普照寺、青帝宫等重要文物保护单位安全、完整。二是组织实施了泰山石刻描红工程、唐摩崖贴金保护工程，积极与中国社会科学院地质研究所联合研究经石峪石质保护办法，多方面、多层次强化石刻保护措施，让泰山石刻充分再现其历史价值和艺术价值。三是加大防火、防盗、防破坏等保护措施，先后安装了三阳观、五贤祠的避雷设施、重新更换了青帝宫、孔子庙等处避雷设施。全面更换了古建筑干粉灭火器 700 台，有效维护了文物古建筑等珍贵遗产资源安全，确保了安全无事故。

截至 2008 年底，提前完成了泰山文物古建等文化遗产资源全面维护一遍的目标，泰山遗产保护状态达到了历史上的最好水平。

2. 科学利用，做好遗产资源的日常监测

按照国家文物局发布的《中国世界文

化遗产监测巡视管理办法》和《中国世界文化遗产专家咨询管理办法》的精神，按照《世界文化遗产监测管理办法》的具体要求，落实部门责任分工，实行日常监测和反应性检测，切实做好月、季度和年的监测工作，确保了遗产的完整性：一是加大投入力度，确保人员、资金、设备三到位，建立了委、管理区、文物管理所三级专职管理人员监测体系，按照日常监测要求，完善监测记录，确保了监管系统有效运行；二是特别邀请国家、省、市文物局的文物保护专家，召开保护研讨会，指导文物本体现场监测工作，加强了岱庙天贶殿及红门牌坊群的保护论证，形成具有权威性的《岱庙天贶殿维护实施意见》和《红门宫牌坊等文物保护实施意见》；三是在专家论证的基础上，积极配合省文保中心，实地勘察制作《天贶殿及后寝宫维修保护方案》，为景区文化遗产保护提供了科学的理论依据。

3. 在第三次全国文物普查工作上取得新成效

规范普查程序，培训普查人员。分两次共培训了104名文博普查人员，确保了各文博单位第三次文物普查工作的顺利开展。

组织召开泰山景区第三次全国文物普查工作会议。景区各部门单位的负责人和文物普查人员参加会议。总结部署景区第三次全国文物普查各项工作任务。

文物普查成果丰硕。在景区相关单位的支持下，2008年，景区文物普查小组顺利完成岱庙等7个区域和11个乡村的普查任务。完成景区田野普查总工作量的82%。超出上级提出年度普查任务的22%。共发现新的文物点14处。完成复查不可移动文物：古建筑78组，碑碣石刻1062处，古遗址4处，近现代遗迹和代表性建筑12处；形成文字资料30余万字，照片、图纸资料1100余份。同时，在山东省文博网等多种媒体上，发送景区文物普查工作信息50余条。在《泰山晨刊》上以一个整版的篇幅对新发现的文物进行了专题报道。

4. 加强文化遗产资源的传承与发展

泰山景区管委会积极组织策划，利用泰山文化遗产资源，举办各类文化活动，加强文化遗产展示，扩大遗产对外影响。

春节期间，根据《泰山神启跸回銮图》内容，举行了大型户外游艺表演——东岳大帝巡游活动。同时，举办新春祈福纳祥等系列活动。游客们可以参与除夕之夜“撞吉祥钟”、“聆听古钟”等祈福活动，还可以在岱庙欣赏皮影、柳编、吹糖人、塑面人、纺线等传统手工艺表演。正月十五举办了泰山迎春祈福元宵灯会。

清明期间，“艺术人生”清明特别节目在泰山现场取景录制。节目由中央电视台著名节目主持人朱军主持，特别邀请了文化名人易中天、于丹作为现场嘉宾进行访谈。

开展大型纪录片《世界遗产在中国》录制工作，完成了其中《世界遗产在中国·泰山》的拍摄，并于奥运会前在中央电视台一套播出。

加强文化遗产保护研究与探讨。1月30日，第四届“东岳论坛”国际学术研讨会在北京举行，泰山景区应邀出席参加了论坛，泰山景区党工委书记、管委会主任谭业刚到会并作大会发言。

5. 各级领导及专家高度重视泰山文化遗产保护管理工作

2月14日，泰安市委书记、市人大常委会主任耿文清到泰山景区调研泰山保护和旅游发展工作，对泰山景区的工作给予了充分肯定。

3月31日，山东省文物局与山东省公安厅消防总队组成联合检查组，到泰山景区检查指导文物消防工作。先后实地察看了玉泉寺、岱庙等景区、景点的消防设施配备及文物消防工作开展情况，听取了景区文物宗教局的工作汇报。检查组一行对泰山景区的文物消防工作给予了充分肯定，提出了要求和希望。

4月25日，山东省文物局法规处一行4人到泰山检查文物行政执法工作。

6月16日～17日，法国文化遗产部和文化遗产学院的5位文化遗产保护专家，在国家文物局、省文物局等有关同志的陪同下，考察了泰山、岱庙。

8月5日，联合国教科文组织总干事松浦晃一郎，在中国联合国教科文组织全国委员会秘书长方茂田、联合国教科文组织北京办事处代表秘书李江萍等陪同下到泰山考察。

泰安市人大常委会有关同志到泰山景区视察，对《风景名胜区条例》贯彻实施情况进行调研。

6. 成果丰硕

泰山景区被评为首批“山东省文化产业示范基地”，泰山管委会、泰安市博物馆被评为“山东省文物系统先进集体”，景区文物宗教局被评为泰安市文物工作先进单位。巴山管理区区长朱增顺被授予“全国优秀长城看护员”称号，中天门管理区副区长李志军、玉泉寺管理区副区长刘丰被评为泰安市文物保护优秀看护员。经申报，泰安市博物馆馆藏明《道藏》列入《国家珍贵古籍名录》。经申报，泰安市博物馆被评为国家三级博物馆。

【可移动文物】

（一）博物馆

2008年，山东新博物馆建设扎实推进，卓有成效。建设山东新博物馆是省委、省政府实施经济文化强省战略，推动山东省文化、文物事业大发展、大繁荣的重大举措。在山东省委、省政府高度重视下，在省、市有关部门的共同努力下，新馆建设扎实推进，卓有成效。2008年4月10日全面开工建设，至年底完成钢筋混凝土框架结构施工、顶部钢结构工程施工及空调消防等常规设备安装、楼宇智能化管理系统预留预埋和设备的购置和定做等专业项目。

全省博物馆、纪念馆免费开放工作平稳有序推进。至2008年底，全省免费开放的博物馆达53家，秩序井然，社会反响良好，接待观众550余万人次，较2007年有大幅增长。除列入中央“首批免费开放的博物馆、纪念馆名单”的博物馆外，其余48家博物馆属响应中央号召，自行免费向社会开放。

完成全省一、二、三级博物馆评估定级工作。根据国家文物局的部署，在全省开展一、二、三级博物馆评估定级工作。全省有35家博物馆被国家文物局公布为国家一、二、三级博物馆。其中4家为国家一级博物馆，7家被评为二级博物馆，24家为三级博物馆。

全省国有博物馆119家，分综合类、历史类、艺术类、遗址类、自然类、科学类等。2008年免费开放的文物系统博物馆共50家；全省国有非文物系统博物馆19家；全省非国有文物系统博物馆8家；2008年度新增非国有文物系统博物馆：临淄金珍堂古钱币博物馆。

全省馆藏文物121.9万件，其中珍贵文物100031件（套），一级文物6623件。

2008年度全省博物馆比2007年度新增藏品104588件，主要来源于考古发掘和文物的调查征集。其中一级文物增加56件，二级文物增加92件，三级文物增加550件。

2008年度共举办陈列展览922个，新增基本陈列19个，改造原有陈列40个。

2008年度全省博物馆接待观众1755.6703万人次，比2007年增加170.7649万次。

（二）民间收藏文物

2008年，山东省文物局以规范文物市场为突破口，加强对民间收藏文物的监管，出台了《山东省文物拍卖标的审核程序规定》等规范性文件，严格审批标准和程序，从制度上强化对文物拍卖企业、文物商店的管理，促进了文物市场健康有序发展。

全省共有文物拍卖企业5家，2008年没有增加，其中，具有一、二、三类文物拍卖资质的企业1家，具有二、三类文物拍卖资质的企业4家。

2008年审核文物拍卖活动7场，拍卖标的上千件，无禁止上拍的文物，拍卖成交总额有较大增长。

全省共有文物商店8家，2008年没有新增；文物库存数量10余万件。

2008年审核文物商店销售文物5000余件，销售金额上千万元。

（三）文物进境出境

国家文物进出境审核山东管理处是由国家文物局授权，山东省文化厅负责组建的，代表国家进行文物进出境审核的专门机构。与山东省文物鉴定委员会合署办公，挂靠山东省博物馆，事业编制，编制7人，人员和事业经费由山东省博物馆管理。

（四）文物保护科技与科研

2008年重大文物保护科技项目的数量、名称如下：

鲁北地区桐林遗址调查与研究工作；

山东齐长城资源调查工作；

沂源桃花坪旧石器遗址及山东地区旧石器调查工作；

与美国哥伦比亚大学、国家社会科学院考古所联合进行了龙口黄水河流域商周遗存的调查工作；

国家科技支撑计划课题（2006～2008年）“空间信息技术在大遗址保护中的应用研究（以京杭大运河为例）”——山东京杭大运河资源调查工作；

京杭大运河南旺分水枢纽工程及龙王庙建筑群考古调查和发掘工作。

【政策法规与宣传】

2008年，山东省文物部门进一步强化政策法规与宣传工作力度。一是建章立制，完善健全有关法律法规。在内部管理、综合执法、文物宣传、文物拍卖等方面先后制定了、《山东省文物安全突发事件应急预案》《山东省文物执法巡查办法》《山东省文物违法事件、安全事故报告制度》《文物信息报送程序》等17项制度，同时积极推动省政府出台《关于进一步加强文物保护工作的通知》（鲁政发〔2008〕93号）。二是文物宣传力度不断加大。依托各地主流媒体，先后举办了北魏佛像回归、东平汉画像石墓、《中国文物地图集·山东分册》、寿光双王城水库盐业遗址等新闻发布会。开办了山东文博网（不到一年，点击量已经超过10万次），在全省建立了一支较高素质的文物保护宣传员队伍，发布文物信息近1697余条，向国家级新闻机构提供信息近100条，编发了29期工作简报。结合5·18国际博物馆日、文化遗产日文物普法进社区等活动，进一步加大文物普法、宣传力度，使文化遗产保护的成果和知识见之于众、惠及于民，不断提高广大文物工作者和社会公众的文物保护意识，营造文化遗产保护的浓厚氛围，推动文化遗产事业的科学发展。

【安全督察】

1. 简述

2008年，山东省不断加大文物安全督察力度，以建章立制为基础，同时加强了执法机构和保护网络建设，落实了文物行政执法和安全责任制；加强了对执法人员培训，不断提高执法人员素质；与建设、公安、海关等部门密切合作，联合打击盗窃、破坏、走私文物等违法活动；加大文物安全检查力度，开展文物行政执法专项督察，督促整改安全隐患，使全省文物安全形势持续好转。

2. 文物安全

（1）加大宣传力度，提高全社会文物安全意识。全省各级文物部门充分利用广播、电视、报刊、互联网等多种媒体和宣传栏、宣传车等有效形式，先后开展了包括签名仪式、图片展、实物展、广场文艺展演等内容的宣传活动，广泛宣传《文物保护法》、《山东省文物保护管理条例》等文物保护方面的法律法规，取得较好的宣传效果。通过积极组织开展“4·18国际古遗址日”“5·18国际博物馆日”和“文化遗产日”等主题宣传日活动，推进《文物保护法》进社区、进校园、进农村，使全社会的文物保护和文物安全意识普遍提高。在山东文博网公布了举报电话，畅通各类文物违法案件和安全事故的受理渠道，编制了《山东省文物违法事件、安全事故登记表》，做到“事事有登记，件件有回音”。

（2）大力推进文物安全制度体系建设。山东省政府出台了《关于进一步加强文物保护工作的通知》(鲁政发〔2008〕93号)，省文物局制定了《山东省文物局突发事件应急预案》、《山东省文物违法事件、安全事故报告制度（试行)》、《山东省文物行政执法巡查办法（试行)》、《山东省文物行政处罚流程图》、《山东省文物行政处罚相关法律文书》、《山东省文物行政处罚案卷管理办法（试行)》等一系列涉及文物安全的规范性文件，使山东省的文物安全制度体系进一步健全完善。

（3）积极开展文物行政执法巡查和安全检查。按照《山东省文物行政执法巡查办法（试行)》的规定，各级文物部门认真履行文物行政执法巡查职责，定期和不定期组织开展对辖区内各级文物保护单位等不可移动文物、国有文物收藏单位、文物保护工程、考古发掘工地、文物市场等的执法巡查工作，有条件的市还配备了专人专车和专门设备，文物行政执法巡查工作逐步走上正轨；针对全省文物安全形势，组织开展了文物行政执法专项督察、文物消防安全大检查、考古和文物保护工程工地安全检查、奥运期间文物安全大检查、文物安全专项检查、重点文物古建筑消防安全专项检查、文物安全百日督查、夏季文物消防安全专项检查、全运期间文物安全大检查、汛期文物安全检查等多次安全检查，坚持把平时检查与专题检查相结合，全面检查与重点检查相结合，并积极协调公安、消防、工商等部门进行联合执法检查。

（4）加强安全和执法人员培训，不断提高队伍素质。山东省文物局举办了“全省文博干部培训班”，派员参加了国家文物局举办的“文物安全与行政执法管理信息系统培训班”、省政府法制办的“公共法律知识培训班”等一系列文物安全和执法培训班，着力提高全省文物安全保卫人员和行政执法人员的业务能力。

2008年，山东省文物安全督察工作取得了长足的进步，创造了良好的安全环境，为确保文化遗产安全做出了应有的贡献。山东省文物局先后对苍山田野文物被盗和遭破坏案、山东诚基房地产开发有限公司违法建设案，中国石油化工股份有限公司天然气分公司胶州至日照天然气管道工程擅自施工案、兖州兴隆塔地宫文物被盗案以及涉及五莲山光明寺、威海刘公岛的两起案件等重大文物案件进行了查处，下达了执法督察意见，实施了行政处罚，产生了较大的社会影响。9月下旬，临沂市沂南县文物执法人员，会同沂南县公安局治安大队，抓捕盗掘省级重点文物保护单位“阳都故城”古墓的犯罪分子3人，分别判刑11年、10年、7年。

【机构与人员】

全省共有文物安全保卫人员2182人，其中在编人员1104人。

取得考古发掘资质的单位3家：山东省文物考古研究所、烟台市博物馆、山东大学考古系，其中烟台市博物馆是2008年新增的。取得考古发掘领队资格的人员有33人。

2008年举办培训数量6次（全省文博干部培训班、第三次文物普查培训班、齐长城资源调查培训班)，培训人数400人。

【对外交流】

2008年，山东省文物系统在国家文物局、省委省政府的正确领导下，全面落实科学发展观，围绕山东省文化对外交流工作，努力促进文物外事工作不断取得新的进步。

（1）积极配合国家文物局对外文物交流工作。国家文物局与香港康乐及文化事务署于2008年7月16日~10月13日在香港历史博物馆举办“中国马文化展”。选用山东省38件（套）展品，山东省克服困难，积极推荐和精选展品，并做好展品拍摄、调运、填报材料等相关工作。

（2）配合山东省外交工作，做好对外文化交流工作。山东省与日本山口县是友好省县，自结好以来，坚持经常化、系统化、专题化、小型化、学术化的文物交流原则，不但展览具有特色，深受日本民众喜爱，其展览组织模式也得到各友好城市的赞许。2008年，山东省继续赴日本山口县立萩美术馆，举办了专题性文物展览“佛教美术的黎明——中国山东省石佛展”，共展出文物77件（套），受到日本业界广泛好评。

（3）举办特色文物外展，展览质量、组织水平不断提高。文物外展作为对外文化交流中最受欢迎、最有特色、最具影响力的活动，山东省高度重视其质量和组织水平的提高。2008年，与澳大利亚新南威尔士艺术博物馆共同举办了“佛像遗珍：青州出土佛教石刻造像”展，与新加坡亚洲文明博物馆共同举办了“净界：青州佛像之宝”展。参展造像雕琢之精美、彩绘贴金之富丽，震惊两地。新颖的展览形式也备受国外观众关注。

（4）扎实推进与国外的学术合作，提高学术研究水平。在与日本MIHO博物馆多年合作的过程中，并不仅仅局限于山东省失窃文物的追索，在该馆举办山东文物展览后，又启动了双方合作进行山东佛教文物的系统调查和研究。进行了多个项目和课题的合作。

福建省

【不可移动文物】

（一）不可移动文物

1. 简述

组织第七批全国重点文物保护单位申报推荐工作，开展第七批省级文物保护单位申报评审工作，开展文物保护工程设计、施工、监理资质审定工作。在《福建省文物保护管理条例》重新修订后，进一步规范文物保护项目的行政许可程序。

2. 文物保护单位

组织开展第七批省级文物保护单位的申报评审。在各地申报的基础上，完成专家评估审议工作，遴选出一批省级文物保护单位推荐名单，加大了具有福建特色的革命文物、涉台文物等的所占比例，提交福建省文物管理委员全体成员会议审议通过后，报请福建省人民政府核定、公布。

3. 文物保护规划

邀请清华大学编制《海峡西岸文化遗产保护总体规划纲要》，进一步明确海峡西岸文化遗产保护的目的、意义和指导思想，提出保护利用的目标与任务，确定具有可操作性的规划思路。

4. 文物保护工程

海峡西岸文化遗产保护工程取得突破性进展。施琅祠等一批重点涉台文物保护规划或保护方案编制工作已启动。12月26日，由国务院台湾事务办公室、国家文物局、福建省人民政府主办，福建省文化厅、省台办、省文物局、泉州市政府承办的“涉台文物保护工程启动仪式”，在泉州成功举行，标志着福建省涉台文物保护工作进入了新的阶段。

组织完成一批全国重点文物保护单位的维修、保护工程。福州三坊七巷文物保护工程有序进行，水榭戏台修缮工程基本完成，二梅书屋、小黄楼、宫巷林氏民居等修缮工程项目全面展开；昙石山遗址第一期保护工程顺利完成，第二期保护工程即将启动；莆田元妙观三清殿的西岳殿、龙海白礁慈济宫等维修和厦门胡里山炮台大炮维护工程等基本完成，从而有力地带动了全省各级文物保护单位的维修、保护。

（二）考古发掘

配合经济建设和基本建设项目开展文物调查、勘探和抢救性考古发掘，取得丰硕成果。顺利完成对宁武、福永、福州绕城等多条高速公路建设、宁德电厂建设等工地的文物调查、勘探和抢救性考古发掘。受国家文物局委托，组织中国国家博物馆水下考古研究中心会同福建博物院考古所顺利完成福建沿海水下考古调查，同步进行的平潭“碗礁1号”沉船遗址水下考古发掘善后工作也已告竣。

（三）名镇（村）文物保护

会同福建省建设厅完成第四批中国历史文化名镇、名村申报推荐工作，永泰县嵩口镇和福安市廉村、屏南县漈下村、清流县赖坊村荣列榜中。截至2008年，福建省拥有中国历史文化名镇、名村13个，其中中国历史文化名镇3个、中国历史文化名村10个。会同省建设厅完成全省近现代代表性建筑的申报和组织评审工作，报省政府同意后，即公布为福建省首批列入保护的近现代代表性建筑。

（四）世界文化遗产

福建土楼成功列入《世界遗产名录》。这是福建省继武夷山之后，又一获此殊荣的文化成果，也是中国第36个世界遗产。福建省进一步加强和规范福建土楼世界文化遗产的保护管理和宣传工作；完成世界遗产标志牌制作，确保每一座列入世界文化遗产的土楼全部挂上“世界遗产”标志；完成《“福建土楼”保护规划》的进一步修编；完成“福建土楼”世界文化遗产信息平台的建设，福建土楼网站（www.fujiantulou.org）正式运行。将福建土楼中的怀远楼等四座土楼列入重点维护项目，积极推进世界文化遗产保护工作规范有序开展。

【可移动文物】

（一）博物馆

根据中宣部、财政部、文化部、国家文物局联合下发的《关于全国博物馆、纪念馆免费开放的通知》（中宣发〔2008〕2号），福建省作为全国7个免费开放工作的试点省份之一，春节期间福建博物院率先免费对外开放。从2008年3月31日起，全省除以省级以上文物保护单位的文物建筑作为馆址的博物馆、纪念馆和遗址类博物馆暂不实行免费开放外，共有63家博物馆（纪念馆）向社会免费开放，其中除省革命历史纪念馆外，其他62家全部是文化文物系统归口管理的博物馆（纪念馆）。免费开放工作按照既定计划稳步推进，取得阶段性成果。观众人数大幅度提升，社会效益明显提高，接待观众为2007年同期的2～3倍，试点博物馆（纪念馆）观众量已从免费开放之初的“井喷”“爆棚”，逐步回落到常态、有序展示和接待。

根据温家宝总理《政府工作报告》中提出的“具有公益性质的博物馆、纪念馆和爱国主义教育示范基地，今明两年实现全部向社会免费开放”的精神，和《福建省委办公厅、福建省政府办公厅关于认真做好福建省体育场馆、博物馆（纪念馆）等活动场所向社会开放工作的通知》（闽委办〔2008〕50号）要求，福建省在总结第一批博物馆（纪念馆）免费开放工作的基础上，从11月份开始，将全省所有由文化文物部门归口管理的公益性博物馆（纪念馆）全部向社会免费开放。各博物馆（纪念馆）通过向社会免费开放，不断完善内部管理，提高展陈质量和服务水平，制定免费开放管理办法，公布服务项目和参观要求，引导观众有序参观。

免费开放经费保障逐步落实。中央财政和省财政下达的博物馆（纪念馆）免费开放收入减少和新增运转经费补助专项经费1510万元，相继落实到位。为确保免费开放取得预期成效，充分发挥博物馆（纪念馆）作为公益性文化机构的社会价值，满足人民群众的基本文化权益，省文物局配合省财政厅编制了《福建省博物馆、纪念馆免费开放专项经费使用规划（2008—2012年）》，确定了免费开放的总体思路和总体目标，对免费开放专项经费的使用作了总体安排和具体部署，明确了将集中财力专项用于免费开放的博物馆（纪念馆）提升陈列展览水平，改善场馆基础设施、提升安防和消防能力等方面补助和免费开放工作的奖励。首批安排了3个设区市级博物馆（纪念馆）和30个县（市、区）级博物馆（纪念馆）的文物库房建设、场馆提升、安防和消防等方面的专项经费补助1209万元，有力地推进了全省博物馆（纪念馆）免费开放工作顺利开展，取得了良好的社会效益。

组织开展全省博物馆评估定级工作。经过遴选推荐，福建省福建博物院、中国闽台缘博物馆、古田会议纪念馆、泉州海外交通史博物馆和厦门华侨博物院等5个博物馆荣获国家一级馆称号，一级馆的总量居全国并列第三位。按照国家文物局部署，组织开展了国家二、三级博物馆评估定级工作，评估产生44家博物馆（纪念馆）为国家二、三级博物馆的备选单位，推荐上报国家文物局核准。为提升福建省博物馆（纪念馆）整体水平，发挥博物馆（纪念馆）的“三贴近”功能，提供了新的平台。

博物馆建设有序进行。福建省昙石山遗址博物馆新馆作为福建省社会事业重点项目，于6月14日正式开馆。设区市级的南平市博物馆、龙岩市博物馆新馆建设和漳州市博物馆文物库房建设，福建闽越王城博物馆的陈列展览更新与文物库房、安全技术防范系统建设等接近尾声。由省文物局、厦门市文化局主办，厦门市博物馆承办的“第三届博物馆馆长论坛”，围绕“博物馆与免费开放”这一主题展开研讨，就馆际间相互交流、相互促进、做好“三贴近”工作形成了新的共识。

（二）民间收藏文物

经国家文物局批准，福建省又有两家拍卖行取得二、三类文物拍卖资质。各拍卖行举办文物拍卖会共计18场（次），经鉴定审核批准上市拍卖标的共5575件，其中文物1013件，艺术品4562件。

（三）文物进境出境

加强文物进出境的审核管理工作。福建省文管会文物鉴定小组暨国家文物局文物进出境审核福建管理处，顺利通过国家文物局的资质认定和授权。分别对福建博物院、泉州海外交通史博物馆赴日本、韩国、西班牙等国举办各种展览的文物进行鉴定，组织鉴定审核各类文物、模型和复制品共549件（套）。为私人携运申请办理出境文物鉴定审核计36人次，鉴定文物与工艺品共348件；办理文物临时进境鉴定审核33人次，鉴定文物和工艺品共221件。

（四）文物保护科技与科研

正式出版发行《中国文物地图集·福建省分册》，完成了与中国艺术研究院合作编撰的《中国音乐文物大系·福建卷》文字定稿，参与由中国博物馆学会主编的《中国博物馆馆志》福建部分的编写，编辑出版了《“海西”文化遗产，两岸历史记忆——海峡西岸文化遗产保护论坛（2007）论文集》。

（五）文博信息化

全面开展第三次全国文物普查田野调查工作。组织福建省文物普查专题调查队、各设区市文物普查队、各县（市、区）文物普查组，以县域为基本单元，实地展开文物调查和信息数据登录工作，进行普查数据资料的采集、整理、审核等。结合文物普查，继续开展福建省历史文化名镇、名村、史前文化遗址等专题调查。

【政策法规与宣传】

按照福建省人大常委会和省政府的年度立法安排，组织起草《福建省文物保护管理条例》（修改草案）。通过配合省人大常委会教科文卫委和省政府法制办开展的立法调研和执法调研活动，在总结借鉴各省立法经验、广泛征求有关部门和专家的意见基础上，紧密结合本省文物工作的实际和特点，积极将实践证明是正确的、有利于文物事业长远发展需求的内容，列入地方法规的修改中，并增加了涉台文物、水下文物和中央苏区革命文物的保护等章节。《福建省文物保护管理条例》在2008年底前经省政府第15次常务会议审议通过，正式报送省人大常委会审定。

【安全督察】

坚持“文物消防和安全是文物工作重中之重”的原则，通过经常检查和重点督查相结合，加强各级文物安全制度建设，特别是强化突发事件应急预案的编制和文物案件的上报制度，及时部署做好防台风、强降雨和汛期等自然灾害下防范与文物保护工作，确保文化遗产和各博物馆（纪念馆）的安全。

组织开展全省文物安全大检查。对各级文物、博物馆安全情况进行调查摸底，并根据国家有关文物安全的规定和标准，对文物安全现状进行科学评估，明确文物安全监管责任。在对解决安全隐患的具体措施定量测算的基础上，提出安全的政策性建议，为建立文物安全长效机制奠定基础。

依据《中华人民共和国文物保护法》及其相关法律法规，严肃查处各类文物违法案件。先后查处了漳州莲花池山遗址被破坏问题、漳浦海域违法打探打捞水下文物问题、省级历史文化名村芷溪村文物被盗问题等，保护了文物安全，维护了法律尊严。同时，在全省开展了文物行政执法检查工作，着重督察世界文化遗产地、全国重点文物保护单位、国有文物收藏单位等保护与管理情况、安全隐患整改落实情况、文物行政部门和文博单位对突发事件应急预案的制定和执行等情况；着重检查第三次全国文物普查工作进展情况、博物馆（纪念馆）免费开放情况、文物行政违法案件的处罚处理情况、重点部门和单位文物保护专项资金管理与使用情况等，收到一定成效。

配合公安、司法、边防、海关等各相关部门，加强文物鉴定、审核、监管工作，严厉打击各种破坏文化遗产的违法犯罪活动，严肃查处各类盗窃、盗捞文物的违法犯罪活动，确保文物安全。2008年度，共为司法部门鉴定涉案文物案件计53起，涉及文物7111件，其中盗捞水下文物并倒卖文物为最大的一宗，查缴文物就达3940件。

【机构与人员】

根据国家文物局《可移动文物修复资质管理办法（试行）》和《可移动文物技术保护资质管理办法（试行）》，组织可移动文物修复资质和技术保护设计资质评审认定工作，福建博物院和泉州市海外交通史博物馆经国家文物局批准，分别荣获可移动文物技术保护设计甲级资质和可移动文物修复一级资质。

【对外交流】

积极配合国家文物局成功承办“第四届外交官走进中国文化遗产活动”。在安排部分国家驻华使节到福建省境内考察世界文化遗产及自然遗产地过程中，本着“热情友好，细致周到，多做工作，促进交流”的精神，按照相应的礼遇，精心做好参观考察的安排和接待工作，受到外交官交口称赞，提高了福建省文化遗产的影响力。

应韩国莞岛郡（财）海上王张保皋纪念事业会的邀请，组织泉州海外交通史博物馆的文物赴韩国举办“清海镇纪念馆开馆纪念特别展”。组织福建博物院与日本爱知县陶瓷资料馆、山口县立萩美术馆·浦上纪念馆、东京大学博物馆、明治大学博物馆、京都佛教大学博物馆共同举办“福建与海上丝绸之路”文物展览。热情接待了由美国毕士普博物馆馆长章斯先生和董事长阿肯那先生带队的美国夏威夷文物博物馆界考察团一行15人到福建省进行业务性参观考察。组织安排了三位同志参加由国家文物局以中华文物交流协会名义组团赴台湾地区出席“承先启后，再造辉煌——第一届海峡两岸南系古建艺术学术研讨会”，增进了闽台之间的文化文物交流。

江西省

江西这块红色的土地，丰富多彩、弥足珍贵的物质文化遗产灿若星河——革命文物、宗教文物、书院文物、名人文物以及陶瓷文物、青铜文物。全省文物机构藏品50万件（套），陈列、展览293个，参观观众1016万人次，门票收入932万元，其中博物馆藏品30万件/套，陈列、展览260个，参观观众947万人次，门票收入908万元。全省文物机构总数169个，从业人员数2610人，其中文物科研机构2个，文物保护管理机构65个，博物馆96个，文物商店4个，其他文物机构2个。全省拥有世界文化景观1处（庐山），全国重点文物保护单位52处（与湖南共1处），省级文物保护单位333处，县（市）级文物保护单位2300余处，国家历史文化名城3座（南昌、景德镇、赣州），省级历史文化名城4座，国家级历史文化名镇15个，省级历史文化名镇（村）48个。

江西省文物行政主管部门为江西省文化厅，2008年由原来的文物局（处）增设为博物馆处、文物保护处和文物执法处三个正处级处室，江西省文物直属单位有省博物馆、省文物考古研究所、省文物商店、省文物保护中心、省文物保护执法队、井冈山革命博物馆、南昌八一起义纪念馆、瑞金中央革命根据地纪念馆、安源路矿工人运动纪念馆等。全省各地级市中，景德镇市、上饶市、赣州市、吉安市成立了文物局，其他市大部分在文化局内设了文物科，如南昌市、九江市、萍乡市、鹰潭市、新余市、抚州市，一般人员编制1～2名，宜春市专门成立事业单位性质的文物博物管理所，人员编制7～8人。一些县（市）也陆续成立了文物局，如兴国县、吉水县、永新县、广丰县、弋阳县、婺源县等。

2008年，在省委省政府的高度重视下，在省文化厅党组的领导和国家文物局的指导下，全省文博系统沉着面对突如其来的冰灾震情，精心组织喜迎百年奥运与改革开放30周年活动，抓重点，打基础，促发展，圆满地完成了全年文物工作任务，全省的文物工作受到了省政府和国家文物局领导的充分肯定。之所以取得好成绩，是因为赶上了文化大发展大繁荣的好时代，遇上了省委省政府和各级领导的高度重视，形成了一支能打硬仗、胜仗的好队伍。全省文物事业呈现出良好的发展态势，全省文物工作攻坚破难、扎实推进、讲究实效、成绩斐然。

【文物保护概况】

1. 实施文物保护民生工程

根据省委、省政府的统一部署，在2008年实施的六十项公共财政政策中，省级财政设立了2000万元基层文物保护专项资金，落实安排到34个基层文物保护项目之中，补助金额之高、力度之大，创历年文物保护投入新高。把文物保护与民生工程相结合，江西在全国首开先例，并且在全省上下和全国范围内产生了积极的反响，收到了积极的成效。为确保政策落实到位，加强专项资金管理，提高资金使用效益，省财政厅和省文化厅联合印发了《江西省基层文物保护专项资金管理暂行办法》，并专门召开了基层文物保护专项资金与项目工程管理工作会议，就加强基层文物保护专项资金与项目工程管理工作进行了部署。专项资金的投入将全面改善全省文物保护条件，推动江西省文物事业进一步发展。

2. 统筹文物保护规划

文物保护规划是文物保护工作的基础，规划水平的高度决定了文物保护水平的高度，如果规划没做好，后续的保护就是空谈。为准确掌握全省文物保护单位数量、保护现状及其历史、艺术、科学价值等有关情况，省文化厅责成文物保护处着手编辑出版全省文物保护单位名录；精心编制《全省省级以上文物保护单位重点保护及维修计划项目库》，提出 2008 ~ 2011 年全省省级以上文物保护单位重点保护及维修年度实施计划名单，力争用 4 年左右时间，推动各级政府不断加大对省级以上文物保护单位保护维修财政投入，使急需抢救性保护维修的省级以上文物保护单位得到及时保护维修，基本消除存在的重大险情，改善保护现状，保障文物本体安全。对于这个项目库，一是要全面，二是要准确，三是要周密。根据项目库，按照轻重缓急分步实施，江西省争取用 5 年的时间将全部省保和重要的市县保单位维修一遍。另外，已开始部署一个全面的综合性保护规划，将县域内已公布为国保、省保、县保和普查中新发现的文物都纳入其中。

3. 加强历史文化村镇的申报与工程管理

2008 年，建设部、国家文物局公布第四批中国历史文化名村（镇），江西省横峰县葛源镇、安义县石鼻镇罗田村等 7 处入选。国家级名村、名镇增至 15 个，在全国继续处于先进行列。2007 年，规划编制工作进展顺利，成绩显著，全国重点文物保护单位龙南关西新围、燕翼围和省级文物保护单位浮梁旧县衙保护规划通过省级评审；铅山鹅湖书院、龙虎山仙水岩崖墓群、永修真如寺塔林、于都长征出发地旧址、兴国县革命旧址群五处全国重点文物保护单位保护规划被国家文物局批准立项。维修方案编制工作取得重大进展，国家文物局批准上饶集中营旧址等 10 处全国重点文物保护单位维修方案，省文化厅批准景德镇明清园华七公大宅等 11 处省级文物保护单位维修方案。还着重开展规范全省文物保护工程施工管理工作，陆续举办全省文物保护工程施工从业人员上岗资格培训班和文物保护工程施工资质单位项目负责人资格培训班，全面提高施工质量，提升全省文物保护工作水平。

【考古发掘研究】

考古工作已成为传统的优势项目，为江西文物在全省社会经济文化发展的大格局中，在全国文物事业发展的大格局中，提升地位，扩大影响，做出了重大贡献。2008 年继续了这种好势头，靖安李洲坳东周墓葬荣获 2007 年度“全国十大考古新发现”，中央电视台、英国《大不列颠百科全书》、美国《国家地理》等权威栏目、刊物均作专题报道。省文物考古研究所深入开展李洲坳文物调查和文物保护工作，正式建立靖安文物工作站。此外，完成了新建的 5 条高速公路（含特大桥）共计 602.2 公里、2 条铁路 192.9 公里、3 个电厂面积 570.53 万平方米和 1 个防洪堤加固工程 22.04 公里的文物保护工作以及一些基本建设中临时发现的古墓抢救性考古调查和发掘工作，发掘总里程数为历史之最；出版《中国出土瓷器全集》（江西卷）、《渎口窑》等一批有分量的著作；启动了景德镇御窑发掘报告编写工作。

【文物普查进展】

根据《第三次全国文物普查实施方案》，2008 年是野外调查的关键之年。为了确保如期高质量地落实既定的工作目标和各项任务，江西省精心组织，加强协调，强化督察，一是狠抓普查县域启动率，全省99个县级行政区域全部启动了实地文物调查，启动率达到100%，覆盖率为51.2%，江西省文物普查综合指标在全国排第11位；二是突出普查重点，重点加强对红色文物资源和乡村古民居等建筑的普查，以突出江西革命文物、乡土民居等特色；重点加强官窑、民窑、古城址、古墓葬的普查，以突出江西历史名人多、古城镇兴盛和古窑业发达的特色；重点加强古桥及水下古城址、古遗址的普查，以突出江西江、河、湖多的特色，同时，新农村建设中的文化遗产、20世纪工业遗产、洞穴遗址等也及时纳入了普查重点；三是力争经费保障，要求各县本级财政每年投入不得低于5万元，市本级财政每年投入不得低于15万元，并列入年度财政预算。据统计，全省共到位2008年度文物普查经费1023万元，其中省级财政到位200万元，11个设区市到位176万元，99个县级行政区域到位647万元；四是严把普查质量关，通过专家组督查、召开普查成果专家论证会和现场培训会等形式，高标准、从严做好普查质量控制工作；五是强调普查与保护并举。截至2008年12月31日，全省共调查登记不可移动文物6914处，其中新发现3490处，复查3424处。各地采取边普查边保护的办法，一大批重要普查新发现得到了及时保护；六是加强普查技术培训、信息报送和宣传工作，通过召开现场会、举行专题培训等形式，综合运用报纸、广播、电视、网络、简报等宣传载体，积极引导动员各方面力量参与文物普查。省普查办全年共编印20余期文物普查简报，3篇普查信息被国家文物局采用，22张反映江西省第三次全国文物普查开展情况的图片入选第三次全国文物普查摄影图片展，《中国文物报》等新闻媒体也刊发多篇有关江西省第三次全国文物普查工作报道。江西省的第三次文物普查工作已走在全国的先进行列，受到国家文物局第三次文物普查办公室和省政府领导的多次表扬。为了进一步推进普查工作，宣传普查工作的意义，扩大普查工作的影响，省普查办在《中国文物报》上还专门出了一期专刊。

【博物馆建设】

1. 博物馆免费开放情况

2007年11月，李长春同志在江西视察，出席“一号工程”井冈山革命博物馆新馆开馆仪式时，提出博物馆免费开放问题，并希望江西省带个头。江西省文博界迅速行动，当年就免费开放了一批。2008年江西省被中宣部、国家文物局列入全国博物馆免费开放七个试点省份之一，各级宣传、财政、文化文物部门高度重视，反应迅速，积极应对，省委宣传部、省财政厅、省文化厅联合下发《关于全省博物馆、纪念馆免费开放的实施意见》；省财政厅、文化厅联合开展全省博物馆纪念馆免费开放情况核查工作；省文化厅两次下发文件进行具体部署，召开全省博物馆免费开放工作座谈会，了解阶段性情况，并陪同国家文物局领导开展工作调研；省财政下达免费开放经费补助资金合计达1.24亿元，保障全省博物馆免费开放工作开局顺利。各免费开放的博物馆克服困难，结合实际，制定措施，以热情饱满的服务和积极应对的心态坚决贯彻落实。井冈山革命博物馆按照ISO9001质量管理体系和ISO14001环境管理国际标准进行管理；瑞金中央革命根据地纪念馆提出“免费不降质，免费不免票，免费不厌烦，免费不免规”，并创新拓展，开展“红色文化进校园”活动、编创巡演大型音乐报告剧《红都，生命的礼赞》等，延伸博物馆文化的传播与辐射范围；安源路矿工人运动纪念馆统一思想，开展为期两月的“发展与作为——安源纪念馆的未来走向”大讨论活动，定期组织“掌握新知识　开拓新眼界”的业务学习和全员大培训，着力提高员工队伍的整体素质；南昌八一起义纪念馆在馆区内设置特殊人群服务设施，设立医疗服务点，并投入16万元专门安装了精致耐用的室外雨篷。据统计，全省已免费开放的84家博物馆、纪念馆2008年总计推出陈列展览350个，接待观众1400万人次，其中青少年观众达620万人次。

江西在全国率先免费开放，让普通民众免费享受文化大餐，社会反响巨大，观众对博物馆的认知、认同感明显提升，教育面和影响力迅速扩大，大大提高了江西红色品牌的知名度和美誉度。社会对江西的免费开放工作给予积极肯定，李长春同志在参加十一届全国人大一次会议江西代表团审议时高度评价江西省委、省政府有高度的文化自觉，博物馆免费开放走在全国前列，力度大，取得了很好的效果。3月19日晚中央电视台一套《焦点访谈》栏目以“永久免费的‘文化大餐’”为题，对瑞金中央革命根据地、南昌八一起义纪念馆等免费开放情况作了专题报道；9月4日，文化部办公厅《文化信息》头条中也对“江西博物馆免费开放工作成效显著”进行了报道。此项工作已写入2008年吴省长的政府工作报告中，并被省委宣传部评为“2008年度全省宣传思想文化工作十大有影响的活动”之一，在全省宣传部长会议上受到表彰。

2. 博物馆评估定级

江西省博物馆、南昌八一起义纪念馆、井冈山革命博物馆、瑞金中央革命根据地纪念馆等四家被评为首批国家一级博物馆，占全国83家的4.8%，排名全国第七；56家博物馆积极参与二、三级博物馆申报工作。

3. 设施建设

井冈山革命博物馆新馆荣获2008年度“中国建筑工程鲁班奖（国家优质工程）”；投资近亿元的瑞金中央革命根据地历史博物馆正式开馆，江泽民同志亲自为新馆题写馆名；三个设区市级博物馆新馆竣工，其中抚州市博物馆建筑面积12947.36平方米，占地3199平方米，投资7000万元；赣州市博物馆总投资1.3亿元、建设面积11300平方米；萍乡市博物馆总投资3100万元、占地近37亩、建设面积13900平方米。此外，九江、宜春、新余等地博物馆建设也相继立项；南昌新四军军部旧址改扩建工程引起社会各界的广泛关注。

4. 文物展览与交流活动

积极支持奥运期间重要文物展览文物借展工作，江西省博物馆、景德镇陶瓷馆等馆藏文物精品得以在“中国记忆——5000年文明瑰宝展”、“长江文明展”、“奇迹天工——中国古代发明创造文物展”等国家大展中展现风采。为适应免费开放后形势需要与群众需求，各馆努力突出优势和特色，打造精品陈列奉献给大众，如江西省博物馆加强馆际之间的展览交流，大力推出各类专题展览，全年举办出国展览1个、出省展览6个，举办馆内临时展览10个，陆续引进“金石入画，古朴天成——吴昌硕书画印艺术特展”、“皇帝的宝物——南京博物院藏明清宫廷珍宝特展”、“西风东渐——甘肃佛教造像艺术珍品展”、“於越——浙江省博物馆馆藏古越文物特展”，承办“2008年馆藏景德镇名家名作特展”，协助配合省政协筹备“纪念改革开放30周年书画展”，同时走出去，赴安徽省博物馆展出“朱元璋子孙回乡——江西明代藩王精品展”，赴广州博物馆展出“吉州瓷韵——江西吉州窑瓷器精品展”，赴浙江省博物馆展出“绚烂寓沉静——江西省博物馆藏瓷精品展”，并参加国家文物交流中心组织的“华夏瑰宝展”赴南非展出等。

【文物安全与执法督察】

1. 文物行政许可

文物行政许可是实施文物行政管理的重要内容，文物行政许可在整个文化行政许可38项中占了30项。在行政许可工作中，文物执法处坚持以服务江西省文物事业建设、促进文物的保护为中心，以“廉洁、规范、优质、高效”为宗旨，积极推进文物行政审批制度改革，把切实加强对实施文物行政许可的监管，不断更新观念，努力提高服务质量和依法行政水平作为一项重要工作来抓。一年来，共受理了15项公民、法人和其他组织提出的文物行政许可申请，严格把好审核关，共办结行政许可8项。

2. 文物行政执法

全省强调文物单位应做好节假日期间的安全工作，提前部署各地文物单位的安全检查；组织全省文物系统安全大检查；加大对文物违法案件的处理力度，及时督办金溪县银矿遗址破坏案、抚州市大夫第被毁案的处理，使施工单位河南路桥公司接受罚款并在电视台公开道歉，涉案单位抚州市投资公司接受文物行政处罚。把文物执法活动做成文物普法宣传，产生了较好的社会效果。省文物执法部门还3次到乐安县流坑古村，就长达10年的违规建房问题与当地县委、县政府协商。

【社会文物管理】

2008年，全省对社会流散文物和文物市场的管理有了新的进展。不少设区市通过成立收藏协会和统一管理的古玩市场收到了积极的成效。省文物商店在面对金融危机和竞争激烈的情况下，不断开拓市场，取得了较好的成绩。

河南省

【不可移动文物】

（一）不可移动文物保护

1. 简述

截至2008年12月，河南省已发现各个时期人类活动的各类遗迹（文物点）3万余处，已公布为全国重点文物保护单位189处，省级文物保护单位1044处。

2. 文物保护单位

经过二十世纪五十年代和八十年代的两次大规模文物普查，初步摸清了河南省地上、地下文物分布情况，第三次文物普查中又有大量新发现。截至2008年底，已公布为全国重点文物保护单位189处（其中古遗址类63处；古墓葬17处；古建筑78处；石窟寺及石刻17处；近现代重要史迹及代表性建筑14处）；省级文物保护单位1044处（其中古遗址类427处；古墓葬79处；古建筑337处；石窟寺及石刻84处；近现代重要史迹及代表性建筑111处；其他6处）。

3. 文物保护工程

组织编制了开封城墙保护规划和维修方案，《开封城墙保护规划》经多次修改完善已获国家文物局批准，并列入国家“十一五”时期文物保护重点项目。开封城墙保护维修可行性研究报告和环境评估报告分别上报国家有关部委审批，南城墙修复工程已经开始。

按照徐光春书记关于将临颍陈星聚墓园建设成为“爱国主义教育基地、促进祖国统一的平台、弘扬中原文化的载体、推动旅游发展的景观”的批示要求，组织编制了陈星聚墓园规划及修复方案，在保护维修上给予重点支持，积极开展修复工程，争取早日建成开放。

组织开展了登封太室阙、会善寺，巩义康百万庄园、杜甫故里，开封繁塔、龙亭、刘青霞故居，洛阳千唐志斋，安阳修定寺塔，新乡潞简王墓、辉县百泉、白云寺，焦作千佛阁、沁阳尧圣庙，南阳武侯祠、淅川荆紫关古建筑群，商丘归德府城墙，遂平嵖岈山人民公社旧址等文物保护单位保护规划编制及保护维修工作。

4. 大遗址保护

2008年，河南省大遗址保护工作继续围绕列入国家“十一五”大遗址保护规划的14处大遗址而展开，同时大力推进省内其他大遗址保护工作。

规划编制方面，完成了新密古城寨遗址、郑州商城遗址、潢川县黄国故城、舞阳贾湖遗址、芒砀山汉梁王墓群、庙底沟遗址、仰韶村遗址、周口平粮台古城遗址等8部大遗址保护规划的编制。截至12月底，列入国家“十一五”大遗址保护规划的14处大遗址中，已有10处完成保护规划的编制。

方案制定方面，完成了偃师商城宫城遗址保护展示方案、郑国贵族墓葬博物馆设计方案、二里头遗址展示方案、汉魏洛阳故城灵台、北魏太极殿、宫城西墙及南墙遗址保护展示方案、鹿邑太清宫遗址保护展示方案、隋唐洛阳城定鼎门遗址保护展示工程修改方案、隋唐洛阳城外郭城南城墙遗址、应天门遗址与明堂遗址保护展示方案、信阳城阳城遗址公园一期建设规划设计方案、永昌陵文物保护展示方案、禹州市钧台钧窑窑址加固保护设计方案、郑州商城北城垣遗址中段（河南龙宇项目地段）保护展示方案等15个大遗址相关文物保护展示方案的制订。

保护展示工程方面，隋唐洛阳城外郭城定鼎门遗址保护展示工程开工建设；隋唐洛阳城宫城区明堂、天堂遗址及应天门遗址整体保护展示工程区域拆迁安置、考古发掘工作稳步推进；隋唐洛阳城宫城核心区的洛玻集团整体搬迁工作提上议事日程。汉魏洛阳故城北魏宫城正门阊阖门遗址考古发掘与保护展示工程至2008年4月份全面完工，牡丹节期间已经对外开放，吸引了大批游客前往参观。偃师商城大城西城墙的复原展示工程已完成1000米的城墙垫土工程，同时，工程涉及的拆迁工作进展顺利。内黄三杨庄二号庭院遗址保护大棚土建工程已经封顶。

（二）考古发掘

1. 简述

2008年，河南省各考古发掘研究机构主要配合各类基本建设项目开展考古发掘研究工作。截至2008年12月底，河南省各考古发掘单位共填报考古发掘申请94项，已获国家文物局批准的考古发掘项目共计75项，发掘遗址总面积近95000平方米，发掘古墓葬632座，出土了一大批珍贵的地下文物。

2. 2008年度重要的考古发现主要有：

（1）河南省文物考古研究所发掘的新郑胡庄东周墓地，2008年度发掘的主要是战国末年两座韩国王陵级别的中字形大墓，两座大墓内均发现了由整层草泥、椽木、檩木、棚木和夯土组成屋顶形的椁顶结构，在国内同期墓葬中系首次发现。发掘廓清了韩国王陵陵园结构、附属建筑以及墓室结构、建墓流程等问题，填补了韩国王陵的发现空白。

（2）郑州市文物考古研究院发掘的荥阳娘娘寨遗址，发现一座西周时期的古城址，发现有西周时期的城墙和护城河，尤其是发现有与都邑遗址相符的高规格铜器和玉器，根据其地理位置、文化内涵及时代推测应为西周时期东虢国故址。该遗址为郑州地区发现的第一座西周封国城址，具有十分重要的学术价值。

（3）中国社会科学院考古研究所和洛阳市文物工作队联合发掘的隋唐洛阳城外郭城定鼎门遗址，通过此次发掘，基本搞清了定鼎门遗址的沿革和布局，对于隋唐洛阳城研究乃至整个中国古代都城建设史研究均具有极其重要的意义。

（4）省文物考古研究所发掘的安阳固岸墓地，2008年度目的发掘面积4500平方米，清理墓葬90余座。固岸墓地是此前我国唯一一处考古发现和发掘的大型北朝晚期墓地，等级较高，既有东魏、北齐皇族墓葬，又有大官僚、大地主以及平民百姓的墓葬，墓葬内容极为丰富，是研究这一特殊历史时期的重要资料。

（5）河南省文物考古研究所发掘的荥阳关帝庙遗址，截至2008年，该遗址已连续发掘2万平方米，基本揭露了一处商代晚期聚落，这在商代考古发掘中尚属首次，对探讨商代晚期的聚落结构、社会形态等具有重要的学术价值。

(6) 河南省文物考古研究所发掘的濮阳戚城遗址，在地面尚存的东周时期城墙遗址之下，发现确认了叠压的龙山文化城址。城址为稍呈西南—东北走向的圆角方形，大致与东周戚城遗址重合，东西长约420米，南北宽约400米，面积近17万平方米。城墙外侧有护城壕沟，城墙叠压在龙山早期地层和灰坑之上，墙体内侧被龙山晚期灰坑打破，因此可以确定这是一座龙山文化中晚期城址。城址的发现，为研究上古传说时代五帝之一的颛顼及其所居帝丘等问题提供了新的重要资料。

3. 2008年度出版的考古发掘报告：2008年，河南各考古发掘研究单位共出版考古发掘报告10部。分别是：河南省文物考古研究编写出版的《禹州钧台窑》、《新安荒坡遗址——黄河小浪底水库文物考古报告（三）》、《宝丰清凉寺汝窑》和《颍河文明——颍河上游考古调查试掘研究》；郑州市文物考古研究院编写的《河南唐代白釉彩瓷》和《新密新砦1999～2000年田野考古发掘报告》；洛阳市文物工作队的《新安盐东——黄河小浪底水库考古报告（四）》；洛阳市第二文物工作队的《唐安国相王壁画墓》、《洛阳新获墓志报告》、《邙山陵墓群考古调查报告》。

4. 2008年度考古发掘项目的获奖情况：河南省各考古发掘研究单位共有5个考古发掘项目获得7项全国性的大奖。它们分别是：河南省文物考古研究所主持的新郑胡庄东周墓地、郑州市文物考古研究院主持的荥阳娘娘寨遗址考古发掘项目入选“2008年度全国十大考古新发现”。新郑胡庄东周墓地、隋唐洛阳城定鼎门遗址、偃师百草坡东汉陵园遗址考古发掘项目获“2007～2008年度国家文物局田野考古奖”二等奖，河南淅川沟湾遗址、荥阳娘娘寨遗址考古发掘项目获“2007～2008年度国家文物局田野考古奖”三等奖。

（三）世界文化遗产

1. 世界文化遗产工作简述

2008年，国家文物局、省政府领导和专家多次考察郑州嵩山历史建筑群申报世界文化遗产工作；省内专家数次到登封了解申遗工作进展情况，进行现场考察指导。完成了拆迁补偿安置、文物维修保护、外部环境整治、档案资料建设和迎检等全部工作。

2. 会议

国家文物局在洛阳、郑州召开了“全国丝绸之路申报世界文化遗产工作交流会”。

国家文物局在西安召开了丝绸之路联合申遗国际协商会。

河南省人民政府在郑州召开了丝绸之路（河南段）申报世界文化遗产工作领导小组会议。

河南省文物局在洛阳召开了丝绸之路（河南段）申报世界文化遗产工作会议，具体安排布置了下步工作。

3. 监测工作情况

2008年，洛阳龙门石窟利用导入的ISO14001环境管理体系，对石窟进行了环境与病害监测和日常维护与保养等工作，为龙门石窟进行大规模的保护工程积累了经验。此外，龙门石窟还通过同国际科研机构的合作，了解、学习先进的保护理念、方法和技术，以新的理念来指导工作，以新的技术来保护文物，开创了龙门石窟保护研究的新局面。

登封历史建筑群的申报文本、保护规划和专项立法顺利通过，文物维修保护、档案资料建设和环境整治已经完成。国际遗产专家到登封进行了考察评估。丝绸之路河南段申遗工作稳步推进。省政府成立以孔玉芳副省长为组长的丝绸之路河南段申报世界文化遗产工作领导小组。申报文本已编制完成，各申报点的总体保护规划已初步编制。启动了大运河河南段申报世界文化遗产工作，涉及的郑州、开封、洛阳、商丘、新乡、焦作、鹤壁、安阳等8个省辖市已按照统一部署，进行申遗点的遴选和保护规划编制工作。

【可移动文物】

（一）博物馆

截至2008年12月31日，河南省国有文物系统博物馆总数达到119家，其中，50%多属于综合类博物馆，26%为专题类，23%为纪念类；免费开放博物馆、纪念馆24家，其中河南博物院、新县鄂豫皖首府博物馆、镇平彭雪枫纪念馆、兰考焦裕禄纪念馆为首批4家实行免费开放单位。其余20家市、县级博物馆为主动创造条件实行免费开放，分别为巩义市博物馆、淅川县博物馆、渑池博物馆、林州市博物馆、郑州二七纪念馆、郑州博物馆、郑州市古荥汉代冶铁遗址博物馆、郑州市大河村遗址博物馆、确山县临时治安委员会旧址纪念馆、新安县博物馆、洛阳博物馆、鹤壁市博物馆、开封市博物馆、许昌市博物馆、扶沟县博物馆、商城县革命纪念馆、鹿邑县博物馆、项城市博物馆、新县许世友故居纪念馆、新县箭河乡列宁小学纪念馆。各免费开放博物馆运行平稳、观众参观秩序良好，陈列展览和观众服务进一步得到提升，对于丰富人民群众精神文化生活、保障公众的基本文化权益发挥了积极作用。

2008年国家文物局实行博物馆定级以来，河南省的河南博物院、郑州市博物馆、洛阳市博物馆、南阳汉画馆等4家博物馆被认定为国家一级博物馆。

国有非文物系统博物馆11家，分别是黄河博物馆、郑州大学文物陈列馆、河南大学文物馆、河南省农业大学博物馆、河南省地质博物馆、河南省钱币博物馆、登封嵩山地质博物馆、洛阳警察博物馆、鹤壁煤业集团古典艺术博物馆、中华玉文化博物馆、南阳师范学院文物馆。

非国有文物系统博物馆11家，分别是郑州黄淮艺术博物馆、河南炎黄明清家具博物馆、郑州火车文化博物馆、郑州大象陶瓷博物馆、郑州中原古陶瓷标本博物馆、开封饮食文化博物馆、洛阳龙门博物馆、安阳保泰盈殷商博物馆、安阳超越周易博物馆、张秦森古典艺术博物馆、豫东陶瓷博物馆。2008年度新增一家，为郑州大象陶瓷博物馆。

河南全省国有馆藏文物1618398件，其中珍贵文物250000件，一级文物1553件。

2008年，全省博物馆共推出正式展览100余个，临时展览300余个，全年观众人数1000余万人次，青少年观众400多万人次。

6月10日～14日，由河南省总工会和河南省文物管理局联合主办的河南省“嵩山杯”讲解员讲解大赛在郑州市举行。由全省文物系统和其他部门所属的博物馆、纪念馆以及文物开放景点选拔出的120名选手参加了本次大赛，郑州市、河南博物院、洛阳市分获团体一、二、三等奖，郑州市文物管理局、洛阳市文物管理局等8家单位荣获本届大赛组织奖。这次大赛既是四年一次的例赛，也是献给第三个全国文化遗产日的厚礼。本次大赛得到了各级领导高度关注，省委常委、省委政法委书记李新民，省人大常委会副主任王菊梅，省政府副省长张大卫，省政协副主席袁祖亮等领导同志为河南省讲解大赛一等奖获得者颁发证书。

（二）民间收藏

2008年度，河南各级文物行政部门采取多种措施，依法行政，严格文物经营单位设立审批，加强文物流通市场主体管理，督促各文物经营单位严格履行文物商品审核备案手续。各级工商、公安、文物部门要对本行政区域内文物流通市场情况进行认真调查，重点摸排各类非法文物经营活动情况，全面掌握非法文物经营活动的场所分布、交易形式、文物来源等情况，建立健全本地区文物流通市场管理的各项规章制度和长效监管机制，严厉打击各类非法文物经营活动，坚决取缔各类非法文物经营场所，切实维护文物流通市场秩序。

2008年度召开了全省文物经营管理工作座谈会，对2007年度全省文物经营管理工作进行全面总结，对加强和改进今后的工作做了安排部署。开展了2007年度文物经营单位经营资质年检工作，会同有关省辖市对取得文物经营资质的各文物经营单位进行了全面检查。针对文物监管物品市场管理混乱等突出问题，赴广东等五省市开展了文物流通市场调研工作，与各省市文物部门深入交换了意见。指导省文物交流中心成功举办了“河南省第九届全国文物艺术品展销会”。完成河南豫呈祥拍卖有限公司申报文物拍卖许可证工作。

文物拍卖企业有6家，2008年度新增文物拍卖企业1家，具有一、二、三类文物拍卖资质的企业有1家，具有二、三类文物拍卖资质的企业有5家。

2008年度审核文物拍卖活动6场，拍卖标的数量为1104件，其中禁止拍卖的文物有3件；2008年度拍卖成交总额为250.8万元。

文物商店9家，2008年度无新增文物商店。文物库存数量总数为30余万件（其中一级文物16件），其中2008年度新增数量为600余件。

2008年度审核文物商店销售文物的数量2000余件，销售金额450余万元。

（三）文物保护科技与科研

积极组织2008年度省级文物科技保护课题的申报工作。对2008年拟安排的科技保护及课题进行筛选工作，初步选定了省文物考古研究所的“考古现场出土脆弱文物的提取与保护材料的应用研究”、省古代建筑保护研究所的“鸿庆寺风化砂岩保护材料研究”、龙门石窟研究院的“龙门石窟碑刻题记整理与研究”“龙门东山石窟地质灾害调查与防治对策研究”“龙门石窟碑刻题记整理”和郑州大学的“河南省佛教塔寺的现状调查与保护”“东汉帝陵研究”等作为2008年的省级课题。

河南博物院和河南省文物考古研究所获得国家一级文物保护设计和修复资质。

2008年初挂牌成立河南省文物科技保护中心之后，经过精心组织，科学评审，河南省文物局依托河南博物院、河南省文物考古研究所、洛阳龙门石窟研究院、洛阳古代艺术博物馆等数家文物科研水平较高的单位，设立了河南省金属文物保护研究基地、动物考古研究基地、许昌人研究基地、石窟寺考古研究基地、古代壁画保护研究基地、文物鉴定培训基地和讲解培训基地等省级重点文物科研基地。

2008年度河南省文物保护科学研究机构共完成论文273篇，其中专注或图录48个，省级及以上刊物公开发表论文129篇，考古报告96篇。由河南省文物考古研究所承担的《干缩变形木漆器复原》课题，取得突破性进展，其成果在美国《考古科学》杂志上发表。

（四）文博信息化

2001年，财政部和国家文物局联合启动“文物调查及数据库管理系统建设”项目，2002年，河南省作为首批试点省份之一，开始启动项目，2003年初全面展开工作。至2008年为止，一二级文物数据基本采集完毕，其中一级文物已经上报国家文物局数据中心审核入库。

机房位于河南省文物局办公楼一楼西北角，面积76平方米，工程总费用30万元，专业人员1人，网络设备为思科7609路由交换机一台，思科3560G48口交换机一台，配备HP服务器三台，存储阵列为HP MSA1500一台，磁带库HP MSL6030一台，APC20K不间断电源，气溶胶消防设备。

截至2008年12月31日，河南省第三次全国文物普查共调查登记不可移动文物18826处，其中新发现11935处，复查6891处。2008年，长城资源调查赵长城、楚长城开始启动。

珍贵文物数据约11万件，其中一级品1553条，2008年度新增数据约1万条。

截至2008年12月31日，河南省文物信息中心，对文物系统内部人员开放，数据库软件查询的方便快捷，也越来越为人所知。河南省文物局博物馆处也多次利用这一系统，挑选确定外展文物名单。

委托北京市太极华青信息系统有限公司开发了河南省省级藏品管理系统，现已在省中心机房运行使用。

【安全督察】

文物行政执法工作是文物保护工作的难点和热点，是衡量文物保护管理水平的重要标尺，也是保护文物最有效的手段之一。2008年度，河南省文物局坚持把调查处理文物违法案件与加强文物行政执法实践培训相结合，与加强文物保护法宣传相结合，与从机制和制度上预防类似案件发生相结合，不断提高行政执法水平。在国家文物局2008年度文物行政处罚案卷评比活动中，河南省文物局从各地上报的案卷中挑选6份案卷参加评比。经国家文物局文物行政处罚案卷评委会评判，河南省文物局荣获优秀组织一等奖。市、县两级文物行政部门也加大了文物行政执法力度，郑州、洛阳、开封、南阳、平顶山、信阳、许昌等省辖市文物行政部门每年查处的文物违法案件均在10起以上。其中郑州市文物局、洛阳市文物局查办的违法建设案卷在全国文物行政处罚案卷评比中分别荣获优秀、优良案卷奖。

2008年度文物安全情况：与省公安厅联合召开了全省文物安全工作会议，组织开展了4次全省文物安全大检查，共检查文博单位360个（次），督促整改安全隐患170余处；大力推动文物公安派出机构建设，进一步规范了文博单位内部安全防范管理。开展了全省文博单位技防达标调查，组织进行文物安全技防、消防、防雷等工程审核、验收40余次，评选表彰了96名全省优秀业余文物保护员。顺利实现了馆藏文物安全年。

2008年度重大文物案件及处理情况：在全省范围内开展了文物行政执法专项督察工作，督察、指导基层文物行政部门依法查处各类文物违法案件，督办查处重大文物违法案件10余起。全省文物部门和公安机关落实联合打击文物犯罪工作机制，严厉打击各类文物犯罪，督促侦破盗掘尉氏县康王冢古墓葬等重大文物案件10余起，抓获犯罪嫌疑人66名，追缴涉案文物78件。

【机构与人员】

1. 简述

到2008年底全省文物机构共有259个，比上年增加16个。从业人员7657人，比上年增加630人，增长8%。文物藏品1618398件，其中一级品2437件。文物事业总收入87445万元，其中门票收入16812万元。文物事业总支出80934万元。全年共完成基本建设投资5324万元。全省共计维修文物保护单位95个，其中全国重点文物保护单位43处，省级文物保护单位43处，维修经费支出6417万元。

2. 机构、人员数量，收支情况

（1）文物保护管理机构

全省共有文物保护管理机构143个，从业人员3384人，其中：高级职称72人，具有考古发掘领队资格26人。文物藏品535873件，其中：一级品593件。总收入30594万元，其中：门票收入10457万元，总支出27797万元。

（2）其他文物机构

全省有其他文物机构7个，从业人员89人，其中：高级职称5人，总收入2365万元，总支出1919万元。

（3）博物馆

全省有博物馆95个，从业人员3419人，其中高级职称130人，具有考古发掘领队资格 3 人。综合性博物馆 41 个，从业人员 1670 人，其中高级职称 88 人。文物藏品 574671 件，其中一级品 1387 件。历史类博物馆 49 个，从业人员 1619 人，其中高级职称 34 人。文物藏品 74326 件，其中一级品 268 件。艺术类博物馆 4 个，从业人员 121 人，其中高级职称 8 人。文物藏品 10558 件，其中一级品 121 件。自然科技类博物馆 1 个，从业人员 9 人，文物藏品 999 件，其中一级品 5 件。全省文物系统博物馆举办陈列展览 421 个，接待观众 1182 万人次，其中未成年人参观 360 万人次。总收入 22306 万元，其中门票收入 6347 万元，经费支出 21399 万元。

（4）文物科研机构

全省有文物科研机构 10 个。从业人员 404 人，其中高级职称 67 人，具有考古发掘个人领队资格 37 人。文物藏品 215679 件，其中一级品 47 件。总收入 8752 万元，总支出 8354 万元。

（5）文物商店

全省有文物商店 4 个，从业人员 116 人，其中高级职称 6 人。本年收购文物 2626 件，金额 414 万元。

（6）全省各级文物行政主管部门机关文物事业费

全省文物行政主管部门机关文物事业费总收入 23406 万元。实际支出 21443 万元。

3. 2008 年度举办培训 4 次：与河南大学联合举办了为期 3 个月的全省文物建筑技术培训班，对各地选派的 53 名文物业务骨干进行了专业技术培训；举办了全省文物行政执法培训班，邀请省政府法制办和江苏、浙江等省文物行政执法机构的领导、专家授课，全省 120 名基层文物行政执法人员参加了培训；举办了全省文物系统文秘宣传培训班，对市、县文物行政部门从事文秘宣传工作的 60 多名同志进行了培训；举办了全省文物保护专项经费财务人员培训班，培训全省文物部门财会人员 102 名。

4. 2008 年，河南省共有 8 人获国家文物局考古发掘个人领队资格，名单如下：曹岳森（洛阳市文物工作队）、韩长松（焦作市文物工作队）、南海森（濮阳市文物保管所）、王三营（开封市文物工作队）、郭培育（河南省文物考古研究所）、严辉（洛阳市第二文物工作队）、许海星（三门峡市文物考古研究所）、史智民（三门峡市文物考古研究所）。

5. 2008 年度，取得文物保护工程勘察设计资质的单位如下：甲级 3 个，分别是河南省文物建筑保护研究中心、南阳市古代建筑保护研究所、郑州大学城市规划设计研究院；乙级 3 个，分别是郑州市文物考古研究院、河南大学古建园林设计研究院、洛阳龙门石窟研究院。丙级 1 个，济源市文物保护设计所。

6. 取得文物保护工程施工资质的单位如下：

一级资质 1 家，河南省龙源古建园林技术开放公司；

二级资质 3 家，分别是开封市营造文物古建筑工程处、洛阳龙门文物保护技术开发有限公司、南阳市文华古建工程有限公司；

三级资质 2 家，分别是孟州市东方古建筑研修心、濮阳市帝都古代建筑工程有限公司。

7. 取得文物保护工程监理甲级资质的是河南东方文物建筑监理有限公司。

8. 取得可移动文物修复一级资质的有河南博物院和河南省文物考古研究所 2 家。

9. 取得文物进出境审核鉴定员资格的人员数量为 4 人。

10. 在文物安全监管机构和队伍建设方面，河南省有 62 个县级以上文物行政部门成立了专职的文物安全监管机构，专兼职安全保卫干部 447 名，设立了 8 个文物公安派出所。

【对外交流】

2008年，河南积极整合全省文物资源，独办和参加展览共8个。其中独立举办展览1个，即10月在日本飞鸟资料馆举办的“黄冶唐三彩窑的考古新发现展”；参加国家文物局主办展览6个，即赴南非“华夏瑰宝展”、赴意大利佛罗伦萨“从汉风到唐韵展”和都灵“秦兵马俑与丝绸之路展”、赴日本“大三国志展”、赴澳门“中国古代文物展”、赴香港“中国古代马文化展”，另与首都博物馆联合举办了赴墨西哥“佛教慈悲女神——中国古代观音菩萨造像艺术展”，共展出河南省近200件组文物。

2008年，河南省文物系统有23个管理人员、专业技术人员团组共44个人，分别赴日本、英国、意大利、南非、比利时、荷兰等国及香港、澳门地区参加展览开幕式、执行布、撤展任务、进行学术交流、参加国际会议等，开阔了视野，增加了文物系统与外方的相互了解，为双方在文物领域进一步交流合作创造了条件。

【文博宣传工作】

结合河南省文物局重点工作，集中组织开展了“许昌人”考古新发现、全国十大考古新发现、发现胡庄大墓、博物馆免费开放等宣传活动。积极组织协调向中国文物报发送工作信息、宣传文章等近100篇，驻豫媒体和省会媒体上编发的文物宣传稿件有300多篇，新华社通稿被国内媒体转载刊发400多次。文化遗产日期间组织开展公众考古活动——“揭开考古发掘神秘面纱”，新华社、光明日报、中新社、河南日报、河南电视台、大河报等17家媒体对活动进行了全程跟踪报道，收到良好反响。

【政策法规】

2008年度出台规范性文件3份，分别是：豫文物财〔2008〕5号，河南省文物管理局关于印发《河南省文物管理局公务卡使用管理办法》的通知；豫文物办〔2008〕14号，河南省文物管理局关于印发《河南文物网信息审核暂行规定》的通知；豫文物博〔2008〕30号，河南省文物管理局关于“嵩山杯”讲解员讲解大赛的表彰决定。

湖北省

【概述】

2008年，在湖北省委、省政府和国家文物局领导的亲切关怀下，在文化厅党组的有力领导下，在省直各有关部门和各地党委、政府的大力支持下，各级文物部门和全省文物系统广大干部职工共同努力，全省文物工作坚持以科学发展观为指针，解放思想，锐意创新，在有效保护、加强管理的同时，注重加大合理利用力度，积极推动文物工作融入经济社会发展，服务当代，使更多的成果惠及广大人民群众，取得了突破性成果。文物保护基础性工作进一步加强，博物馆免费开放成果进一步巩固，文物合理利用成效明显增强。

【文物工作会议】

湖北省文物局长会议于2008年12月29日在黄石召开，各市、州，直管市，省直文博单位等代表与会。会议代表参加了黄石市博物馆新馆落成暨建馆五十周年庆典，参观了二十世纪工业遗产——黄石华新水泥厂旧址。

湖北省文物局副巡视员吴宏堂主持会议，湖北省文化厅副厅长、文物局局长沈海宁作题为《自觉践行科学发展观推动全省文化遗产事业新发展》的报告，回顾和总结了改革开放三十年来湖北省文化遗产保护事业取得的成就。文物法制建设取得新进展，文物保护法律法规体系建设迈出了重要步伐。1985年公布了《湖北省文物保护管理实施办法》，1993年进行修订；为实施2002年新修订的《中华人民共和国文物保护法》，2005年11月26日，湖北省第十届人大常委会第十八次会议审议通过了《湖北省实施〈中华人民共和国文物保护法〉办法》；2007年5月，湖北省第十届人大常委会第二十七次会议又审议通过《湖北省人大常委会关于加强文物保护的决议》。文物保护力度明显加大：自1981年以来，铜绿山古铜矿遗址、八七会议旧址等91处不可移动文物被国务院公布为全国重点文物保护单位，荆州等5座城市被国务院公布为中国历史文化名城，红安七里坪镇、黄陂大余湾村等7处被建设部和国家文物局公布为中国历史文化名镇（村），全省共825处文物被省政府公布为湖北省文物保护单位，4115处文物被公布为市、县级文物保护单位。考古工作成效显著：一批重大考古发现在国内外产生影响，出土珍贵文物丰富了馆藏；郧县人遗址出土了两具距今约100万年的较完整古人类头骨化石，填补了我国古人类发展史上的缺环；荆州马山1号墓、荆门包山2号墓、枣阳九连墩墓等墓葬的考古资料极大地推动了楚文化的深入研究；荆州凤凰山168号汉墓出土保存完好的男尸反映了古代医学和防腐等技术；随州曾侯乙墓出土的青铜编钟改写了中国古代音乐史；云梦睡虎地秦简、荆门郭店楚简、包山楚简、荆州张家山汉简、随州孔家坡汉简的发现，为研究古代历史文化提供了不可多得的文字资料；钟祥郢靖王墓、梁庄王墓出土了精美绝伦的青花瓷和金银器，品位高、数量多。博物馆体系日臻完善：1978年底，湖北省文物系统博物馆只有70多个，截至2007年末，博物馆总数达131个，藏品总量已达115万余件；中等城市博物馆、县级特色博物馆新馆建设呈现强劲发展势头；办馆主体呈现多元化，企业、团体、个人等社会力量兴办博物馆日渐增多，基本形成了门类丰富、特色鲜明、专题突出、分布广泛的博物馆发展新格局，社会效益显著提升；30年来，全省博物馆共举办陈列展览1500余个，接待观众2400余万人次，基本陈列和专题展览的主题内容、科技含量和艺术感染力都有较大提高；目前，全省博物馆每年举办展览近250个，接待观众500余万人次；有70多个博物馆、纪念馆被确定为爱国主义、科学普及等教育基地，每年接待未成年观众150多万人次；免费开放取得突破，改革开放以来，根据中央和省委、省政府要求，全省逐步完善博物馆对未成年人、老年人、军人、残疾人等社会特殊群体的门票减免制度，2003年开始，武汉等地13家博物馆先后对社会免费开放。2007年11月6日，省博物馆在全国中西部省级综合性博物馆中率先向全社会免费开放，为全国博物馆全面推行免费开放进行了有益尝试，积累了宝贵的经验，得到中央有关领导、国家文物局以及社会各界的充分肯定和高度评价，成为中国博物馆事业发展史上的一个重要里程碑。文物市场管理逐步规范：文物市场经营主体、流通范围日趋多样化，民间收藏呈现快速发展态势；截至2007年湖北省文物总店、武汉市文物商店库存文物已达283097件。三峡、南水北调文物保护工作成绩斐然：三峡工程文物保护工作历经十六年之久，圆满完成国家批复的规划任务，湖北省首次将工程建设管理机制引入文物保护工程管理中，率先实施严格的文物保护项目合同管理制、检查验收制、经费决算、结项审计制等，得到国务院三建委、国家文物局充分肯定并在三峡库区得到广泛推广；圆满完成217处地下文物点、45.8万平方米的考古发掘和190.6万平方米勘探任务，出土不同时代文物标本6万余件，其中珍贵文物约5000件；巴东旧县坪遗址2002年被评为“全国十大考古新发现”；秭归凤凰山文物复建区2006年被评为第六批全国重点文物保护单位。南水北调工程文物保护工作稳步推进：已累计实施考古发掘项目58个，累计完成考古发掘面积15.7万平方米，勘探面积434.5万平方米，出土重要文物约1.7万余件。郧县辽瓦店子遗址与《湖北省南水北调工程重要考古发掘Ⅰ》一书分别被评为2007年度“全国十大考古新发现”和“全国十佳文博考古图书”。

湖北省2008年文物工作成绩主要是：一是弘扬民族文化，服务人民群众，博物馆建设及免费开放工作取得新成绩；二是全力以赴、齐心协力，扎实开展湖北省第三次全国文物普查工作；三是合理安排，重点突出，文物维修及考古发掘取得新收获；四是未雨绸缪，狠抓安全，文物安全工作取得新成绩；五是三峡和南水北调文物保护工作取得重要进展；六是面对灾难、众志成城，积极支持四川省文物系统抗震救灾工作。会议部署了2009年的全省文物工作：第一、切实抓好第三次全国文物普查田野调查阶段工作，认真做好全国重点文物保护单位申报、规划编制和维修工作；第二、认真总结博物馆免费开放经验，加强和规范博物馆行业管理，做好“文物调查及数据库管理系统建设”试点项目工作；第三、提高考古发掘质量和水平，做好工程建设中的文物抢救，继续推进大遗址保护展示工作；第四、加强安防设施建设，加大检查和整改力度，确保全省文物安全；第五、加强管理和制度建设，抓好三峡、南水北调工程的文物保护工作；第六、加强文物法制，积极开展文物执法督察，进一步推进全省文物工作发展。

【第三次文物普查】

截至2008年10月31日，共到位2008年度文物普查经费1989.5万元，其中省级财政列入600万元；共有13个地级行政区域列入564万元，102个县级行政区域列入825.5万元，经费列入率均为100%。截至2008年12月31日，共有13个地级行政区域、102个县级行政区域召开了文物普查领导小组会议；共有13个地级行政区域、102个县级行政区域签订了文物普查政府责任书；各级普查办人员合计595人，一线普查队员合计980人；共有102个县级行政区域启动了实地文物调查，调查启动率为100%；省级行政区域内调查覆盖率75.02%；共有8个县级行政区域完成实地文物调查；共调查登记不可移动文物9499处，其中新发现4469处，复查5030处。在全面调查、登录各类不可移动文物的基础上，进一步凸显湖北乡土建筑、工业遗产及文化线路等特色文化资源，设立了武汉近代建筑史迹、洋务运动时期工业遗产、茶叶之路、炎帝时期的文化遗址等14个专项调查，以课题形式委托武汉大学、武汉理工大学、湖北大学等高校和省考古所等科研机构实施，立项报告和实施方案已编制完成并经过审批；为进一步拓展信息传播渠道，省、市普查办相继开通了文物普查网站，实现了普查信息实时传送，截至11月底，省、市、县三级普查办共发布综合信息月报70多期、专项简报200多期，张贴和印发第三次全国文物普查宣传资料7万余份，悬挂宣传条幅500多幅，在报刊、电视、互联网等媒体发布普查信息600多条。

【考古发掘研究】

2008年，湖北省考古工作主要配合南水北调项目、兰郑长成品油管道项目、郑州至武汉高速铁路项目、武汉至宜昌高速铁路项目、武汉至麻城高速公路项目、十堰竹山潘口水电站项目、荆门市森工产业园项目、襄樊市高新区工业园项目等基本建设工程开展，也有一些因自然灾害而开展的抢救性发掘。熊家冢墓地车马坑及部分殉葬墓地发掘项目从2006年开始，2008年继续开展，考古发掘对象包括遗址和墓葬两大类，其中遗址数量稍多，时代从新石器时代至明清，各时期均有发现。全年各月份都陆续有考古工作开展，6月至10月相对集中，重大考古新发现主要有叶家庙遗址、张西湾遗址、熊家冢墓地车马坑及部分殉葬墓地、乔家院墓地。

叶家庙遗址位于孝感市孝南区朋兴乡，是一处规模较大的屈家岭文化晚期中心城址聚落，结构完整、布局清晰。城址形状呈较规整的长方形，南北长560米，东西宽550米，总面积为30.8万平方米，遗迹主要有城垣、环壕、城内居住区、公共墓地。城址外西面还有两个同时期遗址：杨家嘴遗址、何家埠遗址。三个遗址总面积约56.5万平方米形成一处大规模的新石器时代聚落群。叶家庙遗址是第一座在鄂东北地区发现屈家岭文化史前城址，遗址还首次发现使用陶臼作为婴幼儿瓮棺葬的葬具。

张西湾遗址位于武汉市黄陂区祁家湾镇建安村，兴建时代约为石家河文化早期，平面形状近圆形，局部发现保存至今的城垣和壕沟，其南北长295米，东西宽335米，面积98000平方米，是目前发现的江汉平原位置最偏东的城址。该遗址与叶家庙遗址在地理上相距不远，为研究江汉平原屈家岭晚期至石家河时期这一时间段人类社会结构的变化、聚落形态的演变提供了珍贵材料。

熊家冢墓地考古项目，2008年主要进行了车马坑的发掘，共发掘小车马坑11座，皆长方形竖穴土坑，其中5座是车马坑，6座是马坑；继续发掘大车马坑，新发现有“一马六驾”的车3乘。

乔家院墓地位于十堰市郧县五峰乡肖家河村，2008年共发掘墓葬25座，实际发掘面积1825平方米。其中东周墓葬3座、两汉墓葬21座，西晋纪年墓葬1座。东周战国时期墓葬中再次发现殉人葬俗，两汉墓葬多为洞室墓，西晋墓葬中出土纪年铭文砖属郧县地区首次发现。乔家院墓地出土资料，再次证明了丹水流域是楚文化的形成和发展的重要区域。

2008年度熊家冢墓地车马坑及部分殉葬墓发掘项目获田野考古三等奖。2006年发掘的云梦县睡虎地77号墓出土了西汉简牍，被评为“2008年中国重要考古发现”。

【博物馆建设及免费开放】

博物馆建设发展迅速，全省共有博物馆、纪念馆130余家，逐步形成了以省博物馆为龙头，以市州博物馆为骨干、以县级专题博物馆为补充的特色鲜明、布局合理的博物馆体系。博物馆免费开放工作逐步规范化和日常化，成为湖北省文化惠民的品牌工程，获得了广大群众的一致好评，产生了良好的社会效益。与此同时，博物馆陈列展览提升、藏品管理、科学研究、社会教育、安全保卫等工作也得到了发展和提高，呈现事业蓬勃发展的良好局面。

列入2008年免费开放名单的博物馆、纪念馆有65个，如湖北省博物馆、辛亥革命武昌起义纪念馆、湖北省艺术博物馆、湖北明代藩王博物馆、武汉市博物馆、武汉国民政府旧址纪念馆、八路军武汉办事处旧址纪念馆、八七会议会址纪念馆、武昌农民运动讲习所旧址纪念馆（武汉市革命博物馆）、中共五大会址纪念馆、新四军军部旧址纪念馆、武汉市江夏区博物馆、武汉市蔡甸区博物馆、武汉市黄陂区博物馆、武汉市新洲区博物馆等。

2008年湖北省考古发掘项目数量、名称、进度情况

项目名称	具体地点	发掘面积	发掘进度	主要发现及意义
熊家冢墓地车马坑殉葬墓	荆州市荆州区川店镇张场村三组	800	未完延续	发现了“一马六驾”现象，出土了一些车马器。
叶家庙遗址	孝感市孝南区朋兴乡老新集村	800	完成	发现屈家岭晚期大型城址。
小府坪遗址	竹山县田家坝镇红花湾村	2000	完成	为研究鄂西北地区史前文化面貌及东周时期楚文化此地的发展提供了重要资料。
寺湾墓地	襄樊市襄阳区魏庄村	200	完成	
大商家坝遗址	武汉市江夏区纸坊街宁港狮子山村	800	完成	为研究鄂东地区商周时代文化面貌提供了珍贵材料。
郭家垴墓地	鄂州市鄂城区古楼街道办事处五里墩村	400	完成	为研究南北朝、唐、宋时期长江中游历史面貌意义重大。
荆州连心石料厂四号墓	荆州市荆州区八岭山镇杨场村一组连心石料厂	25	完成	该墓为东周楚墓，出土漆木器、竹简和较多丝织品。
周家岗遗址	襄樊市高新区团山镇邓城村	2000	完成	发现新石器时代至明代的遗迹共43个，文化内涵丰富。
土地台墓地	荆州八岭山镇童桥村4组	1000	完成	为研究纪南城周边楚墓分布提供了重要的新材料。
丁家山墓地	鄂州市鄂城区新庙镇英山村	100	完成	发现规模较大、结构复杂的六朝墓葬。
中笔墓地	宜昌市宜都市陆城镇中笔村	25	完成	发现西汉墓葬，出土较多和精美漆木器。
黄家窑窑址	孝感市汉川市马口镇窑新村	600	完成	为研究民间名窑“马口窑”提供了珍贵材料。
喻家楼城址	黄冈市麻城市阎家河镇罗家铺村	300	完成	发现西周时期城址。
张西湾遗址	武汉市黄陂区罗汉街	1000	完成	发现了石家河文化城址。

【文物调查及数据库管理系统建设】

2007年2月，湖北省文物信息中心机房按照“运行稳定、技术先进、经济合理、安全适用”的技术要求，由省古民居抢救保护中心（文物信息中心）负责建设完成。机房硬件设备主要包括：PC服务器、光纤通道交换机、光纤磁盘阵列、备份管理服务器、路由器、交换机、UPS设备、专用空调等。自运行以来，经有效管理和维护，机房整体运行状态良好，为保质保量完成全省“文物调查及数据库管理系统建设”项目，全面促进湖北文物信息化建设提供了有力的保障。

【武汉区域博物馆馆际交流与合作】

“武汉城市圈博物馆、纪念馆优秀陈列展览”评选：省博物馆“曾侯乙墓”、黄麻起义和鄂豫皖苏区革命历史纪念馆“黄麻起义和鄂豫皖苏区革命历史陈列”、武汉市博物馆“武汉近现代历史陈列”获得“精品奖”；中南民族大学民族学博物馆“多彩民族”获最佳创意奖；武汉市革命博物馆“中国共产党反腐倡廉历程展”获得“最佳形式设计奖”；辛亥革命武昌起义纪念馆“馆藏珍贵文物展”获得“最佳内容设计奖”；李四光纪念馆“李四光科技成果系列展”获得“最佳制作奖”；李时珍纪念馆“中华医圣——李时珍”获得“最佳宣传推广奖”；黄石市博物馆“天地一洪炉——黄石矿冶文化展”获得“最佳服务奖”；省博物馆“千古英雄——‘大三国志展’归国汇报展”获得“最受观众欢迎奖”；省博物馆“心与音——世界民族乐器特展”、浠水博物馆“浠水革命史陈列”、八路军武汉办事处旧址纪念馆“汉口新四军军部历史陈列”、北伐战争及汀泗桥战役纪念馆“北伐战争及汀泗桥战役”获得“提名奖”。

【三峡·南水北调工程文物保护】

随着三峡水库175米试验性蓄水的顺利推进，三峡文物保护工作已接近尾声，三峡湖北库区田野考古发掘工作完成全部规划任务，工作重点逐步转入项目结项和总结阶段。2008年组织实施了秭归景贤门、迎合门城楼的复建工程，至此，三峡湖北库区41处地面文物搬迁保护项目全面完成，同时积极开展地面文物复建区的环境整治工作和配套设施建设。突出重点狠抓屈原祠等仿古新建工程建设施工，已完成了屈原祠内山门、南北配房、南北碑廊、南北陈列室、南北厢房、前殿、正殿的主体工程及部分灰塑、脊饰和装饰装修工程。

南水北调工程文物保护工作再创佳绩。2008年共开展抢救性考古发掘项目32个，累计发掘面积6.07万平方米，勘探面积71万平方米，圆满完成年度目标责任要求，取得了丰硕成果，有一系列重要发现。郧县乔家院墓群出土的战国早期小口铜鼎和镶嵌绿松石的战国时期凤鸟纹铜壶，丹江口龙口林场（红庙嘴）出土的战国时期山字纹铜镜，丹江口龙口林场墓群（潘家岭）出土的西汉时期空心画像砖和汉代双联釉陶灶，郧县李营墓群出土的三国时期神人抱鱼铜带钩，在丹江库区均属首次发现，被专家组评选为“南水北调工程湖北库区2008年度十大精品文物”。与此同时，丹江口北泰山庙墓群和龙口林场墓群因其遗迹遗物丰富、保存完整，在楚文化的分区研究和墓地结构分析方面具有重要意义而被专家评选为“南水北调工程湖北库区2008年度重要考古发现”。确立并开展南水北调工程湖北库区文物保护科研课题研究。为不断提升库区文物保护工作的综合研究和总体科研水平，5月召开了南水北调工程湖北库区文物保护科研课题立项评审会，通过专家评审最终确立了14个科研课题项目。这批科研课题打破了项目、地域和学科界限，更加注重广泛性、专业性和多学科综合研究，扩大了课题研究的范围。

【重点文物建筑维修保护】

认真做好文物保护基础性工作。出台《湖北省文物保护工程勘察设计资质管理办法（试行）》、《湖北省文物保护工程施工资质管理办法（试行）》，并在全省实施。2008年，国家文物局共批准湖北省国保单位维修工程方案16个，省文物局批准省级文物保护单位维修工程方案11个。配合1+8城市圈、鄂西生态文化旅游圈建设，加强了文物维修方案和保护规划的编制，加大了对武当山、明显陵等重点文物的维修力度，以进一步推动文物工作在当前经济社会发展中的积极作用。

【公布第五批湖北省文物保护单位】

2008年3月27日，省人民政府公布了第五批湖北省文物保护单位368处，其中古遗址85处、古墓葬50处、古建筑132处、石窟寺及石刻10处、近现代重要史迹及代表性建筑89处、其他2处。同时，公布6处与原有湖北省文物保护单位合并的项目。省级文物保护单位总数已增至825处，4月召开了公布第五批湖北省文物保护单位新闻发布会。

【社会文物管理】

加强对文物拍卖企业的管理工作。转发了国家文物局《关于加强文物拍卖标的审核备案工作的通知》，督促相关文物拍卖机构依法开展文物拍卖活动。武汉市大唐拍卖有限责任公司和武汉中信拍卖有限公司具有二、三类文物拍卖资质。组织专家审核了武汉中信拍卖有限公司和湖北翰瑞拍卖有限公司申报的书画作品拍卖标的共319件（套），经审核，同意其进行拍卖，并将武汉中信拍卖公司的相关拍卖材料报国家文物局备案。

【文物进出境】

经国家文物局对全国17个国家文物出境鉴定站进行重新审定，“国家文物出境鉴定湖北站”成为获得国家文物局授予的文物进出境审核资质的14个机构之一，并更名为“国家文物进出境审核湖北管理处”。截至2008年12月，共有张少山、张洪珍、刘彦、蔡路武等四位同志取得国家文物局认定的国家文物进出境责任鉴定员资格，其中，张少山获得书画、陶瓷责任鉴定员资格，张洪珍获得玉器责任鉴定员资格，刘彦获得杂项、玉器、铜器责任鉴定员资格，蔡路武获得陶瓷责任鉴定员资格。

2008年度，积极配合公安、工商、海关等部门加强对文物违法案件的查处，严厉打击各种文物犯罪活动。为武汉海关鉴定涉嫌走私文物12次，为鄂州、汉川、丹江、武穴公安部门鉴定涉案文物4次，共鉴定文物及艺术品343件（套），其中一般文物52件（套），其余为仿品和新工艺品。并赴郧县为公安部门鉴定涉案物品79件（套），其中三级以上文物13件（套），一般文物50件（套），仿制品16件。另为武汉洪山公安分局鉴定其查获王柏明涉嫌文物诈骗案所涉及的书画作品共93件，其中83件为仿书画名家的作品。

此外，完成了多项征集文物、出土文物、捐献文物的鉴定工作。为黄石市、十堰市、竹山县、房县、应城市博物馆和辛亥革命博物馆鉴定拟征集文物数百件。为鄂州市博物馆鉴定出土文物400余件（套），共定出一级文物12件（套），二级文物39件（套），三级文物190件（套）。

【安全督察】

文物安全始终是文物管理的重中之重，关系到文化遗产保护事业的成败。坚持把文物安全工作作为贯穿全年工作的一条主线常抓不懈，2008年基本实现了馆藏文物安全年和文物消防安全年。与省公安厅联合下发了《关于切实加强2008年元旦、春节期间文物安全工作的通知》，元旦、春节以及“五一”和“十一”期间，会同省公安厅、省安监局和武汉市公安部门组成联合检查组对省直各文博单位进行文物安全检查，督促各单位进行安全隐患整改。年初湖北省普降大雪持续低温，为防止文物古建筑遭受灾害影响，及时下发了《关于认真做好文物古建筑安全保护工作的紧急通知》，督促做好文物古建筑的安全保护工作。“5·12 汶川大地震”期间，及时转发国家文物局《关于认真做好抗震救灾、切实加强文物保护与安全工作的紧急通知》，要求各地文物部门认真做好抗震救灾中的文物保护工作。根据文化部、国家文物局相关通知要求，在全省范围内认真开展文物安全检查，及时整改安全隐患，制定和完善突发事件应急预案和安全制度，进一步加强人防、物防和技防。会同省公安厅对省直文博单位进行奥运前的安全检查，实施了省博物馆观众主入口安全检测工程，确保了奥运期间无安全事故发生。

按照国家文物局《关于加强突发事件应急预案制定和落实，确保文物安全的紧急通知》等相关通知精神，开展全省重点文物建筑消防安全及文博单位安全生产大检查工作，分别对武汉、荆州、襄樊、宜昌等 12 个市的两处世界文化遗产、33 处全国重点文物保护单位、19 处省级文物保护单位和 26 座博物馆进行了为期 9 天的安全大检查，督促各地文物部门切实加强安全隐患整改，进一步完善各项安全制度和安全应急预案，认真做好文物安全保护工作。

组织公安、质检、文物部门的专家对《湘鄂西革命根据地洪湖瞿家湾旧址群安全防范系统设计方案》、《宜昌市三游洞安全技术防范系统设计方案》进行论证。审核了《恩施自治州博物馆消防工程设计方案》、《明藩王博物馆的消防工程设计方案》等。审核验收了十堰市博物馆、武当山博物馆的安防工程。督促指导武当山古建筑群、随州擂鼓墩古墓群等安防消防工程的施工。

湖南省

【简述】

湖南文物资源丰富，截至 2008 年底，湖南省已登记不可移动文物点 20819 处。其中，已核准公布的全国重点文物保护单位 59 处 70 个点，省级文物保护单位 381 处，市、县级文物保护单位 2751 处。另有全国历史文化名城 3 座（长沙市、岳阳市、凤凰古城），国家级历史文化名镇 6 处（龙山县里耶镇、永顺县芙蓉镇、望城县靖港镇、衡阳市南岳镇、望城县铜官镇、双峰县荷叶镇）、国家级历史文化名村 5 处（岳阳县张谷英村、江永县上甘棠村、会同县高椅村、零陵区涧岩头村、中方县荆坪村）。

2008 年，是落实党的十七大精神的开局之年，也是改革开放三十周年。湖南文物部门在湖南省委、省政府的正确领导下，在国家文物局的大力支持下，针对新形势下的文物保护利用现状，结合科学发展观学习实践活动，在合理、合法、科学、惠民的前提下，大胆创新，在全国率先探索构建文物“大保护大利用”新机制。在落实“五纳入”的基础上，通过政府主导，广泛吸引社会力量和资本参与文物保护利用，对文物资源的保护利用做好大规划，实行大管理，进行大投入，实现大惠民，确保可持续。制定“坚持以人为本、坚持科学规划、坚持统筹兼顾、坚持严格保护、坚持政府主导与社会参与”的五项原则并加以落实，取得了较好的成绩。

【不可移动文物】

（一）不可移动文物保护

1. 文物保护单位

至 2008 年底，湖南各类不可移动文物已公布为全国重点文物保护单位的有 59 处

(其中古遗址10处、古墓葬1处、古建筑20处、石窟寺及石刻2处近现代重要史迹及代表性建筑24处、其他2处);省级文物保护单位381处(其中古遗址与古墓葬61处、古建筑150处、石窟寺及石刻和其他18处、近现代重要史迹及代表性建筑152处);市、县级文物保护单位2751余处(其中古遗址905处、古墓葬500处、古建筑747处、石窟寺及石刻154、处近现代重要史迹及代表性建筑386处、其他59处)。没有公布为各级文物保护单位的不可移动文物有17628处,其中包括2008年度第三次全国文物普查新发现2819处。

2. 文物保护规划及维修工程方案

2008年上报国家文物局的全国重点文物保护单位保护规划有3个:蔡侯祠保护规划、向警予故居保护规划、湘南年关暴动指挥部旧址保护规划。

经国家文物局批复同意的全国重点文物保护单位保护规划有4个:上甘棠村古建筑群保护规划、长沙铜官窑遗址保护总体规划、富厚堂保护规划、东山书院旧址保护规划。

2008年上报国家文物局的全国重点文物保护单位保护工程方案有8个:南岳忠烈祠维修方案、蔡锷故居维修工程设计方案、蔡锷公馆维修工程设计方案、东山书院旧址保护维修工程方案、塘田战时讲学院旧址维修工程设计方案、邵阳北塔资江弯道护坡加固设计方案、炭河里遗址抢险保护工程设计、浯溪摩崖石刻抢救性保护方案。

经国家文物局批复同意的全国重点文物保护单位保护工程方案有3个:树德山庄(唐生智故居)维修保护工程设计方案、蔡锷公馆维修工程设计方案、富厚堂二期维修保护工程方案。

3. 文物保护工程

2008年文物保护工程有19个,投入经费共计2161万元(仅指国家和省的专项,不含当地配套),其中:

里耶古城遗址第一期本体保护工程,2008年度投入经费340万元;

城头山遗址第一期本体保护工程,2008年度投入经费400万元;

芋头侗寨古建筑群第一期修缮工程,2008年度投入经费100万元;

洪江古建筑群第一期修缮工程,2008年度投入经费300万元;

平江起义旧址和纪念馆全面维修和消防工程,投入经费300万元;

任弼时故居消防工程,投入经费100万元;

湘南年关暴动指挥部旧址维修和消防工程,投入经费110万元。

4. 大遗址保护

湖南省列入国家100处大遗址保护专项的有3个:里耶古城遗址、城头山遗址、长沙铜官窑遗址。

2008年,3个大遗址在编制总体保护规划、保护工程方案报批后,由国家大遗址保护专项投入740万元,分步实施了本体保护工程。在实施本体保护的同时,同步考虑了展示利用的相关建设项目。

湖南省委、省政府对大遗址保护工程予以了大力的支持。2008年2月10日,湖南省人民政府省长周强深入龙山里耶古城遗址现场办公,确定里耶古城大遗址保护二期工程省财政配套解决资金5000万元,分三年到位。

5. 抗冰救灾斗争

2008年1月13日~2月5日,湖南遭受了百年不遇的冰雪灾害,其中文物系统损失巨大,各类古建筑、民居建筑受损严重。据不完全统计,全省共有45处全国重点文物保护单位、74处省级文物保护单位、40处博物馆建筑受损,有的甚至出现墙体倒塌、倾斜、基础下沉。很多文物保护单位的消防及安防设施损坏严重,如给水系统阀门、管道和水表破裂,外接电力设施被冻坏等。全省各文博单位的风景园林几乎被冰雪破坏殆尽。冰冻灾害使湖南各级、各类文物保护单位、博物馆直接受灾损失达5837万元。

面对历史罕见的冰雪灾害，国务院总理温家宝先后两次赴湖南指挥抗冰救灾工作。湖南文物系统全体干部职工立足于本职，克服困难，努力自救。湖南省文物局采取了抗冰冻灾害应急措施，局领导、处室负责人24小时值班，协调、联系和处置突发事件，同时紧急下文各地，要求各文物单位冷静应对，沉着应战，确保干部职工生命安全，确保参观群众生命安全，确保文物本体安全。

通过各种抢救措施，灾后湖南各受灾文物保护单位迅速进行了抢救性维修，确保了文物本体安全。各对外开放文物景点于灾后不到一周时间内全部实现了对外正常开放。湖南文物系统在湖南省委省政府的正确领导下和国家文物局的大力支持下，取得了抗冰救灾斗争的全面胜利。

（二）考古发掘

2008年，湖南省文物考古部门积极配合建设工程，全面开展建设工程中地下文物的抢救性考古调查、勘探和发掘工作达106项，调查勘探面积10万平方米、发掘面积5000平方米：17条高速公路建设项目的考古发掘（潭衡高速、吉怀高速、张花高速、道贺高速、炎睦高速、娄新高速、夏蓉高速、随岳高速、宜连高速、永蓝高速、衡邵高速等）；6个电力建设项目的考古发掘（湘祁水电站、嘉禾火电厂、桃江核电厂、株溪口水电站、株洲火电厂灰场、攸县电厂送电线路）。

2008年度重大考古调查和发掘有：澧阳平原山前地带调查、益阳市羊舞岭窑址调查、临澧县韩家洞遗址发掘、湘阴县青山遗址发掘、汉寿县马栏咀遗址发掘、东安县坐果山商周文化遗址发掘、安化城埠坪遗址发掘、衡山县檀山岭遗址发掘、宁远县官家岩遗址发掘、临湘县官庄遗址发掘、岳阳县老鸦洲遗址发掘等。

澧阳平原山前地带调查始于2007年12月初，持续到2008年1月中旬。考察队由中美考古学家联合组成，美方领队是年逾七旬的世界著名考古学家、哈佛大学人类学系教授Ofer先生，中方领队是湖南省文物考古研究所所长袁家荣先生。考察队在山前地带发现了系列洞穴遗址。从发现的动物种群和石器形态来看，大致处在旧石器时代晚期。这一成果表明，建立起澧阳平原旧石器时代晚期至新石器时代早期的详细文化序列已经成功在望，包括早期陶器和稻作农业起源的考古学证据也可望取得突破。

坐果山遗址是南岭北侧南溪河流域（湘江支流）一处商周时期的中心遗址，范围达两万平方米，湖南省文物考古研究所于2008年10月～12月进行了试掘（考执号〔2008〕第375号），发现了取材、成坯、敲击、打磨等石器制作的系列实物资料与遗存。该遗址文化层厚，出土文物丰富，地理位置特殊，且与其周围同时期遗址组成的遗址群形成了一个完整的聚落，填补了湖南省此区域此文化时期考古发现的空白。

2008年考古发掘著作、论文、报告主要有：《南岭中心带史前文化现象考察》（《考古与文物》2008年第5期，郭伟民著）、《中心与外围：湖南新石器文化进程的区域考察》（《古代文明》第6卷，郭伟民著）、《论聚落考古中的空间分析方法》（《华夏考古》2008年第4期，郭伟民著）、《洞庭湖区第四纪环境地球化学》（中国地质出版社出版，顾海滨著）、《湖南新石器时代高庙遗址出土白陶》（贺刚著）、《关于商周铜鼎鼎盖的几个问题》（韩国《考古学研究》第4号，高成林著）、《湘西濮文化的考古学钩沉》（《古代文明》第6卷，柴焕波著）、《舜葬九疑之考古系年》（《舜文化论文集，吴顺东著》）等。益阳市文物管理处组织编写的《益阳楚墓》和常德市文物局组织编写的《沅水下游楚墓》两书，印数各5000册。

（三）世界文化遗产

2008年完成了南岳申报世界文化与自然双遗产的一系列准备工作，进行了有关文物本体的维修、周边环境整治及基础设施改善工作，及时编制完成了申报文本，并通过了专家审查，上报到国家文物局、住房与城乡建设部。同时，积极开展了凤凰古城申报世界文化遗产的有关准备工作。凤凰县成立了有8名县级领导参加的凤凰古城申遗领导小组，并决定将申遗工作经费列入每年财政预算。同时凤凰县还成立了城区管理执法局，专司古城保护的管理，全年共拆除不协调违章建筑531处，保护维修文物点和古民居110处；建立了环保监测管理系统，修建污水处理场，架通地下排污管道，全面开展了沱江河道清淤工程。

【可移动文物】

（一）博物馆

截至2008年底，全省各类博物馆、纪念馆共有98家：省级6家，其中非文物系统国有博物馆3家；市（州）级23家，县级66家，民办3家。其中革命类博物馆（纪念馆）有55家。

2008年湖南省文物局积极组织开展了博物馆评估定级工作，成立了湖南省博物馆评估委员会。通过认真组织和积极申报，全省共有湖南省博物馆、毛泽东同志纪念馆、刘少奇同志纪念馆等3家博物馆、纪念馆被公布为国家一级博物馆，并向国家文物局申报了22家二级、22家三级博物馆。

国有文物系统纪念馆博物馆共92家。2008年经国家批准湖南首批免费开放的博物馆、纪念馆共有14家：湖南省博物馆、韶山毛泽东同志纪念馆、刘少奇同志纪念馆、任弼时同志纪念馆、彭德怀纪念馆、长沙市博物馆、贺龙纪念馆、罗荣桓纪念馆、秋收起义文家市会师纪念馆、平江起义纪念馆、中国人民抗日胜利芷江洽降旧址纪念馆、湘鄂川黔革命根据地旧址纪念馆、湘南暴动指挥部旧址纪念馆、《三大纪律六项注意》颁布旧址纪念馆。当年中央财政下拨这14家博物馆、纪念馆补助资金共计9609万元。2008年，这14家博物馆、纪念馆共计接待观众998.2万人次，同比2007年增加41%，让广大民众共享了文博事业发展的成果，取得了良好的社会效益，得到了社会各界的一致好评。

国有非文物系统博物馆有3家：湖南省地质博物馆、湖南省湘绣博物馆、青年毛泽东纪念馆。非国有博物馆3家：常德沅州石雕博物馆、“中国银都”白银艺术博物馆、益阳黑茶（民俗）博物馆。

国有博物馆收藏有三级以上珍贵文物49936余件，其中已鉴定的国家一级文物1392件。

作为革命文物大省，2008年度湖南省举行了一系列重大纪念活动，革命纪念地建设得到加强，比如：为纪念刘少奇同志诞辰110周年，长沙市投资2亿元，对包括刘少奇纪念馆在内的主要红色旅游区进行了相应的改扩建；为纪念彭德怀诞辰110周年，彭德怀故里红色旅游景区建设工程计划投资3000多万元，对相应设施进行修建和维护，彭德怀故居封闭全面大修；为纪念平江起义80周年，各级共投入以平江起义纪念馆为中心的红色景区建设配套资金1.5亿元。

2008年各级博物馆新举办陈列展览共计257个，2007年延续临时陈列展览213个。其中“越来越好——改革开放30年湖南民生发展展览”由湖南省委宣传部、省文化厅、省民政厅、省文物局、长沙市委、市政府联合主办，湖南省文物局、长沙市委宣传部承办。展览以民生为切入口，讲述人民群众身边的故事，再现改革开放30年来老百姓生活变化的过程。展览共计展出实物950多件，照片600余张，从衣、食、住、行、娱乐、通信、教育、医疗、保障等方面展示了湖南改革开放三十年来取得的巨大成就。

此外，湖南省文物局还组织湖南文物部门参与了奥运三大展览：湖南省博物馆承办了大型专题展“奇迹天工——中国古代发明创造文物展”，与首都博物馆共同策划设计了全国性大型文物精品展“中国记忆——5000年文明瑰宝展”；组织选送湖南文物珍品42件进京举办“长江文明展”。

2008年12月26日，毛泽东遗物馆隆重开馆。作为韶山一号工程的重要项目，该馆于2006年8月12日破土动工，总建筑面积1.9万平方米，总投资1.9亿元，共辟有四个陈列，共展示毛泽东遗物1008件。

2008年，国家安排专项资金110万元，实施了长沙简牍博物馆馆藏环境达标工程。

（二）民间收藏

2008年，湖南省审核文物拍卖活动场次3次，拍卖标的1029件，年文物拍卖成交总额340万元。

湖南省共有文物商店1个，文物库存数量233213件，其中一级文物8件。2008年，文物商店销售文物数量6100件，销售额为1000万元，新增文物库存900件。

（三）文物保护科技与科研

1. 2008年科研基地情况

湖南省博物馆负责和参与了三个科研基地建设工作：国家文物局博物馆数字展示科研基地（湖南省博物馆主持，国家级）、中国博物馆学会区域博物馆专业委员会（中国博物馆学会和湖南省博物馆联合开展，国家级）、湖南省马王堆古尸和文物研究保护中心（湖南省博物馆和中南大学湘雅医学院联合开展，省级）。

2. 2008年重大文物保护科技项目见下表：

	项目/课题名称	类　别	负责人
1	古代建筑保护技术与信息系统研发	国家级	李建毛、宋永华
2	古代建筑虚拟修复及WEB表现技术研究	国家级	陈建明、刘小豹
3	长沙汉墓发掘报告	国家级	高至喜
4	马王堆汉墓漆器整理与研究	国家级	陈建明、聂菲
5	古代墓葬遗址及其出土文物虚拟展示研究	省部级	陈建明
6	湖南省博物馆腐蚀严重的青铜器抢救保护方案	省部级	陈建明、刘亮
7	湖南省博物馆马王堆汉墓竹木漆器修复保护项目	省部级	陈建明
8	马王堆汉墓出土纺织品保护	省部级	陈建明
9	马王堆丝织品文物保护	省部级	陈建明
10	湖南宋元窖藏金银器的发现与研究	省部级	陈建明、喻燕姣
11	马王堆古尸保护技术研究	省部级	陈建明

3. 2008年的文物科研论文有：《浅谈毛泽东遗物中竹木文物的保护》、《文物调查项目数据采集质量监管的实践与思考》、《马王堆汉墓文物科技保护——新平台、新机制、新突破湖南省马王堆古尸与文物保护中心创新发展综述》、《数字博物馆总体框架及应用模型研究》、《保存液PH值和钙离子浓度对古尸骨组织脱钙的影响》、《长江中游地区商代二里岗上层时期的陶器》、《浅谈大气污染与馆藏文物保护》、《对长沙历史文化名城保护工作的几点思考》、《走马楼吴简所见“士伍”、“岁伍”、“月伍”考》、《走马楼吴简所见“肎毕”及相关用语试释》、《简牍文物三维虚拟展示平台的

研究与实现》等。

2008年，湖南省文物局组织编撰并正式出版了大型精品图书《湖南文化遗产图典》。该书由省委书记张春贤、省长周强任编委会主任，省委常委、省委宣传部部长路建平及副省长郭开朗任编委会副主任，周强省长为该书作序《独特的湖南》。主编周用金，副主编陈远平、熊建华、吴顺东。该书收录了湖南省2007年12月31日以前公布的省级以上文物保护单位、历史文化名镇名村以及部分珍贵文物藏品、列入国家保护名录的非物质文化遗产。全书图文并茂，共计94万字，637页，由岳麓书社出版发行。图书出版后，得到各级领导和社会各界的好评。

（四）文博信息化

文博信息化、网络化是新兴的产物。2008年，湖南省文博信息化工作稳步推进。省文物数据中心机房和市州二级节点建设竣工，其中省文物数据中心机房面积55平方米，配备专业技术人员1名，宽带10M，VPN连接到市州文物局（处）。

2008年重大文博信息化建设项目有：

1. 文物调查及数据库管理系统建设

湖南省是“文物调查及数据库管理系统建设”项目的试点省，项目责任单位为湖南省文物局。该项目推动了湖南的文博信息化工作：一是摸清了家底。至12月底，已完成纸质文本采集87937件（套），完成馆藏珍贵数据采集量85%，其中文本信息80%，图片信息90%；鉴定了馆藏珍贵文物25681件（套），其中一级文物1581件（套）；二是促进了单位的建档建制；三是为其他文物保护工作奠定了数据基础；四是促进了基础工作的现代化，促进了文物保护的科技化，促进了利用方式的多样化。

到2008年底，全省参与项目单位136个，参与人数883人，全省开办了5个培训班，分别是全省馆藏文物信息采集及项目负责人培训班、“文物调查及数据库管理系统建设”试点项目软件操作及信息指标培训班、“文物调查及数据库管理系统建设”试点项目影像采集培训班、湖南全省馆藏文物信息管理系统培训、湖南省“文物调查及数据库管理系统建设”项目网络视屏培训；680人次参加了培训。

2. 第三次全国文物普查

湖南省第三次全国文物普查工作自2007年启动以来，2008年度进入第二阶段，即以县域为基本单元，实地开展文物调查。为保障普查工作的顺利开展，湖南重点督查了各地人员与经费落实情况。据统计，全年全省各地共到位经费1867.5万元，其中省级财政到位600万元，国家财政补助湖南文物普查经费180万元。全省共有108个县级行政区启动了实地文物调查，调查启动率为88.5%。通过上下协作，全省各地实地调查进展顺利，新发现不断，全年共调查登记不可移动文物5723处，其中新发现文物2819处，复查登记2904处。

3. 湖南文化遗产网建设

为宣传《文物保护法》和文物工作方针，扩大湖南文物工作的社会影响，提高公众的文化遗产保护意识，实现政务公开，2008年5月，湖南省文物局开办了湖南文化遗产网站（http://www.hnwhyc.com）。网站栏目有通知公告、新闻中心、遗产资源、政策法规、保护专题、遗产普查、文物百科、收藏知识、学术论坛等，并与国家文物局、故宫博物院、中国文物信息网、中国国家博物馆、中国历史文化遗产保护网、湖南省博物馆、湖南文化信息网等网站相链接。2008年，网站发稿300多篇，平均每篇的点击率在百次以上。

【政策法规与宣传】

开展了行政审批项目重新核定工作。根据湖南省人民政府行政审批办公室的要求，按照有关法律规定，对湖南省文物局原有的行政审批项目重新予以核定，核定后的行政审批项目有30项。

制定了《湖南省文物保护单位管理办法》。为加强对湖南各级文物保护单位的管理，充分发挥文物保护单位的社会效益和经济效益，结合湖南的实际情况，制定了《湖南省文物保护单位管理办法》，并于2008年7月1日以省长令的形式公布。

积极争取了专题研究文物工作的省政府第常务会议的召开。为探索新形势下文物大保护大利用工作机制，湖南省文物局配合省委政研室先后到怀化、湘西自治州、郴州、长沙等地进行实地调研，撰写了《围绕科学发展、富民强省，推动文物大保护大利用》的调查报告（《送阅件》73期）。周强省长、梅克保副书记、路建平部长、郭开朗副省长等领导都在调研报告上作了重要批示。在此基础上，12月26日，周强省长主持召开了省政府第21次常务会议专题研究文物工作。会议决定文物部门机构编制问题由省编办研究支持，在本轮政府机构改革中统筹考虑；同意2009年增加1000万元文物保护专项经费，以后视财政收入情况予以增加；原则同意组建湖南省博物院（湖南文博集团）和实施省博物馆扩建工程，将省博物馆建成全国一流的博物馆；同意设立博物馆建设专项资金，积极争取中央资金投入，加快湖湘文化特色博物馆体系建设。这次会议有力地推动了湖南文物事业发展的进程。

文物宣传方面，配合第三次全国文物普查新发现，组织了“湖南发现之旅”系列活动，分别是“湖南发现之旅——走进绥宁”、“湖南发现之旅——走进浏阳”和“湖南发现之旅——走进泸溪”。这几次大型宣传活动组织了包括新华社湖南分社、中国新闻社、湖南卫视、湖南日报、潇湘晨报等在内的10多家新闻媒体，集中报道了绥宁护林碑、浏阳红一方面军成立旧址、邵阳市大祥区仙人井、泸溪浦市镇等重要文物新发现，在社会上引起了重大反响。此外，2008年还组织了文化遗产日系列宣传活动以及其他日常宣传活动，编辑出版了《湖南文化遗产》（内刊）三期，向省级媒体供稿300余篇，向国家级媒体供稿80多篇，其中中央电视台“新闻联播”报道2次。

【安全督察】

2008年，湖南省的文物安全情况总体上保持良好，馆藏文物未发生被盗、被损坏的事故，但文物安全的隐患比较突出，文物违法犯罪案件时有发生。为此，湖南省文物局从建立文物安全检查制度、开展文物安全检查和加强文物执法等方面强化了文物安全督察工作。

2008年，湖南省文物局两次下发《开展文物安全大检查的通知》，开展文物安全大检查活动，并对有关市州的博物馆、文物保护单位进行了重点检查。

为应对免费开放后，安全保卫工作难度增加的情况，湖南省博物馆将安全员人数从原来的20多人增加到近90人，并经长沙市公安局批准，成立了“湖南省博物馆护卫中队”。

积极加强技防、安防设施建设。2008年，中央政府安防投资400多万，湖南省政府安防投资200多万，加上地方政府安防投资经费共计700多万，投入各文物单位的安防和消防系统建设，杜绝了安全事故。

加强文物行政执法，查处多起文物违法案件。重点对马王堆三号墓坑建设控制地带内违法工程案、濂溪书院建设控制地带内违法建设案、益阳古城墙损毁案、郴州古墓葬严重损毁案、临澧九里楚墓群被盗案进行了查处，严厉打击了违法犯罪行为。其中配合公安机关积极查处的临澧县九里楚墓群被盗挖一案，抓获的六名犯罪嫌疑人均被判处有期徒刑。

此外，2008年底，长沙周边的望城、宁乡、浏阳等地出现古墓葬被盗掘的案件，湖南省文物局会同省公安厅汇总案情后，上报国家文物局、省人民政府。随后由省公安厅牵头成立了“长沙12·29系列古墓葬被盗掘案专案组”，全力开展侦破工作。

【机构与人员】

湖南省文物局共有在编行政工作人员20人，其中2008年新调入和录用4人。下辖湖南省文物保护利用中心（事业编制），在编工作人员8人。

湖南省取得文物保护工程勘察设计资质的单位1个（甲级）、取得文物保护工程施工资质的单位6个（一级2个、二级4个）、取得考古发掘资质的单位2个（湖南省文物考古研究所、长沙市文物考古研究所），取得考古发掘领队资格的人员21名，包括2008年新增的2名。

为提高文物队伍人员素质，湖南省文物局组织开展了文物专业队伍建设：一是开展教育培训，提升队伍整体素质。2008年先后举办了全省文物普查数据处理软件操作培训班、文物执法工作培训班、遗址类国保单位保护工程和保护管理培训班、文物普查知识培训班、文物行政执法培训班等。文物行政执法培训班对全省各市州以及重要的县市文物执法人员进行了培训、考试，补发了文物行政执法证78本。二是大兴调研之风，锻炼队伍工作能力。要求省各级文物部门全面开展本辖区、本业务范围的工作调研，形成了《湖南革命文物保护状况调查报告》、《馆藏文物保护状况调查报告》、《湖南省古民居文物建筑保护状况调查报告》、《湖南省文化遗产保护利用调查报告》等10多个大型或专题调查报告，为以后的工作和决策打下了良好基础。三是突出作风建设，树立队伍崭新形象。结合贯彻落实科学发展观学习实践活动和全国第三次文物普查，在全省文物系统内全面开展“讲学习，比业务；讲正气，比廉政；讲工作、比贡献”主题实践活动，推动工作，树立形象。通过这些举措，湖南全省文物专业队伍建设不断加强，有力地促进了湖南文物工作的开展。

广东省

【不可移动文物】

（一）不可移动文物保护

1. 简述

广东是海上丝绸之路的始发地，是岭南文化的发源地，是中国近现代革命的策源地，也是改革开放的前沿地，保存的历史文化遗产颇为丰厚。改革开放以来，在广东省委、省政府的领导下，在国家文物局的指导下，在社会各界的关心和支持下，全省文物工作者深入贯彻《文物保护法》和“保护为主，抢救第一，合理利用，加强管理”的文物工作方针，坚持“全面规划、突出重点、统筹安排、加强管理”的原则，不断开创广东文化遗产事业发展新局面，有些项目居于全国甚至世界领先水平。

2. 文物保护单位

截止到2008年底，广东省共有全国重点文物保护单位66处，省级文物保护单位356处，县市级文物保护单位2253处，未公布为文物保护单位的古遗址、古墓葬、古建筑、近现代重要史迹及代表性建筑、石刻等不可移动文物约36335处。国家级历史文化名城6座，省级历史文化名城16座，国家级历史文化名镇5个，国家级历史文化名村8个，全国近现代优秀建筑9处。

2008年5月，广东省文物局开展第七批全国重点文物保护单位的遴选审核工作。将省级、市、县级文物保护单位中具有重大价值的，其他不可移动文物中价值重大的，第三次全国文物普查中新发现的具有重大历史、艺术、科学价值的和符合国家文物局《关于加强20世纪遗产保护工作的通知》（文物保发〔2008〕28号）要求，具有重大价值的20世纪遗产列入申报范围。

2008年，第五批广东省文物保护单位出炉。广东首次在省级文物保护单位评审中建立专家评估机制，设立了第五批广东省文物保护单位评估委员会，制定评估指标体系，由专家对申报点进行现场考察评估，并召开评审会对188处申报点逐一进行投票，确定推荐名单。这些新措施大幅提高了评估的标准化、规范化、客观性、公正性，促使省级文物保护单位的评估、推荐工作取得重大革新。经评审推荐，共104处被省政府公布为第五批广东省文物保护单位。至此，广东省省级文物保护单位已增加至356处。

3. 文物保护规划

2008年，广东省文物局继续强化文物保护单位保护规划编制工作，组织广东省文物保护专家委员会专家完成对南越国宫署遗址、叶剑英故居、丘逢甲故居、石寨土楼、大万世居、元勋旧址、丁日昌旧居、关帝庙、周恩来同志革命活动旧址（即揭阳学宫）、崖门炮台和胥江祖庙等文物保护单位的保护规划评审工作。审核、审批、上报黄花岗七十二烈士墓、光孝寺、南越文王墓、绮云书室等多处文物保护单位保护范围和建设控制地带内进行的建设工程方案。同时，配合相关部门审核多项城市总体规划和风景区名胜区总体规划。广州市文化局组织编制的《新河浦历史文化保护区保护规划》获得世界大都市奖第二名。

4. 文物保护工程

2008年，广东省文物局严把文物保护工程关，依法向省内具有文物保护工程勘察设计、施工资质的单位颁发了资质证书，并组织开展资质年检工作。各级文物行政部门依法认真组织修缮设计方案论证，组织完成了南头古城东城门，南风古灶、高灶陶窑维修方案补充修改说明，陈氏大宗祠修缮等10幢重点建筑修缮，大鹏所城粮仓修缮，国民党“一大”旧址（包括革命广场）修缮，怀圣寺光塔修缮等多项方案的审核或报批。加强质量监督，组织完成了纶生白公祠、石寨土楼、西山庙、尢列故居和罗定学宫等文物保护维修工程的验收工作。同时不断健全工作制度，革新了文物保护工程立项表和验收表，保障文物维修工程的有序开展。全省已在编制修缮设计方案或在实施的国家级和省级文物保护工程超过40项。

2008年度，全省文物保护工程共71个，累计投入经费16432.3万元。全国重点文物保护单位保护工程21个，投入经费9199.3万元。省级文物保护单位保护工程31个，投入经费7105.2万元。

5. 大遗址保护

南越国宫署遗址位于广州市越秀区，是西汉南越国时期（公元前203～前111年）的文化遗存，是南越国遗迹的重要组成部分，是第四批全国重点文物保护单位，也是广东省列入国家“十一五”期间大遗址保护项目库的重点大遗址。该遗址经过十多年的发掘，拟向社会开放。在专家充分论证的基础上，根据国家文物局的要求，广州市政府决定建设南越国宫署遗址古代宫苑遗址展示园区（博物馆），规划用地5公顷，分两期建设，拟于2009年完成一期工程并向社会开放。

（二）考古发掘

1. 简述

广东省文物考古调查工作稳步向前。2008年12月，广东省文化厅印发了《关于在大型基本建设中进一步加强文物考古调查、勘探工作的通知》，加大当地文化文物部门对考古调查、勘探工作的配合力度，引入专家论证制度解决文物保护和善后处理问题，细化了文物考古调查工作程序，并将考古发掘单位和各级文物部门要将配合基本建设进行的文物考古工作纳入广东省第三次全国文物普查范围。在广东省大型基本建设项目不断增加、全省文物考古发掘单位依法配合大型基本建设进行的考古调查勘探和发掘工作任务日益繁重的情况下，进一步规范工作程序，对于妥善处理好经济建设与文物保护的关系具有积极的促进作用。

2. 重大考古发现

广东省文物考古研究所、广州市文物考古研究所、深圳市文物考古鉴定所积极配合路桥、电站（电厂）、水利枢纽等各项基础建设，相继完成多项文物调查、勘探、发掘以及测绘项目，发现多处具有科学研究价值的遗址。

“南海Ⅰ号”整体打捞工程完成，《“南海Ⅰ号”试掘方案》获国家文物局批准并开始实施。“南澳沉船”保护工作顺利开展，《“南海Ⅱ号”沉船遗址抢救性发掘及保护方案》于2008年2月经国家文物局批准。3月，根据国家文物局的批复意见，广东省文物考古研究所与中国文化遗产研究院对《方案》作进一步的补充修改、完善，共同编制了《南澳沉船抢救发掘与保护方案》，并通过了专家论证。

3. 考古发掘项目数量

2008年，全省共有12个考古发掘项目，其中基本建设考古发掘项目11个。考古钻探面积683685平方米，发掘面积16893平方米，发掘墓葬158个。发表专著7本，论文59篇。

（三）世界文化遗产

1. 简述

开平碉楼与村落已于2007年6月28日正式列入《世界遗产名录》，成为了广东省第一个世界遗产。为了真实、完整地保护并延续这一珍贵的历史文化信息和价值，系统地管理其文化景观，正确处理好保护和开发的关系，达到可持续发展的目的，开平市申报世界文化遗产领导小组办公室在北京大学世界遗产研究中心制定的原保护管理规划的基础上，进一步完善形成《开平碉楼与村落遗产管理规划》并逐步组织实施，坚定不移地把保护开平碉楼与村落的真实性和完整性放在第一位，以将其完好地留存后世，永续发挥科学研究、文化教育、展示游览的功能。

2. 保护和管理情况

随着开平碉楼与村落成功列入《世界遗产名录》，前来参观的游客日益增多。为了满足游客参观碉楼与村落的需要，同时又最大限度地减少对碉楼文物和环境景观的破坏，开平市在四个遗产地中选择自力村作为试点与华侨园林文化景点立园进行开放，摸索碉楼与村落游的规律，积累管理经验，培训管理人才。同时，预测旅游发展趋势，编制旅游发展的总体规划。对马降龙古村落群、锦江里村落等提名地，待管理设施、管理人员条件具备后，分期分批开展旅游。自力村从2004年10月开放旅游以来，取得了良好的效果，既展示了开平碉楼与村落深厚的文化内涵，又补充了文物保护经费，提高了村民的生活水平，调动了各方爱护碉楼、保护环境的积极性和当地村民参与保护的热情。

积极拓展面向社区、农村的宣传，把文物保护宣传渗透到社会各领域。利用“文化遗产日”、“碉楼保护月”等重要节日开展大规模的文物保护宣传纪念活动，动员公众参与，并与社区教育相互配合。

增强新闻宣传的系统性，营造良好的文物保护舆论氛围。开平市广播、电视、报纸、网络等媒体以专版、专栏等形式定期在主要版面和黄金时间段开展开平碉楼与村落保护管理的相关宣传。利用国家级和省级新闻媒体以及港澳、海外媒体，宣传开平城碉楼与村落的价值、文化传承和保护，提高知名度，以获得更加广泛的关注和支持。通过媒体和政府网站及时发布开平碉楼与村落保护管理的相关信息，确保公民的知情权、参与权和监督权。在审批遗产保护区建设项目、查处破坏文物违法行为、调查处理涉文物纠纷中充分听取民众意见，保护利益相关者的权益，提高公众文物保护意识、参与意识。

加大出版推介力度。除研究性的专著外，积极推进群众喜闻乐见的通俗读物的编辑出版。编辑出版《开平碉楼与村落》袖珍宣传手册，通过各种渠道分发到街道、社区、企业、学校以及乡镇、农村，向全民普及开平碉楼与村落相关知识、法规。创作文学艺术作品，举办展览，制作介绍开平碉楼与村落的VCD、DVD光盘及电子出版物等，拓展对外宣传的渠道。

3. 监测巡视情况

开平市文物管理委员会的成员单位组成监测部门，它们根据不同的工作职能履行相应的职责，对开平碉楼与村落的保护状况实行年度监测和评估。这些部门包括市环保局、水利局、林业局、公安局等，经常对开平碉楼与村落进行环境、大气、安全检测，加强综合管理，不断优化环境风貌，防止水污染、基本建设等因素对建筑本身和景观的损害，防止各种破坏文物的违法犯罪活动。

各个乡镇、办事处在有碉楼的村庄建立了碉楼保护员制度，由村委会治保主任担任本村义务保护小组组长，所在村的村长担任本村碉楼义务保护员。义务保护小组主要负责协助市、镇有关部门做好《开平碉楼与村落保护管理规定》的宣传工作，并配合当地派出所一起承担检查与监督碉楼、村落安全的义务，严格监控在核心区与缓冲区内的建筑活动和发展动向。

【可移动文物】

(一) 博物馆

1. 简述

2008年，广东省文博单位认真贯彻《中共中央、国务院关于进一步加强和改进未成年人思想道德建设的若干意见》和省委、省政府有关要求，享受省财政支持的各级各类博物馆、纪念馆、纪念建筑物、名人故居等公益性文化设施，继续实行全部免费向未成年人开放，受到群众热烈欢迎。各地博物馆进一步更新服务理念，了解服务对象，适时推出各类展览，丰富民众精神生活。全省大部分地区的博物馆已建立起博物馆与学校共建互动机制，为学校的理论教育提供实习、实践的平台。

博物馆、纪念馆免费开放顺利实施。2008年3月，中共广东省委宣传部、省财政厅和省文化厅在广州召开了全省博物馆、纪念馆免费开放工作会议。要求各级文化文物管理部门和各博物馆、纪念馆高度重视，精心组织，广泛宣传，深入调研，加强协调，完善措施，把博物馆、纪念馆免费开放列为2008年文化文物工作的重要任务，及时解决免费开放工作中出现的新情况、新问题，提高博物馆的服务能力和服务水平，切实把免费开放工作做实、做细、做好。要求全省各级财政要积极配合文化部门做好全省博物馆、纪念馆免费开放工作，在做好经费测算的基础上，建立博物馆、纪念馆免费开放的经费保障机制。把博物馆、纪念馆列入公益性事业单位供给范围，将免费开放所需经费纳入财政预算，切实予以保障，要以免费开放为契机，进一步完善广东省公共文化服务体系建设，保障人民群众基本文化权益。

省博物馆新馆和广东海上丝绸之路博物馆建设工程进展顺利，展览方案正在论证中。省博物馆、西汉南越王博物馆和孙中山故居纪念馆被评为首批国家一级博物馆。组织开展二、三级博物馆评估工作，共评定二级博物馆16家，三级博物馆22家。“5·18国际博物馆日”组织召开“博物馆免费开放的机遇与挑战”座谈会。各地把博物馆、纪念馆免费开放作为服务社会、贴近群众、提升公共服务水平的大事，认真落实，实施免费开放的博物馆、纪念馆改善服务设施、丰富展览内容和手段、加强文物安全防范措施，保证了博物馆免费开放工作的正常运行，累计接待观众约200万人次。“广东省流动博物馆网”建设网络覆盖全省地区，加入成员单位达68个，2008年全年共举办35个124场次的流动展览，观众人数达350万人。

加强管理，确保文物藏品安全。审批馆藏文物修复方案，完成文物借用、借展调拨的审批工作，办理了多项文物拍摄的审批工作。

2. 博物馆数量

2008 年，广东省共有国有文物系统博物馆 152 座，其中省级博物馆 2 座，地市级博物馆 52 座，县市级博物馆 98 座。综合类博物馆 97 座，历史类博物馆 43 座，艺术类博物馆 6 座，其他类博物馆 6 座。

国有非文物系统博物馆经过文化部门登记备案的有 16 座，2008 年新增加 1 座，汕头海关关史陈列馆。

非国有文物系统博物馆 21 座，2008 年新增加 4 座，分别是：深圳包装印刷博物馆、深圳红木家具博物馆、太安堂中医药博物馆、广东凉茶博物馆。

3. 藏品数量

广东省国有文物系统博物馆共有各类文物藏品 710814 件（套），其中一级品 1186 件（套）、二级品 15625 件（套）、三级品 70364 件（套）。省级博物馆共有文物藏品 122621 件（套），一级品 405 件（套）、二级品 7280 件（套）、三级品 12617 件（套）。地市级博物馆共有文物藏品 410753 件（套），一级品 667 件（套）、二级品 6666 件（套）、三级品 39832 件（套）。县市级博物馆共有文物藏品 177440 件（套），一级品 114 件（套）、二级品 1679 件（套）、三级品 17915 件（套）。

2008 年，全省共接收文物 1118 件（套），地市级博物馆接收 723 件（套），县市级博物馆接收 395 件（套）。

共征集文物 13937 件（套），省级博物馆征收 1040 件（套），地市级博物馆征收 11044 件（套），县市级博物馆征收 1853 件（套）。

共修复文物 14886 件（套），其中，二级品 15 件（套），三级品 14504 件（套）。省级博物馆修复文物 85 件（套），地市级博物馆修复文物 14613 件（套），县市级博物馆修复文物 188 件（套）。

4. 陈列展览

2008 年，广东省各博物馆精心策划了各类主题鲜明、内涵丰富的展览，如发现与解读——河南考古新发现展览、2008 广东抗冰救灾春运攻坚纪实展、居巢居廉绘画展、端砚瑰宝展、人体奥秘科普展览、深圳改革开放史展览等。“国际博物馆日”和“中国文化遗产日”活动更是精彩纷呈。围绕 2008 年“国际博物馆日”的主题“博物馆：促进社会变化发展的力量”，省文物局与省文物博物学会、广东美术馆制作了专题展览，重点介绍开平碉楼、广东省获“全国十大考古发现”项目等情况，向群众发放《广东省博物馆导游册》，开展免费鉴定和相关讲座，宣传文物保护法律法规。在“中国文化遗产日”，依托博物馆对广东省文化遗产工作开展宣传，提高群众对文化遗产的保护意识。

2008 年，全省博物馆共举办展览 878 个，其中地市级博物馆 486 个，县市级博物馆 385 个，共吸引观众 1250.9 万人次，未成年观众 297 万人次，门票收入 2693.3 万元。

（二）民间收藏文物

广东是全国最早从事文物拍卖试点的省市之一，开创了许多国内艺术品和文物拍卖之最。经多年实践，文物商店、文物拍卖企业管理工作走上了规范化、法制化的轨道。全省文物商店共 6 家，文物库存 413786 件（套），其中一级文物 10 件（套）。全年销售文物 6935 件（套），销售金额 2478.9 万元。

省文物鉴定站在全国文物鉴定机构中率先开展文物科技鉴定和网上鉴定工作。加强文物出境鉴定的沟通合作，与海关、公安机关定期通报文物出境鉴定情况，与广州火车站东站海关尝试进行网上鉴定，并先后对深圳罗湖、皇岗海关历年积累的约万件案件文物进行了鉴定。2007 年 12 月，国家文物局授予广东省文物鉴定站

“全国文物进出境审核工作先进集体”荣誉称号，单小英站长荣获“全国文物进出境审核工作先进个人”。

2008年，广东省文物鉴定站继续按照国家文物局和广东省文化厅的工作要求，切实做好文物进出境审核工作，积极配合海关打击文物走私，维护国家文化安全；为博物馆、公安、法院、检察院等机构和部门提供文物鉴定服务；继续开展文物鉴赏进校园活动，配合“广东省流动博物馆”开展文物鉴定咨询服务，为社会提供公共文化服务。全年共审核出境文物980件（套），其中禁止出境文物38件（套）。审核暂入境文物754件（套）；拍卖文物标的审核数15112件（套），未发现有禁止拍卖的文物标的；审核出国展览文物327件（套）。

【政策法规与宣传】

1. 政策法规的制定和实施

2008年，广东省文化厅积极推动《广东省实施〈中华人民共和国文物保护法〉办法》的立法工作。制定和发布《广东省文物鉴定委员会工作规程》。制定《广东省文物局工作制度》、《广东省文化厅文物保护工程管理规程（征求意见稿）》。

2008年9月，广东省文化厅与广东省财政厅联合印发了《广东省重点文物保护专项补助经费管理办法》，以加强省重点文物保护专项补助经费的使用管理，规范专项经费开支范围，提高资金使用效益。管理办法对省专项补助经费的使用范围和支出内容、各部门职责与权限、省专项补助经费的申请与审批、省专项补助经费的财务管理与监督等作了详细规定。

2. 大力提高文物工作宣传力度

为了以信息化手段促进广东省文物事业的发展，广东省文化厅创建开通了广东省文物局政府网站（广东文物网：www.gdww.gov.cn），建立全省文博系统信息报送制度和第三次全国文物普查信息报送制度，制定相关信息报送规范。自2008年2月至2008年10月，向国家文物局主办网站、报刊报送通讯稿件、普查简报等百余篇，于广东文物网发布各地文物工作信息近两百篇，高效地展示了各地文博工作开展情况与成果和文博信息动态，宣传了文化遗产保护政策，促进了行业信息交流。

2008年，广东省文物局编辑出版了《广东省博物馆导游册》、《广东省各级文物保护单位名录》、《广东文物》期刊以及《广东省第三次全国文物普查宣传手册》等，并于“5·18国际博物馆日”和“文化遗产日”期间向社会免费发放。

【安全督察】

1. 简述

针对2008年灾害多发情况，全省文博系统加强了对文物保护单位和博物馆、纪念馆的安全检查力度，各级财政积极筹措用于文物保护单位的抢险加固和安防设施的专项经费。省财政文物保护专项经费的主要部分也用于文物保护单位的抢险加固和安防设施的布设。对各地文博单位的受灾情况进行了通报，并多次发文要求各地落实文博单位的安全防范工作。

广东是文物流通大省，打击文物非法交易、文物走私等犯罪活动的任务相当艰巨。为有效打击文物犯罪活动，2001年建立了由省公安厅、省文化厅、省工商局、海关广东分署组成的广东省打击文物犯罪工作协调小组，建立了打击文物犯罪合作机制。2008年，广东省继续坚持文化、公安、边防等部门密切配合机制，确保文物案件快速侦破。

2. 文物安全情况

2008年，广东省文物局会同广东省公安厅完成了多项博物馆、文物保护单位的安防技防方案审核，并报送国家文物局审批，其中广东省博物馆新馆安防系统工程设计方案已核准实施，全国重点文物保护单位三元古庙、广州美术馆技防修改方案已核准实施并通过了验收。全省文物系统国有博物馆全部安装了防盗铁门、铁窗，配备了铁柜和灭火筒、消防栓等防盗、防火器材。省、市一级的博物馆和部分县级的博物馆有电视监控设备，有专门的电视监控中心（室），有专人值班，大部分博物馆有防盗报警设备，并与公安局110报警中心联网。从实地检查110回应报警情况看，反应迅速，3至5分钟警力已到。一些市级博物馆技术防范工程设备先进，防盗监控、防盗报警、复核手段、防火报警、烟感灭火等均达到规定的标准。

3. 重大文物案件及处理情况

坚持省打击文物犯罪领导小组联席会议制度和联络员制度，与公安、边防等部门密切配合，快速侦破文物犯罪案件。严肃制止破坏文物保护单位的事件发生。2008年9月，河源市文化执法大队接群众举报，收缴一包工头藏匿的恐龙蛋化石32枚，交河源市博物馆保存。2008年11月11日，汕头市博物馆一临时展览橱窗内顶棚灯箱玻璃突然破碎掉落，砸损二级文物1件，三级文物6件，参考品1件。省文物局接报后，立即组织专家进行现场调查，并责成汕头市文广新局尽快依法处理，妥善做好善后事宜。以上情况，均及时向国家文物局作了网上填报。

【机构与人员】

1. 简述

广东省共有文物业机构204个，从业人员3409人，在编人数2038人，具有专业资质人数284人，具有文博和工程系列职称人数968人，安全保卫人员592人。2008年度收入合计46642.4万元。其中文物科研机构5个，文物保护管理机构38个，博物馆152个，文物商店6个，其他文物机构3个。省级文物机构6个，地市级文物机构75个，县市级文物机构123个。具有考古发掘个人领队资格人数35人，考古出土文物及标本585件（套），具有文物保护工程职业资格人数10人。获得高级职称141人，其中省级35人、地市级89人、县市级17人。中级职称321人，其中省级27人、地市级226人、县市级68人。承担课题、项目5个，省部级以上课题2个。出版专著或图录32本，省级以上刊物公开发表论文196篇。

2. 表彰2007年度在文物保护工作中做出突出贡献的单位和个人

在广东省文化遗产保护事业发展进程中，广大文博工作者辛勤工作，无私奉献，涌现出一批先进集体和先进个人。为了鼓励先进，树立典型，激励全省文化系统和各行各业干部职工积极投入、广泛参与文化遗产保护工作，根据《中华人民共和国文物保护法》第十二条规定，于2008年3月，对在文物保护工作中做出突出贡献的广东省博物馆陈列部等7单位和陈邵峰等9人予以通报表彰。全省文化系统广大干部职工均以受表彰的同志为榜样，以饱满的热情，扎实的工作，为推进广东省文化遗产保护事业繁荣发展而努力奋斗。

3. 举办培训班

为提高广东省文物保护工作水平，提高文物事业工作队伍的能力素质，落实国家文物局《关于推进地市文博单位管理干部和全国重点文物保护单位保护管理机构负责人培训工作的意见》，2008年11月，由广东省文化厅主办，广东省文物局承办，对全省66处全国重点文物保护单位的保护管理机构负责人和地级以上市文博单位管理干部，约130人进行了集中培训。培训邀请国家文物局、中国文物信息咨询中心、中国文化遗产研究院、西北大学、广东省文物博物馆学会等知名专家授课，取得良好效果。

此外，为配合文物宣传工作，还举办了全省文物工作信息员培训班、文物普查信息员培训班和广东省文博单位讲解业务培训班。选派人员为多个地级市举办的第三次全国文物普查培训班授课。选派或组织人员参加了南方地区大遗址保护管理培训班、文物安全与行政执法管理信息系统培训班、第二期世界文化遗产（预备名单）保护管理培训班、第三次全国文物普查数据报送与接收软件培训班、工业遗产调查与保护利用培训班、《行政机关公务员处分条例》学习培训班、全国文物外事工作座谈会暨文物出国（境）展览培训班等。

【第三次全国文物普查】

2008 年 9 月 28 日上午，广东省第三次全国文物普查领导小组（扩大）工作会议在省政府召开。广东省第三次全国文物普查领导小组组长雷于蓝副省长出席会议并讲话。会议由省政府副秘书长、省第三次全国文物普查领导小组副组长江海燕同志主持，省文化厅厅长、省第三次全国文物普查领导小组副组长方健宏同志作了省第三次全国文物普查工作情况报告，省文物局局长苏桂芬传达了国务院第三次全国文物普查领导小组（扩大）会议精神，省财政厅、省国土资源厅和文物普查试点县佛山市顺德区、韶关市始兴县负责同志作了发言。省发展和改革委、省经贸委、省民族宗教教委、省民政厅、省建设厅、省交通厅、省水利厅、省文化厅、省统计局、省林业局、省文物局、省军区后勤部、省委党史研究室等单位负责同志参加会议，省文物普查办、各地级以上市文化（文化广电新闻出版、文物）局、文管办等单位领导列席会议。

自 2007 年 9 月全国和省文物普查电视电话会议召开以来，广东省委、省政府高度重视，精心安排，周密部署，各地区、各有关部门认真履行职责，扎实有序地开展普查工作，取得了阶段性成绩，基本完成了文物普查第一阶段工作任务。会议决定，以后要进一步加强组织协调，加大监督检查力度；进一步落实普查经费，加强普查经费的绩效考核；进一步做好实地调查，及时认定、公布本行政区域内新发现的不可移动文物；进一步扩大普查宣传，使文物普查和文化遗产保护深入人心。

【对外交流】

自 2004 年以来，粤港澳三地联动举办了五届“国际博物馆日”活动，2008 年是第五届，活动的广东主会场设在广东美术馆，活动内容包括“博物馆免费开放的机遇与挑战”座谈会、文物鉴定咨询活动和“粤港澳博物馆与文化遗产”图片展等。集中宣传第三次全国文物普查工作情况、特色博物馆、开平碉楼与村落、“南海Ⅰ号”与广东海上丝绸之路博物馆、香港澳门地区博物馆与文化遗产等。活动邀请了香港、澳门地区博物馆参加。同时，组织广州、江门地区的博物馆参加在香港和澳门地区举行的国际博物馆日活动。

由于地缘优势，广东省每年与香港、澳门开展交流活动较多。如举办“粤港澳博物馆与文化遗产图片展览”，邀请香港、澳门文博代表参加省文物博物馆学会第五届学术研讨年会暨广东文物事业改革开放三十年论坛，邀请香港、澳门文博单位派员参加省文化厅和省文物博物馆学会举办的广东省文博单位讲解业务培训班，省考古所与澳门“第三届博物馆学生研究员”就国内考古发展现状、考古发掘技术和方法、珠三角考古工作概述和成果、岭南古建筑、水下考古等方面进行学术交流。

2008 年 6 月 18 日 ~8 月 31 日，广州艺术博物院与香港艺术馆合作举办“居巢居廉绘画展览”。

2008 年 5 月 28 日 ~6 月 7 日，毛泽东同志主办农民运动讲习所旧址纪念馆应香港各界文化促进会有限公司邀请，提供馆藏庄世平生平照片 115 件（套）共 260 张赴香港九龙观塘展览厅举办“庄世平生平史迹展”。

广西壮族自治区

【概述】

广西共有各级文物博物馆机构129个，其中博物馆（纪念馆）62个、文物管理所（站）58个、文物工作队3个、考古所1个、文物商店4个，文物保护中心1个，形成了覆盖全自治区100%的三级文物保护网络。广西现存登记在册的地上地下不可移动文物有1万余处，已公布的各级文物保护单位1948处，其中全国重点文物保护单位42处200多个点，自治区文物保护单位235处，县（市）级文物保护单位1671处。2008年，广西壮族自治区博物馆被评为国家一级博物馆，广西壮族自治区博物馆、八路军桂林办事处纪念馆、百色起义纪念馆、田东右江革命纪念馆和中国红军第八军革命纪念馆为全国首批免费开放试点博物馆、纪念馆。

全区文博单位业务用房19.46万平方米，其中陈列展览用房总面积7.13万平方米，文物库房总面积1.89万平方米。全区文博系统从业人员1280人，在编人员964人；具有文博系列职称人员511人，其中获得高级专业技术职称人员83人，中级专业技术职称人员229人。各级各类博物馆、纪念馆、文物管理所（站）收藏各类文物28.17万件（套），其中一级文物333件，二级文物4379件。据统计，2008年举办和引进各类陈列展览250个，共接待观众528.9万人次，其中未成年人164.2万人次。

【文物工作会议】

2月18日~21日，国家文物局副局长张柏同志率队到广西桂林调研文物机构受低温雨雪冰冻灾害情况，并主持召开了全国文物系统抗灾救灾、防火安全暨博物馆免费开放片区工作座谈会。河南、湖北、湖南、广东、广西、海南等六个省（区）文物局（文管办）分管博物馆工作的领导和省（区）博物馆馆长参加了会议。期间，张柏副局长一行5人，在广西有关部门领导同志的陪同下，考察了灵渠、长岗岭古建筑群、甑皮岩遗址、桂林博物馆等7家文物保护机构受灾情况。2月20日上午，召开了抗灾救灾、防火安全会议，六个省（区）的同志分别汇报了受灾情况及落实国家文物局《关于做好雨雪冰冻灾情下文物保护工作的紧急通知》和《关于加强文物消防工作的紧急通知》的情况，并对抗灾救灾和防火工作中的有关突出问题进行了讨论，张柏副局长作了总结讲话。

3月31日~4月1日，广西民族博物馆工作站暨民族生态博物馆建设工作会议在东兴市召开。

7月21日~22日，自治区文化厅、自治区文物局在南宁召开全区文物工作座谈会，通报上半年全区文博工作、“三普”进度中期进展，文物数据库建设最后阶段工作，讨论制定“广西文化发展三年行动计划”文博项目的选项工作，自治区50大庆相关筹备活动，部署落实下半年的各项文博工作。

11月24日~28日，全国第十届考古与文物保护化学学术研讨会在南宁市举行。提交会议的论文汇编成《文物保护研究新论》论文集出版。

【文物保护进展】

2008年，经国家文物局、自治区文化厅批准、立项，国家、自治区和地方投入750万元，对德国森宝洋行旧址、双孖楼等北海近代建筑群、容县经略台真武阁、苍梧县李济深故居等6处全国重点文物保护单位抢险加固，对横县伏波庙、武宣县文庙、全州县妙明塔等6处自治区文物保护单位和大化土司衙署、南宁邕宁电报局旧址等8处县级文物保护单位进行了保护、维修。启动连城要塞遗址和友谊关、桂林石刻、临贺故城、胡志明旧居、百色红七军军部旧址、马殷庙、智城城址、莫土司衙署等保护规划编制工作，开展对灵渠、顶蛳山遗址、甑皮岩遗址、合浦汉墓群保护规划的修改工作。国家文物局批准同意花山岩画、靖江王陵保护规划，已上报自治区人民政府。8 月 27 日，组织专家完成了刘永福旧居第一期维修工程验收工作。下半年广西文物保护研究设计中心受国家文物局委派赴四川省对被地震损坏的四川省都江堰伏龙观实施维修保护工程。

【宁明花山岩画保护】

自治区文化厅于 1 月 21 日将制订并进一步精练的文本《花山岩画保护规划》上报国家文物局，6 月 3 日，国家文物局作出《关于花山岩画文物保护规划的批复》文物保函〔2008〕531 号，原则同意花山岩画文物保护规划。根据《广西壮族自治区宁明花山岩画第一期保护工程花山岩画本体病害勘察及加固研究实施方案》，8 月 28 日，受国家文物局委托，中国文物信息咨询中心在南宁市组织召开了花山岩画保护脚手架设计专家论证会，中国文化遗产研究院高级工程师黄克忠、中国水电科学研究院高级工程师冯水滨等著名专家学者和自治区文化厅、文物局有关领导等近 30 人参加了会议，听取了中国文化遗产研究院关于花山岩画保护工程的设计思路和现状调查、试验等，甘肃铁科地质灾害防治技术工程公司演示了花山岩画脚手架设计方案，专家提出了 5 个方面的建议和要求。10 月 24 日，受自治区文化厅委托，崇左市文化局对甘肃铁科地质灾害防治技术工程公司修改后的脚手架设计方案进行论证，原则同意该方案。11 月 ~12 月，甘肃铁科地质灾害防治技术工程公司完成了花山岩画平台地基加固工程地质勘查报告和脚手架搭设工作。12 月 30 日，自治区文化厅将《花山岩画平台地基加固工程设计方案》上报国家文物局。

【考古发掘研究】

2008 年初国家批准实施了《广西北部湾经济区发展规划》，广西文物部门积极配合公路、铁路、水电和其他工程建设部门基本建设项目，做好考古调查和抢救保护工作。完成了田林那比水电站库区、桂林卫生学校、新建铁路合山线铁山港支线、新建南宁至广州铁路工程广西境内铁路、玉林至铁山港高速公路、钦州至崇左高速公路、广西桂东梧州火电厂址、阳朔至鹿寨高速公路、广西环江电厂工程选址等 9 个基本建设项目用地进行文物调查。完成了合浦中小企业集中区用地、桂林市叠彩区大河乡新民农副产品加工区用地、筋竹至岑溪高速公路、贵港市贵城遗址、凤凰至覃塘二级公路（柳州至来宾段）工程等 10 个建设项目用地的考古勘探，勘探面积 260384 平方米。完成了合山溯河古码头遗址、桂林市叠彩区大河乡新民农副产品加工区用地古墓、廉州镇平阳火车站对面 6 座古墓、贵港市贵城遗址、忻城县红渡古窑址、合浦工业园区管理委员会建设用地古墓、隆林至百色高速公路 11 处史前文化遗址、合浦市政建设工程公司建设用地古墓、合浦县廉州镇定海南路 52 号建设用地 5 座古墓发掘等 20 个建设项目 62 座古墓葬进行抢救性发掘，发掘面积 13065 平方米，抢救保护了一批珍贵文物，发现一批重要的遗迹，考古资料整理和研究取得一批新成果。

考古科研课题工作取得丰硕成果，其中合浦县草鞋村汉代窑址发掘工作取得突破性成果，发现了一批重要的遗迹和遗物，得到了国家文物局的高度重视和支持，并派出专家组到现场检查和指导工作，广西文物考古研究所加紧各项工作，准备申报“中国十大考古新发现”。广西自然博物馆开展了田东布兵盆地周边洞穴化石与旧石器调查和田东布兵盆地感仙洞与中山洞的发掘工作，在感仙洞中发现了一批高等灵长类牙齿化石，包括猕猴、豪猪、豺、鬣狗、大熊猫、中国黑熊、南方猪獾、德氏猫、东方剑齿象、小猪、裴氏猪、鹿科、麂、牛科等，地质年代初步判断在早中更新世之交。完成了广西猫儿山国家级自然保护区野生动物灾后影响的评估、广西金秀大瑶山国家级自然保护区两栖爬行动物多样性调查研究、广西黑熊野外调查与监测、桂西南中越边境地区两栖爬行动物多样性调查研究等工作。广西文物考古研究所开展了邕宁顶蛳山遗址、容县西山冶铸遗址、合浦文昌塔汉墓、都安北大岭遗址、百色百达遗址、田阳那赖遗址等发掘资料的整理工作，继续编写武鸣马头墓群、百色革新桥遗址等发掘报告，出版了《云贵高原青铜文化》等专著。

【博物馆】

1. 博物馆建设

2008 年，总投资 2.3 亿元建设的广西民族博物馆竣工使用，占地面积 130 亩，总建筑面积约33500 平方米，其中主楼面积约 28300 平方米（包括陈列展厅面积 7720 平方米，文物库房面积 1475 平方米），后勤管理楼面积约 2200 平方米，广西传统民居文化生态露天展示园内的各民族传统民居建筑总面积约 3000 平方米。收藏文物近 1 万余件（套），设“五彩八桂——广西民族文化陈列”、“穿越时空的鼓声——铜鼓文化”基本陈列和“八桂瑰宝——广西十四个城市文化遗产保护成就特展”、“中国与东盟文化展”临时展览。该馆是新中国成立以来广西文化建设规模最大、投资额最多、展示面积最大的公共文化设施。12 月 11 日，在自治区成立 50 周年之际，中央代表团团长、中共中央政治局常委、中央政法委书记周永康和自治区党委书记郭声琨共同为该馆揭幕，揭幕仪式由自治区政府主席马飚主持。

12 月 28 日，昆仑关战役博物馆举行了隆重的开馆仪式，正式对外开放。该馆占地面积 40 亩，建筑面积 3353.15 平方米，其中陈列展厅面积 3050 平方米，文物库房面积 600 平方米，总投资 2500 万元，由著名抗日英雄戴安澜将军长子，同济大学教授、中国工程院院士戴复东先生设计，充分利用建筑元素传达后人对昆仑关大捷的理解和赞颂，追思英烈，传承历史文化，弘扬民族精神。博物馆分为序厅、浴血昆仑厅、前厅与缅怀厅等 4 个展厅，展示的文物实物有 500 多件，图片史料 200 多张，场景复原有杜聿明、戴安澜、白岩洞三个前线指挥部和战场半景画；以及触摸屏、影像屏、电子感应翻历书、电子献花、互动打飞机等，让观众耳目一新。通过陈列布展，全面反映了中国军队和当地军民抗日的决心和英勇杀敌的战斗场面，展示了日本侵华的大量罪证，战役博物馆的功能得到充分发挥。

12 月 30 日，合浦汉墓博物馆建成并举行竣工庆典，自治区文化厅副厅长陈映红、北海市市长连友农、自治区文物局局长覃溥等 1000 多人出席了庆典活动。该馆自 1987 年自治区人民政府下拨 10 万元启动资金开工建设至 2008 年 12 月 30 日竣工，历时 21 年。该项目占地面积 13300 平方米，总建筑面积 4015 平方米，总投资 780 万元，馆内建有仿汉石阙大门、一、二号汉墓保护展示厅、地下文物库房、主体中心陈列楼、办公楼、保安宿舍楼等仿汉风格建筑。主体中心陈列楼建筑面积 2000 平方米，外形为仿汉代陶屋的三层陈列展览厅，一楼设青铜馆、陶器馆，二楼设杂器馆，展出汉墓出土文物 362 件。

2008 年，建成了宾阳县传统工艺陈列馆。南宁孔庙博物馆主体建筑已开工建设。南宁艺术博物馆确定了馆址，完成了可行性研究报告编制，建筑方案设计及陈列大纲的编写工作；崇左市壮族博物馆已开工建设；贵港罗泊湾汉墓博物馆完成了项目立项、选址、可行性研究报告评审和方案设计工作，已开展土地征用和图纸深化设计工作。玉林、梧州等市都积极规划建设市级博物馆。

2. 博物馆、纪念馆免费开放

为了贯彻中宣部、财政部、文化部和国家文物局联合印发了《关于全国博物馆、纪念馆向社会免费开放工作的通知》（中宣发〔2008〕2号）文件精神，2月13日自治区文化厅、自治区文物局在南宁召开了“全区博物馆、纪念馆免费开放试点工作会议”，广西列入2008年免费开放试点的广西壮族自治区博物馆、八路军桂林办事处纪念馆、百色起义纪念馆、右江革命纪念馆、中国红军第八军革命纪念馆5家单位及其所在地市、县文化局的负责人参加了会议，自治区文化厅副厅长陈映红出席会议并做了讲话，文物局谢日万副局长传达了中宣部等4部局文件和“全国博物馆、纪念馆免费开放工作会议”精神，自治区文物局覃溥局长对广西博物馆、纪念馆免费开放试点工作进行了具体部署。会议要求各试点单位在3月底前实施向社会免费开放。3月14日上午，自治区文化厅、自治区文物局在南宁召开广西博物馆、纪念馆免费开放新闻通报会，来自中央、自治区和南宁市的20多家媒体的记者出席了通报会。5月4日，自治区党委宣传部、财政厅、文化厅向全区各市、县（市、区）委宣传部、财政局、文化（文体）局、自治区直属文博单位联合下发《关于全区博物馆、纪念馆免费开放的通知》（桂宣发〔2008〕14号），提出了争取国家、自治区对5个首批免费开放博物馆、纪念馆963.82万元的门票减收和运转经费补助等意见。自3月18日向社会免费开放以后，5个首批免费开放博物馆、纪念馆2008年接待观众达186.5万人次，比2007年多了69万人次。

3. 组织开展博物馆、纪念馆评估定级工作

（1）组织开展首批国家一级博物馆评估定级

根据国家文物局《关于开展首批一级博物馆评估定级工作的通知》（文物博发〔2008〕7号）和自治区文物局《关于推荐报送一级博物馆有关材料的通知》要求，广西壮族自治区推荐参加国家首批一级博物馆评估定级的有广西博物馆、广西自然博物馆、柳州市博物馆、桂林博物馆、桂海碑林博物馆、百色起义纪念馆，先由这6个单位结合实际开展了自评工作。4月15日~19日，国家文物局全国博物馆评估委员会专家、中国文物报社主任李文昌和国家文物局全国博物馆评估委员会专家、中国人民抗日战争纪念馆副馆长唐晓辉赴南宁、柳州、桂林、百色市就广西申报全国首批一级博物馆进行实地评估，听取博物馆申报工作汇报，对照《博物馆评估暂行标准》和评分标准，仔细审阅和查看了综合管理与基础设施、藏品管理与科学研究、陈列展览与社会服务三个大项的台账和资料，并对博物馆的外部设施、馆内环境、展览服务以及藏品管理等进行了全方位的现场考察。经全国博物馆评估委员会评议，最终国家文物局确定，广西博物馆与故宫博物院、上海博物馆等83家博物馆成为首批国家一级博物馆。2008年“5·18国际博物馆日”，国家文物局在北京首都博物馆举行一级博物馆授牌仪式。

（2）推荐参加国家二、三级博物馆评估

7月23日，根据国家文物局印发《关于开展二、三级博物馆评估定级工作的通知》（文物博函〔2008〕737号），启动了二、三级博物馆的评估工作。7月30日，自治区文物局在全区范围内下发了《关于推荐报送二、三级博物馆有关材料的通知》。根据《全国博物馆评估办法（试行）》的规定，经申请单位自检申报，各市文化行政管理部门推荐，广西博物馆评估委员会审核材料，并于9月20日~25日分四个组赴南宁、横县、柳州、桂林、兴安、容县、博白、百色、田东、靖西、贺州、龙州、浦北、金秀、忻城等15个市、县

（自治县）进行现场评估、考察，形成了《考察评估报告》。经自治区文化厅研究同意，推荐桂林博物馆等11个单位参加国家二级博物馆评定；右江革命纪念馆等12个单位参加国家三级博物馆评定。

4. 文物征集

年内，广西民族博物馆先后委托13个县（市）征集文物307件（套），本单位到全区20多个县市征集文物98件。广西自然博物馆在北海市铁山港区石头埠村征集到一条长6.76米的国家二级保护动物布氏鲸幼体标本。广西博物馆在注重馆藏物质文化遗产保护的同时，也非常重视对民间传统工艺等非物质文化遗产的保护工作，广西环江毛南族自治县上朝社区壮族农民韦启初、韦启参兄弟用民间传统的铜铸工艺，铸造了1面面径2.08米，重2008斤的大铜鼓，作为庆祝自治区成立50周年的纪念铜鼓，这是迄今为止由民间少数民族用传统工艺制作的能够使用的最大的铜鼓，被誉为“壮乡鼓王”。“博物馆之友”蒙古先生捐赠陶马藏品2件，欧阳金谷将军捐赠《广西好》、《八桂情》书法作品，油画家黄光琦先生捐赠《冬夜》油画作品等，这些文物和艺术作品不断丰富该馆的藏品。桂林博物馆完成了榕湖饭店移交的800多幅美术作品接收工作。著名画家李培庚先生无偿向桂林市人民政府捐赠桂林山水油画作品30幅、素描30幅，并移交桂林博物馆作永久性收藏，这是近40年来桂林市获得数量最多、价值最高的一批由个人捐赠的文化艺术品。百色市落实文物征集经费10万元，征集流散民间文物60多件，避免了部分文物的流失。

5. 文物展览

广西博物馆推出“瓯骆遗粹——广西百越文化文物精品展”“瓷美如花——馆藏明清瓷器精品展”基本陈列，12月赴宁波举办了“丹青桂韵——广西博物馆馆藏桂籍及旅桂书画名家作品展”，3月26日～5月10日引进了“袖里翰香——宁波天一阁博物馆藏明清扇面精品展”，9月～12月引进了“巧如范金，精比琢玉——陕西铜川耀州窑陶瓷精品展”，共展出耀州窑精品190多件。桂林博物馆举办了“李培庚桂林山水油画展”、“古城记忆——桂林三十、四十年代老照片”等10多个展览。柳州市博物馆举办了“积笔图式·雪灾记忆——陈正乾作品展”等16个展览。此外，选送广西博物馆鎏金铜骑俑、大铜马等文物精品参加了由国家文物局和香港康乐及文化事务署在香港历史博物馆联合举办的“中国马文化展”，以及与国家文物局、北京市人民政府联合在北京首都博物馆举办的“中国记忆——5000年文明瑰宝展”的展出。

6. “5·18国际博物馆日”、“文化遗产日”宣传活动

围绕“博物馆：促进社会变化发展的力量”和“文化遗产人人保护，保护成果人人共享”的活动主题，广西自然博物馆3月26日～29日以“保护生态环境，促进人与自然和谐发展”为主题的“走进恐龙时代”展览送进资源县的城关完小学校、苗乡车田中学、车田中心小学，接待观众2760人次，4月11日～12日该展览参加东兴市举办的2008年广西青少年科技创新大赛科普活动，6月14日，该馆开展文化遗产日宣传活动的同时，接受了广西电视台、中央电视台9频道、南国早报等6家新闻媒体的现场采访，此次活动发放有奖问卷300份、文物法宣传资料1000多份，参观人数约4000余人次。广西博物馆先后制作组织“广西出土文物精品图片展”、“广西古遗址、古建筑图片展”到南宁市青秀区青竹社区、大板一区社区、新兴苑社区、伶俐镇、南阳镇、广西艺术学院、广西水电职业技术学院等社区、乡镇、校园进行博物馆文物知识宣传活动。

【社会文物管理】

广西文物鉴定委员会配合公安、文博单

位等部门对桂林、灵川、兴业、岑溪、贺州等地的5起涉案文物进行了鉴定，共鉴定涉案物品38件，其中二级文物2件，三级文物7件，一般文物27件，非文物2件。

【执法督查与安全保卫】

依法管理文物工作进一步加强。桂林市人大常委会组成检查组在5月对全市开展了《文物保护法》执法检查工作，检查组赴永福、恭城、灵川和市直文博单位检查《文物保护法》执行情况，并在桂林碑林博物馆召开了《文物保护法》执法情况座谈会，桂林市文化行政管理部门对检查组作了专题汇报。

平南县旺石村的村民经常在文物保护单位大旺石山山上砍树和取石搞基建，平南县博物馆工作人员多次与村干部到村中宣传《中华人民共和国文物保护法》，做村民思想工作，使村民提高了保护文物意识，停止砍树采石，并主动参与文物保护工作。

文物安全工作是各项工作的重中之重，全区14个地级市文化行政管理部门在本辖区内经常开展各文博单位节假日期间文物安全检查、文物行政执法专项督察、夜间值班情况检查、野外文物巡查等安全检查工作，针对发现的问题及时提出整改意见。并根据国家文物局关于文物消防安全、文物保护工程发生质量事故、奥运期间文物安全、加强灾害和汛期文物安全工作等一系列专项紧急通知的文件精神，有针对性地对全区文物建筑消防安全、文物保护工程项目、博物馆开放场所和文物汛期安全工作等进行专项检查，确保了文物安全。

完成合浦汉墓博物馆、河池革命博物馆、永福县博物馆、右江工农民主政府旧址、中国工农红军第八军军部旧址纪念馆等5个项目的技防实施方案批复工作。完成了隆林各族自治县民族博物馆、河池市红军标语、昭平县黄姚文明阁等项目的防盗、消防设备安装。柳州市自筹资金在柳侯祠安装了安全监控报警系统、防雷设施，在东门城楼增添安防设备，加强了对古建筑及文物的保护。向国家文物局上报了北海近代建筑等3家单位防盗、消防工程方案，以及甑皮岩遗址技防系统安装等6个项目的经费预算申请。自治区文物局组织自治区公安厅等有关技防专家对三江侗族自治县侗族博物馆文物安全技术防范系统工程进行了验收。

【文博宣传出版】

4月，由广西第三次文物普查领导小组办公室编制、广西科学技术出版社出版《广西第三次文物普查基础知识读本》。8月，由广西壮族自治区博物馆编制、广西人民出版社出版《广西博物馆文集·第五辑》。由广西壮族自治区博物馆、广西文物考古研究所、中国化学会应用化学委员会考古与文物保护化学学科委员会编制、文物出版社出版《文物保护研究新论》。9月，作为广西文物考古研究所学术丛书之一的《云贵高原的青铜时代》（彭长林著）由广西科学技术出版社出版。11月，由周海主编的《史前明珠甑皮岩—纪念甑皮岩遗址博物馆建馆三十周年》由广西科学技术出版社出版。

【文博信息化】

6月12日～16日，自治区文化厅、自治区文物局在南宁市举办全区“文物调查及数据库管理系统建设”项目藏品声像信息体系及技术规范师资培训班，对全自治区14个地级市文化行政部门推荐的41个文博单位的文物影像信息采集师资人员进行了培训。

自治区文物局先后下发了《广西“文物调查及数据库管理系统建设”项目藏品信息采集工作安全操作规范》、《广西“文物调查及数据库管理系统建设”项目文物信息采集设备管理办法》、《广西“文物调查及数据库管理系统建设”项目文物信息采集人员工作须知》等相关技术、操作的工作规范。同时，投入68.1781万元购置了数码相机、影室灯、笔记本电脑、台式电脑等12套文物信息采集专用设备。这些规范的制定和专用设备的配置，进一步推动了该项目的顺利完成。年内完成了馆藏珍贵文物影像采集近1万件，拍摄文物照片约5万多张。投入228.36628万元购置了广西文博信息中心机房设备。广西文博信息中心机房设备已开始安装，不久即进入调试阶段。12月26日~30日，中国文物信息咨询中心游庆桥主任等一行7人出席了第三次全国文物普查2008年度冬季轮训班（南部片区）开班仪式后，在自治区文物局的陪同下赴广西民族博物馆和柳州市、桂林市检查广西文物调查及数据库管理系统建设项目进展情况，并对设在广西民族博物馆的广西文博信息中心机房建设方案和实施情况给予了充分肯定。

【对外交流与合作】

1月14日~19日，自治区文化厅、自治区文物局和广西民族博物馆联合在南宁市召开“中国广西民族博物馆与东盟十国博物馆交流合作工作座谈会”，来自文莱、柬埔寨、印度尼西亚、老挝、马来西亚、菲律宾、泰国、越南等8国文化（文物）部领导、国家博物馆馆长等13人和自治区文化厅、自治区旅游局、自治区博览事务局、自治区外事办公室、广西壮族自治区博物馆、广西壮族自治区自然博物馆、广西民族博物馆等单位的领导出席了座谈会。

12月15日，由越南国家历史博物馆、广西壮族自治区博物馆、广西文物考古研究所联合举办的“海上丝路遗珍——越南出水陶瓷精品展”在广西壮族自治区博物馆举行了隆重的开幕仪式，共展出119套224件陶瓷器物，全部是从越南国家历史博物馆馆藏的在头顿、坚江、占岛、金瓯、平顺等越南海域出水的沉船陶瓷器中挑选出来的、具有代表性的文物精品。越南国家文物局局长邓文牌、越南国家历史博物馆馆长范国军、广西壮族自治区人民政府办公厅副主任吴建新、自治区文化厅厅长余益中、副厅长陈映红、自治区文物局局长覃溥以及有关方面专业人士和负责人出席“海上丝路遗珍——越南出水陶瓷精品展”的开展仪式，并参观了展览。为配合展览的宣传，出版了《海上丝绸之路遗珍——越南出水陶瓷》一书。该展览于2009年3月15日结束。

广西文物考古研究所邀请德国教授巴里·罗雷特到广西就开展学术交流和合作研究进行洽谈，初步达成了共识。邀请法国拉萨雷遗址史前考古研究所共同对百色旧石器进行研究。广西博物馆邀请了日本东亚大学黄晓芬教授、铜川耀州窑博物馆禚振西研究员等国内外、区内外知名的历史学、民族民俗学、文物考古学的专家学者到馆内为干部职工作学术讲座。6月，广西自然博物馆工作人员陪同加拿大皇家安大略博物馆沈辰博士和澳大利亚 La Trobe 大学王社江博士考察田东县高岭坡遗址、布兵盆地么会洞和中山洞遗址、田阳县那赖遗址，在田阳县博物馆和右江民族博物馆观看了百色盆地采集和发掘出土的旧石器标本。

【第三次全国文物普查】

1. 2008年第三次全区文物普查概况

2008年，第三次文物普查主要工作是进行第二阶段的实地文物调查，截至12月31日，14个市、110个县（区）召开了文物普查领导小组会议，14个市、51个县（区）签订了文物普查政府责任书，各级普查办人员746人，一线普查队员合计1010人。全区共到位年度文物普查经费1330.8万元，其中财政部、国家文物局安排广西2008年度文物普查专项补助经费207万元，自治区财政安排190万元，14个市到位306.64万元，109个县（区）到位627.16

万元。从3月起部分县（区）全面启动实地调查，8月起110个县（区）启动了实地文物调查，调查启动率为100%。至年底，全区共调查登记不可移动文物4886处，其中新发现2378处，复查2508处，省级行政区域内调查覆盖率为30%。其中柳州市3个城区、北海市2个城区完成实地文物调查任务，全区普查完成率为4.5%。

2. 保护普查新发现的重要文物

5月~7月间，自治区主席马飚、自治区党委副书记陈际瓦、自治区副主席李金早、李康先后对南宁市新发现的“老挝六七学校旧址”保护问题专门作出批示，已由自治区文化厅牵头协调落实旧址保护问题。南宁市对普查新发现的越南中央学社区（南宁育才学校）旧址进行抢救维修，环境整治，举办陈列展对外开放。修建广西土改工作二团旧址配套村级道路，编制该旧址维修保护方案。公布越南中央学社区（南宁育才学校）旧址、广西土改工作二团旧址为市级文物保护单位。全区各县在实地调查中，新发现了一批重要文物，如横县普查发现郁江六景河段19世纪中后期蒸汽机轮船沉船文物。贵港市文物普查队发现西汉、东汉、两晋南北朝、唐宋及元明时期的遗存人工河、水井、沟、灰坑、房基遗迹，板瓦、筒瓦、兽面瓦当等建筑构件，壶、钫等陶器和青花瓷高足杯、“宣德”、“成化”款青花瓷碗等瓷，少数瓦件上有“万岁”、“零陵郡”等铭文。上思县普查队发现一座三合土包裹棺材的明代夫妻合葬墓，棺内现存一具人骨遗骸，并有衣服、折扇、发簪等遗物。

【获奖情况】

广西文物考古研究所荣获国家文物局、中国文物报社“第三次全国文物普查摄影图片展”组织奖。柳州市博物馆获得2008年度“郑振铎—王冶秋文物保护奖”先进集体称号；玉林市博物馆副馆长李义凡、百色右江民族博物馆馆长黄胜敏和河池市文物管理站站长梁富林获得2008年度“郑振铎—王冶秋文物保护奖”先进个人称号。广西自然博物馆获得“2008全国科技活动周广西活动暨绿城广场优秀项目奖”，“神奇的北部湾——海洋动物标本展”获优秀巡回展奖。

海南省

【不可移动文物】

1. 基本情况

2006年，甘泉岛遗址、北礁沉船遗址、儋州故城、藤桥墓群、秀英炮台、蔡家宅、陵水县苏维埃政府旧址、灵照墓、陈道叙周氏墓等被列入第6批全国重点文物保护单位。继2007年海口市被列为国家历史文化名城、三亚市崖城镇被列为第三批中国历史文化名镇之后，2008年儋州市中和镇、文昌市铺前镇、定安县定城镇被列入第四批中国历史文化名镇。在发改、财政、建设部门的支持下，海南省的文物保护单位，开始有计划有步骤地对文物遗址进行修缮和保护。五年来，完成三亚崖城学宫、中共琼崖一大旧址维修等项目，已经开展或完成了儋州故城、秀英炮台、蔡家宅、三亚崖城、海口历史文化名城、美郎双塔、落笔洞遗址、丘濬墓、中共琼崖一大旧址、文昌学宫等10项较大的文物保护规划；先后开展了崖城学宫、张岳崧故居、东坡书院、五公祠、秀英炮台、丘濬故居、李氏宗祠、中共琼崖第一次代表大会旧址、琼山文庙、府城鼓楼、儒符石塔、美郎双塔、文昌塔、丘濬故居等保护单位维修保护方案的编制工作。三亚历史文化名镇保护规划已编制完成，海口历史文化名城保护规划、儋州中和镇和三亚崖城镇历史名镇保护规划已开始编制。

2008年度文物保护工程有4个，分别为文昌学维修工程、张岳崧故居维修工程、陵水农民协会旧址维修方案编制、李氏宗祠维修方案编制，投入经费共53.5万元。

经统计，至2008年12月31日，海南省共有国家重点文物保护单位14处17点，省级文物保护单位28处，市县级文物保护单位313处。

其中国家级重点文物保护单位共14处：古遗址有落笔洞遗址、甘泉岛遗址、北礁沉船遗址、儋州故城，古墓葬有海瑞墓、藤桥墓群，古建筑有美榔双塔、丘浚故居及墓、东坡书院、五公祠，近现代重要史迹及代表性建筑有中共琼崖第一次代表大会旧址秀英炮台、蔡家宅、陵水县苏维埃政府旧址。

省级重点文物保护单位共28处：古遗址有大港村遗址、石贡遗址、付龙园遗址，古墓葬有军屯坡珊瑚石椁墓群、唐胄墓，古建筑有儒符石塔、龙梅太史坊、聚奎塔、文昌学宫（文庙）、临高学宫（文庙）、崖城学宫（文庙）、府城鼓楼、琼台书院奎星、王氏宗祠、胡氏宗祠，石窟寺及石刻有东山岭摩崖石刻、宋徽宗"神霄玉清万寿宫诏"碑，近现代重要史迹及代表性建筑有陵水县苏维埃农民协会旧址（顺德会馆）、云龙改编旧址、中共琼崖特委琼崖纵队总部旧址、冯白驹故居、王文明故居、杨善集故居、冯平故居、张云逸故居、宋氏祖居、日军侵琼八所死难劳工遗址、日军侵琼田独死难矿工遗址。

市县级文物保护单位313处，其他不可移动文物（未公布级别的）共1066处。

2. 考古工作

一是完成了华能电厂建设工程的文物调查工作，二是完成了琼中红岭水库的文物调查工作。

3. 文物普查工作

根据国家文物局全国第三次文物普查工作的要求，印发了海南省第三次文物普查工作方案，召开了海南省第三次全国文物普查工作动员大会，确定了总的工作思路和要求。

1月和8月期间分别举办两次第三次全国文物普查培训班，对全省18个市、县、自治县以及院校师生约230人进行了系统的培训。

国家财政部安排2008年文物普查专项补贴经费70万元，省财政安排2008年文物普查专项经费500万元。海南省根据有关规定，从本省文物普查工作的实际出发，对经费的使用作出了合理安排，对各市县的文物普查工作给予经费上的支持，并购置普查设备下发。

从2008年10月起，市县文物普查田野调查工作全面展开，至年底，根据不完全统计，各市县已基本完成了10%行政村的文物普查田野调查工作，截至2008年12月31日，全省共调查登录不可移动文物273处，其中复查106处、新发现167处，消失不可移动文物12处。

【可移动文物】

1. 博物馆

截至2008年12月31日，海南省共有省博物馆、海口市博物馆、李硕勋烈士纪念亭、定安县博物馆等21家博物馆、纪念馆向社会免费开放，参观者达50万人次。海南省博物馆新馆建成并于2008年11月15日正式开馆。海南省博物馆是海南省"十五"期间十大重点工程和省委、省政府为民所办的实事之一，于2005年底开始动工兴建，一期工程投资1.3亿元，建成展厅面积约8000平方米，设有10个展厅，其中6个展厅为博物馆的基本陈列，主要包括海南历史陈列、海南少数民族陈列、海南非物质文化遗产及保护陈列、海南馆藏文物精品陈列4个专题。从开馆至年底，共接待观众15万人次。

海南省国有文物系统博物馆共有16家，其中历史类7家：海南省博物馆、海口市博物馆、昌江县博物馆、儋州市博物馆、三亚市博物馆、定安县博物馆、东方市博物馆；专题类4家：海南省民族博物馆、保亭县博物馆、琼海市博物馆、陵水县博物馆；建筑类2家：文昌市博物馆、临高县博物馆；有机构无馆舍3家：万宁市博物馆、白沙县博物馆、屯昌县博物馆。

非国有文物系统博物馆共有3家，分别为：海南师范大学生物多样性博物馆、五指山蝴蝶博物馆、海南天涯雨林博物馆。

国有文物收藏单位文物藏品总量约4万件，其中经鉴定为一级文物的80多件，二级文物250件，三级文物1280件。

全省博物馆陈列展览约50个，上年度延续的陈列展览6个，2008年度新举办陈列展览44个，博物馆陈列展览投入经费共计131.7万元。

2. 民间收藏文物

海南省泰达拍卖有限公司和安达信拍卖有限公司，均为二类文物拍卖资质企业。

【政策法规与宣传】

建省后，为了加强海南的文物保护管理工作，省政府一方面认真贯彻执行国家制订的各项文物法律法规，同时根据海南经济特区开发建设的实际情况，加强文物法规建设。省政府办公厅于1990年下发了《关于加强文物市场管理的通知》，于1991年下发了《关于在基本建设中加强文物保护的通知》。1994年，省人民政府发布《海南省文物保护管理办法》。为了加强对水下文物的保护，1998年，海南省人民政府办公厅下发《关于立即制止盗掘倒卖西沙水下文物的紧急通知》。1999年，为保护省级文物保护单位东山岭摩崖石刻群，万宁市政府公布了《东山岭文物保护管理办法》，成为海南省第一部针对某一处文物而制订的专项规章。

为了使文物保护意识深入人心，开创全民保护文物的新局面，文物部门还积极宣传文物政策法规。省文物保护管理办公室和各级文博单位每年都充分利用“5·18国际博物馆日”和“中国文化遗产日”活动，加大《文物法》的宣传力度，组织媒体报道海南历史文化遗产。通过宣传活动，大大提高了文物工作和博物馆的知名度，缩短了文物、博物馆与社区和公众之间的距离。同时也宣传了国家和省里的文物政策法规，使文化遗产保护意识深入人心，为形成全民自觉保护文物的良好社会风气打下了基础。

2008年6月14日，海南省“中国文化遗产日”系列活动在三亚大小洞天自然博物馆启动。副省长林方略，市委副书记、市长陆志远，省委宣传部常务副部长张松林，省文体厅厅长范晓军，市委常委、宣传部长张萍，副市长王诚安等出席启动仪式。

林方略在启动仪式上指出，省委、省政府历来高度重视文化遗产的保护工作，文化遗产事业取得了很大成效，但文化遗产保护还面临许多复杂的情况和艰巨的任务，非物质文化遗产消亡或失传的趋势明显，文物本体及其历史风貌遭受破坏的现象时有发生，形势严峻。

林方略强调，要从对国家和历史发展的高度，充分认识保护文化遗产的重要性，从被动保护向主动保护、从单一保护向全面保护转变；要切实加强对文化遗产保护工作的领导，使文化遗产保护成为全社会的共识，成为全体公民的一种文化自觉行动，构建起政府为主、全社会共同参与的文化遗产保护新格局。

启动仪式上，林方略、陆志远、张松林、范晓军、张萍、王诚安等领导共同为黎族民间打柴舞传承人黄家近、乐东县黎族传统纺织染绣技艺传承人容亚美等6名非物质文化遗产传承人颁发荣誉证书。天涯网组织50多名文化遗产爱好者举行“守望之旅”考察队出发仪式，林方略和范晓军共同为考察队授旗。

同一天，海口市文物局在海口明珠广场举办纪念“中国文化遗产日”暨文物法宣传咨询和鉴宝活动。

【安全监督】

海南省有全国重点文物保护单位14处17点，省级文物保护单位108处，历史文化名城1处、历史文化名镇4处。国有文物收藏单位文物藏品总量约4万件，其中经鉴定为一级文物的80件，二级文物250件，三级文物1280件。现有海南省文物局、各市县文体局等文物行政管理单位19家，有省文化市场稽查总队1个，负担着全省文物的保护、管理任务。截至2008年，文物安全方面未发现大的问题，文物管理总体形势良好。

在国家文物局的领导和省委、省政府的高度重视下，海南省在加强文物保护工作、加强法制建设等方面做了大量工作，取得了一定的成绩，概括起来有以下几个方面：

首先，加强理论宣传，提高依法行政水平，增强广大干部和群众依法保护文物的意识。一是在5·18国际博物馆日和文化遗产日等活动期间，采取设立咨询台，张挂宣传横幅、发放资料等方法，积极宣传文物法规。二是通过电视、报刊、网络等媒体广泛宣传报道海南省的文物保护工作。通过这些宣传教育，不断增强文物工作人员的文物安全意识和广大人民群众的文物保护意识。

其次，狠抓文物保护“五纳入”工作。海南省的文物保护在政府的高度重视下做到了“五纳入”，省级财政将于2009年拨付经费800多万元，用于第三次全国文物普查、博物馆免费开放、文物保护单位保护方案编制和维修、文物鉴定站设立等文化遗产保护工作。省级文物行政部门文物保护专项资金使用合理，未发生资金挪用和克扣状况，效果良好。同时将文物工作纳入城乡建设规划，文物勘探发掘纳入基建审批程序，妥善处理基本建设与文物保护之间的矛盾。

第三，加大文物古建筑、古墓葬的保护力度。全国重点文物保护单位中共琼崖一大旧址已经修缮完成。省级文物保护单位孔庙节孝祠年久失修，聘请海南港湾建筑工程维修公司，投资约20万元，对其进行了维修，有效地保护了文物安全。省级文物保护单位张岳崧故居由于时间长久，风剥雨蚀严重，安防工作堪忧，2008年拨款维修了该故居的后庭院。在做好古建筑修缮工作的同时，完成对中共琼崖一大旧址、丘浚墓、海瑞墓、丘浚故居、蔡家宅、儋州东坡书院等文物保护单位的安全防范系统工程设计方案的申报和行政审批工作，下一步将尽快开展工程施工，确保文物安全。

第四，加大文物安全保护力度，加大安全巡查、检查力度，及时排除安全隐患，与公安部门紧密配合，打击文物犯罪活动，与城建、土地、公安和部分乡镇密切配合，打击文物保护单位保护范围内的违法违规建设活动。十多年来，文物部门与琼海潭门边防派出所联合，先后破获非法盗窃、买卖西沙文物刑事案件30起，追回各类珍贵历史文物2012件。

第五，加强安全防范，完善各种制度，使文物安全工作制度化。近年来，制定完善了《海南省文物安全突发事件应急预案》，在以人防为主的基础上，充分发挥物防、技防设施的作用，切实做好防火、防盗、防破坏工作；对尚无专门保护机构的古建筑，责成使用单位或安排专人负责管理，并定期或不定期进行安全检查。在馆藏文物安全方面，坚持技防、人防并重的原则，一方面加大技防设施投入，另一方面坚持不懈地检查馆藏文物安全，针对安全隐患及时整改。作为重点博物馆的省博物馆安防工程已全部完成，为保证文物安全，省博物馆坚持以人防为主、技防为辅、制度配合的管理模式，确保文物的安全。

文物安全是维系文化遗产事业发展的生命线，是文化遗产工作的重中之重，经过努力，近年来海南省文物系统内未发生安全责任事故。

【机构与人员】

2008年全省文物机构数量为26个，其中文物保护管理机构9个，博物馆16个，文物科研机构1个，其中省级文物保护管理机构1个，博物馆2个，文物科研机构1个，市级文物保护管理机构8个，博物馆2个，县级博物馆12个。

截至2008年12月31日，海南省文物机构从业人员300人，其中高级职称11人，中级职称35人。

取得文物保护工程施工资质的单位1个——海南献林林建筑安装工程有限公司，为文物保护工程一级施工资质单位。取得考古发掘资质的单位1个——海南省文物考古研究所（海南省博物馆）。取得考古发掘领队资格的人员有4人：丘刚、郝思德、王大新、王育龙。取得文物拍卖专业人员资格的人员有3人：崔工年、王海真、陈薇生。

四川省

【不可移动文物】

（一）不可移动文物保护

1. 简述

2008年，四川省完成了全国重点文物保护单位自贡西秦会馆、德阳文庙、剑阁觉苑寺（一期维修工程）、珙县僰人悬棺、仪陇朱德故居、明蜀王陵（安防工程）等6处维修保护工程；完成了省级文物保护单位彭山梓潼宫、广汉房湖、米易清真寺、都江堰灵岩寺、武胜宝箴塞、蒲江飞仙阁摩崖造像、蓬溪白塔寺、仪陇丁氏庄园、雅安上里石牌坊、南江禹王宫、冕宁毛主席接见彝族代表处等10处保护修缮工程。

2. 四川省全国重点文物保护单位

（1）古遗址13处

三星堆遗址，什邡堂邛窑遗址（大渔村和瓦窑山窑址），罗家坝遗址，成都平原史前城址，十二桥遗址，营盘山和姜维城遗址，金沙遗址，大洋堆遗址，城坝遗址，剑门蜀道遗址，严道城址，老君山硝洞遗址，剑南春酒坊遗址。

（2）古墓葬15处

王建墓，麻浩崖墓，僰人悬棺葬（墓），郪江崖墓群，明蜀王陵（朱悦燫墓），成都古蜀船棺合葬墓，江口崖墓（江渎崖墓），安丙家族墓地，凉山大石墓群，瑞峰崖墓群，塔梁子崖墓群，黄伞崖墓群，孟知祥墓，石城山崖墓群，泸县宋墓。

（3）古建筑68处

峨眉山古建筑群（峨眉山圣寿万年寺铜铁佛像），渠县汉阙（冯焕阙、沈府君阙、赵家村汉阙、王家坪汉阙、蒲家湾汉阙），平阳府君阙，高颐墓阙及石刻，武侯祠，杜甫草堂，都江堰，燊海井，卓克基土司官寨，西秦会馆，樊敏阙及石刻，大庙飞来殿，云岩寺，龙脑桥，七曲山大庙，平武报恩寺，真武山古建筑群，张桓侯祠，德格印经院，夕佳山民居，杨升庵祠及桂湖，宝光寺，直波碉楼（阿坝羌寨碉群），石塔寺石塔，松潘古城墙，觉苑寺，阆中永安寺，五龙庙文昌阁，隆昌石牌坊，富顺文庙，观音寺，德阳文庙，棒托寺，罨画池，李业阙，杨公阙，玉台山石塔，丹巴古碉群，彭州佛塔，无量宝塔，圣德寺塔，淮口瑞光塔，鹫峰寺塔，广德寺，平襄楼，芦山青龙寺大殿，措尔机寺，日斯满巴碉房，眉山报恩寺，醴峰观，木门寺，旋螺殿，开善寺正殿，宝梵寺，犍为文庙，松格嘛呢石经城和巴格嘛呢石经墙，隘口石坊，望江楼古建筑群，洛带会馆，春秋祠，波日桥，庞统祠墓，三苏祠，开江牌坊，双堡牌坊，资中文庙和武庙，陈子昂读书台，宝箴塞。

（4）石窟寺及石刻14处

皇泽寺摩崖造像，广元千佛崖摩崖造像（观音岩石窟），乐山大佛（灵宝塔），南龛摩崖造像（水宁寺摩崖造像、西龛北龛摩崖造像），安岳石窟（卧佛院摩崖造像），毗卢洞石刻造像，蒲江石窟，邛崃石窟，博什瓦黑岩画，荣县大佛石窟，夹江千佛岩石窟，通江千佛岩石窟，牛角寨石窟，卧龙山千佛岩石窟。

（5）近现代重要史迹及代表性建筑15处

泸定桥（红军强渡大渡河遗址），朱德故居（朱德诞生地、况场朱德旧居），辛亥秋保路死事纪念碑，红四方面军总指挥部旧址，大邑刘氏庄园，邓小平故居（邓小平青少年时代活动旧址），乐山郭沫若故居，陈毅故居，领报修院，吴玉章故居，通江红军石刻标语群，阿坝红军长征遗迹，白利寺，张澜旧居，中国营造学社旧址。

（6）其他2处

泸州大曲老窖池，水井街酒坊遗址。

3. 文物保护规划

2008年，完成了全国重点文物保护单位泸定桥、蒲江石窟、杜甫草堂、王建墓、水井街酒坊遗址的保护规划和省级文物保护单位渠县文庙、新繁东湖、大慈寺宗教文化区规划、大慈寺建筑维修规划、大英卓筒井等10处文物保护单位规划的编制。通过了四川省建设厅及国家文物局有关专家的初步评审。

4. 文物保护工程

2008年，国家为四川省的各类文物抢救投入保护经费1.3823亿元，是历年来投入最多的一年。其中，中央灾后文化遗产抢救保护应急资金3000万元，国家重点文物保护专项补助经费1723万元，博物馆免费开放专项资金7715万元，大遗址保护专项资金1100万元，第三次全国文物普查工作经费285万元。

5. 大遗址保护

四川省列入国家大遗址保护项目库的大遗址有4个，分别是广汉三星堆遗址、成都金沙遗址、成都古蜀船棺合葬墓群、邛崃邛窑遗址。

2008年，按照邛窑遗址公园分年实施计划及相关要求，完善了《邛窑遗址保护总体规划》；编制了《邛窑十方堂遗址公园修建性详细方案》、《邛窑十方堂遗址一号窑包、五号窑包保护展示建筑设计方案》、《邛窑遗址公园环境整治方案》，已根据国家文物局专家评审意见修改后上报。

2008年对邛窑遗址14号窑包实施了防护加固工程。主要内容包括有害植物清除、深坑治理、环境修复、绿化和窑包临河冲刷面的防护加固。工程投资240余万元，已完成120米长的挡水墙、窑包固土绿化、小河沟治理、周边环境修复，完善了游览道路、旅游标识等。

（二）考古发掘

1. 简述

2008年，四川省考古发掘项目主要分布在成都平原及岷江上游地区。重要考古成果有：川西高原新石器时代遗址的调查、江南馆街唐宋时期街坊遗址城市考古、金沙遗址群的继续发掘、成都平原先秦时期遗址的调查与发掘，以及一批历史时期的墓葬和遗址、四川盆地的石窟寺田野考古等。

2. 考古发掘项目

2008年，完成考古发掘21项，发掘面积21800平方米，出土完整、可修复文物标本33000多件、陶片数万片。

1月，完成犍为南岸坝遗址625平方米的发掘工作；完成宣汉罗家坝遗址发掘，发掘面积260平方米，出土各类器物500余件。

1月~3月，对乐山至宜宾高速公路沿线的古代墓葬进行了抢救性清理和资料的提取，清理崖墓5座、石室墓1座，提取了多座清代中晚期墓葬的地面资料。

3月~4月，完成摆鱼村遗址500平方米抢救性发掘。

3月~5月，完成犍为西坝窑址520平方米抢救性发掘，清理窑址6座，可修复文物上千件。

3月~6月，完成瀑布沟水库淹没区麦坪遗址700平方米抢救性发掘。

5月~7月，完成瀑布沟水库淹没区龙王庙遗址500平方米抢救性发掘，发现房址6座、灰坑30个，石棺葬3座、汉墓6座、灰沟2条。

7月~9月，完成雅西高速公路汉源富贤遗址1180平方米抢救性发掘。

5月~6月、10月~12月，完成石棉大堡遗址1000平方米抢救性发掘，出土陶、瓷器残件约1400件。

6月~7月，完成荥经县大坪山墓群600平方米发掘，出土完整或可修复陶瓷器近20件。

7月~8月，完成泸定小咱里遗址2000余平方米发掘。

8月~9月，完成汉源县五里遗址300平方米考古发掘，出土文物10多件。

9月，完成广巴高速K56+725M处宋墓100平方米发掘（2座），出土文物7件。

8月~10月，完成宣汉县周家梁遗址第一期4000平方米发掘，清理汉墓1座，窑址1座、灰坑20座、房屋基址4处，出土陶瓷片3万余件。

10月~11月，发掘炉霍县晏尔龙石棺墓地360平方米，发现石棺葬12座、房址4座、灰坑4个，出土各类器物40件，骨架10具，陶片8箱。完成冕宁县枧槽大石墓16平方米试掘。

10月~12月，完成绵遂高速公路遂宁段墓葬6000平方米抢救性发掘，共清理墓葬43座，出土文物49件。

9月~12月，发掘井研县金井坪宋墓群（墓葬3座），发掘面积540平方米，绘制墓葬平剖面图13张，制拓片60张，临摹人物花卉图案17幅，出土铜镜4面，瓷碗2件，瓷盒2件。

11月~12月，发掘射洪泰安作坊遗址，面积300平方米，出土陶、瓷等碎片66袋，可修复器物100件。

12月，发掘邛名高速公路2处宋代墓葬，面积300平方米。

（三）世界文化遗产（包括文化遗产、文化与自然双遗产）

2008年，“藏羌碉楼与村寨”列入了《中国文化遗产预备名录》紧急提名，申报前的各项基础工作已启动。

【可移动文物】

（一）博物馆

1. 简述

截至2008年12月，四川省博物馆数量为130家，其中国有博物馆102家，非国有博物馆28家。

在首次开展的全国一级博物馆评估中，自贡恐龙博物馆、广汉三星堆博物馆、成都杜甫草堂博物馆、成都武侯祠博物馆、广安邓小平故居陈列馆等5家博物馆获国家一级博物馆称号。

2008年，四川省首批12家博物馆纪念馆实现了免费开放，中央补助专项资金6615万元。

2. 国有文物系统博物馆

四川省国有文物系统博物馆有95家，其中综合历史类博物馆36家，科技自然类博物馆5家，古建遗址类博物馆18家，名人故居类博物馆21家，文化艺术类博物馆15家。

四川电信博物馆于2008年建成开放。

截至2008年12月，免费开放博物馆12家：红军四渡赤水太平渡陈列馆、黄继光纪念馆、苍溪县红军渡纪念园、朱德同志故居纪念馆、朱德故居铜像园、赵一曼纪念馆、邓小平故居纪念馆、万源保卫战战史陈列馆、川陕革命根据地博物馆、红四方面军指挥部旧址纪念馆、陈毅故居纪念馆、泸定桥革命文物陈列馆。

3. 国有非文物系统博物馆

截至2008年12月，四川省行业博物馆有7家：四川大学博物馆、成都理工大学博物馆、西南民大博物馆、成都中医药大学医史博物馆、成都工业文明博物馆、四川电信博物馆、自贡彩灯博物馆。

4. 非国有文物系统博物馆

截至2008年12月，四川省非国有博物馆有28家，其中综合历史类博物馆5家，科技自然类博物馆2家，古建遗址类博物馆1家，文化艺术类博物馆20家。新增非国有博物馆2家，为成都大华玉器博物馆、宜宾静观石博物馆。

5. 藏品数量

截至2008年12月，四川省文物藏品总数为1487853件（套），其中珍贵文物152929件（套），一级文物4314件（套）。

2008年增加藏品19278件（套），修复藏品2792件（套）。

6. 博物馆陈列展览情况

博物馆陈列展览535个，其中2007年延续展览215个，2008年启动的展览320个。展览投入经费5081万元。

博物馆参观总人数2562万人次，其中青少年667万人次、外国观众128万人次、团体观众675万人次等。博物馆门票收入17237万元，文化产业收入3961万元。

（二）民间收藏文物

1. 截至2008年12月，四川省文物拍卖企业共3家，分别是四川省嘉诚拍卖有限公司、成都市金沙拍卖有限公司、四川联拍拍卖有限公司，均为第二、三类文物拍卖资质。

2. 2008年度审核文物拍卖活动共3场，拍卖标的总数量为503件，无禁止上拍文物，年度文物拍卖成交总额为495万人民币额。

3. 截至2008年12月，四川省文物商店共2家，分别是四川省文物总店、成都市文物商店。无一级文物，无审核销售文物。

2008年四川省文物总店文物库存总数为29603件，无一级文物。新增59件。2008年成都市文物商店文物库存总数为148件，无一级文物，无新增文物。

（三）文物进出境

国家文物出境鉴定四川站，因专职鉴定员和文物进出境责任鉴定员数量不足，国家文物局于2008年11月暂停其文物进出境审核资质。国家文物出境鉴定四川站已按照《文物进出境审核管理办法》的要求开始整改。

（四）文物保护科技与科研

2008年，全省文博系统出版《四川文庙》、《平武报恩寺》、《射洪泰安作坊遗址》、《成都考古研究I》、《三星堆研究（第三辑）》等专著9种。发表学术论文83篇。

四川省文物考古研究院开展了西南地区摩崖造像贴金、彩绘保存状况专项调查，第三次康巴地区民族考古综合考察，硅氧烷对各类砂岩石刻封护性能研究等。

成都市文物考古研究所承担国家重点课题“指南针计划”中的“中国古代盐业的发明研究”及“成都平原古代人居环境及发明研究”。完成了国家社科基金项目“长江上游古文化与中华文明起源”；合作完成川西彩陶与西北彩陶的鉴定比较研究及金沙遗址墓葬人骨鉴定研究等。

四川省文物考古研究院、绵阳博物馆开展了绵阳漆木器保护研究，脱水保护145件，取得一定成果。

（五）文博信息化

四川省“文物调查及数据库管理系统建设项目”，基本完成珍贵文物的数据采集工作，尚缺四川省博物馆数据（四川省博物馆由于未开馆，文物封存，未进行此项工作）。

省级文物信息中心已开始筹备。

【政策法规与宣传】

"5·12"大地震后，四川省文物管理局根据《中华人民共和国文物保护法》、《中华人民共和国招投标法》、文化部《文物保护工程管理办法》、国家文物局《文物保护工程勘察设计资质管理办法》、《文物维修保护工程审批管理暂行规定》和《四川省文物抢救保护修复专项规划》等规定，及时编制出台了《四川灾后文物抢救保护工程管理办法》，为灾后文化遗产抢救保护工程提供了政策依据。

【安全督察】

2008 年重大文物案件及处理情况

1. 泸县宋墓被盗案

2008 年 1 月 6 日凌晨接到群众举报，泸县海潮镇陈湾村全国重点文物保护单位"泸县宋墓"中的一座被盗。

接到报案后，泸县公安局、泸县文化体育广播电视局、泸县文物管理所有关人员迅速赶赴现场，公安部门经过对现场的勘查、取证后，分析盗窃分子将再次进行盗窃。6 日凌晨 3 时许，泸县刑警大队、泸县海潮镇派出所民警在当地干部群众的配合下，现场抓获作案人员 6 名，并追回一块宋代高浮雕持剑武士石刻。

2. 兴文县市级文物保护单位建武石刻造像头部被盗案

2008 年 7 月 5 日凌晨，兴文县九丝镇村长陈金华发现建武石刻造像头部被盗 3 尊（该处石刻造像头部于 2006 年 9 月被盗，并于当年 12 月被追回）。

接到报案后，7 月 5 日上午 10 时，九丝镇派出所民警赶赴现场进行了勘查、取证，该案件有待进一步侦查。

3. 资中县省级文物保护单位西岩摩崖造像被盗案

2008 年 11 月 17 日下午 4 点 30 分，资中县西岩摩崖造像义务看守员报告，该处 3 尊造像被盗。

接报案后，资中县文化体育局、资中县文物管理所有关人员立即赶赴现场，同时向资中县公安部门报案。经公安部门勘查、取证后，对案情进行分析，断定盗窃分子将再次进行盗窃。公安干警和文物工作人员决定现场潜伏抓获罪犯，经过潜伏人员的努力，19 日晚 11 点发现并抓获 2 名盗窃分子。

【机构与人员】

1. 2008 年，四川省公布第一批取得文物保护工程勘察设计乙级资质的单位 4 家，分别是：四川园治古建园林设计研究有限公司、成都方圆建筑及环境艺术研究院、成都新方圆环境营造有限公司、成都亚林古建筑设计有限公司。

2. 2008 年，四川省公布第一批取得文物保护工程二级施工资质的单位 6 家，分别是：四川开禧古建筑园林工程有限公司、四川锦华古建筑工程有限公司、成都市园林建设处、成都市长龙建筑工程有限公司、成都博艺文物保护工程有限公司、都江堰市五建（集团）有限责任公司；文物保护工程三级施工资质单位 2 家，分别是：成都鑫荣华古建筑工程有限公司、成都天一环境艺术工程有限公司。

3. 取得文物拍卖专业人员资格 1 人，为成都市金沙拍卖有限公司的郑凯。

4. 取得可移动文物修复资质的单位共 5 家，其中一级 3 家，分别为四川省文物考古研究院、四川博物院、成都文物考古研究所；二级 2 家，分别是绵阳博物馆、四川广汉三星堆博物馆。

5. 取得文物进出境审核鉴定员资格的 2 人，分别是苏欣（玉器、瓷器、杂项）、刘振宇（书画）。其中 2008 年新增 1 人，为刘振宇。

【对外交流】

1. 文物出境展览项目

中国文物交流中心组织的赴日本"大三国志展"，5 月 2 日在日本富士美术馆开幕，四川省参展文物28件，其中一级文物8件。

2. 团组出境、入境交流情况

2008年11月，经中国文化遗产研究院推荐，四川省选派文物保护专家1人，赴意大利进行文物保护培训和交流。

2008年“5·12”汶川地震发生后，四川灾后文化遗产保护工作受到国际社会的关注。联合国教科文组织、日本东京文化财研究所、世界银行意大利信托基金会、法国政府等派遣专家考察组，考察四川地震灾后文化遗产保护情况。

贵州省

【概述】

2008年是贯彻党的十七大精神，落实文化工作大发展大繁荣的开局之年，是夯实基础、考虑远景的关键一年。贵州省认真学习和实践科学发展观，落实党中央、国务院，省委、省政府的重要指示，全面推进文化遗产事业与经济社会协调发展。贵州省文物局深入学习和贯彻《文物保护法》，坚持文物工作方针，重视基础工作，加强宏观管理，严格依法行政，广泛联系社会，探索文物保护与合理利用的新机制，抓住机遇，扎实工作，进一步推进全省文物博物事业向前发展。全省文物博物工作者经过一年的艰苦努力，取得了显著的成绩。

【文物保护进展】

1. 雨雪冰冻灾害后文物保护和维修工作

2008年元月中旬以来，贵州省遭遇罕见雨雪冰冻灾害天气，其持续时间之长为五十年不遇，其袭击范围之广、造成破坏之大也非近年各类灾害可比，贵州省各级文物保护单位、博物馆、纪念馆、陈列室受到严重侵害，大量文物建筑屋面冻裂、垮塌、漏水，大批消防管道冻裂、损坏，文物保护单位、博物馆、纪念馆、陈列室内部道路、广场、树木、草坪等配套设施的损失更是不计其数。各级文物工作者积极响应省委、省政府号召，自觉投入“抗凝冻，保民生”的行动中，战斗在“抗风斗雪，保护遗产”的第一线，为保护贵州省丰富多彩的文化遗产做出了积极贡献。2月20日~21日，国家文物局单霁翔局长一行到贵州检查文物受灾情况，并召开现场会，对西南片区各省区文物抢险救灾进行部署和指导。

灾后，贵州省首先做好文物受灾情况统计工作，随即指导各市、州、地和县开展核灾和灾后排险、抢险工作。积极投入资金，对于受损严重的文物建筑、博物馆、纪念馆、陈列室屋面，采取支顶、加固、重点整修、维修等方法，力争在夏天雨季来临之前做好屋面加固、抢修工作。对受损严重的安防、消防及其他配套设施、设备及时进行修复、完善。同时，做好重点文物保护维修工程方案的编制工作。在省文物保护研究中心和全省文物保护专业干部的努力下，上半年完成了10余个文物抢救保护工程项目方案的制订工作。8月，受国家文物局的委托，中国文物信息咨询中心派出专家组对贵州省灾情进行调研和评估，对贵州省制定的文物抢救方案进行指导。通过全省文物工作者的共同努力，灾后文物保护工作取得很大的成效。

2. 文物保护机构建设

在2006年贵州省文物局升格为副厅级局，2007年毕节地区、黔东南州、铜仁地区以及大方县、铜仁市等近10个县（市、区）成立文物局的基础上，2008年，省文物局扩编7名，增加内设处室2个，增加处级以上领导职数3名。贵阳市、黔西南州成立了文物局，铜仁地区、贵阳市文物局局长通过公开招考到位，全省文物保护机构建设再上新的台阶。在全国推行政府机构改革、压缩编制和人员的情况下，贵州省文物保护机构建设蓬勃发展，实属不易。

3. 第三次文物普查

2008 年初，经过反复征求意见，省文物普查领导小组正式发布了《贵州省第三次文物普查实施方案》。3 月，文物普查购置设备招投标工作已经完成，并将设备发放到全省九个市（州、地），88 个县（市、区、特区）。根据实施方案的安排，全省文物普查第二阶段，即田野调查阶段工作已全面展开。

经过精心的筹备，4 月 23 日 ~6 月 5 日，省和贵阳市文物普查办在花溪区按照“边训边查，以查带训，积累经验，全面推广”的思路，开展文物普查示范点工作。来自全省各地文物普查业务骨干和花溪区 15 个乡镇的文化专干共计 80 余人深入花溪区自然村 1200 余个，对花溪区辖区内的不可移动文物进行了拉网式普查，共登记不可移动文物点 416 处，其中复查 227 处，新发现 189 处，查明 43 处文物因各种原因消失。期间通过印发简报、电视滚动播放宣传标语、报纸连续报道等形式宣传示范点工作，共印发简报 52 期，报刊发布消息 11 篇，其中专版 2 期，电视播出新闻数次。示范点工作成果喜人，达到了预期目的。

为加强对文物普查工作的领导，2008 年 6 月 19 日，调整了“贵州省第三次文物普查领导小组”，领导小组组长由谢庆生副省长担任，副组长由文化厅厅长、省人民政府副秘书长、省文物局局长担任。领导小组成员包括省发展改革委员会、民族事务委员会、民政厅、财政厅、国土资源厅、建设厅、交通厅、水利厅、商务厅、统计局、林业厅、宗教局、测绘局、文物局、省军区后勤部的负责人等。截至 2008 年底，全省各级文物普查办公室共有工作人员 685 人，各级普查队、普查组共 1144 人。各级文物普查机构的建立，为贵州省文物普查工作有序开展奠定了坚实基础。

2008 年，省文物普查领导小组到各市（州、地），县指导、督促野外文物调查、普查信息报送、普查宣传等工作的开展。根据各地上报数据，2008 年基本完成野外调查工作总量的一半，达到了预期的效果。

4. 文物保护规划编制

启动了增冲鼓楼保护规划编制工作；铜仁东山古建筑群保护规划通过省级评审上报国家文物局；赫章可乐遗址保护规划、青龙洞保护规划已经国家文物局批准。

5. 文物保护和修缮工作

兴义鲁屯石牌坊抢险加固、望谟黔桂边区委旧址搬迁、威宁玉皇阁维修、锦屏飞山庙维修、盘县文庙维修等文物保护工程完工并通过省文物局验收；务川罗峰书院、绥阳卧龙山寺、赤水复兴江西会馆等维修工程主体工程已经完成；镇远天后宫、黄平飞云崖文物保护试点项目顺利启动。其中镇远天后宫维修工程已通过省文物局组织的验收。

6. 文物保护项目库建设

明奢香驿道文化线路、生态博物馆本土化等项目初步建议书编制完成并上报国家文物局。

7. 基本建设文物保护工作

乌江彭水、构皮滩、北盘江光照、龙滩、清水江三板溪、卦治等水电站的文物保护工作均已基本完成。其中乌江彭水水电站贵州库区文物保护工作验收于 11 月 28 日 ~30 日进行。

【博物馆事业】

1. 贵州省博物馆

根据中共中央宣传部、财政部、文化部和国家文物局《关于全国博物馆、纪念馆免费开放的通知》（中宣发〔2008〕2 号），贵州省博物馆被列入 2008 年全国免费开放的博物馆名单。趁着免费开放的大好时机，在贵州省委宣传部、省财厅的支持下，省文化厅、文物局决定对省博物馆进行提升改造，充分发挥省博物馆宣传和传播先进文化的重要作用。省文化厅徐圻厅长先后两次率领相关处室负责人对省博物馆改陈和改造工程进行实地考察和调研，积极了解工作情况，帮助解决实际困难，为省博物馆按计划完成改陈改造给予了充分的组织保障。经过近半年的筹备和实施，省博物馆利用崭新的形式，立体展示贵州民族文化，增强了服务意识和能力，大力改善管理和服务，以优秀的文化成果面对观众，收到了良好效果。首先是对博物馆基本陈列进行改造。改造后的“多彩贵州·历史与民族文化陈列”成为宣传贵州省历史和民族文化的重要窗口；其次是设立“黔艺宝多彩贵州小舞台”，白天由10多名民族工艺的能工巧匠现场制作表演，每晚则有一个半小时的贵州歌舞戏曲表演。演出节目集中体现了贵州省原汁原味的民族民间文化，得到广大人民群众的高度称赞；第三是为配合基本陈列改造，对博物馆庭院环境进行维修改造。通过9个大项、28个小项的改造，省博物馆的庭院环境得到彻底改观，成为人民群众文化生活的乐园。10月30日，省博物馆免费开放暨多彩贵州展览系列活动开幕式隆重举行。省委副书记王富玉宣布多彩贵州系列展览开幕，省委常委、省委宣传部部长谌贻琴，省人大常委会副主任顾久，副省长谢庆生，省政协副主席吴嘉甫出席开幕式并为展览开幕式剪彩。谢庆生副省长认为，省博免费开放，举办丰富多彩的系列展览，改善省博物馆的环境，体现了省委提出的文化遗产“在保护中发展，在发展中保护”的思想，是贵州省宣传文化系统在学习实践科学发展观活动中推进文化建设的重要举措。省博物馆改陈列和整体提升工作，得到了国家文物局、省委、省政府、省政协、省人大领导和社会各界专家、学者和人民群众的高度肯定，取得了良好的社会效益。

根据中央的要求，2008年，贵州省首批列入免费开放的贵州省博物馆、遵义会议纪念馆等6个单位，已如期实现向社会免费开放。

对毕节地区博物馆、大方奢香墓博物馆、黔南州民族博物馆、贵州婚俗博物馆等四家博物馆进行评估定级工作。

举办“贵州省博物馆新馆建筑方案设计国际邀请赛”，遴选出3个优胜方案。委托贵州省建筑设计研究院编制完成《贵州省博物馆新馆建设项目可行性研究报告》，并通过评审。省博物馆新址选址、建设用地规划、环境影响评价、用地预审等已经完成。

【世界文化遗产工作】

国家文物局公布了重新设立的《中国世界文化遗产预备名单》，贵州黔东南苗族村寨、黔东南侗族村寨双双上榜。省人民政府、黔东南自治州人民政府开始起草和调研，《贵州世界文化遗产预备名单遗产地保护条例》立法工作启动。

【考古发掘研究】

1. 配合基建考古调查、发掘工作进展顺利

按时完成彭水电站水淹区（沿河县境内）抢救性发掘任务，共发掘汉墓3座，宋墓2座，明墓21座，商周时期遗址650平方米，宋明时期遗址350平方米。完成独山县麻尾镇—荔波架欧乡高速公路等16个基建项目用地范围的文物调查工作。完成思林电站水淹区内分布面积3000平方米的墓葬的清理、发掘，对葛闪渡商号遗址进行清理测绘。完成老江底电站水淹区新石器与明清时期遗址的发掘工作和白碗窑瓷器遗址的调查清理。完成龙滩电站水淹区内贞丰县鲁容孔明坟遗址、龙滩电站水淹区内贞丰县百层镇天生桥遗址、贞丰县鲁容乡沙坝遗址的抢救性发掘。

2. 进行主动考古发掘和研究工作

完成毕节青场遗址的主动性发掘任务，历时2个月，发掘面积750平方米，清理房

址7座，厕所1座，灰坑10余个，沟5条，出土陶器和石器等大量遗物。完成务川大坪汉墓群的抢救性发掘任务。

3. 考古调查、发掘资料整理工作

整理鸡公山遗址、宁谷汉墓、孔明坟遗址资料。完成思林电站结题报告，独山500KV变电站等变电站及输电线路的5个文物考古调查评价报告以及石制品的清洗和初步整理工作。完成安顺宁谷遗址及墓葬、黔西汉墓、贞丰鲁容乡天生桥遗址、沿河复兴村小河口近40个项目移交考古发掘资料的整理、核对、登记、归档工作。

【文物安全与行政执法】

主动与公安、海关、工商等相关部门密切合作，防范和打击各类文物犯罪活动。

经过调研，完成《贵州省建设工程文物保护条例（草案）》文本的修改工作。继续修改《中国世界文化遗产预备名单民族村寨保护办法》。

11月，对全省文物安全、文物“四有”工作以及文物“五纳入”情况进行督察。

完成部分全国重点文物保护单位的消防工程的实施，包括镇远青龙洞古建筑群消防设施改造，从江增冲鼓楼及村寨消防设施安装，息烽集中营旧址消防设施改造等。

【人才培训】

2008年，贵州省总结了2007年人才队伍培训工作的经验，加强了专业性和高层次人才队伍的培训力度。经过近一年的筹备，贵州省文物局委托北京大学考古文博学院举办为期2年的文化遗产保护研究生课程进修班。这是北京大学首次在贵州省举办文化遗产保护专业的高层次研究生进修班。来自全省文物系统及贵州大学、贵州师范大学、省外贸厅的28名学员参加学习。省文物局为进修班安排了专项培训经费，组织各市（州、地）和博物馆、考古所选拔学员，落实了培训的后勤保障等工作。7月~8月，研究生班第一学期集中学习班在贵州大学开班。7月7日，北京大学研究生院副院长高岱，北京大学文博学院院长赵辉、副院长孙华，省文物局局长王红光、副局长张安琪，贵州大学人文学院院长陶渝苏等出席了开学典礼。研究生班课程安排合理，学员的文物保护和博物馆学理论水平有了一定的提高。北京大学文博学院研究生课程进修班的举办，对于从整体上提高贵州省文物保护工作者的素质有一定的积极作用。参加培训的学员能够按照北京大学的要求，认真完成学业，取得了较好的成绩。

【文化遗产合理利用】

深入开展文化遗产合理利用工作，研究确定利用主题，大力推进试点工作。利用维修后的镇远天后宫，建立“贵州省文物专家工作站”的各项筹备工作已抓紧进行。以文化遗产保护为核心的黄平飞云崖景观规划和保护规划也开始进行。石阡县县委、县政府充分重视石阡万寿宫古建筑群及历史文化街区“共和国的记忆”文化景区建设，积极推进青岩古镇历史文化名镇保护与旅游业可持续发展的模式。

【对外合作与交流】

创造性开展工作，在村落文化景观保护、省博物馆免费开放、机构建设、干部队伍培训、第三次文物普查、灾后文物抢救保护等方面取得了突出的成果。

1. 雷山县控拜村的示范点建设

为了促进村落文化景观理论的实践，为村落文化景观保护和可持续利用提供范例，自2006年起，经过2年多的调研，在国内多所高等院校、科研院所以及联合国教科文组织的介入和指导下，控拜村在村寨文化遗产保护、基础设施建设、民居改造、公共场所建设和工艺技术传承等方面，做了大量的工作，现已初步具备村落文化景观保护和可持续利用的条件，成为贵州省村落文化景观保护的示范村。

此外，榕江大利村、荔波水利大寨、黎平堂安村等也按照村落文化景观的理念进行保护和发展。

2. 举办村落文化景观保护与可持续利用国际学术研讨会

经过1年多的策划和筹备，2008年10月24日~26日，成功举办了“中国·贵州村落文化景观保护和可持续利用国际学术研讨会”。此次会议是我国首次以村落文化景观为主题的会议，其规格之高，影响之大，参加国家和人数之多，前所未有。会议由贵州省文化厅、北京大学、同济大学主办，贵州省文物局承办，国家文物局、中国联合国教科文组织全国委员会、联合国教科文组织北京办事处支持，文化部民族民间文艺发展中心、联合国教科文组织世界遗产亚太培训中心（北京、上海）、贵州省文物保护研究中心协办，合作单位是贵州师范大学和贵州大学。通过研讨、考察，会议通过了关于村落文化景观保护与发展的《贵阳建议》。

贵州省委王富玉副书记出席会议并致辞，国家文物局单霁翔局长、贵州省政府谢庆生副省长出席会议并作了主题演讲。来自英国、法国、意大利、加拿大、日本等国，我国香港、台湾地区和各省区的80多名嘉宾参加会议，来自光明日报、人民网、文汇报、解放日报、申报、中国文化报、中国文物报、中国文化遗产杂志、世界遗产杂志，新华社贵州记者站、人民日报贵州记者站以及贵州电视台、贵州日报、贵州都市报等媒体的21名记者采访了本次会议。《中国文化报》刊发《银匠村怎样保护村落文化景观》，《解放日报》刊发《有“根”的村子最珍贵——我国首次村落文化景观保护》，《中国文物报》刊发《控拜苗族的村落文化集体记忆传承与保护》，《光明日报》刊发《“贵阳建议”——古村保护应扩至文化景观》，予以报道。

【文物科研和其他工作】

《赫章可乐遗址2000年发掘报告》公开出版发行。该报告是贵州省文物考古研究所成立以来首次公开出版的发掘报告，分六篇，详细介绍了发掘获取的田野资料以及相关的基础研究结果。可乐考古是一项长期的重要课题。

编辑《贵州文化遗产丛书》第一辑。

开展文物法规宣传，文物普查及文物知识宣传，组织了“5·18博物馆日”、“文化遗产日”等纪念日的宣传活动。

云南省

截至2008年底，云南省共发现5300多处文物保护点。有各级文物保护单位2046项，其中全国重点文物保护单位76项；省级文物保护单位286项；州、市、县、区级文物保护单位1727项。云南省有馆藏文物29.95万件，有各级各类博物馆（纪念馆）53个，有国家级，省级历史文化名城（村、镇）52处。云南文物所具有的民族文化内涵、独特表现形式是我国其他省份所不具备的。云南历史文化的多样性、文化遗产的民族性使云南省成为全国的民族文物大省。

【第三次文物普查】

2007年4月份，云南省第三次文物普查工作正式启动，并于2007年6月成立云南省第三次文物普查领导小组，组建了办公室，成立了省级文物普查专家组。随后16个州市、129个县区相继成立了领导小组及其办公室，机构成立率达到100%，普查设备到位率为100%。2008年2月，云南省第三次文物普查工作进入实地田野调查阶段。2008年12月3日，云南省政府召开云南省第三次文物普查领导小组扩大会，省领导与各州市政府领导签订了责任书，有力地推进了全省普查工作的开展。截至2008年底，落实各级财政文物普查经费2415万；全省共培训普查队员3200人，参与普查工作的人员有2504人，其中各级普查办公室人员1021人，一线普查队员1483人。这是云南省自新中国成立以来规模最大的一次文物专业培训，不仅为文物普查工作提供了人力保障，而且锻炼提高了队伍素质；云南省普查办印发宣传手册和宣传画报8万余份；调查和登记不可移动文物3172处，其中新发现1545处，复查1627处，使云南省文物点由5300处增加到6846处，增幅30%。新发现的文物以古建筑、古墓葬、古遗址和摩崖石刻居多。其中金沙江岩画、茶马古道、石棺墓等线性和区域性文化遗产有大量新发现，极大地丰富了云南省的文化遗产资源。预计至2011年全国第三次文物普查结束时，云南省的文物点数量还会有较大增幅。

【“军地共建红色历史文化景点”活动】

云南省文化厅和云南省军区率先在全国开展“军地共建红色历史文化景点”活动，2008年已有40余个重要的革命历史遗址和革命纪念地等红色历史文化景点纳入军民共建项目进行保护和建设。云南省军区捐资重点援建昆明陆军讲武堂、寻甸丹桂红军长征纪念馆，师以下部队（含军分区、边防团、预备役团、人武部）与当地各级政府和文化行政主管部门共同协商，就近就便与红色历史文化景点管理部门结对共建，力争3年内共建景点达到省级国防教育基地和军区“军民共建示范点”标准，重点景点成为国家国防教育示范基地，并将一些重点景点申报为云南省省级爱国主义教育基地和省级文物保护单位。

【考古发掘】

2008年，云南省文物考古研究所配合基本建设工程完成了剑川海门口遗址、澄江金莲山第二次发掘、泸西石洞村青铜墓地和嵩明上禾村风溪山墓地等10余处考古发掘工作。其中剑川海门口遗址发掘被中国社科院评为2008年全国六大考古新发现。完成昆明呈贡新区、成昆线昆明至广通段扩能改造工程、金沙江犁园水电站和耿马至沧源公路等37处工程考古勘探调查工作。云南省文物局经过论证和审核为建设方出具了《云南省建设工程文物保护意见书》。云南省文物局和大理州政府于2008年6月16日～19日在大理剑川召开论证会，邀请全国有关权威专家对剑川海门口遗址的文物价值意义及开发利用前景进行论证，认为海门口遗址是世界上规模最大的海滨集落遗址，具有世界罕见的突出普遍价值。2008年11月2日，与北京大学联合召开了第五届西部考古协作会暨云贵高原史前考古国际学术研讨会。

【博物馆和纪念馆免费开放】

组织编制了云南省2008年免费开放的云南省博物馆、云南陆军讲武堂旧址、威信扎西纪念馆、彝良罗炳辉纪念馆、腾冲国殇墓园（滇西抗战纪念馆）、“一二·一”纪念馆等六个单位保障免费开放的工作实施方案和经费预算方案。通过努力，共获得中央和地方财政补助经费588万元，保证了博物馆、纪念馆免费开放工作的顺利开展。

【省博物馆新馆和地区博物馆建设】

完成了云南省博物馆新馆建设可行性研究报告的评审，确定了新馆建设方案，举行了新馆建设奠基仪式，顺利完成了云南省委、省政府年内奠基的工作部署。指导版纳州、德宏、昭通、普洱、临沧、曲靖、文山等州市建设一个功能齐全、设施先进的州市级博物馆，支持有条件的少数民族自治县建设民族博物馆，积极扶持民办博物馆，使云南省博物馆、纪念馆基础设施建设明显增强，数量由53个增加到61个。

【博物馆和纪念馆评估定级】

为配合全国首次开展的博物馆评估定级工作，提高博物馆的公众服务水平，经过精心组织、材料评审和推荐上报，云南省博物馆、云南民族博物馆被国家文物局评为一级博物馆，昆明市博物馆等13家博物馆被评为二级博物馆，禄丰县博物馆等17家博物馆被评为三级博物馆，使云南省博物馆的建设、管理和服务具有了规范化的标准。

【积极应对国际组织对丽江古城保护状况的监测】

2008年2月1日，云南省文物局向世界遗产委员会提交丽江古城保护管理状况报告；2008年5月28日，会同云南省建设厅共同对《丽江古城世界文化遗产保护规划》进行论证；2008年6月10日，向国家文物局提交反应性监测审议材料。2008年7月2日~10日，以云南省文化厅黄峻厅长为团长组成云南文化遗产代表团出席了第三十二届世界遗产大会，对该届大会对丽江古城世界文化遗产保护状况提出的质疑进行了必要陈述。通过充分准备、策略有效的角逐，广泛宣传了云南文化遗产的保护成果，有效维护了丽江古城的世界文化遗产地位。2008年11月23日~30日，再次安排世界遗产委员会官员和专家考察丽江古城，为第三十三届世界遗产大会对丽江古城反应性监测做准备。

【哈尼梯田基本建设和申报世界文化遗产工作】

云南省文物局组织修编《哈尼梯田基本建设项目可行性研究报告》，涉及项目包括民居抢救维修、村容村貌整治、基础设施建设、文化内涵充实。会同建设部门向国家发展与改革委员会申请世界文化遗产专项保护经费2000万元，用于哈尼梯田基础设施建设和生态环境保护。对哈尼梯田原有价值进行重新评估，进行管理规划制定，重新填报申报材料，使哈尼梯田被国家文物局列为2011年至2012年申报世界文化遗产项目。

【进一步申请公布历史文化名城（村、镇）】

云南省文物局会同省建设厅审核论证并报云南省政府申请公布彝良牛街镇、建水新房村、禄丰琅井村、洱源牛街为省级历史文化名村（镇）。报请国务院申请公布巍山莲花村、孟连娜允镇、石屏郑营村、保山板桥镇为国家级历史文化名村（镇），使云南省省级历史文化名城（村、镇）达到52个，数量仍位居全国前列。会同建设部门申请并落实国家发改委国家级历史文化名村（镇）保护和基础设施建设经费992万（禄丰黑井600万，会泽娜姑镇392万）用于古镇保护工作。

【文物保护基础工作取得突出成效】

云南省文物局全面完成第一至六批76项全国重点文物保护单位和第一至五批243项省级文物保护单位“四有”工作以及记录档案信息数据库建设工作。完成第六批89项省级文物保护单位树立标志说明、划定保护范围的工作；记录档案数据库建设经过了专家的三次审查。

【文物行政执法力度不断加强】

云南省文物局组织开展了全省范围内的文物行政执法专项督察和文物安全大检查，重点对昭通市、曲靖市的7个区县进行了专项督察，抽查了罗炳辉将军纪念馆、爨龙颜碑等11项国保、省保单位及多个市、县文物管理所，对发现的问题及时处理。完成了云南省文物局行政审批事项的清理工作，上报云南省政府法制办审定并公布15项行政审批事项。与云南省政府法制办联合举办了全省文物行政执法人员培训班，全省文物干部182人参加了培训并取得执法资格证。至此，已完成云南省文物局2006～2008年文物行政执法人员培训任务，全省已有300余人获得文物行政执法资格，使文物行政执法队伍建设得到完善。

【进一步规范云南省文物拍卖市场】

2008年，国家文物局为进一步规范文物拍卖行为出台了政策规定，云南省文物局及时依据有关规定加强了文物拍卖市场的管理，做到了依法拍卖、规范拍卖。云南典藏拍卖集团公司春、秋两场拍卖会拍出了较好的业绩，进一步奠定了云南省西部文物拍卖市场以昆明为中心的良好格局。

西藏自治区

【概述】

2008年是深入学习贯彻党的十七大精神，努力推进小康西藏、平安西藏、和谐西藏建设的重要一年，是西藏自治区维护稳定、反对分裂、促进发展的重要一年，是全面落实国家和自治区“十一五”发展规划，着力推进“十一五”文物保护事业及重点文物保护维修工程承前启后的关键一年，也是喜迎改革开放30周年和北京奥运会的喜庆之年。

全区文物工作在自治区党委、政府的坚强领导下，在国家文物局的有力支持和指导下，在文化厅党组的直接领导下，坚持以邓小平理论和“三个代表”重要思想为指导，坚持文物工作方针，深入学习贯彻党的十七大、区党委七届三次全委会议精神，认真传达贯彻全区党员领导干部大会和“两会”精神，特别是自“3·14”事件以来，西藏自治区文物局系统两级党组织和干部职工坚决按照区党委、政府的安排部署和要求，始终坚定不移地与党中央、区党委保持高度一致；始终坚定不移地旗帜鲜明、立场坚定、反对分裂、反对动乱、反对倒退、维护祖国统一、维护民族团结、确保国家安全；始终坚定不移地以“生于忧患”的政治意识、忧患意识、责任意识和敬业精神，按照“讲政治、讲稳定、讲纪律、讲团结”的要求，听从指挥，服务大局，服务中心，求真务实，开拓进取，进一步坚定了理想信念，反对分裂，维护祖国统一，维护社会主义民主法制，维护人民群众的根本利益和正常社会秩序及机关正常工作秩序，围绕一手旗帜鲜明抓稳定、反分裂，一手坚定不移抓发展、求突破，以实际行动迎头痛击了达赖集团的分裂破坏犯罪活动；围绕年初既定的工作目标任务，积极开展了以确保文物安全、维护社会稳定、全国第三次文物普查、文化遗产的保护维修为重点的各项工作，确保政治安全、确保文物安全、确保重点文物保护维修工程施工安全，确保了一方平安，确保了年初既定目标任务稳步、扎实推进，取得了稳定和发展阶段性的成果，积极推进了全区文物事业的持续发展。

【文物工作会议】

组织召开了全区文物工作会议，传达贯彻了全国文物局长会议精神，区文化厅党组成员、副厅长、文物局局长喻达瓦同志作了《抓住机遇夯实基础狠抓落实着力推进中国特色西藏特点文物事业科学发展》的工作报告，对2007年的全区文物工作作了全面总结，对面临的困难和问题作了深刻分析，明确了年度“三四五”项（即：

突出抓好重点文物保护维修、西藏自治区第三次全国文物普查、文物安全防范三个方面的重点工作；实现在文物工作政策研究、“红色遗迹”的抢救保护、文物展示利用和文物队伍建设四个方面有所突破；抓好文物抢救保护、文物法制建设、文物保护规划编制、文物“四有”工作、文物宣传五个方面的具体工作）工作目标任务。会后，为切实做到事事有人抓、有人管、有人落实，对2008年的工作任务进行了分解，确定了37项重点工作目标并分解到各处室，明确了负责部门、协助部门和完成时限。

【三大重点文物保护维修工程】

2008年初至10月底，西藏自治区文物局下达资金（含三大工程）1.96亿元，对西藏自治区42个重点文物保护维修工程和26个文物保护单位的应急抢险工程（含安防补助）进行了开工建设（其中：三大工程年度开工8个子项目，完成投资1684万元）。启动的项目和下达的资金与上年度相比分别增长了44.77%和61%。

继续开展三大工程安防消防和给排水的方案设计工作；布达拉宫保护维修工程指挥部在开展地垄深挖作业中发现的10处新地垄实施了排险工作；对珍宝馆、西印经院、白宫地垄、响铜佛殿等4处续建项目进行了复工建设；改性阿嘎土已在布达拉宫西印经院和雪巴列空分别开工；布达拉宫和萨迦寺完工项目的质量复查工作已基本完成；完成了《布达拉宫保护规划》和《罗布林卡保护规划》的现场调查和素材整理工作，已进入编制实质性阶段；《三大文物工程竣工庆典活动初步方案》的编写工作已完成。2008年，国家对西藏三大文物工程的投资由33330万元增加到38059万元。全年复工项目8个，完成投资1684万元。三大文物工程累计开工子项目156个，完成150个子项，完成投资28003万元。

由财政资金安排的8项维修工程的方案报批、经费申报等前期工作已经完成。扎什伦布寺、夏鲁寺的可行性研究报告已经国家发改委批准，自治区发改委已审核并批复初步设计和投资概算；江孜宗山抗英遗址、朗塞林庄园、拉加里王宫等9项工程的可研报告、初步设计已经上报自治区发改委；古格王国遗址、乃宁寺两项工程的现场勘察工作已经完成，正在编制可研报告、初步设计（维修方案）；与此同时，还制定了《“十一五”重点文物保护工程工作规则》和《“十一五”重点文物保护工程施工合同基本规范》。截至目前，拉萨关帝庙、吉隆大唐天竺使出铭维修工程已经竣工；4月18日在扎什伦布寺举行了西藏“十一五”重点文物保护工程暨扎什伦布寺文物保护工程启动仪式；5月12日在山南洛扎县举行了色喀古托寺文物保护工程开工庆典仪式；10月15日在山南乃东县举行了昌珠寺文物保护工程开工庆典仪式；10月18日在阿里地区普兰县举行了科迦寺文物保护工程开工庆典仪式。11月中旬前将陆续举行扎什伦布寺、夏鲁寺、拉加里王宫等保护工程开工庆典仪式。将于2008年底完成“十一五”重点文物保护工程22个子项的前期工作，开工（含竣工）项目约占该工程项目总数的40%，累计投资1.3亿多元。

在积极组织实施“十一五”重点文物保护工程的同时，为进一步加强“十二五”文物保护事业发展规划的编制工作，2008年下半年，成立了《西藏自治区“十二五”文物保护事业发展规划》编制委员会，由自治区文化厅副厅长、文物局局长喻达瓦同志担任主任委员；编制委员会下设办公室。“十二五”文物保护龙头项目，即江孜白居寺文物保护工程的前期勘察工作由解放军总装备部和中国文化遗产研究院的10余名专家历时2个多月已经完成，以此标志着“十二五”文物保护事业发展规划编制工作正式启动。

文物维修是一项农牧民参与性强的工程。在实施三大文物工程和“十一五”重点文物保护工程中，认真贯彻自治区党委、政府“支农扶农”、“确保农牧民增收”等一系列决策部署，注重引导当地群众参与，在保证质量的前提下，尽可能吸纳当地农牧民群众参与工程建设，帮助群众增收，让农牧民群众参与文化建设，共享文化成果。据不完全统计，三大工程自实施以来，共使用农牧民工3万多人次，增加农牧民现金收入2800多万元；“十一五”重点文物保护工程实施仅1年来，共使用农牧民工4000人次，增加农牧民现金收入40万元；且无一拖欠农牧民工工资现象。

2008年，通过各种渠道争取资金累计4363.06万元，对险情较重的文物单位进行抢救性保护维修。其中自治区2007年安排的1041万元专项资金已专项用在了昌都向康大殿、日喀则日吾其寺金塔、山南邓萨提寺文物单位的抢救性保护维修工作；自治区安排的65万元文物保护专项经费已全部用在了全区的文物保护工作中；自治区年内投入近1698.7万元，重点对同卡桑珠德钦寺、鲁定颇章、达杰林寺、邦纳寺等4个文物保护单位进行了保护维修；自治区下达专项资金1366.46万元，启动和实施了布达拉宫珍宝馆展示利用工作和西藏博物馆安检工程；西藏自治区文物局从事业结余基金中拿出191.9万元，分别对强准寺、达隆寺、敏珠林寺、哲蚌寺、小昭寺、樟木烈士陵园等20处文物单位进行了维修保护或安防消防设施建设或修建了文物库房，修建了罗布林卡车库。

【西藏自治区第三次全国文物普查】

按照“质量优先、精心组织、科学安排、突出重点、务求实效”的工作原则，精心组织开展了西藏自治区第三次全国文物普查第二阶段的年度工作任务。一是编印了西藏自治区第三次全国文物普查培训教材、讲义及普查宣传资料，为各地（市）、县普查办采购配发了价值126.4万元的笔记本电脑、数码相机、全球定位仪等普查专用设备，与各地（市）普查办签订了《西藏自治区第三次全国文物普查设备使用管理合同书》，明确了文物普查设备管理、使用的职责和义务。二是制定了《2008年度第三次全国文物普查西藏各地区培训工作计划》，组建了文物普查培训教员组，分赴全区七地市开展了普查培训工作，全区共200余人接受了系统、规范的培训，其中169人通过考核并获得了“第三次全国文物普查工作资格证书”。三是制定了《2008年度第三次全国文物普查西藏各地区试点技术指导工作计划》，组建了文物普查试点技术监督指导队，分赴全区七地市重点对普查信息采集的测量、绘图、记录方法以及数据采集专用软件的填写方法进行了现场指导。四是培训和试点结束后，各地市普查队的队员们立即开展了以县域为单位的文物普查工作。截至目前，全区共调查30个县，调查面积约47万平方公里，登录不可移动文物点1490处，复查文物点383处，新发现文物点1107处（其中新发现具有历史、艺术、科学价值的重要文物点72处）。文物普查到达率和覆盖率均达到了100%。

【布达拉宫雪城保护利用】

按照张庆黎书记“恢复好、管理好、利用好雪城”的重要指示精神和自治区其他领导同志的重要批示精神，为更好地发挥雪城爱国主义教育基地的作用，更好地展示西藏历史文化，提高景点品位。及时充实、完善了雪城展示的内容和方案，制作和备份了雪巴列空、雪监狱的声控系统，编写出版了《布达拉宫雪城参观指南》，使雪城的展示利用工作得到加强，展示功能趋于齐全，为吸引游客、开展爱国主义教育提供了较为丰富的资源。截至10月中旬，布达拉宫雪城共接待54620人次，其中游客7776人次，群众33481人次，免费接待9874人次，接待接受爱国主义教育的大、中、小学学生、驻市各单位干部职工等3489人次。另外，还接待自治区政协委员、人大代表、英国人权代表团、上海世博会考察团、区党委外宣办国内专家团、凤凰卫视记者等重要客人近600人次。

【重要历史和革命文物调查保护】

按照自治区重要历史和革命文物领导小组的安排部署，各地市重要历史和革命文物调查领导小组办公室已登记完成117件重要历史和革命文物的记录档案和67件重要历史和革命文物的记录卡。根据《全区首批“红色遗迹”抢救保护工作方案》，并按照“红色遗址”办公室要求，已邀请设计单位开展首批“红色遗迹”项目维修方案的勘察设计编制工作。

【中国“文化遗产日”活动】

2008年6月14日是我国第三个“文化遗产日”。按照国家文物局《关于开展2008年“文化遗产日”活动的通知》精神，向全区文化文物部门下发了《关于在全区范围内组织开展2008年“文化遗产日”宣传活动的通知》，制定了“文化遗产日”宣传活动方案，对全区开展“文化遗产日”宣传活动作出了统一部署。并于当日，组织局属各单位和拉萨市文物局等文物部门在区邮政大楼前开展了以“文化遗产人人保护，保护成果人人共享”为主题的宣传咨询活动，向前来咨询的干部群众和学生发放宣传资料1万多册（张）。还用7个横幅和31块展板（数百幅图片）介绍保护文化遗产的宣传口号、展示西藏自治区文物保护领域所取得的成就。为进一步营造全社会共同参与文物保护的氛围，起到了很好的促进作用。

西藏博物馆在“遗产日”当天免费对社会公众开放，向前来参观的游客免费提供主题宣传资料，在馆内举办“西藏远古文明”讲座等活动纪念我国第三个“文化遗产日”。

【第三次全国文物援藏资金和项目的落实】

第三次全国文物援藏工作会议后，陆续与14个省级文物部门、8家文物单位签订了援藏项目、资金和人才培养协议书，协议资金和项目折合718万元。已到位资金563万元（含项目折合资金260万元）。

【文物法规建设】

在2007年底认真调查研究、总结实践经验的基础上，参照《世界文化遗产管理办法》，组织文物系统单位领导和专业人士座谈会，到内地部分文物大省进行实地调研，充分听取有关专家的意见，经过认真研究、反复修改，形成了《西藏自治区布达拉宫保护管理办法（修订草案）》和修订说明，呈报自治区人民政府审议。

【文物建档】

布达拉宫管理处完成了2591件文物的登记建档和625部经书的整理编目以及700余部经书的转移搬迁工作；同时，与自治区贝叶经保护工作领导小组工作人员一起，完成了353部（23449页）贝叶经和57部（5794页）藏纸梵文经的影印和整理编目工作；完成了206件（套）珍宝馆展品的鉴选工作和32件西藏文物赴日展展品的鉴选工作。罗布林卡管理处完成了111件2级佛像和1378件3级佛像以及634件唐卡的建档工作；完成了馆藏贝叶经822页1556面33份档案的编目、整理和登录工作。西藏博物馆完成了3000余幅唐卡的登记造册、拍照和1700余件佛像的建档工作以及294函贝叶经的建档工作；完成了94件封诰的拍照、定名工作。各地市文化（文物）部门也积极开展文物建档工作，据不完全统计，各地市全年共完成数千件文物的登记建档工作。

【文物安全工作逐步走向制度化】

在全区文物工作会上，对贯彻落实《2007年文物安全责任书》成绩突出的进行了表彰奖励，并与区直文博单位和各地市文化（文物）局签订了《2008年文物安全责任书》，各地市文化（文物）局也相继与所辖各县和文物单位签订了《年度文物安全责任书》。全区各级文化（文物）部门和重点文物保护单位始终把安全工作作为文物工作的生命线，坚持“人防为主、技防为辅”的安防原则，健全各项制度，基本形成了平时常检查、节假日专项检查、重大问题立即检查的安全防范机制和工作格局，有力地确保了文物单位的文物安全和重点文物保护维修施工现场的安全。

特别是“10・6”当雄地震发生后，正在区政府502会议室出席三大重点文物保护维修工程和“十一五”重点文物保护工程领导小组成员会议的文化厅副厅长、文物局局长喻达瓦同志，立即在第一时间对以布达拉宫为主的文保单位灾后排查工作作出了部署和安排，同时给各地市文化（文物）行政主管部门打电话了解地震对古建筑和文物的受损情况并作出重要指示，要求各地市文化（文物）局要高度重视，特别是主要负责同志要自觉承担起文物安全防范工作的第一责任，对安全防范工作要亲自过问，亲自部署，层层抓好落实，确保责任到位、措施到位、落实到位。尤其是要求文博单位对易损、上架和陈列文物要采取下架或特殊保护措施，确保文物万无一失。要进一步增强政治意识、大局意识和忧患意识，充分认识到文物安全防范工作的重要性，切实加强值班带班和巡查工作，认真展开自查自纠工作，确保文物系统的政治安全、文物安全和文物保护工程施工现场安全。根据这一指示，区直各文博单位连夜组织人员对各种可移动文物和易碎文物采取了下架、装箱措施，确保了可移动文物的安全。西藏自治区文物局又及时组织专项检查组对拉萨辖区内文物保护单位的险情进行了认真勘察，并形成《自治区文物局关于“10・6”当雄地震对布达拉宫、大昭寺、小昭寺、哲蚌寺、乃琼寺文物建筑险情实地勘察应急排险加固的情况报告》，呈报自治区人民政府、一线指挥部和区党委副书记、自治区常务副主席郝鹏同志。

【考古调查】

按照自治区的部署，积极配合有关部门开展了藏木水电站工程建设和昌都果多水电站工程建设中文物保护的论证工作，完成了青藏联网工程西藏侧换站的文物调查与评价工作，并向有关部门提交了文物保护的意见。

【文物征集】

2008年，全区共投资140多万元，征集和收购各类文物48件。其中，布达拉宫管理处投资80万元，征集贝叶经1部（262页）；西藏博物馆投资50余万元，征集各类文物41件；西藏文物总店投资10余万元，征集、收购各类文物6件。征集和收购的文物，进一步充实、丰富了馆藏和陈列内容。

【教育活动】

按照文化厅党组的部署和要求，结合各自的实际，自4月下旬至9月30日，在局机关和局属各单位全体党员中开展了“反对分裂、维护稳定、促进发展”主题教育活动，达到了预期的效果，取得了很好的成效。各单位的主题教育活动已进入整改与总结阶段。

按照文化厅党组的部署和要求，结合各自的实际，在局机关和局属各单位政工干部中开展了“讲党性、重品行、作表率”教育活动，同时结合活动，对全区文博系统反腐倡廉工作进行了再部署、再安排，提出了明确的工作要求，基本达到了“集中活动年”的目标要求，取得了阶段性的成效。

按照区党委和文化厅党组的统一部署和要求，结合各自的实际，局机关和局属各单位分别成立了开展深入学习实践科学发展观活动领导小组及其办公室，制定了《开展深入学习实践科学发展观活动的实施方案》，组织召开了开展深入学习实践科学发展观活动动员大会，对本单位开展深入学习实践科学发展观活动进行了部署和安排。

【捐款、慰问活动】

西藏自治区文物局机关和直属单位布达拉宫管理处、罗布林卡管理处、西藏博物馆、自治区文物保护研究所、西藏文物总店积极响应区党委、政府的号召，在愤怒声讨达赖分裂集团“3·14”打砸抢烧严重暴力犯罪事件的同时，发扬“一方有难，八方支援”的优良传统，多次组织慰问小组，带着区直文物系统干部职工的深情厚谊，先后慰问值勤点17处，送去了价值3万余元的慰问品，开展了一系列慰问和捐款活动，共慰问、捐款累计近30万元。其中，向雨雪冰冻灾区捐款13650元；慰问执勤官兵、干警3万余元；向“3·14”受损群众捐款14393元；向“5·12”四川汶川地震灾区捐款72792.70元，交纳“特殊党费”61150元，交纳“特殊团费”1760元；向“10·6”当雄地震灾区购置慰问物资和捐款约10万元。

另外，西藏自治区文物局积极筹措资金，加大了文化文物对口扶贫单位的扶持力度，向文化文物对口扶贫点嘉黎县投入专项扶持资金40万元，并无偿捐赠依维柯车1辆，使对口扶贫工作落到了实处。

【文物交流合作】

一是紧紧围绕当前反对分裂、维护祖国统一、维护民族团结的重大政治任务，积极筹划了题为《罪恶昭彰、百罪莫赎——拉萨“3·14”打砸抢烧暴力事件真相》图片展览；并积极与西藏人民出版社合作，在较短时间内出版发行了《见证》一书，该书有助于广大读者进一步了解西藏与祖国的关系史，是对广大青少年进行社会主义和爱国主义教育的直观生动的教材。二是开展了2009年西藏文物赴日展的筹备工作，文物展品的确认、鉴选工作已经完成。三是经国家文物局和自治区涉外项目领导小组批准的西藏自治区与瑞士贝奇文化基金会合作开展的阿里托林寺壁画保护维修工作进展顺利。四是先后在西藏博物馆举办了“红岩魂——白公馆、渣滓洞革命烈士斗争事迹展”、“抗震救灾大型新闻图片巡回展”、“今日西藏妇女摄影展”、“西藏收藏家协会会员收藏精品展”、“老马根雕、木雕暨摄影展”、“西藏今昔展”等展览，其中，“西藏今昔展”正在举办中。

【队伍建设和人才培训】

为进一步提高在职人员的业务和管理水平，全年共派出19人次参加了国家文物局举办的各类专业知识培训班；邀请文物保护专家37人次进藏，利用传、帮、带的形式与西藏自治区专业人员共同开展了西藏文物保护和制定文物保护维修工程总体方案的各项工作，不仅促进了西藏自治区文物工作的开展，而且使部分专业人员的业务水平得到了提高。

为进一步激励全区广大文博工作者认真履行党和人民赋予的神圣职责，以高度的事业心和责任感，无私奉献，勤奋工作，按照国家文物局《关于开展2008年度“郑振铎—王冶秋文物保护奖”先进集体和先进个人评选表彰活动的通知》精神，在全区文物系统认真开展了评选、推荐工作，昌都地区文化局文物科和西藏自治区四位文物工作者分别荣获2008年度“郑振铎—王冶秋文物保护奖”先进集体和先进个人。

西藏博物馆被国家文物局评为“国家一级博物馆”。

【文物信息的撰写和报送】

截至10月中旬，全区各级文化（文物）部门报送信息230条；其中，自治区文物局撰写、报送信息44条，被区党委办公厅《业务通讯》采用9条、区政府办公厅《内部情况通报》采用7条。这些文物信息的报送和采用，为各级领导了解西藏自治区文物发展态势、指导西藏自治区文物保护工作发挥了积极作用。

【接待与讲解】

在接待和讲解工作中，始终坚持保护为主、合理利用的方针，正确处理保护和利用的辩证关系，认真贯彻落实自治区党委、政府关于做好西藏自治区旅游接待工作的批示指示精神，强化内部管理，提高接待水平，优化服务质量。截至10月中旬，全区各级文物保护单位共接待国内外游客和朝佛群众142.7万人次（布达拉宫为36.1万人次，同比减少60%；罗布林卡为22.4万人次，同比减少51%；西藏博物馆为6万人次，同比减少40%；拉萨市为18.7万人次；日喀则地区为29.3万人次；山南地区为15万人次；昌都地区为4万人次；林芝地区为11万人次；阿里地区为0.2万人次。其中，布达拉宫、罗布林卡、西藏博物馆免费接待贵宾、离退休和未成年人等11.2万人次），门票收入达3772.7万元。全区文博单位基本满足了广大游客参观的需求，确保了文物和建筑的安全，没有发生政治案件和游客投诉案件。

另外，布达拉宫还完成了法国自民党政治家代表团、上海世博会筹备专家组、凤凰卫视台台长、多国访藏记者团和港澳台访藏记者团等重要贵宾和媒体记者共100多人次的接待任务。特别是圆满完成了“3·14”境外媒体记者的参观和接待任务，并确保了北京奥运圣火在布达拉宫广场传递和溶火仪式的成功举办与安全，得到了自治区党委、政府的充分肯定。

与此同时，按照区党委书记张庆黎，区党委副书记、人大常委会主任列确，区党委副书记、自治区主席向巴平措等主要领导在新华社清样第127期和第3430期上的批示精神，向文化厅上报了《进一步加强雪城展示利用工作、切实发挥雪城多重效益的意见》、《自治区文物局关于请求增加人员编制和领导职数的请示》、《自治区文物局关于申请增设文物执法督察处的请示》、《自治区文物局关于请求在地县设立文物管理机构的请示》、《自治区文物局关于请求增加布达拉宫和罗布林卡管理处及西藏博物馆内设机构和人员编制的请示》。

2008年西藏文物工作取得的成果，是自治区党委、政府坚强领导的结果，是国家文物局关心支持和自治区文化厅党组正确领导的结果，是各级党委、政府高度重视和广大人民群众大力支持的结果，是文物系统各级领导班子精诚团结、顾全大局、齐心协力的结果，是全区广大文博工作者团结协作、无私奉献、忘我奋斗、共同努力的结果。

实践再次证明，西藏文物工作必须坚持文物工作方针，服从和服务于全区经济发展、社会稳定的大局；必须紧紧围绕促进小康西藏、平安西藏、和谐西藏的建设做文章；必须得到各级党委、政府的高度重视和相关部门的大力支持；必须坚持文物保护为了人民、依靠人民，文物保护成果让人民共享的原则；必须全面落实科学观，准确把握自身发展规律。才能不断发展、不断繁荣。

在2008年全区文物工作取得成绩的同时，西藏自治区文物保护管理中还存在这样或那样的问题。主要表现为：少数地方党委、政府和文化部门对文物工作重要性的认识有待进一步提高，应给予更多的支持；文物工作任务繁重而机构少、队伍小的状况没有得到有效改善；地方对文物事业的投入虽有所增加，但与文物保护的需求仍有很大的差距。文物安全防范设施落后，少数文物单位内部管理不善造成文物被盗（流失），文物安全形势依然严峻；大部分文物建筑险情严重，亟须抢救性维修而经费短缺；部分文物收藏和使用单位对其保管的文物底数不清，缺乏科学档案。这些问题和困难制约着西藏自治区文物保护事业的健康发展，需要认真对待、逐步加以解决。

陕西省

陕西省文物局是省政府直属机构，局机关共设10个处（室），全局有公务员49名，直属事业单位14个，直属企业1个，事业单位下属二级企业3个，从业人员2124名。全省文物系统从业人员共5194名，专业人员中高级职称283名、中级职称643名、技师93名。

2008年，陕西省文物系统干部职工认真贯彻文物工作方针，坚持“依法行政、科学管理、目标责任”的工作思路和“用制度管人、按制度办事”的工作要求，落实目标责任，抓好工作落实，在文物保护、管理、利用等方面取得新成就，文物事业呈现出良好的发展势头，为经济社会发展起到了积极的促进作用。

截至2008年底，全省有各类文物点53893处（含“三普”新增数量），各级文物保护单位2965处，其中全国重点文物保护单位140处、省级文物保护单位668处、市县级文物保护单位2157处；有各类博物馆、纪念馆157座，其中国家一级博物馆6座；全省馆藏文物约100万件（套），其中三级以上珍贵文物104831件（套）。博物馆、纪念馆数量居全国各省、自治区、直辖市前列。

【政策法规与社会文物】

2008年，陕西省文物系统认真按照《国务院全面推进依法行政实施纲要》和《陕西省全面推进依法行政五年规划》确立的目标任务，在依法行政、依法治理、普法宣传、促进立法和社会文物管理、开展文化产业调研、推动文物企业发展等方面取得了较好成绩。9月，省委依法治省工作领导小组为省文物局颁发了“2007年度全省法制宣传教育工作先进集体”奖牌。

2008年，为落实“五五”普法规划，提高全省文物干部依法行政水平和依法管理文化遗产的能力，省文物局举办了四期法律培训班。3月24日~28日、3月31日~4月4日，分别举办了两期换发和申领新版省行政执法证法律培训班，共培训文物执法人员84人；9月16日~19日，举办了全省文博系统干部法律培训班；9月22日~26日，举办了全省文物拍卖企业、文物商店、文物复制企业法人法律培训班，全省共90余家文物企业法人或法人代表参加了培训。

组织法律专家为局直属单位开展《中华人民共和国劳动合同法》、《中华人民共和国经济合同法》等法制讲座，组织省文物局机关、直属单位处级以上领导干部和科级干部参加的考试。组织局直属单位开展“12·4”全国法制宣传活动。为配合“奥运法制宣传万里行”活动，扩大奥运法制宣传的社会影响，省文物局组织直属单位学习《关于进一步加强“人文奥运法制同行”主题宣传工作的通知》，下发《陕西省文物局系统关于组织收看奥运法制宣传音像资料的通知》。

2008年1月21日~22日，省文物局召开了全省文物复制单位工作总结会，此次会议共有57名文物复制单位代表参加。1月23日，省文物局召开了2008年全省文物拍卖企业、文物商店法人工作总结会。省文物局下发了《关于进一步加强全省文物市场整顿管理工作的通知》，对全省文物复制单位进行2008年资质证年审，为69家符合条件的文物复制单位换发了资质证。依法审核文物商店拟销售文物5批4205件，审核文物拍卖企业文物拍卖标的5批555件，审核办理了拟出境文物复制品65批20775件。

【考古调查】

2008年，陕西省考古工作以康陵、泰陵、茂陵、桥陵等汉唐帝王陵的考古调查、勘探和统万城、秦雍城等遗址的主动性考古发掘为主，为陕西大遗址保护、规划提供考古依据。积极做好基本建设中的考古勘探和发掘工作，完成省域内太中银铁路、西气东输二线工程、榆神高速公路等多项大型基本建设项目前期文物影响评价报告和考古勘探工作，为陕西基本建设项目提供了重要的决策依据，保护了秦长城遗址、杨官寨遗址、西汉窑址群等大批珍贵文化遗产，取得了考古学术研究方面的重要收获。

【第三次全国文物普查】

2月22日，下发了《关于做好陕西省第三次全国文物普查2008年度工作的通知》；2月29日，省文物局举办了“第三次全国文物普查数据采集专用软件培训班”；3月，省文物局普查办在石泉县进行了陕南片区的普查试点；5月15日，省文物局组织有关专家学者编制了《陕西省第三次全国文物普查验收规范》，下发了《关于组建陕西省第三次全国文物普查项目执行办公室的通知》；9月15日，省文物局普查办召开了全省文物普查工作座谈会；10月7日，省政府召开了“陕西省第三次全国文物普查领导小组扩大会议”；12月2日，下发了《关于调整充实陕西省第三次全国文物普查专家组的通知》。

陕西省第三次全国文物普查工作进入田野普查阶段，共落实文物普查经费1919.2万元，其中省财政到位750万元、市级行政区域到位850万元、46个县级行政区域到位214.2万元。截至2008年底，全省已经有45个县（区）完成普查工作，通过了省普查办专家组验收，调查登记不可移动文物26634处、新发现19401处。省级行政区域内调查覆盖率为44%，文物普查各项指标均排在全国前列。

【长城资源调查】

经过近两年的田野调查，摸清了陕西省境内明长城的基本情况，包括走向、长度、保存状况、损坏情况和附属设施等。初步掌握了营堡与长城墙体、单体在防务上的相互协作关系，查清了明代延绥镇大边长城的分布和保存现状，明确了明代延绥镇二边长城的分布规律、走向和防御方式等，掌握了明代长城本体和附属建筑情况以及明代防御工事对前代防御建筑的利用改造情况。调查显示，陕西境内明代长城资源主要分布在榆林市府谷县、神木县、榆阳区、横山县、靖边县、定边县和延安市吴起县7个县区范围内，东北连接内蒙古自治区和山西省境内长城，西南连接宁夏回族自治区和甘肃省境内长城。陕西明长城由大边、二边两道长城构成，总长约1170千米，其中大边明长城墙体375段576355.7米，有马面405座、敌台503座、烽火台366座、关68座、堡37座、相关遗存35处；二边明长城墙体23段596182米，有敌台30座、烽火台195座、关2座、堡8座、相关遗存17处。截至2008年底，陕西明长城资源调查工作转入第二阶段，对田野调查资料进行自查和系统梳理、整合，开始撰写调查报告和工作报告。

【工业遗产普查】

省文物局和省工交办联合完成了陕西省工业遗产普查工作方案，并由省政府批复同意。完成了《陕西省工业普查标准规范》编制工作，计划用两年时间在全省范围内完成工业遗产普查工作，形成较为完善的工业遗产普查体系和相关制度，建立较为详细的工业遗产信息档案。主要任务是：制订实施方案，明确普查范围、对象、方法和进度；通过普查、认定和分类建立遗产清单，以照片、录像、图纸等形式系统发掘整理遗产地的景观和档案，摸清陕西工业遗产资源分布的基本情况，为进一步做好陕西工业遗产保护工作提供可靠依据。

【考古发掘】

审核并向国家文物局申报考古发掘项目55项，其中42项获国家文物局批准；审核推荐6人申报考古发掘个人领队资格，其中丁岩、张小丽、武丽娜、陈晓捷4人通过审核，获得国家文物局颁发的考古发掘个人领队资格。

陕西紧紧围绕大遗址保护开展主动性调查和发掘，先后组织完成了汉康陵、唐泰陵、秦雍城6号陵园的考古调查、勘探和龙王辿遗址、唐桥陵陵园南门建筑遗址、茂陵二号遗址、统万城西门外瓮城的考古发掘工作。完成宜川县龙王辿遗址考古、姜寨遗址考古勘探与测绘、凤翔水沟遗址考古、周公庙遗址考古、秦直道遗址考古调查、秦始皇帝陵考古、秦雍城遗址考古勘探与发掘、西汉帝陵考古调查和勘探与发掘、唐代帝陵考古调查与发掘、统万城遗址考古调查勘探与发掘。对岐山县蔡家坡石窟、蓝田五里头吕氏家族墓葬群、渭南市临渭区金代壁画墓、长安区庞留村唐代壁画墓、商南富水汉代崖墓等一些被盗掘、面临破坏危险的遗址和墓葬进行了抢救性发掘，抢救和保护了一批珍贵古代文化遗产，获得了新的考古科研资料。

为配合陕西省基本建设项目，省市考古发掘机构与项目建设单位共签订考古勘探协议293项，实施勘探面积3200万平方米。完成了大唐热电厂330KV送出线路、包西铁路、青兰高速（壶口—雷家角）等22项大型建设项目的文物调查和评估，向建设单位提交了文物保护评价报告。完成了配合榆神高速公路秦长城遗址发掘、太中银铁路杨桥畔墓葬群发掘、白桦林间房地产开发的西汉窑址群发掘、泾渭工业园建设中的杨官寨遗址发掘等50余项建设工程的考古勘探，获得了较为重要的收获。完成杨官寨遗址、榆神高速公路、高陵县光明公司M740、延炼至西安成品油管道末站、西安市白桦林间小区、航天四院民用产业项目基地、靖边县老坟梁墓地、曲江西汉壁画墓、高陵灰堆坡明墓等的考古发掘。先后跨省对湖北省丹江口温坪墓群和河南省淅川前张营墓地进行了勘探、发掘。全年共发掘古墓葬700余座、其他各类遗迹80余处，发掘面积约1.5万平方米、出土各类文物3800余件（套）。

全省出版的考古报告、专著有：《花石浪Ⅱ——洛南花石浪龙牙洞遗址发掘报告》、《少陵原西周墓》、《西安尤家庄秦墓》、《西安北郊郑王村西汉墓》、《潼关税村隋代壁画墓》、《陕西凤翔隋唐墓》、《唐长安醴泉坊三彩窑址》、《西汉水上游考古调查报告》、《西安东汉墓》、《西安文物精华——瓷器》、《西安文物精华——铜镜》等。完成资料整理的考古报告和专著有《泉护村1997年考古发掘报告》、《米家崖遗址发掘报告》、《岐山周公庙遗址2004～2005年度发掘报告》、《周原2002年度考古发掘报告》、《梁带村两周墓地考古发掘报告》、《西安尤家庄汉墓》、《西安南郊高阳原隋墓考古发掘报告》、《唐顺陵》、《西藏萨迦寺考古报告》、《西安南郊明墓》。

【文物保护】

9月20日～9月22日，陕西省举办首期文物保护工程从业人员培训班，来自全省10家文物保护工程勘察设计资质单位和15家文物保护工程施工资质单位的78名单位业务负责人、项目经理和主要业务技术人员参加了培训。

完成了西安地铁二号线绕穿钟楼及西安南、北城门文物保护方案和相关研究成果的评审。

编制完成2008年省级、国家级文物保护专项经费计划和申报2008年大遗址保护经费计划。争取国家文物局文物保护项目25个，专项经费1589万元；大遗址保护项目19个，经费7500万元。全年共落实国家发改委“十一五”抢救文物保护设施建设经费2890万元。完成编报2009年国家“十一五”抢救文物保护设施建设项目24个，申请经费14690万元。2009年“十一五”国家文化和自然遗址地保护项目34个，申报经费20.9亿元。

完成了《秦始皇陵保护规划》、《榆林卫城保护规划》、《周原遗址保护规划》、《泰陵保护规划》、《杜陵保护总体规划》等10余项全国重点文物保护单位的规划编制评审工作，上报国家文物局审批。西安“八办”旧址2~10号北院、阿房宫前殿遗址、西安碑林等24个文物保护工程方案上报国家文物局。批复丰镐遗址商周文化层保护方案、龙岗寺遗址保护规划立项、汉长安城长乐宫四和五号遗址本体保护方案、临渭区文庙和富县开元寺塔维修保护等21项，全省开工实施各类文物保护工程共16项。碑林东西大门、石泉禹王宫江西会馆、府谷荣河书院、镇安塔云山、洛川万凤塔等维修保护工程基本完工。

省文物局申报了第七批全国重点文物保护单位，组织专家赴有关市、县检查指导，确保档案资料收集的完整和严谨，要求各市、县在文物普查过程中收集重大发现资料及时申报。全省确定6大类、254处文物点申报第五批省级文物保护单位，范围覆盖11个市（区），申报总量大幅提升；9月16日，省政府正式公布了第五批陕西省文物保护单位和保护范围与建设控制地带。这次申报中将第三次全国文物普查的重要遗存直接申报，重点加强了对重要文物保护单位的调查和指导。

【丝绸之路“申遗”】

1月27日~29日，组织陕西各“申遗”文物点负责人参加国家文物局举办的“全国丝绸之路申报世界文化遗产工作交流会”。2月1日，省文物局参加了西安市“丝绸之路申报世界文化遗产工作座谈会”。3月，根据西安、咸阳、宝鸡、汉中市丝绸之路“申遗”项目经费预算，完成陕西省丝绸之路“申遗”项目经费预算并报省财政厅。3月6日，省文物局参加了西安市“丝绸之路申报世界文化遗产保护管理规划讨论会”。4月13日~17日，国际古迹遗址理事会副主席、国家文物局巡视员郭旃率领丝绸之路“申遗”专家考察组赴陕西“申遗”点进行检查。6月，参加了国家文物局主办的“世界文化遗产论坛暨2008年国际古迹遗址理事会亚太区会议（文化景观）”。6月1日~5日，省文物局成功承办了“丝绸之路系列申报世界文化遗产国际协商会”。9月22日，组织召开了有各市文物局局长、“申遗”点负责人、“申遗”规划承担单位负责人和“申遗”文本编制单位负责人参加的丝绸之路（陕西段）“申遗”工作会议。12月，组织了“丝路申遗（陕西段）申报文本专家评审会”。全省12处20个丝绸之路“申遗”点的管理办法已全部制定并经各市政府公布，申报文本、文物保护管理规划已编制完成并通过省级专家评审。陕西丝绸之路“申遗”总体规划和保护管理办法已完成初稿，在国家文物局组织召开的丝绸之路“申遗”申报文本、管理规划、管理办法汇报会上，陕西制作的文本得到了国家文物局领导和专家的充分肯定。

【大遗址保护高峰论坛】

10月21日，由国家文物局和陕西省人民政府共同主办的大遗址保护高峰论坛在西安召开。国家文物局局长单霁翔、副局长童明康和来自洛阳、成都、杭州、无锡等12个城市的主要领导出席了本次论坛。陕西、广东、湖北、新疆、江西等12个省文物局的主要负责人和规划、文物保护等相关领域的专家130余人参加。论坛由国家文物局副局长童明康主持，单霁翔局长作了主题发言。西安、郑州、洛阳市政府在论坛上介绍了各自在大遗址保护中的工作经验和成果交流。论坛紧紧围绕我国大遗址保护、展示和城市规划建设等有关问题，共同探讨适合各地实际情况的大遗址保护新途径、新举措。论坛中发表的《大遗址保护西安共识》提出："大遗址是不可再生的文化资源，是城市文化景观的核心要素，是城市可持续发展的资本和动力。大遗址保护对建设城市文化，彰显城市特色，保持文化多样性，守望中华民族共有的精神家园具有重大意义。"

【科研学术】

2008年，全省文物系统按照《国家文物事业"十一五"发展规划》、《文化遗产保护科学和技术发展"十一五"规划》和《陕西省文物事业"十一五"发展规划》开展科研工作和学术研究，承担科技部"十一五科技支撑计划"课题和子项目各1项，国家文物局等省部级课题3项，省文物局代管和省文物局课题12项，对外合作项目4项。全省共举办各类较重要的学术会议20余次，出版各类图书42部，发表各类学术或专业文章522篇。

完成国家文物局的课题有：中国蓝和中国紫研究、馆藏陶质彩绘文物保护修复技术规范化预研究、石质文物保护修复档案记录规范。在研科技部"十一五科技支撑计划"课题有：古建油饰彩画及传统工艺科学化研究、寺庙殿堂壁画可溶盐病害及其活动规律调查子课题。在研国家文物局科研课题有：石刻计算机三维彩色图像处理研究——以陕西唐陵石刻为例、拉曼光谱在陶质彩绘文物保护研究中的应用及方法学研究、法门寺地宫出土髹漆平脱秘色瓷器保护前期研究。在研省文物局课题有：陕西考古出土漆木器保护技术研究、法门寺唐代丝绸捻金（银）线工艺研究、汉阳陵外藏坑封闭保护展示厅文物保存环境检测、生物塑化技术在甲骨保护中的应用研究、大遗址保护与新农村建设对策研究——以汉长安城长乐宫遗址罗寨村聚落改造为例。非文物系统单位承担的课题有：中国大遗址保护管理模式研究——以陕西省为例，大遗址价值取向与管理体制关联性研究——以陕西省为例，基于多源遥感的古墓葬遗址信息提取研究——以汉五陵原遗址为例，古代器物上龟裂起翘的生漆彩绘与胶料彩绘的回贴修复研究，古代壁画以及文物彩绘上粘结钙化土锈与霉菌菌落的去除，土遗址墙体材料与古代壁画盐害治理研究，陕西省近代建筑及设施的历史研究。中外合作项目有：中日合作唐陵环境整治及石刻的保护修复、碑林藏碑石刻纹饰研究；中德合作蓝田水陆庵彩绘泥塑保护研究、金川湾石窟保护工作、秦始皇帝陵陪葬坑出土文物的保护工作；中英合作秦俑出土文物标准化工艺研究；省文物局与意大利比萨市政府"汉阳陵·比萨2008"中欧文化合作项目正式实施。

同时，不断加强陶质彩绘文物保护国家文物局重点科研基地、砖石质文物保护国家文物局重点科研基地、科学技术部文物保护国际科技合作基地等重点科研基地建设。

【博物馆建设】

截至2008年底，全省有各类博物馆157座（当年增加国有博物馆3座），其中国有博物馆148座（文物系统114座、行业博物馆34座）、民营博物馆9座；从业人员4118人（文物系统人员3696人）；具有初级以上职称人员1795人（文物系统内1723人）。全省开放文博单位门票收入2.5

亿元、观众910万人次，其中免费观众510万人次、境外观众98万人次。

陕西历史博物馆基本陈列改造工程全面完成，3月26日，“陕西古代文明”陈列正式对公众开放。2008年底，陕西历史博物馆唐墓壁画馆建设完成投资1100多万元，土建和室内装修工程完成70%、设备安装工程完成80%。碑林博物馆新石刻馆主体工程已封顶。延安革命纪念馆“一号工程”陈列工作正在进行，于2009年对外开放。省文物局向国家文物局、省发改委上报2009年抢救性文物保护设施项目和重点公共文化设施调查表、重点公共文化设施经费需求，申报博物馆建设项目12个、资金10.6亿元。

1. 博物馆、纪念馆免费开放

省文物局下发了《关于全省博物馆、纪念馆免费开放的通知》。陕西历史博物馆、延安革命纪念馆、西安事变纪念馆、八路军西安办事处纪念馆、洛川会议纪念馆5个博物馆、纪念馆首批向社会免费开放。截至2008年底，已免费接待观众400万人次，其中青少年观众80余万人次。首批博物馆免费开放产生了较好的社会影响，一是博物馆参观人数大幅度增加，仅陕西历史博物馆当年观众人数就比2007年增加了20余万人。二是博物馆免费开放成为陕西重大经济社会事件亮点。三是在免费开放的博物馆提高了管理和服务水平，促进了博物馆事业整体水平的提升。

2. 陈列展览

组织专家对半坡博物馆、西安事变纪念馆的陈列改造设计和城固县张骞纪念馆、杨凌中国农史馆、澄城县博物馆、府谷县博物馆、南郑县川陕革命根据地纪念馆的陈列方案进行论证；对咸阳博物馆“咸阳精品文物展”和“秦咸阳宫遗址博物馆基本陈列”、华县渭华起义纪念馆、旬邑县博物馆“大象化石陈列”、武功县苏武纪念馆陈列改造项目进行验收。对宝鸡青铜器博物馆新馆、咸阳博物院新馆、渭南博物馆分别进行了规划论证。

8月6日，“唐代胡俑展”作为乾陵博物馆的常设陈列正式对外展出，这是全国首个以“胡人俑”为题材的专题展览，也是省文物局迎接北京奥运会的重要文化活动之一。2008年底，西安事变纪念馆陈列方案内容设计、形式设计和陈列工程招标已经完成。省文物局组织协调陕西历史博物馆、秦始皇兵马俑博物馆在全省范围内组织展品，于2008年4月至年底在上述两馆举办了“陕西古代体育娱乐文物展”。省文物局组织协调省内有关文博单位配合奥运期间在北京举办的“中国记忆——5000年文明瑰宝展”、“奇迹天工——中国古代发明创造文物展”、“全胜之道——孙子兵法展”和“兵马俑科学保护展”、“中国妇女儿童展”、“追索流失海外文物展”等展览的文物借展工作。10月29日，省文物局在陕西历史博物馆举办了为期3个月的“改革开放30周年陕西考古成就展”。

3. 博物馆评估定级

经国家文物局评估专家小组实地检查、考评，陕西历史博物馆、秦始皇兵马俑博物馆、延安革命纪念馆、西安碑林博物馆、汉阳陵博物馆、西安半坡博物馆定为国家一级博物馆。省文物局组织文博单位参与全国二、三级博物馆评估定级工作，全省共有38座博物馆申报二级博物馆、58家博物馆申报三级博物馆，占全省157座博物馆的61%；向国家局上报二级博物馆29家、三级博物馆36家，占全省博物馆总数的41%。

4. 馆藏文物数据库建设

全省馆藏文物数据库建设取得新进展。3月，省级数据中心机房正式投入使用。8月，向国家文物信息中心报送了全省馆藏等级文物数据（含二、三级文物）；9月，省级文物数据库中心机房和等级文物数据通过了国家文物信息中心组织的专家评估验收，该项目走在了全国11个试点省份的前列。截至2008年底，已完成了全省

104831件馆藏等级文物的数据录入工作，向国家文物信息中心上报了有关数据。全省一般文物数据采集工作已经开始，2008年，法门寺博物馆、西安汉城文管所、兴平市博物馆、宝鸡渭滨区图博馆、渭南渭华起义纪念馆、延安文物研究所等18家单位完成了馆藏一般文物文字部分的数据采集工作。

【执法督查与安全】

1. 行政执法巡查

2008年，省文物局制定了《陕西省文物行政执法巡查办法》（试行）和《陕西省文物局文物行政处罚案卷标准》，落实行政执法责任制，规范行政执法行为。在全省开展文物行政执法巡查，推动各级文物行政部门依法履行监管职责，提高监管效率和能力，及时发现并制止违法行为。加强对市县文物部门的执法检查和指导，依法对辖区内工程建设中的文物保护工作、各级文物保护单位、国有馆藏文物单位等定期或不定期进行文物行政执法检查，对发现违反《中华人民共和国文物保护法》和《陕西省文物保护条例》的各类行为依法查处和纠正。首次召开全省文物行政执法经验交流座谈会，探索在新形势下建立和完善文物与公安联合执法新机制。

2. 违法案件查处

认真开展文物行政执法工作，有效地开展文物行政执法督查，依法处理和纠正了文物违法行为，保护了文化遗产安全，在执法实践中不断提高文物行政执法水平。积极与公安、土地等部门开展联合执法，维护了《中华人民共和国文物保护法》的尊严。截至2008年底，西安市文物局文物稽查队共受理举报案件65起、出动现场193次，责令整改和批评教育违法单位20余家、收缴文物1200余件（其中二级文物8件，三级文物35件），配合有关部门拆除违法建筑15处共计4000余平方米。

3. 安全检查

省文物局与11个市（区）文物行政部门和11个局直属单位签订了文物安全责任书、消防安全责任书，采取有效措施确保目标任务落到实处，全省文博系统安全意识不断增强，文物保护力度不断加大，安全设施不断完善，防护水平不断提高，全年未发生馆藏文物被盗案件和火灾事故，田野文物发案率有所下降，全省文物安全形势总体平稳。全省文博系统坚持经常性安全检查制度，开展文物安全自查活动，对查出的安全隐患及时整改，加强了馆藏和田野文物安全；各单位坚持节假日例行检查，指导、督促节日期间值班执勤的落实。10月，省文物局转发了国家文物局《关于甘肃省敦煌市博物馆文物被盗情况的通报》；11月，省文物局转发了国家文物局《关于在全国文物系统开展安全大检查有关事项的通知》，下发了《关于开展文物安全检查工作的通知》。省文物局在全省文博系统进行安全大检查，分赴西安、渭南、咸阳、宝鸡、汉中、延安、榆林、商洛等市重点文博单位进行安全检查，先后检查了30多个基层文博单位，全年检查了60多个文博单位的安全工作。

4. 安全设施建设

全省不断增加文物安全经费投入，加强安防设施建设。4月，省文物局完成了28份向国家文物局申请文物安全经费项目书，编制了全省2008年文物安全经费使用计划。协调、指导20多家文博单位进行技防工程建设；建成并验收了省考古研究院泾渭基地、商州区文物库、丹凤县馆、山阳县文物库、商南县文物库、长安马厂民宅馆、宝鸡先秦陵园馆、泾阳县馆新建的技防设施；建成并验收了韩城博物馆消防工程，协助秦兵马俑博物馆、碑林博物馆、西安事变纪念馆、乾陵博物馆、铜川耀窑馆、礼泉昭陵馆、韩城司马迁祠所、留坝张良庙所做好消防工程前期准备工作；审核并向国家文物局上报了一批技防、消防、防雷工程方案。

【外事及港澳台工作】

2008年，陕西文物外事和港澳台工作紧紧围绕国家扩大对外开放的战略和加强外事及涉港澳台工作的大局，以增强文物外事实力、服务国家外交大局、让陕西走向世界、让世界了解陕西为着眼点，较好地完成了文物外事及港澳台各项工作任务。

1. 接待工作

省文物局共接待外宾25批、455人次，圆满地完成了匈牙利国家文物局长、尼日利亚文化遗产委员会主席、日本文化财部长和埃及国家博物馆馆长等文物界重要客人的来访接待工作，促进了陕西文博系统与这些国家文物界的了解与合作。协助接待国外和港澳台记者54批、100余人次。协助省统战部、外办、台办、杨凌区管委会等有关方面接待了新加坡总理李显龙、以色列农业与乡村发展部部长一行，以及澳门地震捐款考察团、香港道家协会和台湾亲民党荣誉主席、台湾地区“立法院”前副院长钟荣吉等率团的80余人来陕参观访问。协助省有关部门接待了参加东西部洽谈会的外宾和港澳台客人3批16人次，协助省有关部门接待外宾和港澳台客人8批、116人次。

2. 外宣工作

省文物局积极协助省上有关部门编写对外介绍陕西文物系统优势和新成就的文字资料，作为2008年东西部洽谈会议的宣传资料。先后协同瑞士国家电视台、半岛英文电视台、美国全国广播公司、美国“劳拉·麦肯基旅行者”摄制组、联合国教科文组织总部和新西兰星球出版公司、澳大利亚七网络电视台摄制组及台湾TBS电视台等国外、境外媒体，拍摄介绍陕西悠久历史文化的电视片。协助西安市委外宣办组织“百名中外媒体总编记者西安文化之旅”活动。省文物局下发了《关于认真做好海外记者接待工作的通知》，协同省外宣办编印了《陕西采访线》和《2008中国陕西》等宣传资料，在北京奥运会上受到了广泛欢迎和好评。

3. 对外交流与合作

省文物局共办理各类出国（境）团组67批、156人次的相关手续，办理了外宾来访11批、17人的邀请手续。完成了汉阳陵博物馆与荷兰德伦特博物馆建立友好博物馆关系的审查和报批工作；接待荷兰德伦特博物馆馆长一行来陕进行学术交流等活动；组织与俄罗斯国立东方艺术博物馆关于8世纪遗址保护和筹建遗址博物馆方面的学术交流活动，促成了俄罗斯国立东方艺术博物馆出资邀请陕西省文物专家到俄实地考察。参与省政府组织的与发展中国家政府官员进行经济文化方面的交流商谈活动，对陕西省文物资源和文物保护所取得的成果做了积极推介，促成了由文化部牵头组织的尼日利亚、埃塞俄比亚文物专家来陕培训项目的实施。在秦俑博物馆工作的德国专家施奈特拉格·沃尔夫（SNETHLAGE ROLF）先生荣获省政府颁发的“三秦友谊奖”。

4. 文物外展

省文物局制定上报了2008年文物外展计划，全年共举办文物出国（境）展览13个，其中自筹展览7个，协助中国文物交流中心等有关部门筹办展览6个，取得了良好的社会效益和经济效益。协办的展览有：赴南非“华夏瑰宝展”，赴日本“天马传说与丝绸之路展”，赴日本“大三国志展”，赴香港“中国马文化展”，赴意大利“中国：从汉风至唐韵”、“秦兵马俑与丝绸之路展”。在南非国家历史博物馆成功举办的“华夏瑰宝展”，使陕西文物展览又增加了一个新的出访地，扩大了中国古代文化的影响力。

【教育培训】

省文物局先后组织各层次干部职工参加中央党校、国家文物局和省委组织部、省人事厅举办的各种培训班12项，共37人次。局机关共举办各类培训班25期、培训人数1388人次，其中在西北大学和西安半坡博物馆举办的四期全省文物管理所所长和全省市、县级文物局局长培训班，培训人员近300人，这是近年来全省范围内文博管理干部培训中培训人数最多、规模最大的一次。

【抗震救灾】

5月12日，四川汶川特大地震给陕西文化遗产和文博单位造成重大损失，这是自新中国成立以来因自然灾害造成陕西文物古迹损毁破坏最严重的一次。文物受损范围涉及汉中、宝鸡、西安、咸阳、安康、渭南、商洛、铜川全省8市50个县区，其中汉中略阳县、宁强县、勉县和宝鸡市陈仓区被国务院确定为地震重灾区。据统计，全省有86处不可移动文物、307件馆藏文物和部分文博单位的文物保护展示、办公生活建筑设施不同程度受损；地震损失约1.96亿元，其中不可移动文物损失约1.51亿元、馆藏文物损失约4500万元。

1. 不可移动文物损坏情况

汶川特大地震造成全省86处文物保护单位不同程度受损，多集中于庙宇、塔、殿等古代建筑，其中全国重点文物保护单位35处、省级文物保护单位35处、县市文物保护单位16处，还有一些未列入文物保护单位的宗教寺院道观等。损坏表现为建筑屋面瓦件破碎和滑落、建筑本体倾斜、墙体撕裂或倾倒、建筑构件脱落或移位、地面裂缝或下陷、部分遗址坍塌等等。其中属于全部垮塌的文物保护单位1处，占受损总数的1.2%；结构严重受损的15处，占受损总数的17.4%；局部受损严重的50处，占受损总数的58.2%；一般受损的文物保护单位为20处，占受损总数的23.2%。除1处保护民居倾倒外，没有全国重点文物保护单位等重要古建筑彻底坍塌毁灭的情况。

2. 馆藏可移动文物损坏情况

汶川特大地震造成全省部分博物馆和文物库房陈列损坏，国有馆藏文物损坏307件，其中三级以上珍贵文物99件（其中一级文物11件、二级文物31件、三级文物57件），一般文物208件。受损文物中完全破碎的37件，占受损总数的12%；严重受损文物48件，占受损总数的15.6%；轻微受损文物222件，占受损总数的72.4%。损伤文物以陶器为主，其次为铜器、瓷器、碑石等，主要表现为倾倒、跌落导致断裂、脱胶、破碎。

3. 灾后重建

在认真开展灾情调查的基础上，省文物局按照《陕西文物抢救保护修复专项规划》，部署安排以地震受损文物抢救保护修复为基本内容的灾后重建工作。在国家、省级抗震资金尚未到位的情况下，省文物局紧急下拨60万元支持汉中、宝鸡等重灾区文物紧急抢险和维修，随后又通过压缩行政事业开支，调整年度文物保护工程项目经费计划等多种途径筹集资金403万元，至2008年底已全部下拨到受灾严重的有关文博单位。按照已批准的规划，省发改委得到国家抗震救灾文物保护专项资金7300万元，为陕西省文物灾后抢救保护修复提供了资金支持。

截至2008年底，受损文物得到了初步维修和抢险加固，省文物局启动的抗震救灾不可移动文物保护修复项目共计18项，包括全国重点文物保护单位7处、省级文物保护单位11处。洛川万凤塔、略阳县紫云宫、江神庙、紫阳县北五省会馆、旬阳县黄州会馆、镇安塔云山古建筑、西安大雁塔7项修复工程开工实施；安排抢险加固工程5项。完成陕西历史博物馆、秦兵马俑博物馆、汉阳陵博物馆、陕西省考古研究院、宝鸡青铜器博物馆、陇县博物馆和宝鸡陈仓区博物馆等58件受损可移动文物修复工作。

4. 支援四川灾区重建

全省文物系统在做好本省抗震救灾工

作的同时，利用本省文物保护专业人才优势支援四川灾区重建工作。陕西省文化遗产保护规划研究设计院和西安文物保护修复中心响应国家号召，主动请缨为四川省文物重灾区提供技术援助。8月1日，国家文物局在四川成都组织召开了四川灾区受损文物对口支援项目“认领”会，西安文物保护修复中心在完成援助成都市文物部门地震受损馆藏文物修复规划后，主动认领了四川省绵阳游仙区平阳府君阙、阆中玉台山石塔和广元市利州区千佛摩崖造像3处全国重点文物保护单位的保护修复方案设计任务。该中心派出技术实力最强的专家，在相关资料收集、现场地质勘察测试、结构稳定性评估、科学检测分析的基础上，顺利编制完成了3个项目的工程设计方案。陕西省文化遗产保护规划研究设计院认领了唯一一处世界文化遗产——四川青城山6处古建筑以及阆中永安寺、阆中五龙庙、绵竹剑南春天益老号酒坊等3处全国重点文物保护单位的文物抢救保护修复方案的编制任务，选派专业素质高、技术能力强的业务人员组成援建工作队赴川。经过3个月的紧张工作，出色完成了6处文物点的维修、复建设计方案和施工图设计，报四川省文物局。此外，陕西省考古研究院协助四川省文物考古研究院征集与汶川特大地震相关的抗震救灾实物资料，支持四川筹建地震博物馆。

5. 爱心捐助

全省文物系统广大干部职工积极开展支援灾区的爱心捐助活动。5月15日，省文物局下发了《关于将5·18门票收入捐赠灾区的通知》，秦始皇兵马俑博物馆、西安碑林博物馆、西安半坡博物馆、汉阳陵博物馆、法门寺博物馆、乾陵博物馆等局直属博物馆将5月18日当日的门票收入60.4万元全部捐赠给四川地震灾区。省文物局机关和直属单位干部职工纷纷捐款捐物和缴纳“特殊党费”，第一阶段向地震灾区捐款22.0879万元、缴纳“特殊党费”37.1014万元，第二阶段向地震灾区捐赠衣被2688件、捐款8855元。

甘肃省

【抗震救灾】

2008年，汶川特大地震使甘肃省陇南、天水、平凉、庆阳、甘南、临夏、定西、武威、白银等市州普遍受灾，局部地区灾害严重，灾区文物资源和文物基础设施程度不同地受损。据统计，全省共有49处不可移动文物受损，其中全国重点文物保护单位19处，省级文物保护单位14处，市县级文物保护单位16处；16个博物馆馆舍、607件文物受损，其中一级文物4件（含国宝级文物1件），二级文物6件，三级文物51件，一般文物和未定级文物546件。

地震发生后，省文物局立即启动应急机制，一方面克服交通、通讯联络不畅等困难，通过各种途径迅速了解各地各单位受灾情况并及时上报国家文物局和省政府，另一方面于震后次日由两位副局长带队赶赴陇南、天水等重灾区实地勘察核实文物受损情况，了解掌握第一手资料，指导地方文物部门和文博单位投入抗震救灾工作。与此同时，省文物局下发了《甘肃省文物局关于做好震后文物保护工作的紧急通知》，就加强震后文物保护工作做了安排部署。在这场突如其来的特大自然灾害面前，灾区文物工作者视灾情为命令，以高度的责任心和使命感将文物安全放在首位，在地方党委、政府的领导下，在省文物局的指导下，坚守岗位，采取各种措施保护加固易损文物，避免了受损文物险情的进一步扩大，也使未受损文物得到了妥善保护，最大限度地减轻了灾害造成的损失。

地震发生后，甘肃省灾情引起了国家文物局的高度关注，国家文物局局长单霁翔亲赴甘肃省地震灾区慰问文物系统干部职工，视察灾区文物受损情况，指导部署文物系统抗震救灾工作，并主持召开了国家文物局抗震救灾甘肃现场会，安排部署了抗震救灾和灾后恢复重建工作。国家文物局副局长张柏率专家组赴甘肃省地震重灾区陇南、天水的7个县区，对文物受损情况进行详细调研评估，对保护修复工作进行指导，对甘肃省文物系统抗震救灾工作给予了极大的支持。

地震发生后，省文物局在全面掌握各地文物受损情况的基础上，按照《甘肃省灾后恢复重建工作总体安排方案》，结合灾区实际，组织编制了《甘肃省灾后恢复重建文物保护专项规划》，被纳入《汶川地震灾后恢复重建总体规划》，由国务院印发实施。规划范围是甘肃重灾区8个县区，规划项目包括各级文物保护单位维修保护项目30项，博物馆恢复重建项目11项，以及531件受损珍贵文物的修复，投资规模1.336亿元。据此，甘肃省文物局组织制定了《甘肃省灾后恢复重建文物保护实施规划》，与省发展改革委等部门联合上报省政府，省政府正式批准该实施规划，为甘肃省灾后文物抢救保护和文物基础设施恢复重建奠定了较好的基础。

【不可移动文物保护】

甘肃是中华文明的重要发祥地之一，是古丝绸之路的重要通道，文物遗存非常丰富，是全国文物大省之一。甘肃不可移动文物的特色和优势主要有三个方面：一是石窟寺。甘肃现存各类石窟寺337座，其中具有学术研究和旅游观光价值的大、中型石窟群40多座，素有“石窟艺术之乡”的美名。它们大多开凿于十六国到南北朝时期，历经各个朝代的不断修缮和增补，呈现出风格的多样性和内容的丰富性，生动形象地再现了中国佛教的发展历史，也全面、完整地表现了中国佛教艺术的发展演变过程。其中最负盛名的有敦煌莫高窟、天水麦积山石窟、武威天梯山石窟、永靖炳灵寺石窟等。二是古文化遗址。甘肃境内的史前文化遗址多达7000多处，种类繁杂，特征典型，保存完好。以在甘肃境内首次发现的典型遗址所在地命名的古文化类型就有近十个，其中属新石器时代的主要有大地湾文化、马家窑文化、齐家文化，属青铜器时代的有辛店文化、寺洼文化、四坝文化、沙井文化等，其年代从由距今8200年起，一直延续到距今3000多年前。三是长城及古城址。甘肃境内古长城总长度达4400多公里，有秦、汉、明三代长城以及晋、宋、西夏和元代的城障，而且秦、汉、明三代长城的西部终点均在甘肃境内。沿古长城分布有大量的关隘城堡，其中敦煌的玉门关和阳关扼丝路古道之咽喉，高台骆驼城和安西锁阳城分别为国内保存最完整的汉唐和隋唐古城，嘉峪关更是气势雄伟，堪称“天下第一雄关”。

全省现有各类不可移动文物点两万多处，包括全国重点文物保护单位72处，省级文物保护单位517处，县（市、区）级文物保护单位3146处。其中古遗址1745处，古墓葬480处，古建筑463处，石窟寺及石刻257处，近现代重要史迹及代表性建筑138处，其他84处（以上不含重复统计）。敦煌莫高窟为世界文化遗产，嘉峪关与省外其他明长城著名关隘共同被列为世界文化遗产。敦煌、武威、张掖、天水4座城市为国家级历史文化名城，酒泉市、临夏市、夏河县、会宁县、庆阳县、灵台县、陇西县等七县市为省级历史文化名城，哈达铺镇为中国历史文化名镇。2008年全省公布74处县区级文物保护单位。截至12月底，全省第三次文物普查共普查文物点5523处，其中新发现1006处，复查4517处。

2008年，甘肃省组织开展了漳县汪氏家族墓地、东千佛洞石窟、胡氏民居（北宅子）、张掖大佛寺、武威下双大庙、庆阳肖金塔等文物保护维修工程；对紧临连霍高速公路、因车辆震动而造成深度裂隙和大面积垮塌的山丹新河驿明代长城烽火台进行了紧急抢险加固；张掖大佛寺大佛殿维修工程、永登鲁土司衙门旧址古建筑群维修工程、兰州西固下川水车修缮工程等通过了竣工验收；组织审核、论证和上报了居延遗址抢险加固、民勤瑞安堡保护维修、武山水帘洞石窟壁画彩塑保护修复等20余个文物保护维修工程方案。敦煌研究院修复莫高窟、榆林窟、西千佛洞石窟空鼓、酥碱、起甲等病害壁画331.72平方米，修复彩塑27身，完成了援藏萨迦寺壁画修复项目年度任务，编制完成了援藏阿里古格王国遗址壁画保护项目方案；麦积山石窟艺术研究所修复窟龛4个，塑像31身，壁画21平方米；省文物保护维修研究所对宁县政平书房古建筑群、民勤东镇大庙古建筑群、天水石门古建筑群、兰州金天观和城隍庙古建筑群进行了勘察测绘并编制了保护维修方案。

甘肃省被列为国家文物局百个大遗址保护项目的有许三湾城遗址及墓群和大地湾遗址，大地湾史前遗址博物馆建设工程自2007年10月开工以来，经过一年多的紧张施工，主体工程已封顶；F901遗址保护大厅拆除重建方案已报国家文物局审批。

【考古发掘】

2008年，全省考古工作以早期秦文化研究和马家塬遗址发掘为核心，积极配合和服务国家重大工程建设项目，开展了大量卓有成效的工作。

由省文物考古研究所、北京大学、国家博物馆、陕西省考古研究院、西北大学等五家单位组成的早期秦文化联合考古队对清水县、张家川县牛头河和清水河流域进行了调查，调查各类文物点165处，基本摸清了两县两条主要河流流域内古代文化遗址的分布情况；省文物考古研究所继续开展张家川县马家塬战国墓地发掘工作，共发掘大型墓葬1座，中小型墓葬各3座，祭祀坑1处，出土车辆10乘、青铜器6件及动物殉葬品和大量精美的随葬器物；为妥善保护出土文物，省文物局两次主持召开马家塬墓地出土车辆现场保护及搬迁方案专家论证会，并对出土车辆进行了漆皮回贴和现场加固保护；召开了高规格的早期秦文化调查与研究及张家川战国墓葬学术研讨会，形成了将该研究课题纳入国家重大科研计划的共识，并据此完成了该课题中长期研究的十年规划，已上报国家文物局审批；省文物考古研究所与北京科技大学合作对甘肃省河西地区早期冶金遗址进行了调查，以开展对中国铜器起源、冶炼铸造工艺及早期东西方文化交流的研究工作。

一年来，配合基本建设开展了20多项考古调查和抢救性发掘工作，主要包括对九甸峡水利枢纽工程水库二期淹没区17处遗址和墓葬进行了考古勘探，对其中4处遗址进行了抢救性发掘；配合甘青铁路复线建设，在红古区海石湾镇下旋子遗址进行了抢救性发掘；配合西气东输二线工程永昌县水泉子汉晋墓葬进行了抢救性发掘，出土了大量具有珍贵历史价值的木简；配合涩宁兰输气管道复线工程、兰州—成都原油管道工程（甘肃段）、酒嘉煤电基地一期工程热电厂、天水—平凉铁路等工程建设项目开展了考古调查工作并提交了调查报告。

考古资料整理和编辑出版工作取得一定进展。《兰州红古下海石遗址发掘报告》、《临洮战国秦长城及山丹汉明长城调查报告》、《甘肃简牍百年论著目录》等一批专著正式出版，《崇信于家湾西周墓发掘报告》即将出版，《礼县西山坪和鸾亭山遗址发掘报告》完成初稿；大堡子山遗址2006年度发掘简报和马家塬战国墓地发掘简报正式发表；完成了张家川县、清水县牛头河和清水河流域古遗址调查简报；居延遗址、齐家坪遗址、磨嘴子遗址、悬泉置遗址、火烧沟遗址发掘报告整理编写工作已加紧开展。

【世界文化遗产】

7月，北京奥运会圣火在甘肃省世界文化遗产地敦煌莫高窟和嘉峪关关城顺利完成传递。9月，在莫高窟举行了2008年古遗址保护国际学术讨论会暨国际岩石力学学会区域研讨会。12月，莫高窟保护利用工程奠基开工。继续推进丝绸之路申遗工作，省申遗领导小组召开了第二次扩大会议，申遗工作机构和人员得到进一步充实，编写完成了申报文本，通过了国家文物局组织的专家审查。省政府办公厅印发实施了麦积山石窟、炳灵寺石窟、榆林窟等3个申遗点的保护管理办法，天水市政府发布了水帘洞石窟保护管理办法，嘉峪关市政府办公室发布了新城魏晋墓群保护管理办法，张掖市政府办公室发布了大佛寺、马蹄寺石窟群、骆驼城遗址保护管理办法。酒泉市政府公布实施了锁阳城遗址、悬泉置遗址、玉门关遗址、果园墓群保护管理办法。各申遗点的管理规划基本编制完成；炳灵寺石窟、麦积山石窟、水帘洞石窟群、锁阳城遗址、骆驼城遗址保护规划顺利完成并通过国家文物局审批，玉门关遗址、马蹄寺石窟群保护规划完成初稿，其他申遗点保护规划已加紧编制。文物本体保护工作全面推进。组织制定了各申遗点文物保护维修项目方案，绝大多数已由国家文物局批准并落实经费、全面实施，麦积山石窟、炳灵寺石窟、榆林窟部分保护项目及张掖大佛寺大佛殿保护加固、壁画塑像保护工程已完成，炳灵寺大佛保护维修、榆林窟窟顶降水防渗、水帘洞石窟群拉梢寺浮雕壁画修复及危岩体加固、锁阳城遗址保护等工程已开始实施。省申遗办对各申遗点环境整治及基础设施建设方案进行了审核，规范为环境整治、“四有”工作、基础设施建设、展示利用、遗产监测等五个方面，明确了每个申遗点每个方面的项目内容。有关市县区、省直文博单位克服各种困难，不同程度地开展了一些工作，马蹄寺石窟群、果园新城墓群嘉峪关新城部分、锁阳城通过争取世行贷款项目，解决了申遗环境整治的部分项目资金，已进入实施阶段。但由于经费落实困难大，大多数申遗点环境整治工作进度缓慢。根据国家调整经济政策的有关精神，组织编制了《丝绸之路甘肃段保护性设施项目可行性研究报告》并积极向国家发改委争取经费。

【博物馆】

甘肃省已初步建立了以省博物馆为龙头，市（州）级博物馆为骨干，县级博物馆为支撑，行业和民办博物馆为补充的具有甘肃特色的丝绸之路博物馆体系。全省现有各级各类文物收藏单位113家，其中文物系统所属文物收藏单位100家，包括博物馆64个，纪念馆4个，共保存藏品42万多件，其来源主要是出土文物，约占藏品总量的80%左右，绝大多数属珍贵文物，共约11万余件，其中一级文物3240件（含国宝30件），二级文物11386件，三级文物96299件。

加强了博物馆建设管理。按照《甘肃省各级博物馆建设方案论证审核暂行办法》，对临夏州博物馆新建、民乐县博物馆改扩建、肃南县博物馆文物库房新建方案进行了论证，其中临夏州博物馆新建工程已获省发改委同意立项；甘南藏族自治州博物馆正式开馆，甘南藏族自治州历史文物展、民俗文物展和非物质文化遗产成果展同时与观众见面；礼县秦文化博物馆破土动工。

组织开展了全省二、三级博物馆评估定级工作。经各博物馆申报和专家组现场评审，推荐天水市博物馆、兰州市博物馆、甘州区博物馆、和政古动物化石博物馆、会宁红军长征胜利纪念馆、平凉市博物馆等6个博物馆（纪念馆）为国家二级博物馆，推荐嘉峪关长城博物馆、灵台县博物馆、肃南县博物馆等 13 个博物馆（纪念馆）为三级博物馆，已报国家文物局复核。

陈列展览和宣传教育成效显著。按照《甘肃省各级博物馆陈列展览方案论证审核暂行办法》，组织专家对甘南藏族自治州、麦积区、永靖县、阿克塞县、陇西县博物馆的陈列展览方案进行了审核论证，严把陈列展览质量关；灵台县博物馆全国县级博物馆展示服务提升项目按期完成；由省文物局主办、省博物馆承办的“移动的壁画——甘肃水陆画精品展”，集中体现了甘肃省馆藏水陆画保护修复的成果；各级各类文物收藏单位结合迎奥运和抗震救灾推出了一批陈列展览，敦煌研究院和中国美术馆联合举办的迎奥运重要文化项目“盛世和光——敦煌艺术大展”取得圆满成功，引起了强烈的社会反响；遴选藏品参加了北京市政府与有关省政府联办的奥运特展“奇迹天工——中国古代发明创造展”“中国记忆——5000 年文明瑰宝展”，在兰州举办了抗震救灾大型图片展，取得了较好的社会效益。

组织开展馆藏文物技术性保护工作。完成了河西地区馆藏画像砖和全省 332 件（套）馆藏一、二级青铜器修复保护工作并通过了专家评审验收；全省馆藏木质文物保护修复工作正式启动，已完成了 150 件文物的修复任务。

2008 年，全省首批 39 座博物馆和纪念馆实行了免费开放。省文物局指导各博物馆改进了陈列展览，加强了安全措施，提高了服务能力，召开了全省博物馆纪念馆免费开放动员部署会议，举办了免费开放启动仪式，协调落实了中央补助经费。全省首批免费开放的博物馆、纪念馆累计接待观众 250 余万人次，取得了较大的社会影响。免费开放工作实施后，根据出现的问题和观众的反映，省文物局组织各博物馆不断改进工作，强化保障措施，提高服务社会的水平。举办了全省免费开放博物馆讲解员培训班，督促指导免费开放博物馆完善安防设施，建立健全各项管理制度，使全省免费开放博物馆的整体面貌有了较大改观，博物馆内部管理和展示服务水平有了明显提高。

【民间收藏文物】

2008 年，全省有文物商店 1 家，文物拍卖企业 1 家，具有一类文物拍卖资质。全年审核文物拍卖活动 2 场，拍卖标的 1200 余件，其中禁止拍卖的文物标的 2 件。省文物商店 2008 年接待顾客上万人次，实现营业额 82 万余元，向国有博物馆和文物收藏单位调剂、提供藏品 37 件；继续组织开展流散文物鉴定征集工作，全省各级博物馆共征集社会流散文物 965 件，省文物鉴定委员会共鉴定民间收藏文物 1017 件，为司法部门鉴定涉案文物 1589 件。

【文物保护科技与科研】

加强了对设在敦煌研究院的国家文物局重点科研基地的管理，配合国家文物局对古代壁画保护科研基地运行情况、科研工作进展、人才队伍建设等进行了评估，顺利通过了国家文物局的评估验收。

认真做好文物科研课题申报、管理和实施工作。对 2007 年立项的国家文物局文化遗产保护科研课题进行了年度检查；对 2008 年批准立项的 9 项省级文物科研课题开展情况进行了检查；敦煌研究院继续发挥科研龙头作用，一批重点文物科研课题立项、结项或取得阶段性成果：“十一五”期间国家科技支撑计划《大遗址保护关键技术》中的三项子课题进入课题结项阶段；《正硅酸乙酯为主剂的潮湿环境下壁画修复材料的研究》课题被列入 2008 年度国家文物局重点科研基地立项课题；莫高窟洞窟数字化图像采集及后期处理工作进展顺利；由该院承担的《古代壁画病害与图示》、《古代壁画现状调查规范》两个行业标准已由国家文物局文物标准委员会颁布实施，

《文物保护单位标志标准》和《文物保护单位开放服务标准》两个国家标准已进入报批程序；完成了甘肃省科技支撑计划研究课题《甘肃河西地区典型土遗址地震破坏机理与抗震安全性研究》年度研究任务。省博物馆完成了《全省馆藏木器规模化保护研究》课题，所承担的《智能建筑信息集成系统研发与应用》课题获得甘肃省建设科技成果一等奖。麦积山石窟艺术研究所《三维数字化技术在麦积山石窟保护研究及展示中的应用》课题已由国家文物局批准立项。

【文博信息化】

省文物数据中心机房建于2003年10月，位于省文物局办公楼一层，面积达200平方米，分为主机房、电源室、工作间。建有物理隔离的内外网络，外网与互联网连接，内网运行局机关办公自动化系统。机房配备以下设备：浪潮英信机架式PC服务器3台、42U标准机柜3个、华为二层交换机3台、三层交换机S6506（R）1台、华为路由器1台、东软防火墙1台、空调1台、方正彩色打印机1台、科士达8和15KVA/延时4小时UPS各1台、HP rp7410小型机2台、va7110盘阵（1T容量）1台、FC Switch光纤存储交换机1台，hpML570塔式服务器、港湾ESR80路由器、天融信防火墙、天融信入侵检测各1台，还配备symantic杀毒软件及网络节点管理系统软件各1套。建设资金主要来源于文物调查及数据库管理系统建设等专项经费。甘肃省已完成三级以上馆藏文物数据的采集工作，共采集文字数据107857条、图片141465幅、三维影像文件450个。初步建成全省馆藏文物数据库。近年陆续补充馆藏一般文物数据约5万余条。馆藏文物文字数据、图片与三维影像存储空间共计1TB。文博应用系统软件主要由国家局统一研发。省博物馆自行研发的“甘肃省博物馆智能楼控信息系统”获2009年甘肃省科技进步三等奖。石窟数字化技术研究与应用居国内领先地位。

【政策法规与宣传】

文物法制建设取得新突破。省政府公布实施了《甘肃省文物重大安全事故行政责任追究规定》，省政府办公厅公布实施了《麦积山石窟保护管理办法》、《炳灵寺石窟保护管理办法》、《榆林窟保护管理办法》；天水市、嘉峪关市、张掖市政府公布了有关申遗点的保护管理办法。文物宣传形式多样。组织开展了“5·18”国际博物馆日宣传活动，围绕“文化遗产人人保护，保护成果人人共享”的主题，在全省范围内组织开展了文化遗产日宣传活动，在兰州举办了集中宣传活动；确保了奥运圣火在敦煌莫高窟、嘉峪关关城和兰州黄河铁桥等三处重要文物保护单位的安全传递，扩大了甘肃省文物的社会影响；经国家邮政局批准，大地湾遗址所在地的五营乡邮政所更名为大地湾邮政所，提高了大地湾遗址的知名度；“甘肃文物”网站点击率近8万次，成为公众了解甘肃省文物资源和文物工作的重要窗口。

【安全督察】

2008年，全省文物安全形势一度较为严峻，据甘肃省文物局接到的报案情况，全年共发生古墓葬古遗址盗掘案件7起，馆藏文物被盗案件2起，工程建设损毁野外文物事件3起，馆藏文物受损事故1起。在省政府的高度重视和领导下，在国家文物局的指导下，省文物局采取积极措施，努力扭转被动局面。一是召开全省文物安全工作会议，分析文物安全形势，研究文物安全工作中存在的主要问题，安排部署加强文物安全工作的具体措施。二是制定下发了《甘肃省文物安全工作规范及检查标准》，使全省文物安全工作有章可循，安全检查工作更加规范。三是组织开展了全省文物安全百日检查整顿活动，在各地开展自查的同时，省文物局组成六个检查组，对各市州的文物安全特别是馆藏文物安全情况进行了全面详细的检查和摸底调研，共检查文物收藏单位79个，野外文物点44处，对检查中发现的问题进行督促整改。四是不断加大执法督察力度，配合省人大赴定西、天水、酒泉等市对《文物保护法》和《甘肃省文物保护条例》的执行情况进行执法检查，同时督办或调查处理了兰临高速公路广河段修筑中破坏汉代墓葬事件、渭源县北寨镇公路修筑中损毁长城事件、中石油兰郑长输油管道庆阳支线镇原县境内汉唐墓葬被挖事件，对相关责任单位下发了停工通知，责令整改。五是进一步加强文博单位安防消防设施建设，已实行免费开放的博物馆安防报警设施进一步完善或升级，高台县骆驼城遗址、漳县汪氏家族墓地、张家川县马家塬墓地等田野文物被列为国家文物局地下拾音报警系统建设试点，已完成实地调研，开始制订方案。天水仙人崖石窟、武山水帘洞石窟、秦安大地湾史前遗址博物馆和瓜州东千佛洞石窟安防工程设计方案和永昌钟鼓楼、会宁红军会师旧址避雷设施建设方案已报国家文物局审批。省文物局于“11·9”消防日在天水市博物馆（伏羲庙）举办了全省文博系统消防演练活动并召开座谈会，进一步加强了文物特别是古建筑的消防安全工作。六是加强文物保护员队伍建设，开展了全省业余文物保护员队伍建设状况调研，为业余文物保护员统一制作了《文物保护员证》，7000余名业余文物保护员陆续持证上岗。七是进一步规范文物安全管理工作，起草了《甘肃省文物风险单位保卫工作规范》和《甘肃省文物保护单位巡视检查报告制度》。

【机构与人员】

截至2008年底，省直文博系统职工从业人员中具有博士和硕士学历的50人，本科学历的244人，大专学历的120人。具有正高职称的25人，副高职称的65人，中级职称的187人，初级职称的144人。全省共有文物科研及其他机构34个，专门文物管护机构49个，群众性业余文物保护小组近1500个，业余文物保护员5100余人，2008年，庆阳市和敦煌市、清水县、瓜州县、甘州区、肃州区成立了文物局，玉门市成立了文管所，秦安县成立了文庙文管所。省文物保护维修研究所获得国家文物局颁发的文物保护工程监理甲级资质。全国北方地区大遗址保护培训班在甘肃省举办，甘肃省同步举办了国保单位保护管理机构负责人培训班；推荐专业人员参加了第六届梅隆基金会中国博物馆管理人员培训项目、国家文物局西部文博干部培训班、国家文物局文物保护修复专业技术培训班等专题培训，提高了甘肃省文博队伍的业务素质。2008年，成县博物馆荣获国家文物局颁发的“文物系统抗震救灾先进集体”荣誉称号，省文物局副局长廖北远、康县文化体育局局长苟长途、宕昌县哈达铺长征纪念馆馆长何晓虹荣获“文物系统抗震救灾先进个人”荣誉称号；高台县博物馆荣获2008年度“郑振铎—王冶秋文物保护奖先进集体”荣誉称号，大地湾文物保护研究所所长程晓钟、酒泉市文物管理局局长杨国文、瓜州县博物馆馆长李宏伟、会宁县博物馆馆长杜永强荣获“郑振铎—王冶秋文物保护奖先进个人”荣誉称号。

【对外交流】

组织文物参加了赴意大利的“中国：从汉风到唐韵展”、赴日本的“大三国文物展”、赴法国的“敦煌花雨文化展”、赴香港的“中国马文化展”等文物外展；敦煌研究院承办了2008古遗址保护国际学术讨论会暨国际岩石力学区域研讨会，与美国盖蒂保护研究所继续合作开展莫高窟第85窟保护项目后续研究工作，与盖蒂保护研究所和英国伦敦考陶尔德学院联合举办了壁画保护研究生班，与日本东京文化财研究所和大阪大学继续合作开展洞窟监测研究项目；省文物考古研究所与英国剑桥大学联合举办了“立足西北对中国农业起源问题的再认识”学术研讨会；麦积山石窟艺术研究所与日本筑波大学合作开展的麦积山石窟周边环境调查和保护方案编制工作接近尾声。

青海省

【不可移动文物】

（一）不可移动文物保护

1. 简述

截至2008年10月，青海省已发现各个时期人类活动的各类遗迹（文物点）4300余处，已公布为全国重点文物保护单位18处，省级文物保护单位383处，县（市）级文物保护单位369处。

2. 文物保护单位

经过二十世纪五十年代和八十年代的两次大规模文物普查，初步摸清了青海省地上、地下文物分布情况，第三次文物普查中又有大量新发现。第三次文物普查前，全省已发现各个时期人类活动的各类遗迹（文物点）4300余处，第三次文物普查又发现2043余处，截至2008年底，已公布为全国重点文物保护单位18处（其中古遗址类6处；古墓葬1处；古建筑7处；石窟寺及石刻1处；近现代重在史迹及代表性建筑3处）；省级文物保护单位383处（其中古遗址类164处；古墓葬45处；古建筑122处；石窟寺及石刻18处；近现代重在史迹及代表性建筑28处；其他6处）；县（市）级文物保护单位369处（其中古遗址类219处；古墓葬58处；古建筑70处；石窟寺及石刻9处；近现代重在史迹及代表性建筑10处；其他3处）。

3. 文物保护规划

2008年，完成湟中县塔尔寺文物保护规划编制工作；同仁县隆务寺、贵德县文庙及玉皇阁、都兰县热水墓群、乐都县曲坛寺、民和县喇家遗址的保护规划已开始编制。

4. 文物保护工程

（1）2007年文物保护工程有：投资2500万元的塔尔寺九间殿及大金瓦殿维修工程；投资67万元的隆务寺忠义囊谦维修工程；投资160万元的瞿昙寺消防给水工程；投资111万元的青海省玉树大藏经保护工程。

（2）2008年文物保护工程有：投资100万元的同仁县吾屯下寺大经堂修缮工程；投资300万元的贵德县文庙及玉皇阁修缮工程及地下管网、避雷报警、中心控制系统等安消防工程；投资30万元的湟中县西纳寺抢救性维修工程；投资100万元的平安县洪水泉清真寺保护维修工程；投资60万元的共和县当家寺维修工程；投资40万元的海晏县白佛寺维修工程等均已竣工。

2008年投资1500万元的塔尔寺三世达赖喇嘛灵塔殿、医明学院及投资310万元的贵德县玉皇阁戟门、泮池、牌坊等维修工程已开始实施。

（3）2008年，组织开展第八批全省重点文物保护单位的评选工作，经青海省政府核准公布古遗址18处，古墓葬4处，古建筑27处，石窟寺及石刻3处，近现代重要史迹及代表性建筑12处，其他4处，共68处文物点被评为省重点文物保护单位。至此，全省已公布省级文物保护单位达383处，县级文物保护单位达369处。

5. 大遗址保护

2007年投资206万元修建完成通往喇家遗址的3公里道路及部分环境整治工程。2008年投资80万元完成都兰县热水墓群安防工程。

（二）考古发掘

配合基本建设工程中的发掘：对西宁大通上孙家寨一户农家的墓葬进行了钻探；对夏都路山陕台一座汉代墓葬进行了发掘；完成西宁—乌兰—格尔木750KV送电线路和330KV桃园输变电线路考古调查；完成400公里青藏送电线路和涩宁兰天然气管道线路考古调查；完成兴海县班多水电站施工区考古调查与钻探；完成贵德县拉西瓦水电站淹没区和民和县中川乡甘肃炳灵水电站淹没区考古调查、勘探工作；完成民和县公路建设山城台地试掘工作。组织完成民和山城遗址清理发掘工作；协调完成黄丰水电站盐沟遗址清理发掘任务；兰新铁路沿线第一阶段前期调查工作；“甘—青—新”铁路复线建设、大武至久治、湟源至倒淌河公路建设等基本工程项目的考古调查、勘探和发掘前期工作。抽调部分业务人员，在瑞士阿贝格基金派遣的丝绸保护专家的指导下，对海西州郭里木乡夏塔图出土的唐代丝织品进行了室内清洗和保护，并派遣1人赴瑞士，参加了在伯尔尼举办的丝织品保护培训班的业务培训。

【可移动文物】

（一）博物馆

截至2008年底，全省文博单位共35个，其中博物馆16个，占全省文博单位总数的46%，其中青海省柳湾彩陶博物馆和湟中县博物馆是国家三级博物馆。全省35个文博单位中，省级单位5个，占14%；州（地市）级单位7个，占20%；县级单位23个，占66%。

国有综合性博物馆共16家；青海省博物馆2008年经国家批准开始免费开放，未获国家批准但已免费开放的国有州（地市）、县级博物馆共12家：海北州民族博物馆、西海郡博物馆、海南州民族博物馆、黄南州博物馆、海西州民族博物馆、格尔木市博物馆、西宁市博物馆、乐都县博物馆、民和县博物馆、互助县博物馆、湟中县博物馆、贵德县博物馆。

非国有博物馆3个：青海省阳光医学历史博物馆、青海藏医药文化博物馆、青海雪域民俗博物馆。

各国有博物馆收藏有珍贵文物8700余件，已鉴定的国家一级文物397件。

2007年完成投资810万元的循化县街子清真寺《古兰经》本体保护修复及展示工程。2008年，各级博物馆举办陈列展览共计46个（另有延续2007年临时陈列展览共计55个）：其中青海省博物馆举办陈列展览数量5个（另有延续展览34个）；青海柳湾彩陶博物馆举办临时展览1个；格尔木博物馆举办陈列展览数量1个；贵德县博物馆举办陈列展览数量1个（另有延续展览1个）；海南州博物馆举办陈列展览3个；海西州博物馆举办陈列展览3个（另有延续展览1个）；互助县博物馆举办陈列展览7个（另有延续展览7个）；黄南州博物馆延续展览2个；湟源县博物馆举办陈列展览1个（另有延续展览2个）；湟中县博物馆举办陈列展览1个（另有延续展览2个）；乐都县博物馆举办陈列展览3个（另有延续展览3个）；民和县博物馆举办陈列展览1个（另有延续展览2个）；青海民俗博物馆举办陈列展览15个（另有延续展览1个）；西海郡博物馆举办陈列展览2个。

根据中宣部、财政部、文化部和国家文物局联合印发的《全国博物馆、纪念馆向社会免费开放工作的通知》要求，2008年青海省博物馆免费开放已接待观众40余万人次，其他各级博物馆免费开放接待观众20余万人次，得到了社会各界的一致好评。

（二）民间收藏

青海省共有文物商店1个，从业人员12名，其中中级职称2人，文物库存数量是4792件（套），2008年度增加73件（套），共销售183件（套），销售额为8.8万元。

（三）文物保护科技与科研

2007～2008年的文物科研论文有：《茶

马互市的历史演变》、《试论青海古建筑多层次保护和利用》、《曲坛寺壁画及保护初探》、《略论青海地区民族文物的分类与保护》、《边远地区博物馆发展理念初探》、《从都兰出土的唐代丝绸看青海丝绸之路》、《丝绸之路论文》、《土族民族文物概况及其分类、界定的意见》、《关于进一步做好博物馆工作的思考》、《青海省博物馆馆藏古代少数民族文物精品赏析》、《藏文大藏经的形成历史》、《略论青海史前瓮棺葬》等。

2007年重大文物保护科技项目是：与瑞士阿贝格基金派遣的丝绸保护专家合作，对海西州郭里木乡夏塔图出土的唐代丝织品进行了室内清洗和保护；与北京科技大学冶金与材料史研究所合作，对青海省贵南县尕马台齐家文化墓地出土的铜器进行了研究，并发表考古研究论文《青海贵南尕马台墓地出土铜器的初步科学分析》。2008年与中国社会科学院合作对青海境内树木年轮年代测定进行了研究，发表研究论文3篇。

（四）文博信息化

青海省的文博信息化尚处于起步阶段，因地处偏僻，经费不足，进展缓慢，重大文博信息化建设项目有：

1. 明长城资源调查工作

2007年5月，青海省明长城正式纳入全国明长城资源调查工作区域。2008年2月，按国家文物局和青海省文化厅的统一部署，对全省明代长城资源展开调查。2008年11月，顺利通过国家长城资源调查工作项目组专家对明长城主体的检查验收，已开展明长城资源调查报告编写工作及资源信息化建设。

2. 第三次全国文物普查工作

2007年4月，国务院下发了《关于开展第三次全国文物普查的通知》。普查从2007年4月开始，到2011年12月结束，共5年时间。普查标准启动时间为2007年9月30日。

2007年10月，青海省人民政府成立第三次全国文物普查领导小组，编制了《青海省第三次全国文物普查工作实施方案》、《青海省第三次全国文物普查宣传工作方案》和《第三次全国文物普查培训班培训方案》。

2008年1月，举办了青海省第三次全国文物普查培训班，向各州（地市）、县配备了相关的设备、核拨了经费。10月上旬，省政府召开了第三次全省文物普查工作会议，与各州（地市）政府签订了《青海省第三次文物普查工作责任书》，第三次全国文物普查第二阶段工作随即展开。至11月初，累计到位文物普查经费226万元，其中中央财政补助经费126万元，省级财政到位100万元；全省39个县中有29个县启动田野调查，启动率为75%，共普查登记不可移动文物1400处，其中复查1130处，新发现270处。

【政策法规与宣传】

完成《青海省实施〈中华人民共和国文物保护法〉办法》的立法调研工作；“5·18”国际博物馆日和“文化遗产日”期间，青海省文物管理局组织文博单位，并联系青海省内媒体和教育部门举办宣传教育活动，共展览图片1.5万余幅、印发宣传资料10万余份。

【安全督察】

2007年安排部署对塔尔寺、隆务寺、曲坛寺、省博物馆、湟中县博物馆及考古发掘工地的防火、防盗等安全工作进行了巡回检查，对存在的问题进行了整改；配合公安部门打击文物犯罪活动，组织专家鉴定涉案文物49件（套）；2008年完成上报国家文物局基层文物安全监管机构情况调查及全国重点文物保护单位和重点博物馆安全情况调查；配合公安部门打击文物犯罪活动，组织专家鉴定涉案文物66件（套）。

【文博教育与人才培养】

青海省从事文博事业的专业、专职人员260余人，其中具有高级职称的26人，中级职称的80余人；有文物保护管理及收藏研究单位42个。

2007～2008年，组织全省各级领导和专业干部20余人次，分别参加了国家文物局主办的“文物调查及数据库管理系统建设项目藏品影像信息采集标准规范和技术应用培训班”、“文物调查及数据库管理系统建设项目数据审核培训班”、“新修订《田野考古工作规程》培训班”、“长城资源调查工作培训班”、“第三次全国文物普查软件操作培训班”的学习以及“文物保护立法调研”、“丝绸之路跨国申报世界遗产会议”。

【文博宣传工作】

2007年在《青海文化》上发表1篇文博专栏稿件，青海文化信息被采用4篇，在《中国文物报》上发表文稿2篇；2008年在《青海文化》上发表2篇文博专栏稿件，青海文化信息被采用5篇，在《中国文物报》上发表文稿3篇。

宁夏回族自治区

【不可移动文物】

（一）不可移动文物保护

2008年，宁夏不可移动文物保护体系日臻完善，以抓好丝绸之路联合申遗、第三次全国文物普查和明长城田野调查为工作重点，组织完成了《丝绸之路宁夏段申报世界文化遗产》总文本和《固原古城、固原北朝至隋唐墓地、开城遗址、须弥山石窟》编制工作；完成了宁夏明长城田野调查工作，并通过国家长城资源调查项目组检查验收；实施一批重点文物保护单位的维修保护工程。截至2008年12月，宁夏共有不可移动文物4569处（包括第三次全国文物普查新增数量），有各级文物保护单位293处，其中全国重点文物保护单位18处，自治区级文物保护单位101处，市、县级文物保护单位174处。为加大岩画的保护力度，2008年5月5日，石嘴山市成立了黑石峁岩画管理站。

1. 文物保护单位

已公布为全国重点文物保护单位中古遗址7处（水洞沟遗址、开城遗址、鸽子山遗址、菜园遗址、照壁山铜矿遗址、张家场城址、灵武窑址），古墓葬1处（西夏陵），古建筑7处（海宝塔、同心清真大寺、拜寺口双塔、一百零八塔、承天寺塔、董府、长城—秦长城遗址），石窟寺及石刻2处（须弥山石窟、贺兰山岩画），近现代重要史迹及代表性建筑1处（将台堡革命旧址）。

宁夏回族自治区级文物保护单位中古遗址41处（韦州古城、高仁镇遗址、古城遗址、页河子遗址、周家嘴遗址、七营北嘴古城、黄铎堡古城、省嵬城、南磁湾恐龙化石、果家山遗址、固原古城墙、瓦亭古城、红城水古城址等），古墓葬7处（关马湖汉墓、暖泉汉墓、明王陵、兵沟汉墓群、东塔古墓群、固原西、南郊墓地、窨子梁唐墓），古建筑18处（康济寺塔、鸣沙州塔、平罗玉皇阁、银川玉皇阁、镇河塔、中卫高庙、宏佛塔、明长城、璎珞宝塔等），石窟寺及石刻19处（石空寺、广武口岩画、黑石茆岩画、无量山石窟、大枣沟石刻塔、涝坝沟石刻塔、四眼井岩画、大西峰沟岩画、大麦地岩画等），近现代重要史迹及代表性建筑14处（高庄滩红军西征遗址、财神楼、城隍庙等），其他2处（“岳飞送张紫岩北伐诗”碑、昊王渠遗址）。

宁夏回族自治区市、县级文物保护单

位中古遗址72处，古墓葬26处，古建筑21处，石窟寺及石刻13处，近现代重要史迹及代表性建筑32处，其他10处。

按照国务院的统一部署，宁夏回族自治区第三次文物普查工作正式启动，田野实地调查工作于2008年5月全面展开。共调查登记不可移动文物4182处，其中复查3200处，新发现1182处。

2. 文物保护规划

丝绸之路跨国联合申报世界文化遗产是全国文物工作的重要工作，根据国家文物局世界文化遗产专家组现场考察评估意见，宁夏回族自治区固原古城、固原北朝至隋唐墓地、开城遗址、须弥山石窟被列入丝绸之路跨国联合申报世界文化遗产预备名单。为争取丝绸之路跨国联合申报世界文化遗产申遗成功，宁夏回族自治区文物局按照国家文物局“申遗”要求，组织完成宁夏段“申遗”保护规划和管理规划、《宁夏段申报世界文化遗产》总文本和《固原古城、固原北朝至隋唐墓地、开城遗址、须弥山石窟》分文本初稿编制工作，并上报国家文物局。为切实解决遗产地的基础设施建设和环境整治，组织完成《丝绸之路宁夏段申报世界文化遗产地抢救性保护设施项目建设规划方案》、《丝绸之路宁夏段保护性基础设施建议书》；组织完成《贺兰山—西夏陵风景名胜区保护设施建设项目建设方案》编写报批工作；组织专家对《西夏陵6号陵抢救性保护工程施工方案》进行评审、论证。

3. 文物保护工程

组织实施了一批重点文物保护单位的维修保护工程。完成了全国重点文物保护单位鸽子山遗址保护范围和控制地带的划定，并对重点保护区采取扎丝围护，一般保护区树标保护；完成了宁夏回族自治区文物保护单位银川市南门楼、鼓楼、平罗县玉皇阁的维修工程，中宁县石空寺石窟1、2号石窟的抢险加固工程已开始实施。

按照国家文物局《关于做好申报第七批国保单位的通知》要求，组织开展第七批国保单位申报预审工作，对全区各市、县拟申报的33处文物保护单位的价值评估、保存现状、保护范围、建设控制地带等相关材料进行检查指导，确保按时完成第七批全国重点文物保护单位申报。

4. 大遗址保护

全面开展了“丝绸之路”宁夏段保护性基础设施建设工程，利用国家遗产点环境整治与保护设施专项资金2448万元，对固原开城遗址、固原古城、（北朝）隋唐墓地和须弥山石窟4处文化遗址点及周边环境进行基础设施建设和环境整治。其中设安全围栏30800米，看护管理用房1050平方米，卫生环境设施570平方米，河道砌护12000米，冲沟回填20000立方米，排水沟4000米，建设巡视道路18314米。

（二）考古发掘

2008年，宁夏文物考古工作以西气东输二线、高速公路、宁夏电网等建设工程考古发掘为主，相继组织完成了西气东输二线沿线文物点的调查，中卫常乐汉墓群、中宁龙坑汉墓群、原州区清河镇北海子明墓等多项建设项目前期考古勘探工作。同时，对西吉县偏城乡春秋战国墓群、彭阳县中庄村春秋战国墓群等被盗掘、濒临破坏危险的遗址和墓葬进行了抢救性考古发掘，考古钻探19230平方米，发掘遗址、墓葬69个，窑址1座，出土了一批铜钱“五铢”、铜镜、陶灶、陶罐、玉蝉、弩机、夹沙灰陶器、青铜器、铁器、石器等较为珍贵的文物，为研究宁夏南部地区和我国北方地区同类文化遗存提供了一批重要的实物资料。

1. 西吉县杏树湾村春秋战国墓

西吉县偏城乡春秋战国墓群位于西吉县偏城乡西北部10公里处，曾遭盗扰。宁夏文物考古研究所对该墓群进行了详细的考古和勘探。勘探中确定春秋战国墓葬15座。2008年6月，宁夏文物考古研究所对该墓葬群进行抢救性发掘，出土铜器10余件。墓葬形式从残存迹象分析，应为东西向的竖穴土洞墓。

2. 彭阳县中庄春秋战国墓

中庄村春秋战国墓地位于彭阳县东北部40公里处。近年来，墓葬多次被盗。2008年6月，宁夏文物考古研究所对该墓葬进行抢救性发掘。经过勘探和发掘，墓葬为凸字形竖穴墓道土洞墓，东西向，出土100余件铜器、骨器。

3. 彭阳县古城镇王大户春秋战国墓

王大户春秋战国墓位于彭阳县古城镇北部，曾遭盗扰。2008年11月，宁夏文物考古研究所对该墓葬群14座古墓进行抢救性发掘。墓葬的形制为“竖穴土洞”式，出土290余件陶器、铜器、铁器、骨器、绿松石、玛瑙、牌饰、车马饰件等。

4. 青铜峡唐代双人合葬墓

新田村唐代双人合葬墓位于青铜峡市牛首山以西约3公里，是新田村村民在用推土机开垦荒地时发现的。宁夏文物考古研究所与青铜峡市文物管理所对该墓葬进行抢救性考古发掘。该墓是一座砖室墓，墓室坐北向南，墓室为砖式，墓顶砖砌，呈穹隆形，墓室东西长3.17米，南北宽3.09米，残高1.5米，墓道宽0.66米，墓室入口处用砖砌平台，平台上放有2具尸骨，尸骨互相依偎，呈侧叠状。出土2件保存完整的灰陶罐和灰陶残片。

5. 中卫常乐汉墓

2008年11月，宁夏文物考古研究所对西气东输二线工程建设中卫市沙坡头区黄河南岸常乐镇南约三公里的香山北麓所经区域进行考古发掘。共发掘墓葬23座，其中汉代墓葬22座。墓葬形制多为竖穴土坑墓，仅有一座带有斜坡墓道。竖穴土坑墓大致可以分为四类：小型竖穴墓、木椁墓、砖椁墓及石椁墓。此次发掘墓葬，除M20外，均未发现有盗扰迹象，但出土器物较少，共计有101件（套）。主要有陶器、铁器、铜器、漆木器、玉石器、钱币等，以陶器居多，计有63件（套）。

6. 西夏六号陵地面遗迹考古发掘

为了配合西夏六号陵的加固保护工作，2007年7月~2008年10月，宁夏文物考古研究所和银川市西夏陵管理处对六号陵地面遗迹进行了清理发掘。六号陵地面遗迹分为五部分，即角台、阙台、碑亭、月城和陵城。角台共4座，位于四角。阙台是陵园正南门外的建筑，2座，左右对称，为高台式建筑，顶部和外层结构均已塌毁不存，遗存阙台夯土墩体。由阙台向北，有2座左右对称的碑亭，形制不同，大小不一。东侧碑亭台基为方形覆斗状，西碑亭台基为方形，直壁。月城，位于内城南墙外，在月城内的东西两侧各有2条南北向的石像生台基。陵城平面呈长方形，南北长185米、东西宽132米，四面均辟有城门，四角均有角阙。在陵城内的南北中轴线上，从南向北建有献殿、墓道、墓室和陵塔。陵城在东南西北墙正中各开1门，其中南门可以通行，其余3门均不能通行，为象征性门。南门位于陵城南墙中部，由台基、门道屋、墁道和门阙四部分组成。门道屋已倒塌，当为面阔五间进深两间的过屋。陵城墙体宽2.8至3米，残存最高的约4.3米。墙体用黄土内含碎石，层层分版夯筑而成，上部略有收分。顶部原覆灰瓦，均已塌毁。四角建有角阙，平面形制一致，均呈曲尺形，北侧角阙为七阙，南侧角阙为五阙。献殿位于陵城南部正中，是祭拜陵墓主人的享堂。献殿建筑结构荡然无存，仅存夯土台基。陵台位于陵城内的北端偏西。陵台当为塔式建筑，塔顶和塔檐等结构都已荡然无存，仅剩高度约21米的夯土塔身。出土遗物主要是一些建筑材料和建筑饰件。建筑材料有砖、瓦、瓦当、滴水等，建筑饰件有脊兽、鸱吻、套兽、螭首等。另外还有石像生残块和残碑块等。

【可移动文物】

2008年是宁夏博物馆发展史上具有里

程碑意义的一年，行业专题博物馆建设步伐加快，博物馆基础工作扎实推进，展览展示有新亮点，已建成和充实完善了43座独具特色、形式多样、内容丰富的行业专题博物馆，基本构建起覆盖宁夏的博物馆网络。根据《宁夏博物馆事业发展规划》，到“十一五”末，宁夏要建成行业专题博物馆60座，实现每10万人拥有1座博物馆的目标，2008年，在自治区有关厅局和各市县区的协助推动下，在行业和社会力量的广泛参与下，以反映宁夏工农业生产、交通、电力、通信建设和科技事业的发展，独特自然地理资源的开发利用，重要历史特别是革命历史等为重点的宁夏博物馆、宁夏交通博物馆、宁夏邮政博物馆、宁夏科技馆、宁夏移动通讯科技馆、宁夏农垦博物馆、银川世界岩画馆、石嘴山市五七干校博物馆、石嘴山市星海湖历史文化展示馆、西夏文化艺术博物馆、苏维埃政府纪念馆、毛泽民纪念馆、牛文化科技馆、石嘴山市民俗博物馆、石嘴山市文物陈列馆、灵武恐龙化石博物馆、冶家村民俗博物馆、王敬平美术馆陆续建成并对外开放。

建成的行业专题博物馆按地域划分，银川市22座、石嘴山市6座，吴忠市8座，中卫市1座，固原市6座；按照投资主体划分，各级政府建设23座，行业单位建设13座，民营博物馆7座；按照主题和行业划分，涉及工农业生产、交通、电力、通信、科技、自然地理资源开发利用和革命历史等多个门类。基本形成了以宁夏博物馆为龙头，各行业专题博物馆为支撑的现代博物馆体系的雏形。初步实现了宁夏回族自治区党委、政府提出的政府规划指导，社会广泛参与，鼓励和支持各地区、各行业依托地域和行业优势，大力创建专题博物馆，构建门类齐全、风格多样、布局合理、功能完善的博物馆体系第一阶段的建设目标。

2008年，宁夏对外开放的博物馆、纪念馆共举办融学术性、专业性、知识性、趣味性、观赏性为一体的展览50余个。宁夏固原博物馆在2008年国家文物局开展的全国一级博物馆评估定级中，被列入首批“国家一级博物馆”。同时，宁夏文物局还组织开展二、三级博物馆评估定级工作，并按照国家文物局的要求，完成了全区开放博物馆、纪念馆登记备案工作。

1. 文物系统博物馆

截至2008年12月31日，宁夏文物系统共有博物馆16个。其中宁夏回族自治区博物馆、银川世界岩画博物馆、苏维埃政府纪念馆、毛泽民纪念馆、五七干校博物馆、石嘴山市星海湖历史文化展示馆、灵武恐龙化石博物馆等9座文物系统博物馆陆续建成并对外开放。

根据中宣部《关于全国博物馆、纪念馆免费开放的通知》精神，宁夏文物局安排部署全区文物系统博物馆、纪念馆免费开放工作，并督促国家确定的博物馆、纪念馆完成免费开放经费补助测算和实施方案制定工作。宁夏由国家确定的免费开放博物馆是宁夏博物馆、宁夏固原博物馆，由宁夏回族自治区党委宣传部确定免费开放的纪念馆是六盘山红军纪念馆。个别行业专题博物馆也已免费开放。

2. 非文物系统博物馆

2008年，按照宁夏回族自治区党委、政府决策部署，文化部门组织协调和规划指导，地区和行业负责建设的工作机制，完成了宁夏交通博物馆、宁夏邮政博物馆、宁夏科技馆、宁夏移动通讯科技馆、宁夏农垦博物馆、西夏文化艺术馆等博物馆建设任务。

为保证行业博物馆的建设质量和展陈水平，宁夏文物局组织专家指导宁夏邮政博物馆、宁夏交通博物馆、宁夏移动通讯科技馆等博物馆的建设，并承担西夏印刷博物馆、中草药博物馆、古灯博物馆等建设方案的编制和辽、宋、金、元、夏时期瓷器、骨简、古钱币展览的筹办工作。据初步统计，近年来，宁夏行业专题博物馆建设投入资金7亿多元。

2008年，宁夏文物局审核批准了冶家村民俗博物馆、王敬平美术馆等2座民营博物馆。至此，宁夏非国有博物馆注册总数达到7家。非国有博物馆的建设和发展丰富了博物馆的门类，对于促进和完善以国有博物馆为主导的博物馆体系有积极作用。

3. 博物馆藏品数量、文物征集、修复、陈列展示

2008年，宁夏文物单位共有馆藏文物64899件（套），其中国家一级文物379件，二级文物2703件，三级文物13096件。本年度征集各类文物3119件（套），修复文物数量411件（套）。

截至2008年12月，宁夏各级各类博物馆、纪念馆根据自身特点和优势，举办各种展览50余个，投入陈列经费4800余万元。宁夏对外开放的16处文博单位2008年接待观众51万人次，其中青少年观众75419人次，外国观众29973人次，团体观众127537人次。宁夏博物馆、固原博物馆除继续举办“朔色长天——宁夏通史陈列”、“固原古代文明”、“丝绸之路在固原”等展览外，还举办了“固原辉煌五十年成就展”、“廉政勤政书画展”、“王德林书法作品展”、“陕西画家毛庐先生作品展”、“吴涣宇临摹黑水城西夏油画展”、“刘万章个人收藏书画展”等专题展览；还与其省、市博物馆合作在北京举办“中国记忆——5000年文明瑰宝展”、“巧夺天工——中国古代发明创造展”；在广西举办“全国少数民族地区岩画联展”；在香港举办“宁夏丝绸之路文物展”和“神奇宁夏，塞上江南——宁夏历史文物精华展”；在意大利、比利时联合举办了“丝绸之路文物展”、“辽宋金元文物展”。这些展览满足了广大群众的不同需求，取得了良好的社会效益。

4. 文物保护与科研

为加强宁夏的文物科技保护工作，宁夏固原博物馆联合北方民族大学向国家自然科学基金委，申报了《RFID－射频识别技术在博物馆应用》863课题项目，以改善基础设施落后、展出环境和文物库房环境不达标的状况。宁夏博物馆筹措资金10余万元，建成了文物保护修复实验室，配套工作所需的基本设备与仪器，使科学研究功能得到进一步加强。

为进一步加强对水洞沟遗址的发掘和研究工作，2008年4月9日，中国科学院骨脊椎与古人类研究所与宁夏文物考古研究所联合在水洞沟遗址成立“水洞沟旧石器遗址科研基地”。

5. 学术研究

2008年，宁夏文物工作者在省级以上刊物发表论文25篇，在全国性学术研讨会提交学术论文2篇，其中《成吉思汗在六盘山区的活动及影响》获得“中国蒙古学·阿尔寨石窟”国际研讨会优秀论文奖。出版了《固原南塬汉唐墓地》、《吴忠北郊北魏唐墓》、《山嘴沟西夏石窟》、《固原铜镜》、《固原文物》、《宁夏古窑鉴定》等学术著作。

【宁夏境内明长城资源调查工作】

根据国家文物局和国家测绘局《全国长城资源调查实施方案》的安排，2008年，对中卫市、同心县、海原县、银川市西夏区、永宁县、贺兰县、红寺堡开发区等境内长城的墙体、关堡、单体建筑、壕堑、营堡及相关遗存进行了野外调查工作。至此，宁夏明长城资源野外调查工作全部结束，共调查各类墙体788135.91米，其中土墙325780.5米，石墙36121.9米，山险墙91333米，山险241013.51米。新发现墙体20886.1米，其中土墙2217.1米、石墙1835米、山险墙16834米。敌台466座，铺舍15座，烽火台366座，其中新发现烽火台16座，关堡48座，相关遗存18处，包括采石场、挡马墙、品字窖、壕沟、居住址、石雕、题刻以及其他遗迹遗址，调

查中共拍摄田野照片3965余张，拍摄资料录像603段，采集GPS点2356处，采集文物标本484件，绘制平面位置及单体平剖面图890余幅，摹印拓片1幅，查阅征引文献资料15种，累计完成调查资料1279份。同时，按照国家标准和要求，对田野调查资料进行自查和系统的梳理、整合，并开始撰写调查报告和工作报告。宁夏明长城资源调查工作已通过国家长城资源调查工作项目组的检查验收。

【第三次全国文物普查工作】

根据《国务院关于开展第三次全国文物普查的通知》要求和国家文物局的统一部署，宁夏第三次全国文物普查田野实地调查工作于2008年5月全面展开。为夯实普查工作业务基础，宁夏文物局举办了两期文物普查培训班，培训人员近150人，为各市、县工作队配备了文物普查专用设备、核拨了经费。

为贯彻国务院第三次全国文物普查领导小组第二次（扩大）会议精神，研究部署下一阶段的文物普查工作，10月30日，宁夏回族自治区人民政府在银川市召开了宁夏回族自治区第三次全国文物普查领导小组扩大会议。对此次普查的目标、责任、经费投入、时限等提出明确要求。宁夏回族自治区人民政府与银川市、石嘴山市、吴忠市、固原市、中卫市人民政府签订了文物普查政府责任书。将文物普查工作纳入到各市、县的目标考核，经费纳入宁夏财政预算中。宁夏财政厅并为固原市原州区、彭阳县、隆德县、海原县、西吉县配置交通工具。截至12月31日，全区共调查登记不可移动文物4182处，其中复查3200处，新发现1182处。

2008年，宁夏文物普查经费地方财政到位237万元。

【政策法规与宣传】

为加强岩画的保护和管理，依据《中华人民共和国文物保护法》和《宁夏回族自治区实施〈中华人民共和国文物保护法〉办法》，宁夏文物局起草了《宁夏回族自治区岩画保护条例》并进行立法调研，已上报宁夏回族自治区人民政府审定。根据宁夏回族自治区人大常委会2008年的工作安排，配合宁夏人大常委会检查组，对全区贯彻落实《宁夏回族自治区实施〈中华人民共和国文物保护法〉办法》执行情况进行检查。检查组一行先后对全国重点文物保护单位一百零八塔、秦长城、须弥山石窟，自治区文物保护单位中宁大佛寺、中卫高庙、固原古城和固原博物馆、固原市原州区文物管理所等单位实地检查，对全国重点文物保护单位一百零八塔擅自改变管理体制，自治区文物保护单位固原古城破坏问题重点进行督察，并提出明确的处理意见。检查组通过实地考察，与相关职能部门进行座谈，个别走访、听取汇报，交换意见等方式，全面了解了宁夏文物保护工作情况和存在的困难、问题及原因，并就进一步落实文物保护法律法规、加强文物保护工作提出了建议。

1. 制定文物保护规章制度

制定印发了《宁夏文物安全事故行政责任追究规定》、《宁夏文物收藏单位文物安全工作规范及检查标准》、《宁夏文物违法事件安全事故报告制度》、《宁夏文物局突发事件应急预案》等规章制度。为便于文物安全和文物行政执法人员依法行政，宁夏文物局编印了《文化遗产保护法律法规汇编》。

2. 文化遗产日宣传活动

为庆祝我国第三届“文化遗产日”暨“宁夏长城保护日”，根据国家文物局的安排，制定了活动方案，组织新闻媒体对宁夏文化遗产保护成果进行实地采访报道，制作了300余块全面介绍宁夏近年来在文化遗产保护方面开展的工作与取得成绩的展板，张贴了“文化遗产人人保护，保护成果人人共享”的宣传海报，向公众发放了10万余份文化遗产保护宣传资料和博物馆免费参观温馨提示，开展了文物法律法规咨询、免费鉴定文物、民间艺人现场表演等活动。通过举办“文化遗产日”暨“宁夏长城保护日”宣传活动，增强了社会各界保护文化遗产的意识，推动了宁夏文化遗产保护工作的开展。

【安全督察与行政执法】

为了依法严厉打击文物违法犯罪活动，坚决遏制盗掘古墓葬、古遗址的案件发生，全面落实文物安全保卫工作责任制度，确保宁夏文物安全。2008年，宁夏文化厅会同公安厅联合下发《关于严厉打击盗掘古遗址和非法买卖地下文物的通告》，在全区开展打击盗掘古墓葬、盗窃田野文物和非法买卖地下出土文物等违法犯罪活动专项行动。同时，宁夏文化厅起草了《宁夏回族自治区人民政府办公厅关于加强田野文物安全保护工作的紧急通知》(代拟稿)。银川市文物局、宁夏文化市场行政执法总队银川市总队联合下发《关于加强贺兰山岩画保护、打击违法活动的通告》，对西夏陵区50平方公里范围内的放牧行为进行了集中突击整治。继续在全区文物系统推行文物安全和消防安全责任制，定期组织对直属文博单位和全国重点文物保护单位进行安全大检查。截至2008年底，全区文物系统馆藏文物安然无恙。

2008年，在全区各市县文物部门的配合下，公安机关成功破获青铜峡瞿靖镇银辉村汉墓被盗案，抓获犯罪嫌疑人3名，缴获作案车辆一部；彭阳县古城镇王大户村、古城镇郑庄村、新集乡姚河村、白草洼村、小岔乡米沟村战国墓被盗案，抓获犯罪嫌疑人6名，追缴各类文物210件；彭阳县盗挖古生物化石案，收缴较为完整的犀牛头骨化石、臼齿、身架骨等古生物化石3000公斤，抓获犯罪嫌疑人25名。先后有11名盗墓分子受到法律的严惩，严厉打击和震慑了文物违法犯罪分子的嚣张气焰，确保了全区文物安全形势的总体稳定。在积极配合公安机关侦破文物案件的同时，组织专家对8起案件中涉案物品进行鉴定，为公安、司法部门打击文物犯罪提供了量刑的依据。

2008年，宁夏文物行政执法督察力度进一步加大，宁夏文化市场行政执法总队文物执法监察队共出动执法人员1183人次，执法车辆164车次，重点查处全国重点文物保护单位“一百零八塔”被擅自改变管理体制案、全国重点文物保护单位西夏王陵保护范围内占地面积93万平方米违章建筑案、宁夏回族自治区文物保护单位“武当庙”建设控制地带内违法建设案、吴忠市高闸镇金积工业园区损毁宁夏回族自治区文物保护单位关马湖汉墓群案、宁夏美利纸业建筑安装公司破坏宁夏回族自治区文物保护单位明长城案、宁夏回族自治区文物保护单位固原古城外城东门南侧墙体违法拆除案、贺兰县农牧生态旅游公司非法挖掘汉墓群案、惠农区古墓被盗等文物违法、违纪案件，并联合公安、工商等部门开展了集中整顿和规范文物市场的专项行动，切实维护良好的文物经营秩序。在国家文物局组织的全国第二届文物行政处罚案卷评比活动中，宁夏文物局荣获组织奖。

【机构与人员】

2008年，宁夏共有文物保护管理机构29个，从业人员555人，具有高级职称的23人，中级职称的66人，安全保卫人员63人，孙昌盛、陈伟、朱存世、樊军、周赟获得国家文物局授予的考古发掘个人领队资格。

为提高基层文博单位业务人员素质和水平，2008年2月23日，宁夏文物局举办全区基层文博业务干部培训班，基层文博单位80多人参加了培训。

【对外交流】

2008年，协助中国文物交流中心等有关部门筹办赴意大利举办“辽宋金元文物展”、赴比利时“丝路文物展”，外展文物总数67件，其中一级文物为：鎏金银壶1件，玻璃碗1件，金戒指1件，环首刀1件，金覆面1套（7件）、鄂托饰1套（4件）、镶绿松石金条饰2件、金币6枚、拓片1套（2件）。

新疆维吾尔自治区

【不可移动文物】

截至2008年底，新疆维吾尔自治区共有文物点3970处，其中全国重点文物保护单位58处（其中古遗址25处，古墓葬18处，古建筑5处，石窟寺及石刻7处，近现代重要史迹及代表性建筑3处）。自治区级文物保护单位374处（古遗址195处，古墓葬79处，古建筑40处，石窟寺及石刻23处，近现代重要史迹及代表性建筑37处）。县市级文物保护单位1931处，其他未公布级别的不可移动文物1607处。截至2008年12月31日，全区第三次文物普查共调查登记不可移动文物2724处，其中新发现1429处，复查1295处。

1. 文物保护工程

新疆维吾尔自治区文物保护专项经费投入293万元，实施伊宁市拜图拉清真寺宣礼塔维修17万元、博乐达勒特古城遗址保护围栏25万元、温宿包子东古墓群保护25万元、新疆各族人民烈士纪念碑维修（汉白玉）30万元、龟兹研究所壁画保护26万元、且末县托乎拉克地主庄园维修20万元、洛普县山普拉古墓群保护设施5万元。全国重点文物保护单位保护工程总投入经费1000万元，其中察吾乎古墓群保护设施工程40万元，焉布拉克古墓群保护设施工程40万元，奴拉赛铜矿保护设施工程30万元，库木吐喇千佛洞保护工程配套工程760万元。

2. 大遗址保护

新疆维吾尔自治区交河故城、高昌故城、楼兰故城、龟兹佛教石窟遗址被列入“十一五”期间100项国家重要大遗址库名单（北方地区）。自2005年至2008年中央财政累计投入2.65亿元。2008年，“丝绸之路”（新疆段）重点文物保护工程项目中的交河故城抢险加固工程（一期）、交河故城防洪工程、高昌故城保护工程（二期）、柏孜克里克石窟防洪工程顺利结束，米兰遗址围栏项目通过验收，七个星佛寺遗址、艾提尕尔清真寺保护规划获批准，台藏塔遗址考古清理工作结束，和田地区尼雅遗址等五处文保单位保护规划项目启动，七个星佛寺遗址、米兰遗址、苏巴什佛寺遗址完成现场勘查，进入设计阶段。

3. 抢救性考古发掘

库车晋十六国砖室墓、哈密巴里坤东黑沟遗址被评为2007年度全国十大考古新发现。配合基本建设工程完成哈密伊吾县峡沟水库墓地遗址、阿克苏温宿县水电站工程所涉及古墓葬、西气东输二线工程、库尔勒—库车高速公路建设涉及墓葬发掘。完成独山子—乌鲁木齐—鄯善原油产品油管工程、喀什—和田铁路建设、伊犁尼勒克梯级电站所涉及古墓葬、克州乌恰—吐尔尕特口岸公路建设所涉及古墓葬、库尔勒—阿克苏铁路复线建设、克拉玛依—乌鲁木齐原油成品油管道工程、阿勒泰布尔津山口水电站“西水东引”干渠所涉及墓地遗址考古调查。

4. 世界文化遗产简述

2006年8月，中国国家文物局和世界遗产中心共同在吐鲁番市召开了丝绸之路申遗利益相关者国际协商会议。会议通过了《丝绸之路跨国联合申遗吐鲁番行动计划》，启动丝绸之路申报世界文化遗产工作。同年 12 月，丝绸之路、吐鲁番坎儿井被列入《中国世界文化遗产预备名单》，2007 年 8 月，国家文物局确定了丝绸之路沿线 6 个省区共有 48 处遗产地，新疆有 12 处遗产地正式列入预备名单：交河故城、高昌故城及阿斯塔那墓地、台藏塔、苏巴什佛寺遗址、楼兰故城、尼雅遗址、克孜尔石窟、库木吐拉石窟、森木塞姆石窟、柏孜克里克石窟、吐峪沟石窟、麻赫穆德·喀什噶里墓。在国家文物局、各级政府的领导下，新疆申遗工作进展顺利。

5. 世界文化遗产的保护和管理

2008 年 1 月 27 日 ~30 日，国家文物局在河南省洛阳市龙门石窟组织召开了“丝绸之路申报世界文化遗产工作交流会”。2 月 28 日 ~3 月 5 日，中国国际古迹遗址理事会副主席、国家文物局文物保护司巡视员郭旃对新疆维吾尔自治区已列入预备名单的遗产地进行了现场调研，对各地申遗工作进展中的问题做了具体指导。4 月，各遗产地建立了完善的申遗资料的专门档案室，按照档案标准规范收集、整理与申报遗产相关的文字、图片、影像资料档案。5 月，各遗产地所在地政府完成了 12 处遗产地的管理法规的修订颁布工作，为遗产地的保护管理提供了法律依据。按照国家文物局统一部署，依照《世界遗产名录》材料申报格式和《业务指南》，完成了 12 处遗产地的申报文本编写工作，并通过了国家文物局的验收。6 月，丝绸之路系列申报世界遗产国际协商会在西安召开，根据中亚国家申遗工作进展情况，国家文物局调整了中国丝绸之路联合申报世界文化遗产工作计划。7 月，新疆维吾尔自治区文物局完成了《丝绸之路新疆段世界文化遗产预备项目保护设施建设可行性研究报告》的编制工作，项目设计预算 1.9 亿元。

【可移动文物】

（一）博物馆

2008 年，新疆维吾尔自治区文博系统共有国有博物馆 47 家，其中自治区级博物馆 1 个，地州市级博物馆 15 个，县（市）级博物馆 31 个；免费开放的有 34 家。从业人员 455 人，藏品总数 114790 件（其中博物馆藏品总数 106706 件），举办展览 90 个，参观人数 270 万人次，国家拨付博物馆库房改造经费 1374 万元，免费开放资金 1283 万元，文物征集经费 130 万元，自治区本级财政配套博物馆库房改造经费 56 万元，免费开放配套资金 56 万元，文物征集 168 万元。新建地州级博物馆 4 家，已全部开馆。

1. 国有文物系统博物馆

2008 年，新疆维吾尔自治区文物系统共有 47 家博物馆、纪念馆，其中历史类博物馆、纪念馆 21 家，综合类博物馆、纪念馆 26 家。比 2007 年增加了 15 家博物馆：玛纳斯县博物馆、吉木萨尔县博物馆、博乐市博物馆、精河县博物馆、温泉县博物馆、若羌县楼兰博物馆、且末县博物馆、泽普县博物馆、霍城县博物馆、特克斯县博物馆、富蕴县自然博物馆、福海县博物馆、哈巴河县博物馆、青河县博物馆、阿拉尔市三五九旅屯垦纪念馆。2008 年，新疆维吾尔自治区文物系统 34 家博物馆、纪念馆已全部向社会免费开放。

2. 国有非文物系统博物馆

国有非文物系统博物馆 2 家：新疆地质矿产博物馆，新疆钱币博物馆。

3. 文物保护单位和文物数量

新疆维吾尔自治区共有文物点 3970 处，其中全国重点文物保护单位 58 处，自治区级文物保护单位 374 处，县市级文物保护单位 1931 处，其他未公布级别的不可移动文物 1607 处。新疆维吾尔自治区文博系统文物藏品总量 114790 件，珍贵文物 6084 件，其中一级文物 707 件，二级文物

1339件，三级文物4038件。按单位性质分，文物科研机构2566件，文物保护管理机构5518件，博物馆106706件。按隶属关系分，省区级41826件，地州、市级53926件，县市级19038件。

4. 2008年接收、征集、修复藏品

2008年接收文物411件，征集文物1503件，修复文物655件，其中一级文物2件。

5. 博物馆陈列展览数量

博物馆陈列展览数量123个，按单位性质分，文物科研机构2个，文物保护管理机构31个，博物馆90个。按隶属关系分，省区级9个，地州、市级38个，县市级76个。其中2007年延续陈列展览55个，2008年举办陈列展览68个。

6. 博物馆参观人数及收入

2008年博物馆参观人数约300万人次，其中青少年观众150万人次，外国观众30万人次，团体观众70万人次。因免费开放无门票收入，其他收入154.6万元。

（二）民间收藏文物

新疆维吾尔自治区文物局一直很重视社会文物的管理工作，新疆维吾尔自治区尚无民间收藏文物机构，只有少数私人收藏，社会文物流通市场比较规范。

1. 文物拍卖企业

新疆维吾尔自治区有文物拍卖企业1家：新疆华鼎国际拍卖有限公司，为二类文物拍卖资质企业。

2. 文物商店

新疆维吾尔自治区有文物商店1家：新疆文物总店，文物库存数量31309件，无一级文物，其中2008年增加225件。

3. 文物商店销售

2008年，审核文物商店销售文物876件，销售金额273.1万元。

（四）文物保护与科技

2008年度共承担省部级以上课题、项目2个，在省级及以上刊物公开发表论文50篇，编写专著、图录6本。

（五）文博信息化

新疆维吾尔自治区文物信息中心机房建设已经完成，机房面积200平方米，专业人员7名，存储设备3个，投入经费8万元。

2008年度文博信息化建设稳步开展，第三次全国文物普查数据库系统、文物调查及数据库管理系统、长城资源调查数据库系统已开始建设。

遥感、测绘等高科技信息技术已运用到第三次全国文物普查工作当中。

新疆维吾尔自治区拟通过第三次全国文物普查，建立新疆文物保护系统及相关软件。

【政策法规与宣传】

结合丝绸之路新疆段遗产点被列入丝绸之路跨国联合申报世界文化遗产项目，按照国家文物局的部署要求，新疆已完成各遗产地管理法规的制定颁布。2008年出台了《巴音郭楞蒙古自治州楼兰故城遗址保护管理暂行办法》、《库车县库木吐喇石窟保护管理暂行办法》、《库车县森木塞姆石窟保护管理暂行办法》、《吐鲁番市阿斯塔那古墓群遗址管理办法（暂行）》、《吐鲁番市高昌故城遗址管理办法（暂行）》、《吐鲁番市柏孜克里克千佛洞遗址管理办法（暂行）》、《吐鲁番市台藏塔遗址管理办法（暂行）》、《鄯善县吐峪沟石窟寺遗址暂行管理办法》、《新疆维吾尔自治区民丰县尼雅遗址保护管理办法（暂行）》等九个文物保护规章。

6月14日，以“文化遗产人人保护，保护成果人人共享”为主题的新疆维吾尔自治区“文化遗产日”系列活动正式启动。自治区副主席铁力瓦尔迪·阿不都热西提主持启动仪式，自治区党委常委、宣传部部长李屹出席并讲话，自治区人大常委会副主任杜秦瑞、自治区政协副主席柯丽等领导同志出席了启动仪式。在仪式上，还分别为新疆国家级和自治区级非物质文化遗产代表性传承人颁发证书，为新疆获

2007 年度“全国十大考古新发现”的单位颁发证书，为自治区博物馆颁发“国家一级博物馆”牌匾。全区各地都同时开展了文化遗产保护的系列宣传展示活动。

【安全督察】

新疆维吾尔自治区文物局根据本区文物安全现状下发了《关于加强文博单位文物安全防范工作的紧急通知》，转发了国家文物局《关于加强生产工作全面开展安全隐患排查的紧急通知》。各级文博单位从实践科学发展观的要求出发，不断加大文物安全工作力度，严防文物损毁流失。

截至 2008 年底，发生文物案件 2 起。伊犁州查处巩留县吉尔格郎乡奥夏干德村的古墓葬被破坏案，处以 10000 元的行政处罚。针对和田地区文物局反映的自治区级文物保护单位玛利克瓦特古城遗址遭到破坏而又不能进行有效执法的情况，提交《关于对遭破坏的玛利克瓦特古城遗址采取紧急保护措施的请示》，以引起自治区人民政府的关注和重视。

【机构和人员】

截至 2008 年底，新疆维吾尔自治区文物业机构 142 个（其中文物科研机构 2 个，文物保护管理机构 91 个，博物馆 47 个，文物总店 1 个，其他文物机构 1 个）。

新疆文物行业从业人数 1169 人，在编人数 876 人，其中具有高级职称的 85 人，中级职称 183 人，初级职称 118 人。文物科研机构高级职称 19 人，中级职称 21 人，初级职称人 7 人；文物保护管理机构高级职称 11 人，中级职称 50 人，初级职称 40 人；博物馆高级职称 32 人，中级职称 71 人，初级职称 36 人；文物商店高级职称 8 人，中级职称 9 人；其他文物机构高级职称 15 人，中级职称 32 人，初级职称 35 人。

新疆维吾尔自治区文物保护工程勘察设计乙级资质单位为新疆维吾尔自治区文物古迹保护中心，丙级资质单位为乌鲁木齐市园林设计院有限责任公司，新疆安达孜文物保护工程设计有限公司，均在 2008 年度获得文物保护工程勘察设计资质。

新疆维吾尔自治区文物保护工程施工一级资质单位为新疆建工集团第六建筑工程有限责任公司，二级资质单位是新疆文物古迹保护中心、新疆金满文物保护有限责任公司。

新疆维吾尔自治区甲级文物保护工程监理资质单位是新疆城乡建设工程项目管理有限公司。

新疆维吾尔自治区取得考古发掘资质的单位是新疆文物考古研究所。

新疆维吾尔自治区一级可移动文物修复资质单位为新疆维吾尔自治区博物馆、新疆文物考古所，二级可移动文物修复资质单位新疆龟兹研究院、吐鲁番学研究院。

新疆维吾尔自治区文物系统安全保卫人员有 259 人，其中文物科研机构 7 人，文物保护管理机构 71 人，博物馆 133 人，其他文物机构 48 人。

新疆维吾尔自治区阿克苏地区库车县被评为 2008 年全国文物工作先进县，哈密地区伊吾县荣获 2008 年度“郑振铎—王冶秋文物保护先进集体”称号，张勇、吾麦尼亚孜·图尔逊、王博、赵莉荣获 2008 年度“郑振铎—王冶秋文物保护先进个人”称号。

2008 年 11 月 18 日，在新疆维吾尔自治区乌鲁木齐隆重举行小岛康誉新疆文化文物事业优秀奖颁奖仪式。新疆维吾尔自治区副主席铁力瓦尔迪·阿不都热西提出席颁奖仪式并作重要讲话。新疆博尔塔拉蒙古自治州文物管理所荣获文物事业优秀集体奖；郑颉（新疆阿勒泰地区文物局）、玉素甫·肉孜（新疆巴州文管所）、莫合塔尔·苏皮（新疆喀什地区文物局）、再帕尔（新疆重点文物保护项目领导小组执行办公室）、张红彦（新疆兵团军垦博物馆）、于英俊（新疆文物考古研究所）、姚书文（新疆博物馆)、白克尔(新疆和田地区文物局)、白建尧(新疆文物局)等9位同志荣获文物事业优秀个人奖。

【对外交流】

新疆维吾尔自治区文物局配合新疆文化交流和外宣工作大局,积极推动文物合作交流展览工作。"中国新疆古代丝绸之路文物展"圆满完成在德国的展出。筹备选送文物参加了由中国文物交流中心组织、在日本举办的"天马传说与丝绸之路展",在香港举办的"中国马文化展"。2008年12月6日,与台北历史博物馆在台北市联合举办"丝路传奇——新疆文物大展"。组织签订新疆文物考古研究所与澳大利亚蒙纳士大学亚洲研究所共同研究合作、学术资料交流、专家学者互访备忘录。继续推进与日本综合地球环境学研究所合作对小河墓地出土的动植物研究项目,与大英图书馆国际敦煌项目组的合作项目。

按照新疆维吾尔自治区文物局与德国签订的协议,于2007年10月至2008年6月在德国柏林和曼海姆市举办"中国新疆古代文物展",该展览已圆满完成,共分两个展场,柏林市展场(展期:2007年10月14日至2008年1月14日)和曼海姆市展场(展期:2008年2月3日至2008年6月1日)。文物总计171件(套),其中一级品28件(套)。

2008年12月6日,新疆维吾尔自治区文物局与台北历史博物馆在台北市联合举办"丝路传奇——新疆文物大展"。台湾"丝路传奇展"展品共计119件(套),其中一级品20件(套),占参展展品总数的17%。此次文物展览开创了新疆台湾两地文物交流的先河。

2008年11月23日至12月1日,新疆维吾尔自治区文物局副局长白建尧随国家文物局团组前往台湾地区参加"海峡两岸南系古建筑艺术学会研讨会"。

2008年度进境考察情况:2008年10月6日至16日,美国斯坦福大学杨晓能博士一行2人来新疆考察,商议在美国举办新疆文物展一事。

其他

故宫博物院

2008年是实现国人百年奥运梦想的一年,是贯彻十七大精神、学习实践科学发展观的重要一年,也是战胜严重自然灾害的一年。面对南方雪灾、汶川大地震等突发自然灾害,全院职工团结一心,积极捐款,参与抗震救灾。同时,在安全开放、文物展览、院容院貌、观众服务等多方面采取措施,积极服务奥运,充分阐释了"人文奥运"的理念,弘扬了中华文化,获得了多项表彰。在深入学习科学发展观活动中,继续做好文化遗产保护与弘扬的各项工作,如古建筑保护与藏品管理、非物质文化遗产保护、研究出版、信息化建设、对外交流等。促进了故宫保护与现代化博物馆建设事业的科学发展。全年共接待观众949万人次。

【藏品管理与非物质文化遗产保护】

按照计划继续进行文物清理工作。2008年完成了书法库、碑帖库、工艺珐琅库、原九龙壁陶瓷库四类文物库房36万余件文物的验收工作。至此,通过验收的藏品总数达到58万余件,约占在账藏品总数的60%。《故宫博物院藏品大系》出版了"绘画卷"的四编。地下文物库房视频监控系统基本安装完毕,进入调试阶段。

2008年共保护修复文物247件。同时,深入开展文物保护科研攻关，如国家文物局“铁质文物综合保护技术”评估、文物保护修复档案的科学化构建、古陶瓷科技研究、文物保护环境科学及传统工艺的整理与研究、文物保护科研课题等。古陶瓷检测研究实验室被国家文物局正式批准为古陶瓷保护研究国家文物局重点科研基地。

根据故宫自身优势，对现存传统工艺进行总结，将“古书画装裱修复”和“故宫官式古建筑营造技艺”进行整理，申报我国“第二批国家级非物质文化遗产”，并于2008年5月被国家正式认定。为弘扬故宫保存的传统文物修复技术，对非物质文化遗产进行的抢救性保护和系统整理，开始与相关单位合作，筹划拍摄记录传统文物修复技术的电视资料片《故宫绝活》。

【藏品征集】

藏品征集工作进一步规范，制定并启用《藏品收购协议书》，明确双方责任。2008年收购历代碑刻拓片46项135件套，全年共接受文物捐赠7批37件。从来源看，既有来自内地的捐献，又有来自台湾、香港地区、美籍华人乃至国外的捐赠。

【古建筑修缮】

太和殿等维修竣工，重新开放。故宫大规模古建筑维修保护项目中，位于开放路线的太和门、太和殿、神武门维修在7月中旬陆续竣工，重新开放。按照《故宫保护总体规划大纲》，已经完成第一阶段的任务，维修保护涉及的古建筑有武英殿区建筑、午门正楼、中轴线东、西两庑及其周边建筑、钦安殿、戏衣库、延禧宫、太和门、太和殿、神武门等，完成维修面积38083平方米。经过修缮，包括午门展厅在内的10个新展厅投入使用，开放范围大幅度扩大。已开始维修的项目有寿康宫、慈宁宫和御史衙门工程，建筑面积7743平方米。

【陈列展览】

近年来，故宫博物院不断探索基于文化遗产保护的科学展示，调整展览布局，充实展览内容，突出宫廷文化特色，给观众提供更为丰富的文化信息。

2008年举办的院内展览21个（含3个引进展览），包括了在奥运前夕推出的10个文物展览（考虑到新绘画馆展览为3期，实际为12个，包括新增常设展馆陶瓷馆、绘画馆，以及“尽善尽美——殿本聚珍”、“同文之盛——清宫民族语文辞书展”、“金昭银辉——故宫博物院藏清代金银器展”、“盛世琳琅——故宫博物院藏乾隆朝玉器精品展”、“清代王翚小品山水画展”、“宫阙述往”、“天朝衣冠——故宫博物院藏清代宫廷服饰精品展”、“古物撷英——故宫藏捐献文物精品展”），3个引进展览（法国“卢浮宫·拿破仑一世展”、香港“饶宗颐书画作品展”、日本中国写真文化交流协会“中日摄影家写真展”），以及其他6个展览（“清内府书籍印刷工艺展”、“天府永藏展——清宫藏藏传佛教金铜造像（改陈）”、“清代四僧画展”、“清代雍正皇帝行乐图特展”，原永和宫的“清代嫔妃生活展”调至永寿宫，以及原永寿宫的“故宫藏历代铜镜展”调到永和宫等）。

支持和参与国内其他博物馆展览共12个，包括为迎奥运举办的特展5个（遴选出306件（套）藏品支持其他博物馆举办展览。这些展览包括：与首都博物馆联合举办的“紫禁城内外的竞技游戏展”，与中国美术馆联合举办的“明清绘画精选展”，还参展国家文物局在中国科技馆新馆举办的“奇迹天工——中国古代发明创造文物展”，参展北京市文物局、首都博物馆的“中国记忆——5000年文明瑰宝展”和“北京文物精品展”），支持兄弟单位展览7个（内蒙古博物院“皇家风范——故宫博物院藏金银器展”、淄博中国陶瓷馆“故宫藏明清官窑青花瓷器展”、上海豫园“历史印迹——清宫帝后玺印展”、宁波博物馆

"皇家风范——故宫博物院藏金银器展"，与上海博物馆联合举办"南陈北崔——陈洪绶崔子忠书画特展"，参展中华世纪坛"传承与守望——翁氏六代珍藏展"。此外，云南普洱"百年贡茶回归普洱"展自2007年3月开始后，2008年度续展至2009年底）。

通过举办这些展览或参展，不仅提升了博物馆形象、扩大了故宫文化辐射范围，而且为弘扬传统文化作出了新的贡献。

【安全保卫与开放管理】

2008年初，确定开展以"迎奥运、保安全"为工作目标的"迎奥运安全年"活动，继续严格落实安全责任制和岗位责任制。强化安检制度，在午门东门洞和神武门西门洞各新建了两处安检房，对所有进入故宫参观游客的包裹和随身携带的物品进行安检。加大了对进入故宫车辆的安检力度，严格执行会客制度，确保各项安全管理制度落到实处，消除安全隐患。

加强了重要通道和区域的安全监控。完成了中轴线西侧安防报警系统工程，在午门、神武门、东华门、西华门四个进出通道安装了视频监控系统。

奥运会和残奥会艰巨的接待任务和高标准的服务水准，对故宫的开放管理工作提出了更高的要求。为此，在严格落实岗位责任制、执行各项规章制度的同时，开展了各种培训，提高服务能力。组织开放一线和外来合作人员参加安全、礼仪、外语、手语、奥运知识、故宫知识、商品知识等培训，以新形象、高素质树立起故宫的良好服务形象，努力使每个工作人员都成为故宫形象的展示者。2008年共接待观众949万人次。

奥运期间，故宫共接待了大约1万名奥运嘉宾，包括外国国家领导人和贵宾40批次，计495人次。接待各国媒体记者重要采访拍摄24批次，包括美国全国广播公司、英国第五频道、德国电视一台、南非电视台、法国24小时电视台等。接待一般常规性采访拍摄1962人次。被中共北京市委、北京市人民政府、北京奥组委授予"北京奥运会残奥会先进集体"荣誉称号，并荣获北京奥组委运动会服务部、北京市旅游局颁发的"服务奥运贡献突出"奖，被北京市旅游局评为"平安奥运先进单位"。

【公众服务】

整治院容院貌，改善服务环境。公共服务指示标牌的排查、更换于奥运前基本完成。对午门和神武门外栏杆重新油饰。将保和殿后至御花园区域文物保护护栏更换为与故宫整体风格和环境更协调的铸铜护栏。院内7个公用电话亭的14部电话全部重新更换，其中有4部残疾人专用电话。

强化管理，整治购物休闲环境，提升服务形象。先后对位育斋、景运门南侧、太和门西侧倒座、午门右掖门及午门贵宾接待室等处的店面柜架及绛雪轩、御茶房、扮戏楼经营网点进行了全面的装修更新，将原封闭式经营的东长房全部亮出；武英门经营点在改变经营方式的基础上重新装修。至奥运前夕，全院大部分经营场所均得到了改造与更新。"五一"前后，全院所有经营人员着新装上岗，整体形象为之一新。

开发多语种自动讲解器。为迎接北京奥运会，近年来一直致力于多语种自动讲解器的开发，自动讲解器已能够用40种语言讲解故宫，中文讲解有多个版本，包括普通话（分为王刚版、张家声版和鞠萍版三个版本）、广东话、闽南话，还有满足我国少数民族使用需求的藏语版和维吾尔语版。

多地点设立观众咨询服务台，方便观众咨询。奥运前夕，昭德门及贞度门咨询服务台正式服务观众。从6月开始，经过培训的外籍志愿者加入到咨询员的队伍之中。2008年外籍志愿者有10余人，能够为观众提供地道的英语、日语、法语、德语、西语等语种服务。

在服务于普通观众的同时，尽量满足残疾人和行动不便者的参观游览需求。5月18日，故宫博物院无障碍通道正式开通，实现了无障碍参观三大殿、后三宫及御花园等中轴线区域。此外，故宫红十字救护站从2008年上半年开始启用，主要承担游客现场救护服务工作，并宣传普及初级急救知识等，受到各方好评。

2008年还完成了历时一年、规模空前的观众问卷调查工作。通过问卷调查来解读观众需求，必将对故宫博物院观众服务水平的提升产生积极的影响。

【学术研究与出版】

加强科研管理，努力提高故宫学术研究水平，科研管理状况逐步规范，形成了从“故宫学”学科研究出发的具有故宫特色的研究方向和科研规划宗旨，产生了一批较高水平的大型、集体科研课题项目。完成了《故宫博物院近期科研规划（2008～2010)》与《故宫博物院中长期科研规划纲要（2011～2020)》。创办《故宫博物院科研工作简报》，搭建学术交流平台，促进科研信息沟通。院级大型出版项目《故宫百科全书》正式启动并进入实质性编纂阶段。《故宫博物院藏文物珍品全集》(60卷）编辑出版工作已于2008年全部结束。继续做好《故宫博物院院刊》、《故宫学刊》的编辑出版工作。

开拓学术视野，活跃科研气氛。以与故宫主要研究领域相关学科的研究方法及边缘交叉学科为重点内容，坚持举办学术讲座4期、学术沙龙12期。积极借助社会和国际科研力量来加强学术研究。同时继续借助中国艺术研究院等社会教育资源，为故宫博物院的发展培养专门人才。

故宫博物院紫禁城出版社成功登记为事业法人，给出版社的发展以及故宫特色传统文化的普及和弘扬带来新的机遇。依托故宫的资源优势，强化出版特色，逐步树立起紫禁城出版社的古陶瓷、古书画品牌图书形象。加强与其他出版社、博物馆和文化单位的合作，优势互补，开阔思路，探索营销规律，积极参与市场竞争。出版社全年出书144种，其中新书134种，出书品种创历史新高。纳入新闻出版总署“十一五国家重大出版工程”的《故宫博物院藏品大系》2008年已经出版绘画编4卷。配合展览出版了《拿破仑一世文物珍品集》、《故宫书画馆》(第一编、第二编)，《故宫陶瓷馆》，《天朝衣冠》等。其中《天朝衣冠》获第20届香港印制大奖，《故宫经典》系列8种、《故宫收藏》系列15种，分别入围“中华优秀出版物奖”、“文津图书奖”。《紫禁城》杂志继续探索市场定位，根据变化的出版形势，逐步完善办刊思路，转向开门办刊。

【信息化建设】

2008年是资料信息中心组建的第10年。这10年间，故宫博物院信息化建设从零起步，实现了跨越式发展。故宫院内自动化办公系统、古建筑信息系统、文物管理系统、历史文档信息系统以及文化信息展示系统等多个工作平台的建设使用，有力地促进了管理水平的提高，并成为故宫博物院迈向现代博物馆的重要标志，对弘扬传统文化的促进作用日渐显著。2008年的信息化建设，随着文化展示信息平台的基本建成以及文物管理及行政办公等领域的信息化工作的继续推进，又跃上了一个新台阶。

2006年开始提出建设故宫博物院文化展示信息化工作平台的设想，两年来，通过分析来院观众在不同情境下的实际需求，对展示内容进行了精心策划，在对故宫网站进行改版准备的同时，先后完成了7部导引观众参观陶瓷、绘画和古代建筑展览的视频短片，开发了一批与展览知识互动的多媒体节目。在新建的文华殿陶瓷馆、武英殿绘画馆内安装了全新的数字展示设备；在太和门、外朝东西两侧观众通道也装设了数字导览装置，与IBM公司合作的“超越时空的紫禁城”项目也已完成。充分利用信息技术，由浅入深地向观众揭示故宫所蕴藏的悠久历史文化，基本实现了项目建设的目标。

虚拟现实技术方面，完成大型虚拟现实技术节目《养心殿》的制作。这部节目主要由自主技术力量完成，并突破了此前以建筑场景为主的模式，引进了立体文物三维模型的开发技术，尝试在宫殿场景内讲述文化内容，技术水准超过了此前两部。

【对外交流与合作】

利用故宫深厚的文化底蕴和作为中华文明标志的特殊地位，继续加强对外文化交流。

进一步扩大与国际博物馆界的交往与合作。2008年9月，与东京国立博物馆签订了合作交流意向书，确立了长期战略合作关系。加上之前的法国卢浮宫博物馆、美国大都会博物馆、英国大英博物馆、俄罗斯艾尔米塔什博物馆、德国德累斯顿艺术品收藏博物馆，故宫博物院已与6个世界知名博物馆签订了长期战略合作意向文件。

保持传统优势项目，不断开拓新的外展领域，精心组织各项赴外展览和引进外展，扩大故宫博物院的国际交流范围，弘扬中华文化。在继续保持原有赴香港澳门地区及日本等传统项目的系列展出的同时，与国外（境外）著名博物馆间互办展览的良好势头得以发展，展览内容也不断丰富。2008年已经完成和仍在进行的出国（境）展览8个（赴意大利科尔索博物馆“皇家韵致展”、赴澳门艺术博物馆“天下家国——以物见史故宫专题文物特展”、赴日本东京江户东京博物馆“翰墨千秋——北京故宫藏历代书法大展”、赴德国德累斯顿艺术收藏馆“金龙银鹰1644至1795——故宫博物院/德累斯顿艺术收藏馆文物联展”、赴日本冲绳县立博物馆“故宫藏琉球时期文物展”、赴澳门艺术博物馆“钧乐天听——故宫珍藏戏曲文物特展”、赴日本长崎孔子庙中国历代博物馆“故宫宫廷文物展”、赴日本佐贺县锅岛缎通吉岛家美术馆“地毯展”），赴外参展6个（赴日本东京都写真美术馆“紫禁城写真展”、赴日本“大三国志展”、赴美国旧金山亚洲艺术博物馆“明代宫廷艺术展”、赴香港历史博物馆“中国马文化展”、赴美国大都会博物馆“王翚艺术展”、赴韩国古宫博物馆“修饰与完美的艺术——装潢”展）。

国际学术交流与合作得到增强。一些中外合作的项目继续进行，如与荷兰国家自动音乐博物馆合作修复院藏钟表项目，与美国世界建筑文物基金会合作保护故宫倦勤斋和乾隆花园项目，与德国马普科学技术史研究所“宫廷对技术发展的推动”科研项目等。与日本凸版公司合作，实现了虚拟现实技术从SGI大型机向PC机平台的转移。这意味着故宫博物院的虚拟现实作品，从此可以通过DVD光盘的形式，随同赴外展览一起走出国门，跨越时空局限，生动直观地呈现故宫形象，诠释中华文化，加深印象，扩大影响。

中国国家博物馆

【概述】

中国国家博物馆于2003年2月在原中国历史博物馆和中国革命博物馆两馆合并的基础上组建成立，隶属于中华人民共和国文化部，是以历史与艺术并重，集收藏、展览、研究、考古、教育、交流于一体的综合性国家博物馆。

中国历史博物馆的前身是1912年7月9日成立的“国立历史博物馆筹备处”。

1949年10月1日，在中华人民共和国成立的同日，更名为“国立北京历史博物馆”，1959年更名为“中国历史博物馆”。中国革命博物馆的前身为1950年3月成立的“国立革命博物馆筹备处”。1960年正式命名为“中国革命博物馆”。1959年8月，位于北京天安门广场东侧的两馆大楼竣工，是建国十周年十大建筑之一。同年10月1日开始对外开放。

中国国家博物馆坚持科学发展观，坚持以人为本，以“贴近实际、贴近生活、贴近群众”为宗旨，以“国内领先、国际一流”为建馆目标，坚持“人才立馆、藏品立馆、业务立馆、学术立馆”的办馆方针。中国国家博物馆是中国最高的历史文化艺术殿堂，是广大公众特别是青少年学习历史和文化知识、接受审美教育与文明熏陶的第二课堂。

自2007年3月起，中国国家博物馆改扩建工程正式动工，计划2010年底竣工。馆舍总建筑面积19.19万平方米，为世界上最大的博物馆，展厅多达40余个，硬件设施和功能世界一流。“古代中国”、“复兴之路”是国家博物馆的基本陈列，还设有十余个各艺术门类的专题陈列展览及国际交流展览，不仅荟萃了中华民族五千年的历史与灿烂的文化和艺术，见证了中华民族的百年复兴之路，而且展现了世界优秀的文明成果。

【主要工作】

2008年是中国国家博物馆改扩建工程和新馆筹备的关键一年。党和国家领导人十分关心国家博物馆建设。李长春同志、刘延东同志来馆视察，对新馆工程建设给予充分肯定，明确要求国家博物馆发挥龙头和引擎作用，办好“复兴之路”基本陈列，尽早谋划，设计好、建设好、使用好、管理好、经营好中国国家博物馆。文化部蔡武部长两次到馆指导工作，要求抓住学习实践科学发展观活动和新馆建设的历史机遇，落实解决好新馆建设和开馆的一些根本性问题，在工程和建设上体现文化创新。

在文化部和国家文物局的领导下，馆领导班子认真贯彻落实中央领导和部领导的指示精神，带领全馆职工深入学习实践科学发展观，用科学发展观统领全馆各项工作，紧紧把握新馆建设的历史机遇，解放思想、锐意创新、突出重点、务求实效，在“抓建设、求改革、促发展”的总体思路下，坚持“人才立馆、藏品立馆、业务立馆、学术立馆”的办馆方针，大力加强人才队伍建设，努力抓好各项业务工作建设和各项基础性建设，全馆上下团结一致，努力开创工作新局面，各方面工作取得了显著成绩。

按照党中央和部党组的部署，国家博物馆从2008年9月28日至2009年2月底，在全馆党员中开展深入学习实践科学发展观活动，馆党委书记、馆长吕章申和领导班子其他成员，分别深入到全馆22个党支部，开展讲党课活动，畅谈学习实践科学发展观的体会。各党支部书记和处级领导干部举办学习实践科学发展观体会研讨座谈会，把学习实践活动作为推动新馆建设的历史机遇，取得了显著的成果。

2008年是新馆开馆前重要的一年，在科学发展观的指导下，国家博物馆扎实搞好改扩建工程，通过制定一系列严格的招投标工作制度和程序，设立工程招投标监督管理系统，把新馆工程建设成为一个精品工程、阳光工程。为使基本陈列“复兴之路”于2009年建国60周年前夕在改建后的老馆部分向公众开放，倒排和调整了工期，以确保展览如期开展。为了做好新馆筹备工作，中国国家博物馆积极开展了调研和课题研究工作，形成新馆建设的具体思路，制定新馆开放后切实可行的各种方案，并通过规范和完善规章制度，筹备新馆展览陈列等，为新馆建成后各项管理和业务工作的开展奠定基础。人员培训全面展开；藏品征集力度加大，成绩显著，尤其在近现代藏品征集工作方面取得历史性突破；全力抓好基本陈列的论证工作，完成了“古代中国”基本陈列内容设计大纲第三稿的修订工作，完成了“复兴之路”基本陈列内容设计送审方案。

【馆舍改扩建工程】

党中央、国务院把中国国家博物馆工程确定为国家重大文化工程。在文化部、国家发展和改革委员会等各方面的大力支持下，于2007年3月正式动工。改扩建工程总建筑面积19.2万平方米，其中，老馆改建3.5万平方米，新扩建15.7万平方米，工程总投资25亿元，建设工期为2007年3月至2010年底。在各参建单位的努力下，工程进展顺利。2008年12月18日，屋面钢结构工程第一品钢桁架吊装就位，屋面钢结构开始施工，计划2009年1月完成结构封顶，2010年底改扩建工程竣工投入使用。

【安全保卫工作】

2008年，针对北京举办奥运会等新形势，中国国家博物馆将安全保卫工作提升到新的政治高度，加强安全保卫工作。5月22日和6月18日，在文物库区组织安全保卫人员进行“迎奥运、保安全”消防灭火演练，落实文化部百日安全督察行动，确保奥运期间文物的绝对安全。

重点做好文物库区和端门古建筑的安全保卫工作。加强库区人员安全教育和督查工作，每周组织召开安全协调通气会。加强应急预案编制和演习工作，提高处置突发事件的能力。组织消防演练，进行电路和消防检查，全面检测消防探测器，以确保文物库区的消防安全。对端门安防和消防设施进行了改造，安装安防摄像头35个，更换消防烟感探头143个，确保消防设备始终处于良好状态。

【陈列展览】

1. “古代中国陈列”筹备工作

“古代中国陈列”是中国国家博物馆新馆建成后重要的基本陈列，它的前身为“中国通史陈列”，是原中国历史博物馆的基本陈列。中国国家博物馆专门成立了“古代中国陈列”的内容设计总体领导小组，推动筹备工作的开展。为更好地完成“古代中国陈列”内容设计工作，中国国家博物馆召开了多次专家论证会。2007年12月完成陈列大纲第一稿，经馆内专家15次会议研讨后，2008年8月完成了第二稿。在广泛吸收高等院校和社会科学院一百余位专家的评审意见后，于2008年11月完成了第三稿。2008年11月至12月，又先后召开了全国部分博物馆、考古所、高等院校和社科院、在京资深专家四次大规模的内容设计研讨会。

2. “复兴之路”基本陈列筹备工作

由中共中央宣传部、中共中央文献研究室、中共中央党史研究室、国家发展和改革委员会、财政部、文化部、解放军总政治部、中共北京市委共同主办的“复兴之路”大型主题展览，于2007年10月13日在中国人民革命军事博物馆开幕，2007年12月31日暂时关闭，进行中期修改，2008年3月1日再次展出，受到社会各界的高度关注。中期展出之后，“复兴之路”大型主题展览将在建国60周年大庆前夕在国家博物馆展出，这是一项重大政治任务，中国国家博物馆坚定执行中央领导指示，积极推进“复兴之路”基本陈列的筹备工作，调整了改扩建工程的建设工期，制定了筹备工作日程表，研究展览大改思路，开展文物征集工作。3月~9月，完成了基本陈列内容设计方案送审稿，在保持陈列框架基本不变的前提下，新增文物560多件（套），使陈列内容更丰满，更具有可视性。该修改方案提交中共中央宣传部等主办单位审阅，得到了充分肯定。2008年还完成了陈列艺术总体构思，开展了形式设计、制作和施工的政府采购工作。

3. 蜡像艺术展

2008年9月22日～12月22日在中国国际科技会展中心展出，旨在通过展示与奥运相关的名人蜡像来宣传中国蜡像艺术和奥运文化精神。本次展览展出蜡像人物159尊，按专题、历史顺序分成五个单元进行陈列：第一单元，政治、军事人物；第二单元，思想、教育、科技人物；第三单元，文学、艺术人物；第四单元，英模、英烈人物；第五单元，体坛奥运人物。

4. 国家宝藏——中国国家博物馆馆藏精品展

从2007年3月起，“国家宝藏——中国国家博物馆馆藏精品展”先后在湖南博物馆、福建博物院展出，产生了良好的社会效果。2007年12月6日～2008年2月26日，国家宝藏展在河南博物院展出，共接待观众16余万人次。2008年3月31日，在重庆中国三峡博物馆展出，展出文物54件（套）。8月1日，在内蒙古博物院展出，展出文物60件（套）。12月18日，在深圳博物馆展出，汇集文物66件（套），共接待观众30余万人次。

5. 南海惊梦——“南海Ⅰ号”宋代沉船遗址前期科考成果展

2008年5月16日～8月31日在端门展出。“南海惊梦”展览向公众详细介绍了国家博物馆的水下考古工作者从1987年起对“南海Ⅰ号”这条800年前的宋代沉船所开展的科考工作。

6. 国宝之韵——国家博物馆高仿艺术品展

2008年5月16日～8月31日在端门展出，“国宝之韵”展览让公众近距离欣赏和体验高仿品艺术神韵，同时也向公众展示了传统工艺的精湛技艺。

7. 加拿大原住民的杰作：加拿大文明博物馆珍藏展

2008年8月1日～10月7日在北京皇城艺术馆展出。该展览由中国国家博物馆、加拿大文明博物馆主办，北京皇城艺术馆协办。展出文物150件（套），全部来自加拿大文明博物馆。展览分为艰苦环境中孕育的极地文化、大平原地区的狩猎文化、西北沿海地区的渔猎文化、五大湖地区的农耕文化等四个部分。

8. 中国古代绘画的起源展

2008年7月28日起在韩国首尔举办。该展览由中国国家博物馆、韩国国立中央博物馆主办。中国国家博物馆提供展品23件（套）。

【考古工作】

2008年，国家博物馆在田野、航空、水下等考古领域均取得一定成绩。田野考古工作除延续2007年的几项田野调查和发掘项目之外，新增山西绛县周家庄遗址调查等五个项目。完成山西垣曲商城发掘资料等考古报告的整理工作，出版《西汉水上游考古调查报告》。

遥感考古研究中心参与科技部、国家文物局2007～2008年“空间信息技术在大遗址保护研究工作中的应用——以京杭大运河为例”的科技支撑项目。继续开展中国古代丝绸之路综合研究项目。启动“中国古代矿冶遗址遥感考古调查与研究”项目。共调查安徽、山西、内蒙古等地古代矿冶遗址25处。

水下考古研究中心于11月中旬至12月底对西沙群岛“华光礁Ⅰ号”沉船遗址进行第二期发掘，继续开展福建沿海水下文物、浙江沿海水下文物普查项目。在宁波市象山县渔山列岛海域和石浦港的水下遗存探测与探摸过程中，发现了一艘清代木质商贸运输沉船，出土15件文物。中国国家博物馆宁波水下考古工作基地和舟山工作站已正式挂牌成立。

【对外文化交流】

2008年，中国国家博物馆对外文化交流日益扩大。

德国柏林国家博物馆、德累斯顿国家艺术收藏馆和巴伐利亚国家绘画收藏馆三大博物馆在中国国家博物馆新馆联合举办“启蒙的艺术”展览合作事项已正式启动。10月底，吕章申馆长率团访问德国，与德国外交国务秘书会谈，大大推动了该展览的进度。中国国家博物馆积极参加国际博物馆界的多边交流，11月参加在日本东京举办的中日韩三国国家博物馆馆长会议。吕章申馆长与日本东京国立博物馆和韩国国立中央博物馆新任馆长见面会谈，签署了《第三届中日韩国立博物馆馆长会议合作备忘录》。

2008年，中国国家博物馆共出访团组28个，人员56人次；接待来自德国、韩国、日本、法国、加拿大、美国、香港、澳门等国家和地区的来访团组30多个。

【信息化建设】

2008年，中国国家博物馆继续推进“数字国博”项目建设。根据该项目的总体需求，委托中国文物信息咨询中心提供建设性的意见，撰写了《中国国家博物馆元数据调研报告》。完成国家博物馆办公自动化系统的招标和研发工作，开始进行电子档案系统的研发准备工作。启动了中国国家博物馆数字影像采集工作，召开了数字影像管理系统需求调查会，编写了《中国国家博物馆影像信息管理系统技术方案》，为数字影像管理系统的建设做好准备。

为配合新馆信息工程建设的需要，采用多种形式对新馆虚拟展厅的技术方案进行调研和设计，两次召开“中国国家博物馆虚拟展厅技术方案专家研讨会”，听取行业专家对虚拟展厅拟使用技术的意见和建议。配合“复兴之路”和“古代中国”两个基本陈列的设计和布展工作，提供相关技术支持。就新馆预留预埋、内外网的划分、RFID技术在新馆票务系统及导览系统中的应用、新馆虚拟展厅的建设形式、MPI技术方案论证、新馆通讯及网络接入、新馆网络设备需求等方面的问题进行多次论证。

为适应新馆的需要，中国国家博物馆2008年开始进行网站改版工作，12月15日前推出了第一个网站改版页面。此外，完善了域名体系，新注册域名41个。这些域名中以“博物馆、国博、国家博物馆、中国国家博物馆”为关键词的中文域名有16个，以chnmuseum、museumofchina、vrmuseum、museumtheater、museumtv、museumshop、museumphoto等为关键词的英文域名有35个，使中国国家博物馆网站形成了以“www.chnmuseum.cn”和“www.chnmuseum.cn”为主域名，以其他69个中英文域名为辅助域名的域名体系。

【重点图书出版工作】

1.《中国历史文物》期刊

《中国历史文物》（双月刊）由中国国家博物馆主办，主要刊载文物、考古和博物馆方面的学术文章。主要栏目包括文物研究、书画研究、古史新证、考古研究、文物保护与修复、博物馆陈列研究及学术综述、学术报道等。2008年共出版6期。

2.《近代中国与文物》期刊

《近代中国与文物》是在原中国革命博物馆《党史研究资料》的基础上，于2005年11月创刊。主要栏目包括近现代历史研究、文物研究、博物馆研究、文物科技与保护、社会生活研究、档案文献等。2008年共出版4期。

中国古迹遗址保护协会

【概述】

2008年，中国古迹遗址保护协会（ICOMOS/China，以下简称协会）根据协会宗旨，在《章程》规定的业务范围内，配合文物保护事业大局，积极介入文化遗产保护的各项工作，积极宣传介绍中外文物保护的新理念和文物保护有关政策，充分发挥协会的桥梁和纽带作用；不断加强协会自身组织建设和制度建设，逐步树立起积极进取、作风扎实、管理规范的行业形象。

【重要工作会议】

1. 协会主席会议

1月24日，2008年协会第一次主席会议在北京召开，协会主席张柏主持会议。会上讨论通过召开第二次协会会员代表大会并进行协会执行委员会换届选举的工作方案。

2. 协会执行委员会工作会议

4月28日上午，协会第一次执行委员会第三次全体会议在北京召开，协会主席张柏主持会议。协会常务副主席顾玉才向执委通报第二届会员代表大会筹备经过及日程安排；协会副主席兼秘书长郭旃就协会《章程》的修改做了简要说明；国家文物局人事教育司副司长周明就第二届会员代表大会选举有关事项进行了说明。

3. 协会第二次会员代表大会

4月28日下午，协会第二次会员代表大会在北京召开，来自全国各地文博系统及协会团体会员单位的116名会员代表参加了大会。

大会审议通过协会自2004年召开第一次会员代表大会以来三年的工作报告和财务报告；审议通过修改协会《章程》的报告及《章程》修订草案；进行了协会执行委员会的换届选举工作。国家文物局副局长童明康当选为协会第二届理事会理事长，国家文物局文物保护司司长顾玉才、中国社会科学院考古研究所研究员安家瑶、清华大学建筑学院副院长吕舟、中国建筑设计研究院建筑历史研究所所长陈同滨、中国文化遗产研究院副总工程师侯卫东、国家文物局文物保护司巡视员郭旃当选为副理事长。来自全国文博系统、文物保护与管理单位的三十名专家、管理工作者当选为理事。

4. 协会第二届理事会第一次理事长会议

4月29日上午，协会第二届理事会第一次理事长会议在北京召开，协会理事长童明康主持会议。会上研究确定了理事长、副理事长的分工和职责；通过了协会第二届顾问委员会名单；确定了协会常务副理事长、秘书长、常务副秘书长和副秘书长的人选；确定国家文物局文物保护司司长顾玉才为协会常务副理事长兼财务总监，国家文物局文物保护司巡视员郭旃为协会副理事长兼秘书长；中国文物信息咨询中心副主任朱晓东为常务副秘书长、国家文物局文物保护司世界遗产处处长陆琼为副秘书长。

5. 协会第二届理事会第一次全体会议

4月29日上午，协会理事长童明康在北京主持召开协会第二届理事会第一次全体会议，会上通报了理事长会议决议，对协会工作进行了具体安排。新当选的30名理事参加会议，并对协会进一步扩大工作领域、丰富工作内容、加强对文物保护事业的宣传等未来工作的开展提出积极建议。

【对外交流与合作】

1. 世界遗产委员会（加拿大魁北克）第32届会议

2008年7月2日~7月10日，联合国教科文组织第32届世界遗产委员会会议在加拿大魁北克城召开。作为21个委员国之一，我国派出了由教育部副部长、教科文全委会主任章新胜任团长，由外交部、建设部、国家文物局、教科文全委会负责官员，江西省、福建省、云南省、江苏省和澳门特别行政区等有关遗产地管理机构的人员和专家组成的代表团与会。协会理事长童明康及副理事长、秘书长郭旃等参加了会议。会上，我国“三清山风景名胜区”和“福建土楼”两项世界遗产提名项目得到委员国广泛支持，顺利通过审议，被列入《世界遗产名录》。

2. 国际古迹遗址理事会（ICOMOS）第16届大会

9月29日~10月4日，ICOMOS在加拿大魁北克召开ICOMOS第16届大会，协会理事长童明康、副理事长兼秘书长郭旃及协会有关专家参加了此次大会。通过选举，郭旃成功竞选连任ICOMOS副主席。

3. 国际古迹遗址理事会执行委员会会议

6月、9月、11月，ICOMOS分别召开三次执行委员会会议，协会副理事长兼秘书长郭旃参加会议，并参与讨论修改古迹遗址保护相关准则和工作手册，审议了各国申报项目和保护状况。

4. 国际古迹遗址理事会咨询委员会会议

9月，协会理事长兼秘书长郭旃作为ICOMOS副主席参加了咨询委员会会议。

5. 国际古迹遗址理事会世界遗产工作组会议

3月和11月，ICOMOS各召开一次世界遗产工作组会议，协会理事长兼秘书长郭旃作为ICOMOS副主席参加了会议。

6. 世界遗产保护杭州论坛暨2008国际古迹遗址理事会亚太地区会议

6月10日~6月12日，协会与浙江省文物局、杭州市园林文物局共同承办了由国家文物局和杭州市人民政府主办的“世界遗产保护杭州论坛暨2008国际古迹遗址理事会亚太地区会议”。此次论坛也是中国第三个文化遗产日的重要活动之一。来自澳大利亚、英国、马来西亚等15个国家以及中国的80多位遗产保护专家和遗产地管理者参加了此次活动。

7. 东亚地区木结构彩画保护国际研讨会

10月30日~11月1日，协会与北京市文物局共同承办了由国家文物局与联合国教科文组织世界遗产中心、国际古迹遗址理事会主办的“东亚地区木结构彩画保护国际研讨会”，来自欧洲、北美、亚洲等14个国家以及其他国际组织的70余位木结构彩画保护专家和学者出席研讨会。会议就彩画真实性的认定和保护标准及传统彩画的传承等问题展开深入研讨，并原则通过了对东亚地区木结构历史建筑彩画保护具有指导意义的《东亚地区关于彩画保护和修复的北京备忘录》。

8. 中澳文化遗产保护专家座谈会

11月11日，筹办了由澳大利亚遗产联合会与中国建筑遗产保护、博物馆管理、遗产保护规划等专家参加的“中澳文化遗产保护专家座谈会”。会上，中外专家就“遗产地的可适用性再利用”、“文化遗产的变化与风险管理”、“博物馆的教育与培训”、“文化遗产理念的演变及对博物馆的影响”等专业问题做了广泛的交流与研讨。

9. 评估世界遗产申报项目

9月，协会会员王力军现场评估了韩国皇家陵寝申报世界遗产项目。

【文物宣传与出版】

1. 古迹遗址保护理论的实践与探索

8月，由协会秘书处编辑的《古迹遗址保护的理论与实践探索——〈中国文物古迹保护准则〉培训班成果实录》由科学出版社正式出版。

2. 国际古迹遗址理事会关于二十世纪遗产文献

配合“4·18”古迹遗址日活动主题，翻译、编印了国际古迹遗址理事会关于二十世纪遗产文献的特刊。

【其他】

7月10日，协会分支机构中国古迹遗址保护协会评估专业委员会经中华人民共和国民政部批准正式成立（社会团体分支机构登记证书社证字第4764－1号）。

9月22日，协会分支机构中国古迹遗址保护协会石窟专业委员会经中华人民共和国民政部批准正式成立（社会团体分支机构登记证书社证字第4764－2号）。

9月22日，协会分支机构中国古迹遗址保护协会培训专业委员会经中华人民共和国民政部批准正式成立（社会团体分支机构登记证书社证字第4764－3号）。

纪事篇

2008年1月

1月8日 为纪念周恩来诞辰110周年，“世界瑰宝——周恩来国务礼品特展”在天津周恩来邓颖超纪念馆开幕。

1月9日 “汇聚爱心 共享中华——迎奥运携手助建中国妇女儿童博物馆第三次捐赠仪式暨表彰大会”在人民大会堂举行。

山东省文物局在山东省博物馆召开的新闻发布会上展示了我国首次通过友好协商方式从日本追索回的被盗北魏石刻菩萨造像，并宣布将其入藏山东省博物馆。

1月10日 国家文物局和中国建筑设计研究院在北京举行“文化遗产保护规划国家文物局重点科研基地”挂牌仪式。

1月13日 为期两天的全国长城资源调查专项工作会议在北京召开。

1月14日 祖籍湖南省长沙县的全国人大常委会副委员长李铁映向家乡捐赠作品仪式在湖南省博物馆举行。

1月15日 重庆自然博物馆新馆奠基仪式在重庆举行。

由英国商业团体发起的英国有史以来最大规模的中国文化节——“时代中国”开始启动。

澳大利亚政府向中国政府归还查缴的古生物化石，交接仪式在中国驻澳大利亚使馆举行。

为期两天的中国木版年画抢救保护发展国际高峰论坛在开封召开。

1月16日 宁夏邮政博物馆开馆仪式在银川举行。

1月17日 “中国社会科学院考古学论坛——2007年中国考古新发现”在北京召开。

1月18日 中国社会科学院考古研究所文化遗产保护研究中心在北京挂牌。

1月20日 由安徽省经贸委和文化厅主持，安徽省工艺美术学会和桐城市文化局承办的厚胎掐丝珐琅研制工艺鉴定会在合肥举行。

1月21日 国家文物局在北京召开“国家文物鉴定委员会在京委员2008年新春团拜会”。

江苏省十大名人故居抢救保护工程张凤翼故居修复竣工暨苏州市考古研究所挂牌仪式在维修后的张凤翼故居举行。

1月22日 国家文物局和河南省文物局在北京召开新闻发布会，通报河南许昌古人类头骨化石发现的有关情况。

1月23日 中宣部、财政部、文化部和国家文物局下发《关于全国博物馆、纪念馆免费开放的通知》。

1月24日 文化部办公厅向社会公示《第二批国家级非物质文化遗产名录推荐项目名单》。

郑州市文物考古研究院通过ISO14001环境管理体系认证审核，并取得了ISO14001：2004环境管理体系双语认证证书。

1月26日 由中国作家协会主办的韩美林《天书》出版新闻发布会暨研讨会在

北京人民大会堂举行。

1月27日 国家文物局在河南省洛阳组织召开的为期四天的全国丝绸之路申报遗产工作交流会开幕。

1月28日 由全国政协书画室和文物出版社主办的“书写和谐，守望家园——苏士澍金石书法求教展”在全国政协礼堂开幕。

1月30日 国家文物局召开会议研究雨雪冰冻灾情，部署文物安全工作，并下发了《关于做好雨雪冰冻灾情下文物保护工作的紧急通知》。

1月31日 中国国家文物局和斯里兰卡国家遗产部关于合作保护文化遗产的协议签字仪式在斯里兰卡首都科伦坡举行。

中国当代著名学者、书画鉴赏家、书法家、博物馆学家，辽宁省文史馆名誉馆长、辽宁省博物馆名誉馆长、全国古代书画巡回鉴定专家小组成员杨仁恺先生逝世。

文化部召开“非物质文化遗产保护与古籍保护工作新闻发布会”。

2008年2月

2月1日 中宣部、财政部、文化部和国家文物局在北京召开全国博物馆纪念馆免费开放工作会议，具体部署博物馆纪念馆免费开放工作。

国家文物局政策法规司在中国文物信息咨询中心召开专家评审会，邀请来自公安部、国土资源部、商务部、北京市文物局的文物信息方面的专家，对“文物安全与行政执法管理信息系统”进行初步验收。

2月5日 国家文物局领导检查国家博物馆工地和故宫博物院等文博单位安全情况。

2月11日 中国第一家奥林匹克博物馆厦门奥林匹克博物馆开馆。

2月14日 国家文物局发布《关于加强文物消防工作的紧急通知》。

国家文物局召开2008年第一次局务扩大会议。

2月15日 中共国家文物局党组召开贯彻十七届中央纪委第二次全会精神座谈会。

2月18日 中国文化遗产研究院（其前身是中国文物研究所）揭牌。

2月19日 国家文物局党组中心组学习贯彻全国组织工作会议精神。

北京市文物局再次向20家文保单位的产权使用单位和管理使用单位制发了《责令限期整改通知书》。

2月20日 全国文物系统抗灾、防火暨博物馆免费开放片区工作座谈会在桂林召开。

2月21日 新闻出版总署召开新闻发布会，公布首届中国出版政府奖评选结果，文物出版社成为首届中国出版政府奖50家先进出版单位之一。

2月22日 “迎奥运　携手助建中国妇女儿童博物馆”第四次捐赠仪式在北京人民大会堂举行，收到各界捐款1300多万元。

2月24日～25日 国家文物局组织有关专家赴重庆大足石刻调研。

2月26日 国家文物局局长单霁翔与希腊共和国文化部长米哈伊·利亚彼期在北京签署了《中华人民共和国国家文物局与希腊共和国文化部关于防止盗窃、盗掘和非法进出境文物的谅解备忘录》。

北京市文物局召开2008年重点工作进展情况通报会。

2月28日 故宫博物院和文物出版社共同召开纪念张伯驹先生诞辰110周年座谈会。

由文化部人事司、直属机关党委和国家文物局人事教育司、直属机关党委联合主办的“文化建设”栏目在文化部机关举行开通仪式。

2月29日 国务院法制办在其官方网站上公布了《博物馆条例（征求意见稿）》。

位于北京最高人民法院机关西院内的

中国法院博物馆举行了揭牌仪式。

中华民族艺术珍品评审鉴定专家委员会成立仪式新闻发布会在北京钓鱼台国宾馆举行。

2008 年 3 月

3 月 1 日 由中共中央宣传部等 8 部委主办的“复兴之路”大型主题展览调整修改工作全部完成，重新开展。

中国人民革命军事博物馆开始向社会永久性免费开放，成为北京地区率先实行免费开放的国家级大馆。

3 月 7 日 国家文物局直属机关工会、妇女工作委员会联合召开庆祝三八妇女节暨和谐家庭表彰大会。

3 月 9 日 “2007 年度全国十大考古新发现”初评评审会由中国考古学会与中国文物报社共同组织在北京召开。

3 月 11 日 北京鲁迅博物馆举行“迎奥运北京鲁迅博物馆一线职工手语学习活动”。

3 月 17 日 香港志莲净苑委托张之平高级工程师将《清国北京皇城》和《北京宫殿建筑装饰》的中日英文复印本各一套赠送中国文化遗产研究院。

3 月 20 日 由国家宗教局、国家文物局和中国佛教协会联合举办的“全国佛教寺庙文物保护培训班”在北京举行开班典礼。

国家文物局人事工作会议在北京召开。

3 月 21 日 国家文物局加强预算执行管理工作会议在北京召开。

世界银行宣布，已经批准 3840 万美元贷款，用于修缮保护甘肃省丝绸之路沿线的重要文化自然遗产，开发可持续旅游业。

3 月 24 日 北京地区博物馆急救培训在首都博物馆进行。

3 月 27 日 为庆祝中南两国建交 10 周年，大型文物展览——“华夏瑰宝展”在南非共和国行政首都比勒陀利亚市国家文化历史博物馆开幕。

3 月 28 日 “馆藏文物保存环境国家文物局重点科研基地”在上海博物馆挂牌。

北京地区第一批 33 家博物馆向全社会免费开放。

3 月 31 日 “国家宝藏——中国国家博物馆馆藏精品展”在重庆中国三峡博物馆开幕。

2008 年 4 月

4 月 2 日 国务院常务会议审议并原则通过《历史文化名城名镇名村保护条例（草案）》。

4 月 3 日 国家文物局党组中心组学习传达贯彻国务院廉政工作会议精神。

由中央文明办、中国文联、山西省政府主办的“我们的节日——清明节”主题活动启动仪式暨“首届全国清明节美术、书法、摄影、民间艺术作品展”在山西博物院举行。

4 月 5 日 由故宫博物院和法国卢浮宫博物馆共同举办的“卢浮宫·拿破仑一世展”在故宫博物院开幕。

“西安·唐大明宫遗址保护展示示范园区暨大明宫国家遗址公园丹凤门遗址、御道遗址、宫墙遗址展示设计方案国际竞赛”启动。

4 月 7 日 由国家图书馆主办的“洁白的丰碑——纪念傅雷百年诞辰”展览在国家图书馆展览厅开幕。

4 月 8 日 “2007 年度全国十大考古新发现”在北京揭晓。

国家文物局机关党员干部职工到国家历史文化名村——北京市门头沟区爨底下村开展春季植树活动。

国内规模最大的客家博物馆——广东客家博物馆在广东省梅州市开馆。

4 月 10 日 “中国文化遗产保护无锡论

坛——20世纪遗产保护”在江苏省无锡市开幕。

4月11日 由国家文物局举办的全国大遗址保护现场会在江苏省无锡市开幕。

从丹麦成功追索回国的156件文物在北京举行开箱仪式。

4月14日 中国和智利两国签署《中华人民共和国政府和智利共和国政府关于防止盗窃、盗掘和非法进出境文物的协定》。

“马普切——智利的起源”展览开幕式在北京首都博物馆举行。

4月15日 由国家文物局组织的“考古发掘报告编写工作高级研修班”在北京开班。

日本TBS电视台赴景德镇陶瓷馆拍摄“海上丝绸之路”专题片。

4月16日 国家文物局“文物安全与行政执法管理信息系统”全国推广培训班在北京举办。

4月17日 国家文物局召开社会组织工作会议。

首个展示闽台两地中医药发展渊源的博物馆在厦门海沧青礁慈济宫义诊堂开馆。

4月18日 国际古迹遗址日主题是“宗教遗产与圣地”。

总投资1.18亿元的历代班禅驻锡地扎什伦布寺维修工程开工。

4月19日 国家文物局2008年春季职工运动会在中国对外经济贸易大学体育场举行。

4月22日 国家重点出版工程——《中国美术分类全集·中国法书全集》和《中国美术分类全集·中国竹木牙角器全集》编纂工作会议在文物出版社召开。

文化部和国家文物局在河南省郑州市召开“2007年度全国文化、文物统计年报会审汇编会”。

4月24日 国家文物局发布了《关于开展2008年“文化遗产日”活动的通知》。

“瓷之源”原始瓷与德清窑学术研讨会在浙江省德清县举行。

4月25日 国家民委向中国妇女儿童博物馆赠送了少数民族服饰等藏品。

4月26日 中国艺术研究院中国工艺美术馆在北京举行了中国传统工艺美术保护与发展研讨会。

4月28日 全国首家劳务工博物馆开馆仪式在深圳（宝安）劳务工博物馆举行。

中国古迹遗址保护协会第二届会员代表大会在北京召开。

4月29日 国家发展和改革委员会宣布，从4月起，用1年的时间，对全国范围内实行政府定价或政府指导价的门票价格进行清理整顿。

“全国文物系统迎奥运安全大检查”在北京艺术博物馆（万寿寺）启动。

4月30日 “西藏今昔”大型主题展在北京开幕。

2008年5月

5月5日 “中韩暨观察员国家文化艺术界高层学术论坛”在北京国际会议中心举行。

5月9日 “《国际博物馆》与中国遗产保护论坛”在故宫博物院召开。

中国博物馆学会传媒专业委员会成立大会暨“古老的中国，崭新的博物馆——中国博物馆发展论坛”在北京召开。

国家文物局机关服务中心向北京新文化运动纪念馆移交139件（套）红楼文物资料和老式家具等。

5月12日 四川省汶川县发生8级地震。

国家文物局印发《关于做好震后文物保护工作的紧急通知》。

5月13日 国家文物局召开学习贯彻《历史文化名城名镇名村保护条例》座谈会。

5月14日 国家文物局举行抗震救灾献爱心捐款仪式。

“景德镇传统制瓷工艺流程及标本”捐赠仪式暨学术研讨会在首都博物馆举行。

5 月 15 日　国家文物局在北京组织召开“迎奥运文物安全工作会议”。

5 月 16 日　国家文物局召开局长办公会议，部署文物、博物馆系统抗震救灾工作。

故宫博物院举办红十字救护站捐赠暨启动仪式。

5 月 18 日　首批国家一级博物馆授牌仪式在北京首都博物馆举行。

5 月 20 日　国家文物局在成都召开抗震救灾现场会。

2008 年度全国考古领队现场保护培训班在湖北省荆州市举行开学典礼。

“西安·唐大明宫遗址保护展示示范园区暨大明宫国家遗址公园总体规划大纲”研讨会在北京召开。

5 月 21 日　国家文物局在重庆中国三峡博物馆召开国家文物局抗震救灾重庆现场会。

十一世班禅在雍和宫主持四川汶川大地震赈灾祈愿大法会。

5 月 22 日　国家文物局抗震救灾陕西现场会在宝鸡市召开。

荣宝斋举行“为了汶川”义卖活动。

5 月 24 日　国家文物局抗震救灾甘肃现场会在兰州市召开。

5 月 25 日　张森水纪念园落成典礼暨追思会在浙江举行。

5 月 27 日　国务院第三次全国文物普查领导小组办公室第二次会议在北京举行。

国家文物局与北京大学在北京大学临湖轩召开联合办学发展指导委员会全体会议。

嘉德举行“共同渡过·中国当代艺术界赈灾义拍”活动。

5 月 28 日　国家文物局在成都组织召开地震遗址博物馆规划论证会。

5 月 29 日　北京保利举行“情系灾区·倾情奉献”中国现当代艺术家为地震灾区捐献作品义拍。

中国民族建筑遗产研究与保护专业委员会在北京成立。

5 月 30 日　四川地震灾区羌族民族文化抢救与保护座谈会在国家民委召开。

匡时举行“为了孩子”赈灾义拍。

2008 年 6 月

6 月 2 日　丝绸之路系列申报世界遗产国际协商会议在西安召开。

四川省文物管理局在成都组织召开了“5·12”汶川大地震遗址博物（纪念）馆、纪念地（点）、纪念设施前期准备及地震文物征集工作会议。

6 月 3 日　第四届东亚考古学会大会在北京召开。

6 月 5 日　国家文物局在北京召开《四川省“5·12”汶川大地震文化遗产抢救保护规划大纲》审核会。

6 月 6 日　国家文物局上午举行抗震救灾新闻通气会，下午举办抗震救灾报告会。

6 月 8 日　由中国社会科学院考古研究所主办的“东北早期农业的传播”学术研讨会在大连举行。

国务院颁布《汶川地震灾后恢复重建条例》。

6 月 10 日　2008 国际古迹遗址理事会亚太地区会议在杭州召开。

6 月 11 日　文化部、国家文物局联合召开“2008·文化遗产日新闻通气会”。

“2008 中国非物质文化遗产展演”在北京民族文化宫剧场拉开帷幕。

“世界遗产保护·杭州论坛”在杭州召开。

6 月 12 日　“成功追索流失海外的中国文物”专题展览开幕式在北京历代帝王庙举行。

首届中国文化遗产保护年度杰出人物颁奖暨事迹报告会在北京举行。

国家文物局“文化遗产日专题图片展览”开幕式在北京白塔寺举行。

6月13日 国家文物局召开全局系统处以上干部大会，传达当天上午中共中央、国务院在北京召开的省区市和中央部门主要负责同志会议的精神。

由中国建筑设计研究院（文化遗产保护规划国家文物局重点科研基地）主办的“建筑师与20世纪文化遗产保护论坛”在北京召开。

6月14日 我国第三个文化遗产日，四川地震灾区羌族文化展在北京开幕。

“2008文化遗产日——奥运北京”系列活动开幕式在首都博物馆举行。

“国家珍贵古籍特展”在国家图书馆古籍馆（北海分馆）举办。

中国文化遗产学院举行了“文化遗产保护与中国特色社会主义法制建设——大运河的法律保护问题”研讨会。

6月16日 由中国文物信息咨询中心（国家文物局数据中心）主办的中国文化遗产网（www.cchmi.com）正式开通。

6月17日 “为教育的艺术空间”中美艺术博物馆教育研讨会在中国美术馆举行。

6月19日 国家文物局在青岛市举办中法合作工业遗产调查与保护利用培训班。

6月20日 国家文物局在北京举行文物系统抗震救灾先进集体、先进个人表彰会。

全国文物系统支援地震灾区文物抢救保护工作会议在北京召开。

6月21日 2008年全国文物局长座谈会在北京召开。

6月23日 “永不放弃——上海公安抗震救灾纪实展”在上海公安博物馆开幕。

6月25日 四川省江油市工商联（商会）捐建李白纪念馆太白堂的协议在市政府会议室签订，捐建资金为500万元。

四川灾区少年儿童到北京首都博物馆参加夏令营活动。

6月26日 “抗震救灾，众志成城——2008中国抗震救灾大型新闻图片展”在河北省博物馆举办。

6月29日 国家文物局在成都召开震后文化遗产抢救保护工作会议，对下一步工作作出部署。

6月30日 四川省人民政府、国家文物局在都江堰市举行世界文化遗产都江堰古建筑群抢救保护工程开工仪式。

四川省文化厅在成都召开会议，向文化部、国家文物局汇报四川省文化文物系统恢复重建工作。

四川省首批国家一级博物馆授牌仪式举行。

2008年7月

7月1日 国家文物局党组中心组集中学习《建立健全惩治和预防腐败体系2008～2012年工作规划》。

中共国家文物局直属机关委员会召开四届九次会议，部署重点工作。

7月2日 “中国农民艺术展”在北京全国农业展览馆开展。

7月3日 第三届世界遗产论坛在南京隆重召开。

7月7日 福建土楼和江西三清山风景名胜区被正式列入《世界遗产名录》。

“美国驻华使馆文化保护大使基金资助明代佛经古籍修复项目成果展”在北京市文物局礼堂举行。

7月8日 北大红楼保护维修工程正式开工。

“红岩魂”全国巡展20周年纪念活动暨红岩魂陈列总馆开馆仪式在重庆红岩魂广场举行。

7月10日 内蒙古巴彦淖尔市举办“2008阴山岩画年国际岩画科考活动周”活动。

7月11日 中国建筑经典丛书《义县奉国寺》首发式暨中国辽代木构建筑研讨会在辽宁义县奉国寺的大雄宝殿前举行。

7月12日 山海关长城保护工程竣工仪式在山海关天下第一关广场举行。

7月13日 国家文物局举办西部地区文博干部培训班。

7月15日 四川省人民政府、国家文物局在阿坝州理县桃坪羌寨举行羌族碉楼与村寨抢救保护工程开工仪式。

全国重点文物保护单位、位于四川广元地震灾区的皇泽寺摩崖造像重新向游人开放。

三星堆博物馆青铜馆陈列改造竣工，重新开放。

新疆以地震遗迹为主的国家地质公园——可可托海国家地质公园开园。

7月18日 交通银行向成都杜甫草堂博物馆捐赠签约仪式在杜甫草堂博物馆举行。

青岛市博物馆举办“国际友谊博物馆帆船礼品展”和“奥林匹克与中国展”。

中华民族艺术珍品博物馆开馆，大型展览“奥林匹克之旅——中华民族艺术珍品展”开展。

7月21日 国家文物局在北京召开2008年度第二次局务扩大会议。

7月22日 “制胜之道——孙子兵法暨中国古代军事文物精品展”在中国人民革命军事博物馆开幕。

7月23日 联合国教科文组织亚太地区世界遗产培训与研究中心在北京大学揭牌成立。

国家文物事业“十一五”规划项目——山西南部早期建筑保护工程开工仪式在山西省平顺县全国重点文物保护单位九天圣母庙前举行。

7月24日 国家文物局人事教育司召开新公务员座谈会。

7月25日 地震中文物受损及灾后保护情况新闻发布会在2008北京国际新闻中心举行。

7月28日 “奇迹天工——中国古代发明创造文物展”开幕式在国家奥林匹克公园中心区的中国科学技术馆新馆举行。

第一批《国家珍贵古籍名录》颁证暨第一批全国古籍重点保护单位授牌仪式在北京举行。

住房和城乡建设部、文化部、国家文物局在2008北京国际新闻中心召开集体采访会，就中国的文化遗产和自然遗产保护情况接受中外记者提问。

四川茂县羌族博物馆重建规划大纲和陈列展览大纲专家讨论会在国家文物局召开。

7月29日 “中国记忆——5000年文明瑰宝展”在北京首都博物馆开展。

2008年8月

8月1日 中宣部、国家文物局在革命圣地井冈山联合召开全国革命文物工作座谈会。

国家文物局在江西召开各省市文物行政部门和有关博物馆负责同志参加的中国文字博物馆文物征集工作协调会，部署中国文字博物馆文物征集工作。

由文化部恭王府管理中心与丹麦腓特烈堡国家历史博物馆共同举办的“中国·丹麦1600～2000”展在恭王府开幕。

“钢铁长城——新中国国防和军队建设成就展”在香港会议展览中心开幕。

8月2日 世界文化遗产地清东陵迎来第一批来自英、法、德、瑞士、格鲁吉亚等国的奥运宾客。

8月4日 “公平的竞争——古希腊竞技精神”考古展在首都博物馆举行开幕式。

8月5日 国家文物局党组中心组集体学习胡锦涛总书记在抗震救灾先进基层党组织和优秀共产党员代表座谈会上的讲话，以及中央组织部召开的领导班子思想政治建设座谈会和全国教育培训工作会议精神。

“中国印·舞动的北京”展览在北京艺术博物馆开幕。

8月7日 “世界瑰宝——中华人民共和国国际礼品展”在北京的中国人民革命军事博物馆开幕。

8月11日 中国与哥伦比亚在北京签署《中华人民共和国国家文物局和哥伦比亚文化部意向书》。

8月17日 由法国著名收藏家米歇尔·关农收藏的102幅历届奥运会宣传海报珍品在青岛出版艺术馆展出。

8月21日 “文物调查及数据库管理系统建设”项目工作座谈会在辽宁省大连市召开。

国家文物局在北京组织召开了《大运河遗产保护规划第一阶段编制要求研究》课题结项验收会议。

8月28日 宁夏博物馆新馆开馆并免费向公众开放。

2008年9月

9月2日 中国航空博物馆举行国家一级博物馆揭牌仪式。

9月4日 河南安阳市政府殷墟保护规划修编领导小组第一次会议暨规划方案研讨会召开。

9月5日 第三届东亚纸质文物保护研讨会在韩国首尔举行。

9月8日 江苏无锡鸿山遗址博物馆向社会开放。

国家文物局项目评估小组对陕西省文物调查及数据库管理系统建设项目进行了中期评估。

9月9日 国家图书馆二期暨国家数字图书馆正式开馆。

9月10日 第七届中日韩博物馆国际学术研讨会在沈阳召开。

9月12日 国家文物局召开机关和直属单位领导干部会议，传达文化部领导班子建设和集体廉政谈话会议精神。

全国廉政文化大型绘画书法展览在北京中国美术馆开幕。

书法家苏士澍捐赠200万元修复地震灾区受损文物。

9月14日 国际博协博物馆学委员会（ICOFOM）2008年年会在中国长沙召开。

中国博物馆学会博物馆学专业委员会在长沙成立。

9月20日 国际文物建筑消防安全论坛在太原召开。

9月21日 中国古脊椎动物学会第十一次学术年会、中国第四纪古人类—旧石器专业委员会第三次学术会议暨纪念贾兰坡先生百年诞辰会议在太原召开。

9月22日 国务院第三次全国文物普查领导小组第二次（扩大）会议在北京召开。

以古遗址保护为主题的2008古遗址保护国际学术讨论会暨2008国际岩石力学学会区域研讨会在甘肃敦煌莫高窟召开。

9月24日 第四届中国大运河文化节大运河保护与申遗高峰论坛在江苏省淮安市举行。

中国政府与委内瑞拉政府签署《中华人民共和国政府和委内瑞拉玻利瓦尔共和国政府关于防止盗窃、盗掘和非法进出境文物的协定》。

国家文物局在北京召开了《灾后文化遗产抢救性保护综合信息平台》课题立项专家评审会。

9月25日 国务院新闻办公室发表《西藏文化的保护与发展》白皮书。

9月26日 西安唐城墙含光门遗址博物馆正式开馆。

河北正定“2008金秋旅游文化节开幕式”暨北京大学正定文化遗产教学科研实习基地授牌仪式在隆兴寺举行。

9月29日 浙江良渚博物馆和美丽洲公园建成开放。

2008年10月

10月1日 无锡博物馆举行开馆仪式，“李岚清篆刻艺术展”和“悲鸿故乡行——徐悲鸿经典作品无锡特展”同时举行。

10 月 5 日 全国重点文物保护单位浙江金华太平天国侍王府遭遇火灾。

中国文物学会在北京举行联谊会，欢度重阳老人节。

10 月 8 日 中共中央、国务院、中央军委在人民大会堂举行全国抗震救灾总结表彰大会。

国家文物局召开深入学习实践科学发展观活动动员大会。

重庆中国三峡博物馆与英国威尔士国家博物馆签订《友好合作意向书》。

10 月 10 日 故宫博物院和 IBM 合作开发的“超越时空的紫禁城”虚拟世界启动。

国家文物局举办深入学习实践科学发展观活动培训班。

10 月 11 日 国家文物局将近年征集的越王亓北古剑、唐三彩马和宋青白釉花口凤首壶移交海南省博物馆收藏。

10 月 13 日 国家文物局党组中心组召开会议，学习中共十七届三中全会精神。

联合国教科文组织宣布《保护水下文化遗产公约》于 2009 年 1 月初生效。

四川阿坝直波碉楼抢救保护工程开工。

10 月 14 日 国家文物局举行深入学习实践科学发展观活动报告会。

10 月 15 日 国家文物局在京举行 2008 年度“郑振铎—王冶秋文物保护奖”表彰会。

10 月 18 日 郑振铎诞辰 110 周年纪念座谈会暨学术研讨会在上海鲁迅纪念馆举行。

首届辽上京契丹·辽文化学术研讨会召开。

海峡两岸纪念武汉抗战 70 周年学术研讨会在武汉召开。

10 月 19 日 全国文物系统深入学习实践科学发展观座谈会在浙江余姚召开。

10 月 21 日 “大遗址保护高峰论坛”在西安举行。

大明宫国家大遗址保护展示示范园区暨大明宫国家遗址公园在陕西省西安市大明宫丹凤门遗址奠基开工。

“为了正义与和平——国际友人支援中国抗战展”在中国人民抗日战争纪念馆开幕。

10 月 22 日 中国考古学会第十一次年会暨第五届会员代表大会在北京召开。

10 月 23 日 大运河遗产保护规划培训研讨会在北京召开。

村落文化景观保护与可持续利用国际学术研讨会在贵阳召开。

“万里长城·百年回望”展在北京孔庙和国子监博物馆开展。

10 月 25 日 “纪念台湾光复 63 周年图片文物特展”在福建泉州中国闽台缘博物馆举行。

10 月 28 日 全国文物工作先进县（市）论坛在江苏省常熟市召开。

10 月 29 日 陕西省考古研究院举行 50 周年庆典系列活动。

东亚地区木结构彩画保护国际研讨会在北京举行。

由故宫博物院与香港大学合办的“陶铸古今——饶宗颐学术·艺术展”在故宫博物院开幕。

10 月 30 日 国际博物馆协会第 22 届大会执委会第二次会议在北京召开。

世界文化遗产殷墟考古发掘 80 周年纪念活动暨考古与文化遗产论坛在河南省安阳市举行。

2008 年 11 月

11 月 1 日 首届中国文化遗产保护天津论坛在天津举行。

11 月 2 日 第五届西部考古协作会暨史前时代的中国西部——以云贵高原为中心国际学术研讨会在昆明举行。

纪念改革开放 30 周年——全国民族文博工作战略发展研讨会暨中国民族博物馆合作网 2008 年年会在南京召开。

11月4日 中荷联合修复颐和园藏慈禧画像完工揭幕仪式在颐和园文昌院举行。

"人类遗产的诠释——共享和传播"国际学术研讨会在北京大学考古文博学院召开。

11月5日 故宫博物院举办博物馆与法律论坛。

中国古陶瓷学会2008年泉州年会暨中国古外销陶瓷学术研讨会在福建省泉州市召开。

11月6日 "金石启智"论坛暨"金石书法高研班"开班典礼在北京古玩书画城举行。

11月8日 中国民族建筑研究会学术年会暨第二届民族建筑（文物）保护与发展高峰论坛在北京举行。

11月9日 "改革开放总设计师邓小平"大型展览在广州市原中国进出口商品交易会流花路展馆开展。

11月11日 中国古迹遗址保护协会与澳大利亚遗产联合会在中国文化遗产研究院共同举办了中澳文化遗产保护专家座谈会。

11月13日 国家文物局召开深入学习实践科学发展观研讨会。

美国福特基金项目文化遗产保护与当代中国社会研讨会在北京召开。

11月14日 由文化部命名的羌族文化生态保护实验区授牌仪式在人民大会堂举行。

11月15日 海南省博物馆开馆。

11月17日 美国亚特兰大海伊博物馆举办"中国秦兵马俑展"开幕仪式。

全国政协大运河保护与申遗跟踪调研组到河北进行考察。

11月18日 中国海盐博物馆在江苏盐城开馆。

11月20日 安徽省文物考古研究所建所50周年。

11月21日 国家文物局在北京召开2008年文物拍卖管理工作座谈会。

11月24日 国家文物局召开会议，落实学习实践科学发展观活动分析检查阶段的各项工作。

全国第十届考古与文物保护化学学术研讨会在广西南宁举行。

11月25日 "承前启后，再造辉煌——第一届海峡两岸南系古建艺术研讨会"在台北的台湾艺术大学举行。

2008年12月

12月1日 "中国长城论坛·长城与民间保护"在北京举行。

12月2日 第二届"薪火相传——中国文化遗产保护年度杰出人物"评选活动在北京启动。

12月3日 国际博物馆协会第二十二届大会框架协议的签约仪式在上海博物馆举行。

国家文物局党组召开离退休干部座谈会，征求对开展学习实践科学发展观活动的意见。

为纪念改革开放30周年，博物馆与社会发展论坛在北京举行。

12月4日 西汉南越国考古与汉文化国际学术研讨会在广州召开。

12月5日 宁波博物馆举行开馆仪式。

"携手2010：宁波国际博物馆高峰论坛"在宁波博物馆学术报告厅开幕。

12月6日 "丝路传奇——新疆文物大展"在台北的台湾历史博物馆开展。

首届中国玉文化名家论坛在浙江绍兴举办。

12月9日 中国博物馆学会第五届会员代表大会在北京召开。

12月10日 文物科技保护图片展在北京红楼开展。

12月11日 国家文物局召开会议传达中央经济工作会议精神。

12月12日 国家文物局在辽宁省沈阳市举办第三次全国文物普查2008年度冬季

轮训（北部片区）培训班。

12 月 16 日　国家文物局在北京召开局机关及直属单位老干部会议。

出土饱水竹木漆器及简牍保护学术研讨会在清华大学召开。

12 月 17 日　国家文物局在成都召开全国文物保护工程经验交流会。

12 月 18 日　“连横纪念馆——台湾文化展”在杭州玛瑙寺揭幕。

12 月 19 日　纪念改革开放 30 周年书画作品展在北京开幕。

12 月 21 日　“没有共产党就没有新中国”主题联展及赠书仪式在北京大学图书馆举行。

12 月 22 日　2008 年度全国文物局长会议在北京召开。

12 月 24 日　国家文物局第三次全国文物普查 2008 年度西部片区冬季轮训班在西安开班。

12 月 25 日　国家文物局 2008 年预算执行审计进点布置会召开。

深圳博物馆新馆开馆，深圳改革开放史展览开幕。

第二届中日韩文化部长会议在韩国济州岛西归浦市举行。

12 月 26 日　涉台文物保护工程在福建泉州启动。

全国十大考古新发现评选活动办公室发布《2008 年度（第 19 届）全国十大考古新发现评选活动通知》。

附　录

全国各地区文物业

	机构数（个）	从业人员									信息化建设	
		（人）	在编人数	具有专业资质人数	具有考古发掘个人领队资格人数	具有文物保护工程职业资格人数	具有文博和工程系统职称人数	高级职称	中级职称	安全保卫人员	计算机（台）	网站数（个）
总计	**4437**	**92060**	**58597**	**2950**	**699**	**585**	**25121**	**4877**	**11011**	**13476**	**25855**	**609**
中央	10	2107	2032	135	15	120	939	333	399	364	2491	5
北京	86	4495	2725	36	7	12	559	90	214	568	1169	20
天津	27	953	767	10	6	3	477	89	186	117	320	4
河北	240	6253	4397	83	39	20	1068	247	500	600	844	24
山西	205	5165	3147	157	34	26	1023	177	562	875	904	44
内蒙古	118	1643	1235	24	21	3	651	127	334	226	379	10
辽宁	122	8308	2193	56	20	14	1133	200	602	410	831	18
其中：大连	9	314	230	2	2	--	86	28	40	36	117	2
吉林	75	1225	974	63	17	47	600	167	247	72	279	11
黑龙江	149	1408	1067	14	12	--	584	179	280	149	248	12
上海	37	1220	905	48	14	33	531	113	204	127	1155	11
江苏	250	4188	2705	39	27	3	1406	291	599	752	1784	69
浙江	199	4096	2272	73	20	7	1190	302	463	612	2056	54
其中：宁波	21	479	241	5	5	--	151	38	59	65	229	5
安徽	135	1597	1120	80	15	1	689	94	301	282	451	13
福建	136	1444	898	67	15	22	549	113	208	245	689	13
其中：厦门	10	137	64	1	1	--	58	12	27	11	173	--
江西	169	2610	1873	99	15	3	699	105	265	381	373	20
山东	196	4827	3652	122	29	36	1991	384	917	811	902	26
其中：青岛	16	221	192	5	2	2	120	17	52	41	78	4
河南	259	7657	4755	195	67	24	1462	291	651	1232	1508	36
湖北	168	3623	2222	100	38	6	1320	220	697	682	966	22
湖南	209	3096	2170	68	38	16	674	110	306	425	896	17
广东	204	3409	2038	284	35	10	968	141	321	592	1506	42
其中：深圳	17	301	138	73	9	--	80	24	35	36	242	8
广西	127	1281	966	137	23	54	513	85	231	200	482	10
海南	26	300	264	20	2	--	64	11	21	83	103	6
重庆	74	1455	848	42	15	2	573	108	154	105	608	10
四川	259	4750	3013	162	34	27	1074	149	487	764	1207	41
贵州	113	1133	639	118	9	23	299	39	110	141	315	11
云南	159	1223	1080	235	14	15	791	133	307	134	429	9
西藏	5	556	198	10	4	7	63	12	30	122	144	3
陕西	333	7143	5222	277	69	31	1734	297	755	1520	955	20
甘肃	133	2471	1674	66	15	12	747	131	339	527	1011	10
青海	44	341	267	51	14	4	161	31	72	36	80	3
宁夏	29	555	375	34	7	3	203	23	66	63	126	3
新疆	141	1528	904	45	9	1	386	85	183	259	644	12

基本情况（一）

文物藏品（件/套）				本年考古出土文物及标本数（件/套）	本年从有关部门接收文物数（件/套）	本年藏品征集数（件/套）	本年修复文物数（件/套）				考古发掘项目			
	一级品	二级品	三级品					一级品	二级品	三级品	（个）	基本建设中考古发掘项目	抢救性发掘项目	主动性发掘项目
25738228	**59365**	**971473**	**2489305**	**38815**	**45300**	**106669**	**63666**	**494**	**1544**	**19592**	**2092**	**975**	**737**	**330**
1260514	11060	621373	334833	--	141	306	284	16	164	87	7	--	--	7
3675668	678	9830	51520	--	2	2403	985	4	21	90	34	28	6	--
947295	970	26865	39557	--	--	144	27	--	--	--	8	7	1	--
545427	1193	12352	50994	--	36	1059	109	2	10	67	64	57	6	1
835602	2117	7537	74055	2530	943	233	412	7	8	47	43	28	13	--
462665	1733	2530	6516	--	605	5847	1617	1	5	47	39	26	7	4
649923	1291	12817	123506	200	484	3061	509	4	64	390	38	18	10	3
101021	216	2547	25512	--	60	60	--	--	--	--	1	1	--	--
203931	372	3305	10112	300	847	461	794	1	--	--	17	5	8	4
189727	320	1375	17879	500	267	3143	208	--	3	46	17	11	4	1
1447989	1334	46168	136506	--	6	4384	110	1	2	62	4	1	1	2
2372559	1991	93383	443816	288	3620	10043	1894	14	35	486	199	32	166	1
1032726	2075	10031	65472	2380	1705	7018	2597	1	39	205	83	56	22	3
166075	234	986	8455	--	419	212	335	--	4	92	13	6	4	1
683112	1402	3500	119369	--	56	539	886	4	6	97	65	10	50	2
446770	917	1938	84993	--	7233	5309	168	--	--	--	10	4	6	--
63452	16	200	6028	--	15	97	32	--	--	--	1	1	--	--
496217	1991	5917	40718	--	461	1803	15	--	4	11	44	23	18	--
1378366	2910	10082	87158	500	289	3928	2327	12	76	830	59	15	35	3
182540	213	1979	10150	--	--	207	26	8	--	--	9	--	3	--
1618398	2437	16137	219457	24867	1372	829	4316	16	6	371	307	202	85	5
1126659	2514	17197	101114	30	828	1534	2108	66	403	1159	143	100	38	3
817718	1652	5540	51001	1100	938	7017	952	16	35	144	148	93	49	6
1157468	1196	15714	72418	585	1246	14050	35889	--	15	14504	22	20	--	1
32120	25	170	4872	--	2	187	--	--	--	--	4	3	--	--
307575	333	4368	23890	--	154	4090	887	--	3	92	22	8	10	4
32636	133	200	928	--	705	2149	150	--	--	--	2	2	--	--
654368	913	1794	20919	1500	1499	271	1453	2	9	321	37	37	--	--
972628	4655	9021	106209	--	101	3580	2257	160	424	66	161	55	100	5
93417	291	587	7319	900	70	1986	64	4	5	24	32	15	14	3
376005	829	1784	15360	2274	1565	1530	40	--	1	19	302	26	14	260
113310	656	159	274	--	9	14	--	--	--	--	--	--	--	--
945702	6818	13860	75080	201	18093	1587	907	99	86	136	123	67	46	9
529417	3284	11685	97421	60	1596	14650	663	57	79	76	14	3	7	2
139129	226	842	1519	--	--	473	73	--	1	--	7	5	2	--
79208	367	2243	5354	--	18	1725	310	5	40	215	22	9	12	1
146099	707	1339	4038	600	411	1503	655	2	--	--	19	12	7	--

全国各地区文物业

	考古钻探面积（千平方米）	考古发掘面积（千平方米）	发掘墓葬数（个）	举办陈列、展览			提供藏品参与外单位举办的展览次数（次）	本		
				（个）	参观人次（千人次）	未成年人参观人次			财政拨款	上级补助收入
总计	**59148**	**1478**	**27133**	**10487**	**354355**	**90754**	**5197**	**12467508**	**7029886**	**506783**
中央	7000	4	5	78	9826	1454	15	752437	525612	--
北京	3366	64	817	242	13684	2074	22	1191040	437430	3867
天津	452	8	25	112	3541	610	23	113385	98901	171
河北	5401	127	464	250	8983	2241	19	472394	176899	20680
山西	3048	95	490	162	8448	1018	9	703055	431257	21800
内蒙古	1020	125	729	211	2850	1071	17	180072	144683	3969
辽宁	1456	24	355	191	4417	1229	12	271383	163436	11827
其中：大连	--	5	--	18	50	21	1	35955	27024	7214
吉林	212	19	19	116	5031	1686	15	147618	95479	8971
黑龙江	251	11	3	234	5635	2220	40	108010	90511	6612
上海	174	9	13	176	4818	1021	33	385744	249731	33827
江苏	1531	53	609	1071	34063	8666	123	725449	490761	40693
浙江	1386	89	417	801	19955	4592	63	1106142	672825	31785
其中：宁波	790	46	67	92	2689	880	4	97847	67604	6006
安徽	116	4	123	306	5984	2508	21	181524	107547	26646
福建	108	7	25	306	7497	2024	1207	193088	118727	11114
其中：厦门	68	1	--	7	578	19	--	20586	19765	172
江西	3	4	7	293	10160	3238	34	206169	161498	17142
山东	621	168	555	823	16172	2849	40	554785	261656	2935
其中：青岛	60	1	--	49	1123	267	1	34010	20478	397
河南	6763	135	5237	520	18615	4915	104	874455	347777	54138
湖北	6010	95	13717	465	11934	4172	145	324211	200376	40454
湖南	13063	88	657	360	13294	4318	33	391796	297265	17360
广东	691	26	166	950	14372	3024	2775	466424	300963	21962
其中：深圳	42	1	2	100	783	99	--	54075	44117	1105
广西	261	14	62	250	5289	1642	28	261200	214276	10980
海南	14	9	--	32	2775	1482	1	35216	18990	1151
重庆	110	60	107	186	7491	1195	5	213680	148125	3008
四川	513	139	654	393	14724	3950	230	642006	270770	29393
贵州	25	16	75	149	5103	1952	11	144073	104142	8286
云南	2583	42	1233	473	3746	5893	39	130912	101171	3331
西藏	--	--	--	4	71302	15199	3	154532	42987	--
陕西	681	3	52	363	14945	2499	87	782572	270306	45871
甘肃	200	11	424	294	4960	1172	17	349644	227238	5403
青海	151	1	1	501	403	59	1	29021	22137	1456
宁夏	1923	26	69	51	2166	216	16	84616	55039	2201
新疆	15	2	23	124	2172	565	9	290855	181371	19750

基本情况（二）

年 收 入 合 计 （千元）					本年支出合计（千元）				
事业收入		经营收入	附属单位上缴收入	其他收入		基本支出	项目支出		经营支出
	门票收入							文物保护专项支出	
3073343	**2227887**	**405758**	**37829**	**424673**	**11358102**	**5460630**	**4995860**	**711985**	**318963**
25719	57	54172	36632	12583	755605	293019	416677	10609	45908
375583	361294	234579	--	16135	1036121	391362	439535	15887	150505
10956	7823	--	102	3255	94148	68560	25088	2224	--
190380	149191	12730	--	26642	430435	294809	116981	19586	5552
166623	153011	--	--	11480	611025	227907	330439	14812	83
27857	1028	--	--	3470	150824	106993	41032	4078	--
77907	60988	1041	160	969	273780	177889	78372	3299	1365
1381	1366	--	--	336	33500	19182	9844	830	--
37581	31004	120	--	3193	126072	71035	52081	2883	120
7175	6506	1140	--	2201	106183	73786	27321	12166	76
60616	47910	2467	--	6860	330160	151464	144397	11554	1120
152034	98113	6781	152	29653	612419	295946	287492	50649	27162
281352	222577	10346	467	40762	956446	424526	512103	101404	10060
12577	1718	411	--	11249	85229	44364	40280	17606	411
3708	1371	--	--	5694	160717	91388	61434	16022	--
10592	6031	649	--	3011	175468	73465	96814	9254	118
583	227	--	--	66	18181	8012	10101	2005	--
20255	9319	5	46	3162	254557	93101	60455	20547	1896
257856	209806	6	--	10816	519899	406097	103179	31476	9466
3467	3043	6	--	3902	34417	25877	8401	2126	4
294653	168129	45307	200	37892	809344	444002	294263	66483	43419
33992	19432	3980	--	16116	329431	121458	175939	18559	3545
44981	22551	3226	43	24180	351132	180990	158314	16961	3618
108443	54201	1099	--	13427	432215	236653	184060	13100	4178
2133	1895	963	--	4770	53333	24921	27644	1572	--
19261	3320	2917	--	8923	240948	64098	165764	5007	2676
1829	1779	--	--	416	35879	13062	21178	4315	10
58472	33316	--	--	2837	174440	53335	119364	12498	--
287138	157573	15329	--	29637	5933339	264234	305552	140375	2796
10934	6973	10	--	784	128835	74668	49993	16007	33
14249	1279	963	--	2793	129995	55917	64094	9850	1366
25423	24446	--	--	423	101104	14937	74848	80	--
343269	274742	8099	27	73307	753321	384492	291327	59884	3584
86773	70250	657	--	18912	326742	184446	97488	15745	232
2420	383	--	--	2034	27475	17680	6401	719	--
14175	3891	46	--	6842	64282	23857	32191	933	46
21137	19593	89	--	6264	265761	85454	161684	5019	29

全国各地区文物业

	本年支出合计（千元）								
	在支出合计中：								
	工资福利支出	商品和服务支出						对个人和家庭补助支出	
			维修（护）费	差旅费	劳务费	福利费	税金支出		抚恤金和生活补助
总计	**2599629**	**4694839**	**1256542**	**128426**	**206416**	**62104**	**54498**	**662674**	**23761**
中央	126040	422686	5184	8376	6758	385	2839	78102	1607
北京	189540	502445	184809	2630	1608	9667	2331	35587	2580
天津	36631	36094	7958	527	258	477	261	13788	315
河北	162463	176377	53528	5079	5729	2597	3427	21833	904
山西	124450	285233	133648	8409	9198	2779	1415	17321	842
内蒙古	38356	66010	10213	3422	10966	794	157	7790	1541
辽宁	80099	112562	18707	2281	10572	1341	484	23171	1096
其中：大连	9657	15004	2297	251	504	291	83	1218	38
吉林	34814	35010	5567	2601	1198	54	160	13525	343
黑龙江	37202	29530	3214	1298	1560	305	359	11597	270
上海	97971	124259	45784	1687	742	2430	791	6853	411
江苏	152196	264968	63359	7448	15881	3602	1628	43062	1651
浙江	206008	531111	210489	9923	17305	9493	4736	43649	547
其中：宁波	26061	43691	2757	1345	1208	435	206	3378	39
安徽	38016	51543	14476	1439	1405	565	14	17383	671
福建	32528	50130	6537	1487	1881	534	287	9460	226
其中：厦门	4469	4685	247	100	194	92	4	1138	63
江西	46743	50713	10899	3394	1881	1454	677	13637	448
山东	141596	116680	25526	4554	5328	959	8227	25324	204
其中：青岛	12356	10879	513	334	506	10	293	3245	--
河南	169576	492610	172193	6966	44063	3672	3953	29570	834
湖北	77776	105960	20780	4098	7788	2568	458	85609	1160
湖南	83165	142291	27341	4238	7581	1672	1336	16663	1738
广东	137736	155293	35169	2666	7667	2990	1198	35861	621
其中：深圳	17396	5723	800	84	324	206	164	1169	--
广西	31971	41637	3151	2685	3053	1480	1087	9139	151
海南	6691	9864	444	345	159	281	20	238	6
重庆	45153	55886	13443	3407	1674	1320	3	6469	119
四川	133713	246668	70087	10193	17804	3847	2243	26412	1605
贵州	23135	56978	20277	1253	1466	200	234	5595	221
云南	29192	34282	4001	1959	2193	443	340	7155	395
西藏	9745	8962	108	297	17	1	--	4958	340
陕西	164696	242677	65859	14929	11277	3732	12377	24277	1453
甘肃	78085	105245	14240	4632	5571	1696	3197	15806	1074
青海	11979	6164	1382	1513	355	4	147	2470	73
宁夏	15250	27412	3475	1648	344	173	25	3402	57
新疆	37113	107559	4694	3042	3134	589	87	7018	258

基本情况（三）

其他资本性支出		资产总计		增加值（千元）	公用房屋建筑面积	
	各种设备购置费	（千元）	固定资产原值		（千平方米）	文物库房
1122746	**283595**	**26631892**	**16206588**	**5020357**	**10251**	**965**
119930	57221	1913904	778292	257283	395	66
42456	11610	1491735	453824	330114	423	34
7226	3695	379706	57205	148603	130	18
14767	11590	872363	474031	206308	323	40
77444	16150	664411	304529	239530	321	33
7498	5768	234705	180856	79900	198	18
18928	5507	939030	784129	129151	347	23
66	40	216977	197796	18543	67	5
7276	5217	267494	172266	69403	125	7
6854	445	589909	566475	53224	215	13
52406	7968	1391603	853643	229323	177	80
119766	14198	3184014	2562772	454993	830	67
74503	18877	2168818	1143121	417767	574	48
5768	1925	151315	100315	34038	79	7
22531	4632	243398	172551	80719	168	19
13240	1739	194160	104843	68626	334	25
3234	481	35907	17339	15665	35	4
13377	1898	227575	140889	83479	231	18
30032	5641	1740338	852646	259113	475	50
195	103	72389	32497	18196	36	4
28039	9057	1328974	878435	280747	1292	85
21359	14475	508533	345741	206855	400	43
26728	14079	746189	567755	139001	392	37
19837	10410	936803	702059	284235	603	52
1504	230	101594	71775	19871	64	3
11066	4587	345834	172210	55939	194	19
7073	2874	59170	55585	10481	32	--
25199	4643	345550	166180	85220	191	14
72838	12221	1905037	831841	212202	556	37
3486	2967	345814	290772	41170	88	9
22154	3501	440439	373727	55668	204	18
5	--	201709	35974	68773	56	3
182452	7934	1179617	972843	210126	487	37
35096	19319	884612	575379	126461	256	28
1265	316	342568	331954	24901	49	7
7500	408	104613	62613	22869	52	6
30415	4648	453267	241448	88173	133	11

全国各地区省级

	机构数（个）	从业人员（人）	在编人数	具有专业资质人数（人）	具有考古发掘个人领队资格人数	具有文物保护工程职业资格人数	具有文博和工程系列职称人数（人）	高级职称	中级职称	安全保卫人员（人）	信息化建设：计算机（台）	信息化建设：网站数（个）
总计	**254**	**15263**	**10171**	**781**	**350**	**234**	**6380**	**1870**	**2292**	**2446**	**7796**	**91**
北京	45	1484	908	26	7	4	447	84	162	198	808	7
天津	8	731	612	6	5	--	409	80	158	94	280	2
河北	7	419	280	21	12	9	175	71	57	37	207	3
山西	15	604	392	31	24	7	185	75	88	155	301	7
内蒙古	3	273	197	14	14	--	131	41	72	39	106	2
辽宁	5	307	214	10	9	1	150	33	60	23	223	1
吉林	3	234	200	53	10	44	143	52	15	1	54	1
黑龙江	14	502	362	9	9	--	255	117	90	55	90	3
上海	9	724	540	37	4	33	439	100	158	47	821	4
江苏	7	495	298	15	12	3	210	60	63	109	259	3
浙江	9	419	329	16	11	5	266	113	81	88	486	6
安徽	--	--	--	--	--	--	--	--	--	--	--	--
福建	7	343	237	22	9	11	149	43	39	95	205	3
江西	8	794	426	22	11	--	203	45	71	145	180	4
山东	6	349	239	24	12	8	182	59	79	51	220	2
河南	5	528	373	56	23	2	196	74	17	184	374	5
湖北	11	406	314	18	18	--	228	93	94	172	314	5
湖南	9	649	314	21	7	13	220	60	95	113	360	3
广东	6	289	185	18	7	--	119	35	27	44	179	2
广西	6	338	199	93	19	53	146	46	67	31	199	2
海南	2	103	100	2	2	--	32	9	14	48	78	1
重庆	18	985	516	28	13	--	431	90	104	30	454	6
四川	4	310	276	18	13	5	79	30	49	8	116	2
贵州	3	82	70	13	8	5	64	20	19	14	69	2
云南	4	153	116	11	10	1	96	39	22	18	96	2
西藏	--	--	--	--	--	--	--	--	--	--	--	--
陕西	14	2010	1390	149	50	18	667	208	260	398	347	6
甘肃	10	1007	561	26	14	12	455	107	204	126	681	4
青海	6	166	110	7	4	--	73	22	18	28	44	--
宁夏	5	210	169	6	6	--	90	16	37	29	52	--
新疆	5	349	244	9	7	--	140	48	72	66	193	3

文物业基本情况（一）

文物藏品（件/套）				本年考古出土文物及标本数（件/套）	本年从有关部门接收文物数（件/套）	本年藏品征集数（件/套）	本年修复文物数（件/套）				考古发掘项目			
	一级品	二级品	三级品					一级品	二级品	三级品	（个）	基本建设中考古发掘项目	抢救性发掘项目	主动性发掘项目
12236626	**21537**	**230653**	**1151324**	**23584**	**17781**	**18454**	**31525**	**184**	**409**	**1755**	**509**	**399**	**60**	**30**
3638580	561	9346	48669	--	--	105	585	4	21	90	31	27	4	--
931895	968	26857	39485	--	--	35	27	--	--	--	5	4	1	--
291530	464	3422	25683	--	--	329	54	2	10	42	30	28	1	1
263152	538	1238	55662	2530	9	160	192	--	--	12	14	10	4	--
188121	755	68	294	--	--	252	1315	--	--	--	23	20	2	1
345296	547	5047	45410	--	--	87	137	--	63	44	16	8	2	1
91890	167	2339	7438	300	--	45	688	1	--	--	9	4	2	3
131210	181	1064	15509	500	--	--	80	--	--	8	11	10	1	--
1422842	1091	44928	130605	--	6	3870	65	1	2	62	4	1	1	2
546386	1062	88438	360323	--	130	292	60	--	--	60	26	13	12	1
208727	756	5008	30966	2380	878	2283	2132	--	35	97	16	16	--	--
--	--	--	--	--	--	--	--	--	--	--	--	--	--	--
207207	558	322	37554	--	282	394	100	--	--	--	4	2	2	--
188051	522	1693	11380	--	25	236	1	--	--	1	--	--	--	--
444014	1411	1553	47156	500	8	388	208	4	76	28	10	9	1	--
377009	616	3177	41052	11000	--	75	1290	--	2	28	49	35	--	--
422412	928	2430	32404	--	--	361	620	28	43	532	29	29	--	--
410048	540	1801	20052	1100	196	1678	355	6	14	35	30	25	--	5
338282	405	7280	12617	--	--	1040	20085	--	1	9	5	5	--	--
92967	183	1986	3941	--	--	2304	539	--	3	4	13	7	4	2
24300	91	100	488	--	700	2076	150	--	--	--	2	2	--	--
366492	699	1418	15141	1500	296	164	1340	2	5	321	37	37	--	--
213390	685	3155	50003	--	--	--	42	--	--	--	23	21	2	--
37835	221	250	636	900	51	265	20	--	--	--	8	--	7	1
233552	509	1399	12123	2274	629	40	--	--	--	--	13	10	1	2
--	--	--	--	--	--	--	--	--	--	--	--	--	--	--
449944	4494	6602	22770	--	14552	506	347	76	64	93	69	54	5	9
192604	1731	6405	76731	--	19	52	161	54	30	74	7	--	6	1
52529	131	590	800	--	--	--	22	--	--	--	6	5	1	--
53226	281	2026	4801	--	--	1319	310	5	40	215	7	6	--	1
73135	442	711	1631	600	--	98	600	1	--	--	12	11	1	--

全国各地区省级

	考古钻探面积（千平方米）	考古发探面积（千平方米）	发掘墓葬数（个）	举办陈列、展览			提供藏品参与外单位举办的展览次数（次）	本		
				（个）	参观人次（千人次）	未成年人参观人次		（千元）	财政拨款	上级补助收入
总计	**11432**	**503**	**5952**	**1271**	**44744**	**9176**	**186**	**3802431**	**2467757**	**82333**
北京	3120	14	805	138	2725	242	15	550422	384424	623
天津	452	8	25	58	2740	461	23	92121	85860	171
河北	3700	33	108	16	484	294	--	89611	27038	--
山西	261	21	418	48	1025	472	6	193430	175482	--
内蒙占	1020	100	680	16	1080	218	3	54460	34664	424
辽宁	90	13	156	18	451	185	6	49919	43215	--
吉林	200	15	--	15	240	80	--	49632	38254	--
黑龙江	250	11	1	40	3186	1477	2	46326	38259	500
上海	174	9	13	30	2256	543	10	245448	165196	31978
江苏	180	19	260	46	2893	209	12	166807	73858	--
浙江	--	22	230	38	2090	1031	23	106171	88874	--
安徽	--	--	--	--	--	--	--	--	--	--
福建	35	3	17	26	1190	226	4	88022	39189	2217
江西	--	--	1	19	3438	674	7	103838	92029	--
山东	115	18	200	36	202	60	9	65745	45988	--
河南	--	20	1200	28	1537	200	--	250412	163527	2249
湖北	218	31	441	51	1488	439	7	103873	72988	220
湖南	200	20	300	22	2590	476	8	119366	94553	--
广东	--	14	2	7	224	113	4	81566	48141	1936
广西	244	4	32	29	473	196	3	187331	161888	--
海南	14	9	--	9	410	136	--	26081	13091	--
重庆	110	60	107	45	5933	821	--	177843	125961	426
四川	--	--	87	--	--	--	2	44177	27916	--
贵州	24	12	75	10	350	100	1	33847	17111	565
云南	126	21	349	37	982	62	4	46204	26369	--
西藏	--	--	--	--	--	--	--	--	--	--
陕西	33	--	11	40	4688	182	16	437241	125585	25568
甘肃	200	10	400	13	1224	164	7	180203	98838	37
青海	151	1	1	402	302	23	1	16923	11826	300
宁夏	500	15	33	25	473	81	5	37482	25081	1
新疆	15	--	--	9	70	11	8	157930	122552	15118

文物业基本情况（二）

年收入合计					本年支出合计（千元）				
事业收入		经营收入	附属单位上缴收入	其他收入		基本支出	项目支出		经营支出
	门票收入							文物保护专项支出	
699812	**373759**	**9972**	**102**	**162851**	**3479567**	**1165591**	**2075713**	**78122**	**30047**
30775	21590	--	--	13222	479641	97227	372942	122	1127
5117	2227	--	102	871	73235	50560	22575	1311	--
11614	--	--	--	23873	110013	33269	76743	2280	--
4165	617	--	--	3287	180504	25161	141570	11563	--
16654	--	--	--	2625	43538	27371	16167	--	--
6704	107	--	--	--	50761	28874	21887	--	--
6539	--	--	--	2692	35971	17032	16229	--	--
4751	4612	1097	--	1719	43965	34802	9163	5140	--
14633	3090	43	--	1355	211099	64574	114503	462	43
77010	58795	--	--	12089	101586	40926	42190	1630	18470
12357	--	--	--	3340	111601	47183	64418	10431	--
--	--	--	--	--	--	--	--	--	--
18	18	--	--	328	75015	13353	61562	450	--
8953	4262	--	--	980	167022	31200	39686	5952	1544
18889	39	--	--	364	57856	19141	38715	6534	--
42634	906	--	--	7858	249192	68522	180670	--	--
12076	1146	2478	--	1937	104766	26845	64379	4600	2478
16657	8256	2958	--	2496	114119	48342	62567	1118	2958
28084	48	--	--	854	57539	23531	34008	20	--
14328	117	2645	--	3627	175951	22024	149711	1800	2676
--	--	--	--	160	26803	7615	19188	3795	--
48649	24446	--	--	1929	137251	36889	100296	6103	--
13216	--	--	--	--	50965	14274	36691	--	--
3894	--	--	--	327	27781	8577	19198	950	--
10071	61	751	--	908	47552	16889	27665	2906	751
--	--	--	--	--	--	--	--	-	
227781	197403	--	--	50019	408098	224658	182368	1008	--
58984	43765	--	--	17661	171646	100043	36647	9700	--
2158	134	--	--	2025	15415	10963	4452	200	--
813	--	--	--	5274	28819	10789	12617	47	--
2288	2120	--	--	1031	121863	14957	106906	--	--

全国各地区省级

	本年支出合计（千元）								
	在支出合计中：								
	工资福利支出	商品和服务支出						对个人和家庭补助支出	
			维修（护）费	差旅费	劳务费	福利费	税金支出		抚恤金和生活补助
总计	**544790**	**1482756**	**426632**	**53058**	**59166**	**13891**	**18093**	**159535**	**6417**
北京	48888	156268	15069	611	160	713	1946	14231	86
天津	27149	28510	5826	336	142	310	223	11329	267
河北	13587	69330	40407	1680	3675	159	--	5050	220
山西	21239	132034	88762	4053	4723	276	443	5568	105
内蒙古	5973	29384	89	1694	9598	14	--	1765	56
辽宁	5823	24477	1384	619	5621	724	--	3789	199
吉林	8119	15702	107	1768	27	20	--	5308	213
黑龙江	15048	14088	803	547	664	115	356	7775	85
上海	57282	72160	21326	635	566	637	6	3260	120
江苏	18193	33159	672	1942	3873	63	--	8299	835
浙江	32386	51368	2529	2741	3412	1222	390	7577	107
安徽	--	--	--	--	--	--	--	--	--
福建	6723	11190	21	422	145	9	--	3726	16
江西	15788	24031	1937	2065	1288	363	221	5483	127
山东	9093	21768	489	1704	2808	23	72	5577	33
河南	16953	223823	147709	894	--	903	1113	5908	67
湖北	16353	51598	6728	785	4792	130	132	6198	175
湖南	20380	39641	5163	890	1624	630	520	6092	1295
广东	11529	23016	15347	337	114	671	115	6337	107
广西	7931	24477	895	1787	1963	1342	985	2428	2
海南	2288	6892	300	178	62	--	--	65	--
重庆	35469	48820	11219	2615	198	1173	--	5523	101
四川	8205	14415	344	4693	735	91	--	3586	159
贵州	2064	23990	1283	123	--	40	164	1377	137
云南	5009	12906	711	1177	1621	165	65	2898	229
西藏	--	--	--	--	--	--	--	--	--
陕西	70424	164050	48253	12111	5638	2561	10708	15065	828
甘肃	43269	68951	5513	3384	3781	1218	422	8876	658
青海	5416	4493	319	1320	292	2	147	1850	20
宁夏	5117	13660	1995	1308	146	166	25	2023	23
新疆	9092	78555	1432	639	1498	151	40	2572	147

文物业基本情况（三）

其他资本性支出		资产总计		增加值（千元）	公用房屋建筑面积	
	各种设备购置费	（千元）	固定资产原值		（千平方米）	文物库房
443665	**113678**	**8565527**	**4569559**	**1556633**	**2173**	**337**
12703	4210	855117	200165	287170	318	32
6147	2616	365901	47689	136226	98	18
7405	7405	243338	55966	--6432	43	15
19277	11490	290173	65658	54428	97	16
4495	4256	56423	29820	36831	24	7
5675	1890	315889	237714	25451	87	4
4060	4060	67698	56056	29175	34	2
5216	5	431751	415558	25382	104	7
46154	7028	1075497	724406	182537	110	75
11785	4322	278020	192130	79944	70	13
20270	4085	337827	149042	37897	66	11
--	--	--	--	--	--	--
211	19	62915	24435	24032	73	8
10884	700	56043	24412	38764	79	7
20818	3006	597833	115236	49081	38	11
2392	--	425635	286450	36626	76	17
9706	9445	122830	53553	46117	92	11
13921	9456	285119	202402	56175	80	9
1570	1307	160232	104040	45117	23	5
4007	1442	162430	30502	20458	54	5
6827	2778	10206	8529	3732	19	--
20197	3682	248224	110658	72473	128	8
9778	7393	80270	31697	7536	30	7
350	350	45414	8784	5052	7	3
6656	1379	53550	17634	20380	14	4
--	--	--	--	--	--	--
164212	5305	877414	728592	89942	208	13
13543	12485	496289	275855	72794	96	13
741	316	330337	323146	17545	34	6
5903	210	50532	25088	8033	34	5
8762	3038	182620	24342	54167	37	5

全国各地区地市级

	机构数（个）	从业人员（人）	在编人数	具有专业资质人数	具有考古发掘个人领队资格人数	具有文物保护工程职业资格人数	具有文博和工程系列职称人数	高级职称	中级职称	安全保卫人员	信息化建设：计算机（台）	信息化建设：网站数（个）
总计	**1012**	**35844**	**20091**	**828**	**250**	**84**	**9644**	**1924**	**4450**	**4183**	**8736**	**231**
北京	--	--	--	--	--	--	--	--	--	--	--	--
天津	--	--	--	--	--	--	--	--	--	--	--	--
河北	35	2634	1738	36	10	5	494	124	217	201	365	7
山西	40	1567	973	22	8	12	356	76	220	173	362	7
内蒙古	22	667	525	7	7	--	309	67	163	105	169	3
辽宁	41	6892	1275	21	9	12	634	142	372	220	383	11
其中：大连	4	173	120	2	2	--	41	18	23	12	58	1
吉林	21	498	399	1	1	--	283	94	119	48	173	6
黑龙江	26	379	281	2	--	--	132	44	64	34	90	4
上海	--	--	--	--	--	--	--	--	--	--	--	--
江苏	113	2525	1645	15	15	--	907	192	407	408	1172	36
浙江	55	2100	1192	28	8	--	467	109	178	222	814	24
其中：宁波	5	233	116	5	5	--	86	23	27	26	127	3
安徽	39	914	672	32	12	--	373	76	157	165	200	7
福建	29	560	331	21	6	10	226	47	88	64	268	6
其中：厦门	4	128	55	1	1	--	55	12	24	9	163	--
江西	35	895	760	9	2	2	219	35	103	67	66	5
山东	47	1304	1148	26	14	3	730	175	342	172	334	8
其中：青岛	6	162	136	2	2	2	72	11	29	26	59	3
河南	81	3261	1961	71	41	7	928	180	440	425	756	13
湖北	45	1763	860	25	18	3	586	106	312	249	366	14
湖南	34	764	531	28	24	1	218	42	105	116	243	6
广东	75	1885	1203	139	22	5	620	89	226	357	1011	20
其中：深圳	2	165	108	62	8	--	68	22	27	9	190	2
广西	29	478	379	28	4	--	207	32	108	103	191	7
海南	8	116	112	7	--	--	18	2	4	24	18	3
重庆	--	--	--	--	--	--	--	--	--	--	--	--
四川	48	2170	1261	33	19	3	531	86	221	307	571	16
贵州	13	343	120	15	--	1	57	9	18	50	61	3
云南	30	445	413	121	4	9	338	63	131	47	135	2
西藏	5	556	198	10	4	7	63	12	30	122	142	3
陕西	77	1741	1333	63	18	4	553	71	263	305	339	6
甘肃	15	426	301	5	--	--	130	13	47	73	134	2
青海	11	52	46	20	2	--	39	5	20	3	23	2
宁夏	8	188	85	11	--	--	26	2	11	20	49	2
新疆	30	721	349	32	2	--	200	31	84	103	301	8

文物业基本情况（一）

文物藏品（件/套）				本年考古出土文物及标本数（件/套）	本年从有关部门接收文物数（件/套）	本年藏品征集数（件/套）	本年修复文物数（件/套）				考古发掘项目			
	一级品	二级品	三级品					一级品	二级品	三级品	（个）	基本建设中考古发掘项目	抢救性发掘项目	主动性发掘项目
7681454	**14085**	**62417**	**597074**	**15171**	**9731**	**47062**	**25663**	**260**	**337**	**16222**	**1127**	**405**	**436**	**270**
--	--	--	--	--	--	--	--	--	--	--	--	--	--	--
--	--	--	--	--	--	--	--	--	--	--	--	--	--	--
72262	318	6892	13918	--	--	287	55	--	--	25	18	16	2	--
212309	581	1227	6189	--	--	1	112	7	8	35	20	11	7	--
177592	490	1440	2681	--	--	4337	160	--	--	40	8	4	2	2
225827	431	4490	43297	200	484	2874	338	2	1	315	17	9	5	1
63349	10	86	218	--	60	60	--	--	--	--	--	--	--	--
66836	148	743	2122	--	844	286	100	--	--	--	5	1	4	--
26624	41	125	1235	--	264	1160	21	--	2	11	1	--	1	--
--	--	--	--	--	--	--	--	--	--	--	--	--	--	--
1642496	737	3883	77028	288	1373	8896	1566	13	35	406	162	19	143	--
534885	670	2272	12901	--	677	2323	313	--	4	33	47	34	11	2
136135	134	528	5355	--	408	159	273	--	4	32	10	6	3	1
560575	724	2410	103531	--	46	363	510	1	1	74	18	--	17	--
130023	271	629	17424	--	1546	3317	32	--	--	--	3	2	1	--
61465	16	178	5669	--	15	97	32	--	--	--	1	1	--	--
130034	167	1099	6024	--	23	336	--	--	--	--	3	--	1	--
423833	687	4536	20502	--	--	1813	1002	--	--	412	26	5	14	1
134730	167	1768	8010	--	--	6	18	--	--	--	6	--	--	--
904288	1281	8338	105148	13867	560	430	2635	15	4	83	245	163	81	1
427392	1156	3883	47929	30	38	553	470	31	115	45	83	53	27	1
260860	692	2191	18161	--	602	1466	431	10	20	104	65	38	27	--
634854	677	6666	39832	585	723	11044	15616	--	--	14453	14	12	--	1
23448	25	142	4779	--	--	14	--	--	--	--	2	1	--	--
135672	66	1412	9105	--	4	701	132	--	--	88	7	--	5	2
2248	19	6	55	--	--	32	--	--	--	--	--	--	--	--
--	--	--	--	--	--	--	--	--	--	--	--	--	--	--
422061	2361	3183	20180	--	9	1110	1632	159	124	55	48	9	38	1
37692	15	34	4443	--	--	40	--	--	--	--	--	--	--	--
57760	115	172	1366	--	915	1228	20	--	--	--	280	15	7	258
113310	656	159	274	--	9	14	--	--	--	--	--	--	--	--
326764	1195	4799	36971	201	473	267	479	22	22	43	48	12	36	--
71729	325	1129	4602	--	825	3446	5	--	--	--	1	--	1	--
23206	23	152	216	--	--	10	1	--	1	--	--	--	--	--
6396	44	77	392	--	--	167	--	--	--	--	5	2	3	--
53926	195	470	1548	--	316	561	33	--	--	--	3	--	3	--

全国各地区地市级

	考古钻探面积（千平方米）	考古发掘面积（千平方米）	发掘墓葬数（个）	举办陈列、展览（个）	参观人次（千人次）	未成年人参观人次	提供藏品参与外单位举办的展览次数（次）	本（千元）	财政拨款	上级补助收入
总计	**35626**	**386**	**7397**	**3433**	**168068**	**38834**	**299**	**4321127**	**2387587**	**167057**
北京	--	--	--	--	--	--	--	--	--	--
天津	--	--	--	--	--	--	--	--	--	--
河北	1295	2	257	105	2349	399	1	167877	51911	5749
山西	2776	1	61	40	1811	115	--	293939	191912	2375
内蒙古	--	20	44	50	592	280	11	79162	67359	1185
辽宁	459	4	190	80	3578	883	5	158208	81216	1241
其中：大连	--	--	--	13	40	15	1	17858	17185	--
吉林	12	2	8	63	1849	300	14	78941	44013	7520
黑龙江	--	--	--	84	623	166	2	33433	31534	570
上海	--	--	--	--	--	--	--	--	--	--
江苏	1051	34	328	550	21365	5648	74	428994	335739	27118
浙江	1242	21	86	300	12546	1798	20	718623	373525	14218
其中：宁波	790	6	59	24	1200	309	3	55049	28306	4092
安徽	--	3	44	173	3709	1900	12	102083	80446	5786
福建	73	2	3	73	2533	760	4	58259	49970	3117
其中：厦门	68	1	--	4	546	3	--	18100	17451	--
江西	--	--	5	62	1543	660	3	47951	38153	2895
山东	392	69	291	345	4621	1007	11	152238	120378	750
其中：青岛	60	1	--	32	836	125	1	27591	16249	--
河南	5210	111	4009	217	6994	1543	18	398179	92169	38266
湖北	5211	23	810	125	3789	1439	12	140461	90721	23767
湖南	12755	8	283	140	4037	1351	7	137597	100363	7754
广东	684	4	163	495	9517	1794	33	265269	179559	5769
其中：深圳	35	1	2	47	362	58	--	35569	31435	475
广西	3	9	23	77	2857	777	6	42262	28705	7002
海南	--	--	--	8	236	79	--	5411	3770	150
重庆	--	--	--	--	--	--	--	--	--	--
四川	106	51	331	91	4884	1005	12	360930	94201	2216
贵州	--	--	--	14	814	189	--	49776	42011	320
云南	2450	9	391	95	1168	458	12	44781	40293	345
西藏	--	--	--	4	71302	15199	3	154527	42982	--
陕西	486	3	34	75	2451	441	36	168328	78448	4800
甘肃	--	--	--	86	1219	218	2	86370	58404	--
青海	--	--	--	34	52	24	--	4949	4292	79
宁夏	1421	10	26	9	332	27	1	38649	24358	1010
新疆	--	--	10	38	1297	374	--	103920	41155	3055

文物业基本情况（二）

年收入合计					本年支出合计（千元）				
事业收入		经营收入	附属单位上缴收入	其他收入		基本支出	项目支出		经营支出
	门票收入							文物保护专项支出	
1226281	**863331**	**73772**	**200**	**154313**	**3846268**	**2043337**	**1621800**	**338001**	**56569**
--	--	--	--	--	--	--	--	--	--
--	--	--	--	--	--	--	--	--	--
87823	69975	7652	--	1021	155009	146698	8158	2613	153
73786	64673	--	--	7906	250068	114248	133452	1964	--
9936	8	--	--	682	62865	41914	19128	3598	--
63421	55479	--	--	675	159540	105058	46210	192	--
337	337	--	--	336	15996	5136	7036	180	--
27194	27164	120	--	94	72344	37609	34614	2247	120
637	159	--	--	367	34256	18418	10838	1578	--
--	--	--	--	--	--	--	--	--	--
49660	20052	3020	152	12387	392095	171680	217142	41995	1852
251013	208446	8803	2	24224	579998	263165	307319	29656	8902
11965	1239	411	--	10275	44003	24121	19471	8738	411
2329	893	--	--	4070	91093	49243	37865	8985	--
1543	525	144	--	1502	57250	30383	22778	2216	78
583	227	--	--	66	15958	7190	8768	792	--
6011	2340	--	46	616	40381	27534	9843	7821	--
15985	12215	6	--	4138	124544	103720	20729	1505	4
3423	3003	6	--	2153	28683	22477	6197	700	4
182590	114583	43664	--	11932	365401	244843	63131	44262	41658
15897	13798	999	--	4862	142333	55278	78417	9211	643
10362	4688	--	--	17079	105168	59861	44113	3257	--
59822	34795	--	--	8206	261803	143828	116542	8269	--
--	--	--	--	2672	35969	17111	18858	--	--
4531	2850	272	--	1752	41732	28379	10331	1266	--
1377	1377	--	--	114	5393	3094	1159	40	--
--	--	--	--	--	--	--	--	--	--
237895	134234	1078	--	25123	327282	144470	180869	103928	644
6209	6209	--	--	91	45208	41520	3538	415	--
2266	516	212	--	1365	44096	18702	23398	2517	435
25423	24446	--	--	423	101099	14937	74843	80	--
41878	25667	7763	--	20375	171221	72080	70896	54949	2080
22794	22375	39	--	1243	73817	43507	24886	1250	--
209	209	--	--	9	4911	3534	140	50	--
12296	2825	--	--	985	26799	8124	18101	11	--
13394	12830	--	--	3072	110562	51510	43360	4126	--

全国各地区地市级

	本年支出合计（千元）								
	在支出合计中：								
	工资福利支出	商品和服务支出						对个人和家庭补助支出	
			维修（护）费	差旅费	劳务费	福利费	税金支出		抚恤金和生活补助
总计	**985006**	**1552315**	**396014**	**34907**	**88356**	**20034**	**18265**	**308505**	**6070**
北京	--	--	--	--	--	--	--	--	--
天津	--	--	--	--	--	--	--	--	--
河北	83642	51097	4280	2019	158	1914	3030	13059	341
山西	48550	91179	14866	1838	2251	1216	18	8218	483
内蒙古	16440	22133	3898	986	815	562	--	4409	869
辽宁	56582	71007	16036	1190	3432	473	440	16437	204
其中：大连	5513	9710	1809	88	498	218	83	682	--
吉林	18929	12225	2219	438	86	27	--	6768	94
黑龙江	11233	6110	837	392	451	55	--	2182	70
上海	--	--	--	--	--	--	--	--	--
江苏	93430	175920	50510	4341	10327	2101	1413	27559	499
浙江	110104	364910	194284	3536	6520	4993	4143	27913	174
其中：宁波	12225	26237	1709	728	884	234	206	2158	--
安徽	20796	30588	9714	791	1056	512	6	10636	233
福建	15208	16353	2041	457	695	178	30	4461	84
其中：厦门	3850	4313	175	100	5	79	4	993	63
江西	14935	11958	4375	516	49	696	138	4207	89
山东	53546	32977	3414	1412	1325	651	461	14102	16
其中：青岛	10015	10249	485	288	465	9	293	2881	--
河南	86638	197951	8426	3186	31193	1466	2102	19464	383
湖北	35862	35776	8158	1759	1708	897	272	74505	224
湖南	26013	47327	4100	1237	2881	271	262	7951	159
广东	91078	89064	14526	1717	6473	1173	780	23474	399
其中：深圳	13030	2963	126	26	3	131	--	771	--
广西	15064	12155	1111	502	877	86	92	4761	73
海南	3118	1882	94	15	25	281	19	157	5
重庆	--	--	--	--	--	--	--	--	--
四川	77517	148414	35812	2913	12093	1433	2094	15358	565
贵州	8036	8956	2101	502	611	75	--	2195	44
云南	11122	10283	600	507	195	236	106	2064	22
西藏	9745	8962	108	297	17	1	--	4958	340
陕西	35980	49439	10931	1713	3461	299	293	5867	487
甘肃	13568	21028	1253	340	593	147	2553	3197	93
青海	2909	480	63	190	61	--	--	583	53
宁夏	5594	12632	1166	245	119	5	--	779	34
新疆	19367	21509	1091	1868	884	286	13	3241	33

文物业基本情况（三）

其他资本性支出		资产总计		增加值（千元）	公用房屋建筑面积	
	各种设备购置费	（千元）	固定资产原值		（千平方米）	文物库房
334325	**56786**	**10093018**	**6524914**	**2041612**	**4030**	**304**
--	--	--	--	--	--	--
--	--	--	--	--	--	--
3402	1211	229389	153575	106096	155	14
47324	1921	242519	124298	88451	102	8
1493	385	120307	106754	24632	90	4
5329	2461	528963	466929	82372	181	11
26	--	177622	158521	13760	42	2
2796	1070	188512	106051	27968	75	3
1118	262	91837	87010	14471	60	3
--	--	--	--	--	--	--
93785	5859	2490492	2040144	318214	491	39
26415	6727	1292927	650067	293872	267	17
3312	774	91292	59047	17587	53	4
15213	1675	187092	132628	49648	102	11
11226	369	91831	51922	30652	121	9
2916	163	34301	15733	14690	31	4
889	613	60977	44877	22889	53	4
3988	1238	469367	192893	106868	172	16
24	24	63614	24089	15381	26	2
8632	5866	602918	384220	138790	885	47
4181	3057	257361	183787	126398	158	23
4458	1507	228660	165942	36469	116	14
15347	7214	519688	375919	191986	316	27
1122	33	81885	61112	14188	15	2
3595	2819	131873	96761	24018	77	6
176	46	24416	22508	4524	6	--
--	--	--	--	--	--	--
35811	1997	1126108	297147	137290	169	12
1139	1097	246634	232140	17358	31	1
13452	1704	173142	161136	14416	91	10
5	--	201709	35974	68773	56	3
5201	608	165015	130989	53482	133	13
8281	5897	193688	123908	26866	46	3
50	--	8889	5466	3562	9	1
1362	55	29205	13371	9443	7	--
19657	1128	189499	138498	22104	61	5

全国各地区县级

	机构数（个）	从业人员（人）									信息化建设	
			在编人数	具有专业资质人数			具有文博和工程系列职称人数			安全保卫人员		
					具有考古发掘个人领队资格人数	具有文物保护工程职业资格人数		高级职称	中级职称		计算机（台）	网站数（个）
总计	**3161**	**38846**	**26303**	**1206**	**84**	**147**	**8158**	**750**	**3870**	**6483**	**6832**	**282**
北京	41	3011	1817	10	--	8	112	6	52	370	361	13
天津	19	222	155	4	1	3	68	9	28	23	40	2
河北	198	3200	2379	26	17	6	399	52	226	362	272	14
山西	150	2994	1782	104	2	7	482	26	254	547	241	30
内蒙古	93	703	513	3	--	3	211	19	99	82	104	5
辽宁	76	1109	704	25	2	1	349	25	170	167	225	6
其中：大连	5	141	110	--	--	--	45	10	17	24	59	1
吉林	51	493	375	9	6	3	174	21	113	23	52	4
黑龙江	109	527	424	3	3	--	197	18	126	60	68	5
上海	28	496	365	11	10	--	92	13	46	80	334	7
江苏	130	1168	762	9	--	--	289	39	129	235	353	30
浙江	135	1577	751	29	1	2	457	80	204	302	756	24
其中：宁波	16	246	125	--	--	--	65	15	32	39	102	2
安徽	96	683	448	48	3	1	316	18	144	117	251	6
福建	100	541	330	24	--	1	174	23	81	86	216	4
其中：厦门	6	9	9	--	--	--	3	--	3	2	10	--
江西	126	921	687	68	2	1	277	25	91	169	127	11
山东	143	3174	2265	72	3	25	1079	150	496	588	348	16
其中：青岛	10	59	56	3	--	--	48	6	23	15	19	1
河南	173	3868	2421	68	3	15	338	37	194	623	378	18
湖北	112	1454	1048	57	2	3	506	21	291	261	286	3
湖南	166	1683	1325	19	7	2	236	8	106	196	293	8
广东	123	1235	650	127	6	5	229	17	68	191	316	20
其中：深圳	15	136	30	11	1	--	12	2	8	27	52	6
广西	92	465	388	16	--	1	160	7	56	66	92	1
海南	16	81	52	11	--	--	14	--	3	11	7	2
重庆	56	470	332	14	2	2	142	18	50	75	154	4
四川	207	2270	1476	111	2	19	464	33	217	449	520	23
贵州	97	708	449	90	1	17	178	10	73	77	185	6
云南	125	625	551	103	--	5	357	31	154	69	198	5
西藏	--	--	--	--	--	--	--	--	--	--	2	--
陕西	242	3392	2499	65	1	9	514	18	232	817	269	8
甘肃	108	1038	812	35	1	--	162	11	88	328	196	4
青海	27	123	111	24	8	4	49	4	34	5	13	1
宁夏	16	157	121	17	1	3	87	5	18	14	25	1
新疆	106	458	311	4	--	1	46	6	27	90	150	1

文物业基本情况（一）

文物藏品（件/套）				本年考古出土文物及标本数（件/套）	本年从有关部门接收文物数（件/套）	本年藏品征集数（件/套）	本年修复文物数（件/套）				考古发掘项目			
	一级品	二级品	三级品					一级品	二级品	三级品	（个）	基本建设中考古发掘项目	抢救性发掘项目	主动性发掘项目
4559634	**12683**	**57030**	**406074**	**60**	**17647**	**40847**	**6194**	**34**	**634**	**1528**	**449**	**171**	**241**	**23**
37088	117	484	2851	--	2	2298	400	--	--	--	3	1	2	--
15400	2	8	72	--	--	109	--	--	--	--	3	3	--	--
181635	411	2038	11393	--	36	443	--	--	--	--	16	13	3	--
360141	998	5072	12204	--	934	72	108	--	--	--	9	7	2	--
96952	488	1022	3541	--	605	1258	142	1	5	7	8	2	3	1
78800	313	3280	34799	--	--	100	34	2	--	31	5	1	3	1
37672	206	2461	25294	--	--	--	--	--	--	--	1	1	--	--
45205	57	223	552	--	3	130	6	--	--	--	3	--	2	1
31893	98	186	1135	--	3	1983	107	--	1	27	5	1	2	1
25147	243	1240	5901	--	--	514	45	--	--	--	--	--	--	--
183677	192	1062	6465	--	2117	855	268	1	--	20	11	--	11	--
289114	649	2751	21605	--	150	2412	152	1	--	75	20	6	11	1
29940	100	458	3100	--	11	53	62	--	--	60	3	--	1	--
122537	678	1090	15838	--	10	176	376	3	5	23	47	10	33	2
109540	88	987	30015	--	5405	1598	36	--	--	--	3	--	3	--
1987	--	22	359	--	--	--	--	--	--	--	--	--	--	--
178132	1302	3125	23314	--	413	1231	14	--	4	10	41	23	17	--
510519	812	3993	19500	--	281	1727	1117	8	--	390	23	1	20	2
47810	46	211	2140	--	--	201	8	8	--	--	3	--	3	--
337101	540	4622	73257	--	812	324	391	1	--	260	13	4	4	4
276855	430	10884	20781	--	790	620	1018	7	245	582	31	18	11	2
146810	420	1548	12788	--	140	3873	166	--	1	5	53	30	22	1
184332	114	1768	19969	--	523	1966	188	--	14	42	3	3	--	--
8672	--	28	93	--	2	173	--	--	--	--	2	2	--	--
78936	84	970	10844	--	150	1085	216	--	--	--	2	1	1	--
6088	23	94	385	--	5	41	--	--	--	--	--	--	--	--
287876	214	376	5778	--	1203	107	113	--	4	--	--	--	--	--
337177	1609	2683	36026	--	92	2470	583	1	300	11	90	25	60	4
17890	55	303	2240	--	19	1681	44	4	5	24	24	15	7	2
84693	205	213	1871	--	21	262	20	--	1	19	9	1	6	--
--	--	--	--	--	--	--	--	--	--	--	--	--	--	--
168994	1129	2459	15339	--	3068	814	81	1	--	--	6	1	5	--
265084	1228	4151	16088	60	752	11152	497	3	49	2	6	3	--	1
63394	72	100	503	--	--	463	50	--	--	--	1	--	1	--
19586	42	140	161	--	18	239	--	--	--	--	10	1	9	--
19038	70	158	859	--	95	844	22	1	--	--	4	1	3	--

全国各地区县级

	考古钻探面积（千平方米）	考古发掘面积（千平方米）	发掘墓葬数（个）	举办陈列、展览（件/套）			提供藏品参与外单位举办的展览次数（次）	本		
					参观人次（千人次）	未成年人参观人次		（千元）	财政拨款	上级补助收入
总计	**5090**	**585**	**13779**	**5705**	**131717**	**41290**	**4697**	**3591513**	**1648930**	**257393**
北京	246	50	12	104	10959	1832	7	640618	53006	3244
天津	--	--	--	54	801	149	--	21264	13041	--
河北	406	92	99	129	6150	1548	18	214906	97950	14931
山西	11	73	11	74	5612	431	3	215686	63863	19425
内蒙古	--	5	5	145	1178	573	3	46450	42660	2360
辽宁	907	7	9	93	388	161	1	63256	39005	10586
其中：大连	--	5	--	5	10	6	--	18097	9839	7214
吉林	--	2	11	38	2942	1306	1	19045	13212	1451
黑龙江	1	--	2	110	1826	577	36	28241	20718	5542
上海	--	--	--	146	2562	478	23	140296	84535	1849
江苏	300	--	21	475	9805	2809	37	129648	81164	13575
浙江	144	46	101	463	5319	1763	20	281348	210426	17567
其中：宁波	--	40	8	68	1489	571	1	42798	39298	1914
安徽	116	1	79	133	2275	608	9	79441	27101	20860
福建	--	2	5	207	3774	1038	1199	46807	29568	5780
其中：厦门	--	--	--	3	32	16	--	2486	2314	172
江西	3	4	1	212	5179	1904	24	54380	31316	14247
山东	114	81	64	442	11349	1782	20	336802	95290	2185
其中：青岛	--	--	--	17	287	142	--	6419	4229	397
河南	1553	4	28	275	10084	3172	86	225864	92081	13623
湖北	581	41	12466	289	6657	2294	126	79877	36667	16467
湖南	108	60	74	198	6667	2491	18	134833	102349	9606
广东	7	8	1	448	4631	1117	2738	119589	73263	14257
其中：深圳	7	--	--	53	421	41	--	18506	12682	630
广西	14	1	7	144	1959	669	19	31607	23683	3978
海南	--	--	--	15	2129	1267	1	3724	2129	1001
重庆	--	--	--	141	1558	374	5	35837	22164	2582
四川	407	88	236	302	9840	2945	216	236899	148653	27177
贵州	1	4	--	125	3939	1663	10	60450	45020	7401
云南	7	12	493	341	1596	5373	23	39927	34509	2986
西藏	--	--	--	--	--	--	--	5	5	--
陕西省	162	--	7	248	7806	1876	35	177003	66273	15503
甘肃省	--	1	24	195	2517	790	8	83071	69996	5366
青海省	--	--	--	65	49	12	--	7149	6019	1077
宁夏	2	1	10	17	1361	108	10	8485	5600	1190
新疆	--	2	13	77	805	180	1	29005	17664	1577

文物业基本情况（二）

年收入合计					本年支出合计				
事业收入		经营收入	附属单位上缴收入	其他收入	（千元）	基本支出	项目支出		经营支出
	门票收入							文物保护专项支出	
1121531	**990740**	**267842**	**895**	**94926**	**3276662**	**1958683**	**881670**	**285253**	**186439**
344808	339704	234579	--	2913	556480	294135	66593	15765	149378
5839	5596	--	--	2384	20913	18000	2513	913	--
90943	79216	5078	--	1748	165413	114842	32080	14693	5399
88672	87721	--	--	287	180453	88498	55417	1285	83
1267	1020	--	--	163	44421	37708	5737	480	--
7782	5402	1041	160	294	63479	43957	10275	3107	1365
1044	1029	--	--	--	17504	14046	2808	650	--
3848	3840	--	--	407	17757	16394	1238	636	--
1787	1735	43	--	115	27962	20566	7320	5448	76
45983	44820	2424	--	5505	119061	86890	29894	11092	1077
25364	19266	3761	--	5177	118738	83340	28160	7024	6840
17982	14131	1543	465	13198	264847	114178	140366	61317	1158
612	479	--	--	974	41226	20243	20809	8868	--
1379	478	--	--	1624	69624	42145	23569	7037	--
9031	5488	505	--	1181	43203	29729	12474	6588	40
--	--	--	--	--	2223	822	1333	1213	--
5291	2717	5	--	1566	47154	34367	10926	6774	352
222982	197552	--	--	6314	337499	283236	43735	23437	9462
44	40	--	--	1749	5734	3400	2204	1426	--
69429	52640	1643	200	18102	194751	130637	50462	22221	1761
6019	4488	503	--	9317	82332	39335	33143	4748	424
17962	9607	268	43	4605	131845	72787	51634	12586	660
20537	19358	1099	--	4367	112873	69294	33510	4811	4178
2133	1895	963	--	2098	17364	7810	8786	1572	--
402	353	--	--	3544	23265	13695	5722	1941	--
452	402	--	--	142	3683	2353	831	480	10
9823	8870	--	--	908	37189	16446	19068	6395	--
36027	23339	14251	--	4514	215092	105490	87992	36447	2152
831	764	10	--	366	55846	24571	27257	14642	33
1912	702	--	--	520	38347	20326	13031	4427	180
--	--	--	--	--	5	--	5	--	--
73610	51672	336	27	2913	174002	87754	38063	3927	1504
4995	4110	618	--	8	81279	40896	35955	4795	232
53	40	--	--	--	7149	3183	1809	469	--
1066	1066	46	--	583	8664	4944	1473	875	46
5455	4643	89	--	2161	33336	18987	11418	893	29

全国各地区县级

	本年支出合计（千元）								
	在支出合计中：								
	工资福利支出	商品和服务支出						对个人和家庭补助支出	
			维修（护）费	差旅费	劳务费	福利费	税金支出		抚恤金和生活补助
总计	**943793**	**1237082**	**428712**	**32085**	**52136**	**27794**	**15301**	**116532**	**9667**
北京	140652	346177	169740	2019	1448	8954	385	21356	2494
天津	9482	7584	2132	191	116	167	38	2459	48
河北	65234	55950	8841	1380	1896	524	397	3724	343
山西	54661	62020	30020	2518	2224	1287	954	3535	254
内蒙古	15943	14493	6226	742	553	218	157	1616	616
辽宁	17694	17078	1287	472	1519	144	44	2945	693
其中：大连	4144	5294	488	163	6	73	--	536	38
吉林	7766	7083	3241	395	1085	7	160	1449	36
黑龙江	10921	9332	1574	359	445	135	3	1640	115
上海	40689	52099	24458	1052	176	1793	785	3593	291
江苏	40573	55889	12177	1165	1681	1438	215	7204	317
浙江	63518	114833	13676	3646	7373	3278	203	8159	266
其中：宁波	13836	17454	1048	617	324	201	--	1220	39
安徽	17220	20955	4762	648	349	53	8	6747	438
福建	10597	22587	4475	608	1041	347	257	1273	126
其中：厦门	619	372	72	--	189	13	--	145	--
江西	16020	14724	4587	813	544	395	318	3947	232
山东	78957	61935	21623	1438	1195	285	7694	5645	155
其中：青岛	2341	630	28	46	41	1	--	364	--
河南	65985	70836	16058	2886	12870	1303	738	4198	384
湖北	25561	18586	5894	1554	1288	1541	54	4906	761
湖南	36772	55323	18078	2111	3076	771	554	2620	284
广东	35129	43213	5296	612	1080	1146	303	6050	115
其中：深圳	4366	2760	674	58	321	75	164	398	--
广西	8976	5005	1145	396	213	52	10	1950	76
海南	1285	1090	50	152	72	--	1	16	1
重庆	9684	7066	2224	792	1476	147	3	946	18
四川	47991	83839	33931	2587	4976	2323	149	7468	881
贵州	13035	24032	16893	628	855	85	70	2023	40
云南	13061	11093	2690	275	377	42	169	2193	144
西藏	--	--	--	--	--	--	--	--	--
陕西	58292	29188	6675	1105	2178	872	1376	3295	138
甘肃	21248	15266	7474	908	1197	331	222	3733	323
青海	3654	1191	1000	3	2	2	--	37	--
宁夏	4539	1120	314	95	79	2	--	600	--
新疆	8654	7495	2171	535	752	152	34	1205	78

文物业基本情况（三）

其他资本性支出		资产总计（千元）		增加值（千元）	公用房屋建筑面积（千平方米）	
	各种设备购置费		固定资产原值			文物库房
224826	**55910**	**6059443**	**4333823**	**1164829**	**3653**	**258**
29753	7400	636618	253659	42944	105	2
1079	1079	13805	9516	12377	32	--
3960	2974	399636	264490	106644	125	11
10843	2739	131719	114573	96651	122	9
1510	1127	57975	44282	18437	84	7
7924	1156	94178	79486	21328	79	8
40	40	39355	39275	4783	25	3
420	87	11284	10159	12260	16	2
520	178	66321	63907	13371	51	3
6252	940	316106	129237	46786	67	5
14196	4017	415502	330498	56835	269	15
27818	8065	538064	344012	85998	241	20
2456	1151	60023	41268	16451	26	3
7318	2957	56306	39923	31071	66	8
1803	1351	39414	28486	13942	140	8
318	318	1606	1606	975	4	--
1604	585	110555	71600	21826	99	7
5226	1397	673138	544517	103164	265	23
171	79	8775	8408	2815	10	2
17015	3191	300421	207765	105331	331	21
7472	1973	128342	108401	34340	150	9
8349	3116	232410	199411	46357	196	14
2920	1889	256883	222100	47132	264	20
382	197	19709	10663	5683	49	1
3464	326	51531	44947	11463	63	8
70	50	24548	24548	2225	7	--
5002	961	97326	55522	12747	63	6
27249	2831	698659	502997	67376	357	18
1997	1520	53766	49848	18760	50	5
2046	418	213747	194957	20872	99	4
--	--	--	--	--	--	--
13039	2021	137188	113262	66702	146	11
13272	937	194635	175616	26801	114	12
474	--	3342	3342	3794	6	--
235	143	24876	24154	5393	11	1
1996	482	81148	78608	11902	35	1

全国各地区文物

	机构数（个）	从业人员（人）								
			事业编制人数	具有专业资质人数			具有文博和工程系列职称人数			安全保卫人员
					具有考古发掘个人领队资格人数	具有文物保护工程职业资格人数		高级职称	中级职称	
总计	**790**	**5399**	**2864**	**123**	**13**	**35**	**790**	**147**	**390**	**345**
中央	1	84	--	--	--	--	--	--	--	--
北京市	19	109	1	--	--	--	39	10	17	2
天津市	2	--	--	--	--	--	--	--	--	--
河北省	154	310	244	1	1	--	73	29	25	9
山西省	83	1047	648	6	1	5	96	9	51	50
内蒙古	1	--	--	--	--	--	--	--	--	--
辽宁省	11	99	72	8	--	1	36	2	23	12
其中：大连	--	--	--	--	--	--	--	--	--	--
吉林省	2	20	1	2	2	--	3	2	1	--
黑龙江	3	16	10	--	--	--	6	--	2	--
上海市	1	--	--	--	--	--	--	--	--	--
江苏省	14	39	33	--	--	--	7	6	1	--
浙江省	22	137	52	2	--	--	26	9	14	3
其中：宁波	--	--	--	--	--	--	--	--	--	--
安徽省	33	341	140	11	1	--	57	7	31	23
福建省	13	40	27	--	--	--	16	8	8	--
其中：厦门	--	--	--	--	--	--	--	--	--	--
江西省	11	38	21	--	--	--	11	1	5	4
山东省	14	298	153	2	1	1	52	10	24	44
其中：青岛	1	22	--	2	1	1	--	--	--	1
河南省	24	600	245	29	1	11	74	11	44	46
湖北省	51	341	196	9	2	2	64	3	54	18
湖南省	5	65	52	3	3	--	10	4	6	--
广东省	37	73	19	--	--	--	--	--	--	--
其中：深圳	1	7	7	--	--	--	--	--	--	--
广西省	1	9	1	--	--	--	4	2	2	--
海南省	1	5	1	--	--	--	--	--	--	--
重庆市	1	--	--	--	--	--	--	--	--	--
四川省	5	94	53	1	1	--	13	3	5	27
贵州省	32	285	210	33	--	11	60	6	17	13
云南省	1	--	--	--	--	--	--	--	--	--
西藏	10	86	22	7	--	3	3	1	2	2
陕西省	115	684	316	1	--	1	38	7	15	34
甘肃省	100	129	62	2	--	--	14	1	8	10
青海省	4	31	7	6	--	--	10	2	5	--
宁夏	1	5	--	--	--	--	--	--	--	--
新疆	18	414	278	--	--	--	78	14	30	48

主管部门基本情况（一）

信息化建设		本年收入合计（千元）						本年支出合计（千元）				
			财政拨款		在财政拨款中：					项目支出		
计算机（台）	网站数（个）			中央专款	行政运行	一般行政管理事务	文物保护等经费		基本支出		文物保护专项支出	工资福利支出
2747	**84**	**2221615**	**2009234**	**448678**	**219437**	**76738**	**1162639**	**1932045**	**338658**	**1506855**	**1051711**	**147689**
--	--	172518	171319	--	11234	10699	64100	134603	15225	119378	49055	1949
149	4	291820	286018	6700	8222	392	169109	230693	8629	221440	134192	5050
--	--	--	--	--	--	--	--	--	--	--	--	--
181	2	52019	37940	1550	4249	711	6245	84478	23711	60622	52325	10543
337	24	251810	244063	96590	53943	8446	173444	206045	59950	141885	115456	29008
8	--	22123	22030	20080	--	--	22030	10932	--	10932	10932	--
23	2	16524	15490	--	14510	--	481	16558	14001	2030	1112	1964
--	--	--	--	--	--	--	--	--	--	--	--	--
5	1	21578	19428	1545	3	668	18636	6826	3	3989	3919	124
14	1	1495	1495	--	371	--	1124	1495	1004	491	--	527
--	--	44551	12308	--	--	--	12308	42265	153	10134	6836	--
70	4	66963	66163	441	4035	4182	57406	45229	4023	41126	38036	2597
328	5	244474	199774	--	7402	4846	171023	249510	16498	225083	199869	7116
--	--	--	--	--	--	--	--	--	--	--	--	--
114	3	44232	37351	--	4781	1579	4724	37375	25855	10018	4570	8042
39	--	52641	52529	45770	1782	60	3585	51582	735	47079	590	762
--	--	--	--	--	--	--	--	--	--	--	--	--
5	1	15909	14910	10880	253	659	13065	11304	1812	9492	8783	700
151	4	52787	47370	1400	13728	13844	17427	38877	15411	23461	14782	8091
22	1	7760	4235	1400	2235	1100	900	8913	3416	5497	2600	1471
206	6	234069	206153	111400	24420	17662	123279	214436	36022	173202	156292	16425
168	2	42103	36908	876	7902	1349	11461	42632	13406	17726	4958	8352
70	1	34929	34373	13350	4090	2692	27496	37290	5583	31706	17682	2759
56	5	36588	34846	2200	14050	692	15366	27337	7559	19697	10925	2303
20	1	6654	6654	--	987	236	5431	6654	1258	5396	5396	639
--	--	28233	28233	10780	--	--	23390	25349	--	25349	22160	--
7	--	12830	10430	2400	--	--	--	11524	--	11524	--	6
--	--	16914	16044	1040	8	--	16036	15641	98	15543	15543	--
42	1	15052	11083	2	3812	100	5213	20186	3591	14856	12121	2105
102	3	37192	34595	9210	3920	3730	13545	34697	10202	21468	11251	4036
6	--	18155	17045	9320	--	--	10050	20586	--	20586	13484	--
45	2	117989	117979	78865	6804	--	32290	80104	6242	73862	73219	4027
238	5	55583	47590	--	18068	2523	11367	53824	34987	16696	13131	16480
141	1	47242	43719	22250	4821	358	36223	34933	5304	28179	5382	3164
9	2	1760	1594	--	362	497	289	1969	1226	383	383	664
4	--	6313	--	--	--	--	--	6208	--	6208	--	170
229	5	165219	140454	2029	6667	1049	101926	137557	27428	102710	54723	10725

全国各地区文物

	本年支出合计（千元）									
	在支出合计中：									
	商品和服务支出						对个人和家庭补助支出		其他资本性支出	
		维修（护）费	差旅费	劳务费	福利费	税金支出		抚恤金和生活补贴		各种设备购置费
总计	**1034785**	**526631**	**20069**	**15427**	**1920**	**452**	**38316**	**1806**	**109921**	**44227**
中央	127733	45	2572	563	--	--	3684	80	417	417
北京市	3402	302	92	50	--	--	700	9	5105	436
天津市	--	--	--	--	--	--	--	--	--	--
河北省	64961	42899	2703	2381	81	--	2929	208	5467	5467
山西省	138639	91895	2545	1678	770	--	5108	196	10500	2231
内蒙古	7618	--	534	1082	--	--	--	--	3314	3314
辽宁省	7708	175	136	642	4	--	534	314	748	370
其中：大连	--	--	--	--	--	--	--	--	--	--
吉林省	3524	--	163	4	--	--	--	--	397	397
黑龙江	293	--	--	--	--	--	184	--	491	--
上海市	8033	6342	20	22	--	--	--	--	2253	2253
江苏省	38010	30846	206	402	17	--	751	--	1595	1595
浙江省	231196	182862	1618	1355	104	92	1677	15	6067	3934
其中：宁波	--	--	--	--	--	--	--	--	--	--
安徽省	12361	2220	401	148	79	14	4907	319	3584	312
福建省	606	32	39	73	10	--	155	--	88	88
其中：厦门	--	--	--	--	--	--	--	--	--	--
江西省	3644	82	114	38	28	--	310	51	5701	35
山东省	12315	1564	352	1254	2	--	1850	--	2513	1875
其中：青岛	1272	288	84	305	--	--	673	--	--	--
河南省	176928	146352	2135	1954	68	241	3619	77	2027	813
湖北省	12112	2415	1429	447	268	2	2089	334	3363	2926
湖南省	9851	231	274	337	33	--	786	106	6246	4046
广东省	11646	1198	270	104	173	--	289	2	337	63
其中：深圳	269	7	1	--	4	--	5	--	33	33
广西省	1619	3	132	5	--	--	--	--	--	--
海南省	6122	197	69	62	--	--	--	--	5395	1346
重庆市	4645	1580	16	26	--	--	--	--	10996	996
四川省	2205	41	123	40	22	--	595	--	10708	6252
贵州省	24081	9329	420	620	31	63	1791	14	1019	660
云南省	1117	2	111	33	--	--	--	--	138	138
西藏	2115	11	87	1	1	--	1838	--	5	--
陕西省	16685	3822	898	437	59	--	2450	18	3297	549
甘肃省	26139	1634	919	1034	39	18	284	48	810	710
青海省	487	--	25	--	--	--	91	--	--	--
宁夏	491	--	491	--	--	--	--	--	5547	--
新疆	78499	552	1175	635	131	22	1695	15	11793	3004

主管部门基本情况（二）

资产合计		增加值（千元）	本省举办出国（境）文物展览（个）	出国接受培训人员数（人）	本辖区文物点（处）				各级文物保护专项资金设立情况（千元）		
（千元）	固定资产原值					全国重点文物保护单位	省级文物保护单位	市县级文物保护单位	中央级	省级	市县级
1974498	**504535**	**513481**	**1058**	**32**	**285986**	**2578**	**11739**	**64464**	**533755**	**548445**	**203674**
237089	53465	46334	--	--	--	--	--	--	--	--	--
16286	16286	67575	2	3	3550	98	224	567	--	150000	4555
--	--	--	--	--	1300	15	113	155	--	--	--
170730	18683	-15668	--	--	12852	168	766	2125	--	--	200
286178	58718	84645	2	15	35000	271	428	6085	--	30000	26316
17965	1084	12351	2	--	20000	79	316	700	35100	5000	1000
3487	2564	2907	--	--	2638	28	133	373	--	952	1174
--	--	--	--	--	--	--	--	--	--	--	--
444	444	14908	--	--	1015	35	276	704	--	--	--
1083	1083	754	--	--	4900	31	204	451	--	2000	--
1722	--	2309	6	2	528	19	163	346	--	--	--
79017	3389	25650	5	--	11000	120	645	2245	18000	25000	5690
87735	14046	5958	1	--	3502	132	382	2988	--	35000	131310
--	--	--	--	--	--	--	--	--	--	--	--
31087	10112	20462	--	--	3686	88	640	2800	--	2461	173
4747	1062	2104	--	--	64	6	9	49	--	--	--
--	--	--	--	--	--	--	--	--	--	--	--
2326	592	5661	24	--	789	10	25	704	543	2043	275
104237	62887	27645	2	--	22867	107	728	7600	--	10000	1000
6229	1713	1370	--	--	--	--	--	--	--	--	--
272107	35424	43417	2	--	30174	189	1044	5514	111350	26470	690
38006	28031	11508	712	5	20000	91	825	4115	140070	24045	711
20178	9176	1833	--	--	19119	82	493	3664	2	10612	25092
22470	13141	12661	3	--	3099	81	429	2589	770	10000	1550
10460	2265	739	--	--	112	1	11	100	--	--	--
--	--	2897	--	--	2204	42	235	1927	11350	1200	--
--	--	1378	--	--	365	17	108	240	--	--	--
6103	731	1329	--	--	12898	20	148	1131	--	--	--
33422	3758	-2214	--	--	4737	152	656	3696	108230	34000	--
29107	11159	9495	286	--	3936	70	502	3364	1200	6200	340
1910	--	-2391	--	--	5300	76	243	1725	--	280	--
143361	22317	44650	1	--	1697	34	102	200	--	--	--
48749	43187	22952	8	5	36779	347	492	2790	--	150635	2120
66725	12334	17352	--	--	13284	72	516	3146	--	--	16
1848	878	583	--	--	4445	22	419	371	--	100	140
1629	--	306	1	--	288	18	101	169	16380	1500	1210
244750	79984	44130	1	2	3970	58	374	1931	90760	20947	112

全国各地区文物保护

	机构数（个）	从业人员（人）									信息化建设	
			在编人数	具有专业资质人数			具有文博和工程系统职称人数			安全保卫人员	计算机（台）	网站数（个）
					具有考古发掘个人领队资格人数	具有文物保护工程职业资格人数		高级职称	中级职称			
总计	**2223**	**29661**	**20167**	**674**	**105**	**110**	**5587**	**705**	**2686**	**3921**	**4524**	**130**
北京	22	2716	1631	8	--	8	92	3	42	318	234	5
天津	8	137	86	4	1	3	15	3	6	4	13	2
河北	166	4208	3084	30	24	6	530	90	269	368	274	6
山西	98	1517	1141	12	3	--	227	20	140	293	69	5
内蒙古	78	639	493	6	3	3	183	24	101	81	126	5
辽宁	57	945	532	7	3	4	231	15	122	140	122	3
其中：大连	--	--	--	--	--	--	--	--	--	--	--	--
吉林	45	324	287	4	1	3	138	30	82	12	51	3
黑龙江	83	373	329	3	3	--	200	41	113	19	91	2
上海	4	48	28	--	--	--	4	1	3	13	40	1
江苏	64	348	233	--	--	--	72	22	27	27	149	6
浙江	93	1529	891	21	5	--	335	70	142	127	562	16
其中：宁波	13	222	122	5	5	--	81	22	31	36	149	3
安徽	89	523	379	24	4	1	273	21	98	97	137	4
福建	43	121	81	6	--	5	39	11	13	12	52	--
其中：厦门	6	7	2	--	--	--	--	--	--	--	17	--
江西	65	254	206	20	--	--	74	4	33	34	25	5
山东	90	2468	1749	44	2	23	684	99	342	388	211	4
其中：青岛	6	20	17	3	--	--	13	1	9	7	9	--
河南	143	3384	2027	54	26	2	383	72	191	380	526	8
湖北	45	1097	450	6	--	2	161	11	106	141	65	1
湖南	128	1051	798	11	9	2	119	15	65	117	228	3
广东	38	391	134	12	3	--	64	5	17	56	50	4
其中：深圳	3	28	8	--	--	--	1	--	1	9	16	1
广西	58	245	216	10	--	--	73	5	36	22	71	--
海南	9	137	115	13	--	--	20	--	4	29	9	4
重庆	39	130	97	11	--	1	43	8	24	18	97	3
四川	168	1739	1158	81	1	13	335	31	152	233	389	19
贵州	87	442	395	66	1	7	125	6	57	43	98	3
云南	117	628	554	120	2	14	385	51	166	54	208	4
西藏	3	396	123	8	4	4	36	7	12	70	70	--
陕西	204	2506	1915	36	1	1	436	12	193	613	219	6
甘肃	44	350	295	1	--	--	74	5	25	115	64	1
青海	24	109	103	24	8	4	49	5	30	4	12	--
宁夏	21	285	177	28	1	3	86	7	25	22	71	2
新疆	90	621	460	4	--	1	101	11	50	71	191	5

管理机构基本情况（一）

文物藏品（件/套）				本年从有关部门接收文物数（件/套）	本年藏品征集数（件/套）	本年修复文物数（件/套）				举办陈列、展览			提供藏品参与外单位举办的展览次数（个）
	一级品	二级品	三级品				一级品	二级品	三级品	（个）	参观人次（千人次）	未成年人参观人次	
2187639	**5235**	**18342**	**161052**	**3607**	**11389**	**1825**	**8**	**322**	**133**	**2106**	**69561**	**18983**	**3085**
17998	88	428	1680	--	1915	--	--	--	--	58	9871	1634	5
2642	2	5	52	--	2	--	--	--	--	5	131	51	--
112935	268	1594	11558	31	425	--	--	--	--	75	3874	523	8
150939	399	588	2661	1	--	108	--	--	--	8	1225	13	--
53063	181	317	1444	528	1162	13	1	5	7	88	693	422	3
26032	68	562	8480	423	232	3	1	--	1	26	301	117	1
--	--	--	--	--	--	--	--	--	--	--	--	--	--
19750	13	127	293	3	126	6	--	--	--	17	2819	1287	1
21625	39	122	1076	3	711	115	--	1	27	94	440	145	32
2560	--	--	--	--	1	--	--	--	--	2	36	7	--
31801	70	485	928	558	84	9	--	--	--	87	1865	282	1
75343	284	799	5191	91	996	229	--	2	46	131	7873	1250	2
22811	65	242	2248	11	23	226	--	2	46	31	1646	601	1
67938	370	757	16858	10	101	302	--	3	4	98	1404	405	10
4151	2	7	388	--	--	--	--	--	--	37	205	72	--
--	--	--	--	--	--	--	--	--	--	--	--	--	--
10027	40	150	1416	6	43	--	--	--	--	28	650	58	--
224294	353	2836	9412	131	218	183	--	--	9	187	8427	753	9
3938	1	36	293	--	50	--	--	--	--	3	21	--	--
535873	593	4115	41165	60	186	56	--	--	--	98	6747	1309	--
25206	160	224	1151	--	348	--	--	--	--	77	2848	864	2
119220	242	871	8405	140	490	157	--	1	5	80	1849	517	5
6892	--	89	2054	128	113	--	--	--	--	70	1861	54	2718
530	--	--	--	--	65	--	--	--	--	21	50	6	--
25081	20	338	3458	9	876	--	--	--	--	57	754	354	7
1897	5	--	--	--	--	--	--	--	--	10	317	117	--
83894	61	239	2845	1189	67	30	--	4	--	61	122	60	3
240040	931	1866	25617	39	364	568	--	300	11	161	2678	1152	209
15884	54	291	5359	17	1594	24	4	5	4	102	975	376	8
67788	201	175	1671	105	314	20	--	1	19	174	1405	5352	24
79298	336	--	--	--	--	--	--	--	--	--	--	--	2
97960	288	1022	6953	116	196	1	1	--	--	157	7637	1672	25
1270	28	44	101	--	--	--	--	--	--	38	571	56	--
44817	61	68	112	--	448	--	--	--	--	32	20	3	--
15903	58	159	493	--	37	--	--	--	--	16	1266	17	9
5518	20	64	231	19	340	1	1	--	--	32	697	61	1

全国各地区文物保护

	考古发掘项目（个）				考古钻探面积（千平方米）	考古发掘面积（千平方米）	发掘墓葬数（个）		本	
		基本建设中考古发掘项目	抢救性发掘项目	主动性发掘项目				（千元）	财政拨款	上级补助收入
总计	**773**	**247**	**230**	**283**	**13650**	**500**	**15800**	**3119157**	**1109827**	**168150**
北京	3	1	2	--	246	50	12	606169	29169	3074
天津	3	3	--	--	--	--	--	10336	7238	171
河北省	34	29	5	--	1701	94	356	249938	82982	12120
山西	6	5	1	--	2600	1	54	126837	77037	4776
内蒙古	9	6	1	2	--	20	23	43315	30943	2745
辽宁	6	--	3	1	737	2	54	42458	26780	3137
其中：大连	--	--	--	--	--	--	--	--	--	--
吉林	6	1	4	1	12	3	8	14745	13102	1071
黑龙江	6	1	3	1	1	--	2	19723	16762	1968
上海	--	--	--	--	--	--	--	28419	27305	--
江苏	--	--	--	--	--	--	--	62925	51341	1333
浙江	20	6	9	3	794	55	70	431322	159507	14007
其中：宁波	13	6	4	1	790	46	67	48138	38491	3829
安徽	55	10	40	2	116	2	86	46828	27906	12921
福建	--	--	--	--	--	--	--	22270	17833	3530
其中：厦门	--	--	--	--	--	--	--	6924	6752	172
江西	4	--	3	--	--	2	--	12675	8537	1155
山东	16	--	14	2	--	19	43	275164	48083	1180
其中：青岛	--	--	--	--	--	--	--	1226	1186	--
河南	89	68	16	4	4137	30	1377	305947	70485	34805
湖北	11	9	1	1	142	21	12437	46318	17904	5793
湖南	83	52	30	1	405	66	192	82592	59617	6925
广东	--	--	--	--	--	--	--	54854	13100	9075
其中：深圳	--	--	--	--	--	--	--	3110	2810	300
广西	2	1	1	--	14	8	9	15559	11894	2157
海南	--	--	--	--	--	--	--	6172	3773	460
重庆	--	--	--	--	--	--	--	12033	8330	2184
四川	91	29	56	5	304	91	261	187610	95623	18034
贵州	23	14	7	2	1	4	--	23814	20328	2971
云南	277	5	12	258	1009	19	751	50786	44221	3099
西藏	--	--	--	--	--	--	--	35895	10060	--
陕西	4	1	3	--	9	--	6	155249	44043	10683
甘肃	2	2	--	--	--	--	--	35200	12783	2910
青海	1	--	1	--	--	--	--	5163	4916	136
宁夏	15	3	12	--	1422	11	36	42285	27372	2200
新疆	7	1	6	--	--	2	23	66556	40853	3530

管理机构基本情况（二）

年收入合计					本年支出合计				
事业收入		经营收入	附属单位上缴收入	其他收入	（千元）	基本支出	项目支出		经营支出
	门票收入							文物保护专项支出	
1434211	**1246531**	**305911**	**515**	**100243**	**2761867**	**1698413**	**660021**	**275574**	**216260**
337937	337154	234180	--	1809	507517	264641	47285	13639	149154
2705	2705	--	102	120	10055	7928	2127	913	--
143536	129798	9597	--	1703	201969	157263	26661	12570	5098
38064	34726	--	--	6960	112233	53283	56606	2600	83
8815	369	--	--	812	36429	32826	2717	530	--
11245	4745	1041	160	95	43367	28438	5472	2269	1365
--	--	--	--	--	--	--	--	--	--
164	134	--	--	408	13053	11454	1598	1206	--
536	21	--	--	457	18118	15096	3022	2641	--
6	--	--	--	1108	10926	4013	5640	4951	1077
7992	1951	--	53	2206	64042	36588	27454	19678	--
240946	206827	1218	--	15644	326467	221034	103467	51453	913
4567	1267	--	--	1251	48789	22883	25732	16926	--
1922	1193	--	--	4079	43120	22015	19251	7745	--
683	161	--	--	224	17091	8522	8219	2342	--
--	--	--	--	--	5551	230	5253	251	--
2457	235	--	--	526	10773	8454	2043	613	--
222128	196575	--	--	3773	278061	242037	26212	22153	9462
40	40	--	--	--	1218	1168	50	50	--
137512	104579	41163	200	21782	277971	180678	46635	37700	40007
17201	16771	1092	--	4328	48994	31753	12517	2795	582
12380	4659	247	--	3423	84897	41281	38458	9134	243
32088	27268	--	--	591	52757	38239	9518	2519	4130
--	--	--	--	--	3714	627	3037	1156	--
802	532	--	--	706	13133	6505	4268	1950	--
1829	1779	--	--	110	6100	3762	975	40	10
912	--	--	--	607	11537	4186	6294	2783	--
57263	52618	12250	--	4440	179218	91695	80003	30757	1952
406	369	--	--	109	22746	13910	8103	4581	33
2199	757	96	--	871	49757	20342	23974	5488	363
25412	24446	--	--	423	20448	8193	936	80	--
79246	56870	4981	--	16296	160829	66529	41874	24303	1677
18724	18341	--	--	783	34127	28630	5264	2376	65
53	40	--	--	58	5143	3476	235	120	--
11235	3891	46	--	1432	31013	9393	19544	856	46
17813	17017	--	--	4360	69976	36249	23649	4789	--

全国各地区文物保护

	本年支出合计（千元）								
	在支出合计中：								
	工资福利支出	商品和服务支出						对个人和家庭补助支出	
			维修（护）费	差旅费	劳务费	福利费	税金支出		抚恤金和生活补助
总计	**767630**	**1096302**	**295577**	**20830**	**43150**	**21243**	**24848**	**112585**	**6490**
北京	123625	330103	163971	1776	1330	7942	187	19512	2468
天津	5321	2670	68	36	28	53	32	1705	14
河北	98338	58952	5821	1283	1790	1826	3346	7848	370
山西	28111	27536	7747	546	941	391	132	3263	236
内蒙古	15269	12978	4009	1019	815	208	157	2532	359
辽宁	15218	13835	1188	293	863	152	401	2887	370
其中：大连	--	--	--	--	--	--	--	--	--
吉林	6662	2709	116	224	42	7	--	1630	31
黑龙江	9160	4316	473	362	469	83	--	2473	132
上海	2561	1642	541	60	18	51	6	201	--
江苏	16790	30870	5202	323	846	468	76	4935	16
浙江	89204	142605	14007	2844	7636	3192	3883	21491	181
其中：宁波	12237	26343	1360	557	616	234	76	2048	39
安徽	10736	18546	5951	473	362	111	--	3257	102
福建	2385	7488	894	371	68	7	24	981	46
其中：厦门	255	1967	125	75	13	3	--	70	--
江西	4068	4098	1929	210	120	154	--	1004	24
山东	58082	46094	18451	869	336	179	7755	2727	105
其中：青岛	727	318	28	14	41	--	--	81	--
河南	68199	153265	4226	2141	16487	1240	2060	8135	186
湖北	17581	8783	2956	435	401	1085	273	2703	78
湖南	24400	37177	14609	1426	3862	496	528	2722	203
广东	14544	26707	1471	96	497	332	105	2569	--
其中：深圳	570	1534	91	14	271	--	--	23	--
广西	5200	2779	565	173	22	14	10	694	38
海南	3226	1337	23	77	37	36	20	144	6
重庆	2682	2786	782	394	612	96	1	423	12
四川	41574	62671	21463	1845	2353	2049	1792	4418	236
贵州	8910	5917	2019	335	245	58	7	868	33
云南	15062	15816	2671	427	345	48	238	1991	142
西藏	5314	6749	95	196	12	--	--	3111	331
陕西	39734	28803	9801	990	1597	577	1227	3390	514
甘肃	9699	11999	1048	210	79	141	2582	1602	134
青海	3749	387	79	13	3	2	--	230	--
宁夏	8336	13049	1338	305	195	5	--	1255	31
新疆	13890	13635	2063	1078	739	240	6	1884	92

管理机构基本情况（三）

其他资本性支出		资产总计		增加值	公用房屋建筑面积		
	各种设备购置费	（千元）	固定资产原值	（千元）	（千平方米）	展览用房	文物库房
139878	**41840**	**5297896**	**2893488**	**1028047**	**2311**	**467**	**124**
21590	5759	532870	153606	22300	66	10	1
359	359	5703	3549	7286	11	3	--
3995	1997	356647	185516	145722	94	32	10
810	296	65346	47415	39788	73	20	6
1927	736	37063	20043	21706	39	13	3
4337	995	55204	36832	19391	51	19	4
--	--	--	--	--	--	--	--
253	130	4945	3362	8556	8	5	1
343	178	20579	17555	12916	21	9	3
790	344	3798	3380	2978	3	2	--
11447	730	220997	87252	26783	53	19	5
9372	5119	851653	346508	229045	146	55	6
2288	1565	68388	47883	16893	23	10	3
1753	759	27062	15119	15206	43	21	4
3412	475	25762	4904	3716	26	3	--
3092	347	10284	453	364	--	--	--
365	84	17099	14613	6237	12	6	1
3087	1012	378083	266551	75598	94	18	11
92	--	1724	1480	909	2	--	1
11678	4543	378847	292360	77320	885	27	20
2741	2060	76229	68293	23709	53	21	2
4062	1758	95698	70366	33544	65	24	6
729	573	66502	52082	20150	33	24	--
232	76	1385	102	869	--	--	--
1062	299	23686	14120	6650	14	4	2
117	15	42349	42197	5192	7	3	--
2029	789	14459	10624	4263	20	9	3
21064	2210	1124759	430530	57635	132	32	15
767	742	35345	33274	11487	44	19	5
7913	1634	168432	146720	23346	90	22	4
--	--	53004	11106	21344	1	--	--
3071	1737	121524	104044	44511	151	21	7
9503	5630	162597	123009	19043	27	5	1
60	--	214089	213913	12541	11	3	1
1330	198	31505	16199	12669	10	4	1
9912	679	86060	58446	17415	28	14	2

全国各地区博物馆

	机构数（个）	从业人员									信息化建设	
		（人）	在编人数	具有专业资质人数			具有文博和工程系统职称人数			安全保卫人员	计算机数（台）	网站数（个）
					具有考古发掘个人领队资格人数	具有文物保护工程职业资格人数		高级职称	中级职称			
总计	**1893**	**51587**	**33219**	**1181**	**202**	**284**	**15656**	**3076**	**6719**	**8542**	**15097**	**367**
中央	5	1954	1915	126	10	116	796	286	352	363	2280	4
北京	37	1209	787	1	1	--	286	58	86	233	563	10
天津	18	711	611	6	5	--	408	79	155	97	265	2
河北	64	1497	1067	6	1	5	339	75	169	200	277	14
山西	85	2333	1524	59	4	12	503	83	274	480	253	13
内蒙古	36	882	645	6	6	--	416	84	200	131	144	3
辽宁	54	7013	1505	5	1	4	742	149	402	238	551	11
其中：大连	7	264	210	--	--	--	77	24	35	36	114	2
吉林	26	718	597	13	6	7	406	113	147	59	189	7
黑龙江	56	967	681	1	1	--	338	116	152	128	103	9
上海	28	988	877	48	14	33	483	110	184	93	1091	10
江苏	165	3470	2300	37	26	3	1210	240	525	690	1500	58
浙江	89	2339	1265	22	4	2	742	186	270	446	1023	33
其中：宁波	7	257	119	--	--	--	70	16	28	29	80	2
安徽	38	785	592	16	1	--	310	44	152	143	191	6
福建	89	1214	762	45	12	12	459	81	175	219	559	13
其中：厦门	3	101	62	1	1	--	47	11	20	4	145	--
江西	96	1916	1297	50	2	3	554	82	202	329	275	13
山东	91	1937	1681	27	12	3	1084	216	489	361	430	17
其中：青岛	8	177	155	--	--	--	91	13	37	32	40	3
河南	95	3419	2264	22	3	6	749	130	325	715	448	21
湖北	111	2076	1590	16	14	--	972	156	496	507	632	17
湖南	74	1833	1281	39	19	9	476	70	199	301	514	12
广东	152	2724	1742	240	13	10	792	107	273	521	1219	31
其中：深圳	13	251	119	68	4	--	68	18	30	24	186	6
广西	60	887	665	93	6	42	360	50	175	168	358	10
海南	16	153	140	7	2	--	42	9	17	54	79	2
重庆	21	1092	725	9	8	1	448	88	121	78	488	6
四川	85	2680	1669	43	4	9	650	81	297	493	512	18
贵州	23	449	218	24	2	--	96	19	33	81	90	5
云南	36	518	488	104	2	--	354	61	128	73	204	4
西藏	1	128	64	--	--	--	20	4	16	50	22	--
陕西	91	3566	2733	64	17	7	992	193	414	787	325	9
甘肃	81	1287	977	31	1	--	332	49	155	306	327	6
青海	18	168	119	18	2	--	62	17	35	27	36	1
宁夏	5	219	150	--	--	--	96	8	30	38	8	1
新疆	47	455	288	3	3	--	139	32	71	133	141	1

基本情况（一）

文物藏品（件/套）				本年从有关部门接收文物数（件/套）	本年藏品征集数（件/套）	本年修复文物数（件/套）				考古发掘项目			
	一级品	二级品	三级品				一级品	二级品	三级品	（个）	基本建设中考古发掘项目	抢救性发掘项目	主动性发掘项目
14554158	**51241**	**915185**	**2212306**	**41046**	**94762**	**30565**	**424**	**1158**	**19324**	**547**	**210**	**310**	**20**
1260514	11060	621373	334833	141	306	284	16	164	87	7	--	--	7
1137760	447	4899	47745	2	488	985	4	21	90	--	--	--	--
575418	968	2748	39505	--	142	27	--	--	--	5	4	1	--
220248	467	7361	14967	5	634	55	--	--	25	--	--	--	--
540297	1667	6862	70784	933	214	124	7	8	47	11	7	4	--
351539	1348	2145	4778	77	4685	1604	--	--	40	7	--	4	1
335472	1149	12057	112621	61	2629	474	3	64	387	8	4	4	--
50190	216	2547	25512	60	60	--	--	--	--	1	1	--	--
181200	353	3158	9709	844	335	188	1	--	--	2	--	2	--
164566	279	1247	13502	264	2432	33	--	2	19	--	--	--	--
317873	1334	46168	136506	6	4383	110	1	2	62	4	1	1	2
1390254	1920	92892	442800	3062	9959	1885	14	35	486	191	25	165	1
632483	1740	8996	59001	1605	6022	362	--	37	154	47	34	13	--
143264	169	744	6207	408	189	109	--	2	46	--	--	--	--
410879	1025	2730	101730	46	438	584	4	3	93	10	--	10	--
376026	915	1931	84605	7233	5309	168	--	--	--	9	3	6	--
15201	16	200	6028	15	97	32	--	--	--	1	1	--	--
298623	1941	5736	38921	455	1760	15	--	4	11	38	23	15	--
633506	2539	7225	77035	158	3710	1844	12	76	821	19	5	13	1
152642	212	1943	9157	--	157	26	8	--	--	3	--	3	--
660554	1781	11809	142650	1312	443	532	16	6	371	2	--	1	1
836949	2324	16835	88674	828	1186	1898	66	403	1159	97	58	35	2
442489	1387	4649	42588	798	6527	495	16	34	139	35	16	19	--
710814	1186	15625	70364	1118	13937	14886	--	15	14504	10	9	--	1
29900	25	170	4872	2	122	--	--	--	--	2	2	--	--
253332	313	4030	20378	145	3214	887	--	3	92	7	--	4	3
30287	120	194	891	705	2149	150	--	--	--	2	2	--	--
430477	852	1555	18074	310	204	411	2	5	321	--	--	--	--
585680	3437	7015	80571	62	3216	847	160	124	55	11	5	6	--
44965	237	296	1960	53	390	20	--	--	20	1	1	--	--
272142	626	1595	13654	831	1216	20	--	--	--	12	11	1	--
28953	320	157	269	9	14	--	--	--	--	--	--	--	--
751226	6200	11941	64464	17977	1294	626	93	62	91	7	1	5	--
420399	2231	7956	68933	1596	14650	336	3	49	35	5	1	1	1
89371	143	687	1257	--	25	51	--	1	--	--	--	--	--
63156	309	2084	4840	18	1688	310	5	40	215	--	--	--	--
106706	623	1229	3697	392	1163	354	1	--	--	--	--	--	--

全国各地区博物馆

	考古钻探面积（千平方米）	考古发掘面积（千平方米）	发掘墓葬数（个）	规划及方案设计（个）	举办陈列、展览（个）	参观人次（千人次）	未成年人参观人次	提供藏品参与外单位举办的展览次数（次）	本年承担课题、项目数（个）	省部级以上课题、项目数	结项课题、项目数
总计	**30127**	**367**	**2298**	**406**	**8364**	**283280**	**71666**	**2097**	**565**	**2281**	**151**
中央	7000	4	5	12	78	9826	1454	15	118	26	15
北京	--	--	--	--	184	3813	440	17	33	12	19
天津	452	8	25	2	107	3410	559	23	7	5	2
河北	--	--	--	3	174	5104	1718	11	1	1	--
山西	12	74	14	7	153	6573	955	7	--	--	--
内蒙古	--	5	26	--	123	2157	649	11	2	2	--
辽宁	329	8	91	7	165	4116	1112	11	1	4	2
其中：大连	--	5	--	1	18	50	21	1	--	2	2
吉林	--	1	11	--	99	2212	399	14	--	--	--
黑龙江	--	--	--	1	140	5195	2075	8	18	16	2
上海	174	9	13	--	174	4782	1014	33	24	2011	3
江苏	1523	48	510	85	984	32198	8384	122	87	53	32
浙江	592	12	117	20	670	12082	3342	61	35	18	11
其中：宁波	--	--	--	12	61	1043	279	3	1	1	1
安徽	--	3	37	5	208	4580	2103	11	6	2	5
福建	103	6	23	20	269	7292	1952	1207	13	6	6
其中：厦门	68	1	--	--	7	578	19	--	--	--	--
江西	3	2	7	12	260	9471	3180	34	5	4	1
山东	330	117	263	15	636	7745	2096	31	6	4	2
其中：青岛	--	--	--	--	46	1102	267	1	--	--	--
河南	173	--	1	13	421	11828	3603	104	17	8	9
湖北	5229	40	791	71	388	9086	3308	143	32	11	7
湖南	12458	2	165	9	280	11445	3801	28	43	32	2
广东	7	9	8	15	878	12509	2970	57	5	2	1
其中：深圳	7	--	--	2	77	731	93	--	--	--	--
广西	2	2	21	7	193	4535	1288	21	23	11	6
海南	14	9	--	--	22	2458	1365	1	--	--	--
重庆	--	--	--	3	125	7369	1135	2	7	7	5
四川	124	5	26	30	232	12046	2798	19	43	26	14
贵州	--	--	--	3	47	4128	1576	3	--	--	--
云南	1448	2	133	3	299	2341	541	15	5	5	1
西藏	--	--	--	--	4	71302	15199	1	3	--	--
陕西	154	--	2	32	206	7308	827	59	22	11	5
甘肃	--	1	9	4	252	3658	1074	15	7	3	1
青海	--	--	--	--	469	383	56	1	--	--	--
宁夏	--	--	--	23	34	895	198	7	--	--	--
新疆	--	--	--	4	90	1433	495	5	2	1	--

基本情况（二）

科研成果					本年收入合计（千元）							
专利（个）	专著或图录（册）	论文（省级及以上刊物公开发表）（篇）	考古报告（篇）	古建维修报告（篇）		财政拨款	上级补助收入	事业收入	门票收入	经营收入	附属单位上缴收入	其他收入
110	**10662**	**3146**	**115**	**40**	**6091613**	**4274509**	**300561**	**1147607**	**907912**	**96622**	**37314**	**235000**
49	269	97	1	--	526341	414736	--	8484	57	54172	36632	12317
--	11	44	--	--	269165	223034	170	32802	24140	399	--	12760
--	3	48	--	--	103049	91663	--	8251	5118	--	--	3135
--	8	40	--	--	123483	76378	5103	35825	19393	3133	--	3044
--	--	9	--	--	208951	103550	15624	88651	88069	--	--	1126
--	50	14	--	--	92143	86776	1224	3846	659	--	--	297
--	10	188	4	2	190254	121893	7840	59648	56243	--	--	873
--	1	16	--	--	34903	25972	7214	1381	1366	--	--	336
--	3	126	--	3	96724	56363	7900	31437	30870	120	--	904
7	10007	107	--	--	81794	67657	4644	6609	6485	1140	--	1744
--	3	4	--	--	312774	210118	33827	60610	47910	2467	--	5752
6	51	452	53	5	593291	376830	39360	142891	96153	6781	99	27330
--	44	218	10	--	401505	320270	16538	30373	15750	9128	467	24729
--	--	1	--	--	49709	29113	2177	8010	451	411	--	9998
--	3	83	--	--	83094	66079	13615	1786	178	--	--	1614
--	9	93	8	7	117647	96718	7584	9909	5870	649	--	2787
--	1	10	--	--	13662	13013	--	583	227	--	--	66
1	9	79	1	2	165815	133449	15987	13858	9084	5	46	2470
--	18	130	1	5	205519	174982	1755	21965	13231	6	--	6811
--	--	7	--	--	24260	16703	397	3427	3003	6	--	3727
33	31	263	--	2	223067	119308	10042	75138	63470	3564	--	15015
4	23	139	23	--	214505	155437	34411	10834	2661	2888	--	10935
--	17	162	2	--	258811	200403	10435	24200	17892	2979	43	20751
--	25	137	6	2	310044	240703	10926	44929	26933	1099	--	12387
--	5	38	1	1	38955	30764	330	2133	1895	963	--	4765
--	6	106	--	--	211859	177423	8072	17978	2663	272	--	8114
--	--	--	--	--	15896	14901	691	--	--	--	--	304
--	4	25	--	1	169342	115208	824	51230	33316	--	--	2080
--	19	105	2	4	317536	160154	11359	117747	104955	3079	--	25197
--	--	27	--	--	77457	64574	5165	7089	6604	10	--	619
6	12	5	1	3	48764	43878	232	2310	522	867	--	1477
--	--	2	--	--	648	637	--	11	--	--	--	--
4	16	330	2	4	439469	159213	31584	222069	217872	3118	27	23458
--	1	25	1	--	158013	140014	2477	12231	10771	657	--	2634
--	--	8	--	--	15548	11878	1220	508	343	--	--	1942
--	4	30	--	--	24136	20348	--	2940	--	--	--	848
--	6	50	--	--	34969	29934	1952	1448	700	89	--	1546

全国各地区博物馆

地区	本年支出合计（千元）	基本支出	项目支出	项目支出：文物保护专项支出	经营支出	在支出合计中：工资福利支出	在支出合计中：商品和服务支出	商品和服务支出：维修（护）费	商品和服务支出：差旅费	商品和服务支出：劳务费	商品和服务支出：福利费	在支出合计中：税金支出
总计	**5724396**	**2926998**	**2437548**	**276817**	**97145**	**1506195**	**2151339**	**400151**	**63014**	**86150**	**33770**	**27309**
中央	572006	250043	276054	4438	45908	124091	294953	5139	5804	6195	385	2839
北京	274879	105504	162655	2248	224	53994	164302	20268	685	209	1330	2062
天津	84093	60632	22961	1311	--	31310	33424	7890	491	230	424	229
河北	109450	90227	18769	4736	454	44702	39448	4678	792	264	360	81
山西	178265	78220	59134	7768	--	48880	81034	32017	1564	2373	1046	919
内蒙古	79570	52844	24813	3548	--	20938	27420	6204	845	1083	562	--
辽宁	190251	121829	60887	850	--	56591	82486	15034	1659	7644	1126	83
其中：大连	32448	18360	9614	650	--	9060	14827	2297	251	504	291	83
吉林	92144	54505	37518	1677	120	25040	20765	5356	770	1139	41	160
黑龙江	81572	52738	23758	9525	76	25118	23858	2741	934	1041	221	359
上海	276969	147298	128623	6603	43	95410	114584	38901	1607	702	2379	785
江苏	500495	252822	218772	30971	27162	131771	194765	27204	6885	14158	3117	1552
浙江	355755	172241	173592	43172	9147	101338	144018	13462	4394	6203	5365	761
其中：宁波	36440	21481	14548	680	411	13824	17348	1397	788	592	201	130
安徽	73288	36884	31865	8277	--	16627	18970	6136	509	875	261	--
福建	106265	63678	41516	6912	118	28995	41942	5611	1067	1740	515	261
其中：厦门	12630	7782	4848	1754	--	4214	2718	122	25	181	89	4
江西	220901	77240	45046	19934	352	38677	38496	8888	1837	786	1228	570
山东	188606	141506	46294	2789	4	71600	50833	5270	2277	1751	769	472
其中：青岛	23583	20590	2854	2076	4	9788	8997	197	169	90	10	293
河南	213996	147200	52816	8912	3201	69074	86103	19833	2118	3094	1484	1035
湖北	215093	67353	132100	11831	2963	46552	78582	15396	2147	6906	1122	183
湖南	213522	125919	80934	7727	3375	54811	94006	12382	2423	3278	1114	808
广东	312495	178070	128004	4576	48	111714	95544	16871	1889	6496	2334	1068
其中：深圳	37750	20499	16533	416	--	14826	3078	695	61	53	185	164
广西	196899	56005	135746	3057	--	25031	35390	2574	2287	2173	1398	568
海南	17675	8875	8524	4275	--	3225	2101	224	199	60	245	--
重庆	132979	45149	87212	9110	--	38083	42361	11051	1735	955	1214	2
四川	280610	159799	106517	18736	844	79197	106863	42110	2966	5061	1726	451
贵州	66111	46231	19472	10476	--	9591	22396	8924	454	601	100	31
云南	47428	24010	18875	3703	1003	11382	8692	1313	533	282	230	102
西藏	552	502	50	--	--	404	98	2	14	4	--	--
陕西	429762	207349	201117	25380	1907	95102	151432	51263	11486	6992	2898	11129
甘肃	138054	66017	63868	13369	167	28937	34565	8974	1429	2333	491	582
青海	14860	8720	4538	599	--	5410	2708	1136	365	72	--	147
宁夏	17808	12112	77	77	--	4890	7825	2137	333	81	167	25
新疆	42043	15476	25441	230	29	7710	11375	1162	516	1369	118	45

基本情况（三）

				资产总计		增加值（千元）	公用房屋建筑面积				
对个人和家庭补助支出	抚恤金和生活补贴	其他资本性支出	各种设备购置费	（千元）	固定资产原值		（千平方米）	展览用房	实验室	修复室	文物库房
465297	**13713**	**743504**	**169166**	**16259503**	**11672003**	**2191548**	**7479**	**3182**	**18**	**35**	**710**
74418	1527	119513	56804	1415530	533055	201804	366	41	1	1	64
12798	103	13004	5153	303347	227475	68359	332	94	--	3	18
12083	301	6867	3336	205598	46890	44259	106	70	--	--	10
8581	271	3913	2734	300017	250480	57976	215	119	--	--	21
5141	246	16270	8820	186492	134964	79164	224	102	1	1	22
4796	1182	1000	700	154240	137752	27041	148	69	1	2	11
17770	335	12945	3275	777967	716765	81309	289	113	--	1	19
1170	38	66	40	202821	195692	11128	66	22	--	--	5
10169	135	6180	4244	247613	161684	38455	116	54	--	1	5
7420	120	6020	267	557643	537233	35180	192	118	2	1	9
6652	411	49363	5371	1168301	792850	108251	156	62	1	--	66
37207	1635	106601	11809	2734252	2426979	227890	758	390	3	5	57
19058	351	57416	9088	1139599	736499	132724	417	159	1	1	39
1330	--	3480	360	82927	52432	17144	54	16	--	1	4
7133	225	17079	3446	145521	121565	24773	117	63	--	1	14
8274	180	9740	1176	144858	83472	39691	302	136	--	1	23
1068	63	142	134	18689	13028	5538	33	14	--	--	3
10943	369	6582	1749	184138	114219	49698	211	103	1	--	15
19288	94	24202	2535	1145258	495792	95462	367	175	--	2	30
2491	--	79	79	56276	29107	12402	34	13	--	--	3
14420	527	9779	1172	601191	500145	89035	357	162	1	1	46
79250	702	14803	9298	293504	212111	133648	308	131	4	4	33
12624	1429	16139	7994	574130	465881	74097	318	138	--	--	29
29189	603	17308	8574	758417	590786	148795	545	243	--	2	42
807	--	1239	121	86383	66404	16430	64	24	--	1	2
8101	59	9793	4093	273519	153257	37804	173	67	--	1	16
80	--	1533	1513	15794	12653	3633	24	9	--	--	1
5911	34	8574	2645	274141	150914	64809	170	55	--	2	12
19365	1210	15551	2290	659280	386059	121973	414	153	--	2	22
2865	174	1672	1537	254050	240406	14000	43	13	--	--	3
4419	220	14029	1655	224363	215530	16159	111	56	--	--	12
9	9	--	--	185	185	413	54	10	--	--	3
13968	313	157818	3581	952778	769152	109641	321	137	2	2	22
7980	785	15128	3539	281621	212988	39916	160	75	--	1	27
1566	71	1023	134	120218	112113	7038	34	15	--	--	5
1557	23	442	31	64646	41700	7162	40	12	--	--	5
2262	69	3217	603	101292	90449	11389	91	38	--	--	9

全国各地区文物系统

	机构数（个）	从业人员（人）									信息化建设	
			在编人数	具有专业资质人数	具有考古发掘个人领队资格人数	具有文物保护工程职业资格人数	具有文博和工程系列职称人数	高级职称	中级职称	安全保卫人员	计算机数（台）	网站数（个）
总计	**1788**	**49203**	**31749**	**1173**	**202**	**284**	**15317**	**3004**	**6557**	**8110**	**14417**	**325**
中央	5	1954	1915	126	10	116	796	286	352	363	2280	4
北京	35	1133	722	1	1	--	284	58	84	222	547	10
天津	18	711	611	6	5	--	408	79	155	97	265	2
河北	64	1497	1067	6	1	5	339	75	169	200	277	14
山西	85	2333	1524	59	4	12	503	83	274	480	253	13
内蒙古	35	872	635	6	6	--	412	82	198	131	144	3
辽宁	43	6750	1276	5	1	4	669	135	376	208	476	9
其中：大连	2	123	100	--	--	--	32	14	18	12	55	1
吉林	26	718	597	13	6	7	406	113	147	59	189	7
黑龙江	48	776	600	1	1	--	324	108	146	107	71	--
上海	28	988	877	48	14	33	483	110	184	93	1091	10
江苏	112	2550	1796	29	26	3	1102	210	476	500	1190	35
浙江	81	2144	1159	22	4	2	740	186	268	419	999	29
其中：宁波	7	257	119	--	--	--	70	16	28	29	80	2
安徽	37	774	585	16	1	--	306	43	149	141	190	6
福建	89	1214	762	45	12	12	459	81	175	219	559	13
其中：厦门	3	101	62	1	1	--	47	11	20	4	145	--
江西	95	1907	1289	50	2	3	551	82	201	328	275	13
山东	91	1937	1681	27	12	3	1084	216	489	361	430	17
其中：青岛	8	177	155	--	--	--	91	13	37	32	40	3
河南	92	3338	2232	22	3	6	738	130	319	696	437	20
湖北	109	2032	1547	16	14	--	969	156	496	503	620	17
湖南	66	1390	991	39	19	9	425	66	164	209	392	7
广东	152	2724	1742	240	13	10	792	107	273	521	1219	31
其中：深圳	13	251	119	68	4	--	68	18	30	24	186	6
广西	60	887	665	93	6	42	360	50	175	168	358	10
海南	15	127	116	7	2	--	27	7	13	46	68	2
重庆	21	1092	725	9	8	1	448	88	121	78	488	6
四川	81	2597	1611	43	4	9	601	70	271	474	451	14
贵州	21	417	205	24	2	--	96	19	33	73	85	4
云南	36	518	488	104	2	--	354	61	128	73	204	4
西藏	1	128	64	--	--	--	20	4	16	50	22	--
陕西	91	3566	2733	64	17	7	992	193	414	787	325	9
甘肃	81	1287	977	31	1	--	332	49	155	306	327	6
青海	18	168	119	18	2	--	62	17	35	27	36	1
宁夏	5	219	150	--	--	--	96	8	30	38	8	1
新疆	47	455	288	3	3	--	139	32	71	133	141	1

博物馆基本情况（一）

文物藏品（件/套）				本年从有关部门接收文物数（件/套）	本年藏品征集数（件/套）	本年修复文物数（件/套）				考古发掘项目			
	一级品	二级品	三级品				一级品	二级品	三级品	（个）	基本建设中考古发掘项目	抢救性发掘项目	主动性发掘项目
13819180	**50887**	**912264**	**2182762**	**40519**	**83471**	**30426**	**418**	**1148**	**19285**	**546**	**209**	**310**	**20**
1260514	11060	621373	334833	141	306	284	16	164	87	7	--	--	7
1135236	446	4875	47184	2	473	985	4	21	90	--	--	--	--
575418	968	2748	39505	--	142	27	--	--	--	5	4	1	--
220248	467	7361	14967	5	634	55	--	--	25	--	--	--	--
540297	1667	6862	70784	933	214	124	7	8	47	11	7	4	--
351539	1348	2145	4778	77	4685	1604	--	--	40	7	--	4	1
292701	931	9548	87078	61	2551	444	3	64	357	7	3	4	--
12518	10	86	218	60	60	--	--	--	--	--	--	--	--
181200	353	3158	9709	844	335	188	1	--	--	2	--	2	--
154206	278	1247	13467	264	2432	21	--	2	19	--	--	--	--
317873	1334	46168	136506	6	4383	110	1	2	62	4	1	1	2
951802	1920	92892	442782	2992	2232	1866	13	32	485	191	25	165	1
623130	1740	8996	58451	1605	6022	362	--	37	154	47	34	13	--
143264	169	744	6207	408	189	109	--	2	46	--	--	--	--
410843	1023	2727	101699	46	438	584	4	3	93	10	--	10	--
376026	915	1931	84605	7233	5309	168	--	--	--	9	3	6	--
15201	16	200	6028	15	97	32	--	--	--	1	1	--	--
297317	1940	5716	38921	194	1760	15	--	4	11	38	23	15	--
633506	2539	7225	77035	158	3710	1844	12	76	821	19	5	13	1
152642	212	1943	9157	--	157	26	8	--	--	3	--	3	--
653981	1778	11790	141247	1312	443	532	16	6	371	2	--	1	1
836845	2321	16829	88663	828	1186	1898	66	403	1159	97	58	35	2
383784	1291	4409	41684	602	3536	471	11	27	131	35	16	19	--
710814	1186	15625	70364	1118	13937	14886	--	15	14504	10	9	--	1
29900	25	170	4872	2	122	--	--	--	--	2	2	--	--
253332	313	4030	20378	145	3214	887	--	3	92	7	--	4	3
17987	91	94	403	705	1742	150	--	--	--	2	2	--	--
430477	852	1555	18074	310	204	411	2	5	321	--	--	--	--
434628	3437	7015	80571	62	3143	793	160	124	55	11	5	6	--
43523	237	296	1960	53	390	20	--	--	20	1	1	--	--
272142	626	1595	13654	831	1216	20	--	--	--	12	11	1	--
28953	320	157	269	9	14	--	--	--	--	--	--	--	--
751226	6200	11941	64464	17977	1294	626	93	62	91	7	1	5	--
420399	2231	7956	68933	1596	14650	336	3	49	35	5	1	1	1
89371	143	687	1257	--	25	51	--	1	--	--	--	--	--
63156	309	2084	4840	18	1688	310	5	40	215	--	--	--	--
106706	623	1229	3697	392	1163	354	1	--	--	--	--	--	--

全国各地区文物系统

	考古钻探面积（千平方米）	考古发掘面积（千平方米）	发掘墓葬数（个）	规划及方案设计（个）	举办陈列、展览（个）	举办陈列、展览 参观人次（千人次）	举办陈列、展览 参观人次 未成年人参观人次	提供藏品参与外单位举办的展览次数（次）	本年承担课题、项目数（个）	本年承担课题、项目数 省部级以上课题、项目数	本年承担课题、项目数 结项课题、项目数
总计	**30121**	**352**	**2298**	**373**	**7975**	**257862**	**65820**	**2041**	**498**	**2238**	**126**
中央	7000.0	4.0	5	12	78	9826	1454	15	118	26	15
北京	--	--	--	--	182	3586	440	17	33	12	19
天津	452.0	7. 7	25	2	107	3410	559	23	7	5	2
河北	--	--	--	3	174	5104	1718	11	1	1	--
山西	12.0	73.5	14	7	153	6573	955	7	--	--	--
内蒙古	--	5.0	26	--	123	2157	649	11	2	2	--
辽宁	328.9	2.9	91	7	107	4088	1102	11	1	4	2
其中：大连	--	--	--	1	13	40	15	1	--	2	2
吉林	--	1.2	11	--	99	2212	399	14	--	--	--
黑龙江	--	--	--	1	116	3542	1234	8	4	3	1
上海	174.0	8.7	13	--	174	4782	1014	33	24	2011	3
江苏	1522.5	47.9	510	62	768	15444	5285	82	57	39	15
浙江	592.1	12.4	117	20	656	11399	3240	61	35	18	11
其中：宁波	--	--	--	12	61	1043	279	3	1	1	1
安徽	0.1	3.5	37	5	207	4545	2092	11	6	2	5
福建	102.5	5.6	23	20	269	7292	1952	1207	13	6	6
其中：厦门	67.5	0.8	--	--	7	578	19	--	--	--	--
江西	3.0	2.2	7	12	260	9471	3180	34	5	4	1
山东	330.3	116.9	263	15	636	7745	2096	31	6	4	2
其中：青岛	--	--	--	--	46	1102	267	1	--	--	--
河南	173.0	--	1	13	411	11716	3567	101	17	8	9
湖北	5229.2	39.9	791	71	386	8804	3288	143	32	11	7
湖南	12458.2	2.4	165	7	241	5950	2135	20	41	30	2
广东	7.3	8.7	8	15	878	12509	2970	57	5	2	1
其中：深圳	7.0	0.4	--	2	77	731	93	--	--	--	--
广西	1.8	2.3	21	7	193	4535	1288	21	23	11	6
海南	14.1	8.9	--	--	22	2458	1365	1	--	--	--
重庆	--	--	--	3	125	7369	1135	2	7	7	5
四川	123.7	5.4	26	22	211	11942	2752	16	22	12	7
贵州	--	--	--	3	45	4083	1561	1	--	--	--
云南	1448.1	2.4	133	3	299	2341	541	15	5	5	1
西藏	--	--	--	--	4	71302	15199	1	3	--	--
陕西	153.5	0.2	2	32	206	7308	827	59	22	11	5
甘肃	--	1.0	9	4	252	3658	1074	15	7	3	1
青海	--	--	--	--	469	383	56	1	--	--	--
宁夏	--	--	--	23	34	895	198	7	--	--	--
新疆	--	--	--	4	90	1433	495	5	2	1	--

博物馆基本情况（二）

科研成果					本年收入合计（千元）							
专利（个）	专著或图录（册）	论文（省级及以上刊物公开发表）（篇）	考古报告（篇）	古建维修报告（篇）		财政拨款	上级补助收入	事业收入	门票收入	经营收入	附属单位上缴收入	其他收入
97	**628**	**3006**	**115**	**37**	**5733519**	**4109894**	**255921**	**1039227**	**813236**	**79899**	**37314**	**211264**
49	269	97	1	--	526341	414736	--	8484	57	54172	36632	12317
--	11	44	--	--	269155	223034	170	32802	24140	399	--	12750
--	3	48	--	--	103049	91663	--	8251	5118	--	--	3135
--	8	40	--	--	123483	76378	5103	35825	19393	3133	--	3044
--	--	9	--	--	208951	103550	15624	88651	88069	--	--	1126
--	50	14	--	--	91973	86606	1224	3846	659	--	--	297
--	10	187	4	2	169225	109672	446	58234	54904	--	--	873
--	1	16	--	--	16806	16133	--	337	337	--	--	336
--	3	126	--	3	96724	56363	7900	31437	30870	120	--	904
--	2	81	--	--	67443	59373	4644	1998	1874	43	--	1385
--	3	4	--	--	312774	210118	33827	60610	47910	2467	--	5752
--	31	397	53	2	420859	329158	8256	58122	23735	1355	99	23869
--	43	218	10	--	379410	319330	15618	20476	5853	1197	467	22322
--	--	1	--	--	49709	29113	2177	8010	451	411	--	9998
--	3	83	--	--	82456	65510	13615	1767	178	--	--	1554
--	9	93	8	7	117647	96718	7584	9909	5870	649	--	2787
--	1	10	--	--	13662	13013	--	583	227	--	--	66
1	9	79	1	2	165509	133143	15987	13858	9084	5	46	2470
--	18	130	1	5	205519	174982	1755	21965	13231	6	--	6811
--	--	7	--	--	24260	16703	397	3427	3003	6	--	3727
33	31	261	--	2	219434	118144	9882	74858	63210	1535	--	15015
4	23	139	23	--	212254	155143	33098	10534	2361	2888	--	10591
--	17	146	2	--	148521	114866	9709	17288	12212	2959	43	3656
--	25	137	6	2	310044	240703	10926	44929	26933	1099	--	12387
--	5	38	1	1	38955	30764	330	2133	1895	963	--	4765
--	6	106	--	--	211859	177423	8072	17978	2663	272	--	8114
--	--	--	--	--	14153	13168	691	--	--	--	--	294
--	4	25	--	1	169342	115208	824	51230	33316	--	--	2080
--	11	65	2	4	315022	157979	11336	117651	104866	2859	--	25197
--	--	27	--	--	70825	61024	2165	7007	6522	10	--	619
6	12	5	1	3	48764	43878	232	2310	522	867	--	1477
--	--	2	--	--	648	637	--	11	--	--	--	--
4	16	330	2	4	439469	159213	31584	222069	217872	3118	27	23458
--	1	25	1	--	158013	140014	2477	12231	10771	657	--	2634
--	--	8	--	--	15548	11878	1220	508	343	--	--	1942
--	4	30	--	--	24136	20348	--	2940	--	--	--	848
--	6	50	--	--	34969	29934	1952	1448	700	89	--	1546

全国各地区文物系统

	本年支出合计（千元）											
						在支出合计中：						
		基本支出	项目支出		经营支出	工资福利支出	商品和服务支出					税金支出
				文物保护专项支出				维修（护）费	差旅费	劳务费	福利费	
总计	**5414654**	**2770332**	**2321020**	**255249**	**62266**	**1438854**	**2038147**	**376853**	**59908**	**84765**	**30752**	**26222**
中央	572006	250043	276054	4438	45908	124091	294953	5139	5804	6195	385	2839
北京	260348	94030	159598	2248	224	45688	161542	20190	648	209	326	1931
天津	84093	60632	22961	1311	--	31310	33424	7890	491	230	424	229
河北	109450	90227	18769	4736	454	44702	39448	4678	792	264	360	81
山西	178265	78220	59134	7768	--	48880	81034	32017	1564	2373	1046	919
内蒙古	79400	52674	24813	3548	--	20768	27420	6204	845	1083	562	--
辽宁	169837	104873	58079	200	--	51271	76180	14509	1476	7638	1053	83
其中：大连	14944	4314	6806	--	--	4916	9533	1809	88	498	218	83
吉林	92144	54505	37518	1677	120	25040	20765	5356	770	1139	41	160
黑龙江	69724	40890	23758	9525	76	21069	16998	2187	697	1030	132	302
上海	276969	147298	128623	6603	43	95410	114584	38901	1607	702	2379	785
江苏	349951	202774	143435	18396	2024	106021	140928	14105	5327	13222	2010	1013
浙江	332525	161384	169452	43172	1157	97686	134660	13369	4384	6013	5365	751
其中：宁波	36440	21481	14548	680	411	13824	17348	1397	788	592	201	130
安徽	72650	36246	31865	8277	--	16347	18724	5969	505	875	261	--
福建	106265	63678	41516	6912	118	28995	41942	5611	1067	1740	515	261
其中：厦门	12630	7782	4848	1754	--	4214	2718	122	25	181	89	4
江西	220595	77004	44976	19864	352	38527	38340	8888	1837	786	1228	570
山东	188606	141506	46294	2789	4	71600	50833	5270	2277	1751	769	472
其中：青岛	23583	20590	2854	2076	4	9788	8997	197	169	90	10	293
河南	210326	145789	52188	8284	1570	67404	84480	19678	2041	3086	1354	1035
湖北	212887	66781	130466	11831	2963	45222	77588	15329	2142	6906	1122	155
湖南	142332	77370	58980	6597	3375	41221	70021	10031	1571	3124	551	507
广东	312495	178070	128004	4576	48	111714	95544	16871	1889	6496	2334	1068
其中：深圳	37750	20499	16533	416	--	14826	3078	695	61	53	185	164
广西	196899	56005	135746	3057	--	25031	35390	2574	2287	2173	1398	568
海南	15734	7375	8083	4115	--	2239	1587	124	106	60	245	--
重庆	132979	45149	87212	9110	--	38083	42361	11051	1735	955	1214	2
四川	278188	157796	106286	18599	724	77246	106577	42010	2916	5051	1681	430
贵州	59479	45827	13244	4258	--	9454	16129	2915	454	531	93	31
云南	47428	24010	18875	3703	1003	11382	8692	1313	533	282	230	102
西藏	552	502	50	--	--	404	98	2	14	4	--	--
陕西	429762	207349	201117	25380	1907	95102	151432	51263	11486	6992	2898	11129
甘肃	138054	66017	63868	13369	167	28937	34565	8974	1429	2333	491	582
青海	14860	8720	4538	599	--	5410	2708	1136	365	72	--	147
宁夏	17808	12112	77	77	--	4890	7825	2137	333	81	167	25
新疆	42043	15476	25441	230	29	7710	11375	1162	516	1369	118	45

博物馆基本情况（三）

对个人和家庭补助支出	抚恤金和生活补贴	其他资本性支出	各种设备购置费	资产总计（千元）	固定资产原值	增加值（千元）	公用房屋建筑面积（千平方米）	展览用房	实验室	修复室	文物库房
456765	**12851**	**690106**	**157588**	**13597110**	**9254450**	**2076998**	**7024**	**2930**	**8**	**24**	**671**
74418	1527	119513	56804	1415530	533055	201803. 6	365. 9	40. 8	1. 3	1. 3	63. 8
12390	103	9947	3632	273758	198174	58598. 9	328. 4	90. 8	--	3. 4	18. 0
12083	301	6867	3336	205598	46890	44258. 6	106. 3	69. 6	--	0. 1	10. 2
8581	271	3913	2734	300017	250480	57976. 4	215. 4	119. 4	--	0. 3	20. 6
5141	246	16270	8820	186492	134964	79163. 6	223. 9	101. 9	0. 8	1. 3	22. 1
4796	1182	1000	700	153940	137452	26870. 9	148. 2	68. 5	0. 6	1. 5	10. 6
16871	297	12731	3112	731506	670384	74983. 5	255. 5	94. 3	0. 3	0. 7	15. 0
634	--	26	--	163466	156417	6345. 0	41. 2	8. 9	--	--	1. 9
10169	135	6180	4244	247613	161684	38454. 6	115. 7	53. 6	--	1. 4	5. 0
6767	120	5948	267	302889	284751	29002. 6	124. 8	70. 4	0. 3	0. 7	7. 4
6652	411	49363	5371	1168301	792850	108251. 2	155. 8	61. 9	0. 6		65. 6
35416	1625	67586	9973	948133	702575	165461. 8	586. 3	296. 8	2. 5	3. 2	50. 0
19058	351	52276	4948	919789	594489	130026. 5	391. 4	147. 3	0. 9	1. 2	38. 0
1330	--	3480	360	82927	52432	17143. 5	54. 4	16. 1	0. 3	0. 6	3. 8
7032	225	17068	3446	144441	120485	24392. 2	115. 9	61. 8	0. 4	0. 7	14. 2
8274	180	9740	1176	144858	83472	39691. 3	302. 4	136. 3	0. 3	0. 5	23. 3
1068	63	142	134	18689	13028	5537. 9	32. 7	14. 1	--	--	3. 5
10943	369	6582	1749	183648	114115	49548. 1	210. 9	102. 8	0. 6	0. 4	14. 8
19288	94	24202	2535	1145258	495792	95461. 8	366. 7	175. 2	0. 5	1. 8	30. 1
2491	--	79	79	56276	29107	12401. 9	33. 6	13. 4	--	0. 1	2. 8
14056	527	9766	1159	523094	467453	86867. 5	346. 7	155. 9	1. 2	1. 2	45. 6
79250	702	14773	9268	286554	206539	132315. 6	302. 2	127. 8	3. 7	3. 6	33. 4
8422	615	10461	4194	347995	295262	54543. 3	223. 4	103. 4	0. 2	0. 5	24. 1
29189	603	17308	8574	758417	590786	148795. 2	544. 6	242. 5	0. 4	2. 1	41. 6
807	--	1239	121	86383	66404	16430. 5	64. 3	24. 4	--	0. 5	2. 3
8101	59	9793	4093	273519	153257	37804. 3	173. 4	67. 1	0. 3	1. 4	15. 6
28	--	1533	1513	11052	7911	2588. 6	24. 0	8. 8	--	0. 4	0. 6
5911	34	8574	2645	274141	150914	64808. 7	170. 1	55. 4	0. 3	1. 8	11. 6
19363	1210	15551	2290	654280	381059	119900. 1	392. 2	138. 2	0. 3	1. 9	19. 4
2805	174	1504	1462	251184	237540	13725. 5	42. 0	13. 3	--	--	3. 4
4419	220	14029	1655	224363	215530	16159. 5	110. 8	55. 8	--	0. 4	12. 1
9	9	--	--	185	185	412. 5	53. 6	10. 5	0. 1	0. 1	2. 7
13968	313	157818	3581	952778	769152	109640. 6	320. 7	137. 1	1. 5	2. 0	21. 9
7980	785	15128	3539	281621	212988	39916. 4	159. 5	74. 6	0. 3	1. 3	26. 8
1566	71	1023	134	120218	112113	7038. 1	34. 1	15. 4	0. 1	0. 3	4. 9
1557	23	442	31	64646	41700	7162. 3	40. 5	11. 6	--	0. 1	5. 1
2262	69	3217	603	101292	90449	11389. 2	90. 8	38. 2	0. 4	0. 4	8. 7

全国各地区文物

	机构数（个）	从业人员					信息化建设		
		（人）	在编人数	具有文博和工程系列职称人数	高级职称	中级职称	安全保卫人员	计算机（台）	网站数（个）
总计	**84**	**2020**	**1228**	**754**	**108**	**355**	**211**	**414**	**10**
北京	2	187	169	74	3	29	8	38	--
天津	1	105	70	54	7	25	16	42	--
河北	3	16	1	1	--	1	--	--	--
山西	1	18	18	7	2	5	6	9	--
内蒙古	2	57	42	10	3	7	7	24	1
辽宁	4	79	21	14	1	3	2	13	--
其中：大连	1	36	6	--	--	--	--	3	--
吉林	1	15	15	1	1	--	--	--	--
黑龙江	--	--	--	--	--	--	--	--	--
上海	1	103	--	41	1	15	21	24	--
江苏	9	270	147	102	18	40	35	46	1
浙江	9	63	24	23	1	13	18	10	--
其中：宁波	1	--	--	--	--	--	--	--	--
安徽	5	85	78	22	2	14	8	9	--
福建	2	57	28	16	3	9	14	18	--
其中：厦门	1	29	--	11	1	7	7	11	--
江西	4	66	30	21	1	12	10	5	1
山东	7	161	136	95	23	39	13	18	1
其中：青岛	1	15	13	13	1	5	--	2	--
河南	4	116	102	53	6	37	17	22	--
湖北	2	122	75	54	17	23	8	14	1
湖南	1	42	42	30	3	20	2	21	--
广东	6	113	66	56	1	17	5	30	2
其中：深圳	--	--	--	--	--	--	--	--	--
广西	4	60	38	8	1	5	8	3	--
海南	--	--	--	--	--	--	--	--	--
重庆	2	20	1	1	--	--	2	1	--
四川	3	96	72	11	2	9	3	20	1
贵州	2	12	--	--	--	--	2	4	--
云南	3	36	2	23	3	11	2	11	1
西藏	1	10	10	4	--	--	--	7	1
陕西	2	50	--	9	--	9	2	12	--
甘肃	1	14	6	3	1	1	--	2	--
青海	1	12	--	4	--	2	2	2	--
宁夏	--	--	--	--	--	--	--	--	--
新疆	1	35	35	17	8	9	--	9	--

商店基本情况（一）

上年末库存文物					本年收购文物		本年销售文物		本年向文物收藏单位提供文物情况				
数量				金额（千元）	数量（件/套）	金额（千元）	数量（件/套）	金额（千元）	本年向文物收藏单位提供				补偿金额（千元）
（件/套）	一级品	二级品	三级品						文物数（件/套）	一级品	二级品	三级品	
8284579	**106**	**24406**	**12039**	**802137**	**38615**	**231860**	**122398**	**376418**	**491**	**18**	**11**	**14**	**15618**
2529282	--	--	--	80144	1660	21941	17775	74380	--	--	--	--	--
368546	--	24217	--	83730	3074	70737	2385	83298	--	--	--	--	--
14526	--	--	--	2848	--	--	62	9	--	--	--	--	--
140785	--	--	--	5105	594	2357	2843	2802	76	--	--	--	750
43936	--	--	--	1277	211	1146	254	1014	309	--	--	--	--
286062	5	2	38	374555	793	3412	5923	9789	--	--	--	--	--
53341	4	--	18	369870	478	1859	2988	4500	--	--	--	--	--
2410	--	--	--	966	--	--	106	71	--	--	--	--	--
--	--	--	--	--	--	--	--	--	--	--	--	--	--
1135202	--	--	--	28938	1116	433	8762	2189	--	--	--	--	--
951286	--	--	--	66930	6237	64138	14183	101343	4	--	--	--	413
311388	--	--	--	9290	6011	11038	9639	14185	18	--	--	--	110
--	--	--	--	--	--	--	--	--	--	--	--	--	--
204945	--	--	483	10854	149	968	3128	1487	--	--	--	--	--
67867	--	--	--	6732	418	2275	1692	4550	--	--	--	--	--
48972	--	--	--	3876	194	1232	915	2271	--	--	--	--	--
188557	1	--	--	6438	164	5287	2539	5242	--	--	--	--	--
507274	36	30	12	27169	1920	9407	9295	16265	43	18	11	14	8876
26578	--	--	--	4198	307	344	1625	713	--	--	--	--	--
208382	16	10	210	6551	2626	4147	4714	7359	2	--	--	--	480
260617	30	138	11289	9459	1121	1133	5327	1047	--	--	--	--	--
238413	8	7	2	10767	900	6374	6100	10000	--	--	--	--	--
413786	10	--	--	38464	1140	10400	6935	24789	39	--	--	--	4989
--	--	--	--	--	--	--	--	--	--	--	--	--	--
28847	--	--	--	3022	856	910	3124	1179	--	--	--	--	--
--	--	--	--	--	--	--	--	--	--	--	--	--	--
138761	--	--	--	1944	727	330	1694	1206	--	--	--	--	--
44888	--	--	--	9526	7404	6222	11349	7821	--	--	--	--	--
32138	--	--	--	2162	204	1034	674	2224	--	--	--	--	--
35787	--	--	--	8495	231	4398	2217	1659	--	--	--	--	--
5066	--	2	5	288	6	43	13	23	--	--	--	--	--
49787	--	--	--	2450	270	1387	296	786	--	--	--	--	--
39289	--	--	--	1055	485	1102	310	413	--	--	--	--	--
4792	--	--	--	227	73	61	183	88	--	--	--	--	--
--	--	--	--	--	--	--	--	--	--	--	--	--	--
31960	--	--	--	2751	225	1180	876	1200	--	--	--	--	--

全国各地区文物

	本年库存文物					资产、负债、所有者权益		
	库存文物数量				金额（千元）	资产总计		
	（件/套）	一级品	二级品	三级品		（千元）	固定资产原值	本年折旧
总计	**8200305**	**84**	**24292**	**12009**	**62148719**	**1077977**	**293374**	**18524**
北京	2513167	--	--	--	61319286	190339	32287	1705
天津	369235	--	24112	--	108715	168405	6766	4400
河北	14464	--	--	--	2832	629	220	
山西	138460	--	--	--	4660	10300	1619	223
内蒙古	43584	--	--	--	1409	6020	2560	--
辽宁	280932	1	2	20	455604	52095	3805	131
其中：大连	50831	--	--	--	450000	13500	1448	66
吉林	2304	--	--	--	938	4362	210	145
黑龙江	--	--	--	--	--	--	--	
上海	1127556	--	--	--	27182	152401	54016	--
江苏	943336	--	--	--	63070	133083	41862	3649
浙江	307742	--	--	--	11762	32979	17745	526
其中：宁波	--	--	--	--	--	--	--	
安徽	201966	--	--	472	10354	21408	7603	329
福建	66593	--	--	--	5641	17140	13752	545
其中：厦门	48251	--	--	--	2837	6934	3858	233
江西	186182	1	--	--	6464	12185	6403	302
山东	499856	18	21	11	26966	64708	17610	805
其中：青岛	25260	--	--	--	3829	8160	197	146
河南	206292	16	10	210	7053	16091	9678	1148
湖北	256411	30	138	11289	9545	33773	18784	85
湖南	233213	8	7	2	8732	25924	14007	739
广东	407952	10	--	--	38949	65394	26724	1191
其中：深圳	--	--	--	--	--	--	--	
广西	26579	--	--	--	3658	9224	2001	43
海南	--	--	--	--	--	--	--	
重庆	137794	--	--	--	2080	4443	377	24
四川	40943	--	--	--	10614	1470	16	9
贵州	31668	--	--	--	3091	12913	3407	1948
云南	33801	--	--	--	12080	18525	4841	173
西藏	5059	--	2	5	308	5159	2366	--
陕西	49761	--	--	--	3051	8329	999	38
甘肃	39464	--	--	--	1744	2655	732	10
青海	4682	--	--	--	200	646	569	23
宁夏	--	--	--	--	--	--	--	
新疆	31309	--	--	--	2731	7377	2415	333

商店基本情况（二）

负债总计（千元）	所有者权益总计（千元）	实收资本	国家资本金	损益及分配（千元）营业收入	主营业务收入	主营业务成本	主营业务税金及附加	主营业务利润	其他业务利润	营业费用
276018	**801959**	**196197**	**99182**	**489066**	**468299**	**243315**	**2564**	**206447**	**21714**	**82813**
41240	149099	16870	8000	78316	75513	31373	181	43991	2659	22703
26775	141630	25188	25188	83382	83382	44843	337	38202	--	11282
4674	-4045	173	50	22	22	9	1	11	--	--
2194	8106	2366	--	4655	4655	2850	12	1793	173	1891
1213	4807	2560	--	2825	1280	372	42	2334	--	--
23820	28275	7003	7003	9789	9789	2024	22	5043	255	2260
4329	9171	2190	2190	4500	4500	1490	10	300	255	2215
2476	1886	1930	230	4370	71	28	3	46	--	--
--	--	--	--	--	--	--	--	--	--	--
2546	149855	14990	--	38562	38562	7460	209	30893	--	--
49480	83603	15873	15873	119475	118253	80685	515	35379	3975	11011
12495	20484	11694	10673	15078	15035	8622	68	4783	--	10731
1350	20058	1492	--	5473	4517	1698	25	2263	692	529
--	--	--	--	--	--	--	--	--	--	--
964	16176	7247	2552	7505	6641	3107	18	1533	1258	1984
483	6451	2552	2552	5226	4362	2263	11	1186	705	903
2830	9355	7266	--	8614	7984	5242	17	1078	439	2058
23286	41422	8209	3881	21102	20249	13227	207	4738	2042	5368
4075	4085	360	--	2633	2633	1053	9	821	--	750
12749	3342	4456	1871	8435	8299	4478	176	727	296	1250
13146	20627	12934	--	10733	9897	4873	136	4285	2127	3510
3582	22342	11900	11900	10000	10000	8211	21	1768	497	396
14299	51095	19449	--	38195	33396	12866	211	18663	3867	1646
--	--	--	--	--	--	--	--	--	--	--
2567	6657	5557	5319	3899	3881	1497	20	1841	64	1006
--	--	--	--	--	--	--	--	--	--	--
980	3463	1856	916	1988	1878	418	117	620	--	706
919	551	605	4	2289	2289	1809	39	256	341	233
7876	5037	3578	--	1598	--	1180	113	114	--	1601
8671	9854	3340	3240	3933	3918	1508	13	2412	1023	223
5159	--	--	--	131	131	--	13	--	--	12
4345	3984	4003	2003	2595	2595	1165	10	1420	1100	510
2089	566	1500	--	906	906	446	25	435	--	--
213	433	400	400	440	400	96	2	302	37	169
--	--	--	--	--	--	--	--	--	--	--
4080	3297	3758	79	4756	4756	3228	11	1517	869	1734

全国各地区文物

	损益及分配（千元）								
	管 理 费 用						财务费用		营业利润
		税金	养老、失业等保险费	住房公积金和住房补 贴	差旅费	工会经费		利息支出	
总计	**134959**	**3036**	**19907**	**10129**	**5353**	**1305**	**-525**	**1439**	**50516**
北京	10713	244	5634	1646	109	320	-160	-155	21231
天津	12661	4	1904	1613	124	242	-417	--	14676
河北	3	--	--	--	--	--	--	--	8
山西	61	--	-70	36	94	1	-16	--	30
内蒙古	3471	3	283	93	142	27	--	--	--
辽宁	5620	123	891	395	216	30	-9	--	171
其中：大连	1225	93	767	286	49	10	-4	--	-181
吉林	317	12	114	2	6	2	2	--	88
黑龙江	--	--	--	--	--	--	--	--	--
上海	22876	472	2330	445	309	200	-298	--	8315
江苏	26483	210	2916	1373	1743	168	262	342	3128
浙江	3170	622	265	220	438	27	-14	-14	961
其中：宁波	--	--	--	--	--	--	--	--	
安徽	3583	41	144	291	31	26	60	--	37
福建	2721	112	337	264	337	39	-31	-36	101
其中：厦门	1915	12	180	200	178	25	-29	-36	5
江西	1894	88	573	129	27	23	-14	--	-168
山东	5056	50	761	187	--	50	-27	-1	-69
其中：青岛	788	4	265	108	--	13	-2	--	35
河南	3441	203	454	157	464	7	-6	--	-471
湖北	4469	330	106	696	233	32	-31	--	-1177
湖南	2582	196	243	111	100	11	10	-29	-722
广东	18375	233	1958	1949	387	58	154	--	4081
其中：深圳	--	--	--	--	--	--	--	--	--
广西	1326	11	227	68	146	--	27	31	-1301
海南	--	--	--	--	--	--	--	--	--
重庆	405	--	87	9	23	2	-2	--	250
四川	336	--	30	14	11	3	--	--	29
贵州	--	--	--	--	--	--	--	--	144
云南	1990	27	24	97	142	15	-6	1304	1304
西藏	--	--	--	--	--	--	--	--	
陕西	2148	34	356	201	41	17	-7	--	-131
甘肃	434	7	62	5	36	--	-2	-3	3
青海	279	8	40	17	4	5	--	--	-109
宁夏	--	--	--	--	--	--	--	--	--
新疆	545	6	238	111	190	--	--	--	107

商店基本情况（三）

补贴收入		利润总额	所得税	工资、福利费、增值税（千元）			增加值（千元）	公用房屋建筑面积		
	财政拨款			本年应付工资总额	本年应付福利费总额	本年应交增值税		（千平方米）	营业用房	文物库房
9364	**6945**	**61479**	**11913**	**88079**	**2984**	**13935**	**853380**	**170**	**57**	**70**
--	--	21124	3202	16336	--	1823	121036	17	2	14
270	--	15224	3925	12101	--	3066	97058	13	5	8
--	--	8	--	--	--	--	240	1	--	1
93	--	123	7	781	--	93	5337	5	--	2
--	--	1079	--	1370	157	54	8307	1	1	--
105	105	266	69	2586	207	303	15651	1	--	--
--	--	-181	--	1766	88	91	6744	1	--	--
--	--	88	2	118	-24	--	869	1	--	--
--	--	8315	1591	9564	--	1526	106838	18	3	15
--	--	4795	954	13241	1015	3265	171970	18	9	6
--	--	973	268	2675	159	486	34750	3	1	1
--	--	--	--	--	--	--	--	--	--	--
543	455	--	--	1552	46	88	14741	1	1	--
--	--	120	15	2085	195	143	22608	5	2	--
--	--	24	15	1356	76	98	9764	2	1	1
75	75	-124	--	1533	160	164	15749	5	3	2
751	630	-523	14	4208	176	525	41044	9	4	3
--	--	25	6	629	88	81	3072	--	--	--
200	200	-198	68	697	134	126	18970	11	6	3
--	--	-920	14	4462	193	222	32238	31	10	6
5225	5225	4453	--	1196	--	196	25751	7	--	1
120	--	5761	1372	8384	302	1237	74652	12	6	6
387	255	-758	--	1114	22	123	5020	2	1	1
--	--	--	--	--	--	--	--	--	--	--
--	--	233	55	175	23	--	1804	1	--	--
--	--	29	--	173	34	42	2434	--	--	--
--	--	144	--	338	--	113	5069	1	--	--
80	--	1384	346	913	--	77	12348	1	--	--
1515	--	--	--	--	--	--	2366	1	--	--
--	--	-131	10	951	120	110	5689	1	--	--
--	--	3	1	214	30	23	1948	1	--	--
--	--	-96	--	252	35	16	1173	--	--	--
--	--	--	--	--	--	--	--	--	--	--
--	--	107	--	1060	--	114	7720	3	3	--

全国各地区其他文物

	机构数（个）	从业人员								
		（人）	在编人数	具有专业资质人数			具有文博和工程系列职称人数			安全保卫人员
					具有考古发掘个人领队资格人数	具有文物保护工程职业资格人数		高级职称	中级职称	
总计	**89**	**1313**	**1030**	**13**	**4**	**9**	**233**	**75**	**100**	**70**
中央	4	--	--	--	--	--	--	--	--	--
北京	7	98	56	1	1	--	26	5	16	--
天津	--	--	--	--	--	--	--	--	--	--
河北	2	75	61	--	--	--	12	6	2	2
山西	10	206	189	2	2	--	36	11	16	--
内蒙古	1	7	6	--	--	--	5	1	4	1
辽宁	2	72	7	5	1	4	28	6	22	14
其中：大连	--	--	--	--	--	--	--	--	--	--
吉林	--	--	--	--	--	--	--	--	--	--
黑龙江	8	12	11	--	--	--	8	2	1	--
上海	--	--	--	--	--	--	--	--	--	--
江苏	--	1	1	--	--	--	1	--	1	--
浙江	2	18	16	--	--	--	6	5	1	--
其中：宁波	--	--	--	--	--	--	--	--	--	--
安徽	2	19	19	--	--	--	8	5	2	--
福建	1	12	8	5	--	5	8	6	2	--
其中：厦门	--	--	--	--	--	--	--	--	--	--
江西	2	306	298	--	--	--	10	2	2	--
山东	1	2	2	--	--	--	1	--	1	--
其中：青岛	--	--	--	--	--	--	--	--	--	--
河南	7	89	83	--	--	--	20	5	11	7
湖北	7	47	27	--	--	--	16	1	--	--
湖南	--	--	--	--	--	--	--	--	--	--
广东	3	26	20	--	--	--	10	5	2	1
其中：深圳	--	--	--	--	--	--	--	--	--	--
广西	--	--	--	--	--	--	--	--	--	--
海南	1	9	9	--	--	--	2	2	--	--
重庆	2	7	4	--	--	--	2	--	1	2
四川	--	--	--	--	--	--	--	--	--	--
贵州	--	--	--	--	--	--	--	--	--	--
云南	2	--	--	--	--	--	--	--	--	--
西藏	--	--	--	--	--	--	--	--	--	--
陕西	23	282	188	--	--	--	25	11	11	43
甘肃	1	9	9	--	--	--	5	1	3	--
青海	--	--	--	--	--	--	--	--	--	--
宁夏	--	--	--	--	--	--	--	--	--	--
新疆	1	16	16	--	--	--	4	1	2	--

事业机构基本情况（一）

信息化建设		文物藏品				本年从有关部门接收文物数（件/套）	本年藏品征集数（件/套）	本年修复文物数			
计算机（台）	网站数（个）	（件/套）	一级品	二级品	三级品			（件/套）	一级品	二级品	三级品
358	**2**	**17322**	**201**	**4630**	**3148**	**--**	**237**	**2**	**--**	**--**	**2**
--	--	--	--	--	--	--	--	--	--	--	--
130	1	6590	141	4482	1965	--	--	--	--	--	--
--	--	--	--	--	--	--	--	--	--	--	--
8	--	--	--	--	--	--	--	--	--	--	--
31	--	--	--	--	--	--	--	--	--	--	--
1	--	--	--	--	--	--	--	--	--	--	--
1	--	3108	--	--	108	--	200	--	--	--	2
--	--	--	--	--	--	--	--	--	--	--	--
--	--	--	--	--	--	--	--	--	--	--	--
4	--	--	--	--	--	--	--	--	--	--	--
--	--	--	--	--	--	--	--	--	--	--	--
4	--	2044	1	6	88	--	--	--	--	--	--
36	--	--	--	--	--	--	--	--	--	--	--
--	--	--	--	--	--	--	--	--	--	--	--
--	--	--	--	--	--	--	--	--	--	--	--
15	--	--	--	--	--	--	--	--	--	--	--
--	--	--	--	--	--	--	--	--	--	--	--
23	--	--	--	--	--	--	--	--	--	--	--
--	--	--	--	--	--	--	--	--	--	--	--
--	--	--	--	--	--	--	--	--	--	--	--
35	--	--	--	--	--	--	--	--	--	--	--
6	--	--	--	--	--	--	--	--	--	--	--
--	--	--	--	--	--	--	--	--	--	--	--
26	--	--	--	--	--	--	--	--	--	--	--
--	--	--	--	--	--	--	--	--	--	--	--
--	--	--	--	--	--	--	--	--	--	--	--
8	--	452	8	6	37	--	--	--	--	--	--
--	--	103	--	--	--	--	--	--	--	--	--
--	--	--	--	--	--	--	--	--	--	--	--
--	--	--	--	--	--	--	--	--	--	--	--
--	--	--	--	--	--	--	--	--	--	--	--
--	--	--	--	--	--	--	--	--	--	--	--
13	--	5025	51	136	950	--	37	--	--	--	--
2	--	--	--	--	--	--	--	--	--	--	--
--	--	--	--	--	--	--	--	--	--	--	--
--	--	--	--	--	--	--	--	--	--	--	--
15	1	--	--	--	--	--	--	--	--	--	--

全国各地区其他文物

	本年收入合计（千元）						
		财政拨款	上级补助收入	事业收入	经营收入	附属单位上缴收入	其他收入
总计	**118754**	**56067**	**9060**	**42856**	**6698**	--	**4073**
中央	--	--	--	--	--	--	--
北京	14436	7926	623	3491	1127	--	1269
天津	--	--	--	--	--	--	--
河北	5566	1658	3457	--	--	--	451
山西	26153	15219	1400	7054	1975	--	505
内蒙古	460	460	--	--	--	--	--
辽宁	6316	5465	850	--	--	--	1
其中：大连	--	--	--	--	--	--	--
吉林	--	--	--	--	--	--	--
黑龙江	948	918	--	30	--	--	--
上海	--	--	--	--	--	--	--
江苏	169	169	--	--	--	--	--
浙江	4208	4191	--	11	--	--	6
其中：宁波	--	--	--	--	--	--	--
安徽	1178	1067	110	--	--	--	1
福建	--	--	--	--	--	--	--
其中：厦门	--	--	--	--	--	--	--
江西	4249	1190	--	1142	1876	--	41
山东	88	88	--	--	--	--	--
其中：青岛	--	--	--	--	--	--	--
河南	23652	524	--	21756	1360	--	12
湖北	12345	10885	240	1179	--	--	41
湖南	--	--	--	--	--	--	--
广东	3735	2500	100	1106	--	--	29
其中：深圳	--	--	--	--	--	--	--
广西	--	--	--	--	--	--	--
海南	318	316	--	--	--	--	2
重庆	360	--	--	--	360	--	--
四川	--	--	--	--	--	--	--
贵州	--	--	--	--	--	--	--
云南	--	--	--	--	--	--	--
西藏	--	--	--	--	--	--	--
陕西	11899	2509	746	7087	--	--	1557
甘肃	375	370	--	--	--	--	5
青海	--	--	--	--	--	--	--
宁夏	--	--	--	--	--	--	--
新疆	2299	612	1534	--	--	--	153

事业机构基本情况（二）

本年支出合计（千元）														
	基本支出	项目支出	经营支出	在支出合计中：工资福利支出	商品和服务支出	维修(护)费	差旅费	劳务费	福利费	税金支出	对个人和家庭补助支出	抚恤金和生活补贴	其他资本性支出	各种设备购置费
115500	**69924**	**35994**	**2671**	**29420**	**45265**	**1652**	**4662**	**13763**	**1271**	**616**	**5589**	**238**	**13358**	**6477**
--	--	--	--	--	--	--	--	--	--	--	--	--	--	--
13837	7239	5470	1127	4045	1781	187	48	19	375	--	1078	--	2754	259
--	--	--	--	--	--	--	--	--	--	--	--	--	--	--
7076	4159	2917	--	2455	780	--	59	1	250	--	202	32	256	256
28534	14637	8683	--	6844	12678	288	3130	91	285	346	724	49	7113	3780
460	460	--	--	150	80	--	20	10	10	--	20	--	100	100
6316	5466	850	--	1492	3405	877	30	478	16	--	436	29	403	403
--	--	--	--	--	--	--	--	--	--	--	--	--	--	--
--	--	--	--	--	--	--	--	--	--	--	--	--	--	--
948	898	50	--	468	101	--	2	50	--	--	361	18	--	--
--	--	--	--	--	--	--	--	--	--	--	--	--	--	--
169	29	140	--	28	91	41	--	--	--	--	--	--	50	50
4220	1749	2471	--	1394	1750	12	331	76	160	--	181	--	895	563
--	--	--	--	--	--	--	--	--	--	--	--	--	--	--
1319	1019	300	--	627	357	1	39	6	22	--	219	1	115	115
--	--	--	--	--	--	--	--	--	--	--	--	--	--	--
--	--	--	--	--	--	--	--	--	--	--	--	--	--	--
4233	2228	--	1544	1750	654	--	320	117	30	107	583	--	30	30
88	88	--	--	74	3	--	--	--	--	--	11	--	--	--
--	--	--	--	--	--	--	--	--	--	--	--	--	--	--
19194	17172	1004	--	2518	13714	13	186	11566	26	103	241	1	342	316
10263	1429	8664	--	875	879	13	54	34	7	--	191	46	398	137
--	--	--	--	--	--	--	--	--	--	--	--	--	--	--
4008	2915	1093	--	1805	1049	4	193	102	11	25	838	16	316	53
--	--	--	--	--	--	--	--	--	--	--	--	--	--	--
--	--	--	--	--	--	--	--	--	--	--	--	--	--	--
580	425	155	--	234	304	--	--	--	--	--	14	--	28	--
390	390	--	--	220	10	10	--	--	--	--	20	--	140	--
--	--	--	--	--	--	--	--	--	--	--	--	--	--	--
--	--	--	--	--	--	--	--	--	--	--	--	--	--	--
--	--	--	--	--	--	--	--	--	--	--	--	--	--	--
--	--	--	--	--	--	--	--	--	--	--	--	--	--	--
11695	8087	3561	--	3729	7343	206	225	1205	75	21	199	46	163	160
378	378	--	--	331	14	--	--	--	--	--	33	--	--	--
--	--	--	--	--	--	--	--	--	--	--	--	--	--	--
--	--	--	--	--	--	--	--	--	--	--	--	--	--	--
1792	1156	636	--	381	272	--	25	8	4	14	238	--	255	255

全国各地区其他文物

	资产合计		增加值（千元）	公用房屋建筑面积		
	（千元）	固定资产原值		（千平方米）	业务用房	文物库房
总计	**124662**	**56245**	**56438**	**15**	**8**	--
中央	--	--	--	--	--	--
北京	18144	6965	6515	3	2	--
天津	--	--	--	--	--	--
河北	4202	1012	2920	--	--	--
山西	32957	19465	7727	5	--	--
内蒙古	140	140	197	--	--	--
辽宁	2058	2044	2477	4	4	--
其中：大连	--	--	--	--	--	--
吉林	--	--	--	--	--	--
黑龙江	302	302	873	--	--	--
上海	--	--	--	--	--	--
江苏	30	30	29	--	--	--
浙江	6527	4050	1994	--	--	--
其中：宁波	--	--	--	--	--	--
安徽	1203	1035	917	--	--	--
福建	--	--	--	--	--	--
其中：厦门	--	--	--	--	--	--
江西	10724	4390	2799	--	--	--
山东	--	--	85	--	--	--
其中：青岛	--	--	--	--	--	--
河南	18222	4072	19106	1	1	--
湖北	15315	2908	1341	--	--	--
湖南	--	--	--	--	--	--
广东	6703	5159	2903	1	1	--
其中：深圳	--	--	--	--	--	--
广西	--	--	--	--	--	--
海南	1027	735	277	--	--	--
重庆	100	100	244	--	--	--
四川	--	--	--	--	--	--
贵州	--	--	--	--	--	--
云南	--	--	--	--	--	--
西藏	--	--	--	--	--	--
陕西	4162	3476	5009	1	--	--
甘肃	580	58	366	--	--	--
青海	--	--	--	--	--	--
宁夏	--	--	--	--	--	--
新疆	2266	304	659	--	--	--

事业机构基本情况（三）

补充资料

国家文物出境鉴定站数（件/套）	责任鉴定人员（人）	出境文物审核数（件/套）	禁止出境文物数（件/套）	暂入境文物审核数（件/套）	涉案文物鉴定数（件/套）	馆藏文物鉴定数（件/套）	拍卖文物标的审核数		出国展览文物审核数（件/套）
							（件/套）	禁止上拍文物标的数	
8	**135**	**93033**	**289**	**72169**	**14098**	**10544**	**177854**	**176**	**1553**
--	--	--	--	--	--	--	--	--	--
1	6	11364	166	70387	2640	4966	132000	93	--
--	--	--	--	--	--	--	--	--	--
1	3	--	--	--	944	42	179	--	--
--	--	--	--	--	--	--	--	--	--
--	--	--	--	--	--	--	--	--	--
--	--	--	--	--	--	--	--	--	--
--	--	--	--	--	--	--	--	--	--
--	--	--	--	--	--	--	--	--	--
--	--	--	--	--	--	--	--	--	--
--	--	--	--	--	--	--	--	--	--
--	--	--	--	--	--	--	--	--	--
1	5	79869	77	807	1049	3301	20935	64	60
--	--	--	--	--	--	--	--	--	--
--	--	--	--	--	--	--	--	--	--
1	5	348	8	221	7178	375	5575	--	174
--	--	--	--	--	--	--	--	--	--
--	--	--	--	--	--	--	--	--	--
--	--	--	--	--	--	--	--	--	--
--	--	--	--	--	--	--	--	--	--
1	4	--	--	--	--	--	--	--	--
--	--	--	--	--	--	--	--	--	--
--	--	--	--	--	--	--	--	--	--
1	9	980	38	754	6	--	15112	--	327
--	--	--	--	--	--	--	--	--	--
--	--	--	--	--	--	--	--	--	--
--	--	--	--	--	--	--	--	--	--
--	--	--	--	--	--	--	--	--	--
--	--	--	--	--	--	--	--	--	--
--	--	--	--	--	--	--	--	--	--
1	5	472	--	--	351	1500	3526	12	--
--	--	--	--	--	--	--	--	--	--
1	98	--	--	--	1930	360	527	7	992
--	--	--	--	--	--	--	--	--	--
--	--	--	--	--	--	--	--	--	--
--	--	--	--	--	--	--	--	--	--
--	--	--	--	--	--	--	--	--	--

全国各地区文物保护

	维修项目（个）	项目总预算（千元）	累计拨入项目经费（千元）	累计拨入项目经费 中央补助	累计拨入项目经费 省专项补助
总计	**1753**	**6099262**	**2121845**	**507321**	**434144**
北京	31	133213	98555	2500	88839
天津	3	65073	13990	--	--
河北	52	95931	39232	24670	5465
山西	180	930056	174814	85638	75096
内蒙古	8	78890	38418	12500	7950
辽宁	24	26301	19278	1450	7429
其中：大连	--	--	--	--	--
吉林	3	6250	1150	1100	50
黑龙江	17	11159	6156	6000	156
上海	59	675547	249237	--	7814
江苏	92	284893	145660	2000	12990
浙江	192	283231	227089	2700	34928
其中：宁波	26	7915	7373	--	--
安徽	100	118772	24543	3227	9673
福建	19	16888	7896	1900	410
其中：厦门	1	1000	1599	--	--
江西	124	64692	42546	21447	6836
山东	30	76902	58020	8680	4520
其中：青岛	--	--	--	--	--
河南	95	1610911	250801	93136	81350
湖北	48	156159	27082	14050	2396
湖南	92	90575	40745	21075	7053
广东	79	315033	172353	4800	17083
其中：深圳	8	76301	51504	--	--
广西	57	36200	21774	6507	12062
海南	5	5839	5079	2674	210
重庆	23	47273	25514	20660	3764
四川	157	492410	166463	67767	11720
贵州	45	52169	46546	12425	3175
云南	97	80410	45085	7055	11033
西藏	2	2868	--	--	--
陕西	82	154658	126224	55545	16841
甘肃	20	159224	42740	24284	3980
青海	13	11145	3355	3031	321
宁夏	4	16590	1500	500	1000
新疆	--	--	--	--	--

单位保护、维修基本情况

本年项目收入合计					本年支出合计（千元）	项目累计支出（千元）	维修面积（千平方米）
（千元）	财政拨款			其他收入			
		中央补助	省级补助				
1235799	**882320**	**244319**	**251342**	**353479**	**1099923**	**1841881**	**2516**
59965	59816	2000	53556	149	76337	124950	41
14063	13990	--	--	73	18236	18236	17
17348	15820	2656	4515	1528	14878	39279	34
145209	144669	49134	71590	540	74072	97767	108
11240	11240	5050	3000	--	12440	38249	23
17099	5484	70	3888	11615	16622	23399	15
--	--	--	--	--	--	--	--
1150	1150	500	50	--	1150	1150	3
5956	5956	5800	156	--	4406	4406	14
235500	6264	--	6264	229236	235500	249237	168
69525	32505	1400	10180	37020	79055	142511	84
53235	41531	--	14158	11704	48751	213047	150
6300	5520	--	--	780	6321	7274	9
18917	17118	4687	7083	1799	14924	23475	52
9738	6129	1300	110	3609	5918	12939	26
141	--	--	--	141	168	1599	--
42517	37827	17924	6996	4690	22632	32424	79
19760	19510	2200	3570	250	13149	38980	19
--	--	--	--	--	--	--	--
62412	59626	24613	7480	2786	64177	107416	116
26847	21520	6880	2117	5327	25687	38318	85
26884	23888	6982	5012	2996	28124	43051	111
81424	76391	1800	4553	5033	67095	165437	125
21759	21759	--	--	--	19763	35810	26
20024	19959	6507	10690	65	14333	14715	24
5079	3514	2674	210	1565	4549	4549	3
28721	26340	20120	3364	2381	8810	16396	13
107595	96533	39180	9950	11062	90889	155204	511
37275	35724	10625	2198	1551	21875	30025	18
35229	30159	4055	8743	5070	33352	39918	564
1016	--	--	--	1016	1615	1615	--
59038	49630	14912	9941	9408	71424	112339	41
14618	14618	11750	630	--	12599	34571	20
3985	3379	1000	338	606	1824	2248	16
4430	2030	500	1000	2400	15500	16030	36
--	--	--	--	--	--	--	--

全国各地区国家级文物

	维修项目（个）	项目总预算（千元）	累计拨入项目经费（千元）		
				中央补助	省专项补助
总计	**692**	**4338362**	**1309854**	**469484**	**279792**
北京	18	78587	62285	2000	55253
天津	1	73	--	--	--
河北	34	73620	35914	23120	4665
山西	115	902022	162754	85138	65316
内蒙古	4	77690	37218	11300	7950
辽宁	11	20544	15464	1450	4309
其中：大连	--	--	--	--	--
吉林	1	800	600	600	--
黑龙江	13	10109	4906	4750	156
上海	7	251815	89295	--	150
江苏	30	96286	78697	1600	2750
浙江	39	52526	39352	2700	17810
其中：宁波	4	3370	2720	--	--
安徽	32	76715	13020	1848	3791
福建	4	1873	1723	1500	100
其中：厦门	--	--	--	--	--
江西	43	24314	21175	18200	1483
山东	10	17141	13950	7340	1650
其中：青岛	--	--	--	--	--
河南	43	1564130	233806	86586	73490
湖北	20	138356	23016	14050	1500
湖南	25	36324	20120	15630	2490
广东	21	95437	91993	3800	10400
其中：深圳	1	50000	50000	--	--
广西	18	20040	7758	6507	170
海南	2	4095	4095	2450	--
重庆	16	37882	24353	20660	2673
四川	71	429696	139115	60184	6759
贵州	22	17165	15470	11882	1260
云南	25	12519	12286	5360	1700
西藏	2	2868	--	--	--
陕西	49	132057	118605	55545	10767
甘肃	13	157918	41884	24284	3200
青海	3	5760	1000	1000	--
宁夏	--	--	--	--	--
新疆	--	--	--	--	--

保护单位保护、维修基本情况

	本年项目收入合计				本年支出合计（千元）	项目累计支出（千元）	维修面积（千平方米）
		财政拨款		其他收入			
（千元）		中央补助	省专项补助				
673775	**538992**	**216576**	**133640**	**134783**	**574767**	**1022372**	**1582**
35291	35291	2000	30259	--	45912	84766	35.0
73	--	--	--	73	73	73	1.5
13625	13015	2506	2865	610	11805	35719	21.6
124914	124914	47234	62000	--	57946	79241	87.9
10040	10040	3850	3000	--	11240	37049	23.4
14804	3483	70	2760	11321	13758	20475	8.8
--	--	--	--	--	--	--	--
600	600	--	--	--	600	600	2.8
4906	4906	4750	156	--	4256	4256	13.8
86665	150	--	150	86515	86665	89295	69.5
17628	16028	1000	2500	1600	19535	77809	26.1
12407	11657	--	3910	750	9213	27482	53.1
2120	1970	--	--	150	2129	2661	1.9
9295	8205	3088	2591	1090	6964	13152	16.3
1903	1523	900	--	380	463	1816	14.9
--	--	--	--	--	--	--	--
16891	16791	14714	1183	100	5731	8742	31.7
4710	4610	1200	400	100	6223	13110	12.6
--	--	--	--	--	--	--	--
52071	49921	21763	2530	2150	53507	89286	78.6
19786	16197	6880	1194	3589	18626	29576	48.5
7923	7720	4030	1510	203	11509	23611	62.3
29172	28228	800	600	944	27804	76967	55.1
17300	17300	--	--	--	17300	32500	21.0
7518	7477	6507	270	41	2974	3324	16.9
4095	2530	2450	--	1565	4095	4095	1.8
25794	23413	20120	2273	2381	6781	7623	9.0
84463	74011	31910	5959	10452	72156	132066	334.4
14099	13147	10082	713	952	12978	14178	11.8
7855	6104	3060	800	1751	6675	9450	512.3
1016	--	--	--	1016	1615	1615	--
50881	43681	14912	5617	7200	63720	103081	28.7
14350	14350	11750	400	--	11903	33875	15.3
1000	1000	1000	--	--	40	40	2.1
--	--	--	--	--	--	--	--
--	--	--	--	--	--	--	--

全国各地区省级文物保护

	维修项目（个）	项目总预算（千元）	累计拨入项目经费（千元）		
				中央补助	省专项补助
总计	**608**	**1212823**	**597510**	**28919**	**118896**
北京	6	23326	19240	--	17356
天津	--	--	--	--	--
河北	15	22186	3228	1550	800
山西	34	16194	8210	500	7510
内蒙古	4	1200	1200	1200	--
辽宁	8	5294	2954	--	2660
其中：大连	--	--	--	--	--
吉林	1	50	50	--	50
黑龙江	--	--	--	--	--
上海	30	355277	143887	--	4979
江苏	40	132443	53530	400	9010
浙江	52	186238	163776	--	13997
其中：宁波	5	2850	2850	--	--
安徽	56	40786	10655	933	5649
福建	5	3405	1800	--	70
其中：厦门	--	--	--	--	--
江西	36	24313	12766	1527	4033
山东	14	14061	4450	1340	2670
其中：青岛	--	--	--	--	--
河南	43	43815	16170	6550	7230
湖北	20	17078	3571	--	826
湖南	46	50579	17734	5210	4363
广东	31	148504	71052	1000	5683
其中：深圳	7	26301	1504	--	--
广西	19	14729	12682	--	11890
海南	2	1510	750	--	200
重庆	5	1521	961	--	891
四川	57	44475	18690	4483	4391
贵州	10	13680	5250	--	1630
云南	29	22860	13875	1695	5883
西藏	--	--	--	--	--
陕西	27	21094	7394	--	6024
甘肃	5	1230	780	--	780
青海	10	5385	2355	2031	321
宁夏	3	1590	500	500	--
新疆	--	--	--	--	--

单位保护、维修基本情况

本年项目收入合计					本年支出合计（千元）	项目累计支出（千元）	维修面积（千平方米）
（千元）	财政拨款			其他收入			
		中央补助	省级补助				
371757	**193909**	**19560**	**82012**	**177848**	**352548**	**597892**	**552**
7644	7495	--	7067	149	13719	20988	3.5
--	--	--	--	--	--	--	--
3598	2680	150	1650	918	2948	3435	10.8
9561	9561	1900	6640	--	6564	8814	4.2
1200	1200	1200	--	--	1200	1200	--
1372	1078	--	668	294	2571	2631	6.4
--	--	--	--	--	--	--	--
50	50	--	50	--	50	50	0.5
--	--	--	--	--	--	--	--
133967	3579	--	3579	130388	133967	143887	88.5
39569	9899	400	6300	29670	47142	51079	40.6
20551	17101	--	7297	3450	18232	162622	44.6
2612	2612	--	--	--	2542	2800	2.5
8374	7705	1153	3979	669	7054	9417	30.8
1780	1780	--	50	--	1647	1647	2.8
--	--	--	--	--	--	--	--
13347	11257	1510	4523	2090	7533	11824	26.4
4350	4250	1000	2940	100	2816	2816	3.4
--	--	--	--	--	--	--	--
8766	8130	2850	4320	636	8823	16283	35.5
6401	4993	--	753	1408	6401	8082	33.8
15593	14369	2752	3286	1224	12755	15580	32.9
39456	35882	1000	2953	3574	31496	80258	43.0
4459	4459	--	--	--	2463	3310	4.6
11192	11192	--	10420	--	10374	10374	3.2
750	750	--	200	--	400	400	0.7
961	961	--	891	--	258	258	1.9
17916	17306	4400	3541	610	13047	16957	102.3
4780	4730	--	1250	50	3060	3060	2.7
9720	8498	745	4813	1222	11426	14657	19.6
--	--	--	--	--	--	--	--
6614	5824	--	4274	790	6161	7715	12.1
230	230	--	230	--	620	620	0.6
2985	2379	--	338	606	1784	2208	14.1
1030	1030	500	--	--	500	1030	0.3
--	--	--	--	--	--	--	--

文物业主要指标解释

1. 藏品：藏品是文博机构根据收藏品的文化属性、自然属性等情况，所划分的文物藏品、标本藏品、模型藏品（含具有收藏、展示价值的雕塑、绘画等艺术作品）和复制品藏品的总和。本指标所统计的藏品是指报告期末，该机构已经整理并登记入账的藏品数。尚未整理或正在整理的藏品，应在整理造册入账后列入下年统计。一级品、二级品、三级品均根据入账情况如实填写。

藏品数：指按历年来以件/套为计量单位统计的藏品数量。即单件藏品编一个号者按一件计算；成套藏品按整体编一个号者，也按一件计算（其组成部分即使有分号，也按一件计）。不易计数的藏品，如粮食、药材及液体等，不论数量多少，均按一件计算。本指标在本制度执行期内必须填报。

2. 本年从有关部门接收文物数：指本年从公安、工商、海关等司法及检查部门移交接收的文物。

3. 本年藏品征集数：本年从社会上征集为馆藏文物的数量（包括标本数）。

4. 修复藏品数：本年运用技术手段进行修复保养的馆藏文物数量（包括标本）。

5. 举办展览：展览指在本机构内设置，由本馆设计布陈，形式比较多样的展出。同一内容的巡回展览，均按一个计算。展览的计量单位不是指每次展出的文物藏品件数。与系统外机构合办的展览，由本馆统计；与系统内机构合办的，由主办馆统计。陈列作为长期展览，并入此指标项中。

6. 提供藏品参加展览次数：指提供本机构藏品参与其他机构举办的展览次数。

7. 参观人次和未成年人参观人次：参观人次指本报告期末，向社会开放的文物保护管理机构当年接待的所有参观人次的累计数。

未成年人参观人次是指接待有组织的集体参观人次与零散观众中能够确切统计的未成年人参观人次的总和。

8. 基本建设中考古发掘项目：是指因基本建设工程需要，在建设工程影响范围内所进行的考古发掘工作。

9. 抢救性发掘项目：指古文化遗址、古墓葬等遇到不可抗拒的自然或人为因素危害而必须进行的考古发掘活动。

10. 主动性发掘项目：因科学研究或文物保护的需要所进行的考古发掘工作。

11. 公用房屋建筑面积：指文物部门、房产部门拥有产权，或产权虽归政府部门所有，但交由填表机构长期固定、无偿使用的各种办公和业务用房，包括职工单身宿舍和暂被家属、职工挤占的非居住用房。不包括职工家属宿舍和租用的民房。公用房屋建筑面积均按总的建筑面积（指从外墙算起的各房屋面积相加之和）填报，此项指标的其中数（如陈列展览用房、文物库房等），凡属独立建筑的均按建筑面积统计；凡属非独立建筑的均按使用面积统计；二者兼有的，可按两种方法统计加总。以文物保护单位为馆（所）址的文物机构，只统计该机构实际使用部分的建筑面积。

12. 专著或图录：由本单位人员完成，经过正式出版部门编印出版的科技专著、高等院校教科书、科普著作和论文集。

13. 论文数：是指由本机构的人员完成，并在省级以上刊物公开发表的论文数之和。

14. 古建维修报告：地上不可移动文物维修保护工程全过程记录及应用技术研究介绍的综合性技术报告。

15. 上年末库存文物件数及金额：指上年末按规定计量单位计算的实有库存文物件数和年末库存文物的账面金额，同时也是结转本年初的库存文物件数和金额。

16. 本年收购文物件数及金额：指本年从个人或有关机构购入和调入文物时实际发生的件数和金额。

17. 本年向文物收藏机构提供文物数：指本年文物商店向文物收藏机构提供文物件数。

18. 补偿金额：指本年接受文物商店提供文物的文物收藏机构给文物商店适当补偿的金额。

19. 本年末库存文物件数及金额：指本年末按规定计量单位计算的实有库存文物件数和年末库存文物的账面金额，同时也是结转下年初的库存文物件数和金额。

全国文物保护管理机构按藏品排序

单位：件

名次	单位名称	藏品数	名次	单位名称	藏品数
	一、省级文物保护管理机构		23	黑龙江省鹤岗市文物管理站	2574
1	甘肃省甘肃炳灵寺文物保护研究所	355	24	黑龙江省绥化市文物管理站	2570
2	北京市白塔寺管理处	137	25	云南省州文物管理所	2293
3	北京市团城演武厅管理处	59	26	安徽省铜陵市文物管理局（市博物馆）	2260
	二、地市级文物保护管理机构		27	河南省濮阳市文物保护管理所	2175
1	河南省洛阳市文物工作队	252794	28	云南省楚雄州文物管理所	2146
2	河南省龙门石窟研究院	100000	29	安徽省马鞍山市文物管理所	2107
3	西藏自治区布达拉宫管理处	64980	30	云南省德宏州文物管理所	2047
4	河南省洛阳市第二文物工作队	41927	31	青海省西宁市文物管理所	1944
5	四川省阿坝州文物管理所	16431	32	宁夏回族自治区中卫市文物管理所	1935
6	西藏自治区罗布林卡管理处	14318	33	山西省太原市双塔寺文物保管所	1827
7	陕西省咸阳市文物管理委员会	11111	34	湖北省神农架林区文物管理所	1826
8	湖南省长沙市文物考古研究所	10763	35	内蒙古自治区包头市文物管理处	1800
9	河北省承德市外八庙管理处	7250	36	吉林省辽源市文物管理所	1757
10	安徽省六安市文物管理局	5442	37	山东省滨州市文物管理处	1750
11	山东省莱芜市文物管理委员会办公室	5305	38	河南省驻马店市文物考古管理所	1640
12	内蒙古自治区巴彦淖尔市文物站	4457	39	湖南省张家界市文物管理处	1436
13	安徽省亳州市文物管理处	3800	40	内蒙古自治区锡盟文物站	1434
14	云南省昭通市文物管理所	3488	41	四川省达州市文物管理所	1381
15	福建省泉州天后宫文物保护管理处	3426	42	安徽省巢湖市文物管理所	1342
16	贵州省六盘水市文物管理所	3344	43	湖南省邵阳市文物管理局	1329
17	河南省鹤壁市文物工作队	3231	44	河北省衡水市文物管理处	1184
18	辽宁省抚顺市博物馆	3020	45	内蒙古自治区阿拉善盟文物管理站	1104
19	河南省洛阳市白马寺汉魏故城文物保管所	2783	46	黑龙江省哈尔滨市文物管理站	1103
20	河南省平顶山市文物管理局	2739	47	吉林省白山市文物保护管理办公室	1014
21	河北省邯郸市文物保护研究所	2695	48	河北省保定市文物管理所	980
22	河南省信阳市文物管理局	2635	49	内蒙古自治区呼市文物事业管理处	957

全国文物保护管理机构按藏品排序

单位：件

名次	单位名称	藏品数	名次	单位名称	藏品数
50	湖南省益阳市周立波故居管理所	852	25	云南省威信县文化体育局	8990
	三、县级文物保护管理机构		26	浙江省宁海县文管会	8462
1	山东省曲阜市文物管理委员会	63886	27	重庆市巴南区文物保护管理所	8302
2	山西省天镇县文物保管所	44420	28	云南省会泽县文物管理所	8291
3	青海省乐都县文物管理所	36322	29	安徽省蚌埠市怀远县文物管理所	7746
4	四川省南江县文物管理所	34378	30	湖北省利川市文物事业管理所	7640
5	山东省蓬莱阁文物管理处	325388	31	山西省朔州市朔城区崇福寺文物保管所	7378
6	山西省吉县文物管理所	30411	32	四川省通江县文物管理所	7372
7	四川省巴中市巴州区文物管理所	29091	33	河南省灵宝市文物保护管理所	7356
8	重庆市长寿区文管所	27234	34	陕西省子长钟山石窟文管所	7200
9	山西省寿阳县文物管理所	23889	35	山东省东阿县文物管理所	7180
10	湖南省邵东县文物管理所	22745	36	四川省绵竹市文物保护管理所	7101
11	河北省涿州市文物保管所	17851	37	河南省宜阳县文物保护管理所	6808
12	山东省昌乐县文物管理所	17492	38	浙江省瑞安市文物馆	6742
13	山东省章丘市文物保护管理所	14820	39	湖南省慈利县文物保护管理所	6727
14	四川省三台县文管所	14718	40	湖南省靖州县文物管理所	6627
15	重庆市丰都县文物管理所	14427	41	河南省开封县文物管理所	6614
16	河北省磁县文物保管所	14204	42	四川省渠县文物管理所渠县历史博物馆	6568
17	内蒙古自治区准格尔旗文物馆	13800	43	重庆市开县文物管理所	6200
18	河南省鹤壁市淇县文物管理所	13296	44	浙江省绍兴县文物保护管理所	5920
19	四川省汶川县文物管理所	12289	45	浙江省东阳市文物管理办公室	5880
20	河南省长葛市文物管理所	11869	46	广东省佛山市顺德区博物馆	5797
21	四川省都江堰市文物局	11335	47	四川省邛崃市文物管理局	5706
22	山西省临县文物管理所	10000	48	河南省光山县文物旅游局	5684
23	重庆市巫山县文物管理所	9878	49	安徽省东至县文物管理所	5608
24	江苏省宜兴市文物管理委员会办公室	9449	50	山西省榆次区文物管理所	5500

全国文物保护管理机构按参观人次排序

单位：千人次

名次	单位名称	参观人次	名次	单位名称	参观人次
	一、省级文物保护管理机构		22	湖北省襄樊市隆中管理委员会	270
1	北京市白塔寺管理处	102	23	江苏省无锡市名人故居文物管理处	251
2	甘肃省甘肃炳灵寺文物保护研究所	55	24	安徽省亳州市文物管理处	250
3	北京市团城演武厅管理处	15	25	河南省安阳市殷墟宫殿宗庙遗址管理处	246
4	甘肃省甘肃北石窟文物保护研究所	5	26	河南省濮阳市戚城文物景区管理处	240
5	甘肃省甘肃大地湾文物保护研究所	3	27	浙江省衢州市文物保护管理所	235
	二、地市级文物保护管理机构		28	浙江省杭州市园文局钱江管理处	225
1	河南省龙门石窟研究院	1600	29	甘肃省嘉峪关关城管理所	215
2	浙江省杭州市园文局凤凰山管理处	1277	30	四川省宜宾市蜀南竹海文物管理所	210
3	浙江省杭州市园文局岳庙管理处	1174	31	浙江省绍兴市名人故居管理处	165
4	山东省德州市文物管理室	1000	32	湖北省武汉市晴川阁管理处	160
5	浙江省绍兴市大禹陵景区管理处	903	33	云南省云南陆军讲武堂文物保护管理所	150
6	新疆维吾尔自治区吐鲁番地区文物管理局	565	34	湖北省宜昌市三游洞文物管理处	145
7	河北省承德市避暑山庄管理处	541	35	河南省许昌市灞陵桥文物管理处	134
8	广东省佛山市祖庙文物管理所	509	36	辽宁省营口市西炮台文物管理所	123
9	浙江省宁波市保国寺古建筑保护管理所	500	37	内蒙古自治区兴安盟文物站	120
10	陕西省岐山县周公庙管理处	500	38	海南省海口市五公祠管理处	110
11	湖南省益阳市周立波故居管理所	500	39	陕西省西安市青龙寺遗址保管所	106
12	浙江省绍兴市兰亭景区管理处	485	40	云南省昆明市聂耳墓文物管理所	100
13	陕西省西安市钟鼓楼保管所	400	41	山东省烟台山文物管理处	95
14	河南省郑州市商城遗址保护管理处	400	42	浙江省宁波市文物保护管理所	95
15	河北省承德市外八庙管理处	372	43	江苏省苏州市市区文物保护管理所	94
16	浙江省绍兴市沈园景区管理处	369	44	陕西省宝鸡市陈仓区钓鱼台文物管理所	91
17	陕西省药王山管理局	350	45	辽宁省桓仁满族自治县五女山城管理处	90
18	浙江省杭州市园文局灵隐管理处	309	46	江苏省无锡市东林书院文物管理处	86
19	江苏省无锡市薛福成故居文物管理处	295	47	黑龙江省哈尔滨市文物管理站	85
20	浙江省杭州市文物保护管理所	271	48	安徽省马鞍山市文物管理所	80
21	山西省山西解州关帝庙文物保管所	270	49	云南省楚雄州文物管理所	77

全国文物保护管理机构按参观人次排序

单位：千人次

名次	单位名称	参观人次	名次	单位名称	参观人次
50	广东省潮州广济桥文物管理所	74	25	湖北省当阳市关陵文物保护管理所	500
	三、县级文物保护管理机构		26	河北省山海关老龙头景区管理处	495
1	北京市延庆县八达岭特区办事处	5554	27	河北省易县清西陵文物管理处	400
2	北京市十三陵特区办事处	4091	28	河南省罗山县文物管理局	400
3	山东省曲阜市文物管理委员会	3100	29	湖北省夷陵区黄陵庙文物管理处	355
4	吉林省长岭县文物管理所	2650	30	四川省南江县文物管理所	330
5	陕西省韩城市普照寺文管所	2100	31	四川省通江县文物管理所	322
6	山东省东阿县文物管理所	1500	32	湖南省炎帝陵管理局	306
7	陕西省佳县白云山道教管委会	1500	33	山东省嘉祥县文物管理局	300
8	宁夏回族自治区海原县文物管理所	1200	34	四川省威远县文物保护管理所	300
9	山西省平遥县古城墙管理处	875	35	湖南省茶陵县文物管理所	300
10	山东省蓬莱阁文物管理处	835	36	浙江省海宁市盐官文物保护管理所	287
11	广东省黄埔区南海神庙文物管理所	823	37	河南省康百万庄园文物保管所	270
12	浙江省镇海区文管会	800	38	河南省汝州市风穴寺文物管理所	250
13	山东省郯城县文物管理所	800	39	河南省北宋皇陵文物保护管理处	250
14	陕西省黄帝陵管理局	800	40	河北省涉县文物保管所	236
15	湖北省当阳市玉泉寺及铁塔文物保护管理处	800	41	河南省清丰县冀鲁豫边区革命根据地纪念馆	230
16	河南省新乡县文物保护管理所	800	42	河北省清东陵文物管理处	229
17	河南省息县文物管理委员会办公室	760	43	河北省正定县文物保管所	226
18	江苏省盱眙县明祖陵文物保管所	701	44	江苏省江阴市国民党要塞司令部旧址文物保护管理所	210
19	广西省金城江区文物管理所	640	45	广东省佛山市顺德区清晖园管理处	206
20	河南省辉县市文物管理局	611	46	四川省古蔺县文管所	200
21	陕西省横山县文物管理委员会办公室	600	47	贵州省石阡县文管所	200
22	河北省山海关区古城景区管理处	516	48	河南省新县文物管理局	186
23	安徽省蚌埠市固镇县文物管理所	500	49	浙江省慈溪文管会	180
24	江西省武宁县文管所	500	50	山东省栖霞市牟氏庄园管理处	176

全国文物保护管理机构按门票收入排序

单位：千元

名次	单位名称	门票收入	名次	单位名称	门票收入
	一、省级文物保护管理机构		22	湖北省宜昌市三游洞文物管理处	2325
1	甘肃省甘肃炳灵寺文物保护研究所	2452	23	广东省潮州广济桥文物管理所	2237
2	北京市白塔寺管理处	607	24	陕西省宝鸡市陈仓区钓鱼台文物管理所	1900
3	甘肃省甘肃北石窟文物保护研究所	67	25	河北省邯郸市黄粱梦文物管理处	1368
4	甘肃省甘肃大地湾文物保护研究所	27	26	陕西省西安市青龙寺遗址保管所	1350
	二、地市级文物保护管理机构		27	陕西省岐山县周公庙管理处	1340
1	浙江省杭州市园文局灵隐管理处	127163	28	浙江省绍兴市名人故居管理处	1306
2	河南省龙门石窟研究院	88937	29	山西省大同市古建筑文物保管所	1250
3	四川省乐山大佛乌尤文物保护管理局	46053	30	浙江省宁波市保国寺古建筑保护管理所	1172
4	河北省承德市避暑山庄管理处	38062	31	河南省许昌市灞陵桥文物管理处	1061
5	浙江省杭州市同文局岳庙管理处	30719	32	海南省海口市五公祠管理处	1015
6	西藏自治区布达拉宫管理处	21453	33	山西省运城市芮城永乐宫文物保管所	839
7	浙江省杭州市园文局钱江管理处	19314	34	江苏省无锡市薛福成故居文物管理处	815
8	甘肃省嘉峪关关城管理所	14542	35	安徽省亳州市文物管理处	760
9	河北省承德市外八庙管理处	13149	36	河南省许昌春秋楼文物管理处	745
10	新疆维吾尔自治区吐鲁番地区文物管理局	12700	37	陕西省镇北台文管所	730
11	陕西省西安市钟鼓楼保管所	10750	38	陕西省药王山管理局	689
12	湖北省襄樊市隆中管理委员会	10200	39	河南省开封市艺术博物馆（山陕甘会馆）	620
13	浙江省绍兴市兰亭景区管理处	9502	40	河南省濮阳市戚城文物景区管理处	590
14	浙江省杭州市园文局凤凰山管理处	9236	41	陕西省红石峡	574
15	广东省佛山市祖庙文物管理所	8710	42	浙江省衢州孔氏南宗家庙管理委员会	572
16	山西省山西解州关帝庙文物保管所	7600	43	湖北省随州市擂鼓墩文物管理处	550
17	河南省安阳市殷墟宫殿宗庙遗址管理处	5900	44	广西省桂林市靖江王陵文物管理处	477
18	浙江省绍兴市沈园景区管理处	5837	45	江苏省苏州市市区文物保护管理所	468
19	西藏自治区罗布林卡管理处	2993	46	山西省太原市双塔寺文物保管所	460
20	山东省烟台山文物管理处	2493	47	宁夏回族自治区银川市海宝塔寺文管所	440
21	宁夏回族自治区银川市贺兰山岩画管理所	2385	48	河南省安阳市殷墟王陵遗址管理处	412

全国文物保护管理机构按门票收入排序

单位：千元

名次	单位名称	门票收入	名次	单位名称	门票收入
49	辽宁省营口市西炮台文物管理所	382	25	天津市蓟县文物保管所	2306
50	海南省海口市海瑞墓管理处	362	26	湖南省双峰县曾国藩故居管理处	1820
	三、县级文物保护管理机构		27	北京市周口店北京人遗址博物馆	1669
1	北京市延庆县八达岭特区办事处	179227	28	山西省平遥县金庄文庙管理处	1549
2	北京市十三陵特区办事处	155646	29	山东省汶上县文物管理局	1540
3	山东省曲阜市文物管理委员会	149345	30	湖南省炎帝陵管理局	1430
4	陕西省黄帝陵管理局	35650	31	山西省洪洞县明代监狱文物管理所	1268
5	山东省蓬莱阁文物管理处	34179	32	山西省洪洞县广胜寺文物保管所	1200
6	河北省山海关老龙头景区管理处	20401	33	河南省新县文物管理局	1142
7	河北省清东陵文物管理处	19807	34	河南省清丰县冀鲁豫边区革命根据地纪念馆	1140
8	河北省山海关区古城景区管理处	16737	35	辽宁省义县奉国寺管理处	1000
9	广东省德庆县悦城龙母祖庙管理所	11870	36	浙江省东阳市卢宅文物保护管理所	930
10	河北省正定县文物保管所	7522	37	陕西省临潼区鸿门坂文物管理所	886
11	山西省应县木塔文物保管所	6900	38	河北省邯郸市邯郸市峰峰矿区响堂山风景管理处	787
12	山西省平遥县古城墙管理处	5601	39	四川省荣县文管所	750
13	河北省易县清西陵文物管理处	5350	40	宁夏回族自治区青铜峡市文物管理所	670
14	山东省济南市长清区灵岩寺管理委员会	4960	41	陕西省西岳庙文管处	635
15	山西省洪洞县大槐树迁民遗址文物管理所	4958	42	湖南省浏阳市文物管理所	625
16	广东省黄埔区南海神庙文物管理所	4130	43	山西省平遥县镇国寺管理处	558
17	四川省梓潼县文物管理所	3950	44	四川省南江县文物管理所	540
18	河北省涉县文物保管所	3790	45	陕西省蓝田县水陆庵文物管理所	500
19	山东省栖霞市牟氏庄园管理处	3726	46	湖南省祁阳县浯溪文物管理所	480
20	新疆维吾尔自治区喀什市文物保护管理所	3270	47	新疆维吾尔自治区伊犁霍城县文物保护管理所	386
21	河南省康百万庄园文物保管所	3038	48	宁夏回族自治区固原市原州区须弥山文物管理所	370
22	湖北省钟祥市显陵管理处	3021	49	陕西省留巴县张良庙文管所	353
23	辽宁省新宾满族自治县赫图阿拉城文物管理所	2484	50	辽宁省东港市孤山文物管理处	334
24	河北省山海关区孟姜女庙景区管理处	2365			

全国博物馆机构按藏品排序

单位：件

名次	单位名称	藏品数
	一、中央直属博物馆机构	
1	故宫博物院	1014912
2	中国国家博物馆	198464
3	北京鲁迅博物馆	27264
4	国际友谊博物馆	16084
5	北京新文化运动纪念馆	3790
	二、省级博物馆机构	
1	北京市首都博物馆	1020742
2	江苏省南京博物院	449823
3	天津市天津自然博物馆	400000
4	陕西省陕西历史博物馆	381741
5	湖北省博物馆	205600
6	云南省博物馆	198160
7	福建省福建博物院	177265
8	重庆市重庆中国三峡博物馆	177026
9	四川省博物馆	159135
10	天津市天津博物馆	147277
11	内蒙古自治区内蒙古博物馆	133039
12	上海市上海博物馆	133000
13	河南省河南博物院	129838
14	广东省博物馆	122620
15	浙江省浙江自然博物馆	121775
16	辽宁省博物馆	115140
17	湖南省博物馆	113191
18	黑龙江省博物馆	108584
19	山东省博物馆	106671
20	山西省山西博物院	96282
21	河北省民俗博物馆	93192
22	重庆市重庆红岩革命历史博物馆	92000
23	吉林省博物院	89150
24	甘肃省博物馆	84760
25	重庆市重庆自然博物馆	82512
26	上海市上海鲁迅纪念馆	82008
27	浙江省博物馆	79505
28	北京市北京艺术博物馆	74714
29	江西省博物馆	49067
30	广西省广西壮族自治区博物馆	41684
31	上海市历史博物馆	41294
32	湖南省韶山毛泽东同志纪念馆	40848
33	新疆维吾尔自治区博物馆	39260
34	上海市中共“一大”会址纪念馆	38984
35	青海省中国青海柳湾彩陶博物馆	37925
36	宁夏回族自治区博物馆	37617
37	贵州省博物馆	36935
38	广西省广西壮族自治区自然博物馆	33003
39	山西省艺术博物馆	23000
40	陕西省两安半坡博物馆	18442
41	宁夏回族自治区固原博物馆	15460
42	海南省民族博物馆	12300
43	海南省博物馆	12000
44	江西省瑞金中央革命根据地纪念馆	11705
45	青海省博物馆	9663
46	陕西省法门寺博物馆	9439
47	北京市古代钱币展览馆	7954
48	广西省广西民族博物馆	7082
49	福建省福建中国闽台缘博物馆	7014
50	天津市周恩来邓颖超纪念馆	6927
	三、地市博物馆机构	
1	江苏省常州市戈小兴中外烟标烟具博物馆	148000
2	江苏省侵华日军南京大屠杀遇难同胞纪念馆	140000
3	陕西省西安博物院	120063
4	内蒙古自治区包头市博物馆	108831
5	山东省青岛市博物馆	108054
6	山西省长治市博物馆	105162
7	湖南省长沙简牍博物馆	100000
8	安徽省徽州文化博物馆	96842
9	河南省开封市博物馆	87657
10	广东省惠州市博物馆	85893
11	江苏省南京市博物馆	78150
12	湖北省鄂州市博物馆	76858
13	浙江省宁波市天一阁博物馆	75860
14	湖北省恩施州博物馆	70108
15	湖北省荆门市博物馆	60725
16	浙江省宁波市博物馆	60000
17	四川省成都理工大学博物馆	60000
18	江苏省苏州戏曲博物馆	54360
19	河南省鹤壁市博物馆	52944
20	江苏省南通博物苑	49018
21	河南省许昌市博物馆	45684
22	四川省四川大学博物馆	45600

全国博物馆机构按藏品排序

单位：件

名次	单位名称	藏品数	名次	单位名称	藏品数
23	辽宁省抗美援朝纪念馆	45054	12	浙江省嵊州市越剧博物馆	26808
24	湖南省长沙市博物馆	44147	13	山东省平度市博物馆	21000
25	山东省烟台市博物馆	44111	15	浙江省上虞博物馆	20062
26	四川省杜甫草堂博物馆	42989	16	河北省定州市博物馆	19723
27	广东省广州博物馆	40024	17	山东省即墨市博物馆	18000
28	四川省成都中医药大学中医药传统文化博物馆	39852	18	河北省平泉县博物馆	17713
29	广东省五邑华侨华人博物馆	39320	19	江西省吉水县博物馆	16816
30	山西省晋城市博物馆	38472	20	山东省诸城市博物馆	15750
31	广西省柳州市博物馆	37241	21	江西省秋收起义铜鼓纪念馆	15329
32	湖北省十堰市博物馆	33036	22	山东省邹城市博物馆	15248
33	甘肃省天水市博物馆	32062	23	内蒙古自治区巴林左旗博物馆	15000
34	陕西省延安革命纪念馆	31613	24	江苏省常熟博物馆	15000
35	江苏省镇江博物馆	29174	25	湖北省武穴市博物馆	14928
36	山西省大同市博物馆	28000	26	湖北省鹤峰县博物馆	14882
37	广东省河源市博物馆	24992	27	山东省章丘市博物馆	14820
38	河北省承德市避暑山庄博物馆	24986	28	湖北省老河口市博物馆	14518
39	广东省揭阳市博物馆	24661	29	江西省樟树市博物馆	14362
40	广西省桂林博物馆	24418	30	广东省和平县博物馆	13503
41	广东省广州艺术博物院	24382	31	甘肃省敦煌市博物馆	13372
42	湖北省荆州市博物馆	23021	32	山东省滕州市博物馆	13345
43	湖南省岳阳市博物馆	22103	33	山西省陵川县博物馆	12721
44	江苏省无锡博物院	21958	34	山东省莒县博物馆	12674
45	广东省深圳市博物馆	21758	35	山西省沁源县文物馆	12395
46	山东省济南市博物馆	20984	36	江苏省睢宁县钱币博物馆	12180
47	广东省广东革命历史博物馆	20874	37	河南省巩义市博物馆	12153
48	江苏省苏州中医药博物馆	20809	38	安徽省祁门县博物馆	11804
	四、县级博物馆机构		39	湖北省广水市博物馆	11795
1	河南省新郑市博物馆	57462	40	山西省闻喜县博物馆	11780
2	湖北省浠水县博物馆	51021	41	湖北省红安县七里坪革命纪念馆	11432
3	山西省曲沃县博物馆	45616	42	重庆市铜梁县博物馆	11226
4	甘肃省武威市博物馆	44733	43	湖北省赤壁市博物馆	11109
5	重庆市万州区博物馆	40151	44	甘肃省会宁县博物馆	10776
6	河南省舞阳县博物馆	38000	45	湖北省点军区车溪农家博物馆	10400
7	四川省南江县博物馆	34378	46	青海省湟中县博物馆	10359
8	甘肃省和政古动物化石博物馆	31000	47	湖北省麻城市博物馆	10200
9	安徽省歙县博物馆	30440	48	吉林省集安市博物馆	10187
10	山东省青州市博物馆	28569	49	甘肃省甘州区博物馆	10114
11	辽宁省旅顺博物馆	27808	50	江西省婺源县博物馆	10057

全国博物馆机构按参观人次排序

单位：千人次

名次	单位名称	参观人次	名次	单位名称	参观人次
	一、中央直属博物馆机构				
1	故宫博物院	9495	37	贵州省博物馆	350
2	中国国家博物馆	293	38	北京市孔庙和国子监博物馆	324
3	北京鲁迅博物馆	38	39	天津市平津战役纪念馆	320
	二、省级博物馆机构		40	宁夏回族自治区博物馆	318
1	重庆市重庆红岩革命历史博物馆	3658	41	天津市天津自然博物馆	298
2	陕西省秦始皇兵马俑博物馆	2681	42	黑龙江省民族博物馆	290
3	江苏省南京中国近代史遗址博物馆	2240	43	广西省广西壮族自治区博物馆	286
4	江西省井冈山革命博物馆	2000	44	陕西省法门寺博物馆	271
5	重庆市重庆中国三峡博物馆	1710	45	北京市大钟寺古钟博物馆	270
6	湖南省博物馆	1590	46	上海市上海鲁迅纪念馆	268
7	河南省河南博物院	1537	47	吉林省博物院	240
8	上海市上海博物馆	1512	48	山东省博物馆	202
9	浙江省博物馆	1425	49	青海省博物馆	202
10	北京市首都博物馆	1170	50	北京市北京艺术博物馆	192
11	湖北省博物馆	1135		**三、地市级博物馆机构**	
12	内蒙古自治区内蒙古博物馆	1080	1	江苏省侵华日军南京大屠杀遇难同胞纪念馆	5420
13	天津市周恩来邓颖超纪念馆	1049	2	广东省虎门林则徐纪念馆	2120
14	陕西省陕西历史博物馆	1010	3	湖南省刘少奇同志纪念馆	2060
15	湖南省韶山毛泽东同志纪念馆	1000	4	四川省武候祠博物馆	1733
16	云南省博物馆	982	5	安徽省安庆博物馆	1491
17	天津市天津博物馆	931	6	浙江省绍兴鲁迅纪念馆	1351
18	江西省博物馆	880	7	江苏省茅山新四军纪念馆（镇江市）	1200
19	山西省山西博物院	820	8	江苏省南京市雨花台烈士纪念馆	1146
20	江苏省南京博物院	651	9	浙江省杭州西湖博物馆	1130
21	福建省福建中国闽台缘博物馆	648	10	广东省孙中山故居纪念馆	1041
22	黑龙江省博物馆	628	11	江西省南昌市博物馆	930
23	黑龙江省苏宁烈士纪念馆	600	12	辽宁省沈阳故宫博物院	820
24	陕西省乾陵博物馆	582	13	广西省百色起义纪念馆	810
25	浙江省中国丝绸博物馆	555	14	江苏省南京市博物馆	800
26	黑龙江省科学技术馆	550	15	江苏省明孝陵博物馆（南京市）	800
27	黑龙江省东北烈士纪念馆	515	16	江苏省南通城市博物馆	800
28	福建省福建博物院	480	17	江苏省苏州博物馆	797
29	辽宁省博物馆	451	18	河南省洛阳博物馆	780
30	黑龙江省哈尔滨市建筑艺术馆	450	19	山东省济宁市博物馆	750
31	重庆市重庆大足石刻艺术博物馆	447	20	湖北省荆州市博物馆	730
32	甘肃省博物馆	430	21	广东省黄埔军校旧址纪念馆	713
33	上海市中共“一大”会址纪念馆	416	22	辽宁省沈阳“九一八”历史博物馆	700
34	海南省博物馆	410	23	浙江省杭州名人纪念馆	670
35	河北省博物馆	400	24	江苏省新四军纪念馆（盐城市）	658
36	江西省安源路矿工人运动纪念馆	360	25	吉林省伪满皇宫博物院	620

全国博物馆机构按参观人次排序

单位：千人次

名次	单位名称	参观人次	名次	单位名称	参观人次
26	江苏省中国共产党代表团梅园新村纪念馆（南京市）	620	13	江苏省昆山中国古砖瓦博物馆（集体）	800
27	广东省广东民间工艺博物馆	612	14	湖南省中国人民抗日战争胜利受降纪念馆	780
28	四川省宜宾市赵一曼纪念馆	600	15	湖北省武当山旅游经济特区博物馆	770
29	吉林省吉林市博物馆	560	16	江苏省泗阳县博物馆	760
30	江苏省中国南通珠算博物馆	551	17	四川省峨眉山博物馆	713
31	河北省承德市避暑山庄博物馆	541	18	河北省乐亭县李大钊纪念馆	700
32	江苏省南京云锦博物馆	535	19	山西省祁县乔家大院民俗博物馆	700
33	山西省太原市晋祠博物馆	520	20	河南省内乡县衙博物馆	650
34	辽宁省沈阳金融博物馆	518	21	湖南省任弼时纪念馆	650
35	辽宁省张氏帅府博物馆	518	22	江西省庐山博物馆	640
36	江苏省镇江博物馆	512	23	黑龙江省侵华日军第七三一部队罪证陈列馆	601
37	贵州省遵义会议纪念馆	510	24	河北省清苑县冉庄地道战纪念馆	600
38	江苏省南通博物苑	500	25	江苏省吴江博物馆	600
39	江苏省周恩来纪念馆（淮安市）	500	26	江苏省周恩来故居管理处（楚州区）	580
40	福建省泉州海外交通史博物馆	500	27	河南省郾城区博物馆	550
41	河南省安阳市民间艺术博物馆	500	28	甘肃省会宁县红军会宁会师旧址管理委员会	500
42	河南省洛阳周王城天子驾六博物馆	500	29	湖南省杨开慧纪念馆	495
43	江苏省南京市太平天国历史博物馆	482	30	山西省太谷三多堂博物馆	485
44	山东省青岛市民俗博物馆	480	31	陕西省临潼区博物馆	483
45	广东省广州艺术博物院	467	32	湖南省桑植县贺龙纪念馆	482
46	湖北省武汉市博物馆	460	33	贵州省息烽集中营	479
47	浙江省宁波市天一阁博物馆	455	34	陕西省茂陵博物馆	462
48	福建省厦门市郑成功纪念馆	449	35	河南省许世友将军纪念馆	460
49	广西省柳州市博物馆	431	36	河南省鄂豫皖苏区首府革命博物馆	460
50	浙江省衢州市博物馆	430	37	江苏省徐州市龟山汉墓管理处（九里区）	450
	四、县级博物馆机构		38	浙江省安吉县竹子博物园有限责任公司	444
1	四川省万源保卫战战史陈列馆、万源市文物管理所	4000	39	山东省邹城市博物馆	430
2	贵州省黎平堂安生态博物馆	2000	40	山东省台儿庄大战纪念馆	429
3	海南省白沙县博物馆	2000	41	重庆市奉节县白帝城博物馆	425
4	上海市上海豫园管理处	1339	42	江西省余干县博物馆	419
5	福建省武夷山市博物馆	1200	43	四川省乐至县陈毅纪念馆	400
6	山西省灵石县王家大院民居艺术馆	1194	44	福建省长汀县博物馆	397
7	江苏省常熟市沙家浜革命历史纪念馆（集体）	1125	45	黑龙江省宁安市马骏纪念馆	370
8	山东省汶上县博物馆	1000	46	河北省涉县129师陈列馆	365
9	河南省淮阳县太昊陵管理处	890	47	江西省宜丰博物馆	360
10	山西省平遥县中国票号博物馆	875	48	江苏省求雨山文化名人纪念馆（浦口区）	350
11	山西省平遥县博物馆	875	49	河北省满城汉墓博物馆	340
12	江苏省昆山昆曲博物馆	820	50	四川省南江县博物馆	330

全国博物馆机构按门票收入排序

单位：千元

名次	单位名称	门票收入	名次	单位名称	门票收入
	一、中央直属博物馆机构				
1	中国国家博物馆	57	35	北京市北京石刻艺术博物馆	146
	二、省级博物馆机构		36	山西省山西博物院	145
1	陕西省秦始皇兵马俑博物馆	152253	37	上海市上海鲁迅纪念馆	124
2	江苏省南京中国近代史遗址博物馆	58749	38	辽宁省博物馆	107
3	重庆市重庆大足石刻艺术博物馆	20537	39	青海省中国青海柳湾彩陶博物馆	100
4	北京市首都博物馆	11626	40	上海市中共“一大”会址纪念馆	86
5	陕西省乾陵博物馆	11265	41	甘肃省博物馆	81
6	陕西省汉阳陵考古陈列馆	9371	42	广西省广西壮族自治区博物馆	66
7	陕西省西安碑林博物馆	8634		**三、地市级博物馆机构**	
8	陕西省法门寺博物馆	6933	1	辽宁省沈阳故宫博物院	36041
9	湖南省博物馆	5855	2	四川省武候祠博物馆	35678
10	北京市孔庙和国子监博物馆	5360	3	吉林省伪满皇宫博物院	26900
11	陕西省陕西历史博物馆	4951	4	山西省太原市晋祠博物馆	22610
12	重庆市重庆红岩革命历史博物馆	3070	5	四川省杜甫草堂博物馆	16566
13	上海市上海博物馆	2880	6	河北省承德市避暑山庄博物馆	15703
14	湖南省韶山毛泽东同志纪念馆	2401	7	四川省四川宋瓷博物馆	14127
15	黑龙江省科学技术馆	2321	8	广东省虎门林则徐纪念馆	13018
16	黑龙江省哈尔滨市建筑艺术馆	2290	9	辽宁省张氏帅府博物馆	10201
17	北京市北京西山大觉寺管理处	2106	10	四川省成都博物院	10000
18	陕西省乾陵懿德太子墓博物馆	2020	11	辽宁省沈阳金融博物馆	7715
19	陕西省西安半坡博物馆	1976	12	贵州省遵义会议纪念馆	6134
20	天津市天津自然博物馆	1958	13	四川省自贡恐龙博物馆	5946
21	江西省井冈山革命博物馆	1820	14	河南省洛阳关林管理处	5300
22	江西省瑞金中央革命根据地纪念馆	1598	15	甘肃省嘉峪关市长城博物馆	4847
23	湖北省辛亥革命武昌起义纪念馆	952	16	陕西省西安博物院	4392
24	河南省河南博物院	906	17	广东省广东民间工艺博物馆	4230
25	江西省南昌八一起义纪念馆	844	18	浙江省绍兴鲁迅纪念馆	3064
26	重庆市重庆中国三峡博物馆	811	19	甘肃省天水市博物馆	2904
27	北京市大钟寺古钟博物馆	608	20	湖南省刘少奇同志纪念馆	2820
28	山西省八路军太行纪念馆	438	21	山东省中国甲午战争博物馆	2776
29	北京市北京文博交流馆	364	22	山东省青岛迎宾馆	2748
30	北京市古代钱币展览馆	350	23	河南省南阳市博物馆	2570
31	北京市北京艺术博物馆	341	24	四川省广元市皇泽寺博物馆	2384
32	新疆维吾尔自治区博物馆	244	25	江苏省南京市太平天国历史博物馆	2305
33	天津市天津戏剧博物馆文庙博物馆管理办公室	210	26	河南省洛阳周王城天子驾六博物馆	2300
34	湖北省艺术博物馆	194	27	四川省眉山三苏祠博物馆	2260

全国博物馆机构按门票收入排序

单位：千元

名次	单位名称	门票收入	名次	单位名称	门票收入
28	河南省周口市关帝庙民俗博物馆	2260	14	吉林省集安市博物馆	3700
29	江苏省苏州博物馆	2124	15	河南省固始县博物馆	3600
30	陕西省汉中市博物馆	2111	16	湖南省张家界市永定区博物馆	2970
31	山东省聊城市博物馆	1915	17	山西省定襄县河边民俗馆	2768
32	江西省赣州市博物馆	1905	18	重庆市钓鱼城古战场遗址博物馆	2610
33	江苏省徐州汉兵马俑博物馆	1807	19	重庆市云阳县张恒侯庙	2390
34	江苏省徐州圣旨博物馆	1800	20	北京市钟鼓楼文物保管所	2361
35	广东省西汉南越王博物馆	1689	21	河南省新县鄂豫皖苏区烈士纪念馆	2330
36	湖南省岳阳市博物馆	1566	22	江西省庐山会址纪念馆	2260
37	河南省三门峡市虢国博物馆	1353	23	陕西省临潼区扁鹊纪念馆	2259
38	江苏省周恩来纪念馆（淮安市）	1279	24	陕西省茂陵博物馆	2121
39	广东省广州博物馆	1250	25	甘肃省甘州区博物馆	2066
40	江苏省扬州汉广陵王墓博物馆	1190	26	天津市天津杨柳青博物馆	1951
41	河北省保定直隶总督署博物馆	1168	27	河南省鹤壁市浚县大伾山风景区管理处博物馆	1950
42	江苏省南京市明城垣史博物馆	987	28	河南省郑维山将军纪念馆	1880
43	广东省东莞市可园博物馆	928	29	河北省满城汉墓博物馆	1820
44	江苏省中国共产党代表团梅园新村纪念馆（南京市）	847	30	江苏省南京江南贡院历史陈列馆（秦淮区、集体）	1813
45	广西省桂林博物馆	798	31	浙江省长兴金钉子景区旅游发展有限公司	1780
46	山西省大同市博物馆	790	32	黑龙江省哈尔滨市阿城区金上京历史博物馆	1560
47	陕西省岐山县五丈原诸葛亮庙博物馆	760	33	江苏省昆山中国古砖瓦博物馆（集体）	1500
48	广西省百色起义纪念馆	757	34	四川省川陕苏区将帅碑林纪念馆	1458
49	广东省广东革命历史博物馆	699	35	河南省汤阴县羑周易博物馆	1429
50	江苏省镇江焦山碑刻博物馆	654	36	四川省新都杨升庵博物馆	1418
	四、县级博物馆机构		37	河南省叶县县衙博物馆	1355
1	上海市上海豫园管理处	43860	38	陕西省勉县武侯墓	1240
2	山西省灵石县王家大院民居艺术馆	32633	39	河南省鄂豫皖革命根据地首府旧址纪念馆	1142
3	山西省祁县乔家大院民俗博物馆	23000	40	山东省青州市博物馆	1110
4	河南省淮阳县太昊陵管理处	13390	41	河南省鹿邑县博物馆	1100
5	四川省四川广汉三星堆博物馆	11492	42	河南省汤阴县岳飞纪念馆	1051
6	河南省内乡县衙博物馆	8130	43	山东省齐国故城遗址博物馆	1050
7	浙江省安吉县竹子博物园有限责任公司	8060	44	山西省临汾市尧都区博物馆	1030
8	江苏省常熟市沙家浜革命历史纪念馆（集体）	7790	45	广东省南山区天后博物馆	947
9	河南省许世友将军纪念馆	5400	46	辽宁省旅顺博物馆	879
10	陕西省临潼区博物馆	4749	47	天津市民俗博物馆	864
11	福建省长汀县博物馆	4160	48	广东省龙岗区大鹏古城博物馆	833
12	江苏省徐州市龟山汉墓管理处（九里区）	3900	49	山西省太谷三多堂博物馆	822
13	重庆市奉节县白帝城博物馆	3868	50	江苏省宿迁市宿豫区博物馆	815

全国文物科研机构按藏品排序

单位：件

名次	单位名称	藏品	名次	单位名称	藏品
	一、省级文物科研机构			**二、地市级文物科研机构**	
1	河北省文物研究所	125461	1	四川省成都市文物考古研究所	92465
2	河南省文物考古研究所	110463	2	河南省郑州市文物考古研究院	51719
3	河北省文物保护中心	72311	3	河南省安阳市文物考古研究所	33600
4	甘肃省文物考古研究所	64987	4	广东省广州市文物考古研究所	30120
5	湖南省文物考古研究所	22796	5	河南省三门峡市文物考古研究所	15952
6	陕西省考古研究所	18812	6	陕西省咸阳市文物保护中心	10503
7	山东省文物考古研究所	18800	7	湖北省武汉市文物考古研究所	8093
8	内蒙古自治区内蒙古文物考古研究所	14479	8	江苏省扬州市文物考古研究所	5066
9	四川省文物考古研究院	13500	9	陕西省咸阳市文物考古研究所	5016
10	黑龙江省文物考古研究所	3309	10	辽宁省沈阳市考古研究所	4324
11	山西省考古研究所	3000	11	河南省南阳市文物考古研究所	3934
12	浙江省文物考古研究所	2380	12	陕西省西安市文物保护考古所	3669
13	云南省文物考古研究所	2274	13	山西省大同市考古研究所	2078
14	新疆维吾尔自治区文物考古研究所	2244	14	广东省深圳市文物考古鉴定所	1690
15	甘肃省敦煌研究院	2238	15	江西省景德镇市陶瓷考古研究所	1385
16	重庆市文物考古所	2100	16	山东省济南市考古研究所	1210
17	广西省广西文物考古研究所	2000	17	陕西省延安市文物研究所	890
18	贵州省文物考古研究所	900	18	山西省运城市文物保护研究所	828
19	甘肃省麦积山石窟艺术研究所	800	19	山东省青岛市文物保护考古研究所	700
20	吉林省文物考古研究所	436	20	陕西省渭南市文物保护考古研究所	687
21	新疆维吾尔自治区龟兹石窟研究所	322		**三、县级文物科研机构**	
22	青海省文物考古研究所	259	1	浙江省绍兴市文物考古研究所	14778
23	北京市文物研究所	153	2	陕西省咸阳市渭城区文物保护中心	799
			3	甘肃省武威市文物考古研究所	259

图书在版编目（CIP）数据

中国文物年鉴. 2009/国家文物局编. -北京:华夏出版社, 2011. 8
ISBN 978-7-5080-6063-7

Ⅰ. ①中… Ⅱ. ①国… Ⅲ. ①文物工作—中国—2009—年鉴 Ⅳ. ①K87-54

中国版本图书馆 CIP 数据核字(2011)第 173548 号

书　　名：《中国文物年鉴》（2009）
编　　辑：《中国文物年鉴》编辑委员会
出版发行：华夏出版社
地　　址：北京市东直门外香河园北里 4 号
邮　　编：100028
经　　销：新华书店
印　　刷：北京市建筑工业印刷厂南厂
装　　订：三河市万龙印装有限公司
版　　次：2011 年 8 月北京第 1 版
印　　次：2011 年 9 月北京第 1 次印刷
开　　本：787×1092　1/16 开
印　　张：29.75
字　　数：703 千字
定　　价：180.00 元